文/白/对/照

綱鑑易知錄

六

〔清〕吳乘權 編撰
張宏儒 主編

团结出版社

目 录

纲鉴易知录卷七十
宋纪 神宗皇帝 ································· *3170*

纲鉴易知录卷七一
宋纪 神宗皇帝 ································· *3222*

纲鉴易知录卷七二
宋纪 神宗皇帝 ································· *3262*
　　　哲宗皇帝 ································· *3298*

纲鉴易知录卷七三
宋纪 哲宗皇帝 ································· *3316*

纲鉴易知录卷七四
宋纪 哲宗皇帝 ································· *3362*

徽宗皇帝 3376

纲鉴易知录卷七五

宋纪 徽宗皇帝 3410

纲鉴易知录卷七六

宋纪 徽宗皇帝 3460
　　钦宗皇帝 3470

纲鉴易知录卷七七

宋纪 钦宗皇帝 3514

纲鉴易知录卷七八

南宋纪 高宗皇帝 3558

纲鉴易知录卷七九

南宋纪 高宗皇帝 3608

纲鉴易知录卷八十

南宋纪 高宗皇帝 3652

纲鉴易知录卷八一

南宋纪 高宗皇帝 3702

纲鉴易知录卷八二

南宋纪 高宗皇帝 3748

孝宗皇帝 3778

纲鉴易知录卷七十

宋纪

神宗皇帝

【纲】戊申，神宗皇帝熙宁元年，春正月朔，日食。 【目】帝不受朝，诏宰相极言阙失。帝尝谓文彦博曰："天下敝事至多，不可不革。"彦博对曰："譬如琴瑟不调，必更张之。"韩绛曰："为政立事，当有大小先后之序。"帝曰："大抵威克厥爱，乃能有济。"又谓彦博曰："当今理财最为急务。养兵备边，府库不可不丰，大臣共宜留意节用。"

【纲】赵概罢。 【目】概秉心和平，与人无怨恶，在官如不能言，然阴以利物者为多，时议比之刘宽、娄师德。以老求罢。

【纲】以唐介参知政事。

【纲】夏四月，诏王安石越次入对。 【目】安石受命，历七月始至京师，诏越次入对。帝问为治所先，安石对曰："择术为先。"帝曰："唐太宗何如？"曰："陛下当法尧、舜，何以太宗为哉！尧、舜之道至简而不烦，至要而不迂，至易而不难，但末世学者不能通知，以为高不可及耳。"帝曰："卿可谓责难于君。"

一日御讲席，群臣退，帝留安石坐，因言"唐太宗必得魏徵，汉昭烈必得诸葛亮，然后可以有为，二子诚不世出之人也。"安石曰："陛下诚能为尧、舜，则必有皋、夔、稷、契；诚能为高宗，则必有傅说；彼二子者，何足道哉！以天下之大，常患无人可以助治者，以陛下择术未明，推诚未至，虽有皋、夔、稷、契、傅说之贤，亦将为小人所蔽，卷怀而去耳。"帝曰："何世无小人！虽尧、舜之时，不能无四凶。"安石曰："惟能辨四凶而诛之，此其所以为尧、舜也。若使四

神宗皇帝

【纲】神宗皇帝熙宁元年（戊申，1068），春正月初一，出现日食。

【目】神宗不受群臣朝拜，下诏命宰相直言指陈朝政失误。神宗曾经对文彦博说："天下的弊政太多，不能不进行改革。"文彦博回答说："这好像琴瑟不和谐一样，必须要更换它。"韩绛说："处理政事，应该有大小先后的次序。"神宗说："大体说来，以威望德行来使人心悦诚服，事情就能够成功。"又对文彦博说："当前治理财政是最急迫的事务。养兵守卫边防，国家府库不能不充足，大臣们都应该注意节约费用。"

【纲】赵概去职。　【目】赵概心地平和，与人没有怨仇，任官时好像不善于言辞，然而暗中帮助别人的事很多，当时人们议论，把他比作东汉的刘宽和唐代的娄师德。这时他因年老申请免去官职。

【纲】任命唐介为参知政事。

【纲】夏四月，下诏命王安石越级回答皇帝的询问。　【目】王安石接受诏命，经过七个月才到达京师，神宗下诏命他越级回答问题，神宗问他治国先要注重什么，王安石回答说："首先要考虑选择治术。"神宗说："唐太宗怎么样？"王安石回答说："陛下应该效法尧、舜，怎么把唐太宗作为效法的目标？尧、舜治理天下之道至为简单而不繁琐，至要而不迂阔，极易施行而不难做到，只不过后世学者不能够彻底了解，认为是高不可及罢了。"神宗说："你可说是严格要求君主。"

一天，神宗听侍臣讲解经史，群臣退出，神宗留王安石坐下，因此说起"唐太宗一定要有魏徵，汉昭烈帝（刘备）一定要有诸葛亮，然后才能有作为，他们二人实在是百年不遇的人材啊。"王安石说："陛下真的能够像尧、舜那样，就一定会有皋、夔、稷、契出现；如果陛下真的像殷高宗那样，就一定会有傅说出现，魏徵、诸葛亮这两个人又何足称道！天下如此之大，却常常担心没有人可以辅佐治国，这是因为陛下不明如何选择治术，以减待人还做得不够，所以虽然有皋、夔、稷、契、傅说那样的贤人，也会被小人所遮蔽，隐身而退。"神宗说："哪个世代

凶得肆其谗慝，则皋、夔、稷、契亦安肯苟食其禄以终身乎。"

【纲】六月，河决恩、冀、瀛州。

【纲】秋七月，以陈升之知枢密院事。

【纲】京师地震。【目】自七月至十一月京师地震者六，河朔地亦大震。

【纲】九月，初封太祖曾孙从式为安定郡王。【目】帝谓创业垂统，实自太祖，顾无以称，乃下诏封太祖诸孙行尊者一人，奉太祖祀，世世勿绝。同知太常礼院刘攽言："礼，诸侯不得祖天子。太祖传天下于太宗，继体之君，皆太祖子孙，不当别为天子置后。若崇德昭、德芳之后，世世勿降爵，宗庙祭祀，使之在位，则所以褒扬艺祖者著矣。"帝从之，遂有是命。从式，德芳之孙也。

【纲】冬十一月，郊。【目】执政以河朔旱伤，国用不足，乞南郊勿赐金帛。诏学士议。司马光曰："救灾节用，当自贵近始，可听也。"王安石曰："常衮辞堂馔，时以为衮自知不能，当辞职，不当辞禄。且国用不足，以未得善理财者故也。"光曰："善理财者不过头会箕敛尔。"安石曰："不然。善理财者，不加赋而国用足。"光曰："天下安有此理! 天地所生财货百物，不在民则在官，彼设法夺民，其害乃甚于加赋，此盖桑弘羊欺武帝之言，太史公书之，以见其不明耳。"争议不已。帝曰："朕意与光同，然姑以不允答之。"会安石草制引常衮事责两府，两府不敢复辞。

没有小人！就是尧、舜的时候,也不能没有四凶。"王安石说："正是因为能够辨别出四凶而诛灭了他们,这就是尧、舜之所以成为尧、舜的原因。如果使四凶能够任意谗毁,那么皋、夔、稷、契还能苟且偷安、安享俸禄而得以终其一生吗！"

【纲】六月,黄河在恩州、冀州、瀛州(恩州治所清河县,在今河北清河县西;冀州治所即今河北冀县;瀛州治所河间县,即今河北河间县)决口。

【纲】秋七月,任命陈升之为知枢密院事。

【纲】京师发生地震。 【目】从七月到十一月,京师发生了六次地震,河北地区也发生了大地震。

【纲】九月,初封宋太祖的曾孙赵从式为安定郡王(安定郡即泾州,治所保定县,在今甘肃泾川县北)。 【目】神宗认为创建帝业而传之子孙后代,始于太祖,这个功德无法报答,于是下诏封太祖诸位孙辈中年龄最大的一个,供奉太祖的祭祀,世世代代不绝。同知太常礼院刘攽说："按照礼制,诸侯不能以天子为祖宗。太祖传位给太宗,后世继位的皇帝,都是太祖的子孙,不应当再为天子另置后嗣。如果尊崇赵德昭、赵德芳的后嗣,世世代代不降低他们的爵位,宗庙举行祭祀时,让他们参与,这样做对于褒扬太祖来说就是很显著的了。"神宗听从了,因此有上述那项诏命。赵从式是赵德芳的孙子。

【纲】冬十一月,举行郊祭礼。 【目】执政大臣认为河北地区受灾,国家经费小足,请求举行南郊祭礼时不要赏赐百官金帛财物。下诏令学士们商议讨论。司马光说："赈灾节省费用,应该从贵室近臣开始,这个建议可以听从。"王安石说："唐代宗时常衮辞让由公费供应的膳食,当时有人认为常衮如果自认为无能,应当辞职,而不应该辞让俸禄。而日,国家经费不足,是由于没有得到善于理财的人。"司马光说："善于理财的人,也不过多些聚敛的办法。"王安石说："不是这样。善于理财的人,不增加赋税而可以使国家经费充足。"司马光说："天下哪里有这样的道理！天地间所生产的各种财物,不在百姓手里,就在官府之中。如果官府想方设法掠夺百姓,它的危害比增加赋税还要严重。这大约就是桑弘羊欺骗汉武帝的话,太史公加以记述,以显出汉武帝的

【纲】十二月,邵亢罢。

【纲】己酉,二年,春二月,以富弼同平章事,王安石参知政事。

【目】初,弼自汝州入觐,诏许肩舆至殿门,令其子掖以进,且命毋拜。坐语,从容访以治道。弼知帝果于有为,对曰:"人君好恶不可令人窥测,可测则奸人得以傅会。当如天之监人,善恶皆所自取,然后诛赏随之,则功罪皆得其实矣。"又问边事,弼对曰:"陛下临御未久,当布德惠,愿二十年口不言兵。"帝默然。至日昃乃退。欲以集禧观使留之,力辞赴郡。至是,召拜司空兼侍中,赐甲第;悉辞之,乃诏以左仆射同平章事。

时帝以灾变避殿,减膳撤乐,王安石言:"灾异皆天数,非关人事得失所致。"弼在道闻之,叹曰:"人君所畏者天耳,若不畏天,何事不可为者。此必奸人欲进邪说以摇上心,使辅弼谏诤之臣无所施其力。是治乱之机,不可以不速救。"即上书数千言力论之。及入对,又曰:"君子小人之进退,系王道之消长,愿深加辨察,勿以同异为喜怒,喜怒为用舍。陛下好使人伺察外事,故奸憸得志。又今中外之务渐有更张,此必小人献说于陛下也。大抵小人惟喜动作生事,则其间有所希觊;若朝廷守静,则事有常法,小人何望哉。愿深烛其然,无使有悔!"

不明智而已。"二人争论不休。神宗说:"朕的意见和司马光相同,但暂时以不同意赏赐金帛财物答复他们。"正赶上王安石起草制书,援引了常衮的事责备中书、枢密二府,二府不敢再推辞。

【纲】十二月,邵亢被罢免。

【纲】熙宁二年(己酉,1069),任命富弼同平章事,王安石为参知政事。 【目】当初,富弼从汝州(汝州治所梁县,今河南汝州市)来京觐见神宗,下诏准许他乘肩舆到宫殿门口,让他的儿子搀扶他进殿,而且下令不让他行叩拜礼。谈话时赐以座位,神宗从容询问治国之道。富弼知道神宗皇帝决心有所作为,因此回答说:"人君的好恶,不可让人窥测知晓,如果可以窥测,奸人就会乘机钻营附会。应当像上天监视人间一样,善恶都取决于人们自己,随后上天就加以诛杀或赏赐,这样有功有罪都会符合实际了。"神宗又问起边防事务,富弼回答说:"陛下即位时间不久,应当广施恩德,希望二十年之内不谈论战争之事。"神宗默然不语。到太阳偏西的时候,富弼才退下。神宗想以集禧观使的职位让富弼留在京师,富弼力辞不受职,仍赴汝州。这时召富弼任他为司空兼侍中,赐予上等的宅邸,富弼全都推辞了,于是下诏任命他为左仆射、同平章事。

当时神宗因为灾害变异而避开在正殿办公,裁减膳食,撤去乐舞,王安石说:"灾害变异都是上天的事,不是人事得失引起的。"富弼在途中听说了此事,感叹道:"人君所畏惧的只不过上天罢了,如果不畏惧上天,还有什么事不敢干的!这必定是奸人想进邪说来摇动皇帝的心,使辅佐谏诤的大臣无法为君效力。这是治乱的关键,不能不赶快挽救。"立即上书数千字极力论辩此事。等到入京回答神宗的询问时,又说:"君子小人的进用贬退,关系到王道的兴衰,希望陛下仔细明辨观察,不要因为与自己的看法相同或相异而或喜或怒,也不要因为或喜或怒而决定任用或贬退。陛下好派人侦察宫外之事,因此奸佞宵小之人得志。另外,现在朝廷内外的事务逐渐有了一些更改变化,这一定是小人给陛下出的主意。大概说来,小人只高兴找机会生事,希望从中渔利。如果朝廷保持平静,事情就有常规,小人还有什么非分之想呢!希望陛下深入地察明其所以然,免得后悔!"

帝欲用安石，唐介言："安石难大任。"帝曰："文学不可任邪，经术不可任邪，吏事不可任邪？"介对曰："安石好学而泥古，故议论迂阔，若使为政，必多所更变。"介退谓曾公亮曰："安石果大用，天下必困扰，诸公当自知之。"帝问侍读孙固曰："安石可相否？"固对曰："安石文行甚高，处侍从、献纳之职可矣。宰相自有度，安石狷狭少容。必欲求贤相，吕公著、司马光、韩维其人也。"帝不以为然，竟以安石参知政事，谓之曰："人皆不能知卿，以卿但知经术，不晓世务。"安石对曰："经术正所以经世务。"帝曰："然则卿设施以何为先？"安石对曰："变风俗，立法度，正方今之所急也。"帝深纳之。

【纲】创制置三司条例司，议行新法，命陈升之、王安石领其事。 【目】王安石言："周置泉府之官，以权制兼并，均济贫乏，变通天下之财，后世惟桑弘羊、刘晏粗合此意。学者不能推明先王法意，更以为人主不当与民争利。今欲理财，则当修泉府之法，以收利权。"帝纳其说。

安石犹恐帝不能决意任之，乃复言："人才难得亦难知。今使十人理财，其中容有一二败事，则异论乘之而起。尧与群臣共择一人治水，尚不能无败事，况所择而使非一人，岂能无失。要当计利害多少，不为异论所惑。"帝曰："有一人败事而遂废所图，此所以少成事也。"乃立制置三司条例司，掌经画邦计，议变旧法，以通天下之利。命升之、安石领其事。

初，泉人吕惠卿，自真州推官秩满入都，与安石论经义意多合，遂定交。因言于帝曰："惠卿之贤，虽前世儒者未易比也。学先王之道而能用者，独惠卿而已。"遂以惠卿及苏辙并为简详文字。事无大

神宗想任用王安石，唐介说："王安石难以担当大任。"神宗问："是文学不能担当，还是经术之学不能担当，还是政务之事不能担当呢。"唐介回答说："王安石好学但是拘泥于古，因此议论迂阔不切实际，如果让他执政，必然会有很多变更。"唐介退下以后，对曾公亮说："王安石如果执政，天下必定要受到困扰，到那时，诸公自会知道。"神宗问侍读学士孙固："王安石可以任命为宰相吗？"孙固回答说："王安石的文章德行很好，任命为侍从、献纳之类的职务就可以了。宰相自有宰相的器量胸怀，王安石褊急，心胸狭隘而不宽容。如果一定要寻求贤相，吕公著、司马光、韩维，都是人选。"神宗对此不以为然，竟任命王安石为参知政事，对他说："别人都不了解你，以为你只知道经术，不懂实际事务。"王安石回答说："经术正是为了处理实际事务。"神宗说："那么你施政以什么为先呢？"王安石回答说："改变风俗，确立法度，正是当今首先要做的事情。"神宗以为此说很对。

【纲】创设制置三司条例司，讨论实行新法，命陈升之、王安石负责此事。　【目】王安石说："周朝设置泉府之官，用来抑制兼并、赈济贫乏，统一管理天下的财物，后世只有汉代桑弘羊、唐代刘晏的理财措施大致符合周朝泉府的本意。学者不理解先王立法的用意，认为人主不应该与民争利。现在要整理财政，就应当制订泉府之法，收回财政大权。"神宗采纳他的说法。

王安石还担心神宗不能决心任用他，于是又说："人才难于获得也难以了解。现在让十个人治理财政，其中或许有一二个坏事的，那么不同意见就会乘机而起。尧和群臣共同选择了一个人治理洪水，还不能保证不失败。何况所选择任用的不是一个人，怎么能没有过失！关键是应当权衡利弊的多少，不被不同意见所迷惑。"神宗说："因为有一个人坏事就停止所做的事业，这就是事业成功少的原因。"于是设置三司条例司，掌管筹划国家大事，议定变革旧法，以利于天下财物的流通，任命陈升之、王安石掌管此事。

起初，泉州人吕惠卿从真州推官任满入京，和王安石讨论经学，看法多有相同之处，于是结交为友。王安石因此对神宗说："吕惠卿的贤能，即使前朝的儒者也难于比得上。学习先王之道而能运用的人，

小，安石必与惠卿谋之，凡所建请章奏皆惠卿笔也。又以章惇为三司条例官，曾布简正中书五房。凡有奏请，朝臣以为不便者布必上疏条析，以坚帝意，使专任安石，以威胁众，俾毋敢言，由是安石信任布亚于惠卿。而农田、水利、青苗、均输、保甲、免役、市易、保马、方田诸役相继并兴，号为新法，颁行天下。

安石与刘恕友善，欲引置三司条例，恕以不习金谷为辞，且曰："天子方属公以大政，宜恢张尧、舜之道以佐明主，不应以利为先。"安石遂与之绝。

【纲】夏四月，河决，地震，旱。

【纲】参知政事唐介卒。　【目】介简伉敢言，居政府数与王安石争辩，而安石强解，帝主其说。介不胜其愤，遂疽发背而卒。谥忠肃。

【纲】以薛向为江、浙、荆、淮发运使。

【纲】罢知开封府滕甫。　【目】初，甫同修起居注，帝召问治乱之道，对曰："治乱之道，如黑白、东西，所以变色易位者，朋党汩之也。"帝曰："卿知君子、小人之党乎？"曰："君子无党，譬之草木，绸缪相附者，必蔓草非松柏也。朝廷无朋党，虽中主可以济；不然，虽上圣亦殆。"帝以为名言，乃以翰林学士知开封府。甫在帝前论事，如家人父子，言无文饰，洞见肺鬲。帝知其诚，尽事无巨细，人无亲疏，辄皆问之，甫随事解答，不少嫌隐。王安石尝与甫同考试，语言不相能，深恶甫。会议新法，恐甫言而帝信之，因极力排甫，出知郓州。

只有惠卿一人而已。"于是任用吕惠卿和苏辙同为检详文字之官。事无大小,王安石都和吕惠卿商谋,凡是有关建议的奏章,都是出于吕惠卿的手笔。又任用章惇为三司条例官,曾布为简正中书五房。凡是有建议奏请的,朝臣认为不便的,曾布一定上疏加以逐条分析,以坚定神宗变法的信心,使之专心任用王安石,以威权胁迫众臣,使他们不敢说话,因此王安石对曾布的信任仅次于吕惠卿。于是农田、水利、青苗、均输、保甲、免役、市易、保马、方田等多种措施相继并兴,号称新法,颁行天下。

王安石和刘恕很友好,想引荐他到三司条例司任职,刘恕以不熟悉财政为理由推辞,并且说:"天子正把国家大政托付给你,你应该弘扬尧、舜之道来辅佐明主,不应该以利为先。"王安石因此与他断绝交往。

【纲】夏四月,黄河决口,发生地震,旱灾。

【纲】参知政事唐介去世。 【目】唐介为人耿直敢言,在执政期间,多次与王安石发生争执,而王安石强辞夺理地辨解,神宗支持他的说法。唐介不胜愤怒,背上长疽疮发病而去世。死后谥为"忠肃"。

【纲】任命薛向为江、浙、荆、淮发运使。

【纲】罢免开封(今河南开封市)府知府滕甫。 【目】起初,滕甫参与修撰皇帝的起居注,神宗召他问治乱之道,他回答说:"治乱之道,如同黑白、东西一样,之所以会颠倒而变色、易位,是因为有朋党把它扰乱了。"神宗说:"你知道君子之党与小人之党的区别吗?"滕甫回答说:"君子是没有朋党的。就像草木一样,纠缠生长在一起的,一定是蔓草,不是松柏。如果朝廷中没有朋党,即使中等才能的君主也可以治理好;否则,虽然是上等的圣主也难免失败。"神宗认为这是至理名言,于是任命滕甫为翰林学士、开封府知府。滕甫在皇帝面前议论朝政,就像家人父子谈话一样,不加文饰,都是发自肺腑之言。神宗知道他忠诚,凡事无大小,人无亲疏,都向他询问。滕甫有什么事就解答什么事,不加隐讳。王安石曾经和滕甫一起参与主持考试,因为语言之间不友善,很憎恶滕甫。正好商议新法,王安石担心滕甫的言论会得到神宗的信任,因此竭力排斥滕甫,使他外任为郓州(治所须城县,即今山东

【纲】遣使察农田水利赋役于天下。 【目】从三司条例司之请，遣刘彝、谢卿材、侯叔献、程颢、卢秉、王汝翼、曾伉、王广廉八人行诸路，相度农田、水利、税赋、科率、徭役利害。

【纲】置卖盐场于永兴军，罢通商法。 【目】官自鬻之，从薛向之请也。

【纲】五月，罢翰林学士郑獬、宣徽北院使王拱辰、知制诰钱公辅。 【目】獬权开封府，不肯行新法；拱辰与王安石议新法不合；公辅言滕甫不宜去，薛向变法当黜。安石恶之，出獬知杭州，拱辰判应天府，公辅知江宁府。

【纲】六月，罢御史中丞吕诲。 【目】王安石既执政，士大夫多以为得人，吕诲独言其不通时事，大用之则非所宜。将对，学士司马光亦将诣经筵，相遇并行，光密问："今日所言何事？"诲曰："袖中弹文乃新参也。"光愕然曰："众喜得人，奈何论之？"诲曰："君实亦为是言邪！安石虽有时名，然好执偏见，轻信奸回，喜人佞己。听其言则美，施于用则疏，置诸宰辅，天下必受其祸。且上新即位，所与图治者二三执政而已，苟非其人，将败国事。此乃心腹之疾，顾可缓邪！"

上疏言："大奸似忠，大诈似信。安石外示朴野，中藏巧诈，骄蹇慢上，阴贼害物。诚恐陛下悦其才辩，久而倚毗，大奸得路，群阴汇进，则贤者尽去，乱由是生。臣究安石之迹，固无远略，惟务改作，立异于人，徒文言而饰非，将罔上而欺下，臣窃忧之，误天下苍生必斯人也。"疏奏，帝方眷注安石，还其章疏。诲遂求去，安石亦求去。

东平县）知州。

【纲】派遣使者视察农田、水利、赋役等新法在各地施行的情况。　【目】听从三司条例司的请求，派遣刘彝、谢卿材、侯叔献、程颢、卢秉、王汝翼、曾伉、王广廉八人巡视各地，考察农田、水利、税赋、科率、徭役的利弊。

【纲】在永兴军（治所京兆府，今陕西西安市）设置卖盐场，废止通商法。　【目】食盐由政府专卖，是听从薛向的建议。

【纲】五月，罢免翰林学士郑獬、宣徽北院使王拱辰、知制诰钱公辅。　【目】郑獬代理开封府知府，不肯实行新法；王拱辰和王安石议论新法，意见不合；钱公辅认为滕甫不应该调往外地，薛向更变旧法应当罢免。王安石厌恶他们三个人，外调郑獬为杭州（治钱塘县，即今浙江杭州市）知州，王拱辰为应天府（即宋州，治所宋城县，在今河南商丘市南）通判，钱公辅为江宁府（治江宁县，在今南京市境内）知府。

【纲】六月，罢免御史中丞吕诲。　【目】王安石执政后，士大夫大都认为选对了人，只有吕诲说王安石不通时务，重用他就不适宜了。将要入宫回答神宗的询问，学士司马光也要去经筵听讲，二人相遇并行，司马光私下问吕诲："今天要谈的是什么事？"吕诲回答说："衣袖中的弹劾奏文，是弹劾新任参政知事（指王安石）的。"司马光惊愕地说："大家都认为执政人选很合适，你怎么弹劾他？"吕诲说："君实（司马光字）也这样说吗！安石虽然有盛名，然而好固执偏见，轻信奸邪，喜欢别人奉迎自己。听他说的很好，实行起来就不行了。把他安置在宰辅的位置上，天下必然要遭受他的祸害。而且皇上刚即位，和他谋划国家大事的人，不过二三个执政大臣而已，如果用非其人，就要败坏国家大事。这是心腹之病，难道可以拖延吗！"

吕诲上疏说："大奸似忠，大诈似信。王安石外表上表现出朴实自然，内心却怀着机巧诈伪，骄傲慢上，阴险害人。很担心陛下欣赏他的才能善辩，长久地倚重任用，这就会使大奸当道，许多小人并进，而贤者全都离去，变乱由此而生。臣考察王安石的所作所为，并没有远大的眼光，只是想更改旧法，标新立异于人，用好听的词句来掩饰过错，瞒上欺下，臣私下里担心，贻误天下百姓的，一定是他这个人。"奏疏

帝谓曾公亮曰："若出诲，恐安石不自安。"安石曰："臣以身许国，陛下处之有义，臣何敢以形迹自嫌，苟为去就。"乃出诲知邓州。

诲既斥，安石益横，光由是服诲之先见，自以为不及也。诲三居言职，始论陈旭，次论欧阳修，最后论王安石。凡三见黜，人推其鲠直。

王安石嫌吕公弼不附己，乃白用公弼弟知开封府公著为中丞以逼之，公弼果力求去，帝不许。公著言于帝曰："惟人君去偏听独任之弊，而不主先入之言，则不为邪说所乱矣。"帝善其言，而不能用。

【纲】秋七月，行均输法。　【目】条例司言："诸路上供，岁有常数，年丰可以多致，而不能赢余；年歉难于供亿，而不敢不足。远方有倍蓰之输，中都有半价之鬻，徒使富商大贾，乘公私之急，以擅轻重敛散之权。今江、浙、荆、淮发运使实总六路赋入，宜假以钱货，资其用度。凡上供之物，皆得徙贵就贱，因近易远。预知在京仓库所当办者，得以便宜蓄买，而制其有无，庶几国用可足，民财不匮。"诏以发运使薛向领均输平准，专行于六路，赐内藏钱五百万缗，上供米三百万石。时议者虑其为扰，多言非便，帝不听。

薛向既董其事，乃请设置官属，从之，苏辙言："今先设官置吏，簿书廪禄，为费已厚，非良不售，非贿不行。是官买之价，比民必贵；及其卖也，弊复如前。此钱一出，恐不可复，纵使其间薄有所获，而征商之额所损必多矣。"帝方惑于王安石，不纳其言，然均输法亦迄不能就。

上报，神宗止关注信任王安石，就退还了吕诲的奏章。吕诲因此请求辞职，王安石也请求辞职。神宗对曾公亮说："如果将吕诲调出，恐怕王安石心里不安。"王安石说："臣以身许国，陛下处置合理，臣怎么敢为避免嫌疑而随便决定去留！"

于是就外调吕诲为邓州（治穰县，即今河南邓州市）知州。吕诲遭贬斥后，王安石更加专横，司马光由此佩服吕诲的先见之明，自认为不如吕诲。吕诲三次担任谏官职位，开始时弹劾陈旭，后来弹劾欧阳修，最后一次弹劾王安石。三次被贬黜，人们推重他为人梗直。

王安石厌恶吕公弼不肯依附自己，便上奏任用吕公弼的弟弟开封府知府吕公著为御史中丞来逼迫吕公弼。吕公弼果然力求离职，神宗不批准。吕公著对神宗说："只有人君去掉偏听偏信、独任一人的弊端，而不以先入之言为主，就不会被邪说所迷惑了。"神宗认为他说得对，却不能采纳。

【纲】秋七月，施行均输法。 【目】三司条例司上奏："各路上供的财物，每年有固定的数额，丰收之年可以多上缴，而不能有剩余；歉收之年很难供奉，却不敢不足数。边远地区要用高出原价数倍的价格运输到京城，京城却以半价售出，白白让富商大贾利用公私的急需，以控制物价高低和货物的聚散。现在江、浙、荆、淮发运使总管六路的赋税收入，应该给以钱财，供其使用。凡是上供的货物，都可以不买价贵的而买价贱的，在近处买以代替远处采购。预先了解京城府库中应当购办的货物，就相机购买贮存，而控制货物的多少，这样才可以使国家经费充足，百姓财用不匮乏。"下诏令发运使薛向负责统一收买和转运货物、平抑物价，专门在六路之内实行，赐给内库钱五百万贯，上供米三百万石。当时议论此事的，担心这样做会烦扰百姓，大都认为不便施行，神宗不听。

薛向总管供物均输和平抑物价后，就奏请设置机构和属官，神宗听从了。苏辙说："现在先设置官吏，办公费用和俸禄，支出花费已经很多，物品不是好的卖不出去，不进行贿赂事情办不了。这样，官买之价，必定比民间价贵；等到出卖的时候，弊病仍然和买进一样。这笔钱一放出去，恐怕就收不回来了。即使这当中稍有利益可得，而从商人那里征

【纲】八月，罢判国子监范纯仁。【目】初，纯仁自陕西转运副使召还，拜起居舍人、同知谏院，奏言："王安石变祖宗法度，掊克财利，民心不宁。书曰：'怨岂在明，不见是图。'愿陛下图不见之怨。"帝曰："何谓不见之怨？"对曰："杜牧所谓'不敢言而敢怒'者是也。"帝曰："卿善论事，宜为朕条陈古今治乱可为监戒者。"遂作尚书解以进。

时帝切于求治，多延见疏逖小臣，咨访阙失。纯仁言："小人之言听之若可采，行之必有累。盖知小忘大，贪近昧远。愿加深察。"及薛向行均输法于六路，纯仁言："臣尝亲奉德音，欲修先王补助之政。今乃使小人掊克生灵，敛怨基祸。安石以富国强兵之术启迪上心，欲求近功，忘其旧学，鄙老成为因循，弃公论为流俗，异己者为不肖，合意者为贤人。在廷之臣，方大半趋附，陛下又从而驱之，其将何所不至！道远者理当驯致，事大者不可速成，人才不可急求，积弊不可顿革，俨欲事功急就，必为憸佞所乘。宜速还言者而退安石。"留章不下。纯仁力求去，不许。未几罢谏职，改判国子监，纯仁去意愈确。安石使谕之曰："已议除知制诰矣。"纯仁曰："是以利诔我也。言不用，万钟何加焉！"遂录所上章申中书。安石大怒，乞加重贬，帝曰："宜与一善地。"命知河中府，寻徙成都转运使，以新法不便，戎州县未得遽行，安石怒其沮格，以事左迁知和州。

收的赋额所损失的必定很多。"神宗正被王安石所迷惑，没有听从苏辙的话，但是均输法也终于没有能成功。

【纲】八月，罢免兼任国子监职务的范纯仁。　【目】起初，范纯仁从陕西转运副使任上被召回，任命为起居舍人、同知谏院。他上奏说："王安石变更祖宗的法度，聚敛财利，民心不安。《尚书》上说：'百姓的怨恨难道要等它明显吗？应该在民怨还未明显出现时设法消除它。'希望陛下设法消除还未明显出现的民怨。"神宗说："什么叫未显现之怨？"范纯仁回答说："杜牧所谓'不敢言而敢怒'就是。"神宗说："你很善于论事，该为朕一件一件的陈述古今治乱可以作为戒鉴的事。"于是范纯仁撰写《尚书解》一书呈献给神宗。

当时神宗迫切求治，多次接见疏远小臣，咨询朝政缺失。范纯仁说："小人之言，听起来可以采用，施行起来必定有害处。这大概是由于小人知小忘大，贪近忘远。希望陛下加以深察。"到薛向在六路实行均输法时，范纯仁上奏说："臣曾经聆听陛下讲过，要循先王补助百姓之政；现在又让小人去盘剥百姓，招敛怨恨，埋下祸根。王安石以富国强兵之术打动皇上的心，急功近利，忘掉旧学，鄙薄老成持重的人，视之为因循守旧，蔑弃公论，视之为流俗，持不同意见的人视之为不肖之人，符合己意的人是贤人。朝廷中的群臣，已有大半趋附于他，陛下又从而催促他，那么他还不知要干到什么地步！路途遥远应该逐步达到，宏大的事业不可能马上成功，人才不可以急忙求得，积弊不可能立即革除，倘若急于事成功就，必然会被奸佞小人所利用。应该尽快召回被贬谪的进谏官员而斥退王安石。"奏章被留下，不给答复。范纯仁竭力请求离职，不予批准。不久，罢去其谏官职务，改为兼任国子监，范纯仁离职的心意更为坚决。王安石派人告诉他说："已经在讨论任你为知制诰了。"范纯仁说："这是用利引诱我啊。建议不被采纳，给以万钟俸禄又有什么用！"于是把所上奏章抄录送往中书省。王安石大怒，请求加重贬责范纯仁，神宗说："应该给他安排一个好去处。"任命范纯仁为河中府（治所河东县，今山西永济市西蒲州镇）知府。不久又改任成都转运使，因为新法实行不便，告诫各州县不要急于施行。王安石为他阻挠新法而怒，找机会把他贬为和州（治所历阳县，即今安徽和县）知州。

【纲】以程颢权监察御史里行。 【目】初,颢举进士,再调晋城令,民以事至县者必告以孝弟忠信。度乡村远近为伍保,使之力役相助,患难相恤。凡孤茕残废,使无失所,行旅疾病,皆有所养。乡必有校,暇时亲至,召父老与之语;儿童所读书,亲为正句读。乡民为社会,为立科条,旌其善恶。在县三年,民爱之如父母。去之日,哭声振野。用荐者改著作佐郎。至是,吕公著荐为御史。帝素知其名,数召见,每退,必曰:"频求对,欲常常见卿。"一日从容咨访,报正午,始趋出庭,中人曰:"御史不知上未食乎!"颢前后进说甚多,大要以正心、窒欲、求言、育才为言,务以诚意感悟人主。尝劝帝防未萌之欲,及勿轻天下士。帝俯躬曰:"当为卿戒之。"

【纲】罢条例司检详文字苏辙。 【目】辙与吕惠卿论多不合,会遣八使于四方求遗利,辙以书抵王安石,力陈其不可。安石怒,将加之罪,陈升之止之,乃以为河南府推官。

【纲】九月,行青苗法。 【目】初,陕西转运使李参以部内多戍兵,而粮储不足,令民自隐度麦粟之赢,先贷以钱,俟谷熟还官,号青苗钱。经数年,廪有余粮。至是,条例司请:"以诸路常平、广惠仓钱谷,依陕西青苗钱例,民愿预借者给之,令出息二分,随夏秋税输纳,愿输钱者从其便;如遇灾伤,许展至丰熟日纳。非惟足以待凶荒之患,民既受贷,则兼并之家,不得乘新陈不接以邀倍息。又常平、广惠之物,收藏积滞,必待年俭物贵,然后出粜,所及者不过城市游手之人,今通一路有无,贵发贱敛,以广蓄积,平物价,使农人有以赴时趋事,而兼并不得乘其急。凡此皆以为民,而公家无所利

【纲】任命程颢为权监察御史里行。 【目】起初，程颢考中进士，再调后任晋城（在今山西晋城市东北）县令。百姓有事到县衙的，程颢必定劝告他们要孝悌忠信。又根据乡村的远近将百姓编成伍、保，使他们在服徭役时互相协助，遇到患难互相救恤。凡是孤寡残疾的人，都使他们有地方居住，行旅的人遇到疾病，都获得休养。每乡必建有学校，空闲时程颢亲自到学校，找来父老谈话；儿童们所读的书，他亲自为之订正断句。乡民们组织会社，他为其订立条规，扬善惩恶。在任三年之中，百姓爱戴他如父母；离任之日，哭声震野。后经推荐，改任著作佐郎。这时吕公著推荐他担任御史。神宗早已听说过程颢的名声，几次召见他，每次退出前，一定会说："频繁地召见询问你，是想常常见到你。"一天，神宗从容询问程颢，时间到了正午，才走出宫殿，一个宦官对程颢说："御史不知道皇上还没用膳吗？"程颢前后提出的建议很多，大要是正心性、抑欲望、求直言、育人才之类的话，努力以诚意感动神宗。他曾经劝神宗防止未萌发的欲念和不可轻慢天下之士，神宗俯下身子对他说："我一定为你注意戒止这些事。"

【纲】罢免条例司检详文字苏辙。 【目】苏辙与吕惠卿意见大都不合。正好派遣八位使者去四处搜求尚未被征取的财利，苏辙致书王安石，竭力陈述不可这样做。王安石发怒，想要加罪于苏辙，陈升之劝阻王安石，于是贬苏辙为河南府（宋朝的西京，即今河南洛阳市）推官。

【纲】九月，施行青苗法。 【目】起初，陕西转运使李参因辖区内戍守的士卒众多，而粮食贮存不充足，便令百姓估算粮食收成的赢余，官府先贷钱给他们，等到谷子熟了以后归还贷款，号称"青苗钱"。经过几年，仓库中有了余粮。到这时条例司奏请："将各路常平仓、广惠仓的钱谷，按照陕西路青苗钱的做法，百姓愿意预借贷的借给他们，令出利息二分（百分之二十），随夏税秋税一起缴纳，愿意交钱的听从其便；如果遇到灾害，允许延期到丰收时再缴纳。这种做法不仅足以抵御灾荒的患害，而且百姓既已接受了官府的贷款贷粮，那么豪富兼并之家，也不能乘青黄不接之机谋取高息暴利。另外，常平仓、广惠仓贮存的谷物，积压很多，一定要等到荒年物价贵时再出售，所受益的不过

其入，是亦先王散惠兴利，以为耕敛补助之意也。欲量诸路钱谷多寡，分遣官提举，每州选通判幕职官一员，典干转移出纳，仍先自河北、京东、淮南三路施行，俟有绪推之诸路。"诏曰："可。"乃出内库缗钱百万，籴河北常平粟，而常平、广惠仓之法遂变为青苗矣。

初，王安石既与吕惠卿议定，出示苏辙等曰："此青苗法也，有不便以告，勿疑。"辙曰："以钱贷民，本以救民。然出纳之际，吏缘为奸，虽有法不能禁；钱入民手，虽良民不免妄用；及其纳钱，虽富民不免逾限；如此，则恐鞭箠必用，州县之事烦矣。"安石曰："君言诚有理，当徐思之。"由是逾月不言青苗。

会京东转运使王广渊言："春农事兴而民苦乏，兼并之家得以乘急要利。乞留本道钱帛五十万，贷以贫民，岁可获息二十五万。"从之。其事与青苗法合，安石始以为可用。召广渊至京师与之议，于是决意行焉。

【纲】以吕惠卿为崇政殿说书。 【目】王安石荐惠卿为太子中允、崇政殿说书。司马光谏曰："惠卿憸巧，非佳士，使王安石负谤于中外者皆其所为。安石贤而愎，不闲世务，惠卿为之谋主，而安石力行之，故天下并指为奸邪。近者进擢不次，大不厌众心。"帝曰："惠卿进对明辩，亦似美才。"光对曰："惠卿诚文学辩捷，然用心不正，愿陛下徐察之。江充、李训若无才，何以动人主？"帝默然。

是城市中游手好闲的人。现在计算整个一路的谷物有多少，贵时减价出售，贱时加价收购，以增加积蓄，平抑物价，使农民可以根据农时从事耕作，而兼并之家无法乘人之危。凡此种种都是为百姓考虑，而官府得不到利益，这也是先王施惠兴利，以补助农耕的用意。希望估算各路钱粮多少，分别派遣官员负责监督实行，每州选择通判、幕职官员各一名，负责财物的转运和出纳，仍旧先在河北、京东、淮南三路施行（河北路治所大名府，在今河北大名县东。京东路治所开封府。淮南路治所扬州城，即今江苏扬州市），等施行有了头绪，再在其他各路推行。"下诏说："可以。"于是出内库钱百万贯，买进河北常平仓的粮食，而常平仓、广惠仓的制度就改变成为青苗法了。

当初，王安石已与吕惠卿商议决定实行青苗法，把方案拿出来让苏辙等人看，说："这是青苗法，有不便之处，请告诉我们，不要多心。"苏辙说："把钱贷给百姓，本意在于救助百姓。可是在钱粮贷出收回之际，官吏借机为奸，虽然有法令，也难以禁止。贷款一到百姓手里，即使是良民，也不免随意使用；等到还钱时，虽然是富民，也不免过期不还；这样，官府恐怕就要动用鞭箠加以催逼，州县官府的事就麻烦多了。"王安石说："你说的话确实有道理，容我慢慢思考。"因此一个多月没有谈及青苗法。

正好京东转运使王广渊上书说："春天农事繁忙而百姓苦于缺钱，富豪兼并之家得以乘机谋利。请求留下本道钱帛五十万，贷给贫民，每年可获得利息二十五万。"朝廷听从了这个建议。这件事和青苗法相似，王安石方才认为青苗法可以实行。因此召王广渊到京师来，和他商议，于是决心实行青苗法。

【纲】任命吕惠卿为崇政殿说书。 【目】王安石推荐吕惠卿为太子中允、崇政殿说书。司马光劝谏神宗说："吕惠卿奸险乖巧，不是良士，使王安石受到朝廷内外抨击的，都是他的所作所为造成的。王安石贤而刚愎自用，不通时务，吕惠卿为王安石出谋划策，而王安石大力推行，所以天下人把他们两人同样指为奸邪之人。近来对吕惠卿破格提拔，很难服众人之心。"神宗说："吕惠卿在对答时说得明白，有口才，好像也是美才。"司马光回答说："吕惠卿确实有文才能言善辩，然而心

光又贻书安石曰："谄谀之士,于公今日诚有顺适之快,一旦失势,将必卖公自售矣。"安石不悦。

【纲】冬十月,富弼罢。 【目】王安石用事,雅不与弼合。弼度不能争,多称疾求退,章数十上。帝曰:"卿即去,谁可代卿者?"弼荐文彦博。帝默然良久,曰:"王安石何如?"弼亦默然。遂出判亳州。弼恭俭孝敬,好善疾恶,常言:"君子与小人并处,其势必不胜。君子不胜,则奉身而退,乐道无闷;小人不胜,则交结构扇,千岐万辙,必胜而后已。待其得志,遂肆毒于善良,求天下不乱,不可得也。"

【纲】以陈升之同平章事。 【目】升之既相,帝问司马光曰:"近相升之,外议云何?"对曰:"闽人狡险,楚人轻易。今二相皆闽人,二参政皆楚人,必将援引乡党之士,充塞朝廷,风俗何以更得淳厚。"帝曰:"升之有才智,晓民政。"光曰:"但不能临大节不可夺耳。凡才智之士,必得忠直之人从旁制之,此明主用人之法也。"帝又曰:"王安石何如?"对曰:"人言安石奸邪,则毁之太过;但不晓事,又执拗耳。"

【纲】城绥州。 【目】初,夏主秉常寇秦州,复上誓表,请纳安远、塞门二砦以乞绥州,诏将许之,鄜延宣抚郭逵上言曰:"此正商於六百里之策也。非先交二砦,不可与绥。"朝议以为然,赐以誓诏,逵命机宜文字赵卨等如夏,卨以夏人渝盟,请城绥州不以易二砦,从之,改名绥德城。

术不正,希望陛下慢慢考察他。汉武帝时的江充、唐文宗时的李训如果无才能,怎么能影响人主呢!"神宗听后默然不语。司马光又致书王安石说:"谄媚阿谀的人,对你今天来说,诚然有顺从适意的快乐,一旦你失势,他肯定会出卖你开脱自己的。"王安石听后很不高兴。

【纲】冬十月,富弼罢相。 【目】王安石当权,与富弼不和。富弼估计自己不能和王安石抗衡,多次称病请求去职,奏章上呈了几十次。神宗说:"你既然离去,谁可以接替你呢?"富弼推荐文彦博。神宗沉默了很久,说:"王安石怎么样?"富弼也沉默不回答。于是富弼罢去相职,出任为亳州(治谯县,即今安徽亳州市)知州。富弼为人恭俭孝敬,乐善嫉恶,经常说:"君子与小人相处,君子势必不能取胜。君子不胜,就洁身而退,乐守道义而不郁闷。小人不胜,就勾结煽惑,千方百计,必胜而后已。待他得志,便对善良之士大肆迫害,想天下不乱,是不可能的。"

【纲】任命陈升之为同平章事。 【目】陈升之担任宰相以后,神宗问司马光说:"最近任命陈升之为相,外面怎么议论?"司马光回答说:"闽人狡诈奸险,楚人轻浮不稳重。现在二位宰相都是闽人,二位参知政事都是楚人,这样必然要引荐本地人士,充斥于朝廷,风气怎么能改变得淳厚!"神宗说:"陈升之有才智,通晓民政事务。"司马光说:"但是他没有临大节而不可夺的气节。凡是才智之士,一定要有忠诚正直的人在他身边加以制约,这是圣明的君主的用人之道。"神宗又说:"王安石怎么样?"司马光回答说:"有人说王安石奸邪,这是诋毁得太过分了,但是他不通时务,又很执拗。"

【纲】建筑绥州城(治龙泉县,即今陕西绥德县)。 【目】当初,西夏君主李秉常进犯秦州(治成纪县,即今甘肃天水市),又呈上誓表,请求献纳安远、塞门二寨来交换绥州。准备下诏应允,鄜延宣抚使郭逵上书说:"这正是秦朝所谓献商、於之地六百里来欺骗楚国的计策。非先交出二寨,不可给绥州。"朝廷议论认为确实是这样,便赐给李秉常以立有誓言的诏书。郭逵命机宜文字赵卨等人出使西夏。赵卨因为西夏人违背盟约,建议建筑绥州城,而不用它来交换二寨,下诏听从,改绥州城名为绥德城。

【纲】十一月，命韩绛制置三司条例。 【目】初，陈升之欲傅会王安石以固其位，安石亦患正论盈廷，引升之为助。升之知其不可，而竭力为之用；安石德之，故先使正相位。升之既相，乃时为小异，阳若不与之同者。因言于帝曰："宰相无所不统，所领职事，岂可称司，请罢制置三司条例司。"由是二人遂判，安石乃荐绛共事。安石每奏事，绛必曰："臣见安石所陈非一，皆至当可用，陛下宜省察。"安石恃以为助。

【纲】十二月，下龙图阁学士祖无择秀州狱，贬为忠正节度副使。 【目】初，无择与王安石同知制诰，安石尝辞一人所馈润笔物，不获，取置诸院梁上。安石忧去，无择用为公费，安石闻而恶之。及安石得政，乃讽监司求无择罪。会知明州苗振以贪闻，御史王子韶使两浙廉其状，因迎安石意，遂连无择在杭州贪贿。时无择知通进银台司，自京师逮赴秀州狱。巧诋无所得，遂诬以他事，调为忠正军节度副使。无择以言语、政事为时名卿，被诬放弃，士论惜之。

【纲】增置宫观官。 【目】帝以监司郡守有老不任职者，则与闲局，王安石亦欲以处异议者，遂增置三京留司、御史台、国子监及诸州宫观官使，不限员。

【纲】以张载为崇文院校书，寻辞归。 【目】载，长安人，少喜谈兵，至欲结客取洮西之地。年二十，以书谒范仲淹，仲淹谓之曰："儒者自有名教可乐，何事于兵！"因劝之读中庸。载读其书，犹以为未足，又访诸释、老，累年究极其说，知无所得，反而求之《六经》，与程颢、程颐论道学之要，涣然自信曰："吾道自足，何事傍

【纲】十一月，任命韩绛掌管三司条例司。　【目】起初，陈升之想迎合王安石以巩固自己的地位，王安石也担心满朝议论纷纷，所以引用陈升之支持自己。陈升之知道王安石的新法行不通，但还是竭力为王安石出力，王安石感激他，所以先让陈升之做宰相。陈升之担任宰相以后，便经常提出一点不同意见，表面上好像不和王安石一样。有一次对神宗说："宰相应该无所不管，所管辖的部门，怎么可以称为司！请求废置制置三司条例司。"因此二人分裂，王安石就推荐韩绛与自己共事。王安石每次上奏，韩绛必定说："臣见王安石的建议很多，都极为切当，可以施行，陛下应该加以省察。"王安石依仗韩绛来帮助自己。

【纲】十二月，将龙图阁学士祖无择关进秀州（治所嘉兴县，即今浙江嘉兴市）监狱，贬为忠正军（治所下蔡县，即今安徽凤台县）节度副使。　【目】当初，祖无择与王安石同任知制诰，王安石曾经拒收一个人送的润笔费，没有推辞掉，便放在翰林院房梁上。王安石因母丧去职，祖无择把润笔费作为公费用了，王安石知道以后很厌恶他。等到王安石当权以后，就暗示监察部门查找祖无择的罪过。正遇明州（治所鄞县，即今浙江宁波市）知州苗振以贪污案被揭发，御史王子韶出使两浙地区去查察苗振的罪状，因而迎合安石的意旨，就株连祖无择，说他在杭州时贪赃受贿。当时祖无择任职知通进银台司，便将他从京城押送到秀州监狱，对他百般诋毁而查不出贪贿事实，于是诬以别事，把他调任为忠正军节度副使。祖无择以才、政绩成为当时的名臣，被诬陷贬官，士大夫们的舆论对他表示惋惜。

【纲】增加宫观使的官员。　【目】神宗对监察部门和地方州郡长官有老迈不堪任职的，就授与闲散之官，安石也想用以安置那些与自己政见不同的人，于是增加三京留司、御史台、国子监和各州宫观使，员额不限。

【纲】任命张载为崇文院校书，不久辞职还乡。　【目】张载，是长安人，年轻时喜欢谈论军事，甚至想联合别人一起攻取被西夏占领的洮西之地。二十岁时，上书拜见范仲淹，范仲淹对他说："儒者自有名教可以自得其乐，何必研讨军事！"因此劝告他读《中庸》。张载读过《中庸》，还觉得不满足，又探讨佛教、老庄之学，多年深入研究他们

求。"于是尽弃异学,淳如也。举进士,调云岩令,以敦本善俗为先。每月吉,具酒食,召乡人高年会县庭,亲劝酬之,使人知养老事长之义,因访民疾苦,及告所以训戒子弟之意。

帝初即位,一新百度,思得才哲之士谋之,吕公著荐载有古学,召见,问治道,载对曰:"为政不法三代者终苟道也。"帝悦,以为崇文校书。一日见王安石,安石问以新政。载曰:"公与人为善则人以善归公,如教玉人琢玉,则宜有不受命者矣。"未几移疾,屏居南山下。

【纲】庚戌,三年,春正月,罢判尚书省张方平。 【目】初,帝欲用王安石,方平以为不可。方平寻以丧去,服阕,以观文殿学士判尚书省。安石言留之不便,遂出知陈州。及陛辞,极论新法之害,帝为之怃然。未几召为宣徽北院使,留京师,安石深沮之,方平亦力求去,乃复出判应天府。

【纲】二月,河北安抚使韩琦请罢青苗法。王安石称疾不朝,诏谕起之。 【目】河北安抚使韩琦上疏曰:"臣准散青苗诏书,务在惠小民,不使兼并乘急以要倍息,而公家无所利其入。今所立条约,乃令乡户及坊郭户,借钱一千,纳一千三百,是官自放钱取息,与初诏相违。又条约虽禁抑勒,然不抑勒,则上户必不愿请,下户虽或愿请,请时甚易,纳时甚难,将来必有督索同保均赔之患。陛下躬行节俭,以化天下,自然国用不乏,何必使兴利之臣,纷纷四出,以致远迩之疑哉。乞罢提举官,第委提点刑狱,依常平旧法施行。"帝袖

的学说，没有什么收获，反过来又研读《六经》。他和程颢、程颐讨论道学的要义，心无所疑，自信地说："吾道自可满足，何必追求其他的东西！"于是放弃异端之学，专心研究道学。他考中进士，后任云岩县（在今陕西宜川县西北）县令。在任期间以重视农业、改善风俗为首要工作，每月初一，准备好酒饭，召集村中年老的乡亲到县治的庭院里会餐，亲自劝勉酬劳他们，使人们知道侍奉老人尊敬长者的道理，借此访问民间疾苦，并且告知如何训诫后生子弟之意。

神宗即位之初，百事更新，想得到有才智的贤哲之士进行商谋，吕公著推荐张载通古学，于是召见，问以治世之道。张载回答说："为政不取法于夏商周三代的，终归是苟且求安之道。"神宗听了很高兴，任命他为崇文院校书。一天，张载见到王安石，王安石问他对新法的意见，张载说："您与人为善，别人就会把善事归之于您；如果教授玉工雕琢玉石，就可能有不听命的人了。"不久，声称有病，隐居于终南山下。

【纲】熙宁三年（庚戌，1070），春正月，罢免主持尚书省职务的张方平。　　【目】起初，神宗想任用王安石，张方平认为不行。张方平不久因服丧离职，服丧期满以后，以观文殿学士身份主持尚书省，王安石对皇帝说，把张方平留任现职不妥，因此命他出任陈州（治所宛丘县，即今河南周口市淮阳区）知州。到上殿辞行时，极力陈述新法的弊害，神宗听后怅然若失。不久，把他召回任宣徽北院使，留在京师。王安石竭力阻挠反对，张方平自己也坚决请求去职，于是又让他出京担任判应天府的职务。

【纲】二月，河北安抚使韩琦上疏请求停止实行青苗法。王安石称病不上朝，下诏安慰王安石让他继续出来工作。　　【目】河北安抚使韩琦上疏说："臣考虑有关青苗法诏书的精神，务在使小民受到实惠，不让富家兼并者乘机谋取暴利，而官府并不图从中获利。但是现在制订的条约，却是让乡户和坊郭户借钱一千，归还一千三百，这是官府自己放钱取息，和当初诏书上的本意相违背。另外，条约虽然提到禁止强制摊派，但是不强制摊派，上等户就不会申请贷款，下等户虽然想要申请，但贷款时很容易，还钱时就很难了，将来肯定会有督催索还贷款、令同保之内共同赔偿贷款的后患。陛下自身实行节俭，用来教化天下国家费

其疏以示执政曰:"琦真忠臣,虽在外不忘王室。朕始谓可以利民,今乃害民如此!且坊郭安得青苗,而使者亦强与之。"王安石勃然进曰:"苟从其所欲,虽坊郭何害!"因难琦奏曰:"如桑弘羊笼天下货财以奉人主私用,乃可谓兴利之臣。今陛下修周公遗法,抑兼并,振贫弱,非所以佐私欲,安可谓兴利之臣乎!"帝终以琦说为疑,安石遂称疾不出。

帝谕执政罢青苗法,赵抃请俟安石出。安石求去,帝命司马光草答诏,有"士夫沸腾,黎民骚动"之语。安石抗章自辩,帝为巽辞谢之,且命吕惠卿谕旨。韩绛又劝帝留安石,安石入谢,因言:"中外大臣、从官、台谏朋比,欲败先王正道以沮陛下,此所以纷纷也。"帝以为然。安石乃起视事,持新法益坚。以琦奏付条例司,令曾布疏驳,刊石颁之天下。琦申辩愈切,且论安石妄引周礼以惑上听,皆不报。

【纲】以司马光为枢密副使;固辞不拜。 【目】光素与王安石厚,及行新法,贻书开陈再三,又与吕惠卿辩论于经筵,安石不乐。帝欲大用光,访之安石,安石曰:"光外托劘上之名,内怀附下之实,所言尽害政之事,所与尽害政之人,而欲置之左右使预国论,此消长之机也。光才岂能害政,但在高位,则异论之人倚以为重。韩信立汉赤帜,赵卒夺气,今用光,是与异论者立赤帜也。"

用自然不会匮乏，何必让那些兴利的大臣纷纷四出，以招致远近的疑惑呢！请求罢去提举官，只委任提点刑狱，按照以前常平仓的旧法施行。"神宗从袖子里把韩琦的奏疏拿给执政大臣看，说："韩琦真是个忠臣，虽然身在外地，但是不忘朝廷。朕原以为青苗法可以利民，现在却害民如此！而且城市的坊郭哪里会有青苗，而使者却强行摊派！"王安石冲动地进言："如果满足了他们的要求，虽然是城市的坊郭有什么害处！"因而非难韩琦的奏疏说："像桑弘羊垄断天下财物以供人主私用，那样才可以叫兴利之臣。现在陛下遵行周公所遗之法，抑止兼，赈济贫弱，并非以此助足个人私欲，怎么可以叫兴利之臣呢！"神宗还是对韩琦上疏所说的犹疑不定，王安石因此称病不出。

神宗吩咐执政大臣停止实行青苗法，赵抃请求等王安石离开朝廷后宣布。王安石奏请离职，神宗命司马光起草批复的诏书，其中有"士大夫议论沸腾，黎民百姓骚动"的话，王安石上奏章竭力为自己辩解，神宗用谦逊委婉的话安慰他，又命吕惠卿将旨意明白告诉王安石。韩绛又劝神宗留王安石，王安石入宫谢恩，因而说道："朝廷内外的大臣、侍从官员、御史台的谏官们，朋比勾结，想败坏先王的正道来阻挠陛下，这才造成纷纷扰扰的局面。"神宗认为是这样。王安石于是又出面任职，主持新法更加坚决。把韩琦的奏疏交付条例司，命曾布著文批驳，刊刻于石碑颁布天下。韩琦的申辩愈加激烈，而且论述王安石妄引《周礼》来惑乱君主，都没有得到神宗的回答。

【纲】任命司马光为枢密副使；司马光竭力推辞，不接受任命。【目】司马光向来和王安石私交很深，等到推行新法，致书王安石，再三开导陈说，加以劝阻，又和吕惠卿在经筵上进行辩论，王安石感到不高兴。神宗想重用司马光，访求王安石的意见，王安石说司马光表面上假托直言切谏之名，内心里却怀着讨好群下之实，他所说的都是危害国政的事，所接近的都是危害国政的小人，而陛下想把他安置在身边使他参预讨论国家大事，这是治乱兴衰的关键。司马光的才能岂能危害政事。但是他处于高位，对变法持不同看法的人就会借重他。韩信树立起汉王的赤色旗帜，赵国的士兵为之士气低落；现在任用司马光，就是为反对变法的人树立起赤色的旗帜。"

及安石称疾不出,帝乃以光为枢密副使。光辞曰:"陛下所以用臣,盖察其狂直,庶有补于国家。若徒以禄位荣之,而不取其言,是以天官私非其人也。臣徒以禄位自荣,而不能救生民之患,是盗窃名器,以私其身也。陛下诚能罢制置条例司,追还提举官,不行青苗、助役法,虽不用臣,臣受赐多矣。青苗之散,使者恐其逋负,必令贫富相保;贫者无可偿,则散而之四方,富者不能去,必责使代偿,十年之外,贫者既尽,富者亦贫,常平又废,加之以师旅,因之以饥馑,民之羸者必委死沟壑,壮者必聚而为盗贼,此事之必至者也。"疏凡九上,帝使谓之曰:"枢密,兵事也,官各有职,不当以他事为辞。"光对曰:"臣未受命,则犹侍从也,于事无不可言者。"会安石复起视事,乃下诏允光辞,收还敕诰。知通进银台司范镇封还诏旨者再,帝以诏直付光,不由门下。镇奏曰:"由臣不才,使陛下废法。"乞解其职,许之。

【纲】解韩琦河北安抚使。　【目】琦以论青苗不见听,上疏请解河北安抚使,止领大名府路。王安石欲沮琦,即从之。

【纲】三月,始以策试进士。　【目】初,同知贡举吕公著在贡院中密奏言:"天子临轩策士而用诗赋,非举贤求治之意,乞出自宸衷以咨访治道。"至是上御集英殿试进士,遂专用策,赐叶祖洽以下三百人及第出身。祖洽策言:"祖宗多因循苟简之政,陛下即位革而新之。"得擢第一。时直史馆苏轼谓"祖洽诋祖宗以媚时宰,而魁多士,何以正风化!"乃拟答进士策献之。上以示王安石,安石言"轼才亦高,但所学不正,又以不得逞之故,其言遂跌荡至此",数请绌之。

等到王安石称病不出，神宗就任命司马光为枢密副使。司马光推辞说："陛下之所以任用臣，大概是看出臣之疏狂耿直，可能对国家有补益。如果仅仅是用官爵俸禄来使臣荣耀，而不听取臣的意见，那是把国家的官职私授给不应该做这个官的人。臣只以高官厚禄自我荣耀，而不能救助百姓免于痛苦，这是盗窃名号爵位以利己的自私行为。陛下如果真能废除制置条例司，召回提举官，不再施行青苗法、助役法，即使不任用臣，臣所受赐益也很多了。发放青苗钱，使者担心拖欠不还，一定要让贫富百姓之间互相担保。贫户无法偿还，就会流亡四方，富户不能离家出走，定要责使代为贫户偿还。十年以后，贫户逃光了，富户也成了贫户，常平仓又被废止了，加上有战争发生，再遇有荒年饥岁，百姓中的羸弱者必定死于沟壑，强壮者必定聚而为盗贼，这是事情发展必定会到达的结果。"上疏九次，神宗派人对司马光说："枢密使，是掌管军事的，为官各司其职，不应该以别的原因而拒绝任职。"司马光回答说："臣未接受任命，那末还是侍从之臣，对国事没有不可言的。"正遇王安石再出任职，于是下诏允许司马光的辞让，收回任命为枢密副使的敕诰。掌管通进银台司的范镇两次封还诏旨，神宗就不经过门下省，直接把诏书交给司马光。范镇上奏说："因为臣无才能，使陛下破坏了法度。"请求解除自己的官职，神宗允许了。

【纲】解除韩琦河北安抚使的职务。 【目】韩琦因为建议废止青苗法不被采纳，上疏请求解除自己河北安抚使的职务，只掌管大名府路。王安石正想排挤韩琦，就答应了韩琦的请求。

【纲】三月，开始以策论考试进士。 【目】起初，同知贡举吕公著在贡院中密奏神宗说："天子亲自来到殿上主持考试，而只考诗、赋，不符合选举贤能以求治国的本意。请求按照陛下的心意，对应试者咨访以治国之道。"这时神宗亲自在集英殿上考试进士，就专门试策论，赐叶祖洽以下三百人为进士及第或进士出身。叶祖洽的策论中说："祖宗施政多因循守旧，权宜简易，陛下即位后加以革新。"得以被擢升为第一名。当时直史馆苏轼说："叶祖洽诋毁祖宗来取媚当权宰相，而被录取为魁首，怎么能端正风气！"于是依策论体撰写了《答进士策》进献神宗。神宗出示给王安石看，王安石说："苏轼才很高，但是所学不正，

【纲】置刑法科。

【纲】贬知审官院孙觉知广德军。 【目】帝初即位,觉为右正言,以言事忤帝意,罢去。王安石早与觉善,将援以为助,自知通州召还,累改知审官院。时吕惠卿用事,帝问于觉,觉对曰:"惠卿辩而有才,过于人数等,特以为利之故,屈身安石。安石不悟,臣窃以为忧。"帝曰:"朕亦疑之。"青苗法行,首议者谓:"周官泉府,民之贷者至输息二十而五,国事之财用取具焉。"觉条奏其妄曰:"成周赊贷,特以备民之缓急,不可徒与也,故以国服为之息。然国服之息,说者不明,郑康成释经乃引王莽计赢受息,无过岁什一为据。不应周公取息重于莽时,况国用专取具于泉府,则冢宰九赋将安用邪!圣世宜讲求先王之法,不当取疑文虚说以图治。"安石览之怒,始有逐觉意。会曾公亮言畿县散青苗钱,有追呼抑配之扰。安石遣觉行视虚实,觉言:"民实不愿与官相交,望赐寝罢。"遂坐奉诏反覆,贬知广德军。

【纲】夏四月,贬御史中丞吕公著知颍州。 【目】青苗法行,公著上疏曰:"自古有为之君,未有失人心而能图治,亦未有胁之以威,胜之以辩,而能得人心者也。昔日之所谓贤者,今皆以此举为非,而主议者一切诋为流俗浮论,岂昔皆贤而今皆不肖乎!"会帝使公著举吕惠卿为御史,公著曰:"惠卿固有才,然奸邪不可用。"王安石以是积怒公著,诬其言"韩琦欲因人心如赵鞅兴晋阳之甲以逐君

又因为不得志的缘故，所以言论才放纵到这种地步。"几次请求贬黜苏轼。

【纲】考试设立刑法科。

【纲】贬黜知审官院孙觉为知广德军（今安徽广德县）。【目】神宗刚刚即位时，孙觉任右正言，因为议事不顺从神宗意旨，被罢官。王安石早先和孙觉友善，准备援引他来帮助自己推行新法，于是把他从通州（治所静海县，即今江苏南通市）知州任上召回京城，逐步提拔为知审官院。当时吕惠卿正当权得势，神宗向孙觉问起吕惠卿，孙觉回答说："吕惠卿善辩而有才，胜过常人数倍，只因为了私利，才屈身依附王安石。王安石不省悟，臣私下里很为此忧虑。"神宗说："我也怀疑他。"青苗法实行以后，首先倡议的人说："《周官》上说的泉府（掌管国家税收和收购滞销货物的机构），百姓借贷者要交纳百分之二十五的利息，国家的钱财费用都取之于此。"孙觉上疏驳斥这样说法的错误说："周朝时放贷，是特别准备百姓急需之用的，但不能白白给予，所以要以国服作为利息。然而什么是国服之息，解释者说不明白，汉代郑康成注释经书，竟援引王莽时计算盈余收取利息不超过每年十分之一作为根据。周公时收息不应该比王莽时重，况且国家财用全取自泉府，那么冢宰（周代官名）收取的九种赋税还有什么用处呢！当代应该讲求遵循先王之道，不应当采取含混不清的说法作为励精图治的依据。"王安石看过之后很生气，开始有赶走孙觉的想法。正遇曾公亮讲京郊各县发放青苗钱，有追迫强行摊派的扰民行为。王安石派遣孙觉巡视此事的真假，孙觉说："百姓确实不愿意和官府打交道，希望停止实行青苗法。"因此治孙觉以奉诏反覆之罪，把他贬为知广德军。

【纲】夏四月，贬御史中丞吕公著为颍州（治汝阴县，即今安徽阜阳县）知州。【目】青苗法实行以后，吕公著上疏说："自古以来有作为的君主，没有失去人心而能达到天下大治的，也没有对百姓加以威胁逼迫、强辞夺理，而能赢得人心的。往日被称为贤者的人，现在都认为行青苗法是错误的，而主张推行新法的人都把这些人的看法诋毁为平庸浅薄之论，难道这些人从前都贤现在都变成不肖了吗！"正遇神宗让吕公著举荐吕惠卿任御吏，吕公著说："吕惠卿固然有才，但是为人奸

侧之恶"，贬知颍州。

【纲】赵抃罢。【目】安石持新法益坚，抃大悔恨，上疏言："制置条例司，建使者四十余辈，骚动天下。安石强辩自用，诋公论为流俗，违众罔民，顺非文过。近者，台谏侍从多以言不听而去，司马光除枢密不肯拜。且事有轻重，体有大小。财利于事为轻，而民心得失为重。青苗使者于体为小，而禁近耳目之臣用舍为大。今去重而取轻，失大而得小，惧非宗庙、社稷之福也。"奏入，恳求去位，乃出知杭州。抃长厚清修，为政善因俗施教，宽猛不同，以惠利为本，韩琦称为人中表仪，己不及也。

【纲】以韩绛参知政事。

【纲】以李定为监察御史里行。罢知制诰宋敏求、苏颂、李大临。【目】定少受学于王安石，举进士，为秀州判官。孙觉荐之朝，召至京师。知谏院李常见之，问曰："君从南方来，民谓青苗法如何？"定曰："民便之，无不喜者。"常曰："举朝方共争是事，君勿为此言。"定即往白安石，且曰："定但知据实以言，不知京师乃不许。"安石大喜，立荐对。帝问青苗事，定曰："民甚便之"。于是诸言新法不便者，帝皆不听。命定知谏院，宰相言："前无选人除谏官之比。"遂拜监察御史里行。知制诰宋敏求、苏颂、李大临言："定不由铨考擢授朝列，不缘御史荐寘宪台，虽朝廷急于用才，度越常格，然骤紊法制，所益者小，所损者大。"封还制书。诏谕数四，颂等执奏不已，并坐累格诏命，落知制诰。天下谓之"三舍人"。

邪,不可任用。"王安石因此对吕公著更为恼怒,诬告他说过"韩琦想凭借人心,像赵鞅在晋阳兴兵去清除君主身边的恶人"的话,因此被贬为颍州知州。

【纲】赵抃被罢免。 【目】王安石推行新法更为坚决,赵抃大为悔恨,上疏说:"制置三司条例司派往各地的使者四十余人,使天下骚扰动荡。王安石好为强辩,刚愎自用,诋毁公论为流俗,违背众意,欺骗百姓,文过饰非。近来,御史台谏官和皇帝左右侍从,多因提出建议不被采纳,离职而去,司马光被任为枢密副使而不肯接受任命,而且事有轻重,体有大小。对于事来说,财物货利为轻,而民心的得失为重;对于体来说,青苗法的使者为小,而君主身边的耳目之臣的任免为大。现在舍重而取轻,失大而得小,恐怕不是国家之福。"奏章上呈后,恳切请求辞职,于是被外调任杭州知州。赵抃是位忠厚清廉有修养的长者,从政作官,善于因俗施教,宽严不同,都以惠民利民为根本。韩琦称他为人中表率,自己不如他。

【纲】任命韩绛为参知政事。

【纲】任命李定为监察御史里行。罢免知制诰宋敏求、苏颂、李大临。 【目】李定早年跟随王安石学习,后来考中进士,任秀州判官。孙觉向朝廷推荐,把他召到京师。知谏院李常看见他,问道:"你从南方来,百姓说青苗法如何?"李定说:"百姓认为有利,没有不高兴的。"李常说:"整个朝廷正在争论这件事,你不要说这样的话。"李定马上到王安石那里去说:"我只知道根据事实说话,不知道京师里不许这样说。"王安石听后很高兴,立即推荐给神宗召见他。神宗询问他有关青苗法的事,李定说:"百姓感到很有利。"于是各种说新法不可行的人,神宗都听不进去。任命李定为知谏院,宰相说:"以前没有由候选的低级官吏直接任命为谏官的事例。"于是任命李定为监察御史里行。知制诰宋敏求、苏颂、李大临说:"李定不通过铨选考察,就被擢升于朝官之列,没有经过御史推荐就安置到御史台,虽然朝廷急于进用人才,超越常格,然而损坏紊乱法制,所得到的益处小,所损失的大。"把任命李定的制书封好退回。神宗四次下诏说明此事,但苏颂等人仍然坚持己见,于是一起被治以再三阻格诏命之罪,罢去知制诰之职。当时人们称

【纲】罢监察御史里行程颢、张戬、右正言李常,以谢景温为侍御史知杂事。 【目】颢言:"自古兴治立事,未有中外人情交谓不可而能有成者。正使侥幸小有事成,而兴利之臣日进,尚德之风浸衰,尤非朝廷之福。"帝令颢诣中书议,安石方怒言者,厉色待之。颢徐言曰:"天下事非一家私议,愿平气以听之。"安石为之愧屈。

戬与台官王子韶论新法不便,乞召还孙觉、吕公著。戬又上疏论王安石乱法,曾公亮、陈升之依违不能救正,韩绛左右徇从,李定以邪谄窃台谏,吕惠卿刻薄辩给,假经术以文奸言,岂宜劝讲君侧。又诣中书争之,安石举扇掩面而笑,戬曰:"戬之狂直,宜为公笑,然天下之笑公者不少矣。"陈升之从傍解之,戬曰:"公亦不得为无罪。"升之有愧色。

常上言:"均输青苗,敛散取息,傅会经义,何异王莽猥析《周官》片言以流毒天下。"安石遣所亲密谕意,常不为止。又言:"州县散常平钱实不出本,勒民出息。"帝诘安石,安石请令常具官吏主名;常以非谏官体,不奉诏。

安石既积怒言者,而颢等以言不行,亦各乞罢,乃罢常通判滑州,戬知公安县,子韶知上元县。安石素善颢,及是虽不合,犹敬其忠信,但出为京西路提刑。颢固辞,乃改签书镇宁节度判官。数日之间,台谏一空。安石以外议纷纷,请以姻家谢景温为侍御史知杂事,帝从之。

他们为"三舍人"。

【纲】罢免监察御史里行程颢、张戬、右正言李常,任命谢景温为即知杂事的侍御史。 【目】程颢说:"自古振兴政事,建立功业,没有朝廷内外人士都认为不可行而能成功的。即使侥幸有小的成功,而兴利之臣日益进用,崇尚德行的风气日渐衰微,这尤其不是朝廷之福。"神宗命程颢前往中书省商议,王安石正恼怒进言的人,态度严厉地接待程颢。程颢慢吞吞地说:"天下大事并非一家人的私事,希望心平气和地听取别人的意见。"王安石为此感到惭愧理屈。

张戬和御吏台官员王子韶议论新法不可行,请求召回孙觉、吕公著。张戬又上疏议论此事:"王安石搅乱法度,曾公亮、陈升之模棱两可不加补救匡正,韩绛追随左右,李定用奸邪谄媚窃取谏官之职;吕惠卿刻薄诡辩,假借经术来掩盖奸邪之说,怎么能在君主身边讲解经史!"张戬又往中书省论辩,王安石举着扇子掩面而笑。张戬说:"我的疏狂直率,应该被您取笑,然而天下取笑您的人已经不少了。"陈升之在旁边进行劝解,张戬说:"您也不能算是没有罪过!"陈升之听了很惭愧。

李常上奏说:"均输法、青苗法,放贷收息,附会经文大义,和王莽曲解《周官》的片言只语来流毒天下有什么两样!"王安石派亲信秘密去劝告他,李常没有因此停止反对。又说:"州、县发放常平仓钱,其实并没有本钱,却强迫百姓交纳利息。"神宗诘问王安石,王安石请神宗下诏让李常列出有关官吏的姓名,李常认为这不符合谏官制度,不执行诏命。

王安石积怒于敢于进言反对新法的人,而程颢等人因为建议不被采纳也各自请求辞职,于是贬李常为滑州(治所白马县,即今河南滑县东北)通判,贬张戬为公安县(在今湖北公安县西北)知县,贬王子韶为上元县(在今江苏南京市境内)知县。王安石向来同程颢友善,到这时虽然政见不合,还是敬重他为人忠信,因此只把他贬为京西路提刑。程颢坚决推辞,就改为签书镇宁节度判官(镇宁节度使治所澶州城,即今河南濮阳县)。几天之内,御史台的官员和谏官几乎走空。王安石因为朝廷外面议论纷纷,请求任命他的姻亲谢景温为知杂事的侍御

【纲】五月,诏罢制置条例归中书,以吕惠卿兼判司农寺。

【纲】辽立贤良科。

【纲】分审官东、西院。六月,罢知谏院胡宗愈。 【目】旧制,文选属审官院,武选属枢密院。至是帝与王安石议分审官为东、西院,东主文,西主武,以夺枢密之权,且沮文彦博也。彦博言于帝曰:"若是则臣无由与武臣相接,何由知其才而委令之哉!"帝不听。宗愈亦力言其不可,且言:"李定非才。"帝恶之,手诏"宗愈潜伏奸意,中伤善良",罢通判真州。

监察御史陈荐言:"李定顷为泾县主簿,闻母仇氏死,匿不为服。"定自辩实不知为仇氏所生,故疑不敢服,而以侍养辞官。曾公亮谓"当行追服",王安石力主之。罢荐御史,而改定为崇政殿说书。监察御史林旦、薛昌朝、范育复言:"定不孝之人,不宜居劝讲之地。"且论安石之罪。安石又白罢三人。定亦不自安,求解说书,乃检正中书吏房直舍人院。

【纲】以朱寿昌通判河中府。 【目】寿昌父巽守京兆时,妾刘有娠而出,生寿昌,数岁乃还父家,母子不相闻者五十年。寿昌行四方求之,不得,饮食罕御酒肉,与人言辄流涕。及知广州军,与家人诀,弃官入秦,誓不见母不还。行次同州得焉,刘氏时年七十余矣。京兆守臣钱明逸以闻,诏寿昌赴阙。时言者共攻李定不服母丧,王安石力主定,因忌寿昌。及寿昌至,但付审官院折资,通判河中府。居数岁,其母卒,寿昌居丧几丧明,天下称其孝。

史，神宗听从了。

【纲】五月，下诏把制置三司条例司归属于中书省，任命吕惠卿兼判司农寺。

【纲】辽国设立贤良方正科。

【纲】把审官院分为东、西两院。六月，罢免知谏院胡宗愈。
【目】依照旧制，文官铨选属于审官院，武官铨选属于枢密院。到这时，神宗和王安石商议，把审官院分为东、西两院，东院主管文官铨选，西院主管武官铨选，以此削夺枢密院的权力，并且排挤文彦博。文彦博对神宗说："如果这样做，臣就无法和武臣们接触，从哪里知道他们的才能而委任他们呢！"神宗不听从，胡宗愈也竭力陈说这样做不妥，而且说："李定不是人才。"神宗厌恶他。亲笔写诏书说："胡宗愈内心潜怀奸意，中伤善良之士"，把他贬为真州通判。

监察御史陈荐说："李定不久前任泾县（今安徽泾县）主簿时，听到母亲仇氏去世，隐瞒而不为母亲服丧。"李定自我辩解说实在不知道自己是仇氏所生，因此生疑而不敢服丧，而是以回家侍养的名义辞官，曾公亮认为"应该追补服丧"，王安石竭力支持这一看法。于是罢免陈荐的御史职务，而改任李定为崇政殿说书。监察御史林旦、薛昌朝、范育又说："李定是不孝之人，不适合在劝讲之地任职。"并且论列了王安石的罪状。王安石又禀告神宗罢免他们三个人。李定自己心里也不安，请求解除崇政殿说书的职务，于是任命他为检正中书吏房，在舍人院值班。

【纲】任命朱寿昌为河中府通判。　【目】朱寿昌的父亲朱巽任京兆府（今陕西西安市）留守时，小老婆刘氏怀孕时被休离开朱家，生下朱寿昌。朱寿昌八岁之后，回到父亲家里，母子二人彼此不知音讯有五十年。朱寿昌走遍四方寻找母亲，没有找到，因此用饭时很少吃酒肉，和人谈起此事就流泪。等到任职为知广州军（治所广州，即今广东广州市）时，和家里人告别，放弃官职去陕西，发誓不见到母亲不返回。走到同州（治所冯翊县，即今陕西大荔县），找到了母亲，刘氏当时已经七十多岁了。京兆留守钱明逸奏报此事，下诏命朱寿昌赴京。当时谏官一致抨击李定不为母亲服丧，王安石极力袒护李定。因此忌朱寿昌。等朱寿昌

【纲】秋七月,罢吕公弼知太原府,以冯京为枢密副使。【目】公弼以王安石变法,数劝其务安静,安石不悦。公弼具疏将论之,从孙嘉问窃其稿以示安石,安石先白之,帝怒,遂罢公弼知太原府。吕氏号嘉问为"家贼"。

京为御史中丞,言:"薛向总利权无绩效,近者复除天章阁待制,于侍从为最亲,非向人材所堪处。"帝不悦,以语安石,安石请改用京,帝从之,以为枢密副使。

【纲】出直史馆苏轼通判杭州。【目】轼自直史馆议贡举与帝合,即日召见,问方今政令得失。轼对曰:"陛下天纵文武,不患不明,不患不勤,不患不断,但患求治太急,听言太广,进人太锐。愿镇以安静,待时之来,然后应之。"帝竦然曰:"卿三言,朕当熟思之。凡在馆阁,皆当为朕深思治乱,无有所隐。"轼退言于同列,王安石不悦,命权开封推官,将困之以事。

轼决断精敏,声闻益远。尝以新法不便,上疏极论,且曰:"臣之所言者三言而已,愿陛下结人心,厚风俗,存纪纲。人主所恃者人心也,自古及今未有和易同众而不安,刚果自用而不危者。祖宗以来,治财用者不过三司,今陛下又创制置三司条例司,使六七少年日夜讲求于内,使者四十余辈分行营干于外。以万乘之主而言利,以天子之宰而治财,君臣宵旰,几一年矣,而富国之功茫如捕风。青苗放钱,自昔有禁,今陛下始立成法,每岁常行,虽云不许抑配,而

来到京城,仅让审官院折算朱寿昌的资历,任命他为河中府通判。过了几年,他的母亲去世,朱昌寿为母服丧,眼睛哭得几乎失明,天下的人都称扬其孝。

【纲】秋七月,贬吕公弼为太原府(即并州,治所阳曲县,即今山西太原市)知府,任命冯京为枢密副使。 【目】吕公弼因为王安石推行变法,几次劝他以安静为务,王安石不高兴。吕公弼写好奏疏,将要论变法之事,他的从孙吕嘉问偷偷把奏疏的草稿拿给王安石看,王安石先去禀告神宗。神宗很生气,于是贬吕公弼为太原府知府。吕家的人把吕嘉问叫作"家贼"。

冯京为御史中丞,说:"薛向总管财政,没有成绩,最近又被任命为天章阁待制,这个官职在侍从官员中最为亲近,不是薛向的才能所能胜任的。"神宗听了不高兴,把这些话告诉了王安石。王安石建议改用冯京,神宗答应了,任命冯京为枢密副使。

【纲】贬直史馆苏轼为杭州通判。 【目】苏轼直史馆,议论贡举制度,和神宗的看法相同,当天被召见,询问当前政令得失。苏轼回答说:"陛下是天生的文武全才,不用担心不贤明,不用担心不勤奋,不用担心不决断;只怕求治心太急切,听取意见太多,进用人才太快。希望陛下镇定安静,等待时机到来,然后应时而动。"神宗敬惧地说道:"你说的这三句话,朕当深思熟虑,凡是在馆阁中任职的人,都应该为我深刻思考治乱之道,不要隐而不言。"苏轼退朝以后和同僚们说了此事,王安石听后不高兴,于是任命苏轼代理开封府推官,准备找机会来为难他。

苏轼为人有决断,精于敏捷,声名传播很远。曾经因为新法不可行,上疏竭力辩论,并且说:"臣所说的,不过三句话而已,希望陛下结人心,使风俗淳厚,维持纪纲。君主所依仗的,是人心,从古至今,没有和顺平易能与众人相合而不安全,刚愎自用而不危险的,自从祖宗以来,管理财政的机构,不过是三司,现在陛下又创立制置三司条例司,派六七个年轻人日夜在朝廷中研究谋划,使着四十多人分头到各地去经办。以万乘之尊的君主而言利,以天子的宰相而治财,君臣早起晚睡,几乎一年了,而富国的功效,茫然如捕风捉影。青苗放贷,以前是禁

数世之后，暴君污吏，陛下能保之乎！昔汉武以财力匮竭，用桑弘羊之说，买贱卖贵，谓之均输，于时商贾不行，盗贼滋炽，几至于乱。臣愿陛下结人心者此也。国家之所以存亡者，在道德之浅深，不在乎强与弱。历数之所以长短者，在风俗之厚薄，不在乎富与贫。臣愿陛下务崇道德而厚风俗，不愿陛下急于有功而贪富强。仁祖持法至宽，用人有序，专务掩覆过失，未尝轻改旧章。考其成功，则曰未至；言乎用兵，则十出而九败；言乎府库，则仅足而无余；徒以德泽在人，风俗知义，故升遐之日，天下归仁。议者见其末年吏多因循，事不振举，乃欲矫之以苛察，济之以智能，招来新进勇锐之人，以图一切速成之效。未享其利，浇风已成，欲望风俗之厚，岂可得哉！臣愿陛下厚风俗者此也。祖宗委任台谏，未尝罪一言者，纵有薄责，旋即超升。台谏固未必皆贤，所言亦未必皆是，然须养其锐气，而借之重权者，将以折奸臣之萌也。臣闻长老之谈，皆谓台谏所言，常随天下公议。今者物论沸腾，怨讟交至，公议所在，亦知之矣。臣恐自兹以往，习惯成风，尽为执政私人，以致人主孤立，纲纪一废，何事不生？臣愿陛下存纪纲者此也。"时王安石赞帝以独断专任，轼因试进士发策，以晋武平吴独断而克，苻坚伐晋独断而亡，齐桓专任管仲而霸，燕哙专任子之而败，事同功异为问。安石滋不悦，使侍御史谢景温论奏其过，穷治无所得。轼遂请外，通判杭州。

【纲】八月，夏人寇环、庆州，以韩绛为陕西宣抚使。

【纲】九月，以曾布为崇政殿说书，判司农寺。　【目】王安石常

止的。现在陛下开始订立一定的法规,每年都执行,虽说不许强行摊派,可是几代以后,如果出现暴君污吏,陛下能保证他不这样做吗!过去汉武帝因为财力匮乏,采用桑弘羊的建议,贱买贵卖,称为均输法,当时出现商贾不行,盗贼兴起,几乎酿成大乱的局面。臣希望陛下结人心,正是考虑到这个情况。国家之所以存亡,在于道德的深浅,不在于国力的强与弱。王朝存亡时间之所以长短,在于风俗的厚薄,不在于富与贫。臣希望陛下专心崇尚道德而使风俗淳厚,不希望陛下急于建立功业而贪求富强。仁祖(仁宗皇帝)时执法极宽,用人有一定程序制度,一心弥补过失,从没有轻易改变旧法。考察仁祖是否成就功业,可以说没有达到;谈到用兵,则十出而九败;说到府库,可以说仅够支出而没有剩余。只因恩泽施于百姓,风俗尚义,所以仁祖去世之日,天下称之为仁。建议变法的人见到仁祖末年官吏多因循守旧,事业不能振兴,便想用苛察的办法来矫正这种局面,辅之以才智,招来急于进取的人,企图达到一举成功的功效。但是未能享受到利益,浇薄之风已经形成,再想风俗变得淳厚,怎么能达到呢!臣希望陛下崇尚风俗淳厚,正是考虑到这一点。祖宗时任用台谏官,从来没有对一个进谏的人加以治罪,即使稍有责罚,不久就会越级提升,台谏官员固然未必都是贤才,所说的话未必都对,但是需要培养他们的锐气,而授予他们以重权,是用以断绝奸臣的萌生。臣听年长的老人谈起,都说台谏官说的,通常都依从天下的公论。现在议论沸腾,怨谤纷纷,公议如何,也应该知道了。臣担心从此以后,相习形成风气,朝廷中都是执政大臣的私人,以致君主处于孤立,纲纪一旦废弛,什么事不能发生!臣希望陛下维持纲纪,正是这个原因。"当时王安石正引导神宗独断专行,苏轼趁考进士之机,策试中这样发问:"晋武帝平吴,因独断而攻克,苻坚伐晋,因独断而败亡,齐桓公专任管仲而称霸诸侯,燕王哙专任子之而失败,事情相同为什么功效相异?"王安石看了很不高兴,让侍御史谢景温论奏苏轼的过失,彻底追查,没有什么结果。于是苏轼请求外任,被任命为杭州通判。

【纲】八月,西夏人侵犯环州(治所通远县,即今甘肃环县)、庆州(治所安化县,即今甘肃庆阳县),任命韩绛为陕西宣抚使。

【纲】九月,任命曾布为崇政殿说书,兼判司农寺。 【目】王安石

欲置其党一二人于经筵，以防察奏对者。吕惠卿遭父丧去职，安石遂荐布代之。布资序浅，人尤不服，寻罢。

山阴陆佃尝受经于安石，至是应举入京师。安石问以新政，佃曰："法非不善，但推行不能如初意，还为扰民。"安石惊曰："何乃尔？吾与惠卿议之。"又访外议，佃曰："公乐闻善，古所未有，然外间颇以为拒谏。"安石笑曰："吾岂拒谏者，但邪说营营，顾无足听。"佃曰："是乃所以致人言也。"明日召佃谓之曰："惠卿言'私家取债，亦须一鸡半豚'，已遣李承之使淮南质究矣。"既而承之还，诡言民无不便，佃说遂不行。

【纲】以刘庠知开封府。【目】庠不肯屈事王安石，安石欲见之。或以为言，庠曰："安石自执政，未尝一事合人情，往将何语邪！"卒不往，而上疏极言新法非是。帝曰："奈何不与大臣协心济治乎！"庠对曰："臣知事陛下而已，不敢附安石也。"

【纲】曾公亮罢。【目】公亮初嫉韩琦，故荐王安石以间之。及同辅政，知帝方向安石，凡更张庶事，一切阴助之，而外若不与同者。尝遣其子孝宽参其谋，至帝前略无所异，由是帝益信任安石；安石深德之。公亮以老求去，遂拜司空、侍中、集禧观使。苏轼尝从容责其不能救正变更，公亮曰："上与介甫如一人，此乃天也。"然安石犹以公亮不尽阿附己，于是听其罢相。

【纲】以冯京参知政事，吴充为枢密副使。
【纲】策贤良方正之士，黜台州司户参军孔文仲。【目】诏举

常常想安插一二个同党在经筵上，以监视向皇帝回答问题的人说些什么。吕惠卿因父亲去世而离职，王安石因此推荐曾布代替他。曾布的资历浅，别人更不服气，不久罢免。

山阴（今浙江绍兴市）人陆佃曾经跟王安石学习经学，这时应贡举考试来到京城。王安石向他问起新法，陆佃说："新法并非不好，但是推行起来却不能符合本意，反而扰民。"王安石吃惊地问道："怎么会这样呢？我和吕惠卿商讨过，又询问过外边的议论。"陆佃说："您之乐于听取善言，这是自古以来所没有的；但是外边却颇认为您拒绝接受劝谏的意见。"王安石笑着说："我怎么会是拒绝别人劝谏的人！可是邪说很多，不值得听取。"陆佃说："这就是招致别人议论的原因。"第二天，王安石又召见陆佃，对他说："吕惠卿说：'私人放债，也要收取一只鸡、半头猪作为利息'。已经派遣李承之到淮南地区实地去查察了。"不久李承之返京，用假话欺骗说百姓认为新法没有什么不便的，陆佃说的话也就起不了作用。

【纲】任命刘庠为开封府知府。【目】刘庠不肯屈从王安石，王安石想见他。有人把这事告诉刘庠，刘庠说："王安石执政以来，没有一件事符合人心，我去了说些什么呢！"终于没有去见，而上疏竭力论说新法不对。神宗说："为什么不和大臣同心协力去治国呢！"刘庠回答说："臣只知道奉事陛下而已，不敢阿附王安石。"

【纲】曾公亮被罢免。【目】曾公亮起初嫉妒韩琦，因此推荐王安石来离间韩琦。等到和王安石一起辅佐朝政，知道神宗偏向王安石，所以有关变法的事情，全都暗中帮助王安石，而表面上装出不和王安石相同的样子。曾经派他的儿子曾孝宽参与机谋大事，在神宗面前，表现出没有什么不同。于是神宗更加信任王安石，王安石因此深为感激他。曾公亮以年迈请求辞职，于是拜授司空、侍中、集禧观使。苏轼曾经从容地责备他不能对变法加以补救改正，曾公亮说："皇上和王安石如同一个人，这是天意啊。"但是王安石却还嫌曾公亮不肯完全阿附自己，于是听任他罢相。

【纲】任命冯京为参知政事，吴充为枢密副使。

【纲】策试贤良方正之士，贬黜台州司户参军孔文仲。【目】下诏

贤良,帝亲策之。太原判官吕陶对曰:"陛下初即位,愿不惑理财之说,不间老成之谋,不兴疆场之事。陛下措意立法,自谓庶几尧、舜,然以陛下之心如此,天下之论如彼,独不反而思之乎!"及奏第,帝顾王安石取卷读,读未半,神色颇沮。帝觉之,使冯京竟读,称其言有理。台州司户参军孔文仲策凡九千余言,力论安石所建之法非是,宋敏求第为异等。安石怒,启帝御批,罢文仲还故官。齐恢、孙固封还御批。范镇上疏言:"臣所荐孔文仲,草茅疏远,不识忌讳。且以直言求之,而又罪之,恐为圣明之累。"不听。吕陶亦止授通判蜀州。

【纲】罢翰林学士司马光。 【目】光求去,上曰:"王安石素与卿善,何自疑?"光曰:"安石执政,凡忤其意如苏轼辈者皆毁其素履,中以危法。臣不敢避削黜,但欲苟全素履。且臣善安石孰如吕公著?安石初举公著,后亦毁之,彼一人之身,何前是而后非,必有不信者矣。"求益力,乃以端明殿学士知永兴军。

【纲】冬十月,陈升之罢。
【纲】贬秦凤经略使李师中知舒州。 【目】管干秦凤经略司机宜文字王韶,请筑渭、泾上下两城,屯兵以抚纳洮、河诸部。下师中议,师中以为不便,诏师中罢帅事。韶又言渭源至秦州良田不耕者万顷,愿置市易司,颇笼商贾之利,取其赢以治田,乞假官钱为本。诏秦凤经略司以川交子易物货给之,命韶领市易事。师中言:"韶所指田,乃极边弓箭手地耳。又将移市易司于古渭,恐秦州自此益多事,所得不补所亡。"王安石主韶议,为削师中职,徙知舒州。寻进韶太子中允。

举荐贤良方正之士，神宗亲自策试。太原判官吕陶对策说："陛下刚即位，希望不要被理财的邪说所迷惑，不排斥老成持重的谋划，不引起边境战事。陛下专心立法，自认为几乎可以和尧、舜一样；但是陛下的心思是这样，天下人的议论却是那样，难道不应该反过来想一想吗！"等到上奏评定等级，神宗让王安石取卷阅读，读了不到一半，王安石神色很沮丧。神宗察觉了，命冯京接着读完，冯京称赞文章说的有道理。台州（治所临海县，即今浙江临海市）司户参军孔文仲的策论，文章共九千余字，竭力论述王安石所制定的新法不好，宋敏求主张列为优异的等级。王安石发怒，启奏神宗亲自批示，罢退孔文仲，让他仍任原官。齐恢、孙固把御批封好退回。范镇上疏说："臣所推荐的孔文仲，是荒远地方的草茅之士，不知道忌讳。现在因为征求直言而选贤良，而又因为他直言而处治他，恐怕对皇帝圣明有损。"神宗不听从范镇的意见。吕陶也只授职为蜀州（即崇庆府，治所晋原县，即今四川崇庆市）通判。

【纲】罢免翰林学士司马光。　【目】司马光请求辞职，神宗说："王安石素来和你友善，何必自起疑心？"司马光说："王安石执政，凡是不顺从他意旨的人像苏轼等人，都诋毁他们一贯的操守，用严厉的法律去中伤他们。臣不敢逃避被贬黜，但想保持一贯的操守。而且臣和王安石的友善，哪能像吕公著呢！王安石当初举荐吕公著，后来也诋毁他。他同一个人，为什么前是而后非，这肯定是有不相信他的事。"司马光更加力求辞职，于是被任命为以端明殿学士的身份知永兴军。

【纲】冬十月，陈升之被罢免。

【纲】贬秦凤经略使李师中为舒州（治所怀宁县，在今安徽潜山县）知州。　【目】管干秦凤经略司机宜文字王韶，奏请修筑渭、泾上下两座城（渭州治所平凉县，在今甘肃平凉市西。泾州治所保定县，在今甘肃泾川县北），驻扎军队，以安抚招纳洮州（治所临潭县，即今甘肃临潭县）、河州（治所袍罕县，即今甘肃临夏市）一带各部落。把他的建议发下让李师中评议，李师中认为不可行，下诏罢免李师中的帅职。王韶又说：从渭源（今甘肃渭源县）到秦州，良田没有耕种的有一万顷，请求设立市易司，很能垄断商贾之利，可以用由此取得的赢利来经营屯田，并建议借官钱作本。下诏令秦凤经略司用益州交子交换货物供给王

初，师中仕州县，邸状报包拯参知政事，或曰："朝廷自此多事矣。"师中曰："包公何能为？今知鄞县王安石者眼多白，甚似王敦，他日乱天下者必斯人也。"世贵其先识。

【纲】翰林学士范镇致仕。　【目】镇上疏曰："臣言青苗不见听，一宜去；荐苏轼、孔文仲不见用，二宜去。李定避持服，遂不认母，坏人伦逆天理，而欲以为御史，反为之罢舍人，逐台谏。王韶上书肆欲欺罔，以兴造边事，事败则置而不问，反为之罪帅臣。及不用苏轼则掎摭其过，不悦孔文仲则遣之归仕，以此二人，况彼二人，是非得失，能逃圣鉴乎！"因复极言青苗之害，且曰："陛下有纳谏之资，大臣进拒谏之计。陛下有爱民之性，大臣用残民之术。"疏入，王安石大怒，持其疏至手颤，乃自草制极诋之，遂以户部侍郎致仕。镇表谢，略曰："愿陛下集群议为耳目，以除壅蔽之奸。任老成为心腹，以养中和之福。"天下闻而壮之。苏轼往贺曰："公虽退而名益重矣。"镇愀然曰："君子言听计从，消患于未萌，使天下阴受其赐，无智名，无勇功。吾独不得为此，使天下受其害而吾享其名，吾何心哉！"

【纲】十二月，改诸路更戍法。
【纲】立保甲法。　【目】于是诸州籍保甲，聚民而教之，禁令苛急，往往去为盗，郡县不敢以闻。判大名府王拱辰抗言其害。曰：

韶，命王韶主管市易司的事务。李师中说："王韶所说的上万顷田地，不过是最远的边境上弓箭手练兵用的土地罢了。又把市易司迁移到古渭寨，恐怕秦州从此要生事端了，这样做是得不偿失。"王安石支持王韶的建议，为此，削除李师中的职务，把他降为舒州知州。不久提升王韶为太子中允。

当初，李师中在州县任职，京师邸报上说包拯被任命为参知政事，有人说："朝廷从此要多事了。"李师中说："包公能怎么样！现在的鄞县知县王安石那个人，眼白很多，很像晋代的王敦，以后使天下大乱的，必定是这个人。"世人推重李师中有先见之明。

【纲】翰林学士范镇退休。 【目】范镇上疏说："臣对青苗法的意见不被听取，这是应该离职的原因之一。推荐苏轼、孔文仲，不被任用，这是应该离职的原因之二。李定逃避服丧，不认母亲，败坏人伦，违逆天理，可是想任命他为御史，反而因为他罢免了三名舍人、放逐台谏官员。王韶上书，肆意欺骗，以兴起边境争端，事情败露却置之不问，反而为他处罚帅臣。至于不任用苏轼，就寻找他的过失，不喜欢孔文仲，就让他退职。以苏轼、孔文仲这两个人，比起李定、王韶那两个人，是非得失，能逃过陛下的圣鉴吗！"因又竭力论说青苗法的害处，并且说："陛下有听取劝谏的资质，大臣却进献拒绝劝谏的计策。陛下有爱护百姓的天性，大臣却使用残害百姓的方法。"奏疏递入以后，王安石大怒，手拿着奏疏都颤抖了，就亲自起草制书竭力诋毁范镇，于是让范镇以户部侍郎的身份退休。范镇上谢表，大略说："希望陛下集中群臣的意见作为耳目，以除掉遮盖真相的奸臣；任用老成持重的人为心腹，以培养中正祥和的福份。"天下的人听说以后佩服他的勇气。苏轼前往祝贺范镇说："您虽然退位，而名望更重了。"范镇忧伤地说："君子能做到言听计从，把祸患消除在未萌生之时，使天下的人暗中得到他的恩赐，而无智者之名，无勇者之功。我却独独不能这样做，使天下的人受害而我却享其名，我的心境会怎么样呢？"

【纲】十二月，改革各路的更戍法。

【纲】立保甲法。 【目】于是各州登记保甲，召集百姓进行军事训练，由于禁令苛刻峻急，百姓往往逃走去做盗贼，郡县不敢把这些事

"非止困其财力，夺其农时，是以法驱之使陷于罪罟也。浸淫为大盗，其兆已见。纵未能尽罢，愿裁损下户以纾之。"主者指拱辰为沮法，拱辰曰："此老臣所以报国也。"抗章不已，帝悟，由是下户得免。

【纲】以韩绛、王安石同平章事，王珪参知政事。

【纲】行募役法。　【目】司马光言："上等户自来更互充役，有时休息；今使岁出钱，是常无休息之期。下等户及单丁、女户，从来无役；今尽使之出钱，是鳏寡孤独之人俱不免役。夫力者，民之所生而有；谷帛者，民可耕桑而得；至于钱者，县官之所铸，民之所不得私为也。今有司立法，惟钱是求，岁丰则民贱粜其谷，岁凶则伐桑枣、杀牛、卖田得钱以输，民何以为生乎！此法卒行，富室差得自宽，贫者困穷日甚矣！"帝不听。

上报朝廷。判大名府王拱辰直言论说保甲法的危害，说："保甲法不仅使百姓的财力困乏，剥夺百姓农耕的时间，也是用法制驱赶百姓使他们陷入罪恶之网。百姓逐渐沦为大盗的征兆已经出现。即使不能全部废止保甲法，也希望裁减下等户以减轻他们的负担。"主持变法的人指责王拱辰是阻挠变法，王拱辰说："这是老臣所以报国。"他上疏劝谏不止，神宗省悟了，从此下等户得以免除。

【纲】任命韩绛、王安石为同平章事，王珪为参知政事。

【纲】施行募役法。 【目】司马光说："上等户从来就是轮流服役，有休息的时间，现在要他们每年出钱，这样就是经常没有休息的日子了。下等户和单丁户、妇女户，从来都是免役的，现在都让他们出钱，这等于鳏寡孤独的人都不能免役了。劳力，是百姓生来就有的；谷物绢帛，百姓可以通过耕种纺织而获得；至于钱币，是官府所铸造出来的，是百姓所不能私自铸造的。现在有关官署制订募役法，只是为了要钱，丰年时百姓就低价出售他们的谷物，荒年时就砍伐桑树枣树，杀牛、卖田地换钱来交纳官府，百姓靠什么为生呢！这个募役法如果终于实行下去的话，富室还可以自己勉强度日，贫户就会日益穷困了！"神宗不听从。

纲鉴易知录卷七一

宋纪

神宗皇帝

【纲】辛亥,四年,春正月,韩绛使种谔袭夏人,败之,遂城啰兀。

【纲】粥广惠仓田。 【目】广惠仓田,本绝户业以赈济者也。王安石请粥之,以为河北东、西、陕西、京东四路青苗本钱,诏从之。

【纲】二月,更定科举法,专以经义、论策试士。 【目】初,上笃意经学,深悯贡举之弊,且以西北人材多不在选,遂议更法。王安石言于帝曰:"进士科试诗赋,亦多得人。然士少壮时正当讲求天下正理,乃闭门学作诗赋,及其入官,世事皆所未习。此科法败坏人材,致不如古。"既而中书门下言:"今欲追复古制,则患于无渐,宜先除去声律偶对之文,使学者得专意经术,以俟朝廷兴建学校,然后讲求三代所以教育、选举之法,施之天下,则庶几可以复古矣。"于是改法,罢诗赋,士各占治易、诗、书、周礼、礼记一经,兼论语、孟子。每试四场,初本经,次兼经大义,凡十道;次论一首,次策三道;礼部试即增二道。其殿试则专以策。分五等:第一等、二等赐进士及第,第三等赐进士出身,第四等赐同进士出身,第五等赐同学究出身。

【纲】三月,夏人陷抚宁诸城。诏安置种谔于潭州。韩绛免。

【纲】诏察奉行新法不职者。 【目】陈留知县姜潜,到官才数月,青苗令下。潜即榜于县门,又移之乡村,各三日,无人至。遂撤榜付吏曰:"民不愿矣!"即移疾去。

神宗皇帝

【纲】熙宁四年(辛亥,1071),春正月,韩绛派种谔袭击西夏人,打败他们,于是修筑了啰兀城(在今陕西米脂县西北,下临无定河)。

【纲】出售广惠仓的田地。 【目】广惠仓的田地,本来是绝户人家的产业,后来用于赈济的。王安石请求出卖它,作为河北东路、河北西路、陕西路、京东路四路的青苗本钱,下诏允许。

【纲】二月,重新更改制定科举法,专门以经义、策论作为考试取士的科目。 【目】起初,神宗专意于经学,对贡举制度的弊端很痛惜,而且因为西北地区的人才往往不在入选之列,所以就讨论修改科举法。王安石跟神宗说:"进士考试以诗赋作为科目,也选拔出不少人才。然而士人在少壮的时候正应该讲求天下的正理,却闭门学习作诗赋,等到他作了官,人世间的事情都不熟悉。这种科举法败坏人才,以致今不如古。"不久中书门下省也提出:"现在要恢复古代的制度,就怕不是逐步改进,应该先废除讲究声律、对偶的诗文形式,使学习的人能够专心一意地研习经术,等到朝廷兴建起学校,然后讲求三代时的教育、选举制度,施行于天下,这样就差不多可以恢复古制了。"于是更改科举法,废除诗赋考试,士子们分别在《易》《诗经》《尚书》《周礼》《礼记》之中选一经进行研读,兼及《论语》《孟子》。每次考试分为四场,第一场考士子所选的本经,第二场考《论语》《孟子》等兼经大义,共十道题;第三场考论一篇,第四场考策三篇;礼部考试再增加两道试题。殿试时,就专门考策。把成绩分为五等:第一等、第二等赐进士及第,第三等赐进士出身,第四等赐同进士出身,第五等赐同学究出身。

【纲】三月,西夏人攻陷抚宁(在今陕西米脂县西)等城。下诏把种谔安置到潭州(治所长沙,即今湖南长沙市),韩绛被罢免。

【纲】下诏查察奉行新法不称职的官员。 【目】陈留(在今河南开封市东南)知县姜潜到任才几个月,青苗法颁布下来,姜潜就把文告张贴在县衙大门上,又张贴到乡村,各张贴了三天,没有一个人前来。于

山阴知县陈舜俞上书极论新法,谪监南康军盐酒税。至是,复上书言:"青苗法实便,初迷不知尔!"识者笑之。

【纲】夏四月,以司马光判西京留台。 【目】光在永兴,以言不用,乞判西京留台,不报。又上疏曰:"臣之不才,最出群臣之下,先见不如吕诲,公直不如范纯仁、程颢,敢言不如苏轼、孔文仲,勇决不如范镇。今陛下唯安石是信,附之者谓之忠良,攻之者谓之谗慝。臣今日所言,陛下之所谓谗慝者也。若臣罪与范镇同,即乞依镇例致仕;若罪重于镇,或窜或诛,所不敢逃!"久之,乃从其请。光既归洛,自是绝口不复论新法。

【纲】以邓绾为侍御吏,判司农寺。 【目】初,绾通判宁州,知王安石得君专政,乃条上时事数十,以为"宋兴百年,习安玩治,当事更化。"且言"陛下得伊、周之佐,作青苗、免役等法,民莫不歌舞圣泽,愿勿移以浮议而坚行之。"复贻安石书,极其佞谀。由是安石力荐于帝,遂驿召对,帝问:"识王安石、吕惠卿否?"绾对曰:"不识也。"帝曰:"安石,今之古人;惠卿,贤人也。"退见安石,欣然如素交。或问:"君今当作何官?"绾曰:"不失为馆职。""得无为谏官乎?"明日果除集贤校理、检正中书孔目房。乡人在都者皆笑且骂,绾曰:"笑骂从他笑骂,好官还我为之!"寻同知谏院。时新法皆出司农,曾布不能独任其事,安石欲藉绾以威众,故有是命。

【纲】五月,右谏议大夫吕诲卒。 【目】诲以疾表求致仕,曰:

是就撤下文告交给属吏说:"百姓不愿意执行。"随即称病辞官而去。

山阴(今浙江绍兴市)知县陈舜俞上书竭力反对新法,被贬为监南康军(治星子县,即今江西星子县)盐酒税。到这时又上书说:"青苗法确实便民,当初迷惑糊涂不知道是这样!"有识之人都耻笑他。

【纲】夏四月,任命司马光判西京(即洛阳)留台。 【目】司马光在永兴军(治所京兆府,即今陕西西安市)时,因为建议不被采纳,请求改任判西京留台,没有得到答复。又上疏说:"臣没有才能,群臣相比是最差的;先见之明不如吕诲,公正直率不如范纯仁、程颢。敢说话不如苏轼、孔文仲,勇于决断不如范镇。现在陛下只听信王安石一个人,依附他的人认为是忠良,反对他的认为是逸佞邪恶。臣今天说的话,正是陛下所认为的那种谗佞邪恶之人所说的。如果臣的罪过和范镇相同,请马上依照范镇的例子退休;如果罪过超过范镇,或者流放或者诛杀,都不敢有所逃避!"过了很长时间,才依了司马光的请求。司马光到了洛阳以后,从此闭口不再谈论新法的事。

【纲】任命邓绾为侍御史,判司农寺。 【目】当初,邓绾任宁州(治所定安县,即今甘肃宁县)通判,得知王安石得君主信任而专权,于是上书论列了时事数十条,认为:"宋朝兴起已经百年,习惯于平安无事,玩忽于治理,应该进行变革。"并且说:"陛下得到了伊尹、周公那样的人作为辅佐,创立了青苗、免役等新法,百姓无不歌舞以欢庆得到皇上的恩泽,希望坚持推行新法,不要因无根据的浮言论而改变。"又致书王安石,极其阿谀奉承。因此王安石竭力把他推荐给神宗,于是被传驿召见。神宗问:"你认识王安石、吕惠卿吗?"邓绾回答说:"不认识。"神宗说:"王安石,是当今的古人;吕惠卿,是贤人。"邓绾退出以后,见到王安石,高兴得像是老朋友一样。有人问:"你现在应该做什么官?"邓绾说:"不会做不上馆职吧。"那人又说:"莫非会做谏官吗?"第二天,果然被授予集贤校理、检正中书孔目房的职位。在京城的同乡都笑他骂他,邓绾却说:"笑骂从他笑骂,好官还是我做。"不久升任同知谏院。当时新法都出于司农寺,曾布一个人难以独任其事,王安石想利用邓绾来压制众人,所以才有这项任命。

【纲】五月,右谏议大夫吕诲去世。 【目】吕诲因有病上表请求

"臣本无宿疾，偶值医者用术乖方，妄投药剂，浸成风痹，遂艰行步，非只惮踙庱庋之苦，又将虞心腹之变，势已及此，为之奈何！"盖以身疾喻朝政也。至是，病亟。司马光往省之，至则目已瞑，闻光哭，张目强视曰："天下事尚可为，君实勉之！"遂卒。

【纲】罢知开封府韩维。【目】保甲法行，维时知开封，上言："诸县团结保甲，乡民惊扰，至有截指断腕以避丁者，乞候农隙排定。"帝以问安石，安石对曰："此固未可知，就令有之，亦不足怪。"帝曰："民言合而听之，则理亦不可不畏也。"安石对曰："为天下者，如止欲任民情所愿而已，则何必立君而为之张官置吏也！大抵保甲法不特除盗，固可渐习为兵，且省财费。惟陛下果断，不恤人言以行之。"帝遂变河东、北、陕西三路义勇如府畿保甲法。安石由此益恶维。

帝欲命维为御史中丞，维以兄绛居政府，力辞。安石因言："维善附流俗以非上所建立，乞允其请。"会文彦博求去，帝曰："密院事剧，当除韩维佐卿。"明日维奏事殿中，以言不用，力请外郡，乃出知襄州。

【纲】六月，知蔡州欧阳修致仕。【目】修以风节自持，既连被污蔑，年六十，即乞谢事。及守青州，上疏请止散青苗钱。帝欲复召执政，王安石力诋之，乃徙蔡州，至是求归益切。冯京请留之，安石曰："修附丽韩琦，以琦为社稷臣。如此人在一郡则坏一郡，在朝廷则坏朝廷，留之安用！"乃以太子少师致仕。

退休,说:"臣本来没有旧病,偶然遇到一个医生用错了药方,胡乱用药,逐渐转成风痹之症,于是行走艰难,不仅脚掌上扭痛不好行走,又要担心有心腹之患发生。势已至此,又能怎么办呢!"这里是用身体的疾病来比喻朝政。到这时吕诲病重,司马光前往探望,见到他时双目已经合上了,听见司马光的哭声,吕诲睁开眼勉强看着司马光说:"天下的事还可以有作为,君实(司马光字君实)你要努力啊!"说完就去世了。

【纲】罢免开封府知府韩维。 【目】保甲法颁行时,韩维正任开封府知府,上书说:"各县集结保甲,乡民惊扰,以至有截断手指折断手腕来逃避当保丁的人,请求在农闲时再安排进行军事训练。"神宗拿这件事询问王安石,王安石回答说:"这事究竟如何,还未可知,即使真有其事,也不足为怪。"神宗说:"百姓说的话对的就听从,天理也不可以不畏。"王安石回答说:"治理天下的人,如果只想顺从百姓的意愿而已,又何必要立君而为他建置官吏呢!大抵保甲法不仅是要消除盗贼,而且要使百姓习于作战,还可以节省财政开支。希望陛下果断行事,不要顾虑有人议论而去推行新法。"神宗于是下诏,令将河东路、河北路和陕西路三路的义勇改为像府畿地区一样实行保甲法。王安石从此更加厌恶韩维。

神宗想任命韩维为御史中丞,韩维以其兄韩绛在朝中位居执政,竭力推辞。王安石因此说:"韩维惯于附和流俗之言以反对圣上所建立的新法,请允准韩维的请求。"正遇文彦博请求辞官,神宗说:"枢密院事务繁重,正好委派韩维来辅佐你。"第二天,韩维在殿中奏事,因为建议不被采纳,力请到外地任职,于是调出朝廷,外任为襄州(治所襄阳县,即今湖北襄阳市襄州区)知州。

【纲】六月,蔡州(治所汝阳县,即今河南汝阳县)知州欧阳修退休。 【目】欧阳修一向注重风骨节操,但却接连被人污蔑。六十岁的时候,就申请退职。等到任青州(治益都县,即今山东青州市)知州时,上疏请求停止发放青苗钱。神宗想再次召欧阳修任执政大臣,王安石竭力诋毁他,于是把欧阳修改任为蔡州知州,到此时更加迫切请求辞官还乡。冯京请求挽留他,王安石说:"欧阳修依附韩琦,以韩琦为社稷之臣。这样的人,在一个郡就会坏一个郡之事,在朝廷就会坏朝廷之

【纲】贬富弼官,徙知汝州。 【目】弼判亳州,青苗法行,弼谓:"如是则财聚于上,人散于下。"持不行。提举官赵济劾弼沮格诏旨,邓绾乞付有司鞫治,乃落弼使相,以左仆射移判汝州。弼行过应天,谓判府张方平曰:"人固难知也。"方平曰:"谓王安石乎?亦岂难知者!方平顷知皇祐贡举,或称其文学,辟以考较,既至,院中之事皆欲纷更。方平恶其为人,檄之使出,自是未尝与语。"弼有愧色,盖弼亦素喜安石也。

【纲】秋七月,贬御史中丞杨绘知郑州,监察御史里行刘挚监衡州盐仓。 【目】时贤士多引去,以避王安石。绘上疏言:"老成人不可不惜。当今旧臣,多引疾求去,范镇年六十有三,吕诲年五十有八,欧阳修年六十有五而致仕,富弼年六十有八而引疾,司马光、王陶皆五十而求散地,陛下可不思其故乎!"安石闻而深恶之。

挚为安石所器,拜监察御史里行。始就职,即奏言:"陛下有劝农之志,今变而为烦扰;陛下有均役之意,今倚以为聚敛。天下有喜于敢为,有乐于无事,彼以此为流俗,此以彼为乱常,此风浸成,汉、唐党祸必起矣。"因陈率钱助役十害。绘又言助役之难行者有五。于是安石大怒,使知谏院张璪取绘、挚所论助役十害、五难行之事,作十难以诘之,璪辞不为。曾布请为之,既作十难,且劾绘、挚欺诞怀向背;诏下其疏于绘、挚,使各言状。绘录前后四奏以自辨,挚奋然曰:"为人臣,岂可压于权势,使天子不知利害之实!"即条对所难以伸其说,不报。

事，留他有什么用处！"于是让欧阳修以太子少师的身份退休。

【纲】将富弼贬官，改任汝州（治梁县，即今河南汝州市临汝镇）知州。　【目】富弼任亳州（治谯县，即今安徽亳州市）通判时，青苗法正施行，富弼说："这样做就会财富聚集于上，而人心涣散于下。"坚持不执行。提举官赵济弹劾富弼阻挠诏旨，邓绾请求把富弼交付司法部门治罪，于是免去富弼的节度使兼同平章事的使相官衔，以左仆射的官衔改任汝州通判。富弼赴任时路过应天府（即宋州，治所宋城县，在今河南商丘市南），对判应天府张方平说："了解人确实很难啊！"张方平说："是说王安石吗？了解他有什么难的！我以前主持皇祐年间的贡举考试时，有人称道王安石的文学，举荐他为考官，到了以后，对于贡院中的事情都想改变。我厌恶他的为人，发公文将他辞退，从此以后再没有和他谈过话。"富弼听后脸有愧色，这是因为富弼也一向喜欢王安石这个人。

【纲】秋七月，贬御史中丞杨绘为郑州知州，监察御史里行刘挚为监衡州（治所衡阳县，即今湖南衡阳市）盐仓。　【目】当时的贤士大多辞官离开朝廷，以避开王安石。杨绘上疏说："对老成人不可不珍惜。现在旧臣多称病离职而去，范镇六十三岁，吕诲五十八岁，欧阳修六十五岁而退休，富弼六十八岁而声称有病，司马光、王陶都是五十岁而请求调任闲散职务，陛下能不考虑一下其中的原因吗！"王安石听了十分厌恶杨绘。

刘挚为王安石所器重，被任命为监察御史里行。刚开始任职，就上奏说："陛下有劝农之志，现在反而变成扰农；陛下有均役之意，现在反凭依这个来聚敛财物。天下有的人喜好敢作敢为，有的人乐于无事，那个说这个是流俗，这个说那个是扰乱常规，这种风气渐渐形成，像汉代和唐代那样的党争之祸必然要发生了。"因此陈述敛钱助役的十种危害。杨绘又论说了助役法难以实行的五个方面。于是王安石大怒，派知谏院张璪针对杨绘、刘挚所说的十种危害、五个难行的方面，写《十难》以进行反驳，张璪推辞不写。曾布请求写作，不仅写了《十难》，还弹劾杨绘、刘挚欺骗朝廷，心怀偏袒。下诏把曾布的奏疏给杨绘、刘挚看，令他们各自说明情况。杨绘抄录了前后四篇奏章为自己辩

明日，复上疏曰："陛下夙夜励精以亲庶政，天下未致于安且治者，谁致之邪？陛下注意以望太平，而自以太平为己任得君专政者是也。二三年间，开阖摇动，举天地之内，无一民一物得安其所者。其议财，则市井屠贩之人皆召至政事堂；其征利，则下至历日而官自粥之。推此以往，不可究言。轻用名器，淆混贤否。忠厚老成者，摈之为无能；佞少儇辩者，取之为可用；守道忧国者，谓之流俗；败常害民者，谓之通变。凡政府谋议经画，除用进退，独与一掾属曾布者论定，然后落笔，同列与闻，反在其后；故奔走乞丐之人，布门如市。今西夏之款未入，反侧之兵未安，三边疮痍，流溃未定，河北大旱，诸路大水，民劳财乏，县官减耗。圣上忧勤念治之时，而政事如此，皆大臣误陛下，而大臣所用者误大臣也。"疏奏，安石欲窜挚岭外，帝不许，诏贬绘知郑州，谪挚监衡州盐仓，璪亦落职。

【纲】八月，以王雱为崇政殿说书。【目】雱，安石子也。为人慓悍阴刻，无所顾忌。性敏甚，未冠已著书数十万言。举进士，调旌德尉。雱气豪，睥睨一世，不能作小官。安石执政，所用多少年，雱亦欲预选，乃与父谋曰："执政子虽不可预事，而经筵可处。"安石欲帝知而自用，乃以雱所作策及注道德经镂版鬻于市，遂传达于帝，邓绾、曾布又力荐之。召见，除太子中允、崇政殿说书。

白,刘挚激奋地说:"为人臣,难道可以迫于权势,使天下不知道助役法利害的实情吗!"立即针对曾布的文章逐条加以反驳,申明自己的观点,上奏以后不予批复。

第二天,刘挚又上疏说:"陛下日夜励精图治,亲自处理政务,而天下没有达到安而且治,这是谁造成的呢?陛下专心一意地希望天下太平,就有以实现太平盛世为己任,凭借君主信任以专擅政事的人。二三年之间,天下开合动荡。天地之间,没有一民一物得以各安其所的。商议财用时,连市井屠夫小贩之类的人都召集到政事堂上;征收钱利时,连小至日历簿也由官员自己去售卖。这样的事情,不可胜数。轻易对待名位爵禄,贤者与不肖混淆不分。忠厚老成的人,被摈弃为无能之辈,浮佻善辩的人,取之以为可以任用;恪守道义为国分忧的人,被称为流俗;乱常害民的人,称之为通达机变。所有朝廷的谋议策划,任用黜免,只和一个叫曾布的属官商量决定,然后就起草文件,同班的大臣听说这些决定,反在曾布之后。所以奔走钻营请托求情的人,都找曾布,曾布的家门庭若市。现在西夏的议和条款还没有送到,不听命的军队还没有稳定下来,边境战事如同疮痍,流脓溃烂没有痊愈,河北地区大旱,各路遭受水灾,百姓劳苦,国家财力匮乏,朝廷为之削减用度。圣上忧劳辛勤地思念大治的时候,而政事如此,这都是由于执政大臣贻误陛下,而执政大臣所任用的人贻误执政大臣所造成的。"奏疏呈上以后,王安石想把刘挚流放到岭南地方去,神宗不同意,下诏贬杨绘为郑州(治管城县,即今河南郑州市)知州,贬谪刘挚为监衡州盐仓。张璪也被免职。

【纲】八月,任命王雱为崇政殿说书。 【目】王雱,是王安石的儿子。为人勇猛急躁,阴险刻薄,无所顾忌。很聪敏,不到二十岁,已经著书数十万字。考取进士后,调任旌德(即今安徽旌德县)县尉。王雱气盛,睥睨一切,不甘心作小官。王安石执政,所任用的大多是年轻人,王雱也想被选用,就和父亲商议说:"执政大臣之子虽然不可以参预朝政,而可以安排在经筵讲解经书。"王安石想让神宗了解王雱的才华而亲自任用他,就把王雱所写的策论和《道德经》注释,刻版在市场上出售,文章被送到神宗那里。邓绾、曾布又力荐王雱。神宗召见他,任命为

安石更张政事，雱实导之。常称商鞅为豪杰之士，且言不诛异议者则法不行。安石一日与程颢语，雱囚首跣足，携妇人冠以出，问父所言何事？曰："以新法为人所沮，故与程君议之。"雱大言曰："枭韩琦、富弼之首于市，则法行矣。"安石遽曰："儿误矣！"颢曰："方与参政论国事，子弟不可预，姑退。"雱不乐。

【纲】命王韶主洮、河安抚司事。

【纲】冬十月，以鲜于侁为利州转运副使。【目】初，诏监司各定所部助役钱数。利州路转运使李瑜欲定四十万。侁时为判官，争之曰："利州民贫地瘠，半此可矣。"瑜不从，遂各为奏。帝是侁议，谕司农曾布，使颁以为式，因黜瑜而擢侁副使，兼提举常平。侁既为副使，部民不请青苗钱，安石遣吏诘之，侁曰："青苗之法，愿取则与。民自不愿，岂能强之哉！"苏轼称侁上不害法，中不废亲，下不伤民，以为三难。

【纲】立太学生三舍法。【目】帝垂意儒学，因言者论太学假锡庆院西北廊甚湫隘，乃尽以锡庆院及朝集院西庑广太学。增直讲为十员，率二员共讲一经。生员厘为三等：始入太学为外舍，定额为七百人；外舍升内舍，员三百；内舍升上舍，员百。各执一经，从所讲官受学，月考试其业，优等以次升舍。

【纲】壬子，五年，春正月，置京城逻卒，察谤时政者。

太子中允、崇政殿说书。

　　王安石改革政事,其实是受王雱的影响。王雱常说商鞅是豪杰之士,而且认为不杀持有异议的人,法令就得不到贯彻执行。王安石有一天正和程颢谈话,王雱不梳头,赤着脚,拿着一顶妇人的帽子走出来,问王安石在谈论什么事。王安石说:"因为新法被人所阻挠,所以与程君商议这件事。"王雱放肆地说:"砍了韩琦、富弼的脑袋悬挂在市上,新法就畅行无阻了。"王安石连忙说:"孩儿你说错了!"程颢说:"正在和参政大臣议论国家大事,子弟不可以参预,先退出去。"王雱为此很不高兴。

　　【纲】任命王韶主持洮州、河州安抚司的事务。

　　【纲】冬十月,任命鲜于侁为利州(治所绵谷县,即今四川广元市利州区)转运副使。　【目】起初,下诏命监司各自议定所管辖的地区助役钱的数额。利州路转运使李瑜想定为四十万。鲜于侁当时是判官,争辩说:"利州百姓贫穷,土地贫瘠,有这个数的一半就可以了。"李瑜不听从,于是他们二人各自把数额上奏。神宗肯定了鲜于侁的意见,告谕司农曾布,把鲜于侁所议作为样式,加以颁布推广,因此贬黜李瑜而提升鲜于侁为转运副使,兼任提举常平仓。鲜于侁任副使以后,所管辖地区的百姓不领取青苗钱,王安石派遣官吏前去请问,鲜于侁说:"青苗法规定,百姓愿意领取就发给他们。百姓自己不愿意领取,难道能强迫他们吗!"苏轼称赞鲜于侁上不破坏法令,中不影响信任,下不伤害百姓,认为这是三难,三件难以做到的事。

　　【纲】订立太学生三舍法。　【目】神宗关心儒学,因有人提出太学借用的锡庆院西北廊太低矮狭小,于是把整个锡庆院和朝集院的西廊房都扩大成太学。增加值讲官员为十名,大抵每两人共同讲解一部经书。把生员划分为三等:初入太学的称为外舍,定额为七百人;从外舍升为内舍,定额为三百人,从内舍升为上舍的,定额为一百人。生员们每人各自学习一部经书,跟随讲授此经的讲官学习,每月考试学业成绩,优等的按等级升舍。

　　【纲】熙宁五年(壬子,1072),春正月,增设京城巡逻士兵,查察诽谤时政的人。

【纲】二月，以蔡挺为枢密副使。 【目】挺知渭州，甲兵整习，常若寇至，故多立功效。然谲智深险，在位岁久，郁郁不得志，寓意词曲，有"玉关人老"之句，中使至，使优伶歌之，传达禁中。帝闻而愍之，故有是命。

【纲】三月，判汝州富弼致仕。 【目】弼至汝州两月，即上言："新法臣所不晓，不可以治郡，愿归洛养疾。"许之。遂请老，复授司空、使相，使致仕。弼虽家居，朝廷有大利害，知无不言。帝虽不尽用，而眷礼不衰。尝因王安石有所建明，（帝）却之曰："富弼手疏称'老臣无所告诉，但仰屋窃叹'者，即当至矣。"其敬之如此。

【纲】行市易法。 【目】自王韶倡为缘边市易之说，王安石善之，以为与汉平准法同，可以制物低昂而均通之，遂用草泽魏继宗议，以内藏库钱帛置市易务于京师。凡货之可市及滞于民而不售者，平其价市之，愿以易官物者听。若欲市于官者，则度其田宅或金帛为抵当而贷之钱，责期使偿，半岁输息十一，及岁倍之；过期不输，息外每月更加罚钱。以户部判官吕嘉问为提举。

【纲】夏五月，行保马法。 【目】王安石建保甲养马之法，文彦博、吴充以为不便，安石持论益坚。乃诏曾布等上其条约，保甲愿养马者户一匹，物力高愿养二匹者听，皆以监牧见马给之，或官与其直，令自市。先行于开封府及陕西五路。岁一阅其肥瘠，死病者补偿。三等以上，十户为一保，四等以下，十户为一社，以待病毙补偿者。保户马死，保户独偿；社户马死，社户半偿之。其后遂遍行于诸

【纲】二月,任命蔡挺为枢密副使。 【目】蔡挺任渭州(治襄武县,在今甘肃陇西县西)知州时,军队管理得很严整,平常也像敌人到来一样有戒备,因此多次建立功勋。但是为人诡诈机智,内藏阴险,在任时间一长,郁郁不得志,寄意于词曲之中,有"玉关人老"的句子。宫中内使到渭州,蔡挺命优伶演唱这支曲子,因此被传到宫中。神宗听了以后怜悯他,因此有这项任命。

【纲】三月,判汝州富弼退休。 【目】富弼到汝州两个月后,就上疏说:"对于新法,臣不知晓,因此不能治理州郡,希望允许回洛阳养病。"神宗允许了,富弼又以年迈为由请求辞官,又授予司空、使相的身份,让他退休。富弼虽然退居家中,对于朝廷上的大事,都知无不言。神宗对他的建议虽然不能全部采用,而对他的礼遇始终不衰。曾经因为王安石有一些新的变法措施提出,神宗拒绝采纳,就说:"富弼亲笔写的奏疏中说的'老臣没有什么可以告诉,只有仰面看着房子私自叹息'这类的话,又要到了。"神宗对待富弼,敬重如此。

【纲】施行市易法。 【目】自从王韶提出缘边市易的倡议以后,王安石很欣赏,认为和汉武帝时的平准法相同,可以平衡物价的高低而使其均匀流通,于是采用平民魏继宗的建议,用内藏库的钱帛在京师开设了市易务。凡是可以买卖的货物和在民间滞销的售不出去的货物,以平价买进,想要和官府交换货物的听其自便。如果想向官府购买货物的,则要根据他的田产房屋或金帛进行估价作为抵押然后贷款给他,责成他按期限偿还,每半年交付利息十分之一,等到满一年时交付的利息加倍;过期不交纳的,利息之外每个月更增加罚款。任命户部判官吕嘉问为提举。

【纲】夏五月,施行保马法。 【目】王安石建议施行保甲养马之法,文彦博、吴充认为不适宜,王安石更加坚持己见。于是下诏命曾布等人呈上有关条例:保甲之中愿意饲养马的每户一匹,物力充裕,愿意饲养二匹的听任其便,都是把监牧中现有的马匹发给保甲户,或者官府给他钱,让他自己去购买。保马法先在开封府和陕西等五路中施行。每年检查一次饲养的马的肥瘦情况,马死马病都要养马户赔偿。三等以上的,十户为一保,四等以下的,十户为一社,以待补偿病死的马。保甲

路。

【纲】王安石求去位,帝不许。

【纲】秋闰七月,以章惇为湖北察访使。 【目】时帝思用兵以威四夷。湖北提点刑狱赵鼎上言"峡州峒酋刻剥无度,蛮众愿内附。"辰州布衣张翘,亦上书言南北江利害。遂诏中书检正官章惇察访荆湖北路,经制蛮事。

【纲】八月,王韶击吐蕃,败之,遂城武胜。 【目】初,韶言:"措置洮、河只用回易息钱,未尝辄费官本。"文彦博曰:"工师造屋,初必小计,冀人易于动工。及既兴作,知不可已,乃方增多。"帝曰:"屋坏岂可不修!"王安石曰:"主者善计,自有忖度,岂为工师所欺也!"彦博不复敢言。由是韶进讨,辄肆欺诞,朝廷不与计财。

【纲】观文殿学士致仕欧阳修卒。 【目】是岁有诏求修所撰五代史,而修卒矣。修天资刚劲,见义勇为,平生与人,尽言无隐,奖引后进,如恐不及,赏识之下,率为闻人。及在政府,士大夫有所干请,辄面谕可否,虽台谏论事,亦必以是非诘之,怨诽益众。自五代以来,文体卑弱。修游随州,得唐韩愈遗稿,读而心慕之,苦心探赜,坐忘寝食,遂以文章名冠天下,学者翕然师尊之。谥文忠。

【纲】贬唐坰为潮州别驾。 【目】坰尝上书言:"秦二世制于赵高,乃失之弱,非失之强。"帝悦其言。又言:"青苗法不行,宜斩大臣异议如韩琦者数人。"王安石尤喜之,荐使对,赐进士出身,为

户饲养的马死了，由保甲户独力赔偿；社户中饲养的马死了，由社户赔偿一半。此后就把保马法推行到全国各路。

【纲】王安石请求去职，神宗不同意。

【纲】秋闰七月，任命章惇为湖北察访使。　【目】当时神宗想向境外用兵以显示国威。湖北提点刑狱赵鼎上奏说："峡州（治所夷陵县，即今湖北宜昌市）峒人酋长刻剥无度，蛮人愿意归附朝廷。"辰州（治所沅陵县，即今湖北沅陵县）平民张翘也上书论述长江南北的形势利害。于是下诏命中书检正官章惇察访荆湖北路（治所荆州城，即今湖北江陵市），主持处理有关蛮人的事宜。

【纲】八月，王韶进攻吐蕃（今西藏），打败了吐蕃人，于是建筑了武胜城（今甘肃临洮县）。　【目】起初，王韶说："在洮州、河州一带部署兵力，只用缘边市易所得的利息钱，未曾动用官府的本钱。"文彦博说："工匠师傅修建房屋，一开始必定少算定价，希望房主人容易下决心动工。等到开工以后，知道工程不能停了，就再增加造价。"神宗说："屋子坏了怎么能不修理！"王安石说："房主善于算计，自有考虑，怎么能被工匠师傅所欺骗呢！"文彦博不敢再说了。从此王韶发兵进讨吐蕃，动辄欺瞒谎报，朝廷也不同他计较消耗了多少财物。

【纲】退休的观文殿学士欧阳修去世。　【目】这一年，下诏征求欧阳修撰修的《五代史》，而欧阳修已去世。欧阳修秉性刚强劲直、见义勇为，平生与人交往有话从不隐讳，奖掖后进，唯恐不及，他所赏识的人，都成为有名的人。等到在朝中作执政大臣，士大夫们有所请求帮助的事，总是当面问清原因回答可以与否。虽是台谏官议事，也一定把事情的是非问个清楚，因此招致的怨恨诽谤越来越多。自从五代以来，文体纤靡卑弱，欧阳修游历随州（治随县，即今湖北随县），获得唐代韩愈的遗稿，阅读以后内心里十分羡慕，苦心钻研探求，达到废寝忘食的地步，终于以文章名冠天下，学者一致推尊他为一代文章宗师。谥号为"文忠"。

【纲】贬唐坰为潮州（治海阳县，即今广东潮州市潮安区）别驾。【目】唐坰曾经上书说："秦二世受制于赵高，是由于太软弱，而不是由于坚强。"神宗欣赏他说的话。又说："青苗法得不到贯彻执行，应该斩

崇文校书。安石复令邓绾举为御史，遂除太子中允。将用为谏官，安石疑其轻脱，将背己立名，不除职，以本官同知谏院，非故事也。

峒果怒安石易己，凡奏二十疏论时事，皆留中不出。峒乃因百官起居日，扣陛请对，帝令谕以他日，峒伏地不起，遂召升殿。峒至御座前，进曰："臣所言皆大臣不法，请对陛下一一陈之。"乃摺笏展疏，目安石曰："王安石近御座听劄子！"安石迟迟，峒诃曰："陛下前犹敢如此，在外可知！"安石竦然而进。峒大声宣读，凡六十条，大抵言"安石专作威福，曾布表里擅权，天下但知惮安石，不复知有陛下。文彦博、冯京知而不敢言，王珪曲事安石，无异厮仆。"且读且目珪，珪惭惧，俯首先降。又言："薛向、陈绎，安石颐指气使，无异家奴；张璪、李定为安石爪牙；张商英乃安石鹰犬。"至诋安石为李林甫、卢杞。帝屡止之，峒慷慨自若，略不退慑。读已，下殿再拜而退。侍臣卫士相顾失色，阁门纠其渎乱朝仪，贬潮州别驾。

【纲】颁方田均税法。　【目】帝患田赋不均，诏司农重定方田及均税法，颁之天下。令既具，乃以巨野县尉王昪为指教官，先自京东路行之，诸路仿焉。

【纲】九月，少华山崩。

【纲】冬十二月，以陈升之为枢密使。

【纲】癸丑，六年，春二月，王韶克河州。　【目】获木征妻子。

大臣中持异议的像韩琦那样的几个人。"王安石特别喜欢他,推荐他引见神宗,答问之后,神宗赐予进士出身,任命为崇文院校书。王安石又令邓绾荐举他任御史,于是被授予太子中允。准备任用他为谏官,王安石怀疑他性情轻率,将会背叛自己以树立个人名望,因此没有任他为谏官,仅以本官同知谏院,这是不符合以往的惯例的。

唐坰果然恼怒王安石轻视自己,共呈上二十次奏疏,议论时政,都被扣压在宫中,不予批答。唐坰就借百官向神宗问候起居请安的机会,请求与神宗对话,神宗告诉他改天再说,唐坰跪伏在地不起身,于是召他上殿。唐坰走到御座前,进言说:"臣所说的都是大臣不法之事,请允许臣对陛下一一加以陈述。"于是把笏板插在腰带上,打开奏疏,看着王安石说:"王安石走到御座前来听宣读劄子!"王安石迟迟不上前来,唐坰呵斥他说:"在陛下面前还敢这样,在外面就可想而知了!"王安石惊惧地走上前来。唐坰大声宣读奏疏,共六十条,大致是说:"王安石专门作威作福,和曾布互为表里,擅权专政,天下的人只知道畏惧王安石,不知道还有陛下。文彦博、冯京知而不敢言,王珪屈从王安石,与奴仆没有两样。"一边读一边看王珪,王珪又羞惭又畏惧,低下头,先退下了殿。唐坰又说:"薛向、陈绎,王安石对他们颐指气使,与家奴没有什么区别;张琥、李定是王安石的爪牙,张商英是王安石的鹰犬。"他诋毁王安石为唐代李林甫、卢杞一类的人物。神宗屡次制止他,唐坰慷慨激昂,神气自如,毫不退缩。读完奏疏,走下宫殿,再拜而退。侍从大臣、卫士们相顾惊失色,阁门使纠察弹劾他扰乱朝仪,把他贬为潮州别驾。

【纲】颁行方田法、均税法。 【目】神宗担心田赋不均,下诏命司农寺重新制定方田法和均税法,颁行全国。法令制定后,任命巨野(在今山东巨野县南)县尉王曼为指教官,先从京东路(治所开封府,即今河南开封市)施行,其他各路再行仿效。

【纲】九月,少华山(在今陕西华县东南,与太华山相接)发生山崩。

【纲】冬十二月,任命陈升之为枢密使。

【纲】熙宁六年(癸丑,1073),春二月,王韶攻克河州。 【目】俘

【纲】三月，置经义局。 【目】训诗、书、周礼义，以王安石提举，吕惠卿、王雱同修撰。帝欲召程颢预其事，安石不可。

【纲】夏四月，文彦博罢。 【目】彦博久居枢密，以王安石多变旧典，言于帝曰："朝廷行事，务合人心，宜兼采众论，以静重为先。陛下励精求治，而人心未安，盖更张之过也。祖宗法，未必皆不可行，但有偏而不举之弊尔。"及市易司立，至果实亦官监卖，彦博以为损国体，敛民怨，致华岳山崩，为帝极言之。安石曰："华山之变，殆天意为小人发。市易之起，自为细民久困，以抑兼并尔，于官何利焉！"彦博求去益力，遂以司空、河东节度使判河阳，徙大名府。身虽在外，而帝眷有加。

【纲】置律学。 【目】诏士之莅官，以法从事。今所习非所学，宜置律学，命官、举人皆得入学习律令。

【纲】六月，知南康军周敦颐卒。 【目】敦颐，道州营道人。初因舅郑向，任为分宁主簿，有狱久不决，敦颐至，一讯立辨。邑人惊曰："老吏不如也。"调南安司理，有囚，法当不死，转运使王逵欲深治之。敦颐力与辩，逵不听，敦颐委手版，将弃官去，曰："如此，尚可仕乎！杀人以媚人，吾不为也。"逵悟，囚得释。调桂阳令，改知南昌，富家、大姓、黠吏、恶少惴惴焉，不独以得罪为忧，而又以污秽善政为耻。历知南康军，年五十七而卒。

获木征的妻子儿女。

【纲】三月,设置经义局。 【目】经义局解释《诗经》《尚书》《周礼》的经义,任命王安石为提举,吕惠卿、王雱同为修撰。神宗想召回程颢参预其事,王安石认为不可以。

【纲】夏四月,文彦博被罢去枢密使职务。 【目】文彦博长期在枢密院任职,因为王安石变更了许多旧的典章制度,就对神宗说:"朝廷做事,一定要符合人心,应该对众人的意见兼收并蓄,以安静稳重为先。陛下励精图治,而人心未安,这是变法的过失。祖宗之法,不一定都不可行,不过有些偏而不全的弊病罢了。"等到设立了市易司,甚至连水果也由官府监督买卖,文彦博认为有损国体,会招致民怨,以致发生少华山山崩,尽力向神宗说明这一点。王安石说:"少华山的变化,恐怕天意是为小人而发的。市易法的产生,是因为小民贫困已久,为了抑制兼并罢了,对于官府有什么利可言!"文彦博请求去职更加迫切,于是以司空、河东节度使的官衔判河阳军(河东节度使治所并州城,即今山西太原市。河阳军,治所孟州,在今河南孟州市),又改为判大名府(在今河北大名县东)。他虽身在外地,而神宗对他更为眷注。

【纲】设置律学。 【目】下诏,凡士人作官到任,都应依法行事。现在所要从事的,不是过去所学的,应该设立律学,凡是朝廷任命的官员、举人都可以入学学习法律条令。

【纲】六月,知南康军周敦颐去世。 【目】周敦颐,是道州营道人(营道县,道州的治所,即今湖南道县)。早先,依靠舅舅郑向,任分宁县(今江西修水县)主簿,有一件案件很久不能判决,周敦颐到来以后,一次审讯就把案办完了。该县的人惊讶地说:"老吏也不如他啊。"调任为南安军(治大庾县,即今江西大余县)司理。有一名囚犯,所犯的罪不应该处死,转运使王逵想加重治罪。周敦颐竭力与王逵辩论,王逵不听从,周敦颐把手版交出,准备弃官离去,说:"这样,还可以作官吗!杀人以讨好别人,我是不做的!"王逵感悟,那名囚犯得被释放。后来升调为桂阳(今湖南汝城县)县令,又改知南昌(今江西南昌市),富豪、大姓、狡黠的胥吏和恶少,都惴惴不安,不仅怕得罪他,而且还以扰乱善政为可耻。后来他官作到知南康军,五十七岁时去世。

敦颐博学力行,著太极图、易通,明天理之根源,究万物之终始,言约而道大,文质而义精,得孔、孟之本原,大有功于学者。为南安司理时,通判程珦以其学为知道,使二子颢、颐往受业。敦颐每令寻孔、颜乐处,所乐何事。颢尝曰:"自再见周茂叔后,吟风弄月以归,有'吾与点也'之意。"侯师圣学于程颐,未悟,因见敦颐。敦颐留与对榻夜谈,越三日乃还。程颐惊异之,曰:"非从周茂叔来邪?"其善开发人类此。

既至南康,即筑室于莲花峰下。前有溪合于溢江,取营道所居濂溪以名之,学者称为濂溪先生。

【纲】大蝗。

【纲】秋九月,初策武举之士。

【纲】吐蕃木征复入河州,王韶破走之,遂取岷、宕、洮、叠四城。帝御殿受贺。

【纲】收免行钱。

【纲】冬十月,章惇击南江蛮,平之。置沅州。

【纲】行折二钱。

【纲】甲寅,七年,春三月,辽使人来议疆事,遣太常少卿刘忱报之。 【目】辽以河东路沿边增修戍垒,起铺舍,侵入蔚、应、朔三州界内,使林牙萧禧来言,乞行毁撤,别立界至。禧归,帝面谕以"三州地界,俟遣官与北朝官即境上议之。"遂诏忱如辽。辽遣枢密副使萧素会忱于代州境上。

周敦颐博学力行,著有《太极图》《易通》,阐明天理的根源,探究万物的始终。言语简约而内容弘大,文章质朴而意义精深,得孔子、孟子学说的本原,大有功于学者。他在任南安军司理时,通判程珦认为他的学说可以阐明大道,让两个儿子程颢、程颐前往跟他学习。周敦颐多次让他们二人研寻孔子、颜回的快乐之处,所乐何事。程颢曾经说:"自从第二次见到周茂叔(周敦颐字茂叔)以后,吟风弄月而归,很有孔子说的'吾与点也'的那种意境。"侯师圣求学于程颐,没有领悟,因此求见周敦颐。周敦颐把他留下,和他对床夜谈。过了三天,侯师圣回来,程颢惊异他学问的长进,问道:"不是从周茂叔那里回来的吧?"周敦颐善于开导启发人就是这样的。

周敦颐到了南康军,就筑室于莲花峰(在今江西九江市南,庐山的一个山峰)下。屋前有溪水与湓江(在今江西九江市南)汇合。室名用在营道时所住地方的濂溪(在今湖南道县西南)命名,学者们因此称周敦颐为濂溪先生。

【纲】发生严重的蝗虫灾害。

【纲】秋九月,初次用策论考试武举之士。

【纲】吐蕃人木征又进犯河州,王韶击败了木征,木征败走,于是占领了岷、宕、洮、叠四城(岷州治所溢乐县,即今甘肃岷县;宕州治所怀道县,在今甘肃岷县西南;洮州治临潭县,即今甘肃临潭县;叠州治所合川县,在今青海西宁市西北)。神宗升殿接受群臣朝贺。

【纲】征收免行钱。

【纲】冬十月,章惇攻击南江地区的蛮人,平定了他们。建置沅州(治所卢阳县,即今湖南芷江县)。

【纲】施行折二钱。

【纲】熙宁七年(甲寅,1074),春三月,辽国派人来商议两国疆界的事,朝廷派遣太常少卿刘忱赴辽国交涉。 【目】辽国因为宋朝在河东路沿边境增修戍卫堡垒,建立了房屋,侵入蔚、应、朔三州境内(蔚州,治所灵仙县,即今河北蔚县。应州治所金城县,即今山西应县。朔州治所善阳县,即今山西代县),派遣林牙(辽官名,相当于翰林)萧禧来宋朝交涉,要求拆毁戍卫堡垒、房屋,另立边界。萧禧临走前,神宗当面

诏下枢密院议，且手诏判相州韩琦、司空富弼、判河南府文彦博、判永兴军曾公亮条代北事宜以闻。琦言："臣观近年朝廷举事，似不以大敌为恤，彼见形生疑，必谓我有复燕之意，故引先发制人之说造为衅端。所以致疑，其事有七：招高丽朝贡，一也；取吐蕃之地建熙河，二也；植榆柳于西山以制蕃骑，三也；创保甲，四也；筑河北城池，五也；置都作院，颁弓矢新式，六也；置河北三十七将，七也。契丹素为敌国，因事起疑，不得不然。臣尝窃计，始为陛下谋者，必曰治国之本，当先聚财、积谷，募兵于农，则可以鞭笞四夷。故散青苗钱，为免役法，置市易务，次第取钱，新制日下，更改无常，而监司督责以刻为明。今农怨于畎亩，商叹于道路，长吏不安其职，陛下不尽知也。夫欲攘斥四夷以兴太平，而先使邦本困摇，众心离怨，此则为陛下始谋者大误也。臣今为陛下计，宜遣报使，具言向来兴作，乃修备之常，疆土素定，悉如旧境，不可持此造端，以隳累世之好。可疑之形，如将官之类，因而罢去。益养民爱力，选贤任能，使天下悦服，边备日充，若其果自败盟，则可一振威武，恢复故疆，摅累朝之宿愤矣。"弼、彦博、公亮亦皆有言，大抵度上以虏为忧，故深指时事云。

告诉他"三个州的边界,等派遣官员与北朝(指辽国)官员在边境上谈判议定。"于是下诏命刘忱出使辽国。辽国派遣枢密副使萧素与刘忱在代州(治所雁门县,即今山西代县)边境上会谈。

神宗下诏命枢密院讨论这件事,并且亲笔写了诏书令判相州韩琦、司空富弼、判河南府文彦博、判永兴军曾公亮,各自陈述对代北地区事务的看法上奏。韩琦上疏说:"臣观察近年来朝廷的行动,好像对辽国这个大敌不加顾虑。辽国见到这种形势而产生怀疑,必定认为我国有收复燕地(燕即幽州,辽国的南京所在地,在今北京市西南)的意思,所以提出先发制人的说法,以挑起衅端。引起辽国生疑的,有七件事:招致高丽国前来朝贡,这是其一;占领吐蕃的土地建置熙河路,这是其二;在西山种植榆树柳树以防止蕃兵骑兵入侵,这是其三;创立保甲法,这是其四;在河北路修筑城池,这是其五;设置都作院,颁行弓箭射弩的新样式,这是其六;派置了河北路的三十七名将领,这是其七。契丹(指辽国)一向是我们敌国,因为这些事而产生疑心,不能不这样。臣曾经暗自考虑,最初为陛下出谋划策的人,必定说治国之本,应当先聚集财富,屯积谷物,从农民中招募士兵,这样就可以用武力威胁四周的外族。所以就发放青苗钱,施行免役法,设置市易务,一次次地收取钱财。新的制度每天都有下发颁布的,更改无常,而监察部门监督检查,以刻剥为明察。现在农民怨恨于田地,商人叹息于道路,地方的主官不安心于职守,陛下并不全知道这些情况。想要抗击四周的外族以求太平,但是却先造成了国家的根本动摇,众人有离散怨恨之心,这就是最初为陛下谋划的人造成的大错误。臣今天为陛下考虑,应该派遣使节去辽国,向他们通报情况,具体说明:'以往所兴办的措施,只是整顿武备的常规,我国的疆土早已固定,和以前的边境一样,不可拿这些事制造事端,以破坏几代人的和好。'可能造成对方疑虑的事情,如派遣将领等一类的事,可以因此而取消。应该更好地抚养百姓,爱惜民力,选用贤能之士,使天下的人都心悦诚服,边疆的战备日益充实。如果辽国自己首先破坏盟约,我国就可以一振威武,收复旧时的疆土,抒发几朝以来的积愤了。"富弼、文彦博、曾公亮也都有意见提出,大致都估计神宗以辽国入侵的事忧虑,所以对时事多所指评。

【纲】大旱，诏求直言。夏四月，权罢新法；雨。 【目】自去秋七月不雨至夏四月，帝忧形于色，欲尽罢法度之不善者。王安石曰："水旱常数，尧、汤不免。但当修人事以应之。"帝曰："朕所以恐惧者，正谓人事之未修尔！今取免行钱太重，人情咨怨，自近臣以至后族，无不言其害者。"冯京曰："臣亦闻之。"安石曰："士大夫不逞者以京为归，故京独闻此言，臣未之闻也！"翰林学士韩维言："陛下损膳避殿，乃举行故事，恐不足以应变。当痛自责己，广求直言。"帝即命维草诏行之。

初，光州司法参军郑侠，为安石所奖拔，感其知己，思欲尽忠。及满秩入京，安石问以所闻，侠曰："青苗、免役、保甲、市易数事，与边鄙用兵，在侠心不能无区区也。"安石不答。久之，监安上门。会岁饥，征敛苛急，东北流民，每风沙霾曀，扶携塞道，羸疾愁苦，身无完衣，或茹木实草根，至身被锁械，而负瓦揭木，卖以偿官，累累不绝。乃绘所见为图，奏疏诣阁门，不纳，遂假称密急，发马递，上之银台司，且云："旱由安石所致。去安石，十日不雨，即乞斩臣宣德门外，以正欺君之罪。"疏奏，帝反覆观图，长吁数四，袖以入内。是夕，寝不能寐。翌日，命开封体放免行钱，三司察市易，司农发常平仓，三卫具熙河所用兵，诸路上民物流散之故，青苗、免役、权息追呼，方田、保甲并罢，凡十有八事，民间讙呼相贺。是日，果大雨，远近沾洽。

【纲】发生大旱,下诏征求进言,夏四月,暂时停止施行新法;天降雨。　【目】从去年秋天七月到本年四月一直没有下雨,神宗为此面有忧虑之色,想把新法中成效不好的全部废止。王安石说:"水旱之灾是常发生的事,尧、舜之时尚且不能避免,不过应当在人事上努力做好以适应天地的变化。"神宗说:"朕所以恐惧的,正是认为人事上没有努力做好罢了。现在征收免行钱太重,百姓怨叹,从近臣到外戚,没有一个不说它有危害。"冯京说:"臣也听说过。"王安石说:"士大夫当中不得志的那些人都接近冯京,所以只有冯京听说过这类话,臣从没有听说过。"翰林学士韩维说:"陛下减损膳食,避居偏殿,这是依照过去的旧例,恐怕不足以适应天变。应当深刻地责备自己,广求直言。"神宗当即任命韩维草拟诏书颁发出去。

　　起初,光州(治所定城县,即今河南潢川县)司法参军郑侠被王安石所奖掖提拔,感激王安石有知遇之恩,很想对王安石尽忠心。等到任官期满以后进京,王安石问他在外地的所见所闻,郑侠说:"青苗法、免役法、保甲法、市易法等几件事和用兵边疆,在我的心里不能没有一点意见。"王安石听了没有回答。过了很久,郑侠被任命为汴京城安上门的门监。当时正赶遇饥荒之年,征敛赋税很急,东北地区的流民,常在风沙雨雾灰尘之中,扶老携幼地拥挤在道路上,身体衰弱,愁苦难忍,身无完衣,有的吃草根树皮,有的甚至还身带枷锁,而背着砖瓦,扛着木料,拆屋卖了以后以偿还官府。这样的流民累累不绝于道。郑侠就把所看到的情景绘制成画图,和奏书一起送到皇宫,不被接受,于是就冒充是紧急机密文书,由驿站快马传递,上呈到银台司,而且说:"天旱是由王安石所造成的。如果罢免了王安石,十天之内不下雨,请立即将臣在宣德门外斩首,以正欺君之罪。"奏疏呈上后,神宗反复观看流民图,多次长叹,把奏疏放入衣袖里带回内宫。这天夜里,不能入睡。第二天,下诏命开封府酌情不再征收免行钱,命三司审查市易务,司农发放常平仓粮食,三卫呈报熙河路所派兵丁情况,各路呈报百姓流散的原因,青苗钱、免役钱,暂停追缴催逼,方田法、保甲法一起废止。神宗诏书中提到的一共有十八件事,民间为此而欢呼庆贺。这天,果然天降大雨,远近地区都得到沾溉。

【纲】下监安上门郑侠狱,复行新法。 【目】辅臣入贺雨。帝示以侠所进图状,且责之。皆再拜,安石上章求去,外间始知所行之由。群奸切齿,遂以侠付御史,治其擅发马递罪。吕惠卿、邓绾言于帝曰:"陛下数年忘寝与食,成此美政,天下方被其赐,一旦用狂夫之言,罢废殆尽,岂不惜哉!"相与环泣于帝前,于是新法一切如故,惟方田暂罢。

【纲】吐蕃木征围河州,王韶击降之。

【纲】王安石免。以韩绛同平章事,吕惠卿参知政事。 【目】安石执政六年,更法度,开边疆,老成正士,废黜殆尽,儇慧少年,超擢用事,天下怨之,而帝倚任益专。太皇太后尝乘间语帝曰:"祖宗法度,不宜轻改。吾闻民间甚苦青苗、助役,宜罢之。"帝曰:"此以利民,非苦之也。"后又曰:"安石诚有才学,然怨之者甚众,欲保全之,不若暂出之于外。"帝曰:"群臣惟安石为国家当事。"时帝弟岐王颢在侧,因进曰:"太后之言,至言也,不可不思。"帝怒曰:"是我败坏天下邪?汝自为之!"颢泣曰:"何至是邪!"皆不乐而罢。久之,太后流涕谓帝曰:"安石乱天下,奈何?"帝始疑之。及郑侠疏进,安石不自安,遂求去位,帝再四勉留,安石请益坚,乃以观文殿大学士知江宁府。吕惠卿使其党变姓名日投匦留之,安石感其意,因乞韩绛代己而惠卿佐之,帝从其请。二人守其成规不少失,时号绛为"传法沙门",惠卿为"护法善神"。

【纲】逮捕监安上门郑侠关进监狱，重新实行新法。【目】辅佐大臣进宫庆贺天降大雨，神宗让他们看郑侠所呈进的流民图和奏疏，并且责备了这些大臣。大臣们都再拜谢罪，王安石上奏章请求辞职，外面才知道上述十八件事所以发生的原因。那些奸臣对郑侠恨之切齿，就把他交付御史，治以擅自调发驿马传递文书的罪名。吕惠卿、邓绾对神宗说："陛下几年来废寝忘食，才成此美政，天下的人正受到它的赐益。现在一旦听从了狂夫的话，这些美政几乎全部停废，难道不可惜吗！"就在神宗周围站成一圈哭了起来。于是所有新法令又都恢复如故，只有方田法暂停施行。

【纲】吐蕃人木征围攻河州，被王韶打败而投降。

【纲】王安石免职。任命韩绛为同平章事，吕惠卿为参知政事。【目】王安石执政六年，更改法度，开拓边疆，老成正直之士，几乎全被贬黜，轻薄聪敏的年轻人，被破格进用，天下的人都怨恨他，而神宗却对他更加倚重信任。太皇太后曾找机会对神宗说："祖宗的法度，不宜轻易改变。我听说民间百姓由于施行青苗法、助役法而很为困苦，应该废除。"神宗说："这些法都是为了利民，而不是使百姓困苦。"太皇太后又说："王安石确实有才学，但是怨恨他的人太多，想要保全他，不如暂时调他到外地去。"神宗说："群臣之中只有王安石能为国家承担大事。"当时神宗的弟弟岐王赵颢在旁边，因此说："太后所说的话，是至理之言，不能不考虑。"神宗生气地说："是我败坏了天下吗？你自己做做看！"赵颢哭着说："何必说到这步田地呢！"都不欢而散。过了很长时间，太后流着眼泪对神宗说："王安石扰乱天下，该怎么办呢？"神宗开始对王安石产生怀疑。等到郑侠的奏疏和流民图上呈，王安石也自感不安，于是请求辞职。神宗多次挽留，王安石求去更加坚决，于是以观文殿大学士的官衔任江宁府（治江宁县，即今江苏南京市）知府。吕惠卿指使他的党羽变换姓名，每天都在铜匦中投递挽留王安石留任的密奏，王安石感激吕惠卿的心意，因此奏请以韩绛代替自己的职位而让吕惠卿辅佐他，神宗同意了这一请求。这两个人严守王安石在位时的成规，不作一点改动，当时人们起绰号，称韩绛为"传法沙门"，吕惠卿为"护法善神"。

【纲】初榷蜀茶。

【纲】五月,罢制科。

【纲】三司使曾布、提举市易司吕嘉问免。

【纲】六月,作浑仪、浮漏成。

【纲】秋七月,立手实法。 【目】时免役出钱或未均,吕惠卿用其弟曲阳尉和卿计,创手实法。其法,官为定物价,使民各以田亩、屋宅、资货、畜产随价自占。非用器、食粟而辄隐落者许告,有实,以三分之一充赏。诏从其言,于是民家尺橼寸土,检括无遗,至于鸡豚亦遍钞之,民不聊生。

【纲】冬十月,置三司会计司。

【纲】十二月,以王韶为枢密副使。

【纲】乙卯,八年,春正月,蔡挺罢。

【纲】窜郑侠于英州,罢参知政事冯京,放秘阁校理王安国于田里。 【目】侠上疏论吕惠卿朋奸壅蔽,仍取唐魏徵、姚崇、宋璟、李林甫、卢杞传为两轴,题曰《正直君子邪曲小人事业图迹》,在位之臣与之暗合者,各以其类,复为书献之,且荐冯京可相。惠卿奏为谤讪,令中丞邓绾、知制诰邓润甫治之,遂编管侠于汀州。

御史台吏杨忠信谒侠曰:"御史缄默不言,而君上书不已,是言责在监门,而台中无人也。"取怀中《名臣谏疏》二帙授侠曰:"以此为正人助。"

京在政府,常与惠卿争辨,而王安石弟安国素与侠善。侍御史张璪承惠卿旨,劾京与侠交通有迹。时侠已行,惠卿遂令奉礼郎舒亶往捕,遇于陈州,搜其箧,得所录名臣谏疏,有言新法事及亲朋书尺,悉按姓名治之。狱成,惠卿欲致侠以死,帝曰:"侠所言,非为身也,忠诚亦可嘉,岂宜深罪!"但徙英州。京罢政,出知亳州。安国夺

【纲】初次在蜀地实行茶叶由官府专卖。

【纲】五月,废除制科考试。

【纲】三司使曾布、提举市易司吕嘉问被罢免。

【纲】六月,浑仪、浮漏等仪器制作完成。

【纲】秋七月,订立手实法。 【目】当时免役出钱或有不均,吕惠卿采用他弟弟曲阳县尉吕和卿的建议,创立了手实法。它的办法是,由官府确定出各种物品的标价,让百姓各自根据标价,自己报出所有田地、房屋、资货、畜产的总价值。除去日常用品、口粮之外而有隐瞒不报的允许告发,核实以后,以三分之一的隐瞒财物充作给告发人的奖赏。下诏同意实行手实法,于是百姓家的每一尺房椽、每一寸土地,都受到检查而无遗漏,以至于鸡猪也被抄掠,搞得民不聊生。

【纲】冬十月,设置三司会计司。

【纲】十二月,任命王韶为枢密副使。

【纲】熙宁八年(乙卯,1075),春正月,蔡挺被罢免。

【纲】流放郑侠于英州(治所贞阳县,即今广东英德县),罢免参知政事冯京,秘阁校理王安国被罢归乡里。 【目】郑侠上疏指斥吕惠卿朋比为奸,阻塞蒙蔽,还采取唐代魏徵、姚崇、宋璟、李林甫、卢杞的生平事迹绘制成两轴画,题名为《正直君子邪曲小人事业图迹》,对在位的大臣,和那些人行迹符合的,各自分类,又写成奏书进献,并且推荐冯京可以当宰相。吕惠卿奏称郑侠进行谤讪,令中丞邓绾、知制诰邓润甫审治郑侠,于是把郑侠流放到汀州(治所长汀县,即今福建长汀县)编管。

御史台吏员杨忠信前往谒见郑侠说:"御史闭口不言,而您却上疏不已,这是进谏的责任由您承担,而御史台可谓无人。"从怀中取出《名臣谏疏》二帙送给郑侠说:"用这个来作为正人君子的帮助。"

冯京在朝廷,常和吕惠卿争论,而王安石的弟弟王安国一向和郑侠友善。侍御史张璪秉承吕惠卿的意旨,弹劾冯京和郑侠有勾结的迹象。当时郑侠已经在流放途中,吕惠卿就命奉礼郎舒亶前往追捕,在陈州(陈州治所宛丘县,即今河南淮阳县)追上了,从箱子里搜出了抄录的《名臣谏疏》,有谈论新法和亲友的书信,于是按照那些亲友姓名,

秘阁校理，放归田里。

初，安国仕西京国子教授，秩满至京师。帝以安石故，特召对，问曰："汉文帝何如主？"安国对曰："三代以后未有也。"帝曰："但恨其才不能立法更制耳。"安国对曰："文帝自代来入未央宫，定变故俄顷呼吸间，恐无才者不能。至用贾谊言，待群臣有节，专务以德化民，海内兴于礼义，几致刑措，则文帝加有才一等矣。"帝曰："王猛佐苻坚，以蕞尔国而令必行。今朕以天下之大，不能使人，何也？"曰："猛教坚以峻刑法杀人，致秦祚不传世。今刻薄小人必有以是误陛下者，愿专以尧、舜、三代为法，则下岂有不从者乎！"帝又问："卿兄秉政，外论谓何？"安国对曰："恨知人不明，聚敛太急尔！"帝不悦，由是止授崇文院校书，寻改秘阁校理。安国屡以新法之弊力谏安石，又尝以佞人目惠卿，故惠卿衔之。

【纲】二月，复以王安石同平章事。 【目】初，吕惠卿迎合安石，建立新法，安石故力援引，骤至执政。惠卿既得志，忌安石复用，遂欲迎闭其途，凡可以害安石者无所不用其智。安石闻而怨之。时韩绛颛处中书，事多稽留不决，且数与惠卿争论，度不能制，密请帝复用安石，帝从之。安石承命，即倍道而进，七日至汴京。

【纲】二月，辽人复来议疆事。遣知制诰沈括报之。 【目】刘忱与萧素议不能决，房初指蔚、朔、应三州分水岭土垄为界，乃忱

都加以逮捕治罪。入狱立案以后，吕惠卿想把郑侠定成死罪，神宗说："郑侠所说的，不是为了自己，也忠诚可嘉，岂宜加重治罪！"因此只流放英州。冯京被罢免执政，出任亳州知州。王安国被削夺秘阁校理，罢职还乡。

起初，王安国任西京国子教授，任期满了以后到京师。神宗因为王安石的缘故，特意召见了他，问他："汉文帝是怎么样的一位君主？"王安国回答说："是夏商周三代以后所没有的。"神宗说："只是可惜他的才干不能立法以更改制度。"王安国回答说："汉文帝从代郡进入未央宫，平定事故于俄顷之间，恐怕没有才干的人不能做到。至于听信贾谊的话，对待群臣有分寸，专心努力以仁德教化百姓，全国都讲求礼义，几乎不必动用刑具，可以说汉文帝比有才的人还要高一等。"神宗说："王猛辅佐苻坚，以一个小国而法令都得到贯彻执行；现在朕以这样的大国，却不能使人听从法令，这是什么原因呢？'！王安国说："王猛教苻坚用严刑峻法杀人，致使前秦的国运传世不久。现在刻薄小人也必定有以王猛教苻坚的一套来贻误陛下的，希望专心效法尧、舜、三代，臣下怎么敢有不从的呢！"神宗又问："你的兄长主持朝政，外面的议论说些什么？"王安国回答说："恨他知人不明，敛财太急了！"神宗听了很不高兴，因此只授王安国以崇文院校书之职，不久又改任秘阁校理。王安国屡次以新法的弊病竭力劝谏王安石，又曾经把吕惠卿看成是奸佞小人，所以吕惠卿忌恨他。

【纲】二月，重新任命王安石为同平章事。　【目】起初，吕惠卿迎合王安石，建立新法，所以王安石竭力援引他，突然升为执政大臣。吕惠卿得志之后，忌惮王安石又被重用，于是想堵塞重用王安石的途径，凡是可以加害王安石的办法，没有不用尽聪明来加以使用的。王安石听说以后很怨恨他。当时韩绛主持中书省，处理事务往往滞留不决，而且多次和吕惠卿争论，估计自己不能控制吕惠卿，因此秘密奏请神宗重新任用王安石，神宗听从了。王安石接到任命，马上加快行进，七天就到达汴京。

【纲】二月，辽国又派使节来谈判疆界的事。派遣知制诰沈括出使回报。　【目】刘忱和萧素谈判没有结果，辽国开始时提出以蔚州、朔

与之行视，无土垄，乃但云以分水岭为界，凡山皆有分水，䏦意至时可以罔取也。相持久之。至是，辽主复遣萧禧来致图书，以忱等迁延为言。乃命韩缜代忱等与辽使议。缜与禧争辩或至夜分，禧执分水岭之说不变，留馆不肯辞，曰："必得请而后反。"帝不得已，先遣知制诰沈括报聘。括诣枢密院阅故牍，得顷岁所议疆地书，指古长城为分界，今所争乃黄嵬山，相远三十余里，表论之。帝喜曰："大臣殊不究本末，几误国事。"乃赐括白金千两，使行。

括至辽，辽相杨益戒与议，不能屈，谩曰："数里之地不忍，而轻绝好乎？"括曰："师直为壮，曲为老。今北朝弃先君之大信，以威用其民，非我朝之不利也。"凡六会，竟不可夺，乃还。括在道，图其山川险易迂直，风俗淳庞，人情向背，为使契丹图，上之。

【纲】夏四月，以吴充为枢密使。

【纲】闰月，陈升之罢。

【纲】六月，王安石上三经新义，诏颁于学宫。　【目】王安石等以所训释诗、书、周礼三经上进，帝谓之曰："今谈经者人人殊，何以一道德？卿所著经，其以颁行，使学者归一。"遂颁于学宫，号曰三经新义。加安石左仆射，吕惠卿给事中，王雱龙图阁直学士。雱辞新命，惠卿劝帝许之，由是王、吕之怨益深。新义既颁，一时学者无敢不传习，主司纯用以取士；先儒传注，一切废而不用，又黜春秋之书，不列学宫，至诋之为断烂朝报。安石又以字学久不讲，后罢居

州、应州三州分水岭上的一条土垄为疆界,等到刘忱和萧素一起去实地巡视,根本没有土垄,辽国就又说以分水岭为疆界,因为凡是山脉都会有分水岭,辽国人认为到时候可以任意决定,因此谈判久久相持不决。这时,辽国君主又派遣萧禧送来地图文书,说是对刘忱等人拖延时间有意见。于是朝廷命韩缜接替刘忱等人去和辽国使节谈判。韩缜和萧禧争辩,有时到了半夜,萧禧坚持以分水岭为疆界的说法不改变,留在驿馆中不肯告辞,说:"一定要得到宋朝同意以后才返回。"神宗不得已,只好先派遣知制诰沈括赴辽国回报。沈括出使前先往枢密院查阅旧档案,找到以往年代里两国议定的疆界地理文书,指明两国是以古代秦长城为界,现在所争执的是黄嵬山(在今山西原平县西北),距秦长城三十余里,因此将这个情况上奏。神宗高兴地说:"大臣们就是不查究事情的始末,几乎贻误国家大事。"于是赐予沈括银一千两,让他启程。

　　沈括到了辽国,辽国宰相杨益戒和他谈判,无法使沈括让步屈服,就轻慢地说:"几里地的土地都不忍让,就这样轻易断绝两国的和好吗?"沈括说:"军队有理就强壮,理屈就老弱。现在北朝(指辽国)丢弃了以前君主的信义,用淫威驱使你们的百姓,这并不是我朝的不利。"一共会谈了六次,沈括最终也不让步,于是返回。在返回的途中,沈括绘记下沿途山川的险要或平坦,道路的或曲或直,风俗的或淳或杂,以及人心向背,制成《使契丹图》,上奏给朝廷。

　　【纲】夏四月,任命吴充为枢密使。

　　【纲】闰月,罢免陈升之。

　　【纲】六月,王安石进呈《三经新义》,下诏颁行于学校。　　【目】王安石等人把他们所解说、注释的《诗经》《尚书》《周礼》三种经书上呈,神宗对他说:"现在讲经之人每个人的看法都不一致,怎么能统一道德标准?你们所写的经义,颁行以后,可以使学者的见解归于一致。"于是把三种经义颁行于学校,定名为《三经新义》。加官王安石左仆射,吕惠卿给事中,王雱龙图阁直学士。王雱辞谢所加官衔,吕惠卿劝神宗加以允许,从此王、吕之间怨结的更加深了。《三经新义》颁行以后,一时间学者们都不敢不传授学习,主管科举考试的部门完全用

金陵,作字说二十四卷以进,多穿凿附会,其流入于佛、老云。

【纲】司徒、侍中、魏公韩琦卒。 【目】琦卒前一夕,大星陨州治,枥马皆惊。帝自为碑文,载琦大节,篆其首曰"两朝顾命定策元勋"。赠尚书令,谥忠献。后追封魏王。

【纲】秋七月,诏韩缜如河东,割地以畀辽。 【目】辽使争议疆事不决。帝问于安石,安石劝帝曰:"将欲取之,必姑与之。"于是诏于分水岭为界,禧乃去。至是,遣天章阁待制韩缜如河东,割新疆与之。凡东西失地七百里,遂为异日兴兵之端。

【纲】八月,韩绛免。

【纲】冬十月,吕惠卿有罪,免。 【目】御史蔡承禧论惠卿奸恶,惠卿居家俟命,中丞邓绾亦欲弥缝前附惠卿之迹以媚安石,安石子雱复深憾惠卿,遂讽绾发惠卿兄弟强借秀州华亭富民钱五百万,与知华亭县张若济买田共为奸利事,置狱鞫之。惠卿竟罢,出知陈州。绾又论三司使章惇协济惠卿之奸,出知湖州。

【纲】彗星见。诏求直言。罢手实法。 【目】彗出轸。诏求直言,赦天下,询政事之未协于民者。邓绾言"凡民养生之具,日用而家有之,今欲尽令疏实,则家有告讦之忧,人怀隐匿之虑。商贾通殖货利,交易有无,或春有之而夏已荡析,或秋贮之而冬已散亡,公家簿书,何由拘录,其势安得不犯!徒使嚚讼者趋赏报怨,畏怯者守死

《三经新义》作为取上的标准；以前儒家学者阐述经书的传注，全部废弃不用。又贬低《春秋》一书，不把它列入学校应学各经之中，甚至诋毁它是陈腐杂乱，缺少参考价值的文献。王安石又因为很久以来没有人讲求字学，后来他在罢职居金陵时，撰写了一部《字说》二十四卷呈上朝廷，内容多穿凿附会，其中部分地夹杂了一些佛、道的思想。

【纲】司徒、侍中魏公韩琦去世。【目】韩琦去世的前一天夜里，一颗大星陨落在韩琦当时所在的相州境内，马厩里的马匹都惊动起来。神宗亲自为韩琦撰写了碑文，记述了韩琦一生的大节，在碑文的额首用篆文题曰"两朝顾命定策元勋"。追赠韩琦为尚书令，谥号"忠献"。后来又追封为魏王。

【纲】秋七月，下诏命韩缜赴河东，割让上地给辽国。【目】辽国的使节在疆界问题上争执不决，神宗问王安石，王安石劝神宗说："将欲取之，必姑予之。"于是下诏同意以分水岭为两国的疆界，萧禧才返回。这时就派遣天章阁待制韩缜赴河东，按新的疆界割让土地给辽国。从东到西一共丧失了七百里土地，这就成为以后两国兴兵开战的祸端。

【纲】八月，韩绛被罢免。

【纲】冬十月，吕惠卿因罪，被免职。【目】御史蔡承禧弹劾吕惠卿的奸恶行为，吕惠卿在家里等候处理。中丞邓绾也想掩盖以前依附吕惠卿的行为以讨好王安石，王安石的儿子王雱又深恨吕惠卿，于是暗示邓绾揭发吕惠卿兄弟强行向秀州华亭的富户借钱五百万和华亭县张若济勾结买田非法谋利等事，将吕惠卿关进监狱审讯。吕惠卿最后被罢免，贬为陈州知州。邓绾又弹劾三司使章惇协助吕惠卿作奸邪之事，章惇被贬为湖州（治乌程县，即今浙江湖州市）知州。

【纲】彗星出现。下诏征求直言。废除手实法。【目】彗星在天空中轸宿的位置上出现。下诏征求直言，赦免全国的罪犯，查询政策措施中不符合民意的地方。邓绾说："凡是百姓日常生活必需品，每天都要用而家家都有。现在想要他们全部如实上报，那么家家都有被人告发阴私的忧虑，人人都怕被加以隐匿不报的罪名。商人流通货物增殖利润，交易有无，或许春天有的货物到夏天就赔得一干二净，或许秋天贮

忍困而已。"诏罢手实法。

【纲】十一月,交阯大举入寇,陷钦、廉州。

【纲】十二月,以元绛参知政事,曾孝宽签书枢密院事。【目】绛在翰林,谄事王安石,而安石尝德曾公亮之助己,欲引公亮子孝宽于政地以报之。由是二人同升。

【纲】罢直学士院陈襄。【目】襄,福州侯官人。举进士,历知仙居、河阳县,留意教化,进县子弟于学。判府富弼奇之,及弼相,荐诸朝,累擢侍御史。上疏论青苗之害,曰:"臣观制置司所议,莫非引经以为言,而其实则称贷以取利,是特管夷吾、商鞅之术。望贬斥王安石、吕惠卿以谢天下,罢韩绛以杜大臣争利而进者。"不听。乃请外,帝惜其去,留修起居注。安石屡欲出之,帝不许。三迁直学士院,帝尝访人才之可用者,襄以司马光、韩维、吕公著、苏颂、范纯仁、苏轼等三十三人对。安石益恶之,摘其书诏小失,讽御史劾之,遂知陈州。

存的货物到冬天就已经散失了,官府簿书上记录的,从哪里可以记得清楚呢,这种情况,怎么能不犯法!这只能使那些奸诈而好讼的人追求赏赐,或借以报怨,使那些胆小的人到死忍受困迫而已。"于是下诏废除手实法。

【纲】十一月,交阯国(在今越南北部)大举入侵,攻陷了钦州(治所灵山县,即今广西灵山县)、廉州(治所合浦县,即今广西合浦县)。

【纲】十二月,任命元绛为参知政事,曾孝宽为签书枢密院事。【目】元绛在翰林院时,巴结奉承王安石,而王安石一直感激曾公亮帮助过自己,想援引曾公亮的儿子曾孝宽到重要部门作官以报答曾公亮,因此二人同时升迁。

【纲】罢免直学士院陈襄。 【目】陈襄,是福建侯官(侯官县,在今福州市境内)人。考中进士,历任仙居县(今浙江仙居县)、河阳县(在今河南孟州市南)知县,注重教化,把本县年轻子弟送到学校学习。当时判府来的富弼很看重他。富弼任宰相以后,把他推荐到朝廷,几次提升成为侍御史。他上疏议论青苗法的危害,说:"臣看制置司所提的建议,莫非引经书作为依据,而其实则是放贷以取息收利,这恰恰是商鞅、管仲的办法。希望贬斥王安石、吕惠卿以谢天下,罢免韩绛以杜绝大臣中争利而进用的人。"神宗不听。于是陈襄请求外调,神宗可惜他离京,留下他撰修起居注。王安石多次想把他调出去,神宗不同意。他三次升迁,任职直学士院。神宗曾向他访求有才能可以任用的人,陈襄答以司马光、韩维、吕公著、苏颂、范纯仁、苏轼等三十三个人。王安石更加厌恶他,就挑剔他书写诏书的一点小过失,暗示御史加以弹劾,把他贬为陈州知州。

纲鉴易知录卷七二

宋纪

神宗皇帝

【纲】丙辰，九年，春正月，交阯陷邕州，知州事苏缄死之。
【目】交人围邕，知州苏缄悉力拒守，外援不至，城遂陷。缄义不死贼手，命其家三十六人皆先死，藏尸于坎，乃纵火自焚。城中人感缄之义，无一人从贼者。于是交人尽屠其民，凡五万八千余口。事闻，诏赠缄奉国节度使，谥曰忠勇。

【纲】章惇招降五溪蛮，遂城下溪州。

【纲】二月，以郭逵为安南招讨使。 【目】王安石闻钦、廉陷，不悦，会得交人露布，言中国作青苗、助役之法，穷困生民，今出兵欲相拯济。安石怒，自草敕榜诋之，而以天章阁待制赵禼为招讨使，宦者李宪为副，将兵讨之。既而禼与李宪议事不合，帝因问禼"孰可代宪？"禼言："逵老于边事，愿以为使，而己副之。"帝从其言，仍诏占城、占腊合击交阯。

【纲】秋七月，御史中丞邓绾有罪，免。 【目】吕惠卿既出守陈，而张若济之狱久不成，王雱令门下客吕嘉问、练亨甫共取邓绾所列惠卿事杂他书下制狱，王安石不知也。省吏告惠卿于陈，惠卿以状闻，且讼安石"尽弃所学，隆尚纵横之末数，方命矫令，罔上要君。"帝以状示安石，安石谢无有，归以问雱。雱言其情，安石咎之；雱忿，患疽发背死。帝颇厌安石所为，绾虑安石去失势，乃上书言宜录安石子及婿，仍赐第京师。帝以语安石，安石曰："绾为国司直，而

神宗皇帝

【纲】熙宁九年（丙辰，1076），春正月，交阯攻陷邕州（治所宣化县，即今广西南宁市），知州苏缄死难。 【目】交阯人包围了邕州，知州苏缄全力拒守，因外援没有到来，城被攻陷。苏缄不愿死在敌人手里，命全家三十六口人先死，将尸体藏于沟坎之中，然后放火自焚。城里的人受苏缄义举的感动，没有一个人投降敌人的。于是交阯人屠杀城中所有居民，共五万八千余人。这件事上报朝廷，下诏追赠苏缄为奉国节度使，谥号"忠勇"。

【纲】章惇招降五溪蛮人。于是筑城于下溪州（在今湖南辰溪附近）。

【纲】二月，任命郭逵为安南（即交阯）招讨使。 【目】王安石听说钦州、廉州陷落，很不高兴。恰巧这时得到交阯人发布的露布（文告），上面说中国（指宋朝）制订青苗法、助役法，使百姓穷困，现在出兵想拯救他们。王安石大怒，亲自起草以皇帝名义发布的敕榜，予以驳斥，并任命天章阁待制赵卨为招讨使，宦官李宪为副使，带兵讨伐交阯。不久，赵卨与李宪意见不合，神宗就问赵卨："谁可以代替李宪？"赵卨说："郭逵对边疆事务很熟悉，希望任命他为招讨使，而我自己为副使。"神宗听从了他的建议，又下诏命占城（国名，在今越南南部）、占腊（即真腊，即今柬埔寨）联合攻击交阯。

【纲】秋七月，御史中丞邓绾因为有罪，被罢免。 【目】吕惠卿外调任陈州（治所宛丘县，即今河南淮阳县）知州以后，而张若济的狱案却很长时间不能定案。王雱就令门客吕嘉问、练亨甫两人拿着邓绾开列的吕惠卿的违法之事，和其他一些文书混在一起，乘机把张若济投入诏狱，王安石不知道这件事。省吏把消息告诉在陈州的吕惠卿，吕惠卿将事情写成文书上奏，而且告发王安石："完全背弃了儒学，崇尚纵横家的末技，违背诏命，假托圣旨，欺君罔上，要挟君主。"神宗把吕惠卿的书状拿给王安石看，王安石说并没有这件事。回家以后询问王雱。王雱

为宰臣乞恩泽,极伤国体,当黜之!"帝以绾操心颇僻,赋性奸回,论事荐人,不循分守,斥知虢州。

【纲】八月,罢粥祠庙。【目】司农粥祠庙于民,应天府阏伯、微子庙皆在粥中,判官刘挚叹曰:"一至于此!"往见判府张方平曰:"独不能为朝廷言之邪!"方平矍然,托挚为奏,曰:"阏伯迁商丘主祀炎火,为国家盛德所乘;微子,宋始封之君,开国此地,亦本朝受命建号所因。又有双庙,乃唐张巡、许远,孤城死败,能捍大患。今若令承买,小人规利,冗亵渎慢,何所不为,岁收微细,实伤国体,乞留此三庙以慰邦人崇奉之意。"疏上,帝大震怒,批牍尾曰:"慢神辱国,无甚于斯!"于是天下神庙皆得罢粥。

【纲】冬十月,王安石免,以吴充、王珪同平章事,冯京知枢密院事。【目】安石之再相也,屡谢病求去,及子雱死,尤悲伤不堪,力请解机务,帝益厌之,乃以使相判江宁府,寻改集禧观使。安石既退处金陵,往往写"福建子"三字,盖深悔为吕惠卿所误也。

充子安持虽娶安石女,而充心不善安石所为,数为帝言新法不便。帝察充中立无与,及安石免,遂相之。充欲有所变革,乞召还司马光、吕公著、韩维、苏颂及荐孙觉、李常、程颢等数十人。

说了实情,王安石责备他。王雱为此生气,后背疽疮发作而死。神宗很讨厌王安石的做法,邓绾担心王安石去位以后,自己将要失去权势,就上书说应该录用王安石的儿子和女婿,还应在京城之中赏赐宅第。神宗把此事告诉王安石,王安石说:"邓绾为国家司直之官,检举不法,却反而为宰相大臣乞求恩泽,大损国体,应该贬黜他!"神宗认为邓绾心术不正,赋性奸恶,论事荐人,不守本分,不顾职守,把他贬斥为虢州(治所虢略县,即今河南灵宝县)知州。

【纲】八月,停止出售祠庙。 【目】司农寺向百姓出卖祠庙。应天府境内的阏伯庙、微子庙也在出卖之列。应天府判官刘挚叹息道:"竟然到了这种地步!"就前去见判应天府张方平说:"就不能把这件事向朝廷说一说吗?"张方平听了很惊讶,就委托刘挚写奏疏,其中说:"阏伯迁住商丘主持火的祀礼,火德为本朝国运的象征;微子,是宋国的始封之君,在此地开创宋国,也是本朝秉承天命建立国号所依凭的。还有双庙,是唐代张巡、许远,他们坚守孤城,战败死节,能保佑本地人民捍卫大灾难。现在如果下令可以承买,小人为了图利,那些渎亵轻慢的事,什么做不出来!而每年收入无几,实在有伤国体。请求保留这三座祠庙,以安慰本地人民崇奉之意。"奏疏呈上后,神宗大为震怒,在奏疏末尾批复道:"轻慢神灵,污辱国体,没有比这件事更严重的了!"于是全国神庙都得以停止出售。

【纲】冬十月,王安石免职,任命吴充、王珪为同平章事,冯京为知枢密院事。 【目】王安石再次任命为宰相以后,多次称病请求辞官;等到儿子王雱去世,更加悲伤不堪,力请解除自己执掌机要大事的职务。神宗也更讨厌他了,就以使相的官衔担任判江宁府(治所江宁县,即今南京市)的职务,不久又改任集禧观使。王安石退居金陵以后,往往书写"福建子"三个字,深悔自己被吕惠卿所贻误。

吴充的儿子吴安持虽然娶了王安石的女儿,而吴充心里并不赞成王安石的所作所为,几次和神宗说新法的不便。神宗观察到吴充保持中立,没有党与,所以等王安石被罢相以后,就任命吴充为宰相。吴充想有所变革,就请求神宗召回司马光、吕公著、韩维、苏颂,并推荐了孙觉、李常、程颢等数十人。

光自洛贻书充曰："自新法之行，中外汹汹。民困于烦苛，迫于诛敛，愁怨流离，转死沟壑，日夜引领，冀朝廷觉悟，一变敝法。今日救天下之急，当罢青苗、免役、保甲、市易，而息征伐之谋。欲去此五者，必先别利害，开言路，以悟人主之心。今病虽已深，犹未至膏肓，失今不治，遂为痼疾矣。"充不能用。吕惠卿告安石罪，发其私书有"无使上知"，及"勿令齐年知"之语。京与安石同年生，故云。帝以安石为欺而贤京，故召用之。

【纲】十二月，郭逵败交阯兵于富良江，李乾德降。

【纲】诏宦者李宪节制秦凤、熙河诸军。

【纲】丁巳，十年，春二月。王韶免。 【目】韶与王安石有隙，且以勤兵远略，归曲朝廷，帝亦不悦。数以母老乞归，乃出知洪州。

【纲】秋七月，河决澶州。

【纲】九月，河南邵雍卒。 【目】雍天性高迈，迥出千古，而坦夷温厚，不见圭角。时新法行，吏牵迫不可为，或投劾去，雍门生故友居州县者或贻书访之。雍曰："此贤者所当尽力之时，新法固严，能宽一分则民受一分之赐矣，投劾何益邪！"程颢尝与雍议论终日，退而叹曰："尧夫内圣外王之学也。"雍知虑绝人，遇事能前知，程颐尝曰："其心虚明，自能知之。"及疾病，司马光、张载、颢、颐晨夕候之，卒年六十七。颢为铭墓，称雍之学纯一不杂，汪洋浩大，就其所至而论之，可谓安且成矣。所著皇极经世、观物内外篇、渔樵问对传于世。元祐中赐谥康节。

司马光从洛阳致书吴充说："自从新法施行以来，朝廷内外动荡不安。百姓被烦琐苛刻的法令所困扰，被横征暴敛所逼迫，愁苦怨恨，流离失所，死在荒野的沟壑之中，日日夜夜抬头盼望，希望朝廷觉察醒悟，一改害人的法令。今天要解救天下百姓，最急迫的，应当是废除青苗、免役、保甲、市易等法，而停止向外用兵的计划。想要去除这五者，一定要先分析利害关系，广开言路，以感悟君主之心。现在病情虽重，但还没有到达病入膏肓的地步，如果失去现在的时机还不治疗，就要成为不治的痼疾了。"吴充对司马光的意见未能采纳。吕惠卿告发王安石有罪，翻看王安石的私人信件上有"不要使皇上知道"和"不让齐年知道"的话。因为冯京和王安石同年出生，所以叫冯京为"齐年"。神宗认为王安石欺诈而冯京为贤，因此召回冯京任命为知枢密院事。

【纲】十二月，郭逵在富良江（今称元江，流入越南境内后称红河）打败交阯军队，李乾德投降。

【纲】下诏命宦官李宪节制秦凤军（治所秦州，即今甘肃天水市）和熙河路（治所熙州，即今甘肃临洮县）的各路军队。

【纲】熙宁十年（丁巳，1077），春二月，王韶被罢免。 【目】王韶和王安石有怨隙，而且因为他把用兵经略远方的错误归之于朝廷，神宗对他也很不高兴。王韶多次以母亲年迈为理由乞求还乡，于是就把他调出朝廷，任命为洪州（治所南昌县，即今江西南昌市）知州。

【纲】秋七月，黄河在澶州（治濮阳县，即今河南濮阳县）决口。

【纲】九月，河南（在今洛阳市境内）人邵雍去世。 【目】邵雍天性高远，超越千古，而坦诚平和温厚，不显露棱角。新法实行之时，官吏受到法令的牵制逼迫，不知如何是好，有的人甚至自己弹劾自己有过失，离职而去。邵雍的一些在州县里任职的门生故友写信向他求教，邵雍说："这正是贤者应当尽力的时候。新法固然严格，如果能放宽一分，百姓就能受一分之赐，自加弹劾而去职，又有什么好处呢！"程颢曾经和邵雍交谈了一整天，出来以后感叹道："尧夫（邵雍字尧夫）所学，是内圣外王的学问啊。"邵雍的智力超人，遇事能够预先知道，程颐曾经说："他内心虚明，自然能够预知未来。"他生病以后，司马光、张载、程颢、程颐早晚守候在他身边，去世时年六十七岁。程颢为他撰写了墓

【纲】冬十一月,同知太常礼院张载卒。 【目】载自崇文归,终日危坐一室,左右简编,俯而读,仰而思,有得则识之,或中夜起坐,取烛以书,其志道精思,未尝须臾息也。敝衣疏食,与诸生讲学,每告以知礼成性,变化气质之道,学必如圣人而后已。以为知人而不知天,求为贤人而不求为圣人,此秦、汉以来学者大弊也。故其学以易为宗,以中庸为体,以孔、孟为法,黜怪妄,辨鬼神。其家婚丧葬祭,率用先王之意,而傅以今礼。又论定井田学校之法,皆欲条理成书,使可举而措诸事业。吕大防荐之,召同知太常礼院。以疾归而卒,世称横渠先生,所著正蒙、西铭行于世。程颐言:"西铭明理一而分殊,扩前圣所未发,与孟子善养气之论同功。"

【纲】戊午,元丰元年,春闰正月,曾孝宽罢,以孙固同知枢密院事。 【目】初,固与王安石议新法不合,出知真定,至是,帝思其先见,召用之。

【纲】秋九月,以吕公著、薛向同知枢密院事。 【目】公著在翰林,帝尝以释、老之事语之。公著曰:"尧、舜知此道乎?"帝曰:"尧、舜岂不知。"公著曰:"尧、舜虽知此,而惟以知人安民为难,所以为尧、舜也。"帝默然。向干局绝人,尤善商财计,算无遗策,为陕西转运副使,八年改三司使。洮、河用兵,资用浩繁,向未尝乏供给。用心至到,然不能不病民,王安石方尚功利,从中主之。虽御史有言不听也,故益得展奋,由文俗吏得大用。

志铭,称赞邵雍的学问纯粹而不驳杂,汪洋浩大,就他所达到的成就而言,可谓平和而且完美。他所著的《皇极经世》《观物内外篇》《渔樵问对》流传于世。哲宗元祐年间,赐谥号为"康节"。

【纲】冬十一月,同知太常礼院张载去世。　【目】张载辞崇文院校书回乡以后,整天端坐在一间屋子里,左右两边都是书籍,低下头读书,仰起头思考,有了心得体会就记下来,有时半夜起身坐下来,点燃蜡烛著书,他专意于学问精心思考,一会儿也没有停息过。平时穿旧衣服,吃素食,与学生讲学时,每每告诫他们知礼成性,变化气质的道理,学习一定要到达圣人的标准而后已。认为知道人事而不知天道,追求做贤人而不追求成为圣人,这是秦汉以来学者的大弊。所以张载的学说,以《易经》为宗,以《中庸》为体,以孔子、孟子为效法的楷模,黜斥怪妄,明辨鬼神。他家的婚丧葬祭等事,全部遵照古代先王的用意,而配以当代的礼仪。还研讨论定古代的井田、学校制度,都准备整理成书,使这种学说可以用于实际事业之中。吕大防把张载推荐给朝廷,任命为知太常礼院。因病辞官返乡,不久去世,世人称他为横渠先生,他撰著的《正蒙》《西铭》流行于世。程颐说:"《西铭》阐明了理一而分殊的道理,扩大了以前圣贤们所没有阐发的学问,和孟子提出的善养气之说有同样的功绩。"

【纲】元丰元年(戊午,1078),春闰正月,曾孝宽罢免,任命孙固为同知枢密院事。　【目】起初,孙固和王安石商讨新法时意见不合,被调出朝廷,任真定(即恒州,治所真定县,即今河北正定县)知府。到这时神宗想起孙固有先见之明,召回他任命为同知枢密院事。

【纲】秋九月,任命吕公著、薛向为同知枢密院事。　【目】吕公著在翰林院时,神宗曾经和他谈论起有关佛、老的事情。吕公著说:"尧、舜知佛、老之道吗?"神宗说:"尧、舜岂能不知!"吕公著说:"尧、舜虽然知道这些,而认为只有知人、安民才是最难做到的,这正是尧、舜之成为尧、舜啊。"神宗听了默然不语。薛向才干气局超人,尤其精于计量财务,每次计算没有出现过误差,任陕西路(治京兆府,即今陕西西安市)转运副使八年,改任三司使。在洮州、河州对吐蕃作战时,物资消耗巨大,薛向从没有使军队供应不足。他考虑问题周到细

【纲】冬，复置大理狱。

【纲】己未，二年，春二月，召程颢判武学，既而罢之。 【目】颢自知扶沟县召判武学，命下数日，李定、何正臣劾其"学术迂阔，趋向僻异，且新法之初，首为异论"，复罢之。吕公著上疏言："方朝廷修改法度之初，凡在朝野，孰无论议？陛下兼包，岂悉记录。而小人贼害，指目未已，如颢者，陛下早自知之，其立身行己素有本末。昔在言路，时有论列，皆辞意忠厚，不失臣子之体。兼所除武学，亦未为仕宦要津，而小人龂龂必以为不可者，直欲深梗正路，其所措意非特一二人而已。"疏奏，不纳，颢竟归故官。

【纲】夏五月，元绛罢，以蔡确参知政事。 【目】确善观人主意，与时上下。以王安石荐再调监察御史，因为之用，知帝已厌安石，即论安石乘马入宣德门，与卫士竞，以贾直。

文彦博言浚川杷非浚河之具。帝遣知制诰熊本行视，以文彦博言为是。确遂论本附彦博，本坐罢，确因代其职，改知谏院，判司农事。觊欲得台端，因论中丞邓润甫、御史上官均按狱失实，润甫、均皆罢，而确得中丞，犹领司农。会太学生虞蕃讼博士受贿，确深探其狱，连引朝士，自翰林学士许将及元绛子耆宁以下皆逮系，遂劾绛为子有所属，请出知亳州，确遂代其位。

致,然而却不能不增加百姓的负担。王安石正热衷于功利,在执政的位置上对薛向加以支持,虽然御史提出意见,也不予理会,所以薛向更得施展才能,奋发有为,从一个文职俗吏而得到重用。

【纲】冬天,重新设置大理狱。

【纲】元丰二年(己未,1079),春二月,召回程颢任命为判武学,随后又予以罢免。 【目】程颢从扶沟(今河南扶沟县)知县任上被召入京,任为判武学,任命下达才几天,李定、何正臣弹劾他"学术迂阔,有怪异倾向,而且在新法施行之初,首先提出异议",因此又加以罢免。吕公著上疏说:"当朝廷修改法令之初,凡是在朝或在野的人,谁没有发表议论!陛下兼容并包,难道都加以记录下来!但小人存心伤害,对持异议者指摘不已。像程颢这样的人,陛下自己早已了解他,他立身行己,一向有始有终。过去任御史时,经常有所议论,都是辞意忠厚,不失作为臣子应有的礼节。而且任命他判武学,也不是仕途的显要职位,可是小人们争辩不休,一定以为不可,就是要堵塞正路,他们的用意,不仅仅是为了攻击一两个人而已。"奏疏上呈以后,不被采纳。程颢最后又回任原官。

【纲】夏五月,元绛被罢免,任命蔡确为参知政事。 【目】蔡确善于观察人主的心意,能适应时势,看风使舵。由于得到王安石的推荐,再调后升任监察御史,因此听命于王安石;后来得知神宗已经厌恶王安石,就弹劾王安石骑马进入宣德门,与卫士发生争执,以此来表示自己的正直。

文彦博声言浚川杷不是疏浚黄河的合适工具,神宗派遣知制诰熊本去视察,结果认为文彦博所说是正确的。蔡确就奏劾熊本依附文彦博,熊本因此被罢免,蔡确就代替了他的官职,后又改任知谏院,判司农事。蔡确又希冀获得御史台的主要职务,因此又劾奏御史中丞邓润甫、御史上官均审理狱案失实,邓润甫、上官均都被罢免,而蔡确得到御史中丞的官职,还兼管司农事务。正遇太学生虞蕃指控国子博士接受贿赂,蔡确审理此案,扩大案情。牵连了许多朝臣,从翰林学士许将和元绛的儿子元耆宁以下的官员都被逮捕入狱,于是弹劾元绛为其子请托求情,奏请把元绛贬为亳州(治所谯县,即今安徽亳州市)知州,

确自谏院为参知政事,皆以起狱夺人位而居之,士大夫交口叱骂,而确自以为得计也。

吴充数为帝言新法不便,欲稍去甚者。确曰:"曹参与萧何有隙,至代为相,一遵何约束。今陛下所自建立,岂容一人挟怨而坏之!"法遂不变。

【纲】冬十月,太皇太后曹氏崩。 【目】帝事太后极诚孝,后亦慈爱天至。故事,外家男子毋得入谒;帝以后春秋高,数请召弟佾入见,久之乃许。及见,少顷,后谓佾曰:"此非汝所当得留。"趣遣出焉。帝尝有意于燕、蓟,已与大臣定议,乃诣太后白其事,后曰:"事体至大。吉凶悔吝生乎动,得之,不过南面受贺而已,万一不谐,则生灵所系,未易以言。苟可取之,太祖、太宗收复久矣,何待今日!"帝曰:"敢不受教。"

【纲】下知湖州苏轼狱,贬为黄州团练副使。 【目】轼自徐徙湖,上表以谢,又以事不便民者不敢言,以诗托讽,庶有益于国。中丞李定、御史舒亶摘其语以为侮慢,因论轼"自熙宁以来,作为文章,怨谤君父,交通戚里。"逮轼赴台狱,诏定与知谏院张璪、御史何正臣、舒亶等杂治之。定等媒蘖以为诽谤时事,锻练久之,且多引名士,欲置之死。太皇太后曹氏违豫中闻之,谓帝曰:"尝忆仁宗以制科得轼兄弟,喜曰:'吾为子孙得两宰相。'今闻轼以作诗系狱,得非仇人中伤之乎?捃至于诗,其过微矣,宜熟察之。"帝曰:"谨受教。"吴充申救甚力,帝亦怜之,会同修起居注王安礼从容白帝曰:"自古大度之君,不以言语罪人。轼以才自奋,谓爵禄可立取,顾碌碌如此,其心不能无觖望。今一旦致于理,恐后世谓陛下不能

蔡确就又代替了元绛的职位。

蔡确从知谏院升任参知政事，都是由于兴起狱案而夺取他人的官位，士大夫们交口责骂他，而蔡确却自以为得计。

吴充多次和神宗谈起新法不宜实行，想要废除一部分新法中弊端较多的法令。蔡确说："汉代的曹参与萧何有怨隙，等到他代替萧何成为丞相以后，一切都遵循萧何制订的政策法规。现在新法是陛下自己建立的，怎能容许一个人怀有私怨而去破坏它呢！"新法因此不作改动。

【纲】冬十月，太皇太后曹氏去世。 【目】神宗侍奉太皇太后极为诚挚孝顺，太后对神宗也极其慈爱。按以往的规矩，外戚中的男人不得入宫拜谒；神宗因太后年事已高，几次请求召太后的弟弟曹佾入宫与太后相见，很久才得到太后的允许。等到见面时，才过一会儿，太后对曹佾说："这里不是你应当逗留的地方。"催促他尽快出宫。神宗曾经有意收复燕州、蓟州，已经和大臣们商议决定了，于是前往太后那里禀告此事，太后说："这件事至关重大，吉凶悔吝之事都产生于变动，得到燕、蓟之地，不过是南面接受群臣的祝贺而已；万一事情不成，就会关系到众多生命，这是难以预料的。如果可以收复故地，太祖、太宗早就收复了，何必等待到现在！"神宗说："怎敢不接受您的教诲。"

【纲】将湖州（治所乌程县，即今浙江湖州市）知州苏轼逮捕入狱，贬为黄州（治所黄冈县，即今湖北黄冈县）团练副使。 【目】苏轼从徐州调往湖州的任途之中，向朝廷上表谢恩，又因为看到新法实行有不利于民的事而不敢明言，就写诗来寄托讽喻之意，以为可能对国家有所补益。御史中丞李定、御史舒亶挑剔其中的一些诗句认为是侮慢朝廷，因此弹劾苏轼"自从熙宁年间以来，写作文章，抱怨和诽谤君主，交结外戚。"把苏轼逮捕关进御史台的监狱，下诏命李定和知谏院张璪、御史何正臣、舒亶等人一起审理这个案子。李定等人想构陷苏轼犯有诽谤时局的罪过，花了很长时间罗织罪名，而且还牵连了许多名士，想把苏轼定成死罪。太皇太后曹氏在病中听说了这件事，对神宗说："我常回忆起仁宗主持科举考试考取了苏轼兄弟，他高兴地说：'我为儿孙们获得了两位宰相。'现在听说苏轼因为作诗被关进监狱，这莫非是仇人中伤他吧？

容才。"帝曰:"朕固不深谴也,行为卿贳之。第去,勿漏言。轼方贾怨于众,恐言者缘以害卿也。"王珪复举轼咏桧诗,曰"根到九泉无曲处,世间惟有蛰龙知",以为不臣。帝曰:"彼自咏桧尔,何预朕事。"轼遂得轻比。舒亶又言:"驸马都尉王诜辈公为朋比,如盛侨、周邠固不足论,若司马光、张方平、范镇、陈襄、刘挚皆略能诵说先王之言,而所怀如此,可置而不诛乎!"帝不从,但贬轼黄州团练副使,本州安置。弟辙及诜皆坐谪贬,张方平、司马光、范镇等二十二人俱罚铜。

初,鲜于侁为京东转运使,以王安石、吕惠卿当国,正人不得立朝,叹曰:"吾有荐举之权,而所列非贤,耻也。"遂举刘挚、李常、苏轼、苏辙、刘邠、范祖禹等。及知扬州,会轼自湖赴狱,亲朋皆绝与交,道出广陵,侁往见之,台吏不许通,或曰:"公与轼相知久,其所往来文字书问宜焚之,勿留,不然且获罪。"侁曰:"欺君负友,吾不忍为。以忠义分谴,则所愿也。"至是以举吏,累谪主管西京御史台。

【纲】庚申,三年,春正月,以章惇参知政事。三月,吴充罢。

【纲】夏六月,诏中书详定官制。诏秘书监刘几等定雅乐。

甚至从诗中去挑毛病,可见他的过错很小,应该仔细考虑此事。"神宗说:"诚恳地接受您的教诲。"吴充尽力解救苏轼,神宗也怜惜苏轼。这时同修起居注王安礼从容地对神宗说:"自古以来胸怀大度的君主,不因言语上的过失而加以治罪。苏轼以才学而奋发努力,认为爵位可以很快就得到,看到目前这样碌碌无为,他的心里不能没有一些不满和怨恨。现在一旦把他关进监狱,恐怕后世的人会说陛下不能容才。"神宗说:"我确实不想过重地谴责他,即将为你而赦免他。你尽管回去,不要泄漏这些话。苏轼正招致众人的怨恨,恐怕泄漏出去有人会因此而加害于你。"王珪又举出苏轼《咏桧》诗中"根到九泉无曲处,世间惟有蛰龙知"的诗句,认为这是不忠于君。神宗说:"他自吟咏桧树,何关朕事!"苏轼因此得以从轻论罪。舒亶又进言:"驸马都尉王诜这班人,公然朋比交结。像盛侨、周邠,固然不值得提到,像司马光、张方平、范镇、陈襄、刘挚,都是尚能称诵讲说先王言论的人,可是他们存心如此,能够放任他们而不加以诛杀吗!"神宗不听从,仅把苏轼贬为黄州团练副使,在黄州安置。苏轼的弟弟苏辙和王诜也都受到牵连被贬谪,张方平、司马光、范镇等二十二个人都被给以罚钱的处分。

起初,鲜于侁任京东转运使,因为王安石、吕惠卿主持朝政,正直的人士在朝中无法安身立足,叹息道:"我有荐举人才的权力,但朝廷中没有贤者,这是可耻的。"于是就举荐了刘挚、李常、苏轼、苏辙、刘邠、范祖禹等人。等到他任扬州(治所江都县,即今江苏扬州市)知州时,正遇苏轼从湖州被押赴狱,亲友都和他断绝了交往。苏轼被押路过扬州,鲜于侁前往探望他,御史台的吏员不许他和苏轼见面。有的人对他说:"您和苏轼相知已久,你们之间往来的文字书信,应该烧掉,不要保留,不然的话要被牵连治罪。"鲜于侁说:"欺瞒君主,辜负友人,我不忍心这样做。如果因为忠义而得罪谴,则是我甘心情愿的。"这时因荐举不当,几次被谪之后,被派主管西京御史台。

【纲】元丰三年(庚申,1080),春正月,任命章惇为参知政事。三月,吴充被罢免。

【纲】夏六月,下诏命中书审慎地拟定官制。下诏命秘书监刘几等人编定雅乐。

【纲】秋七月,彗出太微垣,诏群臣直言阙失。 【目】王安石弟安礼应诏上疏曰:"人事失于下,变象见于上。陛下有仁民爱物之心,而泽不下究,意者左右大臣,是非好恶,不遵诸道,乘权射利者,用力磾于沟瘠,取利究于园夫,足以干阴阳而召星变。愿察亲近之行,杜邪枉之门,至于祈禳小数,贬损旧章,恐非所以应天者。"帝览疏嘉叹,谕之曰:"王珪欲使卿条具,朕尝谓不应沮格人言,以自壅障。今以一指蔽目,虽泰、华在前弗之见,近习蔽其君何以异此,卿当益自信。"遂进翰林学士,知开封府。

【纲】九月,定百官寄禄格。 【目】官制成,下诏行之,凡领空名者一切罢去,而易之以阶,因以寄禄。议者又欲罢枢密院归兵部,帝曰:"祖宗不以兵柄归有司,故专命官以统之,互相维制,何可废也。"遂止。帝尝谓执政曰:"官制将行,欲新旧人两用。"指御史大夫曰:"非司马光不可。"王珪、蔡确相顾失色,珪忧甚,不知所出,确曰:"上久欲收灵武,公能任责,则相位可保也。"珪喜谢之,因荐俞允帅庆,使上平西夏策,其意以为既用兵深入,必不召光;虽召,将不至。已而光果不召。

【纲】以冯京为枢密使,薛向、孙固、吕公著为副使,向寻免。

【纲】辛酉,四年,春正月,冯京罢,以孙固知枢密院事,吕公著、韩缜同知院事。 【目】京再执政,初与王安石不合,后为吕惠卿

【纲】秋七月，彗星在天空中太微垣的地位出现，下诏命群臣直言朝政缺失。　【目】王安石的弟弟王安礼应诏命而上疏说："人事的过失出现在下面，天象的变化就会显现在上面。陛下有仁民爱物之心，而恩泽不能下达，估计是由于陛下身边的大臣他们的是非好恶，不依道而行；以权谋利者，使百姓耗尽精力而委身沟壑，榨取利益甚至临到园丁身上。这就足以干扰阴阳而招致星象的变异。希望陛下查察亲信近臣的行为，杜绝奸邪枉法之门。至于祈祷消除灾害是小事，删减旧的规章，恐怕不是回应天象变化的办法。"神宗披览了奏疏以后很是赞叹，告诉王安礼说："王珪想让你一条条具体上奏清楚。朕曾经说过不应该阻止别人议论，这样会使自己闭塞言路。现在用一个手指遮住眼睛，即使泰山、华山在眼前也看不见了。亲信近臣蒙蔽君主，和这个有什么区别！你应当更加自信。"于是王安礼被升任为翰林学士、开封府知府。

【纲】九月，制定百官寄禄格（关于寄禄官官衔及其食禄品秩的规定）。　【目】官制制定以后，下诏施行，凡属于领空名而没有实职的官位，一律罢去，而以官阶代替，按官阶领取俸禄，所以叫寄禄格。有人还建议把枢密院归并入兵部，神宗说："祖宗时为了不把兵权归有关部门执掌，所以专门任命官员统辖军队，使两者互相制约，枢密院怎么可以废去呢！"于是这个建议作罢。神宗曾经对执政大臣说："新的官制将要施行了，想让新人、旧人一起任用。"指着御史大夫这一职位说："非司马光不可。"王珪、蔡确相顾失色。王珪忧虑得很，不知怎么办才好，蔡确说："皇上早就想收复灵武（即灵州，治所回乐县，在今宁夏灵武县西南），如果您能担任其责，相位就可以保住了。"王珪高兴地向蔡确道谢，因此荐举俞允为庆州（治所安化县，即今甘肃庆阳县）主将，让他上呈平定西夏的计划。王珪的想法是，既然已经发兵深入西夏，朝廷肯定不会召回司马光，即使召他回朝，他也会推辞不来。后来果然没有召司马光回朝。

【纲】任命冯京为枢密使，薛向、孙固、吕公著为枢密副使；薛向不久就被罢免。

【纲】元丰四年（辛酉，1081），春正月，冯京被罢免，任命孙固为知枢密院事，吕公著、韩缜为同知院事。　【目】冯京再次执政以后，开

所倾,中立不倚,人服其操。宋进士自乡举至廷试皆第一者才三人,王曾、宋庠为名宰相,京为名执政,不愧科名云。

【纲】三月,章惇有罪,免,以张璪参知政事。 【目】朱服为御史,惇密使客达意于服,为服所白。惇父俞又强占民田,民遮诉惇,惇系之开封。事并闻,遂免知蔡州。

【纲】夏四月,筑河堤,自大名至于瀛州。 【目】河复大决澶州小吴埽,诏都水监丞李立之经画以闻。立之言:"宜自北京至瀛州,分立东西堤五十九埽。"诏从之。

【纲】五月,立晋程婴、公孙杵臼庙于绛州。 【目】报其存赵孤也。追赠婴成信侯,杵臼忠智侯。

【纲】夏人幽其主秉常。秋七月,诏李宪会陕西、河东五路之师讨之。 【目】知庆州俞允知帝有用兵意,屡请西伐,又言:"谍报云:'夏将李清本秦人,说秉常以河南地来归,秉常母梁氏知之,遂诛清,夺秉常政而幽之。'宜兴师问罪,此千载一时也。"帝然之,遂诏熙河经制李宪等大举征复,而召鄜延副总管种谔入对。谔至,大言曰:"夏国无人,秉常孺子,往持其臂以来尔!"帝壮之,乃决意西伐。

方议出师,孙固谏曰:"举兵易,解祸难,不可。"帝曰:"夏有

始时和王安石不合,后来为吕惠卿所排挤,能保持中立,不偏不倚,人们佩服他的操守。宋代进士考试从乡举到廷试都取得第一名的只有三个人,这三个人中王曾、宋庠是著名的宰相,冯京是著名的执政大臣,他们无愧于科举考试中享有的盛名。

【纲】三月,章惇因有罪免职,任命张璪为参知政事。 【目】朱服为御史,章惇秘密派门客向朱服转达希望交结的心意,被朱服揭发出来。章惇的父亲章俞又强占民田,百姓拦路找章惇申诉,章惇把百姓关进开封府监狱。这两件事一起被告发,于是章惇被罢免,出任蔡州(治所汝阳县,即今河南汝南县)知州。

【纲】夏四月,修建黄河河堤,从大名府(宋时为北京,在今河北大名县东),一直修到瀛州(治所河间县,即今河北河间县)。 【目】黄河又在澶州小吴埽大规模决口,下诏命都水监丞李立之筹划治河策上奏。李立之说:"应该从北京到瀛州,东西分别建立五十九埽(即堤防)。"下诏听从。

【纲】五月,建立春秋时晋国的义士程婴、公孙杵臼庙于绛州(治所正平县,在今山西侯马市西北)。 【目】建庙是为了报答程婴、公孙杵臼保护赵氏孤儿使之活了下来。追赠程婴为成信侯,公孙杵臼为忠智侯。

【纲】西夏人幽禁其君主李秉常。秋七月,下诏命李宪会同陕西、河东五路军队讨伐西夏。 【目】知庆州俞允知道神宗有用兵之意,屡次奏请讨伐西夏,又说:"谍报侦察报告说:'西夏将领李清本来是关中人,劝说李秉常将带着河南地(即今内蒙古河套以内的伊克昭盟,在黄河之南,故名)来归附朝廷,李秉常的母亲梁氏知道后,就诛杀了李清,夺取了李秉常的权力,把他幽禁起来。'现在应该向西夏兴师问罪,这是千载难逢的时机。"神宗同意了,于是下诏命熙河经制李宪等人大举征伐西夏,同时召鄜延路(治所鄜州,即今陕西鄜县)副总管种谔入朝回答神宗的询问。种谔到达朝廷以后,夸口说:"夏国没有人才,李秉常是个小孩儿,到那里去,抓住他的胳膊就把他带回来了!"神宗赏识他的豪壮,于是下决心西征。

正在商讨出兵之时,孙固劝谏说:"举兵容易,解祸困难,不应该

岪不取，则为辽人所有，不可失也。"固曰："必不得已，请声其罪薄伐之，分裂其地，使其酋长自守。"帝笑曰："此真郦生之说尔。"固曰："然则孰为陛下任此者？"帝曰："朕已属李宪。"固曰："伐国大事，而使宦者为之，则士大夫孰可为用！"帝不悦。他日固又曰："今五路进师而无大帅，就使成功，兵必为乱。"帝谕以"无其人"。吕公著进曰："问罪之师，当先择帅，既无其人，曷若已之。"固曰："公著言是也。"帝不听，竟命李宪出熙河，种谔出鄜延，高遵裕出环庆，刘昌祚出泾原，王中正出河东，分道并进。

【纲】冬十一月，高遵裕等兵溃，李宪不至灵州而还。

【纲】壬戌，五年，春正月，贬高遵裕等官，以李宪为泾原经略安抚制置使。

【纲】夏四月，御史中丞舒亶有罪，免。

【纲】以王珪为尚书左仆射兼门下侍郎，蔡确为尚书右仆射兼中书侍郎，章惇为门下侍郎，张璪为中书侍郎，蒲宗孟为尚书左丞，王安礼为尚书右丞。【目】官制成，改同中书门下平章事为左右仆射，参知政事为门下中书侍郎、尚书左右丞。

确既相，屡兴罗织之狱，缙绅士大夫重足而立。富弼在洛上书："确，小人，不宜大用。"帝不从。

帝尝语辅臣有无人才之叹，宗孟率尔对曰："人才半为司马光邪说所坏。"帝不语，直视久之，曰："蒲宗孟乃不取司马光邪？未论别事，只辞枢密一节，朕自即位以来，惟见此一人；他人则虽迫之使去，亦不肯矣！"宗孟惭惧，无以为容。

时李宪乞再举伐夏，帝以访辅臣，王珪对曰："向所患者用不

出兵。"神宗说:"夏国有机可乘而我们不利用,就会被辽国人所占有,这个机会不应该错过。"孙固说:"如果不得已一定要出兵,请声讨它的罪行从而征伐它,把它的土地分成几部分,让夏人的各部首领自守其土。"神宗笑着说:"这真是汉代郦生的说法啊。"孙固说:"可是谁为陛下承担率师征夏的重任呢?"神宗说:"朕已经托付给李宪了。"孙固说:"征讨敌国的大事,而让宦官去做,那么士大夫哪个还可以被任用!"神宗听了很不高兴。过了几天,孙固又说:"现在五路军队进兵而没有统帅,即使出兵成功了,军队也必定会发生变乱。"神宗告诉他"没有适合作统帅的人"。吕公著进言说:"兴问罪之师,应该先选择统帅。既然没有适合的人选,还不如就此作罢。"孙固说:"吕公著所说是对的。"神宗不听从,最后命李宪出兵熙河,种谔出兵鄜延,高遵裕出兵环庆(环庆路治所环州,即今甘肃环县),刘昌祚出兵泾原(泾原路治所泾川,在今甘肃泾川县北),王中正出兵河东(河东路治所并州,即今山西太原市),五路军队分道并进。

【纲】冬十一月,高遵裕等军溃败,李宪没有到达灵州就退回了。

【纲】元丰五年(壬戌,1082),春正月,高遵裕等人贬官,任命李宪为泾原经略安抚制置使。

【纲】夏四月,御史中丞舒亶因有罪,被罢免。

【纲】任命王珪为尚书左仆射兼门下侍郎,蔡确为尚书右仆射兼中书侍郎,章惇为门下侍郎,张璪为中书侍郎,蒲宗孟为尚书左丞,王安礼为尚书右丞。 【目】新官制制订完成,改同中书门下平章事为左、右仆射,参知政事为门下、中书侍郎,尚书左、右丞。

蔡确担任宰相以后,多次兴起狱案,罗织罪状,士大夫们非常恐惧。富弼在洛阳上疏说:"蔡确是个小人,不宜重用。"神宗不听。

神宗曾经和辅佐大臣谈到有缺乏人才之叹,蒲宗孟不加思索就回答说:"人才有一半被司马光的邪说影响坏了。"神宗不说话,一直盯着蒲宗孟看了很久,而后说:"蒲宗孟,你看不上司马光吗?不说别的事,就说他辞去枢密副使一事,朕从即位以来,只见过他一个人;别的人虽然强迫他离职,也不肯呢!"蒲宗孟听后感到惭愧恐惧,无地自容。

当时李宪请求再次出兵讨伐西夏,神宗为此征询辅佐大臣的看

足,朝廷今捐钱钞五百万缗,以供军食,有余矣。"安礼曰:"钞不可唉,必变而为钱,钱又变为刍粟。今距出征之期才两月,安能集事?"帝曰:"李宪以为已有备,彼宦者能如是,卿等独无意乎?唐平淮蔡,惟裴度谋议与主同,今乃不出公卿,而出于阉寺,朕甚耻之!"安礼曰:"淮西三州尔,有裴度之谋,李光颜、李愬之将,然犹引天下之兵力,历岁而后定。今夏氏之强非淮蔡比,宪才非度匹,诸将非有光颜、愬辈,臣惧无以副圣志也。"

【纲】以曾巩为中书舍人。 【目】巩能文章,为欧阳修所重,帝深知其才,命充史馆修撰,专典史事,至是命为中书舍人。时自三省百职事,选授一新,除书日至十数人,人举其职,于训辞典约而尽。未几卒。吕公著尝言于帝曰:"巩为人行义不如政事,政事不如文章。"以是不大用。

【纲】吕公著罢。
【纲】秋八月,诏岁以四孟月朝献景灵宫。 【目】帝以先朝御容多寓寺观,乃作十一殿于景灵宫,凡神御皆迎入,累朝文臣执政官、武臣节度使以上,并图形于两庑。凡执政官除拜,赴宫恭谢。其后南郊,先诣宫行荐享礼,并如太庙。

【纲】给事中徐禧护兵城永乐。 【目】种谔西讨不能如志,知延州沈括,欲尽城横山,下瞰平夏,使虏不得绝碛为寇。谔遂上其策于朝,且言兴功当自银州始。帝以为然,遣给事中徐禧、内侍李舜举往鄜延议之。禧至鄜延,上言:"银州不如永乐之形势险厄,请先城永乐。"永乐依山无水泉,种谔极言其不可。帝从禧议,乃诏禧护

法。王珪回答说："以往担心的是费用不足，朝廷现在捐出了五百万贯钱钞，作为军粮供应之用，有剩余了。"王安礼说："钞不能吃，一定要变换成钱，钱又变成粮草才能派上用场。现在距离出征的日期只有两个月，怎么能把事情准备齐备？"神宗说："李宪认为已有准备，他是宦官尚且能这样，你们偏偏没有伐夏的心意吗？唐代平定淮西蔡州，只有裴度的主张与君主一样。现在和君主意见相同的人不出于公卿之中，而出于宦官，朕感到这是很可耻的！"王安礼说："淮西，不过三个州之地，又有裴度的谋略，李光颜、李愬的将才，然而还是发动了全国的兵力，经历了几年才最后平定。现在夏国的强盛不是淮西、蔡州可比，李宪的才能不能和裴度匹敌，各路将领中没有李光颜、李愬那类将才，臣恐怕他们不能实现陛下的志向。"

【纲】任命曾巩为中书舍人。　　【目】曾巩擅长写文章，为欧阳修所推重，神宗很了解他的才华，命他充任史馆修撰，专门负责撰修史书，这时被任命为中书舍人。当时尚书、中书、门下三省百官的职位，经过选拔任命人员一新，曾巩每天所起草的任命诏书，达到十多件，对每个被任命者，各举其职务，而在任命诏书中对每人的训辞，在文字上典雅简约而意思透彻。不久，曾巩去世。吕公著曾经对神宗说："曾巩为人，品行不如政事，政事不如文章。"因此曾巩没有被重用。

【纲】吕公著被罢免。

【纲】秋八月，下诏在每年四月朝献景灵宫。　　【目】神宗因为以前各朝皇帝的遗像大多寄放在寺观之中，于是在景灵宫内建筑了十一座殿宇，凡是各朝皇帝的遗像都迎入存放，历朝文臣在执政官以上的、武将在节度使以上的，全都在两庑中绘出图像。凡是执政官被任命，要前往景灵宫恭行拜谢之礼。以后南郊举行郊祭，要先往景灵宫行荐享礼，和在太庙所行礼仪相同。

【纲】给事中徐禧带兵修建了永乐城（在今陕西米脂县西）。【目】种谔西征没有实现志愿，延州（治所肤施县，即今陕西延安市）知州沈括想在整个横山上建城，向下俯视平夏（指夏州，即今陕西靖边县北白城子），使夏人不能越过沙漠地带进犯。种谔就把沈括的计策上奏朝廷，并且说兴建城堡应当从银州（治所儒林县，在今陕西米脂县

诸将往城之，而命括移府并塞，总兵为援，陕西转运判官李稷主馈饷。禧以谔跋扈，奏留谔守延州，自率诸将往筑，十四日而成。距故银州治二十五里，赐名银州砦。禧等退还米脂，以兵万人属曲珍守之。

【纲】九月，夏人陷永乐，徐禧等败死。 【目】禧等既城。去九日，夏人以数千骑来攻。曲珍使报禧，禧遂与李舜举、李稷往援之，留沈括守米脂。比抵永乐，夏人倾国而至。禧兵陈于城下，夏人纵铁骑渡河。珍白禧曰："此铁鹞子军也。当其半济击之，乃可以逞；得地，则其锋不可当也。"禧不从。铁骑既济，震荡冲突，大众继之；珍锐卒败，奔还，夏人乘之，珍众大溃。珍收余众入城，夏人围之，且据其水砦，珍城中乏水已数日，渴死者十六七。括与李宪援兵及馈饷，皆为夏人所隔，不得前。种谔怨禧，不遣救师。会夜半大雨，夏人环城急攻，城遂陷，禧、舜举、稷皆为乱兵所害，惟珍走免，将校死者数百人，丧士卒役夫二十余万。夏人耀兵米脂城下而还。

自熙宁以来用兵，得夏葭芦、吴保、义合、米脂、浮图、塞门六堡，而灵州永乐之役，官军、熟羌、义保死者六十万人，钱谷银绢不可胜计。事闻，帝临朝痛悼，为之不食，赠禧等官，而贬括为均州团练副使，随州安置；降珍为皇城使。自是帝始知边臣不可倚信，深自悔咎，无意于西伐，而夏人亦困弊矣。初帝之遣禧也，王安礼谏曰：

西北，不久移治所至永乐城）开始。神宗认为可以这样，派遣给事中徐禧、内侍李舜举前往鄜延同种谔商议这件事。徐禧到达鄜延以后，上奏说："银州不如永乐的地势险要，请先在永乐筑城。"永乐靠着山，没有水源，种谔竭力反对这个建议认为不可行。神宗听从了徐禧的建议，于是下诏命徐禧率领诸将前去永乐筑城，而命沈括把府署迁移到依傍险要的地方，领兵作为后援，陕西转运判官李稷负责供应粮饷。徐禧认为种谔骄横跋扈，奏准留种谔守延州，自己率领诸将前去筑城，十四天竣工。该城距离旧银州治所二十五里，神宗赐名"银州砦"（即永乐城）。徐禧等人退回米脂寨（即今陕西米脂县），派兵一万人交给曲珍，以守卫银州砦。

【纲】九月，夏人攻陷永乐城，徐禧等人兵败身死。【目】徐禧等人修建永乐城以后，离开才九天，夏人出动数千名骑兵前来进攻。曲珍派人报知徐禧，徐禧就和李舜举、李稷前去援救，让沈括留守米脂。等到达永乐城时，夏人出动了全国兵马前来进攻。徐禧把兵力部署在永乐城下，夏人驱铁甲骑兵渡河。曲珍对徐禧说："这是铁鹞子军，在他们渡过一半的时候加以攻击，就可以取胜；如果他们登了岸，那末，它的兵锋就不可以抵挡了。"徐禧不听从。夏人的铁甲骑兵渡过河以后，奔驰着来回冲杀，大队人马随后而至。曲珍的精锐士卒战败，奔跑着逃回，夏人乘机掩杀，曲珍军大溃败。曲珍收拾残部进入永乐城，夏人围城，并且占据了水源，曲珍在城中缺水已经几天了，渴死的人有十分之六七。沈括和李宪的援兵和粮饷，都被夏人隔绝，不能前往。种谔怨恨徐禧，不派救兵。正遇半夜下大雨，夏人环城急攻，城被攻陷，徐禧、李舜举、李稷都被乱兵所杀，只有曲珍逃脱幸免，将校死者数百人，损失士卒役夫二十余万人。夏人在米脂城下炫耀兵威以后撤还。

自从熙宁年间对西夏用兵以来，共夺取了西夏的葭芦、吴保、义合、米脂、浮图、塞门六个寨堡（葭芦寨，在今陕西米脂县东北。吴保寨，在今陕西绥德县东南。义合寨，在今绥德县东。浮图寨，在今陕西延安市境内。塞门寨，在今陕西横山县南），而灵州、永乐战役，宋朝的官军、熟羌、义勇保丁死者六十万人，损失耗费的钱粮银绢不计其数。永乐战败的消息传来，神宗临朝痛悼，为这件事而吃不下饭。追赠徐禧

"禧志大才疏，必误国事。"帝不听。及败，帝曰："安礼每劝朕勿用兵，少置狱，盖为是也。"

【纲】癸亥，六年，春二月，夏人寇兰州，贬李宪为熙河都总管。

【纲】夏四月，辽大雪。 【目】平地丈余，马死者十六七。

【纲】闰六月，司徒、韩公富弼卒。 【目】遗表大略云："陛下即位之初，邪臣纳说，上误聪明，浸成祸患。今上自辅臣，下自多士，畏祸图利，习成敝风。去年永乐之役，兵民死亡者数十万，今久戍未解，百姓困穷，岂讳过耻败，不思救祸之时乎？天地至仁，宁与羌夷较胜负？愿休兵息民，使关、陕之间稍遂生理。兼陕西再团保甲，州县奉行，势侔星火，人情惶骇；不若寝罢，以绥怀之。臣之所陈急于济事，若夫要道，则在圣心所存，与所用之人君子小人之辨尔。"弼早有公弼之望，名闻夷狄，辽使每至，必问其出处安否。临事周悉，不万全不发。当其敢言，奋不顾身，忠义之性，老而弥笃。家居一纪，斯须未尝忘朝廷。讣闻，赠太尉，谥文忠。

【纲】秋七月，孙固罢，以韩缜知枢密院事，安焘同知院事。八月，蒲宗孟免，以王安礼、李清臣为尚书左、右丞。

【纲】冬十一月，太师文彦博致仕。 【目】彦博自河南入朝，帝

等人官爵，而贬沈括为均州（治所武当县，在今湖北丹江口市北）团练副使，在随州（治所随县，即今湖北随县）安置；曲珍降职为皇城使。从此神宗才开始知道边臣不可以依靠和信任，深深悔恨自己的过失，因此不再想西征，而夏人也困疲衰败了。当初神宗派遣徐禧出征，王安礼劝谏说："徐禧志大才疏，必定会贻误国家大事。"神宗不听。等到战败以后，神宗说："王安礼每劝朕不要用兵，少设置刑狱，就是因为这个原因啊。"

【纲】元丰六年（癸亥，1083），春二月，夏人进犯兰州（今甘肃兰州市）。贬李宪为熙河都总管。

【纲】夏四月，辽国境内降大雪。　【目】辽国大雪，平地一丈多厚，马匹冻死十分之六七。

【纲】闰六月，司徒韩公富弼去世。　【目】富弼临终前写了上奏神宗的遗表，大略说："陛下即位之初，奸邪之臣劝说陛下，使您的聪明被惑，渐渐形成祸患。现在上自辅佐大臣，下至一般士人，畏避祸害，贪图私利，形成不良风气。去年的永乐之役，兵民死亡的数十万人；现在军队长期戍守边疆不能解除，百姓穷困，难道是讳言错误，耻于承认失败，不思考解救祸难的时候吗？天地是最仁慈的，何必与羌夷汁较胜负？希望停止兵戈，养息百姓，使关、陕地区稍能恢复元气。还有陕西地区再次推行保甲法，州县奉行，势同星火之急，人心惶恐惊骇；不如废除，以安抚百姓。臣所陈奏的，都是要急于解决的事情；至于治国的要道，则在于陛下存心如何，和分辨所任用的人中的君子和小人而已。"富弼早就有辅弼大臣的众望，名声远播国外，辽国使者每次到来，一定会问起富弼的居官情况和身体是否平安。他遇事考虑周密，不是万无一失就不采取行动。在应当出来说话的时候敢于直言，奋不顾身。他忠义之性，越到老年越是这样。辞官后在家居住十二年，一时一刻也没有忘掉朝廷。他去世后朝廷接到丧报，追赠他为太尉，谥号"文忠"。

【纲】秋七月，孙固被罢免，任命韩缜为知枢密院事，安焘同知院事。八月，蒲宗孟被罢免，任命王安礼、李清臣为尚书左、右丞。

【纲】冬十一月，太师文彦博退休。　【目】文彦博从河南（洛阳）

嘉其辅立英宗而不伐其功,加两镇节度使。将行,赐燕琼林苑,两遣中使遗诗祖道,当世荣之。至是请老,以太师致仕。

彦博之在河南也,与富弼等,用白居易故事,就弼第置酒相乐,尚齿不尚官,洛阳多名园古刹,诸老须眉皓白,衣冠甚伟,都人常随观之。已而图形妙觉僧舍,谓之洛阳耆英会。司马光年未六十,以狄兼謩故事与焉。

【纲】甲子,七年,夏五月,诏以孟轲配食孔子。 【目】先是判国子监常秩,请立孟轲、扬雄像于庙庭,仍赐爵号,又请追尊孔子为帝。下两制礼官详议,以为非是而止。知郓州曾孝宽复请加封孟子,乃诏封为邹国公,至是复诏孟子与颜子并配孔子。又追封荀况为兰陵伯,扬雄为成都伯,韩愈为昌黎伯,从祀庙庭。

【纲】秋七月,王安礼罢。

【纲】冬十二月,端明殿学士司马光上《资治通鉴》。 【目】初,光约战国至秦二世如左氏体为通志以进,英宗悦之,命续其事,就崇文殿开局,许自选官属,得借龙图、天章、三馆秘阁书籍,给御府笔墨、绘帛,及御前钱以供果饵,以内臣为承受。光遂与刘邠、刘恕、范祖禹及子康编集。帝即位,赐名《资治通鉴》,制序文赐之。会光出知永兴军,以衰病乞闲,乃差判西京,留司御史台及提举崇福宫,前后六任,听以书局自随。光于是遍阅旧史,旁采小说,抉摘幽隐,较计毫厘,上起周威烈王二十三年,下终五代。又略举事目,年经国纬,以备检寻,为目录;又参考群书,评其同异,俾归一涂,为

入朝，神宗嘉奖他辅立了英宗而不夸矜自己的功劳，加官两镇节度使。将归临行之前，神宗在琼林苑赐宴款待他，两次派遣宦官赠之以诗，为他饯行，当时的人都为他感到尊荣。到这时他以年迈奏请退职，以太师的官衔退休。

　　文彦博在河南府时，和富弼等人仿照唐代白居易招老人聚会的做法，在富弼的宅第中饮酒相乐，参加者以年龄大小而不以官位高低为准。洛阳城中名园古寺很多，这些老人须眉皓白，衣冠楚楚齐整，洛阳人常常跟着他们观看。后来有人在妙觉僧舍给他们绘制了一幅图画，称之为《洛阳耆英会》。司马光年龄不到六十岁，依唐代狄兼謩不到六十岁参加白居易等人的聚会的例子，也参加了文彦博等人的聚会。

　　【纲】元丰七年（甲子，1084），夏五月，下诏以孟轲配祀孔子。
【目】在此以前，判国子监常秩奏请在孔庙中建立孟轲、杨雄的塑像，并且赐予爵号，又奏请追尊孔子为帝。神宗把他的奏议发下，令两制礼官审议，认为不应该这样而作罢。郓州（治所须城县，即今山东东平县）知州曾孝宽又奏请加封孟子，于是下诏追封孟子为邹国公（孟子是邹人，邹，在今山东邹城市东南），到这时又下诏以孟子和颜回一起配祀孔子。又追封荀况为兰陵伯（荀卿曾任兰陵令，兰陵在今山东枣庄市东南），扬雄为成都伯（扬雄，成都人，成都即今四川成都市），韩愈为昌黎伯（韩愈，昌黎人，昌黎在今辽宁义县境内），都从祀于孔庙。

　　【纲】秋七月，王安礼被罢免。

　　【纲】冬十二月，端明殿学士司马光将《资治通鉴》上呈神宗。
【目】起初，司马光依照《左氏春秋》的体例，概括从战国到秦二世的史事，撰写了一部《通志》进呈，英宗看了很高兴，命他续写以后各朝代的历史，在崇文殿开设了书局，允许他自己选择属官，可以借阅龙图阁、天章阁和三馆（即昭文馆、史馆、集贤院）秘阁的书籍，供给御府的笔墨、缯帛和御前钱以供应果品点心之用，由内臣承办诸事。司马光于是和刘攽、刘恕、范祖禹以及他的儿子司马康一起开始编写。神宗即位以后，赐书名为《资治通鉴》，并赐以亲自撰写的序文。正遇司马光出知永兴军（治所长安城，在今西安市境内），以年老有病请求任闲职，于是又改任他判西京留司御史台、提举崇福宫。司马光前后六次改变职务，

考异：合三百五十四卷，历十九年而成。至是上之，诏以光为资政殿学士，降诏奖谕。

【纲】乙丑，八年，春正月，帝有疾。三月，诏立延安郡王佣为皇太子，赐名煦，皇太后权同听政。【目】帝疾甚，群臣请立皇太子，及请皇太后高氏权同听政，许之。三月，甲午朔，立佣为皇太子，赐名煦。先是岐王颢、嘉王頵日问起居，太后既垂帘，命二王毋辄入。

初，太子之未立也，职方员外郎邢恕与蔡确成谋，密语太后之侄高公绘、公纪曰："上疾不可讳，延安幼冲，宜早有定论，岐、嘉皆贤王也。"公绘惊曰："此何言！君欲祸吾家邪！"恕知计不行，反宣言太后属意岐王，而与王珪表里；导确约珪入问疾；阳钩致珪语，使知开封府蔡京伏剑士于外，须珪小持异，则执而诛之。既而珪言上自有子，定议立延安，恕益无所施。及太子已立，犹与确自谓有定策功，传播其语于朝。

【纲】帝崩，太子即位，赦。【目】帝崩，年三十八，太子即位，生十年矣。

【纲】尊皇太后曰太皇太后，皇后曰皇太后，德妃朱氏曰皇太妃。【目】德妃，帝生母也。太皇太后既听政，散遣修京城役夫，止造军器及禁庭工技，出近侍尤无状者，戒中外无苛敛，宽民间保户马；事由中旨，王珪等弗预知也。蔡确思求媚于太后以自固，太后从父高遵裕坐西征失律抵罪，因上言乞复遵裕官。后曰："遵裕灵武

都听任他以书局自随。司马光遍览旧史，旁采小说笔记，挖掘隐晦不明的史实，比较核实细小不同之处，全书编撰上起周威烈王二十三年（前403），下至五代（959）；还略举史事的纲目，以年代为经，以国别为纬，以备检索查寻，名为《资治通鉴目录》，又参考了各种书籍，评论其记述相同与不同之处，使分歧得到统一，名为《资治通鉴考异》；本文、目录与考异三者合计三百五十四卷，历时十九年而写成。到这时奏呈全书，下诏任命司马光为资政殿学士，又下诏予以奖谕。

【纲】元丰八年（乙丑，1085），春正月，神宗生病。三月，下诏立延安郡王赵佣为皇太子，赐名赵煦，皇太后暂时一同听政。【目】神宗病情很严重，群臣奏请立皇太子，并请皇太后高氏暂时一同听政，得到神宗准许。三月初一，立赵佣为皇太子，赐名赵煦。先前，神宗的弟弟岐王赵颢、嘉王赵頵每天都来向神宗问候起居，太后垂帘听政以后，命二王不要经常入宫了。

起初，在太子未立以前，职方员外郎邢恕和蔡确定计，秘密对太后的侄子高公绘、高公纪说："皇上病重将死，已无可讳言，延安郡王年龄幼小，应该早做决定，岐王、嘉王都是贤王。"高公绘吃惊地说："这是什么话，你想使我家得祸吗！"邢恕知此计不行，反而散布谎言，说太后有意立岐王为太子，而且和王珪内外配合；引导蔡确去约王珪入宫问候神宗病情，故意引诱王珪发表意见，使开封府知府蔡京在外面埋伏剑士，等到王珪稍有不同意见，就抓住他把他杀掉。后来王珪说皇帝自己有儿子，决定立延安郡王为太子，邢恕更无计可施了。等到太子册立以后，邢恕还和蔡确自称有定策之功，在朝廷上宣扬。

【纲】神宗去世，太子即位。大赦。【目】神宗去世，终年三十八岁。太子即位，已经十岁了。

【纲】尊皇太后为太皇太后，皇后为皇太后，德妃朱氏为皇太妃。【目】德妃，是新皇帝的生身母亲。太皇太后听政以后，遣散了修缮京城的役夫工匠，停止制造兵械和宫廷工艺器具，把近侍中品行最差的人放出宫去，告诫朝廷内外不要苛敛百姓，放宽民间保户养马的赔偿规定；这些事都由宫中直接发出诏旨，王珪等执政大臣事先并不知道。蔡确想向太后献媚讨好以稳固自己的地位。太后的堂叔父高遵裕因

之役，涂炭百万，先帝中夜得报，起环榻而行，彻旦不能寐，自是惊悸，驯致大故。祸由遵裕，得免刑诛幸矣！先帝肉未冷，吾何敢顾私恩而违天下公议乎？"确悚栗而退。

【纲】罢免行钱。

【纲】司马光自洛入临，夏五月，诏求直言。【目】光居洛十五年，天下以为真宰相，田夫野老皆号为司马相公，妇人女子亦知其为君实也。神宗崩，光欲入临，避嫌不敢，时程颢在洛，劝光行，乃从之。卫士见光，皆以手加额曰："此司马相公也。"所至民遮道聚观，马至不得行，曰："公无归洛，留相天子，活百姓。"光惧，亟还。太后遣内侍梁惟简劳光，问为政所当先，光请开言路。诏榜朝堂，于是上封事者千数。

【纲】召程颢为宗正寺丞，未至卒。【目】颢尝曰："新法之行，乃吾党激成之。当时自愧不能以诚感上心，遂致今日之祸，岂可独罪王安石也？"至是召为宗正丞，未行而卒，年五十四。颢自十五六时与弟颐闻汝南周敦颐论道，遂厌科举之业，慨然有求道之志。未知其要，泛滥于诸家，出入于老、释者几十年，返求诸六经，而后得之。资性过人，充养有道，纯粹之气，盎于面背，同人交友，从之岁久，未尝见其忿厉之容，遇事优为，虽当仓卒，不动声色。深有意经济，方召用，遽卒，士大夫识与不识，莫不哀伤焉。文彦博采众论，题其墓曰"明道先生"。弟颐序之曰："周公没，圣人之道不行。孟轲死，圣人之学不传。道不行，百世无善治；学不传，千载无真儒。无善治，士犹得以明夫善治之道，以淑诸人，以传诸后；无真

西征中行军失利而受罪责,蔡确因此奏请恢复高遵裕的官职。太后说:"高遵裕在灵武之役中,使百万军民生灵涂炭。先帝(指神宗)半夜听到报告,起身绕着床榻行走,直到天亮都不能入睡,从此惊悸成病,终致去世。祸是高遵裕引起的,他能够免于受刑处死,已经幸运了!先帝的尸骨未寒,我怎么敢顾及私恩而违背天下人的公议呢?"蔡确害怕,战栗地退了出去。

【纲】废除免行钱。

【纲】司马光从洛阳入京为神宗哭丧。夏五月,下诏求直言。
【目】司马光在洛阳居住了十五年,天下的人都认为他是真正的宰相,田夫野老都称他为"司马相公",妇人女子也知道他字为君实。神宗去世,司马光想入朝哭丧,又担心受猜嫌而不敢;当时程颢在洛阳,劝司马光去,司马光才听从了他的话动身。京城里的卫士见到司马光,都把手放在额上,欢庆地说:"这是司马相公啊。"所到之处,百姓遮塞道路,前来聚观,以至于车马也不能通行了,百姓们说:"您不要返回洛阳了,留下来辅佐天子,让百姓活命吧。"司马光感到害怕,急忙赶回洛阳。太后派遣内侍梁惟简前去慰问司马光,询问他治理施国政应该把什么放在首位。司马光建议广开言路。下诏张贴求直言榜于朝堂之上,于是呈上的密奏以千数。

【纲】召程颢任宗正寺丞,没有到达京师,程颢就去世了。 【目】程颢曾说:"新法的施行,是我们这派人激成的。当时自己惭愧不能以真诚感动皇上的心,终于导致成今天的祸患,怎么能只怪罪王安石一个人呢?"到这时被召回京任宗正丞,未启行而去世,终年五十四岁。程颢从十五六岁时和弟弟程颐一起听居住在汝南的周敦颐论道,于是厌弃科举之路,慨然有求道的志向。但是当时他还不了解道的要旨,广泛浏览诸子百家的学说,出入于老庄和佛教的学说近十年,以后返回来研习《六经》终于获得了道的要旨。他的天资赋性过人,修养有道,纯粹之气,充溢于脸面身上。和人交朋友,在一起多年,也没有看见过他有忿怒严厉的脸色。遇事从容不迫,即使事出仓猝,也不动声色。他很有经世治国的心愿,刚被召用,就突然去世了。士大夫认识他与不认识他的,没有不哀伤的。文彦博采择众人议论,为他题墓碑,称之为"明道

儒，则天下贸贸焉，莫知所之，人欲肆而天理灭矣。先生生乎千百年之后，得不传之学于遗经，以兴起斯文为己任，辨异端，辟邪说，使圣人之道焕然复明于世，盖自孟子之后一人而已。然学者于道不知所向，则孰知斯人之为功；不知所至，则孰知斯名之称情也哉？"

【纲】王珪卒。 【目】珪以文学见推流辈，然自执政至宰相，凡十六年，无所建明，率诡谀将顺，当时目为"三旨相公"，以其上殿进呈云"取圣旨"，上可否讫云"领圣旨"，退谕禀事者云"已得圣旨"也。

【纲】以蔡确、韩缜为尚书左、右仆射兼门下、中书侍郎，章惇知枢密院事。

【纲】以司马光为门下侍郎。 【目】诏起光知陈州，过阙，留为门下侍郎。既而苏轼自登州召还，缘道人相聚号呼曰："寄谢司马相公，毋去朝廷，厚自爱以活我。"是时天下之民引领拭目以观新政，而议者犹谓："三年无改于父之道。"光曰："先帝之法，其善者虽百世不可变也；若王安石、吕惠卿所建为天下害者，改之当如救焚拯溺，况太皇太后以母改子，非子改父也。"于是众议少止。

【纲】六月，赐楚州孝子徐积粟帛。 【目】积事亲孝，旦夕必冠带定省。从胡瑗学，所居一室，寒一裘，啜粟饮水，虽瑗遗以食亦不受。以父名石，至终身不用石器，行遇石则避而不践。中年屏

先生"。他弟弟程颐作文称道他说:"周公死,圣人之道不行。孟轲死,圣人之学说不传。圣人之道不行,百代也得不到善治;圣人之学不传,千年没有真儒。没有善治,士人还可以通过学习明白善治的道理,以沾溉世人,传于后世;没有真儒,天下的人就茫茫然不知往哪里去,人的欲望放任而不加限制,天理就会灭绝了。先生生于孔孟的千百年之后,在遗留的经书中得到了绝世不传的圣人之学,以振兴礼乐制度为己任,辨别异端,驳斥邪说,使得圣人之道焕然重明于世上,自孟子以后,只有他一个人而已。然而学者不知道圣人之道在哪里,又怎么能知道程颢这个人的功绩;不知道圣人之道要达到的境界,又怎么能知道程颢被称为明道先生是名副其实的呢?"

【纲】王珪去世。 【目】王珪以擅长文学而被时人推重,但他从执政大臣到出任宰相,一共十六年,没有什么建树,大都是谄谀顺从,当时被人目为"三旨相公",这是因为他上殿进呈奏章时就说"听取圣旨",皇上告谕可以或不可以完毕,就说"领圣旨",退下来以后告知禀事的官员时就说"已得圣旨"。

【纲】任命蔡确、韩缜为尚书左、右仆射兼门下、中书侍郎,章惇为知枢密院事。

【纲】任命司马光为门下侍郎。 【目】下诏起用司马光为陈州(治所宛丘县,即今河南淮阳县)知州,司马光赴任时经过京城,被留下来任命为门下侍郎。不久苏轼从登州(治所蓬莱县,即今山东蓬莱市)被召回京城,沿途之上,人们聚在一起大声呼喊:"请带信感谢司马相公,不要离开朝廷,珍重自己,以便让我们活下去。"当时天下的百姓都引领拭目等待新的政局出现,而有的人还说什么"居丧三年不改变父亲之道"。司马光说:"先帝之法,其中好的,即使是一百代也不可以改变;像王安石、吕惠卿所建立的,为害天下之法,改变它应当如同救火和拯救落水者一样急迫;何况太皇太后是以母亲来改变儿子之道,并非儿子改变父亲之道。"于是众人的议论稍稍停止了一些。

【纲】六月,赏赐粮帛给楚州的孝子徐积。 【目】徐积侍奉父母十分孝顺,每天早上晚上一定要穿戴好冠带衣服,向父母问安。跟随胡瑗学习,平日所居只有一间房屋,御寒的衣服只有一件裘皮衣,吃小米

居穷里,而四方事无不知。尝借人书,经夕还之,借者绐言书中有金叶,积卖衣偿之,不与辩。后以近臣荐授楚州教授,每升堂,训诸生曰:"诸君欲为君子,而使劳己之力,费己之财,如此而不为君子犹可也;不劳己之力,不费己之财,诸君何不为君子?乡人贱之,父母恶之,如此而不为君子犹可也;乡人荣之,父母欲之,诸君何不为君子?"闻者敬服,及卒,赐谥节孝。

【纲】秋七月,以吕公著为尚书左丞。　【目】公著知扬州,被召侍读。既至,拜左丞。公著既居政府,与司马光同心辅政,推本先帝之志,凡欲革而未暇,与革而未定者,一一举行之,民欢呼鼓舞称便。

【纲】罢保甲法。

【纲】冬十一月,复以鲜于侁为京东转运使。　【目】熙宁末,侁已尝为京东转运使,至是复用之。司马光语人曰:"今复以子骏为转运使,诚非所宜,然朝廷欲救东土之弊,非子骏不可。此一路福星也,安得百子骏布在天下乎!"侁既至,奏罢莱芜、利国两铁冶,又奏海盐依河北通商,民大悦。

【纲】葬永裕陵。

【纲】罢方田法。

【纲】十二月,罢市易法,贬吕嘉问知淮阳军。

【纲】罢保马法。

饭，喝白开水，即使胡瑗送给他食物，也不接受。因为父亲叫徐石，以致一生不使用石器，行路遇到石头就躲开不践踏。中年时避居在穷街陋巷，而四方发生的事没有不知道的。曾经向别人借书，过了一夜就归还。借给他书的人骗他说书中有金叶，徐积就卖掉衣服偿还人家，不和人家争辩。后来由近臣荐举被任为楚州教授，每次升堂讲学，都教诲学生们说："诸君想当个君子，如果要付出自己的劳力，耗费自己的钱财，如此而不当君子，也还可以；如果不必付出自己的劳力，不必消耗自己的钱财，诸君为什么不当君子呢？如果乡里的人轻视你，父母讨厌你，如此而不当君子，也还可以；如果乡里的人以你为荣，父母对你有寄盼，诸君为什么不当君子呢？"听到他这样讲的人都敬佩他，服膺他。他去世后，赐谥号为"节孝"。

【纲】秋七月，任命吕公著为尚书左丞。 【目】吕公著任扬州知州，被召任侍读。到了京城以后，又拜授尚书左丞。吕公著既居执政之职，和司马光同心辅政，推求神宗的本来志愿，凡是神宗想革除而来不及实行和想改革而没有确定的事情，都一一加以实施，百姓欢呼鼓舞，称道有利于民。

【纲】废除保甲法。

【纲】冬十一月，重新任命鲜于侁为京东路（治所开封府，即今河南开封市）转运使。 【目】熙宁末年，鲜于侁曾任京东转运使，到这时又被重新任命。司马光对别人说："现在又以子骏（鲜于侁字子骏）为转运使，确实不是很合适，然而朝廷想拯救京东地区的弊端，却非子骏不可。他是京东路一路的福星，怎么才能得到一百个子骏分布到全国各地呢！"鲜于侁到任后，奏请罢除莱芜（今山东济南市莱芜区东南）、利国（今江苏徐州市东北盘马山下）两个铁冶炼场，又奏请海盐可以与河北路（治所大名府，在今河北大名县东）通商，百姓大为高兴。

【纲】安葬神宗于永裕陵（在河南巩县西南）。

【纲】废除方田法。

【纲】十二月，废除市易法，贬吕嘉问为知淮阳军（治下邳县，在今江苏邳县东北）。

【纲】废除保马法。

【纲】起居舍人邢恕有罪,贬知随州。 【目】恕博通经籍,能文章,从程颐学,司马光、吕公著、王安石、吴充皆重之。然天资诡诈冒进,与蔡确谋立岐王颢,事既不成,会王珪卒,恕与确及章惇宣言太皇太后及吴充有异议,赖确拥护而止,自以为功。至是,复为高公绘草奏,乞尊崇朱太妃,为高氏异日计。太后怒,黜知随州。

哲宗皇帝

【纲】丙寅,哲宗皇帝元祐元年,春闰二月,蔡确有罪,免。【目】右司谏王觌上疏言:"国家安危治乱,系于大臣。今执政八人,而奸邪居半,使一二元老何以行其志哉?"因极论蔡确、章惇、韩缜、张璪朋邪害正,章数十上。会右谏议大夫孙觉、侍御史刘挚、左司谏苏辙、御史王岩叟、朱光庭、上官均等连章论确罪,太后不忍斥之,但罢政,出知陈州。

【纲】以司马光为尚书左仆射兼门下侍郎。 【目】时光已得疾,而青苗、免役、将官之法犹在,西伐之议未决,光叹曰:"四害未除,吾死不瞑目矣!"折简与吕公著曰:"光以身付医,以家事付愚子,惟国事未有所托,今以属公。"既而诏免朝觐,许乘肩舆三日一入省。光不敢当,曰:"不见君,不可以视事。"诏令子康扶入对。辽人闻之,敕其边吏曰:"中国相司马矣,毋轻生事开边隙!"

【纲】以吕公著为门下侍郎,李清臣、吕大防为尚书左、右丞,以李常为户部尚书。

【纲】章惇有罪,免,以范纯仁同知枢密院事。 【目】惇与司马光争辩役法于太后帘前,其语甚悖,太后怒,斥知汝州,以安焘代

【纲】起居舍人邢恕有罪，被贬为随州知州。　【目】邢恕博通经籍，擅长写文章，跟随程颐学习，司马光、吕公著、王安石、吴充都很看重他。但是他天性诡诈冒进，和蔡确一起策划立岐王赵颢为太子，事情没有成功，正遇王珪去世，邢恕就和蔡确及章惇一起宣称太皇太后和吴充对立延安郡王为太子有异议，赖有蔡确的拥护才得以阻止异议，自认为有立太子之功。到这时又替高公绘草拟奏疏，请求尊崇朱太妃，为高家的未来有所准备。太后闻知大怒，把邢恕贬黜为随州知州。

哲宗皇帝

【纲】哲宗皇帝元祐元年（丙寅，1086），春闰二月，蔡确有罪，被罢免。　【目】右司谏王觌上疏说："国家的安危治乱，取决于大臣。现在执政大臣八人，而奸邪的人占了一半，使一二个元老重臣怎么能实行他们的志向呢！"因此竭力论劾蔡确、章惇、韩缜、张璪交结奸邪陷害正人，奏书接连上呈了数十次。正遇右谏议大夫孙觉、侍御史刘挚、左司谏苏辙、御史王岩叟、朱光庭、上官均等人一起上奏章弹劾蔡确的罪状，太后不忍心斥逐蔡确，仅罢去他执政的职位，把他调出任陈州知州。

【纲】任命司马光为尚书左仆射兼门下侍郎。　【目】当时司马光已经患病，而青苗法、免役法、将官的法令仍然在施行，西征的争议还没有结果，司马光叹息说："这四种祸害没有清除，我死不瞑目！"给吕公著写信说："我把身体交给医生，把家事托付给儿子，只有国事还没有托人，现在就托付给您。"不久下诏司马光免于日常的朝见，准许他乘坐肩舆每三天入宫一次。司马光不敢接受这种殊荣，说："不见到君主，不能处理政事。"下诏令司马光的儿子司马康搀扶他上朝。辽国人听说了这件事，下令告知边界的官吏说："中国（指宋朝）让司马光担任宰相了，不可轻易生事开启边境争端！"

【纲】任命吕公著为门下侍郎，李清臣、吕大防为尚书左、右丞，任命李常为户部尚书。

【纲】章惇有罪，被罢免，任命范纯仁为同知枢密院事。　【目】章惇和司马光在太后的帘前争论免役法的得失，说话很狂妄，太后大

惇知枢密院事，范纯仁同知院事。命既下，给事中王岩叟、侍御史刘挚等交章论焘附惇，不当躐迁，至封还诰命；焘亦力辞，乃诏仍同知院事。

【纲】罢青苗法。

【纲】三月，罢免役法。　【目】司马光请悉罢免役钱，诸色役人皆如旧制，其见在役钱拨充州县常平本钱。于是诏修定役书，凡役钱惟元定额及额外宽剩二分以下，许著为准；余并除之。光复请直降敕命，委县令佐揭簿定差，其人不愿身自供役，许择可任者顾代。

苏轼言于光曰："差役、免役，各有利害。免役之害，聚敛于上，而下有钱荒之患。差役之害，民不得力农而吏胥缘以为奸。此二害，轻重盖略等矣。"光曰："于君何如？"轼曰："法相因，则事易成；事有渐，则民不惊。三代之法，兵农为一，至秦始分为二。及唐中叶，尽变府兵为长征卒，自是农出谷帛以养兵，兵出性命以卫农，天下便之，虽圣人复起不能易也。今免役之法实大类此；公欲骤罢免役而行差役，正如罢长征而复民兵，盖未易也。"光不以为然。轼又陈于政事堂，光色忿然。轼曰："昔韩魏公刺陕西义勇，公为谏官，争之甚力，韩公不乐，公亦不顾。轼昔闻公道其详，岂今日作相，不许轼尽言邪？"光谢之。

范纯仁谓光曰："差役当熟讲缓行，不然滋为民病。愿虚心以延众论，不必谋自己出。谋自己出，则谄谀得乘间迎合矣。役议或难回，则可先行之一路，以观其究竟。"光不从，持之益坚。纯仁曰：

怒，罢斥他为汝州（治所梁县，即今河南临汝县）知州，任命安焘代替章惇出任知枢密院事，范纯仁为同知院事。任命的诏书下达以后，给事中王岩叟、侍御史刘挚等人纷纷上疏弹劾安焘阿附章惇，不应该越级升迁，以至把诰命封还，安焘也力辞新的任命，于是下诏命安焘仍然任同知院事。

【纲】废除青苗法。

【纲】三月，废除免役法。 【目】司马光奏请全部罢除免役钱，各种应服役的人都和过去规定的一样，现有的役钱拨给各州县充做常平本钱。于是下诏修定役书，凡是役钱，只交纳原定额以及超过定额不足十分之二的部分，准许以此作为标准，其余部分一概免除。司马光又奏请直接颁布敕命，命县令佐吏根据官府文簿确定差役，如果应服役的人不愿意自己服役，准许他选择可以胜任者代替。

苏轼对司马光说："差役法和免役法，各有利弊。免役法的害处，是把钱聚敛于官府而民间流通会出现钱荒之患。差役法的害处，是百姓不能专心务农而小吏借机为奸。这两种害处，轻重大致相等。"司马光说："你说应该怎么办？"苏轼说："法令对旧制有所承袭，事情就容易成功；事情循序渐进，百姓就不会惊扰。三代时的法令，兵农合而为一，到秦代，才开始分而为二。到唐代中叶，把府兵制全部改为长期服役的征募兵征卒。从此农民出谷帛以供养士兵，士兵用性命来保卫农民，天下的人都感到很便利，即使圣人再出，也不能改变。现在的免役法，实际上大致与此相类，您想突然废除免役法而实行差役法，正如同废除长期服役的征募兵而重新恢复兵民合一，这恐怕不是件容易做到的事。"司马光对他说的不以为然。苏轼又在政事堂上陈述自己的看法，司马光脸色出现气愤的样子。苏轼说："当年韩魏公（指韩琦）在陕西义勇乡兵手背上刺字，您身为谏官，为此与韩魏公争执得很激烈；韩魏公不高兴，您也不顾。我过去听您详细地说这件事。难道今天您作了宰相，不许我讲究自己的看法吗？"司马光为此向苏轼表示道歉。

范纯仁对司马光说："差役法应该周密考虑，延缓实行，不然，会滋生对百姓的危害。愿您虚心听取众人的意见，不必谋划一定出于自己。谋划出于自己，那么谄谀的人就会乘机迎合。如果施行免役法难

"是使人不得言尔。若欲媚公以为容悦，何如少年合安石以速富贵哉？"光深谢之。

初，差役之复，为期五日，同列病其太迫，知开封府蔡京独如约，悉改畿县顾役，无一违者。诣政事堂白光，光喜曰："使人人奉法如君，何不可之有！"

【纲】范子渊有罪，贬知峡州。 【目】子渊在熙、丰间，提举修堤开河，糜费巨万，而功用卒不成，护堤压埽之人溺死无算。至是御史吕陶劾其罪，黜知峡州。中书舍人苏轼草制词有曰："汝以有限之财，兴必不可成之役，驱无辜之民，置之必死之地。"时以为至言。

【纲】夏四月，召程颐为崇政殿说书。 【目】颐，颢弟也。年十八上书仁宗，欲黜世俗之论，以王道为心。治平、元丰间，大臣屡荐皆不起，至是司马光、吕公著共疏其行义曰："伏见河南处士程颐，力学好古，安贫守节，言必忠信，动遵礼法，年逾五十，不求仕进，真儒者之高蹈，圣世之逸民。望擢以不次，使士类有所矜式。"诏以为西京国子监教授，力辞；寻召为秘书郎。及入对，改崇政殿说书。颐即上疏言："习与智长，化与心成。陛下春秋方富，虽睿圣得于天资，而辅养之道不可不至。大率一日之中，接贤士大夫之时多，亲寺人宫女之时少，则气质变化，自然而成。愿选名儒入侍劝讲，讲罢留之分直，以备访问，或有小失，随事献规，岁月积久，必能养成圣德。"

以挽回,那末,可以先在一路施行,以观察效果究竟如何。"司马光不听从,更坚持己见。范纯仁说:"这是使别人不能说话了。如果想献媚于您以使您高兴,那和那些少年人迎合王安石以求骤然富贵有什么两样?"司马光深深向范纯仁表示歉意。

当初,恢复施行差役法,以五天为期限,同朝大臣们认为太急迫了,只有开封府知府蔡京如期执行,将京都附近各县的雇役全部改为差役,没有一个人违背。蔡京到政事堂察告司马光,司马光高兴地说:"如果人人遵守法令像你一样,差役法为什么不可以施行呢!"

【纲】范子渊有罪,贬为峡州(治所夷陵县,即今湖北宜昌市)知州。 【目】范子渊在熙宁、元丰年间,任主持修堤开河的提举官,耗费巨万,而始终不见成效,护堤压埽(埽为护堤堵口用的材料)的人被淹死的无法计算。到这时御史吕陶弹劾他的罪过,于是贬他为峡州知州。中书舍人苏轼起草的贬黜他的制书中有这样的句子:"你以有限的财力,去兴建必不见成效的工役,驱使无辜的百姓,把他们置于必死之地。"当时人们认为这是至理之言。

【纲】夏四月,召程颐回朝任崇政殿说书。 【目】程颐,是程颢的弟弟。十八岁时,上书仁宗,提出要摈弃世俗的观点,应专心于王道。治平、元丰年间,大臣们屡次荐举他,他都没有出来任官。到这时司马光、吕公著一起上疏称赞他的操守道义说:"我们发现河南有个处士程颐,他嗜学好古,安贫守节,言语一定符合忠信之道,行为都遵循礼法,年纪已过五十岁,仍然不追求仕途进取。他真正称得上是儒者中的隐士,圣世中的逸民。希望破格加以擢用,使士人有榜样可以效仿。"下诏任程颐为西京国子监教授,程颐力辞不受;不久又召他任秘书郎,等到入朝回答皇帝询问,改任他为崇政殿说书。程颐随即上疏说:"习惯与才智一起增长,风气与心志一起形成。陛下年龄正轻,尽管您的睿智是得于天资,但辅佐与修养之道也不可不讲。大体上说,一天之中,接近贤良士大夫的时间多,亲近宦官宫女的时间少,那么气质变化,就会自然而然的形成。希望陛下选择名儒入侍,讲读经籍,讲解以后,留在宫中分担论值,以备访问;如果陛下有了小的过失,他可以就问题所在随时进献规劝之词。时间一长,陛下必然能养成圣德。"

【纲】韩缜死。

【纲】王安石卒。 【目】安石性强忮,遇事无可否,自信所见,执意不回。然议论奇高,能以辨博济其说,慨然有矫世变俗之志,故神宗排众论,力倚任之。及议变法,在廷交执不可,安石傅经义,出己意辨论,辄数百言,众不能诎。甚者谓天变不足畏,祖宗不足法,人言不足恤。以是怨议纷起,终神宗世不复召,凡八年。安石每闻朝廷变其法,夷然不以为意,及闻罢助役复差役,愕然失声曰:"亦罢至此乎?"良久曰:"此法终不可罢。"又尝曰:"新法始终以为可行者,曾子宣也;始终以为不可行者,司马君实也。"

【纲】以吕公著为尚书右仆射,兼中书侍郎。

【纲】诏起文彦博平章军国重事。 【目】彦博致仕居洛,司马光言其宿德元老,宜起以自辅。太后将用为三省长官,言者以为不可,乃命平章军国重事,六日一朝,一月两赴经筵,班宰相上,恩礼甚渥。彦博年八十一矣。

【纲】诏举经明行修之士。 【目】司马光请立经明行修科,岁委升朝文臣,各举所知,以勉励天下,使敦士行,以示不专取文学之意。若所举人违犯名教,必坐举主,毋赦,则自不敢妄举,而士之居乡居家者,惟惧玷缺外闻,不待学官日训月察,立赏告讦,而士行自美矣。于是诏:"自今凡遇科举,令升朝官各举经明行修之士一人,俟登第日用以升甲。"

【纲】五月,以韩维为门下侍郎。 【目】神宗崩,维自提举嵩山崇福宫入临,太后手诏劳问,维对曰:"人情贫则思富,苦则思乐,

【纲】韩缜被罢免。

【纲】王安石去世。 【目】王安石性情偏强固执,遇事无论可行或不可行,总是坚持自己的看法,决不改变。但他的议论往往新奇高远,能以才辩和博学助成其说,慨然有矫正世俗的志向,所以神宗排斥众人的议论,全力依靠他信任他。到商议变法时,在朝廷上争执不下,他就傅会经学大义,按照自己的理解,与人辩论,一说就一大篇,众人不能使他服输。他甚至认为天变不足畏惧,祖宗不足效法,人言不足顾虑。因此怨恨的议论纷纷而起,从罢相到神宗去世八年中不再重新召用。王安石每次听到朝廷改变他建立的新法,坦然不以为意;等到听说废除了助役法,恢复了差役法,惊愕失声地说:"连这个也废除了吗!"过了很久才说:"这个法令最终是不该废除的。"他还曾说过:"始终认为新法可行的人,是曾子宣(曾布字子宣),始终认为新法不可行的人,是司马君实。"

【纲】任命吕公著为尚书右仆射,兼中书侍郎。

【纲】下诏起用文彦博为平章军国重事。 【目】文彦博退休后居住在洛阳,司马光上奏,说他是一个年老有德望的元老重臣,应该重新起用来辅佐朝政。太后准备任用文彦博为三省长官,有人认为不合适,于是任命他为平章军国重事,六天上朝一次,一个月两次出席经筵,位在宰相之上,对他的恩赐礼遇特别优厚。当时文彦博已经八十一岁了。

【纲】下诏举荐经明行修之士。 【目】司马光奏请设立经明行修科,每年委托入朝的文臣,各自举荐自己了解的人才,以勉励天下,使他们注重士人的品行,以显示国家不专门从文学选拔人才的用意。如果所举荐的人有违背名教的行为,一定要追究举荐者的罪责,不予宽免,这样,自然不敢随意荐举,而那些居住在乡里、家里的士人,只担心自己品行上的污点过失外传出去,不用学官每天训诲每月考察,悬赏揭发攻讦,而士人的品行自会好起来的。于是下诏:"从今以后凡是遇有科举考试,令入朝官员各自举荐经明行修之士一人,等到科举考试登第时,作为提升录取等级的依据。"

【纲】五月,任命韩维为门下侍郎。 【目】神宗去世,韩维从提举嵩山(在今河南登封县北)崇福宫任上入朝哭丧,太后亲自写了诏书

困则思息，郁则思通。诚能常以利民为本，则民富；常以忧民为心，则民乐；赋力非人力所堪者去之，则劳困息；法禁非人情所便者蠲之，则郁塞通：推此而广之，尽诚而行之，则子孙观陛下之德，不待教而成矣。"未几，起知陈州，召为资政殿大学士，兼侍读，至是拜门下侍郎。

【纲】命程颐等修定学制。 【目】太学自蔡确起大狱，连引朝士，有司缘此造为法禁，烦苛凝密，博士诸生禁不相见，教谕无所施。御史中丞刘挚以为言，至是命程颐、孙觉、顾临同太学长贰看详修定条制，颐大概以为：学校，礼义相先之地，而月试之争，殊非教养之道。请改试为课，有所未至，则学官召而教之，更不考定高下。置尊贤堂，以延天下道德之士，镌解额以去利诱，省繁文以专委任，励行检以厚风教，及置待宾、吏师斋，立观光法，如是者亦数十条。

【纲】六月，放邓绾、李定于滁州。

【纲】置《春秋》博士。
【纲】吕惠卿有罪，建州安置。 【目】惠卿见正人汇进，知不容于时，恳求散地。右司谏苏辙、王觌历数其奸，请投畀四裔以御魑魅；中丞刘挚复列其五罪。于是贬光禄卿分司南京，再贬建宁军节度副使，建州安置。

时惠卿、章惇、吕嘉问、邓绾、李定、蒲宗孟、范子渊等皆已斥外，言者论之不已，范纯仁言于太后曰："录人之过，不宜太深。"太后深然之，乃诏："前朝希合附会之人，一无所问，言者勿复弹劾。"

予以慰问。韩维回答说:"人之常情是贫则思富,苦则思乐,劳困则思休息,抑郁则思畅通。如果真能经常以利民为根本,那么百姓就会富足;经常以忧民为念,那么百姓就会安乐;赋税劳役不是民力所能承担的部分就去掉它,百姓的劳困就会止息;法律禁令不是人情所认为适宜的就废除它,那么抑郁堵塞就会畅通。以此推而广之,竭尽诚心而实行,那么后世子孙看到陛下德行,不用教化就能够有成就了。"不久,韩维被起用为陈州知州,又召他入朝任为资政殿大学士兼侍读,到这时任命为门下侍郎。

【纲】命程颐等人修定学制。 【目】太学从蔡确兴起大狱,牵连朝臣,司法部门根据这个制定禁令,十分烦琐,苛刻严密,博士、诸生禁止互相见面,教育无法进行。御史中丞刘挚对此提出意见。到这时命程颐、孙觉、顾临和太学的长官及副职,一起审阅修定学制条例。程颐大致认为:学校是尊尚礼义的地方,而每月考试以争高下,远不是教养之道。建议改试为课(考核)。学习不足的地方,就由学官召他们进行教导,不用考试决定学业高下。设置尊贤堂,以延聘天下有道德的人士,规定乡贡的名额以断绝利诱,减省繁琐的文牍,以示对学官的信任,勉励品行修养以促进风俗教化,以及设置待宾斋、吏师斋,设立观光法,像这样的规定还有数十条。

【纲】六月,把邓绾、李定放逐到滁州(治所清流县,即今安徽滁州市)。

【纲】设置《春秋》博士。

【纲】吕惠卿有罪,被贬到建州安置。 【目】吕惠卿看到正人汇集到朝廷,知道在这种时势下自己得不到宽容,因此恳求去闲散之地任职。右司谏苏辙、王觌历数他的奸佞之事,请求把他流放到边远的地区去抵御魑魅鬼怪;御史中丞刘挚又列举了他的五条罪状。于是把吕惠卿贬为分设在南京的光禄卿,再贬为建宁军(治所建州城,今福建建瓯市)节度副使,在建州安置。

当时吕惠卿、章惇、吕嘉问、邓绾、李定、蒲宗孟、范子渊等人都已经被贬斥到外地,进言者仍然论劾不已。范纯仁对太后说:"讯查人的过错,不宜追究太深。"太后以为很对,于是下诏:"前朝迎合附会的

惠卿党稍安。或谓吕公著曰："今除恶不尽,将贻后患。"公著曰："治道去太甚耳。文、景之世,网漏吞舟。且人才实难,宜使自新,岂宜使自弃邪?"

【纲】秋七月,立十科举士法。 【目】司马光奏曰:"为政得人则治,然人之才或长于此而短于彼,虽皋、夔、稷、契各守一官,中人安可求备?若指瑕掩善,则朝无可用之人;苟随器授任,则世无可弃之士。臣备位宰相,职当选官,若专引知识,则嫌于私;若止循资序,未必皆才。乞设行义纯固,可为师表;节操方正,可备献纳;知勇过人,可备将帅;公正聪明,可备监司;经术精通,可备讲读;学问该博,可备顾问;文章典丽,可备著述;善听狱讼,尽公得实;善治财赋,公私俱便;练习法令,能断请谳:凡十科举士。应侍从以上,每岁于十科举三人,中书置籍记之。有事须材,执政按籍视其所举科,随事试之。有劳,又著之籍。内外官阙,取尝试有效者,随科授职。所赐告命,仍具所举官姓名,其人任官无状,坐以谬举之罪。"诏从之。

【纲】夏主秉常卒,子乾顺立。

【纲】九月,尚书左仆射兼门下侍郎、河内公司马光卒。【目】时两宫虚己以听光为政,光亦自见言行计从,欲以身徇社稷,躬亲庶务,不舍昼夜。宾客见其体羸,举诸葛亮食少事烦以为戒。光曰:"死生,命也。"为之益力。病革,谆谆语如梦中,皆朝廷天下事也。及薨,太后哭之恸,与帝临其丧。赠太师、温国公,谥文正。年

人,一概不加追问,进言的人不要再进行弹劾。"吕惠卿的同党才稍稍安定下来。有人对吕公著说:"现在除恶不尽,将要留下后患。"吕公著说:"不要做得过分,这是治国之道。西汉文帝、景帝的时候,天下大治,但法网松弛,如同鱼网可以漏掉吞掉大船的鱼。况且人才实在难得,应该让这些人悔过自新,难道要使他们自暴自弃吗?"

【纲】秋七月,立十科举士法。 【目】司马光上奏说:"处理政务得到人才,国家就可以治好。但是人的才能,或许擅长于此而不足于彼,虽是皋、夔、稷、契等古代贤臣,也只是各自掌管一项职务,对中等人才怎么可以求全责备!如果指责微小的缺点,掩盖优点,那么朝中就没有可以任用的人了;如果能够按照才能授予职任,那么世上就没有被遗弃的人士了。臣居宰相之位,职责所在,应该选择官员,如果专门引用相知相识的人,就会有谋私的嫌疑;如果只根据资历依次选用,选用的人未必全是人才。请求设立行义纯固科,可以为人师表;节操方正科,可备建言以供采纳;知勇过人科,可备将帅人选;公正聪明科,可备监察;经术精通科,可备经筵讲读;学问该博科,可备顾问咨询;文章典丽科,可备著作记述;善听狱讼科,审案做到公正符合实情;善治财赋科,对国家百姓都合适有利;练习法令科,能断狱定案:一共设立十科,用来选拔人才。应该让侍从以上的官员,每年从十科中举荐三名人才,中书设置簿籍登记下来。遇到有事需用人才时,执政大臣查看簿籍,按照所举荐的科,对人才随所需之事加以试用。有功绩的人,又记录在簿籍之中。朝廷内外的官员有空缺时,就从曾加试用且有成效的人中间选拔,按照所属之科授予官职。在所发给的任官诰命上,仍然写明举荐官员的姓名。如果这个人在任职期间没有成绩,要追究举荐官员的谬举之罪。"下诏听从司马光的建议。

【纲】夏国君主李秉常去世,其子李乾顺继立。

【纲】九月,尚书左仆射兼门下侍郎河内公(河内县,即今河南沁阳县)司马光去世。 【目】当时太后和哲宗都虚心听由司马光主持政务,司马光也看到朝廷对自己言听计从,因此更想以身报国,亲自处理各种事务,不分昼夜地工作。宾客们看到他身体瘦弱,就举出诸葛亮晚年饮食少而政事繁重,最后劳累致死的例子劝诫他。司马光说:"死生是

六十八。京师人为之罢市,往吊。及如陕葬,送者如哭私亲。四方皆画像以祀。

子康居丧,因寝地得腹疾,召医李积于兖,乡民闻之告积曰:"百姓受司马公恩深;今其子病,愿速往也。"积至,则康疾不可为矣。

光孝友忠信,恭俭正直,居处有法,动作有礼,自少至老,语未尝妄,自言:"吾无过人者,但平生所为,未尝有不可对人言者耳。"诚心自然,天下敬信,陕、洛间皆化其德;有不善,曰:"君实得无知之乎?"光于物澹然无所好,于学无所不通,惟不喜释、老,曰:"其微言不能出吾书,其诞吾不信也。"及居政府。凡王安石、吕惠卿所建新法为民害者,划革略尽。或谓光曰:"熙、丰旧臣多憸巧小人,他日有以父子之义间上,则祸作矣。"光正色曰:"天若祚宋,必无此事。"遂改之不疑。

【纲】以苏轼为翰林学士。 【目】轼自登州召还,十月之间,三迁清要。寻兼侍读,每经筵进读未尝不反覆开导,觊有所启悟。尝锁宿禁中,召见便殿,太后问曰:"卿前为何官?"对曰:"常州团练副使。"曰:"今为何官?"对曰:"待罪翰林学士。"曰:"何以遽至此?"对曰:"遭遇太皇太后、皇帝陛下。"曰:"非也。"对曰:"岂大臣论荐乎?"曰:"亦非也。"轼惊曰:"臣虽无状,不敢自他途

命。"因此工作更加尽力。病情危重时，还谆谆嘱咐如同作梦一样，说的都是朝廷和天下大事。到他去世时，太后恸哭得很伤心，和哲宗一起参加他的丧仪。追赠他为太师、温国公（温县，即今河南温县），谥号"文正"。终年六十八岁，京城的人为他之死而歇业罢市，前往吊唁他。等到赴陕县安葬时，送葬的人哭得像失去自己的父母一样伤心。各地都画了他的肖像以祭祀他。

司马光的儿子司马康在守丧期间，因为寝卧地上腹部得病，从兖州（指兖州嵫阳县，即今山东济宁市兖州区）召请医生李积来治病，乡民们听说了这件事，告诉李积说："百姓们受司马公的恩惠很深，现在他的儿子有病，希望你尽快去医治。"李积赶到时，司马康的病已经不能治了。

司马光孝友忠信，恭俭正直，起居生活有规矩，行动合礼，从小到老，从来没有说过虚妄的话。他自己说："我没有超过别人的地方，但平生所作所为，从来没有不可以对别人说的。"他心地真诚，出于自然，天下的人对他敬服信任。陕县、洛阳一带的百姓受到他德行的感化，有人做了不好的事，就会说："君实会不会知道啊？"司马光对于外物淡泊没有什么嗜好，对于学问无所不通，只是不喜欢佛、老的学说，他说："它们的精微之处，没有能超过我所读的书，它们的荒诞之处，我不相信。"到他入朝执政，凡是王安石、吕惠卿所建立的新法对百姓有害的，差不多全都铲除废止了。有人对司马光说："熙宁、元丰年间的旧臣大多是奸佞机巧的小人，以后有一天有人以子不改父道之义向皇上离间你，那么祸患就会发生了。"司马光严肃地说："如果上天赐福给大宋，一定不会有这种事发生！"于是仍然废除新法不动摇。

【纲】任命苏轼为翰林学士。　【目】苏轼从登州被召还朝，十个月之间，三次被升迁清要的官职。不久兼任侍读，每次在经筵上讲读，没有不反复开导的，希望哲宗听后有所启发领悟。苏轼曾经深锁宫禁之中留宿，在便殿被召见，太后问他："你以前任什么官职？"苏轼回答说："常州（治所晋陵县，即今江苏常州市）团练副使。"太后又问："现在是什么官职？"苏轼回答："翰林学士。"太后又问："为什么突然升到这个官职？"苏轼回答："因为有幸遇到了太皇太后和皇帝陛下。"太后

进。"曰:"此先帝意也。先帝每诵卿文章,必叹曰:'奇才,奇才!'但未及进用卿耳。"轼不觉哭失声,太后与帝亦泣,左右皆感涕。已而命坐赐茶,彻御前金莲烛送归院。

轼在翰林,颇以言语文章规切时政,卫尉丞毕仲游忧其及祸,贻书戒之曰:"君官非谏官,职非御史,而好非是人,危身触讳,以游其间,殆犹抱石而救溺也。"轼不能从。

【纲】张璪免。

【纲】冬十月,改封孔子后为奉圣公。 【目】鸿胪卿孔宗翰言:"孔子后世袭公爵,本为侍祠;今乃兼领他官,不在故郡,于名为不正。乞自今袭封之人,使终身在乡里。"诏改衍圣公为奉圣公,不预他职。添给田百顷,供祭祀外,许均赡族人。赐国子监书,立学官以诲其子弟。宗翰,道辅子也。

【纲】十一月,以吕大防为中书侍郎,刘挚为尚书右丞。

说:"不是这样。"苏轼问:"难道是大臣的推荐吗?"太后说:"也不是。"苏轼惊讶地说:"臣虽然没有成绩,但也不敢由其它途径求得进升。"太后说:"这是先帝的意思啊。先帝每次诵读你的文章,一定会赞叹说:'奇才,奇才!'只是没来得及升任你罢了。"苏轼听了不觉痛哭失声,太后和哲宗也哭了,左右的人都感动得流泪。接着又命给苏轼赐坐赐茶,撤下御前的金莲烛为苏轼照明送回翰林院。

苏轼在翰林院时,颇用言语文章规劝切谏时政。卫尉丞毕仲游担心他会遭祸,致书告诫他说:"你担任的官职不是谏官,职位不是御史,可是却好评论别人的是非,这些危及自身和触犯讳忌的事,你置身其间,就如抱着石头去救溺水的人一样危险。"苏轼不能听从他的劝告。

【纲】张璪被罢免。

【纲】冬十月,改封孔子的后代为奉圣公。 【目】鸿胪卿孔宗翰上奏说:"孔子的后代袭封公爵,本来是为了侍奉祠庙;现在却兼任其他官职,不在故乡,这样名目不正。请求从今以后承袭封爵的孔子后人,让他终身居住在乡里。"于是下诏,改衍圣公为奉圣公,不再授予其他官职。增给田一百顷,其收入除供祭祀之外,准许用以赡养本族的人。又赐以国子监的书籍,设立学官以教诲孔氏子弟。孔宗翰,是孔道辅的儿子。

【纲】十一月,任命吕大防为中书侍郎,刘挚为尚书右丞。

纲鉴易知录卷七三

宋纪

哲宗皇帝

【纲】丁卯,二年,春正月,禁科举用王氏经义、字说。 【目】时科举罢词赋,专用王安石经义,且杂以释氏之说,凡士子自一语以上,非安石新义不得用。学者至不诵正经,惟窃安石之书以干进,精熟者辄上第,故科举益弊。吕公著当国,始请禁主司不得以老、庄书命题,举子不得以申、韩、佛书为学,经义参用古今诸儒说,毋得专取王氏,寻又禁毋得引用王氏字说。

【纲】夏四月,诏文彦博十日一议事都堂。

【纲】以处士陈师道为徐州教授。 【目】师道高介有节,安贫乐道,博学善文,家贫或经日不炊,晏如也。熙宁中,王氏经学盛行,师道心非其说,遂绝意进取。至是,以苏轼荐,授是职。

【纲】复制科。

【纲】李清臣免。 【目】时厘正熙、丰之政,清臣固争,以为不可。遂罢知河阳府。

【纲】五月,以刘挚、王存为尚书左、右丞。六月,以安焘知枢密院事。

【纲】秋七月,罢门下侍郎韩维。 【目】维处东省逾年,有忌之者密为谗愬,诏分司南京。王存抗声帝前曰:"韩维得罪,莫知其端,臣切为朝廷惜之!"乃还维资政殿大学士、知邓州。

哲宗皇帝

【纲】元祐二年（丁卯，1087），春正月，禁止在科举考试中使用王安石撰写的《三经新义》《字说》。　【目】当时科举考试废除了词赋，专用王安石的《三经新义》，而且其中搀杂了佛教的学说，参试的士子作文，凡一语以上，除了王安石的《三经新义》不能引用其他书籍。学者以至于不读经书，只剽窃王安石的书作为求得仕进的工具，读得精熟的人就可以考取上第，因此科举的弊端更加严重。吕公著主持朝政以后，方始奏请禁止主管考试的部门用老子、庄子的书命题，考生不得学习申不害、韩非子、佛教的书籍，经义要参考使用古今诸儒的学说，不能只采用王安石的；不久又禁止引用王安石的《字说》。

【纲】夏四月，下诏令文彦博每十天去一次都堂议事。

【纲】任命处士陈师道为徐州（治所彭城县，即今江苏徐州市）教授。　【目】陈师道清高耿介有节操，安贫乐道，博学而擅长文章，家中贫困，有时整天不做饭，但他泰然自若。熙宁年间，王安石的经学学说盛行，陈师道心里不赞成，于是就断绝了参加科举考试以求仕进的念头。到这时，因为得到苏轼举荐，被授予徐州教授职。

【纲】恢复制科考试。

【纲】李清臣被罢免。　【目】当时正在清理纠正熙宁、元丰时的朝政失误，李清臣坚决抗争，认为不可以这样。于是被罢免，贬为河阳府（治所河阳城，在今河南孟州市南）知府。

【纲】五月，任命刘挚、王存为尚书左、右丞。六月，任命安焘为知枢密院事。

【纲】秋七月，罢免门下侍郎韩维。　【目】韩维在门下省任职一年多，有人忌妒他，暗中对他进行谗毁，下诏命他在南京（即宋州应天府，治所宋城县，在今河南商丘市南）分担门下省的事务。王存在太后的帘前高声说："韩维得罪，不知道什么缘由，臣深切地为朝廷感到痛惜！"于是还给韩维资政殿大学士的官衔，任为邓州（治所穰县，即今河南邓

【纲】八月，罢崇政殿说书程颐。 【目】颐在经筵，以礼法自持，每进讲，色甚庄，继以讽谏。苏轼谓其不近人情，深嫉之，每加玩侮。于是颐门人右司谏贾易、左正言朱光庭等愤不能平，劾轼"试馆职，策问谤讪。"殿中侍御史吕陶言："台谏当徇至公，不可假借事权以报私隙。"右司谏王觌言："轼命辞失轻重，其事小，不足考；若悉考同异，深究嫌疑，则两岐遂分，使士大夫有朋党之名，大患也。"太后然之。范纯仁亦言轼无罪，遂置不问。

会帝患疮疹不出，颐诣宰臣问知否，且曰："上不御殿，太后不当独坐，人主有疾，而大臣可不知乎！"翌日，宰臣以颐言问疾，由是大臣亦多不悦。御史中丞胡宗愈、左谏议大夫孔文仲、给事中顾临，遂连章力诋颐不宜在经筵，乃罢颐出管句西京国子监。

时吕公著独当国，群贤咸在朝，不能不以类相从，遂有洛党、蜀党、朔党之语。洛党以颐为首，而朱光庭、贾易为辅；蜀党以苏轼为首，而吕尚等为辅；朔党以刘挚、梁焘、王岩叟、刘安世为首，而辅之者尤众。是时熙、丰用事之臣，退休散地，怨入骨髓，阴伺间隙；而诸贤不悟，各为党比以相訾议。惟吕大防秦人，戆直无党；范祖禹师司马光，不立党。既而帝闻之，以问胡宗愈，宗愈对曰："君子指小人为奸，则小人指君子为党，陛下能择中立之士而用之，则党祸息矣。"因著《君子无党论》以进。

【纲】罢右司谏贾易。 【目】时程颐、苏轼交恶，其党互相攻讦。易因劾吕陶党轼兄弟，语侵文彦博、范纯仁。太后怒，欲峻责

州市）知州。

【纲】八月，罢免崇政殿说书程颐。 【目】程颐在经筵，以礼法自持，每次进讲经书，神色庄严，讲解经书以后，接着进行讽谕劝谏。苏轼认为他不近人情，很憎恶他，经常对他加以戏弄侮辱。因此程颐的门生右司谏贾易、左正言朱光庭等人愤愤不平，弹劾苏轼在馆职选拔考试时，所出策问题意存谤讪。殿中侍御史吕陶说："台谏官应该主持公道，不能假借权势以报私怨。"右司谏王觌说："苏轼的策问命题，言辞有失轻重，这是小事，不值得追究；如果对所有的意见都考查异同，深究有嫌疑之处，那么就会产生分歧，使士大夫有结成朋党之名，这是大患。"太后认为说得是。范纯仁也说苏轼没有罪，于是把这件事放下不再究问。

正遇哲宗患疮疹发不出来，程颐前往宰相那里，问是否知道这件事，并且说："皇上不上朝，太后不应该独坐殿上。君主有病，而大臣可以不知道吗！"第二天，宰相因程颐说了这话，才询问哲宗的病情，由此大臣们也大多不高兴。御史中丞胡宗愈、左谏议大夫孔文仲、给事中顾临，于是连接上奏章，竭力诋毁程颐，说他不适宜在经筵任职，于是罢免程颐的官职，让他去洛阳，管勾（主持）西京国子监。

当时吕公著独掌朝政，大批贤臣都在朝廷，不能不以气质相投而相互过从，于是有洛党、蜀党、朔党的说法。洛党以程颐为首（程颐是河南人，所以称为洛党），以朱光庭、贾易为辅；蜀党以苏轼为首（苏轼是四川人，所以称为蜀党），以吕陶等人为辅；朔党以刘挚、梁焘、王岩叟、刘安世为首（刘挚等人都是河北人，所以称为朔党），而追随他们的人尤其多。在熙宁、元丰年间当权的大臣，当时都退休到闲散之地，对在朝大臣恨入骨髓，暗中窥伺可乘之机；可是这些贤臣不省悟，各自结党而相互指斥诋毁。只有吕大防是陕西人，戆直无党；范祖禹学司马光，不立党。后来哲宗听说了这些事，就问胡宗愈，胡宗愈回答说："君子指斥小人为奸，小人就指责君子为党。如果陛下能选择中立之士而加以任用，党祸就会止息了。"为此他还写了《君子无党论》上呈哲宗。

【纲】罢免右司谏贾易。 【目】当时程颐和苏轼关系很不好，两人的同党互相攻讦。贾易因此上奏弹劾吕陶与苏轼兄弟结为朋党，奏文所

易，吕公著言："易言颇直，惟诋大臣太甚，不可处谏列耳。"乃止，罢知怀州。公著退，语同列曰："谏官所言，未论得失。顾主上方富于春秋，异时有导谀惑上心者，正赖左右力谏，不可使人主轻厌言者。"吕大防、刘挚、王存私顾而叹曰："吕公可谓仁者之勇。"

【纲】戊辰，三年，春正月，复置广惠仓。

【纲】夏四月，以吕公著为司空、同平章军国事。【目】公著以老，恳辞位；乃拜司空、同平章军国事。国初以来，宰相以三公平章军国事者四人，公著与父夷简居其二，世羡其荣。

时熙、丰用事之臣虽去，其党分布中外，起私说以摇时政。鸿胪丞常安民贻公著书曰："善观天下之势，犹良医之视疾。方安宁无事之时，语人曰'其后必将有大忧'，则众心骇笑。惟识微见几之士，然后能逆知其渐，故不忧于可忧，而忧之于无足忧者，至忧也。今日天下之势，可为大忧。虽登进忠良，而不能搜致海内之英才，使皆萃于朝以胜小人，恐端人正士未得安枕而卧也。故去小人为不难，而胜小人为难。陈蕃、窦武协心同力，选用名贤，天下想望太平，然卒死曹节之手，遂尤党锢之祸；张柬之五王，中兴唐室，以谓庆流万世，及武三思一得志，至于窜移沦没。凡此者，皆前世已然之祸也。今怨忿已积，一发其害必大，可不为大忧乎！"公著得书，默然。

【纲】以吕大防、范纯仁为尚书左、右仆射兼门下、中书侍郎，孙固、刘挚为门下、中书侍郎，王存、胡宗愈为尚书左、右丞，赵瞻

说涉及到文彦博、范纯仁。太后发怒，想严厉责罚贾易，吕公著说："贾易的言语很直率，只是诋毁大臣太过分，不可让他再担任谏官了。"于是没有对他重责，而罢去右司谏之职，调怀州（治所河内县，即今河南沁阳县）知州。吕公著退下后，和同僚们说："对于谏官说的话，不应该计较得失。现在皇上正年轻，以后有人用阿谀来蛊惑皇上之心的，正有赖于左右臣僚力谏，不可使皇上轻易对谏官产生厌烦。"吕大防、刘挚、王存私下里感叹说："吕公可说是仁者之勇。"

【纲】元祐三年（戊辰，1088），春正月，又恢复设置广惠仓。

【纲】夏四月，任命吕公著为司空、同平章军国事。　【目】吕公著因为年迈，恳求辞去官职，于是任命他为司空、同平章军国事。宋朝开国以来，宰相以三公的官衔担任平章军国事的只有四个人，吕公著和他父亲吕夷简占了两个，世人很羡慕他们的荣耀。

当时，熙宁、元丰年间掌权的大臣虽然离开了朝廷，他们的党羽却仍然分布在朝廷内外，这些人私下散布言论以动摇朝政。鸿胪丞常安民致书吕公著说："善于观察天下形势，犹如良医为人看病。正当安宁无事的时候，他告诉人们说：'以后一定会发生大的忧患'，那么大家一定会感到惊讶可笑。只有能洞察几微的人，才能够预知事物的细微变化，所以不忧虑可以忧虑的事而忧虑那些看起来不足以忧虑的事，认为这才是最大的忧虑。现在天下的形势，可以为之大忧。虽然朝廷进用了一些忠良之士，但不能搜罗海内的英才，使他们全都荟萃在朝中，以制胜小人，恐怕端正人士还未能安枕而卧。所以罢斥小人不是难事，而难的是战胜小人。东汉灵帝时陈蕃、窦武同心协力，选用有名望的贤士，天下的人都盼望太平，然而他们却最后死于曹节之手，于是酿成党锢之祸；唐中宗时张柬之等五王，中兴唐室，认为福庆可以流于万世了，等到武三思一旦得志，张柬之等五王甚至被流放而死。凡是这样的事，全是前代已经发生过的灾祸。现在怨怒已经积下了，一旦爆发出来，它的危害必然很大，可不是极大的忧虑吗！"吕公著接到这封书信，看过以后，默然无语。

【纲】任命吕大防、范纯仁为尚书左、右仆射兼门下、中书侍郎，孙固、刘挚为门下、中书侍郎，王存、胡宗愈为尚书左、右丞，赵瞻为签书

签书枢密院事。 【目】大防朴厚耆直,纯仁务以博大开上意,忠厚革士风。二人同心戮力以相王室,太后复尽心委之,故元祐之治,比隆嘉祐。

时党论方起,纯仁虑之。会右谏议大夫王觌以胡宗愈进《君子无党论》,恶之,因疏宗愈不可执政。太后大怒,纯仁与文彦博、吕公著辨于帘前,太后意未解,纯仁曰:"朝臣本无党,但善恶邪正各以类分,彦博、公著皆累朝旧人,岂容雷同罔上,昔先臣与韩琦、富弼同庆历柄任,各举所知,当时飞语指为朋党。三人相继补外,造谤者共相庆曰:'一网打尽矣!'此事未远,愿陛下戒之。"因极言前世朋党之祸,并录欧阳修《朋党论》上之。然竟出觌知润州,而宗愈居位如故。

【纲】冬闰十二月,蜀公范镇卒。

【纲】己巳,四年,春二月,东平公吕公著卒。 【目】公著薨,年七十二,太皇太后见辅臣泣曰:"邦国不幸,司马相公既亡,吕司空复逝。"帝亦悲感,即诣其家临奠,赠太师,封申国公,谥正献。

公著自少讲学,即以治心养性为本;平居无疾言遽色,于声利纷华,泊然无所好。简重清净,盖天禀然。其识虑深敏,量宏而学粹,遇事善决,苟便于国,不以利害动其心。与人交,出于至诚,好德乐善,见士大夫以人物为意者,必问其所知,与其所闻参互考实,以达于上。每议政事,博采众善以为善,至所当守,则毅然不可回夺。神宗尝言:"其于人材不欺,如权衡之称物。"尤能避远声迹,不以知人自处。王安石博辨骋辞,人莫敢与亢,公著独以精识约言服之。安石尝曰:"疵吝每不自胜,一诣长者即废。"其敬服如此。

枢密院事。 【目】吕大防朴厚憨直,范纯仁尽力开导皇上要胸怀博大,改革士人的风气使之忠厚。二人同心戮力以辅佐王室,太后又完全信托他们,所以元祐年间的政治,可以和仁宗嘉祐年间相比。

当时有关党争的议论刚开始,范纯仁为此感到忧虑。正遇右谏议大夫王觌因为胡宗愈进呈《君子无党论》而憎恶他,因此上奏说胡宗愈不可以担任执政大臣,太后大怒,范纯仁同文彦博、吕公著在太后帘前辩论,太后的怒气也没有平息。范纯仁说:"朝臣本应该没有朋党,但是善恶邪正的人,各自以类而分,文彦博、吕公著都是身经几朝的旧臣,怎么能容许他们用雷同的做法来欺罔皇上呢!当年我父亲(范仲淹)和韩琦、富弼同在庆历年间执掌权柄,各自荐举自己了解的人才,当时就有人散布流言蜚语指责他们为朋党。他们三个人相继被贬出京,任官外地,进行诽谤的人互相庆贺说:'一网打尽了!'这件事距离现在不远,希望陛下引以为戒。"因而竭力陈述过去朝代朋党的祸害,并抄录欧阳修写的《朋党论》上呈。然而王觌最后还是被贬为润州(治所丹徒,即今江苏镇江市)知州,而胡宗愈的官职依然如故。

【纲】冬闰十二月,蜀公范镇去世(蜀郡成都府,即今成都市)。

【纲】元祐四年(己巳,1089),春二月,东平吕公著去世(东平即郓州,今山东东平县)。 【目】吕公著去世,终年七十二岁。太皇太后见到辅佐大臣,哭泣着说:"国家不幸,司马相公刚死,吕司空又逝世了。"哲宗也很悲痛,随即前往吕公著家中去哭丧祭奠。追赠吕公著为太师,封申国公(申即申州,在今河南信阳市南),谥号为"正献"。

吕公著从年轻讲学时,就以治心养性为根本,平时家居,没有疾言厉色的时候,对于名利奢华,淡泊而无所嗜好。为人简约端重,洁身自好,这是天生的禀性如此。他的识见思虑,深沉机敏,心胸宽宏而学问精粹。遇到事情善于做出决断,如果是对于国家有利,不为个人利害动心,与人交往,出于至诚,好德乐善,见到士大夫当中有人注意人才,一定要向他询问所了解的情况,与自己所听说的情况互相参考,印证核实,然后向皇上呈报。每当议论政事,博采众人好的建议才认为是好的办法,至于应当坚持的,就毅然坚持,不可改变。神宗曾说过:"他对于人才的评价不欺诳,如同用秤来称量物品一样。"他尤其能做到远远

【纲】三月，胡宗愈免。

【纲】夏四月，分经义、诗赋为两科试士，罢明法科。 【目】尚书省请复诗赋与经义兼行，解经通用先儒传注及己说。又言旧明法最为下科，今中者即除司法，叙名反在及第进士上，非是。乃诏立经义、诗赋两科，罢试律义。

初，司马光言："取士之道，当先德行，后文学。就文学言之，经术又当先于词章。神宗专用经义、论策取士，此乃复先王令典，百王不易之法。但王安石不当以一家私学，欲盖先儒，令天下师生讲解。至于律令，皆当官所须，使为士者果能知道义，自与法律冥合，何必置明法一科，习为刻薄，非所以长育人才、敦厚风俗也。"至是遂罢之。未几，诏御试举人，仍试赋、诗、论三题。

【纲】五月，以范祖禹为右谏议大夫兼侍讲。 【目】祖禹初从司马光修《资治通鉴》，在洛十五年，不事进取。王安石尤爱重之，祖禹终不往谒。帝即位，擢右正言，以妇翁吕公著当国，引嫌辞职；再改著作郎兼侍讲。会夏暑，权罢讲筵，祖禹上言："陛下今日之学与不学系他日治乱，如好学则天下君子欣慕愿立于朝，以直道事陛下，辅佐德业而致太平；不学则小人皆动其心，务为邪谄以窃富贵。且凡人之进学，莫不于少时。今圣质日长，数年之后，恐不得如今日之专，窃为陛下惜也。"公著薨，始除右谏议大夫，寻加礼部侍郎。

避开名声和行迹,不以能知人才自居,王安石博学善辩,没有人敢与他抗衡,只有吕公著以精辟的见解和简约的语言使王安石佩服他。王安石曾经说过:"小缺点自己往往不能克服,一见到长者就消除了。"可见对他敬服的程度。

【纲】三月,胡宗愈被罢免。

【纲】夏四月,分经义、诗赋两科进行科举考试,废除明法科。
【目】尚书省奏请恢复诗赋考试,和经义考试并行,解释经义时可以采用过去古代儒者的传注和自己的见解。又说:过去的明法科是最下等的科目,现在考中的人就可以任用为司法官员,排列名次反而在及第进士之上,这是不对的。于是下诏设立经义、诗赋两个科目,废除律义考试。

起初,司马光说:"科举取士的办法,应当首先重视德行,其次才是辞章学术。就辞章学术而言,经义又当优先于词章。神宗时考试专用经义和论策取士,这是恢复先王的典章制度,是百代不易的法则。但是王安石不应当以他的一家之说,想用来掩盖古代的儒者,让天下的师生们遵照他的见解去讲解经书。至于律令,都是当官的应该懂的,如果让士人们真的明白了经义,自然就会和法律暗合,何必设置明法一科,使士人们养成刻薄的习气,这样是不利于人才培育、敦厚风俗的。"到这时就废除了明法科考试。不久,下诏由皇帝亲举人,仍然考试赋、诗、论三种题目。

【纲】五月,任命范祖禹为右谏议大夫兼侍读。 【目】范祖禹起初跟随司马光撰修《资治通鉴》,在洛阳十五年,不求仕途上的进取。王安石尤其爱重他,但范祖禹始终也不去拜谒王安石。哲宗即位,擢升他为右正言,因为岳父吕公著在朝掌权,范祖禹为避嫌而辞右正言之职,又改任著作郎兼侍讲。正赶上夏天暑热,暂时停止了经筵,范祖禹上奏说:"陛下今天学习与不学习,关系到以后国家的治与乱。如果陛下好学,天下的君子就会欣然慕化,愿意到朝廷中来,用正直之道奉事陛下,辅佐德业而达到太平;如果陛下不学,小人就都会动他们的心思,尽力用奸邪谄谀来窃取富贵。而且凡是人的求学问,没有不从年轻时开始的。现在陛下一天天长大,几年以后,恐怕不会有今天这样专一的学

闻禁中觅乳媪，以帝年十四，非近女色之时，与左谏议大夫刘安世上疏劝进德爱身，又乞太皇太后保护圣躬，言甚切至。太后谓曰："乳媪之说，外间虚传也。"祖禹对曰："外议虽虚，亦足为先事之戒。凡事言于未然则诚为过，及其已然则又无所及，言之何益！陛下宁受未然之言，勿使臣等有无及之悔。"太后深嘉之。

【纲】安置蔡确于新州。　【目】确失势日久，遂怀怨望。在安州尝游车盖亭，赋诗十章。知汉阳军吴处厚与确有隙，上之，以为皆涉讥讪，其用郝处俊上元间谏高宗欲传位武后事以斥东朝，语尤切害。于是台谏言确怨谤，乞正其罪。执政议置确于法，范纯仁、王存独以为不可，力争之。文彦博欲贬确岭峤，纯仁闻之，谓吕大防曰："此路自乾兴以来，荆棘近七十年，吾辈开之，恐自不免。"大防遂不敢言。越六日，贬确英州别驾，新州安置。确至新州，未几卒。

【纲】六月，范纯仁、王存罢。　【目】吕大防言："蔡确党盛，不可不治。"纯仁面谏："朋党难辨，恐误及善人。"司谏吴安诗、正言刘安世因论纯仁党确，纯仁亦力求罢政，乃出知颍昌府。存，确所举也，故亦出知蔡州。

【纲】以赵瞻同知枢密院事，韩忠彦、许将为尚书左、右丞。

习机会，臣私下里替陛下感到惋惜。"吕公著去世以后，才任命他为右谏议大夫，不久升为礼部侍郎。

听说宫禁中寻找乳母，因为哲宗才十四岁，不到接近女色之时，范祖禹就和左谏议大夫刘安世上疏劝谏哲宗增进德行，爱惜身体，又请求太皇太后保护哲宗，言语特别恳切至诚。太后对他们说："有关乳母的说法，是外面的虚妄传说。"范祖禹说："外面的议论虽然是虚传，也足以成为事先的戒鉴。大凡事情说出于未发生以前，诚然是过分了，但等到事情已经发生，则又来不及了，说它又有什么益处！陛下宁可接受事情未发生时的劝告，不要使臣等有来不及补救的懊悔。"太后听了深为赞许。

【纲】把蔡确安置于新州（治所新兴县，即今广东新兴县）。
【目】蔡确失去权势的日子一长，就心怀怨恨。在安州曾游历车盖亭（安州治所安陆县，即今河北安陆县。车盖亭，在安陆县西北），写了十首诗。知汉阳军（汉阳军治所汉阳县，今湖北武汉市境）吴处厚和蔡确有嫌隙，把这件事上奏朝廷，认为这些诗都含有讥讪朝政之意，诗中运用了唐上元年间郝处俊对高宗想传位给武后进行劝谏的典故以斥责太后，用语尤为有害。于是台谏官员指责蔡确怨谤朝廷，请求依法治罪。执政大臣商议把蔡确绳之以法，只有范纯仁、王存认为不可，竭力抗争。文彦博想把蔡确贬到岭峤（同岭表，即岭南地区），范纯仁听说以后，对吕大防说："这条道路从真宗乾兴年间以来，长满了荆棘，近七十年，现在我们带头开了这条路，恐怕日后自己也免不了走它。"吕大防于是不敢再说了。过了六天，贬蔡确为英州（治所贞阳县，即今广东英德县）别驾，在新州安置。蔡确到达新州以后，不久就去世了。

【纲】六月，范纯仁、王存被罢免。　　【目】吕大防说："蔡确的党羽势盛，不可不治。"范纯仁当面阻谏他说："朋党难以辨别，恐怕会错误地波及到好人。"司谏吴安诗、正言刘安世因此说范纯仁是蔡确同党，范纯仁也力求辞去执政之职，于是调出朝廷任颍昌府（即许州，即今河南许昌市）知府。王存是蔡确所举荐的，所以也调出，任蔡州知州。

【纲】任命赵瞻为同知枢密院事，韩忠彦、傅尧俞为尚书左、右丞。

【纲】秋七月,安寿罢。

【纲】冬十一月,以孙固知枢密院事,刘挚、傅尧俞为门下、中书侍郎。

【纲】庚午,五年,春二月,夏人来归永乐之俘,诏以米脂等四砦界之。 【目】夏人来归永乐所获吏士百四十九人,遂诏以米脂、葭芦、浮图、安疆四砦还之;夏得地益骄。

【纲】文彦博致仕。 【目】彦博复居政府,无岁不求去。会殿中侍御史贾易言:"彦博至和建储之议不可信。"太后命付史官,彦博益求罢,乃以太师、充护国军、山南西道节度等使致仕,命有司备礼册命,宴饯于玉津园。

先是,辽使耶律永昌来聘,苏轼馆之,与永昌入觐,见彦博于殿门外,却立改容,曰:"此潞公也邪?"问其年,曰:"何壮也?"轼曰:"使者见其容,未闻其语。其总理庶务,虽精练少年有不如;其贯穿古今,虽专门名家有不逮。"永昌拱手曰:"天下异人也!"

【纲】三月,赵瞻卒。以韩忠彦同知枢密院事,苏颂为尚书左丞。

【纲】夏四月,孙固卒。 【目】固宅心诚粹,不喜骄亢,与人居久而益信,故更历夷险而不为人所疾害。傅尧俞言:"司马公之清节,孙公之淳德,盖所谓不言而信者也。"世以为确论。

【纲】秋八月,召邓润甫为翰林学士承旨,罢御史中丞梁焘、谏议大夫刘安世、朱光庭。 【目】初,润甫以母丧终制,除吏部尚书,

【纲】秋七月,安焘被罢免。

【纲】冬十一月,任命孙固为知枢密院事,刘挚、傅尧俞为门下、中书侍郎。

【纲】元祐五年(庚午,1090),春二月,夏人前来归还永乐战役的俘虏,下诏把米脂寨(即今陕西米脂县)等四个砦还给西夏。 【目】夏人归还永乐战役中被俘获的宋朝官吏兵士一百四十九人,于是下诏把米脂、葭芦、浮图、安疆四个砦(葭芦寨在今陕西米脂县东北,浮图寨在今延安市境内,安疆寨在今甘肃庆阳县西北)还给他们。夏人得到这些土地以后更加骄横。

【纲】文彦博退休。 【目】文彦博再次执政以后,没有一年不请求去职。正遇殿中侍御史贾易上奏说:"文彦博在仁宗至和年间建议立太子的事不可信。"太后命将这份奏疏交付史官,文彦博更加请求罢去官职,于是以太师、充护国军、山南西道节度使等官衔退休(护国军治所蒲州城,即今山西永济市西蒲州镇;山南西道治所梁州城,即今陕西汉中市),命有关部门准备好礼仪颁给册命,并在玉津园设宴为文彦博饯行。

先前,辽国使臣耶律永昌来宋朝,由苏轼安排住驿馆招待,苏轼陪同耶律永昌入宫觐见,在殿门外遇见文彦博,耶律永昌退立一旁,脸色严肃地问:"这是潞公吗?"问文彦博的年纪,说:"年纪怎么这么大了?"苏轼说:"使臣只看见他的容颜,没有听到他说话,他总理各类政务,即使精明干练的年轻人也有所不如;他的学问贯通古今,虽是专门名家也有所不及。"耶律永昌拱手打揖说:"真是天下奇人啊!"

【纲】三月,赵瞻去世。任命韩忠彦为同知枢密院事,苏颂为尚书左丞。

【纲】夏四月,孙固去世。 【目】孙固心地真诚纯粹,不喜欢骄奢,和人相处时间越长而越有信誉,所以经历了多次风险而不为他人所陷害。傅尧俞说:"司马公的清节,孙公的淳德,都是不用说而人们都会相信的。"世人认为这是中肯的评论。

【纲】秋八月,召邓润甫任翰林学士承旨,罢免御史中丞梁焘、谏议大夫刘安世、朱光庭。 【目】起初,邓润甫为母亲服丧期满以后,被

梁焘权给事中，驳之，改知亳州。至是，复以承旨召。焘为中丞，与左谏议大夫刘安世、右谏议大夫朱光庭交章论："润甫出入王、吕党中，始终反覆，今之进用，实系君子小人消长之机。"又言："润甫尝为蔡确制，称确有定策之功，以欺惑天下，乞行罢黜。"累疏不报。焘等因力请外，乃出焘知郑州，光庭知亳州，安世提举崇福宫。时刘挚上疏请暂出润甫留焘等，苏辙亦三疏论之，皆不报。

自司马光卒后，王安石之徒，多为飞语，以摇在位。大臣为自全计，吕大防、范纯仁二相尤畏之，欲用其党以平旧怨，谓之"调停"，太后疑不决。辙复上疏曰："先帝疾颓靡之俗，将以纲纪四方，而臣下不能将顺，造作诸法，上逆天意，下失民心。今二圣因民所愿，取而更之，上下忻慰。前者用事之臣，不加斥逐，宥之于外，盖已厚矣。而议者惑于众说，乃欲招而纳之，与之共事，此辈若返，岂肯但已哉？必将戕害众人，以快私忿。人臣被祸，盖不足言，臣所惜者，祖宗、朝廷也。"疏入，太后曰："辙疑吾君臣兼用邪正，其言极中理。"诸臣从而和之，调停之说遂已。

【纲】辛未，六年，春二月，以刘挚为尚书右仆射兼中书侍郎，苏辙为尚书右丞，王岩叟签书枢密院事。　【目】辙除命既下，右司谏杨康国奏曰："辙之兄弟，谓其无文学则非也，蹈道则未也。其学，乃学为仪、秦者也。其文，率务驰骋，好作为纵横捭阖，无安静理。陛下若悦苏辙文学而用之不疑，是又用一安石也。辙以文学自负，而刚很好胜，则与安石无异。"不报。

任命为吏部尚书,梁焘代理给事中,驳回这项任命,改为亳州(治所谯县,即今安徽亳县)知州;此时邓润甫又被召回朝任翰林学士承旨。梁焘任御史中丞,和左谏议大夫刘安世,右谏议大夫朱光庭交错上疏说:"邓润甫出入于王安石、吕惠卿的朋党之中,始终反复无常。现在进用他,实在是君子和小人势力消长变化的转机。"又说:"邓润甫曾经撰写任命蔡确的制书,称赞蔡确有策立太子的功劳,以此欺惑天下,请求予以罢黜。"多次上奏没有答复。梁焘等人因此力请外调出京。于是将他们调出,任梁焘为郑州(治所管城县,即今河南郑州市)知州,朱光庭为亳州知州,刘安世提举崇福宫。当时刘挚上疏请求暂时把邓润甫外调出京,而留下梁焘等人,苏辙也三次上疏谈论这件事,都不予答复。

自从司马光去世以后,王安石的门徒,往往散布流言蜚语,以动摇在位的大臣。大臣们为保全自己考虑,吕大防、范纯仁二位宰相尤其感到害怕,想任用王安石的同党来平息旧怨,称之为"调停",太后对此犹豫不决。苏辙又上疏说:"先帝(神宗)痛恨颓靡的风俗,想整肃各地的纲纪,而臣下却不能顺行这种想法,建立制定的许多新法,上违天意,下失民心。现在太后和皇上顺应百姓的心愿,对新法加以更改,朝廷和百姓都感到欢欣宽慰。以前当权的大臣,不加以斥逐,宽宥他们调往外地,这对他们已经很宽厚了。可是有的人被各种说法所迷惑,就想把他们招纳重新起用,和他们在朝同事。这类人如果返回朝廷,怎么肯就此罢休呢?一定会残害众人,以发泄私愤。人臣蒙受祸害,不值得提及;臣所痛惜的,是祖宗、朝廷啊。"奏疏上呈以后,太后说:"苏辙是怀疑我们君臣对邪正两种人一起任用,他说的话很合道理。"诸臣对太后的话随声附和,有关调停的建议就停止了。

【纲】元祐六年(辛未,1091),春二月,任命刘挚为尚书右仆射兼中书侍郎,苏辙为尚书右丞,王岩叟为签书枢密院事。 【目】有关苏辙的任命颁布后,右司谏杨康国上奏说:"苏辙兄弟,说他们没有文学才能,就不对了;说他们实践道义,还不是这样。他们的学问,就是要学可以成为张仪、苏秦那种人的一套学问。他们的文章,大体专重放纵不羁,喜好作纵横捭阖之论,不是心平气和地陈述事理。陛下如果喜好苏辙的文学才能而任用他不加怀疑,这是又任用了一个王安石啊。苏辙

岩叟居言职五年，正谏无隐。及拜签枢入谢，因进曰："太后听政以来，纳谏从善，务合人心，所以朝廷清明，天下安静。愿信之勿疑，守之勿失。"复进言于帝曰："陛下今日圣学，当深辨邪正。正人在朝，则朝廷安；邪人一进，便有不安之象。非谓一夫能然，盖其类应之者众，上下蔽蒙，不觉养成祸胎尔。"又曰："或闻有以君子小人参用之说告陛下者，不知果有之否？此乃深误陛下也。自古君子小人无参用之理，圣人但云君子在内小人在外则泰，君子在外小人在内则否。小人既进，君子必引类而去；若君子与小人竞进，则危亡之基也。"两宫深然之。

【纲】夏五月朔，日食。

【纲】六月，浙西水。

【纲】翰林学士承旨苏轼罢。 【目】初，轼以论事为众所忌，赵挺之、王觌攻之，遂出知杭州。未几，召还，侍御史贾易复劾轼元丰末在扬州闻先帝厌代作诗，及草吕惠卿制，皆诽怨先帝，无人臣礼。御史中丞赵君锡亦继言之。太后怒，罢易知宣州，君锡知郑州。吕大防请并轼两罢，乃出轼知颍州，寻改知扬州。

【纲】冬十一月，罢刘挚知郓州。 【目】挚性峭直，有气节，不为利诱威怵。与吕大防同位，国家大事多决于大防，惟进退士大夫实执其柄。然持必少恕，勇于去恶，竟为朋谗奇中，遂与大防有隙。中丞郑雍、殿中侍御史杨畏皆附大防。章惇诸子故与挚子游，挚亦

以文学才能自负，而刚狠好胜，则与王安石没有什么不同。"奏疏不予答复。

　　王岩叟任谏官五年，正直进谏，无所隐讳。等到被任命为签书枢密院事入宫谢恩时，他进言说："太后听政以来，接受谏诤，听从好的建议，力求合乎人心，所以朝廷清明，天下平安宁静。希望信守这些，不要生疑，持之以恒，不要丧失。"又向哲宗进言："陛下现在所学，应当深入地分辨邪正。正人在朝廷，朝廷就会安定，邪人一旦被进用，就会发生不安定的现象。这并不是说一个人就可以导致这样，这是因为他们同类的人与之呼应的很多，上下蒙蔽，不知不觉就养成祸胎了。"又说："又听说有人向陛下提出君子和小人参互并用的建议，不知道确实有这件事没有？这乃是深深贻误陛下的建议啊。自古以来从没有过君子与小人参互并用的道理，圣人只说过君子在内、小人在外就太平，君子在外、小人在内就不吉利。小人一得到进用，君子必然会成群离去；如果君子和小人竞相进用，这就是危亡的开始啊。"太后和哲宗都认为说得很对。

　　【纲】夏五月初一日，出现日食。

　　【纲】六月，浙西路（治所杭州城，即今浙江杭州市）发生水灾。

　　【纲】翰林学士承旨苏轼被罢免。　　【目】起初，苏轼因为品评朝政时事被众人忌恨，赵挺之、王觌攻击他，于是被调出任杭州（治所钱塘县，即今浙江杭州市）知州。不久，被召回朝廷，侍御史贾易又弹劾苏轼元丰末年在扬州听到神宗去世的消息以后作诗以及草拟贬黜吕惠卿的制文，都有诽谤怨恨先帝神宗之意，无人臣之礼。御史中丞赵君锡也接着弹劾他。太后发怒，罢免贾易，改任宣州（治所宣城县，即今安徽宣城县）知州，赵君锡为郑州知州。吕大防奏请连同苏轼一起罢免，于是外任苏轼为颍州（治汝阴县，即今安徽阜阳县）知州，不久又改任扬州（治所江都县，即今江苏扬州市）知州。

　　【纲】冬十一月，刘挚被罢免，外调任郓州（治所须城县，即今山东东平县）知州。　　【目】刘挚为人严峻刚直，有气节，不怕利诱威胁。他和吕大防同样位居执政，国家大事，多由吕大防决定，只有对士大夫的任免，由刘挚实际掌握权柄。但他缺少宽恕之心，勇于排除邪恶，因此

间与之接,雍、畏谓延见接纳,为牢笼之计,以觊后福。遂罢挚知郓州。给事中朱光庭驳之曰:"挚忠义自奋,朝廷擢之大位,一旦以疑而罢,天下不见其过。"言者以光庭为党,亦罢知亳州。

【纲】中书侍郎傅尧俞卒。 【目】尧俞重厚寡言,遇人不设城府,人不忍欺。论事君前,略无回隐,退与人言,不复有惊异色。素与王安石善。熙宁初,自知庐州入京,时方行新法,安石谓之曰:"举朝纷纷,俟君来久矣!将以待制谏院处君。"尧俞曰:"新法,世以为不便,诚如是,当极论之。"安石怒,遂不用。司马光尝谓邵雍曰:"清、直、勇三德,人所难兼,吾于钦之见焉。"雍曰:"钦之清而不耀,直而不激,勇而能温,是为难耳。"及卒。太后谓辅臣曰:"傅侍郎清直一节,始终不变,金玉君子也。方倚以为相,遽至是乎?"谥献肃。

【纲】壬申,七年,春三月,以程颐直秘阁、判西京国子监,既而罢之。 【目】颐服阕,三省拟除馆职,判检院。苏辙进曰:"颐入朝,恐不肯静。"太后纳之,遂差管句崇福宫。颐亦恳辞,讫不就职。范祖禹言:"颐经术行义,天下共知,司马光、吕公著岂欺罔者邪?但草茅之人,未习朝廷事体则有之,宁有他故如言者所指哉?乞召劝讲,必有补圣明。"不听。

【纲】夏四月,始备六礼,立皇后孟氏。 【目】后,洺州人,马

竟然受到朋党的谗言中伤,于是和吕大防有了嫌隙。中丞郑雍、殿中侍御史杨畏都依附吕大防。章惇的几个儿子过去和刘挚的儿子交游,刘挚也偶尔和他们有交往;郑雍、杨畏就说刘挚对章惇的儿子接见交结,作为笼络人的手段,希冀以后得到好处。于是罢免刘挚为郓州知州。给事中朱光庭反驳说:"刘挚以忠义激奋自己,朝廷把他擢升到执政的高位,一旦因遭疑就被罢免,天下的人不知道他有什么过失。"有的谏官认为朱光庭是刘挚的同党,因此朱光庭也被罢免,外调任亳州知州。

【纲】中书侍郎傅尧俞去世。 【目】傅尧俞为人厚重寡言,对人没有什么城府,别人也不忍心欺他。在皇上面前议论政事,毫不隐讳回避,退朝以后和别人谈及,也没有惊异的神色。他向来和王安石友好。熙宁初年,从庐州(治所合肥县,即今安徽合肥市)知州任上调入京师。当时新法正在推行,王安石对他说:"整个朝廷意见纷纷,等你进京已经很久了!准备让你出任待制谏院的官职。"傅尧俞说:"新法,世人认为不适宜实行。如果真是这样,我要竭力劝阻实行。"王安石发怒,于是不任命他,司马光曾经对邵雍说过:"清、直、勇三种美德,一般人很难兼而有之。我对钦之(傅尧俞字钦之)是心服了。"邵雍说:"钦之清而不炫耀,直而不过激,勇而能温和,这才是难得的。"等到他去世,太后对辅佐大臣们说:"傅侍郎清直的气节,始终不变,是金玉般的君子。正想依仗他担任宰相,没料到突然去世了。"赠谥号为"献肃"。

【纲】元祐七年(壬申,1092),春三月,任命程颐为直秘阁、判西京(今河南洛阳市)国子监,随后又罢免了他。 【目】程颐服丧期满,中书、门下、尚书三省准备任命他担任馆阁之职,兼判检院。苏辙上奏说:"让程颐在朝廷上任职,恐怕他不肯安静。"太后采纳了苏辙的意见,于是派程颐管句崇福宫。程颐自己也恳切推辞,一直不到任就职,范祖禹说:"程颐的经学和品行,天下人所共知,司马光、吕公著举荐他难道是欺人的吗?只不过他是来自民间的草茅之人,不熟习朝廷的事体,这是有的,难道还有其他情况,像有的人指责的那样吗?请求召他还朝担任劝讲,一定会对陛下的圣明有所补益。"太后不听从他的建议。

【纲】夏四月,方始备好六礼,册立孟氏为皇后。 【目】皇后,是

军都虞候元之孙。帝年益壮，太皇太后历选世家女百余入宫。后年十六，太皇太后及太后皆爱之，教以女仪。至是太皇太后谕执政曰："孟氏女能执妇礼，宜正位中宫。"命学士草制。又以近世礼仪简略，诏翰林、台谏、给、舍与礼官，议册后六礼以进。遂命吕大防兼六礼使，帝御文德殿册为皇后。太皇太后语帝曰："得贤内助，非细事也。"既而叹曰："斯人贤淑，惜福薄耳！异日国有事变，必此人当之。"

【纲】五月，王岩叟罢。

【纲】六月，以苏颂为尚书右仆射兼中书侍郎，苏辙为门下侍郎，范百禄为中书侍郎，梁焘、郑雍为尚书左、右丞，韩忠彦知枢密院事，刘奉世签书院事。

【纲】秋八月，陕西地震。

【纲】九月，召苏轼为兵部尚书兼侍读。

【纲】癸酉，八年，春三月，苏颂、范百禄罢。

【纲】夏六月，梁焘罢。　【目】焘以疾罢。焘自立朝，一以引拔人物为意，尝作《荐士录》，具载姓名，或曰："公所植桃李，乘时而发，但不向人开耳。"焘笑曰："焘出入侍从，致位执政，八年之间，所荐用之不尽，负愧多矣。"帝以焘求去，遣近臣密访人材。焘具奏："访人才可大任者，陛下当自知之。但须识别邪正，公天下之善恶，图任旧人中坚正纯厚有人望者，不牵左右好恶之言以移圣意，天下幸甚！"帝然之。

【纲】秋七月，以范纯仁为尚书右仆射兼中书侍郎。　【目】纯仁入谢，太后谓曰："或谓卿必先引用王觌、彭汝砺，卿宜与吕大防一心。"对曰："此二人实有士望，臣终不敢保位蔽贤，望陛下加

洺州（治所永年县，在今河北永年县东南）人，马军都虞候孟元的孙女。哲宗年纪更大了，太皇太后先后选世家女子一百多人入宫。孟皇后十六岁，太皇太后和太后都喜爱她，教给她宫中女子的仪礼。到这时，太皇太后谕告执政大臣说："孟氏女能够守妇礼，应该立她为皇后。"命学士草拟册立皇后的制文。又因为近世的礼仪简略，下诏命翰林、台谏、给事中、中书舍人和掌礼官议定册立皇后的奉迎、发册、告期、纳成、纳吉、纳采问名等六种礼仪，于是任命吕大防兼任六礼使。哲宗在文德殿，册立孟氏为皇后。太皇太后告诉哲宗说："现在你有了贤内助，这不是一件小事。"接着又叹息说："这个人贤淑，可惜福份薄！以后国家发生事变，必定是她这个人承受。"

【纲】五月，王岩叟被罢免。

【纲】六月，任命苏颂为尚书右仆射兼中书侍郎，苏辙为门下侍郎，范百禄为中书侍郎，梁焘、郑雍为尚书左、右丞，韩忠彦为知枢密院事，刘奉世为签书院事。

【纲】秋八月，陕西发生地震。

【纲】九月，召回苏轼任兵部尚书兼侍读。

【纲】元祐八年（癸酉，1093），春三月，苏颂、范百禄被罢免。

【纲】夏六月，梁焘去职。 【目】梁焘因身体有病去职。梁焘自从在朝中任职以来，一贯注意选拔人才，曾经写作《荐士录》一文，备载所要举荐的人名。有人对他说："您所种植的桃李树，一有时机就开花，只是不向人开放。"梁焘笑着回答："我出入朝廷侍从皇上，一直到居位执政大臣，八年之间所举荐的人，仍然没有全部任用，我感到很惭愧。"哲宗因为梁焘请求离职，派遣近臣秘密向梁焘询问。梁焘回答说："寻访可以担当重任的人才，陛下应该自己知道。只是必须识别邪正，以天下人所认为的善恶为善恶，选任旧人中坚定纯正有人望的人，不要被左右近臣说好说坏的言论所动摇而改变圣上的意旨，如果能做到这样，就是天下的大幸！"哲宗认为说得对。

【纲】秋七月，任命范纯仁为尚书右仆射兼中书侍郎。 【目】范纯仁入宫谢恩，太后对他说："有人说你一定会先引用王觌、彭汝砺，你应该与吕大防同心。"范纯仁回答说："这两个人确实在士人中有声望，臣

察。"纯仁之将召也,殿中侍御史杨畏附苏辙,欲相之,因与来之邵上疏论纯仁不可复相,乞进用章惇、安焘、吕惠卿;不报。及纯仁视事,吕大防欲引畏为谏议大夫以自助,纯仁以畏不端,不可用。大防曰:"岂以畏尝言相公邪?"苏辙即从旁诵其弹文,纯仁初不知也,已而竟迁畏礼部侍郎。

【纲】八月,京东、西、河南、北、淮南水。

【纲】九月,太皇太后高氏崩。【目】太皇太后不豫,吕大防、范纯仁等问疾。太皇太后曰:"老身没后,必多有调戏官家者,宜勿听。公等亦宜早退,令官家别用一番人。"乃呼左右赐社饭,曰:"明年社饭时,思量老身也。"寻崩。太后临朝九年,朝廷清明,华夏绥定。力行故事,抑绝外家私恩,人以为女中尧、舜。

【纲】冬十月,帝始亲政,诏内侍刘瑗等复入内给事。【目】太后既崩,中外汹汹,人怀顾望,在位者畏惧,莫敢发言。翰林学士范祖禹虑小人乘间害政,上疏曰:"陛下方揽庶政,延见群臣,此国家隆替之本,社稷安危之机,生民休戚之端,君子小人进退消长之际,天命人心去就离合之时也,可不畏哉!先后有大功于宗社,有大德于生灵,九年之间始终如一。然群小怨恨,亦不为少,必将以改先帝之政、逐先帝之臣为言以事离间,不可不察也。惟剖析是非,深拒邪说,有以奸言惑听者,付之典刑,痛惩一人以警群慝,则恬然无事。此等既误先帝,又欲误陛下,天下之事,岂堪小人再破坏邪?"时苏轼方具疏将谏,及见祖禹奏,曰:"经世之文也。"遂附名同进而毁己草。疏入,不报。会有旨召内侍刘瑗等十人复职,祖禹又谏曰:"陛下亲政以来,未闻访一贤臣,而所召乃先内侍,四海必谓陛

无论如何也不敢为了保住官位而遮蔽贤良之士,希望陛下加以明察。"在范纯仁将要被召时,殿中侍御史杨畏依附苏辙,想让苏辙做宰相,因此和来之邵上疏议论范纯仁不可以重新担任宰相,请求进用章惇、安焘、吕惠卿。上奏后不予回答。等到范纯仁开始主持朝政,吕大防想引用杨畏为谏议大夫来帮助自己,范纯仁认为杨畏品行不端,不可以任用。吕大防说:"难道因为杨畏曾经说过相公不可再任宰相的话吗?"苏辙立即在旁边朗读杨畏弹劾范纯仁的奏章,范纯仁当初对这件事并不知道,后来终于把杨畏升任为礼部侍郎。

【纲】八月,京东路、京西路、河南路、河北路、淮南路发生水灾。

【纲】九月,太皇太后高氏去世。　【目】太皇太后有病,吕大防、范纯仁等人前往问候病情,太皇太后说:"我死后,一定会有怂恿挑唆皇上的人,不应该听信他们。你们也应该早退职,让皇上另外任用一批人。"于是招呼左右侍从赐社饭给吕、范二人,说:"明年再吃社饭的时候,就会想起我来了。"不久就去世了。太后听政九年,朝廷清明,国家安定,努力奉行旧日的典章制度,抑制断绝外戚的私恩,人们认为太皇太后堪称女中尧、舜。

【纲】冬十月,哲宗开始亲理政务,下诏命内侍刘瑷等人入宫重新任职。　【目】太后去世以后,朝廷内外动荡不安,人人暗怀观望之心,当权的大臣心中畏惧,不敢说话,翰林学士范祖禹担心小人乘机危害朝政,上疏说:"陛下刚刚亲自主持朝政,接见群臣,这是国家兴隆更替的根本,社稷安危的转机所在,百姓休戚的开端,君子小人进退消长的交替时刻,天命人心去就离合的时候,能够不小心畏惧吗!先太后对祖宗社稷有大功,对百姓有大德,听政九年之中始终如一。然而群小怨恨她的,也不算少,他们一定会以太后改变先帝(指神宗)的政令、放逐先帝的旧臣为借口,离间陛下,这不能不明察。只有剖析是非,严拒邪妄之说,有以奸言蛊惑视听的,就把他交付刑狱治罪,严惩一个人以儆那些奸慝的小人,这样就会平安无事。这种小人已经贻误了先帝,又想贻误陛下,天下大事,怎么能经受得住小人们再次破坏呢?"当时苏轼正准备写奏疏对哲宗进行劝谏,待见到范祖禹的奏疏,说:"真是治世的好文

下私于近习，不可。"弗听。

【纲】十二月，范纯仁乞罢政，不许。 【目】初，太皇太后寝疾，召纯仁曰："卿父仲淹，可谓忠臣，在明肃垂帘时，惟劝明肃尽母道；明肃上宾，惟劝仁宗尽子道。卿当似之。"纯仁泣曰："敢不尽忠！"及帝亲政，纯仁乞避位。帝语吕大防曰："纯仁有时望，不宜去，可为朕留之。"时群小力排太后时事，纯仁奏曰："太皇保祐圣躬，功烈诚心，幽明共鉴，议者不恤国是，一何薄哉！"因以仁宗禁言明肃垂帘时事诏书上之，曰："望陛下稽放而行，以戒薄俗。"帝不纳。

【纲】复章惇、吕惠卿官，贬枢密都承旨刘安世知成德军。【目】吕大防为山陵使，甫出国门，杨畏首叛大防，上疏言："神宗更法立制，以垂万世，乞赐讲求，以成继述之道。"帝即召对，询以先朝故臣孰可召用者。畏遂列上章惇、安焘、吕惠卿、邓润甫、李清臣等行义，各加题品，且言神宗所以建立法度之意，与王安石学术之美，乞召章惇为相。帝深纳之，遂复惇、惠卿官。安世谏以为不可，出知成德军。

【纲】甲戌，绍圣元年，春二月，以李清臣为中书侍郎，邓润甫为尚书左丞。 【目】润甫首陈武王能广文王之声，成王能嗣文、武之道，以开绍述，故有是命。范纯仁以时用大臣，皆从中出，言于帝曰："陛下亲政之初，四方拭目以观，天下治乱，实本于此。舜举皋陶，汤举伊尹，不仁者远。纵未能如古人，亦须极天下之选。"帝不

章。"于是在范祖禹的奏疏上签署了自己的姓名,联名上呈而毁弃了自己草拟的奏稿。这个奏疏上呈以后,不予答复。正好有圣旨召回内侍刘瑷等十个人恢复官职,范祖禹又进谏说:"陛下亲理朝政以来,没听说寻访任用过一位贤臣,而首先所召回的却是过去的内侍,四海之内的人都会说陛下对亲近的内侍有偏私,不应该这样。"哲宗不听。

【纲】十二月,范纯仁请求辞去执政之职,哲宗不准许。 【目】起初,太皇太后病重,召见范纯仁说:"你的父亲范仲淹,可谓忠臣,在明肃太后(指真宗刘皇后)垂帘听政的时候,只是劝明肃太后要克尽母道,明肃太后去世以后,劝仁宗竭尽子道,你应该像你父亲一样。"范纯仁哭泣着说:"岂敢不尽忠心!"等到哲宗亲理朝政以后,范纯仁请求辞官让位。哲宗对吕大防说:"范纯仁有孚众望,不应该离去,你为朕挽留他。"当时一些小人竭力攻击太后在世时的政事,范纯仁上奏说:"太皇太后保护圣上,功高心诚,这是人神都看得很清楚的。议论太后时政事的人不顾惜国事,是多么浅薄啊!"因此把仁宗禁止议论明肃太后垂帘听政时政事的诏书上呈哲宗,说:"希望陛下根据这个去效仿行事,以戒止浇薄的世俗。"哲宗不采纳。

【纲】恢复章惇、吕惠卿的官职,贬枢密都承旨刘安世为知成德军(即今河北正定县)。 【目】吕大防被任命为山陵使,刚刚出了京城,杨畏首先背叛了吕大防,他上疏说:"神宗皇帝变更旧法,确立新制,为的是留传万世,请求赐予讲解的机会,以促成继承先帝功业之道。"哲宗随即召见他,询问先朝旧臣谁可以召用。杨畏于是列举了章惇、安焘、吕惠卿、邓润甫、李清臣等人的言行事迹,分别加以品评,而且说明神宗之所以要建立新法的用意和王安石学术完美,请求召回章惇任为宰相。哲宗很同意他的建议,于是恢复章惇、吕惠卿的官职。刘安世劝谏认为不能这样,被调出为知成德军。

【纲】绍圣元年(甲戌,1094),春二月,任命李清臣为中书侍郎,邓润甫为尚书左丞。 【目】邓润甫最先陈述周武王能发扬光大周文王的声名功业,周成王能够继承周文王、周武王的事业,提出"绍述"之说,因此有这个任命。范纯仁鉴于当时任用大臣都是由皇帝直接从宫中发出诏旨任命的,就向哲宗进言:"陛下刚刚亲理朝政,四方之人都在

纳。

【纲】葬宣仁圣烈皇后。

【纲】三月朔,日食。【目】不尽如钩。

【纲】吕大防罢。

【纲】策进士。罢门下侍郎苏辙。【目】廷试进士,李清臣发策曰:"今复词赋之选,而士不知劝;罢常平之官,而农不加富;可差可募之说杂,而役法病;或东或北之论异,而河患滋;赐土以柔远也,而羌夷之患未弭;弛利以便民也,而商贾之路不通。夫可则因,否则革,惟当之为贵,圣人亦何有必焉?"其意盖绌元祐之政也。

苏辙谏曰:"伏见策题,历诋近岁行事,有绍复熙宁、元丰之意。臣谓先帝设施,盖有百世不可改者。元祐以来,上下奉行,未尝失坠。至于事或失当,何世无之?父作于前,子救于后,前后相济,此则圣人之孝也。汉武帝外事四征,内兴宫室,财用匮竭,于是修盐铁、榷酤、均输之政,民不堪命,几至大乱。昭帝委任霍光,罢去烦苛,汉室乃定。陛下若轻变九年已行之事,擢任累岁不用之人,怀私忿而以先帝为辞,大事去矣。"帝览奏,大怒曰:"安得以汉武比先帝?"

辙下殿待罪,众莫敢救。范纯仁从容言曰:"武帝雄才大略,史无贬辞,辙以比先帝,非谤也。"邓润甫越次进曰:"先帝法度,为司马光、苏辙坏尽。"纯仁曰:"不然,法本无弊,弊则当改。"帝曰:"人谓秦皇、汉武。"纯仁曰:"辙所论,事与时也,非人也。"帝为之少霁。竟落辙职,出知汝州。

拭目观看，天下的治与乱，实在以此为根本。舜选用了皋陶，汤选用了伊尹，不仁的人远离而去。现在即使不能像古人那样，也应该选择出天下最好的人才。"哲宗不采纳。

【纲】安葬宣仁圣烈皇后。

【纲】三月初一日，出现日食。　【目】日食剩下的部分像钩子。

【纲】吕大防被罢免。

【纲】策试进士。罢免门下侍郎苏辙。　【目】廷试进士，李清臣出的策问题云："现在恢复了词赋考试，而士人却不知道勤学上进；废除了常平仓的官员，而农民却没有更富裕；实行差役、实行募役的说法混杂在一起，而使役法出现了弊病；主张向东或主张向北治河的意见不统一，而黄河水患日益滋生；赐给疆土是为了怀柔远国，而羌夷之为边患没有消除；放松政策是为了方便百姓，而商贾往来之路却不通畅。可以施行的就承袭，不可施行的就革除，只有适当的才是可贵，圣人哪有固执不变的呢？"他所说的用意是贬斥元祐年间的政令。

苏辙进谏说："看到策试题目，一件件诋毁近年来的政事，有继承恢复熙宁、元丰时期的用意。臣认为先帝神宗所建立的制度，有一些是一百代也不应该改变的。元祐以来，上下奉行，从来没有间断过。至于实施之中有失当之处，哪个朝代没有过？父亲在前面做了，儿子应在后面加以补救，前后互相补益，这才是圣人的孝道。汉武帝对外征伐四夷，对内兴修宫殿居室，国家财力被消耗匮乏，于是实行盐铁、榷酤、均输的政策，百姓不堪忍受，几乎酿成天下大乱。汉昭帝委任霍光，废除了烦苛的法令，汉王室才安定下来。陛下如果轻易改变已经实行了九年的政令措施，擢升多年不被任用的人，他们心里挟怀私怨而以继承先帝遗志为名，国家大事就不可收拾了！"哲宗看了奏疏，大怒说："怎么能以汉武帝比附先帝？"

苏辙走下宫殿等待治罪，众人没有敢解救他的。范纯仁从容地对哲宗说："汉武帝雄才大略，有史以来对他没有贬辞，苏辙以他比附先帝，并非诽谤。"邓润甫越过自己的座次进奏说："先帝的法度，都被司马光、苏辙破坏殆尽了。"范纯仁说："不是这样，法度本身没有弊病，有弊端就应该更改。"哲宗说："人们常把秦始皇、汉武帝并称。"范纯

及进士对策，考官第主元祐者居上；礼部侍郎杨畏覆考，乃悉下之，而以主熙、丰者置前列，遂拔毕渐为第一。自是绍述之论大兴，国是遂变矣。

【纲】以曾布为翰林学士承旨。

【纲】夏四月，以张商英为右正言。

【纲】贬苏轼知英州。

【纲】诏改元。　【目】曾布上疏，请复先帝政事，且乞改元，以顺天意。帝从之，改元祐九年为绍圣元年。于是天下晓然知帝意所向矣。

【纲】罢翰林学士范祖禹。　【目】时帝欲相章惇，祖禹言惇不可用，帝不悦。祖禹遂乞郡，乃知陕州。祖禹在迩英，守经据正，献纳尤多。每当讲前夕，必正衣冠如在上侧，命子弟侍，先按讲其说，开列古义，参之时事，言简而当，义理明白，苏轼称为讲官第一。

【纲】以章惇为尚书左仆射兼门下侍郎，范纯仁罢。　【目】惇之被召也，通判陈瓘从众道谒之。惇闻瓘名，邀与同载，询当世之务。瓘因问惇曰："天子待公为政，敢问何先？"惇曰："司马光奸邪，所当先辨，势无急于此。"瓘曰："公误矣。果尔，将失天下望。"惇厉声曰："光不务缵述先烈，而大改成绪，误国如此，非奸邪而何？"瓘曰："不察其心而疑其迹，则不为无罪。若指为奸邪，又复改作，则误国益甚矣。为今之计，惟消朋党，持中道，庶可以救弊。"惇不悦。

仁说："苏辙所议论的，是指时事，不是针对人。"哲宗听了以后怒气稍稍缓解了，但最后罢免了苏辙的官职，把他外调任汝州知州。

等到进士对策考试时，考官评定支持元祐年间政策的考生名次排在前面；礼部侍郎杨畏主持复试，把他们的名次全都排在后面，而把支持熙宁、元丰年间政策的考生名次放在前面，于是选拔毕渐为第一名。从此，绍述之论大兴，国家大政于是发生了变化。

【纲】任命曾布为翰林学士承旨。

【纲】夏四月，任命张商英为右正言。

【纲】贬苏轼为英州知州。

【纲】下诏改年号。　【目】曾布上疏，建议恢复先帝的政事，并且请求改年号，以顺应天意。哲宗听从了，改元祐九年为绍圣元年。因此天下的人都清楚地知道哲宗的意向是什么了。

【纲】罢免翰林学士范祖禹。　【目】当时哲宗准备任用章惇为宰相，范祖禹说章惇不可任用，哲宗听了不快。范祖禹因此请求去外郡，就被任命为陕州（治所陕县，即今河南三门峡市陕州区）知州。范祖禹在迩英阁任职期间，确守经典，依据正道，对哲宗进献规劝尤其多。每逢为哲宗讲经前夕，一定要端正衣冠如同在皇上身边一样，命子弟旁侍，先按照经书讲解经义，开列出古代儒者的注释，参照当代政事，语言简约而允当，义理明白，苏轼称赞他为讲官第一。

【纲】任命章惇为尚书左仆射兼门下侍郎，范纯仁被罢免。
【目】章惇被召回京时，通判陈瓘跟随众人一起在路上拜谒。章惇听说过陈瓘的名声，就邀请他同乘一车，询问他当世政务。陈瓘因此问章惇说："天子正等待您主持朝政，请问您先做什么事？"章惇说："司马光是奸邪的人，应该先处置，情势没有比这件事更急迫的了。"陈瓘说："您错了，如果真这样做，将会使天下人感到失望。"章惇厉声说："司马光不专心继承先帝的功业，反而把已有的秩序大加改变，如此误国，不是奸邪是什么？"陈瓘说："不考察他的心思而单是估量他的事迹，就不能说他没有罪过。如果指责他是奸邪，又把他的做法改变，那就更加误国了。为现在考虑，只有消除朋党，持中正之道，还可以补救弊病。"章惇听后不快。

帝既相惇，纯仁请去益力，乃以观文殿大学士出知颍昌府。

【纲】召蔡京为户部尚书，以林希为中书舍人。 【目】章惇尝言："元祐初，司马光作相，用苏轼掌制，所以能鼓动四方，安得斯人而用之？"或曰："林希可。"会希赴成都过阙，惇欲使典书诰，逞毒于元祐诸臣，且许以为执政，希久不得志，请甘心焉。凡元祐名臣贬黜之制，皆希为之，极其丑诋，至以"老奸擅国"之语阴斥宣仁，读者无不愤叹。一日草制罢，掷笔于地曰："坏名节矣！"

【纲】复免役法。
【纲】以蔡卞为国史修撰。
【纲】闰月，罢十科举士法。
【纲】以安焘为门下侍郎。
【纲】贬吏部尚书彭汝砺知江州。 【目】言者谓其附会刘挚也。汝砺将行，帝问所欲言，对曰："陛下今所复者，其政不能无是非，其人不能无贤不肖；政惟其是则无不善，人惟其贤则无不得矣。"至郡数月而卒。

【纲】五月，诏进士专习经义。
【纲】罢制举，置宏词科。
【纲】刘奉世罢。 【目】奉世，敞之子也。为人简重有法度，常云："家世惟知事君，内省不愧，恃士大夫公论而已。得丧，常理也。譬如寒暑加人，虽善摄生者不能无病，正须安以处之。"以章惇用事，力乞外，乃出知成德军。

【纲】邓润甫卒。
【纲】以黄履为御史中丞。 【目】元丰末，履为中丞，与蔡确、

哲宗已经任命章惇为宰相，范纯仁就更力求去职，于是命他以观文殿大学士的官衔，外调为颍昌府知府。

【纲】召回蔡京任户部尚书，任命林希为中书舍人。【目】章惇曾说过："元祐初年，司马光担任宰相，任用苏轼掌管起草制书，所以能够鼓动天下。怎么能够得到苏轼那样的人才而任用他？"有人说："林希可以胜任。"正好林希到成都去路过京城，章惇想让他掌管起草诰制，去害元祐时期诸臣，而且还答应让他担任执政大臣。林希久不得志，甘心为章惇所用。此后凡是贬黜元祐时期名臣的制书，都是林希撰写的，丑化和诋毁这些名臣到了极点，甚至用"老奸擅国"这样的话暗中斥责宣仁太后，读之者无不气愤叹息。一天，林希起草完制书，把笔扔在地上说："坏了我的名节！"

【纲】恢复免役法。

【纲】任命蔡卞为国史修撰。

【纲】闰月，废除十科举士法。

【纲】任命安焘为门下侍郎。

【纲】贬吏部尚书彭汝砺为江州（治所德化县，即今江西九江市）知州。【目】弹劾者认为彭汝砺依附刘挚。彭汝砺临行，哲宗问他想说些什么，彭汝砺回答说："陛下现在所要恢复的，政事不能没有是非，任人不能不分贤者与不肖；政事只要实行正确的就无往而不善，人只任用贤者就会无事不能办成。"到任后数月去世。

【纲】五月，下诏命进士只学习经义。

【纲】废除制举考试，设置宏词科考试。

【纲】刘奉世被罢免。【目】刘奉世，是刘敞的儿子。为人稳重，有法度。经常说："我们家世代只知道侍奉君主，反省不觉得惭愧，依凭士大夫的公论而已。获得与丧失，是事物的常理。譬如寒暑加之于人，虽然有善于养生之术的人也不能保证不生病，正应该安心泰然处之。"因为章惇把持朝政，刘奉世极力请求外任，于是外调他为知成德军。

【纲】邓润甫去世。

【纲】任命黄履为御史中丞。【目】元丰末年，黄履任职御史中

章惇、邢恕相交结，每确、惇有所嫌恶，则使恕道风旨于履，履即排击之，时谓之"四凶"，为刘安世所论而出。至是，惇复引用，俾报复仇怨，元祐正臣，无一得免者矣。

【纲】六月，除《字说》之禁。

【纲】以曾布同知枢密院事。

【纲】秋七月，夺司马光、吕公著等赠谥，贬吕大防、刘挚、苏辙、梁焘等官，诏谕天下。　【目】黄履、张商英、上官均、来之邵等交章论司马光等变更先朝之法，畔道逆理。章惇、蔡卞请发光、公著冢，斲棺暴尸。帝问许将，将对曰："此非盛德事也。"帝乃止。于是追夺光、公著赠谥，仆所立碑，夺王岩叟赠官；贬大防为秘书监，挚为光禄卿，辙为少府监，并分司南京。

初，李清臣冀为相，首倡绍述之说，以计去苏辙、范纯仁，亟复青苗、免役法。及章惇至，心甚不悦，复与为异。惇既贬司马光等，又籍文彦博以下三十人，将悉窜岭表。清臣进曰："更先帝法度，不能无过，然皆累朝元老；若从惇言，必大骇物听。"帝乃下诏曰："大臣朋党，司马光以下各以轻重议罚，其布告天下，余悉不问，议者亦勿复言。"

初，朋党论起，帝曰："梁焘每起中正之论，其开陈排击，尽出公议，朕皆记之。"又曰："苏颂知君臣之义，无轻议也。"由是颂获免，而焘止谪提举舒州灵仙观。

【纲】八月，罢广惠仓。

【纲】复免行钱。

【纲】冬十月，以吕惠卿知大名府。　【目】监察御史常安民言："北都重镇而除惠卿。惠卿赋性深险，背王安石者，其事君可知。今

丞，他和蔡确、章惇、邢恕互相交结，每当蔡确、章惇嫌恶谁，就叫邢恕向黄履暗示意旨，黄履就出面排挤攻击谁，当时称他们四个为"四凶"。黄履被刘安世弹劾而调出京师。到这时章惇又引用他，想利用他报复仇怨，元祐时期的正直大臣，没有一个人能够幸免。

【纲】六月，解除了对王安石《字说》的禁令。

【纲】任命曾布为同知枢密院事。

【纲】秋七月，撤销对司马光、吕公著等人追赠的谥号，贬吕大防、刘挚、苏辙、梁焘等人的官职，下诏告知天下。　【目】黄履、张商英、上官均、来之邵等人接连上奏论述司马光等人变更先朝法令，叛道逆理。章惇、蔡卞请求挖掘司马光、吕公著的坟墓，砍开棺材，暴尸示众。哲宗问许将，许将回答说："这不是盛德所应该做的事情。"哲宗才没有那样做。于是下诏追夺司马光、吕公著的赠谥，推倒为他们立的墓碑，追夺对王岩叟的赠官，贬吕大防为秘书监，刘挚为光禄卿，苏辙为少府监，一起分驻南京。

起初，李清臣希冀自己被任命为宰相，于是首倡绍述之说，用计排挤走苏辙、范纯仁，急切恢复青苗法、免役法，等到章惇入朝以后，李清臣心中很不高兴，又与章惇有分歧。章惇把司马光等人贬斥后，又把文彦博以下三十人记入名册，将要把他们全都流放到岭南去。李清臣向哲宗进言说："更改先帝的法度，不能说没有罪过，但他们这些人都是几朝元老；如果听从章惇所说，必然引起天下人的惊惧。"哲宗于是下诏说："结交朋党的大臣，从司马光以下各以轻重不同论罪处罚。并布告天下，其余的人都不予追问，有意见的人也不要再说了。"

起初，朋党的说法兴起，哲宗说："梁焘每每提出中正之论，他所陈述的观点和反驳别人的观点，都出自公议，这些朕全都记得。"又说："苏颂知晓君臣之义，不要轻易给他议罪。"因此苏颂得以幸免，而梁焘只被贬谪为提举舒州(治所怀宁县，即今安徽潜山县)灵仙观。

【纲】八月，废除广惠仓。

【纲】恢复施行免行钱。

【纲】冬十月，任命吕惠卿为大名府知府。　【目】监察御史常安民上奏："北都(即北京大名府，在今河北大名县东)是重镇而任吕惠卿为

将过阙,必言先帝而泣以感动陛下,希望留京矣。"帝纳之。及惠卿至京,请对,见帝果言先朝事而泣,帝正色不答。计卒不施而去,时论快之。

【纲】十二月,重修《神宗实录》成,安置范祖禹等于远州。
【目】蔡卞进《神宗实录》,于是祖禹及赵彦若、黄庭坚等并坐诋诬,降官,安置永、澧、黔州;迁卞为翰林学士。初,礼部侍郎陆佃预修实录,数与祖禹等争辩,大要是安石,为之晦隐。庭坚曰:"如公言,盖佞史也!"佃曰:"尽用君意,岂非谤书乎?"至是佃亦落职。言者又以吕大防监修《神宗实录》,徙安州居住。

【纲】乙亥,二年,春二月,复保甲法。
【纲】夏四月,置律学博士。
【纲】冬十月,郑雍罢,以许将、蔡卞为尚书左、右丞。
【纲】赠蔡确太师,谥忠怀。
【纲】贬监察御史常安民监滁州酒税。 【目】时蔡京深结中官裴彦臣,安民因论之,谓"京奸足以惑众,辩足以饰非,巧足以移夺人主之视听,力足以颠倒天下之是否,内结中官,外连朝士,一不附己,则诬以党于元祐、非先帝法,必挤之而后已。今在朝之臣,京党过半,陛下不可不早觉悟而逐之,他日羽翼成就,悔无及矣。"是时京之奸始萌芽,人多未测,独安民首发之。至是复论章惇颛国植党,乞收主柄而抑其权,反覆曲折,言之不置。惇怒。御史董敦逸论安民党于苏轼兄弟。会安民言事忤旨,惇遂出安民监滁州酒税;安焘救之,不克。

知府。吕惠卿秉性阴险，背叛过王安石，他侍奉君主可想而知。现在他即将经过京师，一定会跟陛下提起先帝而哭泣，以此来感动陛下，希望留在京师任职。"哲宗采纳所奏。等到吕惠卿到了京师，请求觐见哲宗，见到哲宗，果然说起先朝的事情而哭起来，哲宗态度严肃，不理睬他，他的诡计终于不能得逞而离开了京师，当时舆论称快。

【纲】十二月，重修《神宗实录》告成，把范祖禹等人安置到边远的州郡。 【目】蔡卞把《神宗实录》上呈朝廷，于是最初修撰《神宗实录》的范祖禹和赵彦若、黄庭坚等人都以诋诬罪被降职，分别安置到永州、澧州、黔州（永州治所零陵县，即今湖南零陵县；澧州治所澧阳县，即今湖南澧县西北澧阳镇；黔州治所彭水县，即今四川彭水县）；升蔡卞为翰林学士。起初，礼部侍郎陆佃参预修撰《神宗实录》，多次和范祖禹等人争辩，主要是有关王安石的事，要为王安石掩饰。黄庭坚对他说："像你这样说，就成为佞史了！"陆佃说："如果都按照你的意思，岂不是成了谤书吗？"到这时陆佃也被降职。弹劾者又提出吕大防曾监修《神宗实录》，也被迁徙到安州居住。

【纲】绍圣二年（乙亥，1095），春二月，恢复保甲法。

【纲】夏四月，设置律学博士。

【纲】冬十月，郑雍被罢免，任命许将、蔡卞为尚书左、右丞。

【纲】追赠蔡确为太师，谥号"忠怀"。

【纲】贬监察御史常安民为监滁州（滁州治所清流县，即今安徽滁州市）酒税。 【目】当时蔡京竭力与宦官裴彦臣交结，常安民因此弹劾他，说："蔡京奸诈足以惑众，狡辩足以饰非，乖巧足以转移改变君主的视听，能力足以颠倒天下的是非，他对内勾结宦官，在外串联朝臣，有谁不依附他的，就诬陷谁党附元祐时期的执政大臣，反对先帝变法，一定要把那个人排挤掉而后已。现在的朝臣中，蔡京同党超过了一半，陛下不可不早警觉而把他斥逐出去，将来他的羽翼丰满，就后悔无及了。"当时蔡京的奸诈才开始露头，人们大多没有察觉出来，只有常安民首先揭发了他。到这时常安民又弹劾章惇专权结党，请求哲宗收回权柄而抑制章惇的权力，奏疏反复详述论说个没完没了。章惇发怒，御史董敦逸弹劾常安民和苏轼兄弟结党，正赶上常安民向哲宗奏事违忤了圣

【纲】左司谏张商英有罪免。

【纲】十一月,安焘罢。

【纲】贬范纯仁知随州。 【目】时吕大防等窜居远州。会明堂赦,章惇豫言此数十人当终身勿徙。纯仁闻之忧愤,欲申理,所亲劝其勿触怒,万一远斥,非高年所宜。纯仁曰:"事至于此,无一人敢言,若上心遂回,所系大矣;如其不然,死亦何憾!"因上言:"大防等所罪,亦因持心失恕,好恶任情,违老氏好还之戒,忽孟轲反尔之言。然牛、李之祸,数十年沦胥不解,岂可尚遵前轨?愿断自渊衷,原放大防等。"疏奏,章惇大怒,遂落观文殿大学士,徙知随州。

【纲】丙子,三年,春正月,韩忠彦罢。

【纲】二月,女真伐纥石烈部阿疏,阿疏奔辽。

【纲】秋七月,窜范祖禹于贺州,刘安世于英州。 【目】时刘婕妤专宠内庭,章惇、蔡京摭祖禹、安世元祐中谏乳媪事,以为斥婕妤也。于是坐二人构造诬谤之罪,谪授昭、新州别驾,贺、英州安置。

【纲】九月,废皇后孟氏。 【目】刘婕妤同后朝太后于隆祐宫,或撤婕妤座,怼,不复朝,泣诉于帝。会后女福庆公主疾,后姊持道家治病符水入治,宫中相传,厌魅之端作矣。未几,后养母听宣夫人燕氏、尼法端为后祷祠事闻,诏入内押班梁从政等即皇城司鞫之,捕逮宦者、宫妾三十人,榜掠备至。狱成,命侍御史董敦逸覆

旨，章惇就把常安民贬出京师去任监滁州酒税；安焘救助他，没有成功。

【纲】左司谏张商英因为有罪被罢免。

【纲】十一月，安焘被罢免。

【纲】贬范纯仁为随州（治所随县，即今湖北随县）知州。【目】当时吕大防等人被流放在边远州郡。正遇明堂建成，举行赦免，章惇事前扬言说这几十个人应当终身流放，不许迁徙。范纯仁听说以后忧虑愤懑，想申辩说理，他亲近的人劝他不要触怒朝廷，万一被流放到更远的地方，不是他老年高龄所能适应的。范纯仁说："事情已经到了这个地步，没有一个人敢说话。如果皇上的心思由此回转，关系就大了；如果不是这样，死又有什么遗憾呢！"因此上奏说："吕大防等人所犯的罪，也是因为他们心里缺少宽恕，好恶任性，违背了老子所说的'好还'的劝戒，忽视了孟子'出尔反尔'的名言。然而唐代牛、李党争的祸害，几十年纠葛不能解开，难道还可以重蹈这个前车之鉴吗？希望陛下明断，原谅宽宥吕大防等人。"奏疏上呈以后，章惇大怒，于是去掉范纯仁的观文殿大学士的官衔，把他迁徙到随州任随州知州。

【纲】绍圣三年（丙子，1096），春正月，韩忠彦被罢免。

【纲】二月，女真人讨伐纥石烈部首领阿疏，阿疏投奔辽国。

【纲】秋七月，把范祖禹流放到贺州（治所临贺县，即今广西贺县东南贺街镇），刘安世流放到英州。【目】当时刘婕妤专宠后宫，章惇、蔡京挑捡范祖禹、刘安世元祐年间谏阻为哲宗找乳母的往事，认为这是排斥刘婕妤。于是把他们二人定为制造诬谤的罪名，分别贬谪为昭州（治所平乐县，即今广西平乐县）、新州别驾，在贺州、英州安置。

【纲】九月，废皇后孟氏。【目】刘婕妤和孟皇后一起到隆祐宫朝见太后，有人撤去刘婕妤的座位。刘婕妤很怨恨，不再去朝见太后，还向哲宗哭诉。正遇孟皇后的女儿福庆公主生病，皇后的姐姐拿来道士治病的符水入宫为公主治病。宫中相互传言，说是厌魅（镇鬼魅）的事发生了。不久，孟皇后的养母听宣夫人燕氏和尼姑法瑞为孟皇后祈祷的事被发现，上报哲宗，哲宗下诏令入内押班梁从政等人就在皇城

录罪人。敦逸秉笔疑未下，内侍郝随等以言胁之。敦逸畏祸，乃以奏牍上。诏废后为华阳教主、玉清妙静仙师，法名冲真，出居瑶华宫。时章惇欲诬宣仁后有废立计，以后逮事宣仁；又阴附刘婕妤，欲请建为后，遂与郝随构成是狱，天下冤之。

【纲】冬十月，雷，大雨雹。

【纲】以龚原为国子司业。 【目】原少师王安石，安石之改学校法常引原自助，原亦为尽力。及为司业，遂请以安石所撰《字说》《洪范传》及王雱论语、孟子义刊板传学者。故学校举子之文，靡然从之，其弊自原始。

【纲】丁丑，四年，春正月，李清臣免。

【纲】二月，追贬司马光、吕公著等官。

【纲】复罢春秋科。

【纲】流吕大防、刘挚、苏辙、梁焘、范纯仁等于岭南，贬韩维等三十人官。大防道卒。 【目】三省言："吕大防等为臣不忠，罪与司马光等不异，顷朝廷虽尝惩责，而罚不称愆；生死异罪，无以垂示万世。"遂贬大防、刘挚、苏辙、梁焘、范纯仁，安置于循、新、雷、化、永五州；刘奉世安置柳州；韩维落职致仕，再谪均州安置；王觌、韩川、孙升、吕陶、范纯礼、赵君锡、马默、顾临、范纯粹、孔文仲、王钦臣、吕希哲、吕希纯、吕希绩、姚缅、吴安诗、秦观十七人远州居住；王岩叟落职，致仕；张耒、晁补之、贾易并监当官；朱光庭、孙觉、赵卨、李之纯、杜纯、李周并追夺官秩"叶涛当制，文极丑诋，闻者切齿。时焘已卒。大防行至虔州信丰而卒，天下惜之。既而苏轼自惠州徙昌化军，范祖禹自贺州徙宾州，刘安世自英州徙高州。纯仁时因疾失明，闻命怡然就道。或谓近名，纯仁曰："七十之年，两目俱丧，万里之行，岂其欲哉！但区区之爱君，有怀不尽，若避好名

司审问此事，逮捕了宦官、宫女三十人，大加拷掠。定罪以后，命侍御史董敦逸复核犯人的罪状。董敦逸握着笔，心中疑惑不决，不能下笔，内侍郝随等人用话胁迫他。董敦逸害怕招致祸害，于是写成奏牍上呈。哲宗下诏废孟皇为华阳教主、玉清妙静仙师，法名冲真，搬出内宫到瑶华宫居住。当时章惇想诬陷宣仁太后（高太后）有过废立的计划，因为孟皇后侍奉过宣仁太后，又由于章惇暗中攀附刘婕妤，想奏请册立刘婕妤为皇后，于是他和郝随制造了这个狱案，天下的人都认为这是冤案。

【纲】冬十月，雷鸣，大下冰雹。

【纲】任命龚原为国子司业。 【目】龚原年轻时师事王安石，王安石更改学校制度时，曾让龚原来帮助自己，龚原也为他尽力。等到龚原被任命为国子司业以后，就请建议把王安石撰写的《字说》《洪范传》和王雱撰写的《论语义》《孟子义》刊刻付印以让学者传习。所以学校中举子的文章，纷纷风靡效仿，这些弊病是从龚原开始的。

【纲】绍圣四年（丁丑，1097），春正月，李清臣被罢免。

【纲】二月，追贬司马光、吕公著等人的官衔。

【纲】再次废除《春秋》科考试。

【纲】流放吕大防、刘挚、苏辙、梁焘、范纯仁等人到岭南，贬韩维等三十人的官职。吕大防死于流放途中。 【目】中书、门下、尚书三省奏称："吕大防等人为臣不忠，罪过和司马光等人没有不同。前不久朝廷虽然对他们给予惩罚，而所给予的惩罚与他们的罪过不相称；对活着的与死去的人惩罚不同，不能为后世树立典范。"于是贬黜吕大防、刘挚、苏辙、梁焘、范纯仁，把他们分别安置在循州、新州、雷州、化州、永州五个州（循州治所龙川县，即今广东龙川县佗城镇；雷州治所海康县，即今广东海康县；化州治所石龙县，在今广东化州县东北）；把刘奉世安置在柳州（治所马平县，即今广西柳州市）；韩维削职退休，后又被贬谪到均州（治所武当县，在今湖北均县北）安置；把王觌、韩川、孙升、吕陶、范纯礼、赵君锡、马默、顾临、范纯粹、孔文仲、王钦臣、吕希哲、吕希纯、吕希绩、姚缅、吴安诗、秦观十七个人迁往边远州郡居住；王岩叟免职退休；张耒、晁补之、贾易谪为监当官；朱光庭、孙觉、赵卨、李之纯、杜纯、李周都被迫夺官秩。叶涛担任草拟制文，用极其丑

之嫌,则无为善之路矣。"诸子欲以与司马光议役法不同为请,冀得免行,纯仁曰:"吾用君实荐,以致宰相,昔同朝论事不合则可,汝辈以为今日之言则不可也。有愧心而生,不若无愧心而死。"其子乃止。每戒子弟不可小有不平,闻诸子怨章惇,必怒止之。及在道,舟覆于江,纯仁衣尽湿,顾诸子曰:"此岂章惇为之哉?"

【纲】降太师致仕文彦博为太子少保。

【纲】闰月,以曾布知枢密院事,林希同知院事,许将为中书侍郎,蔡卞、黄履为尚书左、右丞。 【目】布初附章惇,觊惇引居同省,故草惇制,极其称美,复赞绍述甚力;惇忌之,处于枢府,由是稍不相能。时章惇、蔡卞同肆罗织,贬谪元祐诸臣,欲举汉、唐故事,诛戮党人。帝以问将,将对曰:"二代固有之,但祖宗以来未之有。本朝治道所以远过汉、唐者,以未尝辄戮大臣也。"帝深然之。

【纲】三月,诏中书舍人蹇序辰等编类司马光等章疏。 【目】章惇议遣吕升卿、董必察访岭南,将尽杀流人。帝曰:"朕遵祖宗遗

恶的文词诋毁这些人,听到的人对叶涛痛恨得咬牙切齿。当时梁焘已经去世。吕大防被流放到虔州信丰县(虔州治所赣县,即今江西信丰县)而死,天下的人都很惋惜他。不久苏轼从惠州被迁徙到昌化军(惠州治所归善县,即今广东惠州市惠阳区;昌化军,治所宜伦县,即今海南省儋州市西北新州镇),范祖禹从贺州被迁徙到宾州(治所领方县,即今广西宾阳县东北宾州镇),刘安世从英州被迁徙到高州(治所电白县,在今广东高州市东北)。范纯仁当时因病双目失明,听到诏命以后,平静自在地上路了,有人说他好名,范纯仁说:"以七十岁的年龄,两眼都失明了,去走万里的行程,难道是我希望的吗!但我区区的爱君之心,感怀不尽,如果回避好名的嫌疑,就没有为善之路了。"他的几个儿子想以他父亲与司马光讨论役法时意见不同为理由向朝廷提出请求,希望让他父亲免于远行,范纯仁说:"我由于司马光的推荐,以致官做到宰相。从前同在朝中商议政事,意见不合是可以的,你们今天说这样的话,就不可以了。与其心里有愧而活着,不如心里无愧而死。"他的儿子们才不向朝廷奏请了,范纯仁经常告诫子弟们不要有任何的牢骚不平,听见他的儿子们怨恨章惇,一定生气地制止他们。在流放途中,船在江中翻了,范纯仁的衣服全都湿了,他看着儿子们说:"这难道是章惇干的吗?"

【纲】把退休的太师文彦博降为太子少保。

【纲】闰月,任命曾布为知枢密院事,林希为同知院事,许将为中书侍郎,蔡卞、黄履为尚书左、右丞。 【目】曾布起初依附章惇,希图章惇引荐他同在三省任职,所以草拟任命章惇的制书时,竭力赞美章惇,又竭力赞同继承新法。章惇忌妒他的才能,把他安置在枢密院任职,从此二人之间有了一些裂痕。当时章惇、蔡卞一起肆意罗织罪名,贬斥黜降元祐时期的大臣,想援引汉代、唐代的事例,诛杀党人。哲宗就这件事询问许将的看法,许将回答说:"汉、唐二代确实有这种事,但祖宗开国以来没有这么做过。本朝治世之道之所以远远超过汉、唐,就在于未曾杀戮过大臣。"哲宗认为说得很对。

【纲】三月,下诏命中书舍人蹇序辰等人编辑司马光等人的奏疏。
【目】章惇提议派遣吕升卿、董必到岭南察访,准备把流放的大臣全都

志,未尝杀戮大臣,其释勿治。"惇志不快。于是中书舍人蹇序辰上疏言:"司马光等变乱典刑,改废法度,其章疏案牍散在有司;若不汇缉而藏之,岁久必致沦弃。愿选官编类,人为一帙,置之二府,以示天下后世之大戒。"章惇、蔡卞请即命序辰及直学士院徐铎编类。由是缙绅之士,无得脱祸者矣。卞党薛昂、林自,又乞毁司马光《资治通鉴》板;太学博士陈瓘因策士引神宗所制序文以问,昂、自议沮,得免。

【纲】夏五月,潞公文彦博卒。 【目】彦博逮事四朝,任将相五十年,名闻四夷。平居接物谦下,尊德乐善如恐不及。其在洛也,洛人邵雍、程颢兄弟,皆以道自重,宾接之如布衣交;立朝端重,公忠直谅,临事果断,有大臣之风。功成退居,朝野倚重,卒年九十二。追复太师,谥忠烈。

【纲】秋八月,彗星见西方。
【纲】冬十月,以邢恕为御史中丞,追贬王珪为万安军司户参军。
【纲】十一月,梁焘卒于化州。
【纲】编管程颐于涪州。 【目】颐时放归田里。帝一日与辅臣语及元祐政事,曰:"程颐妄自尊大,在经筵多不逊。"于是言者论颐与司马光同恶相济,削籍窜涪州,河南尹李清臣即日迫遣。

【纲】复立市易务。 【目】十二月,刘挚卒于新州。

杀死。哲宗说："我遵循祖宗的遗志，未曾杀戮大臣，要放过他们，不再处治。"章惇听了心里不快。于是中书舍人蹇序上疏说："司马光等人变乱旧法，改废法度，他们这些人的奏疏文书分散在有关官署，如果不汇辑起来加以收存，时间一长必定会散失。希望挑选官员把他们的奏疏文书分类编次，每个人编成一帙，存放在中书、枢密二府，以示天下后世的人，作为大的戒鉴。"章惇、蔡卞奏请就命蹇序辰和直学士院徐铎进行编辑分类。从此以后，缙绅士大夫没有人能逃脱灾祸的了。蔡卞的党羽薛昂、林自又请求销毁司马光编撰的《资治通鉴》的刻版；太学博士陈瓘在策试士子时，引用神宗亲笔为此书撰写的序文作为策问题目，薛昂、林自的提议受到阻止，《资治通鉴》的刻版得以免于被毁。

【纲】夏五月，潞公文彦博去世。　【目】文彦博历仕仁宗、英宗、神宗、哲宗四朝，任将相五十年，名闻四夷。平时接人待物，谦恭礼下，尊崇有德之人，乐于行善，如同恐怕来不及一样。他在洛阳居住时，洛阳人邵雍和程颐、程颢兄弟，都以道自重，他接待他们，彼此之间如同布衣之交一样，在朝为官端庄持重，公正忠诚，直率有信，遇事果断，有大臣的风范。功业建立以后退居洛阳，朝野都倚重他。去世时年九十二岁，下诏追赠，恢复他太师的官衔，谥号"忠烈"。

【纲】秋八月，彗星在西方天空上出现。

【纲】冬十月，任命邢恕为御史中丞，追贬王珪为万安军司户参军。

【纲】十一月，梁焘在化州去世。

【纲】把程颐流放到涪州（治所涪陵县，即今重庆市涪陵区）编管。　【目】程颐当时已贬黜返回乡里。哲宗有一天和辅佐大臣谈及元祐年间的政事，说："程颐为人妄自尊大，在经筵讲经时常有不逊的行为。"于是有人说程颐和司马光一起作恶，把他削籍流放到涪州，河南尹李清臣当天就强迫他动身。

【纲】恢复设立市易务。　【目】十二月，刘挚在新州去世。

纲鉴易知录卷七四

宋纪

哲宗皇帝

【纲】戊寅,元符元年,春正月,得秦玺于咸阳。 【目】咸阳县民段义,于刘银村修舍,得古玉印,其文曰"受命于天,既寿永昌",上之。诏蔡京等辨验,京以为秦玺。遂命曰"天授传国受命宝"。帝御大庆殿受宝,行朝会礼,诏赐义绢二百匹,授右班殿直。

【纲】三月,下文彦博子及甫于同文馆狱,遂锢刘挚、梁焘子孙于岭南。以蔡京为翰林学士承旨,安惇为御史中丞。

【纲】章惇、蔡卞请追废宣仁圣烈皇后,不果行。 【目】惇、卞恐元祐旧臣一旦复起,日夜与邢恕等谋,且结内侍郝随为助,媒蘖宣仁尝欲危帝之事。至是,惇、卞自作诏书,请废宣仁为庶人。皇太后方寝,闻之,遽起谓帝曰:"吾日侍崇庆,天日在上,此语曷从出。且帝必如此,亦何有于我?"帝感悟,取惇、卞奏,就烛焚之。郝随知之,密语惇、卞。明日,惇、卞再具状,坚请施行。帝怒曰:"卿等不欲朕入英宗庙乎?"抵其奏于地,事得寝。

【纲】夏四月,林希免。

【纲】秋七月,再窜范祖禹、刘安世于化、梅州,祖禹寻卒。【目】初,章惇怨范祖禹、刘安世尤深,必欲置诸死地。至是,讽蔡京并陷二人以罪,诏徙祖禹于化州,安世于梅州。

安世至贬所,章惇将必置之死,擢土豪为转运判官,使杀之。

哲宗皇帝

【纲】元符元年（戊寅，1098），春正月，在咸阳获得秦玺。 【目】咸阳县百姓段义在刘银村修建房屋，得到一枚古代玉印，印文是"受命于天，既寿永昌"。把它呈献朝廷。下诏命蔡京等人辨认验证，蔡京认为是秦玺。于是命名为"天授传国受命宝"。哲宗在大庆殿接受宝物，举行朝会典礼。下诏赏赐段义绢二百匹，授予右班殿直的官衔。

【纲】三月，逮捕文彦博的儿子文及甫关进同文馆监狱，并把刘挚和梁焘的子孙禁锢在岭南，任命蔡京为翰林学士承旨，安惇为御史中丞。

【纲】章惇、蔡卞奏请追废宣仁圣烈皇后（高太后）为庶人，没有达到目的。 【目】章惇、蔡卞恐怕元祐时期的旧臣有朝一日东山再起，因而日夜和邢恕等人密谋，而且勾结宦官郝随作为襄助，诬陷宣仁太后曾经想要危害哲宗皇帝。到这时章惇、蔡卞自己撰写了诏书，奏请废宣仁太后为庶人。皇太后向氏刚刚就寝，听说了这件事，急忙起床去和哲宗说："我每天在崇庆宫侍奉宣仁太后，苍天白日在上，这些话从何说起！而且皇帝一定要这样做，对待我又该怎么样呢？"哲宗感悟，取出章惇、蔡卞的奏疏，用灯烛烧毁了。郝随知道了这件事，秘密告知了章惇、蔡卞。第二天，章惇、蔡卞又把奏疏呈上，坚持请求施行对宣仁太后的追废。哲宗发怒说："你们不想让朕进入英宗的祠庙了吗？"把他们的奏疏扔在地上，这件事才得以平息。

【纲】夏四月，林希被罢免。

【纲】秋七月，再次把范祖禹、刘安世流放到化州、梅州（化州治所石龙县，在今广东化州县东北；梅州治所程乡县，即今广东梅县），范祖禹不久就去世了。 【目】起初，章惇对范祖禹、刘安世的怨恨尤其深，一定想把他们置于死地。到这时，章惇暗示蔡京上奏把他们二人一起陷害治罪，下诏把范祖禹迁徙到化州，刘安世迁徙到梅州。

刘安世到达贬地，章惇一定要把他置于死地，就提升当地土豪为

判官承意疾驰,未至梅三十里,呕血而死,安世获免。

祖禹平居恂恂,口不言人过,遇事则别白是非,不少借隐。长于劝讲,论谏不啻数十万言,开陈治道,辨释事宜,平易明白,洞见底蕴,虽贾谊、陆贽不是过也。

【纲】京师地震。

【纲】己卯,二年,秋八月,子茂生。九月,立贤妃刘氏为皇后。窜右正言邹浩于新州。 【目】妃多材艺,有盛宠。既构废孟后,章惇与内侍郝随、刘友端相结,请妃正位中宫。时帝未有储嗣,会妃生子茂,帝大喜,遂立焉。浩以数论事,帝亲擢为右正言,露章劾章惇不忠慢上之罪,未报而刘后立。浩上疏言:"贤妃与孟后争宠,而孟后废。今乃立之,殊累圣德。乞追停册礼。"帝曰:"此祖宗故事,岂独朕邪?"盖指真宗立刘德妃也。浩对曰:"祖宗大德,可法者多矣,陛下不之取,而效其小疵邪?"帝变色,持其章踌躇,若有所思,因付于外。明日,章惇诋其狂妄,除名勒停,羁管新州。尚书右丞黄履进曰:"浩以亲被拔擢之故,敢犯颜纳忠,陛下遽出之死地,人臣将视以为戒,谁复为陛下论得失乎?幸与善地。"不听。

初,阳翟田画议论慷慨,与浩以气节相激厉。刘后立,画谓人曰:"志完不言,可以绝交矣!"浩既得罪,画迎诸途。浩出涕,画正色责之曰:"使志完隐默官京师,遇寒疾不汗,五日死矣,岂独岭海之外能死人哉?愿君毋以此举自满,士所当为者,未止此也。"浩茫然自失,谢曰:"君赠我厚矣!"浩之将论事也,以告其友宗正寺簿

转运判官，指使他杀死刘安世。这个判官秉承章惇的意旨疾驰前往，离梅州还有三十里路程时，他呕血而死，刘安世得以幸免。

范祖禹平时恭顺少言，不讲他人的过错，遇事却要辨别是非，一点也不隐讳。擅长于劝讲经义，论谏的奏章不下数十万字。陈述治国之道，辨析事理，平易明白，见解透彻，即使是汉代的贾谊、唐代的陆贽也不过如此。

【纲】京师发生地震。

【纲】元符二年（己卯，1099），秋八月，皇子赵茂，出生。九月，册立贤妃刘氏为皇后。流放右正言邹浩到新州（治所新兴县，即今广东新兴县）。　【目】刘贤妃多才多艺，很受哲宗宠爱。在构陷废掉孟皇后以后，章惇和内侍郝随、刘友端相勾结，奏请让刘贤妃正位中宫。当时哲宗还没有儿子，正巧刘贤妃生了儿子赵茂，哲宗大喜，于是立刘贤妃为皇后。邹浩因为多次上疏奏事，哲宗亲自擢升他为右正言，他写了不加封的奏疏弹劾章惇不忠于君、轻慢圣上的罪状，没有得到回复而刘贤妃被立为皇后。邹浩上疏说："刘贤妃与孟皇后争宠，而孟皇后被废。现在就册立刘贤妃，太有损于圣德，乞求将已进行的册立典礼作废。"哲宗："这是祖宗们的旧例，难道只有朕这样吗？"话里的意思是指真宗册立刘德妃为皇后的事。邹浩回答说："祖宗的大德，可以效法的很多，陛下不去取法而仿效他们的小毛病吗？"哲宗脸上变色，拿着邹浩的奏疏踌躇不决，若有所思，最后交付朝廷决定。第二天，章惇诋毁邹浩狂妄，把他勒令停职，削除官籍，流放到新州加以管制。尚书右丞黄履进言："邹浩由于是被陛下亲自提拔的缘故，所以敢于冒犯陛下，进献忠言。陛下突然把他流放到死地，大臣们将把这看成戒鉴，谁还敢向陛下论述事情的得失呢？希望让他去个好的地方。"哲宗不听从。

起初，阳翟（即今河南禹县）人田画议论起来慷慨激昂，和邹浩以气节互相激励。刘皇后册立以后，田画对别人说："志完（邹浩字志完）如果不出面说话，就可以和他绝交了！"邹浩被定罪以后，田画在路上迎接他。邹浩流出涕泪，田画正色责备他说："假如志完隐默不言地在京师作官。遇到寒病出不了汗，五天就死了，难道只有岭海之外（指广东、广西）能死人吗？希望您不要因为此事而自满，士人所应该做的，还

王回,回曰:"事有大于此者乎?子虽有亲,然移孝为忠,亦太夫人素志也。"及浩南迁,人莫敢顾,回敛交游钱与浩治装,往来经理,且慰安其母。逻者以闻,逮诣诏狱,众为之惧,回居之晏如。御史诘之,回曰:"实尝预谋,不敢欺也。"因诵浩所上章,几二千言。狱上,除名停废,回即徒步出都门。行数十里,其子追及,问以家事,不答。又有曾诞者,尝三以书劝浩论孟后事,浩不报。及浩废,诞作《玉山主人对客问》,以讥浩不能力谏孟后之废,而俟朝廷过举乃言,为"不知几"云。

【纲】御史中丞邢恕免。

【纲】闰月,黄履罢。

【纲】置看详诉理局。 【目】安惇言:"陛下未亲政时,奸臣置诉理所,凡得罪熙、丰之间者咸为除雪,归怨先朝,收恩私室。乞取公案,看详从初加罪之意,复依断施行。"蔡卞劝章惇置局,命中书舍人蹇序辰及安惇看详。由是重得罪者八百三十家,士大夫或千里会逮,天下怨疾,有二蔡、二惇之谣。

【纲】子茂卒。

【纲】庚辰,三年,春正月,帝崩,端王佶即位,太后权同听政,赦。 【目】帝崩,无子。皇太后向氏哭谓宰臣曰:"国家不幸,大行皇帝无嗣,事须早定。"章惇抗声曰:"在礼律当立母弟简王似。"太后曰:"老身无子,诸王皆神宗庶子,莫难如此分别。"惇复曰:"以长则申王佖当立。"太后曰:"申王有目疾,不可。于次则端王佶,当

不止这些。"邹浩听了茫然自失，道谢说："您对我的惠赠很丰厚了！"邹浩准备上奏时，他把这件事告诉了友人宗正寺簿王回，王回说："事情还有比这个更重要的吗？你虽然有老母在，然而移孝为忠，也是太夫人一向的志愿啊！"等到邹浩被迁徙到南方，没有人敢去看望他，王回从朋友那里收集了钱为邹浩治办行装，往来操办，而且安慰邹浩的母亲，巡逻的人上报此事，把王回逮捕，投入奉旨关押犯人的诏狱，众人都为他担心，王回却处之泰然。御史诘问他，王回说："我确实参与了商谋，不敢欺瞒。"于是背诵邹浩所上的奏疏，将近二千字。审讯结果上报，把王回废黜削除官籍。王回就徒步走出京师城门。走了几十里路，他的儿子追赶上他，询问他关于家里的事，他不回答。又有一个名叫曾诞的人，曾经三次写信劝告邹浩上疏议论有关孟皇后被废的事，邹浩都没回答。等到邹浩被罢官废黜以后，曾诞写了《玉山主人对客问》一文章，用来讽刺邹浩不能在孟皇后被废前竭力谏阻，而等到朝廷已经做出错误的决定才说话，是"不知道抓住时机"。

【纲】御史中丞邢恕被罢免。

【纲】闰月，黄履被罢免。

【纲】设置看详诉理局。　【目】安惇上奏说："陛下没有亲自处理政事的时候，奸臣设置了诉理所，凡是在熙宁、元丰之间有罪的人都为他们昭雪，把怨恨归于神宗时的朝廷，恩情归于私人，乞求把过去的公案取出来，重新审理当初加罪处罚的用意，再依法断案施行。"蔡卞劝章惇设置看详诉理局，命中书舍人蹇序辰和安惇负责审理。由此重新被判罪的有八百三十家，士大夫有的在千里之外被逮捕，天下的人对此怨恨担心，因此有关于二蔡、二惇（"二蔡"，指蔡京、蔡卞，"二惇"，指章惇、安惇）的民谣。

【纲】皇子赵茂去世。

【纲】元符三年（庚辰，1100），春正月，哲宗去世，端王赵佶即位，太后暂时一起听政，下诏大赦。　【目】哲宗去世，没有儿子。皇太后向氏哭着对宰执大臣说："国家不幸，去世的皇帝没有子嗣，继承人的确立应该早些定下来。"章惇高声说："按照礼律，应当立同母弟简王赵似。"太后说："我没有儿子，诸王都是神宗的庶生子，很难从母系

立。"惇曰:"端王轻佻,不可以君天下。"言未毕,曾布叱之曰:"章惇未尝与臣商议,如皇太后圣谕极当。"蔡卞、许将相继曰:"合依圣旨。"太后又曰:"先帝尝言端王有福寿,且仁孝。"于是惇默然。乃召端王入,即位于枢前。群臣请太后权同处分军国事,后以长君辞;帝泣拜移时,乃许之。端王,神宗第十一子也。

【纲】尊皇后刘氏为元符皇后。

【纲】二月,立皇后王氏。

【纲】以韩忠彦为门下侍郎,黄履为尚书右丞。 【目】忠彦入对,陈四事,曰广仁恩,开言路,去疑似,戒用兵。太后纳之。自是忠直敢言、知名之士稍见收用。

【纲】三月,诏求直言。 【目】以四月朔日当食,诏求直言。筠州推官崔鶠上书曰:"毁誉者,朝廷之公议。故责授朱厓军司户司马光,左右以为奸,而天下皆曰忠。今宰相章惇,左右以为忠,而天下皆曰奸。此何理也?赏缪罚滥,佞人倡佯,如此,而国不乱,未之有也。小人譬之蝮蝎,其凶忍害人根乎天性,随遇必发。天下无事,不过贼陷忠良,破碎善类;至缓急危疑之际,必有反覆卖国,跋扈不臣之心。比年以来,谏官不论得失,御史不劾奸邪,门下不驳诏令,共持暗默,以为得计。夫以股肱耳目,治乱安危所系,而一切若此,陛下虽有尧、舜之聪明,将谁使言之,谁使行之?夫四月,阳极盛、阴极衰之时,而阴干阳,故其变为大。惟陛下畏天威,听明命,大运乾刚,大明邪正,则天意解矣。"帝览而善之,以为相州教授。

上加以分别。"章惇又说:"按照年长,应当立申王赵似。"太后说:"申王眼睛有病,不可继位。按顺序往下是端王赵佶,应当立他。"章惇说:"端王为人轻佻,不能做天下的君主。"话还没说完,曾布叱喝他说:"章惇没有和我商议,按照皇太后的圣谕做极为合适。"蔡卞、许将相继说:"应该依从皇太后的圣旨。"太后又说:"先帝曾经说端王有福有寿,而且仁孝。"于是章惇默然不再说话。就派人召端王进宫,在哲宗的灵柩前即位为皇帝。群臣请求太后暂时与皇帝一起处理军国大事,太后以已有成年的君主的原因加以推辞,皇帝哭泣着跪拜了很长时间,太后才答应。端王,是神宗的第十一个儿子。

【纲】尊奉皇后刘氏为元符皇后。

【纲】二月,册立皇后王氏。

【纲】任命韩忠彦为门下侍郎,黄履为尚书右丞。 【目】韩忠彦入朝回答询问,陈述了四件事,是广施仁恩,大开言路,排除猜疑,戒止对外用兵。太后采纳了。从此忠直敢言和知名之士稍稍得到了任用。

【纲】三月,下诏征求直言。 【目】由于四月初一日那天将要出现日食,下诏征求直言。筠州(治所高安县,即今江西高安县)推官崔鶠上书说:"诋毁与称誉取决于朝廷的公议。已故被追贬为朱崖军(在今广东压县西北)司户参军的司马光,陛下周围的人说他奸,而天下的人都说他忠。现任宰相章惇,陛下周围的人说他忠,而天下的人都说他奸。这是什么道理呢?赏罚荒谬混乱,奸佞之人徜徉自得,这样而国家不乱,是从来没有的事。小人好比是蛇蝎,它的凶残害人,出于天性,遇到机会必然会生事。天下没有事的时候,他们不过陷害忠良之士,残害好人;到了国家出现紧急危难的时候,必定会有变节卖国、跋扈不臣之心。近年以来,谏官不议论人事得失,御史不弹劾奸邪之人,门下省不驳回诏令,都一起保持沉默,自以为得计。谏官、御史是陛下的股肱耳目,关系到国家的治乱安危,而他们所做的一切竟然如此,陛下即使有尧、舜那样的聪明,又让谁去说,让谁去做呢?四月,是阳气极盛、阴气极衰的时候,而现在阴气侵犯了阳气,所以它的变化很大。只要陛下畏戒天威,听从天命,发扬阳刚,明辨邪正,那么天意就会化解了。"徽宗看了奏书认为很好,任命崔鶠为相州(治所安阳县,即今河南安阳市)教授。

【纲】召龚夬为殿中侍御史,陈瓘、邹浩为左、右正言。【目】韩忠彦等荐之也。御史中丞安惇言:"邹浩复用,虑彰先帝之失。"帝曰:"立后,大事也。中丞不言,而浩独敢言,何为不可复用?"惇惧而退。陈瓘言:"陛下欲开正路,取浩既往之善;惇乃诳惑主听,规骋其私,若明示好恶,当自惇始。"遂出惇知潭州。

【纲】诏许刘挚、梁焘归葬,录其子孙。
【纲】夏四月朔,日食。
【纲】以韩忠彦为尚书右仆射兼中书侍郎,李清臣为门下侍郎,蒋之奇同知枢密院事。
【纲】复范纯仁等官,徙苏轼等于内郡。【目】纯仁时在永州,遣中使赐以茶药,谕之曰:"皇帝在藩邸,太皇太后在宫中,知公先朝言事忠直,今虚相位以待,不知目疾如何?用何人医之?"纯仁顿首谢。徙居邓州;在道,拜观文殿大学士、中太乙宫使。制词有曰:"岂惟尊德尚齿,昭示宠优;庶几鲠论嘉谋,日闻忠告。"纯仁闻制,泣曰:"上果用我矣,死有余责。"既又遣中使趣入觐。纯仁乞归养疾,帝不得已许之。每见辅臣,问:"安否?"且曰:"范纯仁得一识面足矣!"

轼自昌化移廉,徙永,更三赦,复提举玉局观,未几,卒于常州。轼与弟辙师父洵,为文如行云流水,初无定质,虽嬉笑怒骂之辞,皆可书而诵之。自为举子至出入侍从,必以爱君为本,忠规谠论,挺挺大节,但为小人忌恶,不得久居朝耳。

【纲】召任龚夬为殿中侍御史,陈瓘、邹浩为左、右正言。 【目】这是由于韩忠彦等人推荐所致。御史中丞安惇说:"邹浩又被重新任用,恐怕要显露出先帝(指哲宗)的过失。"徽宗说:"立皇后,是国家大事。你中丞不说话,而只有邹浩敢说,为什么不可重新任用?"安惇惧怕而退下。陈瓘说:"陛下想广开正路,考虑的是邹浩过去好的地方;安惇竟诳骗蛊惑君主的视听,以达到他的私愿。如果明白地表示出陛下的好恶,应该从处理安惇做起。"于是把安惇调出朝廷,任为潭州(治所长沙,即今湖南长沙市)知州。

【纲】下诏准许刘挚、梁焘归葬原籍,录用他们的子孙为官。

【纲】夏四月初一日,出现日食。

【纲】任命韩忠彦为尚书右仆射兼中书侍郎,李清臣为门下侍郎,蒋之奇为同知枢密院事。

【纲】恢复范纯仁等人的官位,迁苏轼等人到内地州郡。 【目】范纯仁当时在永州(治所零陵县,即今湖南零陵县),朝廷派遣宦官赏赐他茶和药,安慰他说:"皇上在王府、太皇太后在宫中的时候,就知道您在先朝时论事忠诚正直,现在空着宰相的位子等待着您,不知道您的眼病怎么样了?用什么样的大夫为您医治?"范纯仁叩拜表示感谢。范纯仁迁居邓州(治所穰县,即今河南邓州市);在途中,被任命为观文殿大学士,中太乙宫使。制书中有一句话说:"岂只是尊重德高年劭的人,昭示宠遇优渥;这样也可以得到忠鲠的议论、良好的计谋,每天都能听到忠告。"范纯仁听到制书以后,哭泣着说:"皇上果然任用我了,我死有余责。"之后朝廷又派宦官催促范纯仁赶快进京觐见皇上。范纯仁请求归家养病,徽宗不得已允准了。徽宗每次见到辅佐大臣,都要问:"范纯仁平安无恙吗?"并且说:"如果能和范纯仁见一次面就满足了!"

苏轼从昌化(治所宜伦县,即今海南省儋州市西北新州镇)转移到廉州治所合浦县(即今广东合浦县),又迁徙到永州,经过三次大赦,又被任命为提举玉局观;不久,在常州(治所晋陵县,即今江苏常州市)去世。苏轼和他的弟弟苏辙以父亲苏洵为师,他写的文章如行云流水,没有一定之规,即使是嬉笑怒骂的语句,都可以抄录下来诵读。从做

【纲】五月,诏复哲宗废后孟氏为元祐皇后。 【目】初,哲宗尝悔废后事,叹曰:"章惇坏我名节!"至是太后将复后位,会布衣何文正上书言之,遂降是诏。自瑶华宫还居禁中。

【纲】蔡卞有罪,免。 【目】卞专托绍述之说,上欺天子,下胁同列。凡中伤善类,皆密疏建白,然后请帝亲札付外行之;章惇虽巨奸,然犹在其术中。至是,龚夬论惇、卞之恶,未报,而台谏陈师锡、陈次升、陈瓘、任伯雨、张庭坚等极论卞罪浮于惇,乞正典刑以谢天下。乃出知江宁,台谏论之不已,遂以秘书少监分司池州。

【纲】追复文彦博、王珪、司马光、吕公著、吕大防、刘挚等三十三人官。

【纲】六月,邢恕有罪,安置均州。 【目】陈瓘论其矫诬定策之罪也。

【纲】秋七月,太后罢听政。

【纲】八月,葬永泰陵。

【纲】九月,章惇有罪,免。 【目】惇为相,专图复怨,引蔡卞、林希、黄履、来之邵、张商英等居要地,任言责,由是正人无一得免死者;屡兴大狱,以陷忠良,天下嫉之。及兼山陵使,灵舆陷淖中,逾宿而行。台谏丰稷、陈次升、龚夬、陈瓘等劾其不恭,免知越州。

举子到做皇帝的侍从，必以爱君为根本，进行忠心规劝，发表正直的言论，大节坚定；但被小人所忌妒厌恶，因而不能在朝廷长期任职。

【纲】五月，下诏恢复哲宗废黜的皇后孟氏为元祐皇后。 【目】起初，哲宗曾经悔恨废掉孟皇后一事，叹息说："章惇败坏了我的名节！"到这时太后准备恢复孟氏的皇后之位，正逢平民何文正上书议论此事，于是降下恢复孟氏为元祐皇后的诏书。元祐皇后从瑶华宫返回内宫居住。

【纲】蔡卞因有罪，被罢免。 【目】蔡卞专门假托绍述之说，对上欺骗天子，对下胁迫同僚。凡是他要中伤的贤臣，都事先秘密上疏向皇帝建议如何处理，然后请皇帝亲笔批写交付朝廷施行；章惇虽是大奸，然而也还在他的算计之中。到这时龚夬弹劾章惇、蔡卞的罪恶，不予答复，而台谏官陈师锡、陈次升、陈瓘、任伯雨、张庭坚等竭力论说蔡卞的罪责重于章惇，请求明正典刑，以谢天下。于是把蔡卞调出，任为江宁府（治所江宁县，即今江苏南京市）知府；台谏官们仍然弹劾他不已，于是以秘书少监的官衔分驻池州（治所贵池县，即今安徽池州市贵池区）。

【纲】追认恢复文彦博、王珪、司马光、吕公著、吕大防、刘挚等三十三个人的官衔。

【纲】六月，邢恕有罪，被安置到均州（治所武当县，在今湖北均县北）。 【目】陈瓘弹劾邢恕在拥立哲宗一事上诬陷太皇太后和伪称自己有功的罪行。

【纲】秋七月，太后停止了听政。

【纲】八月，安葬哲宗于永泰陵（在今河南巩县西南）。

【纲】九月，章惇有罪，被罢免。 【目】章惇担任宰相，专想报复宿怨，引用了蔡卞、林希、黄履、来之邵、张商英等人官居要职，掌管谏议监察，从此正直的人没有一个能幸免于死的；屡兴大狱，以陷害忠良之士，天下之人都嫉恨他。他兼任山陵使时，载有哲宗灵柩的辇车陷入泥淖之中，过了一夜才前行。台谏官丰稷、陈次升、龚夬、陈瓘等人弹劾他大不恭，被免去宰相之职，出京任越州（治所会稽县，即今浙江绍兴市）知州。

【纲】冬十月，复以程颐判西京国子监。 【目】颐既受命，即谒告，欲迁延为寻医计。既而供职，门人尹焞深疑之。颐曰："上初即位，首被大恩，不如是则何以仰承德意？然吾之不能仕，盖已决矣，受一月之俸焉，然后惟吾所欲尔。"未几，致仕。

【纲】安惇、蹇序辰有罪除名，放章惇于潭州。 【目】惇既罢知越州，陈瓘等以为责轻，复论"惇在绍圣中置看详元祐诉理局，凡于先朝言语不顺者，加以钉足、剥皮、斩颈、拔舌之刑，其惨刻如此。看详之官如安惇、蹇序辰等，受大臣讽谕，迎合绍述之意，傅致语言，指为谤讪，遂使朝廷纷纷不已。考之公论，宜正典刑。"于是二人并除名，放归田里，而贬惇武昌节度副使，居潭州。

【纲】蔡京有罪，免。削林希官，徙知扬州。 【目】中丞丰稷论京奸状，帝未纳，台谏陈瓘、江公望等相继言之，帝亦不听。稷曰："京在朝，吾属何面目居此？"复力论之，始出知永兴军，言者不已，乃夺职居杭州。

右司谏陈祐复论林希绍圣初党附权要，词命丑诋之罪。乃削端明殿学士，徙知扬州。

【纲】以韩忠彦、曾布为尚书左、右仆射兼门下、中书侍郎。【目】布初附章惇，凡惇所为，多布所建白；及不得同省，始与乖异。及帝即位，锐意图治，延进忠鲠，布因力排绍圣之人而去之。既拜相，其弟翰林学士肇引嫌出知陈州。言于布曰："兄方得君，当引用善人，翊正道以杜惇、卞复起之萌。而数月以来，所谓端人吉士，继

【纲】冬十月,重新任命程颐为判西京(即洛阳)国子监。 【目】程颐接受任命,就向朝廷请求休假,想延缓一段时间寻找医生治病。后来上任任职,门人尹焞很疑惑不解。程颐说:"皇上刚即位。一开始就蒙受大恩,我不上任怎么对得起皇帝对我的恩德?但是我不能继续作官,这是已经下了决心,不过领取一个月的俸禄,然后就唯我所愿了。"不久就退休了。

【纲】安惇、寒序辰因有罪被削除官籍。把章惇流放到潭州。【目】章惇已然被罢相,任越州知州,陈瓘等人认为对他的惩罚过轻,又加以弹劾说:"章惇在绍圣年间设置看详元祐诉理局,凡是对先朝有不同看法的人,被加以钉足、剥皮、砍头、拔舌的酷刑,惨酷刻毒如此。看详的官员像安惇、寒序辰等人,秉承执政大臣的意旨暗示,迎合绍述的说法,歪曲别人的话,指为谤讪,于是使朝廷纷乱不已。以公论衡评,应该加以明正典刑。"于是把安惇、寒序辰二人一起削除官籍,放归田里,而贬章惇为武昌(武昌军治鄂州城,即今湖北武汉市武昌城)节度副使,在潭州居住。

【纲】蔡京有罪,被罢免。削去林希的官职,迁徙他为扬州(治所江都县,即今江苏扬州市)知州。 【目】中丞丰稷议论蔡京的奸佞罪状,徽宗没有听从;台谏官员陈瓘、江公望等人接连论说,徽宗也不听从。丰稷说:"蔡京在朝,我们这些人还有什么脸面留在这里?"又竭力论说蔡京的罪状,才把蔡京贬为永兴军(治所京兆府,即今陕西西安市)知军;许多人还议论不已,于是就削夺蔡京的官职,让他居住在杭州。

右司谏陈祐又论说林希在绍圣初年依附权要大臣,草拟制书用丑恶文词诋毁人的罪行。于是削夺林希端明殿学士的官衔,迁徙他为扬州知州。

【纲】任命韩忠彦、曾布为尚书左、右仆射兼门下、中书侍郎。【目】曾布起初依附章惇,凡是章惇所干的事,大多是曾布提出的;等到他没有能和章惇一起在三省中任职,才开始与章惇有了分歧。等到徽宗即位,决意图治,进用忠鲠正直之士,曾布因而竭力排斥绍圣时期任职的人,把他们贬斥出朝廷。曾布担任宰相以后,他的弟弟翰林学士曾

迹去朝，所进以为辅佐、侍从、台谏，往往皆前日事惇、卞者，一旦势异今日，必首引之以为固位计，思之可为恸哭。异时惇、卞纵未至，一蔡京足以兼二人，可不深虑乎？"布不能从。

【纲】十一月，诏改元。　【目】时议以元祐、绍圣均有所失，欲以大公至正消释朋党，遂诏改明年元为建中靖国，由是邪正杂进矣。

【纲】以安焘知枢密院事。黄履免。

【纲】置春秋博士。

【纲】以范纯礼为尚书右丞。

徽宗皇帝

【纲】辛巳，徽宗皇帝建中靖国元年，春正月朔，有赤气亘天。【目】是夕，有赤气起东北，亘西南，中函白气；将散，复有黑祲在旁。右正言任伯雨言："正岁之始，而赤气起于暮夜之幽。日为阳，夜为阴；东南为阳，西北为阴；朝廷为阳，宫禁为阴；中国为阳，夷狄为阴；君子为阳，小人为阴。此宫禁阴谋，下干上，夷狄窃发之证也。天心仁爱，以灾异为警戒。愿陛下进忠良，绌邪佞，正名分，击奸恶，使小人无得生犯上之心，则灾异可变为休祥矣。"

【纲】高平公范纯仁卒。　【目】纯仁疾革，口占遗表，劝帝清心寡欲，约己便民，绝朋党之论，察邪正之归，毋轻议边事，易逐言官，辨明宣仁诬谤。且云："盖尝先天下而忧，期不负圣人之学，此先臣所以教子，而微臣资以事君者也。"卒，赠开府仪同三司，谥忠

肇为避嫌而出朝任陈州（治所宛丘县，即今河南淮阳县）知州，他对曾布说："兄长正受到君主的信用，应当引用善人，辅助皇上于正道，以杜绝章惇、蔡卞重新被起用的可能。可是几个月来，人们所说的端正之人、善良之士，相继离开朝廷；所进用的担任辅佐、侍从、台谏的官员，往往都是过去追随依附章惇、蔡卞的那些人。一旦形势变化与现在不同，这些人为巩固自己名位考虑，必定首先引回章惇、蔡卞。想到这些，真可以让人痛哭一场。到那时章惇、蔡卞即使没有回来，一个蔡京也足以抵得上章惇、蔡卞两个人，这些能够不深切忧虑吗？"曾布不能听从。

【纲】十一月，下诏改元。 【目】当时议论元祐、绍圣时期都有偏失，想通过大公至正的办法来平息消释朋党之争，于是下诏把第二年改元为建中靖国，从此奸邪和正直的人都混杂在一起进用了。

【纲】任命安焘为知枢密院事。黄履被罢免。

【纲】设置《春秋》博士。

【纲】任命范纯礼为尚书右丞。

徽宗皇帝

【纲】徽宗皇帝建中靖国元年（辛巳，1101），春正月初一日，有一道赤色的云气横贯天空。 【目】这天晚上，有赤色的云气从东北方向升起，横贯西南，中间包涵着白色的云气；快要消散的时候，又有黑色的云气在旁边出现。右正言任伯雨说："在一年开始的第一天，而有赤色的云气在黑夜的幽州（幽都，指辽国南京，在今北京市西南）升起。白天为阳，夜晚为阴；东南为阳，西北为阴；朝廷为阳，宫禁为阴；中国为阳，夷狄为阴；君子为阳，小人为阴：这是宫禁中有阴谋、有以下犯上、夷狄偷袭我朝的征兆。上天之心是仁爱的，用降临灾异来警戒世人。希望陛下进用忠良之士，黜罢邪佞之人，端正名分，打击奸恶，使小人不能产生犯上作乱之心，那么灾异就可以转变为祥瑞了。"

【纲】高平公范纯仁去世。 【目】范纯仁病危，口授遗书，劝徽宗清心寡欲，约束自己，方便百姓，杜绝朋党的争论，明察邪正的不同趋向，不可轻易议论开启边疆战争，更换放逐不称职的言官，辨明对宣仁太后的诬陷诽谤。并且说："曾经先天下之忧而忧，期望不辜负圣人之

宣。纯仁性夷易宽简，不以声色加人，谊以所在，则挺然不少屈。尝曰：“吾平生所学，得之'忠恕'二字，一生用不尽，以至立朝事君，接待僚友，亲睦宗族，未尝须臾离此也。”每戒子弟曰：“人虽至愚，责人则明；虽有聪明，恕己则昏。苟能以责人之心责己，恕己之心恕人，不患不至圣贤地位也。”

【纲】皇太后向氏崩。

【纲】追尊太妃陈氏为钦慈皇后，陪葬永裕陵。　【目】陈氏，帝生母也。

【纲】辽耶律洪基死，孙延禧立。

【纲】二月，贬章惇为雷州司户参军。　【目】任伯雨论："惇久窃朝柄，迷国罔上，毒流缙绅，承先帝变故仓卒，辄逞异志。向使其计得行，将置陛下与皇太后于何地？若贷而不诛，则天下大义不明、大法不立矣。臣闻北使言：'去年辽主方食，闻中国黜惇，放箸而起，称善者再，谓南朝错用此人。'北使又问：'何为只若是行遣？'以此观之，不独孟子所谓'国人皆曰可杀'，虽蛮貊之邦莫不以为可杀也。"章入上，未报。会台谏陈瓘、陈次升等复极论之，乃贬惇为雷州司户参军。

初，苏辙谪雷州，不许占官舍，遂僦民屋。又以为强夺民居，下州追民究治，以僦券甚明，乃止。至是惇问舍于民，民曰："前苏公来，为章丞相几破我家，今不可也。"后徙睦州，卒。

【纲】三月，罢权给事中任伯雨。　【目】伯雨初为右正言，半

学,这是先臣(范纯仁的父亲范仲淹)之所以教诲儿子的,而臣正是依仗它来奉事君主的。"范纯仁去世以后,赠以开府仪同三司,谥号"忠宣"。范纯仁性情平易宽简,不以严厉的态度对待他人,但道义所在之处,则毫不退让屈服。曾经说:"我平生所学,得自'忠恕'二字,一生受用不尽,以至于在朝廷奉事君主,接待同僚宾友,对宗族亲睦,一时一刻也没有离开这二个字啊。"常常告诫子弟说:"即使是最愚笨的人,责备他人起来就聪明了,即使是聪明的人,宽恕自己时就会糊涂。如果能以责备他人的心责备自己,以宽恕自己的心宽恕他人,不怕不会达到圣贤的地步。"

【纲】皇太后向氏去世。

【纲】追尊太妃陈氏为钦慈皇后,陪葬于神宗永裕陵。 【目】陈氏是徽宗的生母。

【纲】辽国耶律洪基去世,他的孙子耶律延禧继立。

【纲】二月,贬章惇为雷州(雷州治所海康县,即今广东雷州市)司户参军。 【目】任伯雨论劾章惇说:"章惇长时间窃据朝廷大权,迷惑国人,欺罔皇上,毒害官绅,借着先帝猝然发生变故的机会,就想达到自己的目的。假如他的计谋得逞,将把陛下和皇太后置于何地?如果宽恕而不诛杀他,那么天下的大义就不分明,天下的大法就不能确立了。臣听到北国(辽国)使臣说:'去年辽国君主正在吃饭,听说中国(宋朝)罢黜了章惇,放下筷子站起来,连连叫好,说南朝(宋朝)错用了这个人。'北国使臣又问:'为什么只是调出朝廷?'由此看来,不仅是像孟子所说'国人皆曰可杀',就连蛮夷之邦也无不认为应该杀了。"奏章上呈,没有答复。正遇台谏官陈瓘、陈次升等人又竭力论说章惇的罪状,于是贬章惇为雷州司户参军。

当初,苏辙被贬谪到雷州,不许他在官舍居住,于是租赁了民房。又认为他强占民房,下令州府追究治罪,由于租赁契约写的很清楚,这件事才就此结束。到这时章惇向百姓租房屋住,百姓说:"从前苏公来到这里,章丞相几乎使我家破产,现在不能再租人了。"后来他被迁徙到睦州(治所建德县,即今浙江建德县东北严州镇),在那里死去。

【纲】三月,罢免权给事中任伯雨。 【目】任伯雨起初任右正言,

岁之间，凡上百八疏。大臣畏其多言，俾权给事中，密谕以少默即为真。伯雨不听，抗论愈力。时曾布欲和调元祐、绍圣之人，伯雨言："人才固不当分党与，然自古未有君子小人杂然并进，可以致治者。盖君子易退，小人难退，二者并用，终于君子尽去，小人独留。唐德宗坐此，致播迁之祸，建中乃其纪号，不可以不戒。"既而欲劾布，布觉之，徙为度支员外郎。

【纲】夏六月，罢尚书右丞范纯礼。　【目】时韩忠彦虽首相，而曾布专政，渐进绍述之说，讽中丞赵挺之排击元祐诸臣。纯礼从容言于帝曰："迩者朝廷命令，莫不是元丰而非元祐，以臣观之，神宗立法之意固善，吏推行之或有失当，以致病民；宣仁听断，一时小有润色，盖大臣识见异同，非必尽怀邪为私也。今议论之臣，有不得志，故挟此以藉口，其心岂恤国事，直欲快私忿以售其奸，不可不深察也。"纯礼沉毅刚正，曾布惮之，谓驸马都尉王诜曰："上欲除君承旨，范右丞不可。"诜怒。会诜馆辽使，纯礼主宴，诜诬其辄斥御名，遂罢知颍昌府。

【纲】罢左司谏江公望。　【目】先是，公望上疏言："自先帝有绍述之意，辅政非其人，借威柄以快私隙，使天下骚然。神考与元祐之臣，其先非有射钩斩祛之隙也，先帝信仇人而黜之。陛下若立元祐为名，必有元丰、绍圣为之对，有对则争兴，争兴则党复立矣。陛下改元诏旨，亦称思建皇极，端好恶以示人，本中和而立政，皇天后土，实闻斯言。今若渝之，奈皇天后土何？"帝尝以示范纯礼，纯礼赞之，乞褒迁公望以劝来者。会蔡王府相告，有不逊语及于王，公望

半年之内，上呈一百零八封奏疏。大臣们害怕他说得太多，让他担任权给事中（暂时署理给事中），暗地里告诉他只要少说些话就可以把署理之职改为正职。任伯雨不听，议论更为激烈。当时曾布想调和元祐和绍圣时期的执政大臣，任伯雨说："对于人才固然不应当划分党派，然而自古以来从没有君子小人一同进用，可以达到大治的。这是因为君子容易退让，小人难以退让，二者同时任用，最后是君子全都离去，唯独小人留下来。唐德宗就为这个原因，招致了逃离京城转移各地以避难的祸害；建中是唐德宗用过的年号，不能不引以为戒。"后来他又要弹劾曾布，曾布发觉了，把他调任度支员外郎。

【纲】夏六月，罢免尚书右丞范纯礼。　【目】当时韩忠彦虽然是首相，而曾布专权，逐渐采用绍述之说，暗示御史中丞赵挺之排挤打击元祐时期诸臣。范纯礼从容地对徽宗说："近来朝廷发布的诏令，无不是肯定元丰时期的政事而否定元祐时期的政事。以臣看来，神宗皇帝建立新法的用意固然很好，官吏们推行之中或许有失当之处，以致为害百姓。宣仁太后听政时，对新法稍有修改，这是因为大臣们见识有所不同，并非全是心怀奸邪谋求私利。现在议论朝政之臣，有不得志的人，故意以此为借口，他的心里岂是关心国家大事，简直是想发泄私愤以兜售他的奸计。这是不可不深加鉴察的。"范纯礼为人沉毅刚正，曾布忌惮他，对驸马都尉王诜说："皇上准备任你为翰林学士承旨，范右丞不同意。"王诜很生气。正遇这时王诜在驿馆中接待辽国使臣，范纯礼主持宴会，王诜诬陷范纯仁动辄指斥皇帝的御名，于是被罢去尚书右丞之职，调任颍昌府（即许州，今河南许昌市）知府。

【纲】罢免左司谏江公望。　【目】先前，江公望上疏说："自从先帝（哲宗）有绍述的想法，辅政大臣任用不当，借权势以发泄私愤，使得天下骚乱不安。神宗皇帝和元祐时期执政的大臣，以前并没有射带钩、斩衣袂的怨隙（射带钩，指管仲在乾时之战中射中齐桓公的带钩；斩衣袂，指寺人披在蒲城之战中斩晋文公衣袂），先帝相信了仇人的话而黜免了元祐时期大臣。陛下如果树立元祐的旗号，必然会有人提出元丰、绍圣来和它对立，有对立就会有争斗兴起，争斗兴起就又会树立朋党了。陛下改元的诏书中，也提到想建立皇极，端正好坏以昭示天下，根

乞勿以无根之言加诸至亲,遂坐罢。

【纲】秋七月,安焘罢,以蒋之奇知枢密院事,章楶同知院事,陆佃为尚书右丞。

【纲】冬十月,李清臣免。

【纲】罢权给事中陈瓘。　【目】瓘议论持平,务存大体,不以细故藉口,未尝及人晻昧之过。及权给事中,曾布使客告以将即真。瓘语子正汇曰:"吾与丞相议事多不合,今若此,是欲以官爵相饵也。若受其荐进,复有异同,则公议、私恩两有愧矣。吾有一书论其过,将投之以决去就,汝其书之,且持入省。"布使数人邀相见,甫就席,遽出书,布大怒,争辩移时,至箕踞谇语。瓘色不变,徐起言曰:"适所论者国事,是非有公议,公未可遽失待士礼。"布矍然改容。信宿出瓘知泰州。

【纲】十一月,以陆佃、温益为尚书左、右丞。

【纲】复召蔡京为翰林学士承旨。　【目】供奉官童贯,性巧媚,善择人主微指先事顺承,以故得幸。及诣三吴,访书画奇巧,留杭累月,蔡京与之游,不舍昼夜。凡所画屏障扇带之属,贯日以达禁中,且附语言论奏于帝所,由是帝属意用京。左阶道录徐知常,以符水出入元符皇后所,太学博士范致虚与之厚,因荐京才可相。知常入宫言之,由是宫妾、宦官众口一辞誉京。遂起京知定州,改大名。会韩忠彦与曾布交恶,布谋引京自助,乃召为翰林学士承旨。

据中和立道来施政。皇天后土,都听到了这些话。现在如果背弃了这些话,怎么对待皇天后土呢?"徽宗拿他的奏疏让范纯礼看,范纯礼加以赞同,请求褒奖并升迁江公望,以激励后来的人。正好蔡王府有人告发,有出言不逊的事涉及到蔡王,江公望乞求不要以没有根据的话加在皇家至亲的身上,因此被罢官。

【纲】秋七月,安焘被罢免。任命蒋之奇为知枢密院事,章楶为同知院事,陆佃为尚书右丞。

【纲】冬十月,李清臣被罢免。

【纲】罢免权给事中陈瓘。 【目】陈瓘议论政事平正公允,注重大体,不以小事为借口,从不触及他人有关阴私的过失。等到他担任权给事中(暂时署理给事中),曾布派门客告诉他即要授正职给他,陈瓘对儿子陈正汇说:"我和丞相议论政事多意见不合,现在他这样做,是想用官爵来利诱我。如果接受了他的进荐,再和他的意见有不同,那么对公议、私恩两方面都会感到惭愧了。我有一封书信谈他的过失,将要投递给他以决定我的去留,你把它抄写一下,明天早晨我带着它去见曾布。"曾布派了几个人邀请他见面,刚入席,陈瓘就突然把写好的书信拿了出来。曾布大怒,和陈瓘争辩了一段时间,甚至两脚岔开,不礼貌地加以责骂。陈瓘面色不变,慢慢站起身说道:"刚才所议论的是国家大事,是非曲直自有公论,您不可以急匆匆地失去对待士人的礼节。"曾布惊惶地改变了面容。过了两晚,把陈瓘调出朝廷任泰州(治所海陵县,即江苏泰州市)知州。

【纲】十一月,任命陆佃、温益为尚书左、右丞。

【纲】重新召蔡京任翰林学士承旨。 【目】供奉官童贯,为人乖巧取媚,善于挑拣君主的私愿,事先加以承办,因此得到宠任。等到他往三吴地区访寻书画奇珍之物,逗留在杭州几个月。蔡京陪同他游历,昼夜不离,凡是蔡京所画的屏障、扇面之类的东西,童贯不断地送入宫中,而且附带把蔡京说的一些话上奏给徽宗,从此徽宗有意任用蔡京。左阶道录徐知常因为会使用符水,出入元符皇后的住所,太学博士范致虚和他很有交情,因此向他介绍蔡京有才,可以出任宰相。徐知常进宫时说起这件事,因此宫女、宦官们众口一辞地赞誉蔡京。于是起用蔡

【纲】再诏改元。 【目】曾布主于绍述,请改明年元为崇宁,帝从之。

【纲】以邓洵武为给事中兼侍讲。 【目】洵武为起居郎,尝因对言:"陛下乃神宗子。今相忠彦,乃琦之子。神宗行新法以利民,琦尝论其非。今忠彦更神宗之法,是忠彦为能继父志,陛下为不能也。必欲继志述事,非用蔡京不可。"又曰:"陛下方绍述先志,群臣无助者。"乃作《爱莫助之图》以献。其图如史记年表,列旁行七重,别为左右,左曰元丰,右曰元祐。自宰相、执政、侍从、台谏、郎官、馆阁、学校各为一重,左序绍述者,执政中惟温益一人,余不过三四,若赵挺之、范致虚、王能甫、钱遹之属而已。右序举朝辅相、公卿、百执事,咸在以百数。帝出示曾布,而揭去左方一姓名。布请之,帝曰:"蔡京也。洵武谓非相此人不可,以与卿不同,故去之。"布曰:"洵武既与臣见异,臣安敢与议?"明日改付温益,益欣然奉行,请相蔡京而籍异论者。于是善人皆不见容,而帝决意相京矣。乃进洵武中书舍人、给事中兼侍读。

【纲】罢礼部尚书丰稷,复蔡卞、邢恕、吕嘉问、安惇、蹇序辰等官。

【纲】壬午,崇宁元年,春正月,河东地震。

【纲】三月,命宦者童贯制御器于苏、杭州。 【目】童贯置局于苏、杭造作器用,曲尽其巧。牙角、犀玉、金银、竹藤、装画、糊抹、雕刻、织绣诸色匠,日役数千。而材物所须,悉科于民,民力重困。

京为定州（治所安喜县，即今河北定县）知州，又改任大名府（在今河北大名县东）知府。正逢这时韩忠彦和曾布之间关系恶化，曾布打算引用蔡京来帮助自己，于是召蔡京入朝，任为翰林学士承旨。

【纲】再次下诏改元。　【目】曾布赞同绍述的说法，奏请明年改元为崇宁，徽宗同意了。

【纲】任命邓洵武为给事中兼侍讲。　【目】邓洵武任起居郎的时候，曾经利用徽宗向他询问政事之机对徽宗说："陛下是神宗的儿子。现在的宰相韩忠彦是韩琦的儿子。神宗皇帝推行新法以利百姓，韩琦曾议论这样做不对。现在韩忠彦更改神宗皇帝制订的法令，这说明韩忠彦能够继承父亲的志向，陛下就不能了。如果一定要继承先帝的遗志，继行先帝的未竟之事，非任用蔡京不可。"又说："陛下正要绍述先帝遗志，群臣之中没有能够帮助的。"于是创作了一幅《爱莫助之图》献给徽宗。这幅图很像《史记》的年表，横列七项，每项分为左右两栏，左边称为元丰，右边称为元祐，从宰相、执政、侍从、台谏、郎官、馆阁、学校各为一项。左栏排列主张绍述之说的人，执政大臣中只有温益一个人，其余不过三四个人，像赵挺之、范致虚、王能甫、钱遹之辈而已。右栏排列满朝辅相、公卿、百官，都包括在内，有上百人之多。徽宗把图让曾布看，而揭去了左边一栏中的一个人名。曾布请问这个人是谁，徽宗说："是蔡京。邓洵武说非用这个人做宰相不可，因为他的主张与你不一样，所以揭去了。"曾布说："邓洵武既然和臣的见解不同，臣怎么敢参与议论这件事？"第二天，徽宗又把图交给温益看，温益欣然奉命行事，建议任命蔡京为宰相，而把持不同意见的人登记在一本名籍中，酌予处理。从此善人都不能见容于朝廷，而徽宗决意任蔡京为宰相了。于是进升邓洵武为中书舍人、给事中兼侍读。

【纲】罢免礼部尚书丰稷，恢复蔡卞、邢恕、吕嘉问、安惇、蹇序辰等人的官职。

【纲】崇宁元年（壬午，1102），春正月，河东路发生地震。

【纲】三月，命宦官童贯在苏州（治所吴县，即今江苏苏州市）、杭州（治所钱塘县，即今浙江杭州市）制作皇帝用的器具。　【目】童贯在苏州、杭州设置制作局，制作宫中用器，极其精巧。从事牙角、犀玉、金

【纲】夏五月，罢韩忠彦知大名府。　【目】忠彦为相，召还流人，进用忠谠之士，张庭坚、陈瓘、邹浩、龚夬、江公望、常安民、任伯雨、陈次升、陈君锡、张舜民等皆居台谏，翕然称为得人。然与曾布不协，至是，左司谏吴材、右正言王能甫附布，论忠彦变神考之法度，逐神考之人材，遂罢知大名府。

【纲】复追贬司马光等四十四人官。

【纲】诏籍元祐、元符党人，陆佃罢。　【目】诏："元祐并元符末今来责降人，除韩忠彦曾任宰相，安焘曾任执政，王觌、丰稷见任侍从官外，苏辙、范纯礼、刘奉世等凡五十余人，并令三省籍记，不得与在京差遣。"又诏："司马光等二十一人子弟毋得官京师。"

佃与曾布比，而持论近恕，每欲参用元祐人才，尝曰："今天下之势，如人大病向愈，当以药饵辅养之，须其安平；苟为轻事改作，是使之骑射也。"会御史请更惩元祐余党，佃言于帝曰："不宜穷治。"乃下诏云："元祐诸臣，各已削秩，自今无所复问，言者亦勿辄言。"揭之朝堂，言者用是论佃名在党籍，不欲穷治，正恐自及耳。遂罢知亳州，卒。

【纲】以许将、温益为门下、中书侍郎，蔡京、赵挺之为尚书左、右丞。

【纲】闰六月，曾布免。　【目】布与蔡京素有隙，议事多不合。会布拟婿父陈佑甫为户部侍郎，京言布私其所亲，布忿然争辩，久之，声色俱厉。温益叱之曰："曾布，上前安得失礼？"帝不悦。殿中侍御史钱遹言布援元祐之奸党，挤绍圣之忠贤。于是布请罢，出知润州。

银、竹藤、装裱字画、雕刻、织绣的各种工匠，每天役使的有数千人，而所需用的材料物品，都从百姓中摊派，民力更加困乏了。

【纲】夏五月，罢免韩忠彦的相职，任他为大名府知府。　【目】韩忠彦担任宰相期间，召回被流放的人，进用忠诚正直之士，张庭坚、陈瓘、邹浩、龚夬、江公望、常安民、任伯雨、陈次升、陈君锡、张舜民等人都任台谏官，舆论一致认为任用得人。然而他和曾布不合，这时左司谏吴材、右正言王能甫依附曾布，弹劾韩忠彦改变神宗的法度，斥逐神宗所用的人才，于是被罢免相职，改任大名府知府。

【纲】又追贬司马光等四十四个人的官位。

【纲】下诏把元祐、元符年间的党人登记入籍，陆佃被罢免。【目】诏书说："从元祐时期和元符末年至今被责罚降职的人，除韩忠彦曾任宰相，安焘曾任执政大臣，王觌、丰稷现任侍从官之外，苏辙、范纯礼、刘奉世等共五十余人，都令在三省登记入籍，不准在京师任职。"又下诏："司马光等二十一个人的子弟不准在京师做官。"

陆佃和曾布接近，但持论较为宽容，常想任用元祐时期的人才，曾经说："现在天下的形势，如同人在大病之后逐渐痊愈，应当用药物滋补调养，等待他平安康复。如果政事轻易改变兴作，那就像让病没有全好的人就去骑马射箭一样。"正逢御史奏请再次惩罚元祐余党，陆佃对徽宗说："不宜深究。"于是下诏说："元祐时期的诸臣，已经各自降削官秩，从今以后不再追问，言官也不要再议论此事了。"把诏书张贴在朝堂之上。言官们因此认为陆佃的姓名记在元祐党籍中，不想深究，是害怕整到自己罢了。于是罢免陆佃尚书左丞之职，贬任亳州（治所谯县，即今安徽亳州市）知州，就死在那里。

【纲】任命许将、温益为门下、中书侍郎，蔡京、赵挺之为尚书左、右丞。

【纲】闰六月，曾布被罢免。　【目】曾布和蔡京之间平时就有隔阂，讨论政事意见多不合，正遇曾布准备让他女婿的父亲陈祐甫出任户部侍郎，蔡京说曾布是以私情来任用自己的亲戚。曾布气愤地和蔡京争辩，时间很长，声色俱厉。温益大声呵斥他："曾布，在皇上面前怎么能失礼？"徽宗感到不高兴。殿中侍御史钱遹弹劾曾布援助元祐奸党，排

【纲】秋七月，以蔡京为尚书右仆射兼中书侍郎。 【目】制下之日，赐坐延和殿，命之曰："神宗创法立制，先帝继之，两遭变更，国是未定，朕欲上述父兄之志，卿何以教之？"京顿首谢曰："敢不尽死！"

【纲】焚元祐法，置讲议司于都省。

【纲】章楶罢。
【纲】复罢《春秋》博士。
【纲】八月，诏天下兴学贡士，作辟雍于都城南。

【纲】以赵挺之、张商英为尚书左、右丞。
【纲】复令进士兼试律。
【纲】复绍圣役法。
【纲】九月，立党人碑于端礼门。籍元符末上书人，分邪正等黜陟之。 【目】时元祐、元符末群贤，贬窜死徙者略尽，蔡京犹未惬意，乃与其客强浚明、叶梦得籍宰执司马光、文彦博、吕公著、吕大防、刘挚、范纯仁、韩忠彦、王珪、梁焘、王岩叟、王存、郑雍、傅尧俞、赵瞻、韩维、孙固、范百禄、胡宗愈、李清臣、苏辙、刘奉世、范纯礼、安焘、陆佃，曾任待制以上官苏轼、范祖禹、孔文仲、孔武仲、朱光庭、孙觉、鲜于侁、贾易、邹浩等，余官程颐、秦观、张耒、晁补之、黄庭坚、孔平仲等，内臣张士良等，武臣王献可等，凡百二十人，等其罪状，谓之奸党，请御书刻石于端礼门。京等复请下诏籍元符末日食求言章疏及熙宁、绍圣之政者，付中书定为正上、正中、正下三等；邪上、邪中、邪下三等。于是锺世美以下四十一人为正等，悉加旌擢；邓考甫以下五百余人为邪等，降责有差。又诏降责人不得同州居住。

挤绍圣忠贤之士。于是曾布请求罢职，被调出任润州（治所丹徒县，即今江苏镇江市）知州。

【纲】秋七月，任命蔡京为尚书右仆射兼中书侍郎。　【目】任命的制书下达那天，徽宗在延和殿给蔡京赐坐，对他说："神宗皇帝创立新法，建立制度，先帝（哲宗）继承它，两次遭受变更，国家大计不能确定。朕想继承父兄的遗志，你有什么可以指教？"蔡京叩头谢恩说："怎么敢不拼死效力！"

【纲】焚毁元祐时期制定的法律文书，在宰相议事的都堂设置讲议司。

【纲】章棠被罢免。

【纲】再次废除《春秋》博士。

【纲】八月，下诏令天下兴建学校为国家推荐贡士。在京师城南修建辟雍。

【纲】任命赵挺之、张商英为尚书左、右丞。

【纲】又令进士兼考律法。

【纲】恢复绍圣时期的役法。

【纲】九月，在端礼门树立了党人碑，把元符末年以来上书的人刻名其上，按照邪、正等级，分别予以黜贬或升迁。　【目】当时元祐、元符末年的贤臣几乎全都被贬流放或死去，蔡京还觉得不满意，就和他的门客强浚明、叶梦得登记曾任宰执的司马光、文彦博、吕公著、吕大防、刘挚、范纯仁、韩忠彦、王珪、梁焘、王岩叟、王存、郑雍、傅尧俞、赵瞻、韩维、孙固、范百禄、胡宗愈、李清臣、苏辙、刘奉世、范纯礼、安焘、陆佃，曾任待制以上官职的苏轼、范祖禹、孔文仲、孔武仲、朱光庭、孙觉、鲜于侁、贾易、邹浩等人，其他官员程颐、秦观、张耒、晁补之、黄庭坚、孔平仲等人，内臣张士良等人，武将王献可等人，共一百二十人，按他们的罪状划分等级，称之为奸党，请徽宗亲笔书写刻成石碑，树立在端礼门。蔡京等人又奏请下诏，把元符末年出现日食时征求直言所得到的奏疏中，有论及熙宁、绍圣年间之政的，加以登记，交付中书省定为正上、正中、正下三等，邪上、邪中、邪下三等。于是锺世美以下四十一个人被定为正等，全都加以表彰擢升；邓考甫以下五百余

【纲】冬十月，蒋之奇罢。

【纲】复废元祐皇后孟氏，贬韩忠彦等官，窜丰稷、陈瓘等于远州。 【目】时元符皇后閤宦者郝随讽蔡京再废元祐皇后，京未得间。既而昌州判官冯澥上书论复后为非，于是御史中丞钱遹、殿中侍御史石豫、左膺连章论："韩忠彦等乘一布衣诳言，复瑶华之废后，掠流俗之虚美。当时物议固已汹汹，乃至疏逖小臣诣阙上书，忠义激切，则天下公议从可知矣。望询考大臣，断以大义，无牵于流俗非正之论以累圣朝。"京与许将、温益、赵挺之、张商英皆主台臣之说，帝不得已，从之。诏罢元祐皇后之号，复居瑶华宫，且治元符末议复后号者，降宰臣韩忠彦、曾布官，追贬李清臣雷州司户参军，黄履祁州团练副使，安置翰林学士曾肇、御史中丞丰稷、谏臣陈瓘、龚夬等十七人于远州。擢冯澥鸿胪寺主簿。

【纲】以蔡卞知枢密院事。

【纲】十二月，追谥哲宗子茂为献愍太子，窜邹浩于昭州。【目】初，邹浩召自新州入对，帝首及谏立后事，奖叹再三，询谏草安在。对曰："已焚之矣。"退告陈瓘，瓘曰："祸其在此乎！异时奸人妄出一缄，则不可辨矣。"蔡京用事，乃使其党伪为浩疏，有"刘后杀卓氏而夺其子以为己出，欺人可矣，讵可以欺天乎"之语。帝诏暴其事，遂追册茂为太子，而窜浩于昭州。

【纲】癸未，二年，春正月。安置任伯雨等十二人于远州。蔡京、蔡卞怨元符末台谏之论己，悉陷以党事，同日贬窜。

人定为邪等,分别给予不同的降职责罚。又下诏不准许降职和受到责罚的人在同一个州郡之内居住。

【纲】冬十月,蒋之奇被罢免。

【纲】重新废掉元祐皇后孟氏,贬黜韩忠彦等人的官职,流放丰稷、陈瓘等人到边远的州郡。 【目】当时侍奉元符皇后的宦官郝随讽示蔡京再次废掉元祐皇后,蔡京没有找到机会。不久,昌州(治所大足县,即今四川大足县),判官冯澥上书论恢复皇后的做法不对,于是御史中丞钱遹,殿中侍御史石豫、左肤接连上奏章论说:"韩忠彦等人利用一个平民布衣的诳言,恢复了居瑶华宫的废后为皇后,掠取了流俗的虚伪美名。当时人们对这件事已经议论纷纷,以至于边远地区的小臣也到朝廷来上书,忠义之情慷慨激切,天下的公论由此可知。希望陛下向大臣查询,依据大义作出明断,不要受流俗不正之论的影响,以连累损害圣明的朝廷。"蔡京和许将、温益、赵挺之、张商英都支持御史台官员的主张,徽宗不得已听从了。下诏罢去元祐皇后的尊号,让她重回瑶华宫居住,并且处治元符末年倡议恢复皇后尊号的人,贬降宰相韩忠彦、曾布的官位,追贬李清臣为雷州司户参军,黄履为祁州(治所蒲阴县,即今河北安国市)团练副使,把翰林学士曾肇、御史中丞丰稷、谏官陈瓘、龚夬等十七个人安置到边远州郡,擢升冯澥为鸿胪寺主簿。

【纲】任命蔡卞为知枢密院事。

【纲】二月,追谥哲宗的儿子赵茂为献愍太子,流放邹浩到昭州(治所平乐县,即今广西平乐县)。 【目】当初,邹浩从新州被召入京,对答皇帝的询问。徽宗首先问及邹浩谏阻册立刘贤妃为皇后的事,再三赞叹,问他谏书的草稿在哪里。邹浩回答说:"已经烧毁了。"退朝以后,把这件事告诉了陈瓘,陈瓘说:"祸害大概就在这件事上了!以后奸人假造你的奏疏拿出来,那可就不好辨清了。"蔡京当权以后,就指使他的党羽伪造邹浩的奏疏,其中有"刘皇后杀害宫女卓氏而夺走她的儿子,作为自己生的儿子,欺骗别人还可以,难道可以欺天吗"的话。徽宗下诏公布这件事,于是追认赵茂为皇太子,而流放邹浩到昭州。

【纲】崇宁二年(癸未,1103),春正月,把任伯雨等十二个人安置到边远州郡。蔡京、蔡卞怨恨元符末年台谏官弹劾自己,把他们全都诬

【纲】温益卒。以蔡京为尚书左仆射兼门下侍郎。二月，尊元符皇后刘氏为皇太后。

【纲】三月，诏党人子弟毋得至阙下。

【纲】夏四月，诏毁司马光等景灵宫绘像。 【目】司马光及吕公著、吕大防、范纯仁、刘挚、范百禄、梁焘、郑雍、赵瞻、王岩叟凡十人。时又诏毁范祖禹《唐鉴》及三苏、黄庭坚、秦观文集。

【纲】以赵挺之为中书侍郎，张商英、吴居厚为尚书左、右丞，安惇同知枢密院事。

【纲】除故直秘阁程颐名。 【目】言者希蔡京意，论颐"学术颇僻，素行谲怪，专以诡异，聋瞽愚俗"。乃追毁颐出身文字，其所著书，令监司严加觉察。范致虚又言："颐以邪说诐行，惑乱众听，而尹焞、张绎为之羽翼，乞下河南，尽逐学徒。"颐于是迁居龙门之南，止四方学者曰："尊所闻，行所知，可矣，不必及吾门也。"

【纲】诏童贯监洮西军。六月，贯及安抚王厚复湟州，贬韩忠彦等官有差。

【纲】秋八月，张商英罢。

【纲】九月，令州县立党人碑。 【目】蔡京又自书奸党为大碑，颁于郡县，令监司长吏厅皆刻石。有长安石工安民当镌字，辞曰："民，愚人，固不知立碑之意。但如司马相公者，海内称其正直，今谓之奸邪，民不忍刻也！"府官怒，欲加之罪，民泣曰："被役不敢辞，乞免镌安民二字于石末，恐得罪后世。"闻者愧之。

陷为是元祐党人,在同一天之内全部贬谪流放。

【纲】温益去世,任命蔡京为尚书左仆射兼门下侍郎。二月,尊元符皇后刘氏为皇太后。

【纲】三月,下诏元祐党人的子弟不准进京。

【纲】夏四月,下诏毁掉司马光等人在景灵宫的画像。　【目】画像有司马光和吕公著、吕大防、范纯仁、刘挚、范百禄、梁焘、郑雍、赵瞻、王岩叟共十个人。当时又下诏毁禁范祖禹撰写的《唐鉴》和三苏(苏洵、苏轼、苏辙)、黄庭坚、秦观的文集。

【纲】任命赵挺之为中书侍郎,张商英、吴居厚为尚书左、右丞,安惇为同知枢密院事。

【纲】把原任直秘阁的程颐削除官籍。　【目】进言者秉承蔡京的意旨,说程颐"学术偏颇怪僻,行为怪诞,专门以诡异的言论迷惑蒙蔽愚蠢庸俗之人"。于是下诏追毁对程颐任命的文书,对他所著述的书籍,令监察部门严加查察。范致虚又说:"程颐用邪说异行蛊惑搅乱众人的视听,而尹焞、张绎作为他的羽翼,请求下诏河南(即西京洛阳),把他的学生门徒全部驱逐。"程颐于是迁居到了龙门山(在今河南洛阳市南)的南面,他劝止四方前来求学的人说:"尊从你所听到的,按你所知道的去做,就可以了,不必到我的家门来了。"

【纲】下诏命童贯监洮西军。六月,童贯和安抚使王厚收复了湟州(治所邈川城,即今青海海东市乐都区),对韩忠彦等人分别等差,予以贬降官位。

【纲】秋八月,罢免张商英。

【纲】九月,令州县树立元祐党人碑。　【目】蔡京又自己书写了记录奸党姓名的碑文,刻成大碑,颁布于郡县,令监司和地方主官的厅堂上都刻石立碑。有一个名叫安民的长安石匠被派去刻字,他推辞说:"我是个愚人,确实不知道树立石碑的用意。但像司马相公这样的人,海内的人都称扬他正直,现在说他是奸邪,我不忍心去刻字。"长安府的官吏发怒,想给他定罪,安民哭泣着说:"被派服役我不敢推辞,请求不要在石碑末尾刻上'安民'二字,恐怕得罪后世之人。"听到这话的人都感到惭愧。

【纲】甲申,三年,春正月,铸当十大钱。

【纲】命方士魏汉津定乐,铸九鼎。
【纲】二月,令天下阬治金银悉输内藏。

【纲】夏六月,图熙宁、元丰功臣于显谟阁。
【纲】以王安石配享孔子。 【目】辟雍初成,诏:"荆国公王安石,孟轲以来一人而已,其以配享孔子,位次孟轲。"吏部尚书何执中请开学殿,使都人纵观。

【纲】置书画算学。
【纲】重定党人,刻石朝堂。
【纲】秋七月,复行方田法。
【纲】八月,许将罢。九月,以赵挺之、吴居厚为门下、中书侍郎,张康国、邓洵武为尚书左、右丞。
【纲】以胡师文为户部侍郎。
【纲】冬十二月,复封孔子后为衍圣公。
【纲】是岁,大蝗。
【纲】安惇卒。
【纲】乙酉,四年,春正月,蔡卞罢。 【目】卞居心倾邪,一意妇翁王安石所行为至当。以兄京晚达,而位在上,致己不得相,故二府政事,时有不合。至是京请以童贯为制置使,卞言不宜用宦者,必误边计。京于帝前诋卞,卞求去,遂出知河南府。

【纲】以童贯为熙河、兰湟、秦凤路经略安抚制置使。

【纲】二月,以张康国知枢密院事,刘逵同知院事,何执中为尚书左丞。

【纲】崇宁三年（甲申，1104），春正月，铸造相当于原来十枚的当十大钱。

【纲】命方士魏汉津制乐，铸造九鼎。

【纲】二月，下诏令民间将挖掘、冶炼的金银全都输送到宫中内藏府。

【纲】夏六月，在显谟阁为熙宁、元丰时期的功臣画肖像。

【纲】下诏以王安石配享孔子。　【目】辟雍刚刚建成，下诏："荆国公王安石，是孟轲以来，儒学最有成就的一个人。以他配享孔子，列位仅次于孟轲。"吏部尚书何执中请求开放太学大殿，让京城的人尽情参观。

【纲】设置书学、画学、算学。

【纲】重新确定元祐党人的名录，刻石碑立于朝堂之上。

【纲】秋七月，恢复施行方田法。

【纲】八月，许将被罢免。九月，任命赵挺之、吴居厚为门下、中书侍郎，张康国、邓洵武为尚书左、右丞。

【纲】任命胡师文为户部侍郎。

【纲】冬十二月，又封孔子的后嗣为衍圣公。

【纲】这年，发生大规模蝗灾。

【纲】安惇去世。

【纲】崇宁四年（乙酉，1105），春正月，蔡卞被罢免。　【目】蔡卞居心奸邪，一心认为自己的岳父王安石的所作所为最为正确得当。因为他兄长蔡京发迹比他晚而官位却在他之上，致使自己不能出任宰相，所以在中书、枢密二府讨论政事时，时常意见分歧。到这时蔡京奏请任命童贯为制置使，蔡卞说："不适宜让宦官担任，一定会贻误边疆的大计。"蔡京在徽宗面前诋毁蔡卞，蔡卞请求去职，于是外调，任河南府知府。

【纲】任命童贯为熙河、兰湟（治所兰泉县，即今甘肃兰州市）、秦凤路经略安抚制置使。

【纲】二月，任命张康国为知枢密院事，刘逵为同知院事，何执中为尚书左丞。

【纲】闰月,铸夹锡铁钱。

【纲】三月,以赵挺之为尚书右仆射兼中书侍郎。

【纲】夏五月,除党人父兄子弟之禁。

【纲】六月,赵挺之罢。

【纲】秋七月,置四辅郡。 【目】右司谏姚祐请置辅郡,以拱大畿。诏以颍昌府为南辅;升襄邑县为拱州,为东辅;郑州为西辅;澶州为北辅。各屯兵二万,重其资给。盖蔡京欲兵权归己故也。

【纲】还上书流人。

【纲】八月,新乐及九鼎成。九月,帝受贺于大庆殿。 【目】九鼎成,奉安于九成宫,以蔡京为定鼎礼仪使。帝幸宫行酌献礼。鼎各一殿,中央曰帝鼎,北曰宝鼎,东曰牡鼎,东北曰苍鼎,东南曰冈鼎,南曰彤鼎,西南曰阜鼎,西曰晶鼎,西北曰魁鼎。时制新乐亦成,赐名大晟。置大晟府,建官属。九月,帝受贺于大庆殿,加号魏汉津虚和冲显宝应先生。帝之幸九成宫也,酌献至北方宝鼎,鼎忽破,水流溢于外,或者以为北方致乱之兆。

【纲】诏徙元祐党人于近地。

【纲】冬十一月,以朱勔领苏、杭应奉局及花石纲。 【目】先是,苏州人有朱冲者及其子勔,俱给事蔡京所。京审其父子名姓于童贯军籍中,皆得官。帝颇垂意花石,京讽冲密取浙中珍异以进。初致黄杨三本,帝嘉之。后岁岁增加,舳舻相衔于淮、汴,号"花石纲"。乃命勔领应奉局及纲事,勔指取内帑如囊中物,每取以数十百万计。于是搜岩剔薮,幽隐不置。凡士庶之家,一石一木稍堪玩者,即领健卒直入其家,用黄封表识,使护视之。微不谨,即被以大不恭罪。及发行,必撤屋抉墙以出。人不幸有一物小异,共指为不祥,惟恐芟夷之不速。民预是役者,中家破产,或粥卖子女以供其须。厮山辇石,

【纲】闰月，铸造含有锡的铁钱。

【纲】三月。任命赵挺之为尚书右仆射兼中书侍郎。

【纲】夏五月，解除对元祐党人的父兄子弟的禁锢。

【纲】六月，赵挺之被罢免。

【纲】秋七月，设置了四个辅郡。　【目】右司谏姚祐奏请设置辅郡，以拱卫京畿。下诏以颍昌府为南辅；把襄邑县（在今河南睢县）升为拱州，作为东辅；郑州（治所管城县，即今河南郑州市）为西辅；澶州（治所濮阳县，即今河南濮阳县）为北辅。四个辅郡各屯兵二万人，优先供应物资给养。这是蔡京想把兵权归于自己掌握而采取的做法。

【纲】准许元符末年上书而流放的人返回内地。

【纲】八月，新乐和九鼎都制成了。九月，徽宗在大庆殿接受百官祝贺。　【目】九鼎铸成以后，被安放在九成宫，任命蔡京为定鼎礼仪使。徽宗亲临九成宫举行酌献典礼。每个鼎安放在一座殿中，中央的叫帝鼎，北面的叫宝鼎，东面的叫牡鼎，东北面的叫苍鼎，东南面的叫冈鼎，南面的叫彤鼎，西南面的叫阜鼎，西面的叫晶鼎，西北面的叫魁鼎。当时新乐也制成了，赐名《大晟》。设置了大晟府，建立了官署属员。九月，徽宗在大庆殿接受百官祝贺，给方士魏汉津加封号为"虚和冲显宝应先生"。徽宗亲临九成宫行酌献典礼，到北面宝鼎时，鼎突然破裂，水流溢出来，有人认为这是北方将致乱的先兆。

【纲】下诏元祐党人可以迁徙到内地居住。

【纲】冬十一月，任命朱勔掌管苏州、杭州应奉局和花石纲的事务。　【目】先前，有一个叫朱冲的苏州人，和他的儿子朱勔，都在蔡京手下任职。蔡京把他们父子的姓名冒充军人，编入童贯所领军队的军籍之中，他们二人都做了官。徽宗很喜欢花石，蔡京指使朱冲秘密采办浙中地区的珍奇异石进奉皇帝。最初送来了"黄杨"三棵，徽宗嘉奖了他。后来年年增加供物数量，以致运送花石的船只在淮河、汴河上舳舻相接，号称"花石纲"，于是任命朱勔掌管应奉局和花石纲的事务。朱勔提取内府钱币如同囊中取物，每次领取以数十万百万计算。于是搜遍了天下的山岩湖薮，幽隐难寻的地方也不放过。凡是士人和平民百姓家里，有一石一木，稍稍值得玩赏的，就率领健壮的兵卒直接闯入他的家

程督惨刻，虽在江湖不测之渊，百计取之，必得乃止。篙工柁师，倚势贪横，陵轹州县，道路以目。

【纲】丙戌，五年，春正月，彗出西方，长竟天。

【纲】以吴居厚为门下侍郎，刘逵为中书侍郎。

【纲】诏求直言，毁党人碑，复谪者仕籍。　【目】帝以星变，避殿损膳，刘逵请碎元祐党人碑，宽上书邪籍之禁，帝从之，夜半遣黄门至朝堂毁石刻。翌日，蔡京见之，厉声曰："石可毁，名不可灭也。"寻以太白昼见，赦除党人一切之禁，诏崇宁以来左降者，无问存没，稍复其官，尽还诸徙者。

【纲】二月，蔡京有罪免。　【目】京怀奸植党，托绍述之名，纷更法制，贬斥群贤，增修财利之政，务以侈靡惑人主，动以周官惟王不会为说，每及前朝惜财省费者必以为陋。至于土木营造，率欲度前规而侈后观。时天下久平，京因睹帑庾盈溢，遂倡为"丰亨豫大"之说，视官爵财物如粪土，累朝所储扫地矣。及彗星见，帝悟其奸，凡所建置，一切罢之，而免京为中太乙宫使，留京师。

【纲】以赵挺之为尚书右仆射兼中书侍郎。　【目】挺之与刘逵同心辅政，然挺之多知，虑后患，每建白务开其端，而使逵毕其说。初，蔡京兴边事，用兵累年。至是，帝临朝语大臣曰："朝廷不可与

中，用黄封作为标志，派人看护监视起来。稍有不谨慎之处，就被加上"大不恭"的罪名。等到装运时，必定要拆屋破墙运出来。如果谁不幸有一件物品有一点奇异之处，大家都会指这件物品是不祥之物，惟恐除掉它不够快。百姓中为花石纲服役的人，中产之家要破产，有的还要出卖子女以供官府所需。开山运石，督责得十分惨酷刻薄，即使花石在江湖之中深不可测的水渊中，也要千方百计捞取，一定要获得才罢。篙工舵师也仗势贪婪横行，欺压州县，道路上的行人不敢说话，侧目而视。

【纲】崇宁五年（丙戌，1106），春正月，彗星在西方天际出现，彗尾长得划过了整个天空。

【纲】任命吴居厚为门下侍郎，刘逵为中书侍郎。

【纲】下诏征求直言，毁掉党人碑，恢复被贬谪者的官籍。
【目】徽宗因为出现星变，避居偏殿，减损膳食。刘逵奏请砸碎元祐党人碑，放宽对元符末年上书而被按邪正分等记录的诸臣的禁令。徽宗听从了，半夜里派遣宦官到朝堂上把石碑砸毁。第二天，蔡京发现了，厉声说："石碑可以毁掉，名字不可以毁灭！"不久又因为太白星在白昼里出现，下诏赦免，解除对元祐党人的一切禁令，下诏对崇宁以来被降职的人，无论在世的还是去世的，初步恢复官职，并全部放还被流放的诸臣。

【纲】二月，蔡京有罪，被罢免。　【目】蔡京心怀奸邪，树立私党，托绍述之名，变更法制，贬斥群贤，增加财政税收，一心想以侈靡来迷惑君主，动辄以《周官》提到的唯有周王和王后、世子的膳食费用不入会计为理由进行解说，每当提及前朝爱惜财物节省费用的事，蔡京就认为是吝啬。至于兴建土木，总要超过以前的规模以向后世夸示。当时天下承平日久，蔡京因为目睹国库充实，于是提倡"丰亨豫大"之说，视官爵财物如粪土，几朝的积蓄被挥霍用尽了。等到彗星出现，徽宗觉悟出他的奸邪，凡是他所建议设置的，全部加以废除，而罢免他的相职，让他任中太乙宫使，留在京师。

【纲】任命赵挺之为尚书右仆射兼中书侍郎。　【目】赵挺之和刘逵同心协力辅佐朝政，然而赵挺之多有智谋，顾虑有后患，每次向朝廷有所建议，必然首先由他提出，而让刘逵去说完这个建议。起初，蔡京

四夷生隙,衅端一开,兵连祸结,生民肝脑涂地,岂人主爱民之意哉?"挺之退谓同列曰:"上志在惠兵,吾曹所宜将顺。"时执政皆京党,但唯笑而已。

【纲】三月,罢求直言。

【纲】许夏人平。

【纲】秋七月朔,日当食,不亏。冬十二月朔,日当食,不亏。群臣称贺。

【纲】刘逵罢。 【目】蔡京令其党进言于帝曰:"京之改法度,皆禀上旨,非私为之。今一切皆罢,恐非绍述之意。"帝惑其说,复有用京之心。于是京党御史余深、石公弼论逵专恣,反覆引用邪党,出知亳州。

【纲】丁亥,大观元年,春正月,以蔡京为尚书左仆射兼门下侍郎。吴居厚罢,以何执中为中书侍郎,邓洵武、梁子美为尚书左、右丞。三月,赵挺之罢,以何执中、邓洵武为门下、中书侍郎。梁子美、朱谔为尚书左、右丞。

【纲】以蔡攸为龙图阁学士兼侍读。

【纲】立八行取士科。 【目】八行者,孝、友、睦、姻、任、恤、忠和也。凡有此八行者,即免试,补太学上舍。知台州李谔文以徐中行应,中行闻之,尽毁其所为文,入委羽山以避之。或问之,中行曰:"人而无行与禽兽等,使吾得以八行应科目,则彼之不被举者非人类欤?"

【纲】夏五月,以蔡薿为给事中。 【目】薿以诸生试策,揣蔡京且复用,即对曰:"熙、丰之德业足以配天,不幸继之以元祐;绍圣之缵述足以永赖,不幸继之以靖国。"于是擢为第一,以所对颁天下。甫解褐,即除秘书正字,未逾年至侍从,前此未有也。

挑动边疆战事，连年用兵。到这时徽宗临朝，对大臣们说："朝廷不可和四周边夷发生争端，衅端一开，兵连祸结，百姓肝脑涂地，岂是君主爱民的本意呢？"赵挺之退朝以后，对同朝大臣说："皇上的志愿是平息战事，我们应该顺从行事。"当时执政大臣都是蔡京的同党，听了只是笑笑而已。

【纲】三月，停止征求直言进谏。

【纲】同意夏人讲和的建议。

【纲】秋七月初一日，应当发生日蚀而太阳却没有出现亏缺。冬十二月初一日，应当发生日蚀而太阳却没有出现亏缺。群臣进行祝贺。

【纲】刘逵被罢免。 【目】蔡京令他的同党向徽宗进言说："蔡京的更改法度，都是禀承圣上的旨意，不是私自擅为。现在一切都被废除，恐怕不是绍述之意。"徽宗被他们的说法所迷惑，又有起用蔡京的意思。于是蔡京的同党御史余深、石公弼奏劾刘逵专权恣行，行为反复，引用邪党，刘逵被调出任亳州知州。

【纲】大观元年（丁亥，1107），春正月，任命蔡京为尚书左仆射兼门下侍郎。吴居厚被罢免，任命何执中为中书侍郎，邓洵武、梁子美为尚书左、右丞。三月，赵挺之被罢免，任命何执中、邓洵武为门下、中书侍郎。梁子美、朱谔为尚书左、右丞。

【纲】任命蔡攸为龙图阁学士兼侍读。

【纲】设立八行取士科。 【目】八行是：孝、友、睦、姻、任、恤、忠、和。凡是有这八种品行的人，就可以免试，进入太学中的上舍。台州（治所临海县，即今浙江临海市）知州李谔文把徐中行上报朝廷，徐中行听说了，把自己写的文章全都毁掉，逃入委羽山（在今浙江黄岩县南）躲避起来。有人问他，徐中行说："人而没有品行，就和禽兽一样。假使我因为八行而被应选科目，那么不被荐举的人，就不是人了吗？"

【纲】夏五月，任命蔡蕴为给事中。 【目】蔡蕴以诸生的身份参加对策考试，揣度蔡京将要被重新起用，就在对策文章中写道："熙宁、元丰年间的德业足以配天，不幸接下去是元祐；绍圣年间继承的事业足以永世依赖，不幸接下去是建中靖国。"于是他被擢为第一名，把他的对策文章颁布天下。他一做官，就被任命为秘书正字；不到一年，官至

【纲】邓洵武免。六月,以梁子美为中书侍郎。

【纲】朱谔卒。

【纲】秋八月,以徐处仁为尚书右丞,林摅同知枢密院事。处仁寻罢。

【纲】九月,故直秘阁程颐卒。 【目】颐于书无所不读,其学本于诚,以《大学》《论语》《孟子》《中庸》为标指,而达于《六经》。动止语默,一以圣人为师,卒得孔、孟不传之学为诸儒倡。著《易、春秋传》。平生诲人不倦,故学者出其门最多,渊源所渐,皆为名士,而刘绚、李籲、谢良佐、游酢、张绎、苏昞、吕大临、吕大钧、尹焞、杨时成德尤著。世称颐为伊川先生,卒年七十五。

绚力学不倦,颐每言:"他人之学,敏则有矣,未易保也。若绚者,吾无疑焉。"仕终太常博士。

籲,颐称其才器可大任。又言:"自予兄弟倡明道学,能使学者视仿而信从者,籲与刘绚有力焉。"仕终较书郎。

良佐学问该赡,事有未澈,则颡有沘。尝与颐别,一年复来见,颐问所进,对曰:"但去得一'矜'字尔。"颐喜曰:"是子可谓博学切问而近思者。"与游酢、杨时、吕大临在程门号"四先生"。仕终监西京竹木场。

酢,初与兄醇俱以文行知名,所交皆天下士。颐见之京师,谓其资可以进道。及程颢兴扶沟学,酢尽弃故所习而学焉。仕终知濠州。

绎,家世甚微,年长未知学,佣力于市。闻邑官传呼声,心慕之,即发愤为学,遂以文名。会颐自涪还河南,绎往受业,颐称其颖

侍从，这是前所未有的。

【纲】邓洵武被罢免。六月，任命梁子美为中书侍郎。

【纲】朱谔去世。

【纲】秋八月，任命徐处仁为尚书右丞，林摅为同知枢密院事。徐处仁不久又被罢免。

【纲】九月，原直秘阁程颐去世。 【目】程颐于书无所不读，他的学说是以"诚"为根本，以《大学》《论语》《孟子》《中庸》作为指南，而上通《六经》。举动言行，都以圣人为师，最终获得了孔子、孟子以后没有传授下来的学问，成为诸儒的倡导。著有《易、春秋传》。他平生诲人不倦，所以从他门下培养出来的学者最多，因为受到他的影响，都成为名士，而刘绚、李籲、谢良佐、游酢、张绎、苏昞、吕大临、吕大钧、尹焞、杨时的成就尤为显著。世人称程颐为伊川先生，他去世时七十五岁。

刘绚好学不倦，程颐常说："别人对于学问，勤勉是有的，但不易保持。像刘绚这样，我没有什么可以怀疑的。"他的官做到太常博士。

李籲，程颐称赞他的才能器识堪当重任。又说："自从我们兄弟二人（指程颢和程颐）倡导道学以来，能够使学者们效仿而信从，李籲和刘绚是出了力的。"他的官做到校书郎。

谢良佐的学问广博，事情如果没有彻底弄清，就会额头冒汗。他曾经和程颐离别，一年以后，又来相见。程颐问他有什么长进，他回答说："只去掉了一个'矜'字罢了。"程颐高兴地说："这一位称得上是博学深究而近于思考的人了。"他和游酢、杨时、吕大临在程颐门下求学，号称"四先生"。他的官做到监西京竹木场。

游酢，最初和兄长游醇都以文章品行知名于世，所交往的都是天下的名士。程颐在京师时见到他，说他的资质可以进而学道。等到程颐在扶沟县（今河南扶沟县）讲学，游酢把以前所学习的都抛弃了而跟随程颐学习。他的官做到濠州（治所钟离县，即今安徽凤阳县东北临淮关）知州。

张绎，家世很低微，年纪大了，还不知道求学，在市场上出卖劳力。听到县官出行时的传呼声，心里很羡慕，就开始发愤求学，于是以文章

悟，尝曰："吾晚得二士。"谓绎与尹焞也。

昞，始学于张载而事二程卒业，仕为太常博士，坐元符上书邪等人，编管饶州，卒。

大钧，大防之弟，能守其师说而践履之，尤喜讲明井田兵制，谓治道必自此始。张载每叹其勇为不可及。仕终陕西转运从事。

大临，大钧之弟，通《六经》，尤邃于《礼》，每欲掇习三代遗文旧制，令可行，不为空言以拂世矫俗。仕终秘书省正字。

【纲】冬闰十月，以林摅为尚书左丞，郑居中同知枢密院事。
【纲】流太庙斋郎方轸于岭南。【目】轸上书言："蔡京睥睨社稷，内怀不道，专以绍述熙、丰之说为自媒之计。内而执政侍从，外而帅臣监司，无非其门人亲戚。自元符末陛下嗣服，忠义之士投匦者无日无之；京分为邪等，黥配编置，不齿仕籍，则谁肯为陛下言哉？京又使子攸日以花、石、禽、鸟为献，欲愚陛下，使不知天下治乱。臣以为京必反也，请诛京。"诏宣示京，京请下轸狱，竟流岭南。

【纲】十二月，黄河清。【目】乾宁军言："河清逾八百里，凡七昼夜。"诏以乾宁军为清州。

【纲】戊子，二年，春正月朔，受"八宝"于大庆殿，赦。【目】先是，有以玉印六寸龟纽献者，文曰："承天福，延万亿，永无极"，诏名"镇国宝"。至是，又得良玉工，帝命作六宝以合秦制天子六玺之数，与"受命"、"镇国"，通曰"八宝"。

知名。正逢程颐从涪州（治所涪陵县，即今四川涪陵县）返回河南，张绎前往程颐那里去求学。程颐称许他聪颖有悟性，曾经说："我在晚年获得二士。"指的是张绎和尹焞。

苏昞，开始跟随张载求学而最后从二程（程颢、程颐）那里完成了学业。任官太常博士时，因为被划为元符末年上书中的邪等之人，流放到饶州（治所鄱阳县，即今江西鄱阳县）编管，死在那里。

吕大钧，是吕大防的弟弟，能够坚守他老师的学说而躬行实践，尤其喜爱讲述阐明古代的井田制与兵制，认为治国之道必须从这里开始。张载常常赞叹其勇为不可及。他的官做到陕西转运从事。

吕大临，是吕大钧的弟弟，通晓《六经》，尤其精通《礼》，常常想采用学习夏、商、周三代遗留下来的礼仪制度，使这些礼仪在当代可以施行，不作空泛的言词以图改正世俗。他的官做到秘书省正字。

【纲】冬闰十月，任命林摅为尚书左丞，郑居中为同知枢密院事。

【纲】流放太庙斋郎方轸到岭南。　【目】方轸上书说："蔡京傲视社稷，心怀不正，专门以绍述熙宁、元丰之说为自己谋取私利。朝廷内的执政、侍从，朝廷外的将帅、监司，无非是他的门人亲戚。自从元符末年陛下即位以来，忠义之士写密书投匦告发他的天天都有。蔡京把他们划为邪等，刺墨于面，发配编管，在官籍上除名，那么谁还肯为陛下进言呢？蔡京又指使他的儿子蔡攸不断以花、石、禽、鸟进献宫中，想以此来愚弄迷惑陛下，使陛下不知天下的治乱。臣认为蔡京一定会谋反，请求诛灭他。"下诏把奏书让蔡京看，蔡京请求把方轸关进监狱，方轸后来竟被流放到岭南。

【纲】十二月，出现黄河水清的现象。　【目】乾宁军（治所乾宁县，即今河北青县）的官员上报："黄河水清的那一段超过了八百里，清水计七天七夜。"下诏改乾宁军为清州。

【纲】大观二年（戊子，1108），春正月初一日，徽宗在大庆殿举行接受"八宝"的仪礼，大赦天下。　【目】先前，有人把一枚六寸见方的龟纽玉印进献朝廷，印文是："承天福，延万亿，永无极"，下诏命名为"镇国宝"。这时又找到了一名技术精良的玉石匠，徽宗命他制作成六宝，以与秦朝制度规定的天子使用六玺的数目相符合，与"受命宝"、

【纲】二月,以叶梦得为翰林学士。【目】梦得初用,蔡京荐为礼部员外郎。京罢相,赵挺之更其所行,及京再相,复反前政。梦得入对,因言:"事不过可、不可二者而已。"以为可而出于陛下,则前日不应废;以为不可而不出于陛下,则今日不可复。今徒以大臣进退为可否,无乃陛下未有了然于胸中乎?"帝悦,以为起居郎,遂进学士。

【纲】夏五月,童贯复洮州,诏加贯检校司空。
【纲】秋八月,梁子美罢。九月,以林摅为中书侍郎,余深为尚书左丞。
【纲】皇后王氏崩。
【纲】冬十二月,诏以孔伋从祀孔子庙。

"镇国宝"一起,合称"八宝"。

【纲】二月,任命叶梦得为翰林学士。【目】叶梦得最初被任用时,蔡京推荐他任礼部员外郎。蔡京罢相以后,赵挺之更改了他的做法,等到蔡京再次担任了宰相,又恢复了以前的政治措施。叶梦得进宫接受徽宗询问政事,因此趁便说:"事情不过有可行、不可行二种而已。认为可行而且是出于陛下决定的,那么先前就不应该废除,认为不可行而且不是出于陛下决定的,那么现在就不可以恢复。现在仅仅以大臣的进用或去职来决定可行或不可行,难道是陛下对事情没有了然于胸吗?"徽宗听了高兴,任命叶梦得为起居郎,又升为翰林学士。

【纲】夏五月,童贯收复了洮州,下诏加童贯为检校司空。

【纲】秋八月,梁子美被罢免。九月,任命林摅为中书侍郎,余深为尚书左丞。

【纲】皇后王氏去世。

【纲】冬十二月,下诏以孔伋从祀于孔庙。

纲鉴易知录卷七五

宋纪

徽宗皇帝

【纲】己丑，三年，春三月，谪右正言陈禾监信州酒税。 【目】时童贯权益张，与黄经臣胥用事，中丞卢航表里为奸，缙绅侧目。陈禾曰："此国家安危之本也。"遂上书劾贯、经臣怙宠弄权之罪，愿亟窜之远方。论奏未终，帝拂衣起，禾引帝衣，请毕其说，衣裾落。帝曰："正言碎朕衣矣！"禾言："陛下不惜碎衣，臣岂惜碎首以报陛下？此曹今日受富贵之利，陛下他日受危亡之祸。"言愈切，帝变色曰："卿能如此，朕复何忧？"内侍请帝易衣，帝却之曰："留以旌直臣。"翌日，贯等相率前诉，谓：国家极治，安得如此不详语邪？遂奏禾狂妄，谪监信州酒税。

【纲】夏四月，林摅有罪，免。 【目】集英胪唱贡士，摅当传姓名，不识"甄盎"字，帝笑曰："卿误邪？"摅不谢，而语诋同列。御史论其寡学，倨傲不恭，失人臣礼，黜知滁州。久之，自扬州徙大名，道过阙，为帝言："顷使辽，见其国中携贰，若兼而有之，势无不可。"盖欲报其辱也。帝由是始有北伐之意。

【纲】以郑居中知枢密院事，管师仁同知院事，余深为中书侍郎，薛昂、刘正夫为尚书左、右丞。

【纲】五月，流孟翊于远州。 【目】孟翊献所画卦象，谓宋将

徽宗皇帝

【纲】大观三年（己丑，1109），春三月，贬谪右正言陈禾为监信州（治所上饶县，在今江西上饶市西北）酒税。 【目】当时童贯的权势愈来愈大，和宦官黄经臣都专权当政，中丞卢航和他们内外勾结为奸，缙绅士大夫对他们侧目而视。陈禾说："这关系到国家安危的根本。"于是上书弹劾童贯、黄经臣恃宠弄权之罪，希望马上把他们流放到远边地区。奏书还没有读完，徽宗拂衣而起。陈禾拉住徽宗的衣服，请求让他把奏书读完。徽宗的衣服后襟被拉扯掉了。徽宗说："正言你扯碎朕的衣服了！"陈禾说："陛下不可惜衣服扯碎，臣岂可惜打碎脑袋以报答陛下？他们这些人现在受富贵之利，陛下以后有一天却要蒙受危亡之祸。"他说得更加激切。徽宗脸色改变，说："你能够这样，朕又有什么忧虑？"内侍请徽宗更换衣服，徽宗拒绝说："留下来以表彰直臣。"第二天，童贯等人一起到徽宗面前分辩申诉，说："国家治理得好，怎么能说出如此不吉祥的话呢？"于是奏称陈禾言行狂妄，把他贬谪为监信州酒税。

【纲】夏四月，林摅有罪，被罢免。 【目】在集英殿传付贡士，林摅负责唱名，不认识"甄盎"二字，徽宗笑着说："你错了吧？"林摅不表示逊谢，反而出言诋毁同僚。御史弹劾他学识浅陋，倨傲不恭，有失人臣之礼，把他贬黜为滁州（治所清流县，即今安徽滁州市）知州。过了很长一段时间，把他从扬州（治所江都县，即今江苏扬州市）迁到大名府（在今河北大名县东），路过京城时，他对徽宗说："不久前出使辽国，看到他们国中离心，如果乘机兼并它，形势上看不是不可能。"林摅这样说，是想报复他在出使辽国时受到的侮辱。徽宗从此开始有了北伐辽国的想法。

【纲】任命郑居中为知枢密院事，管师仁为同知院事，余深为中书侍郎，薛昂、刘正夫为尚书左、右丞。

【纲】五月，流放孟翊到边远州郡。 【目】孟翊进献他所画的

中微，有再受命之象，宜更年号，改官名，变庶事以厌之。帝不乐，诏窜之远方。

【纲】六月，管师仁罢。

【纲】蔡京有罪，免。 【目】中丞石公弼、殿中侍御史张克公劾京罪恶，章数十上，京遂罢为太乙宫使。时有郭天信者以方伎得亲幸，深以京为非，每奏天文，必指陈以撼京。密白日中有黑子，帝为之恐，故罢京。

【纲】以何执中为尚书左仆射，兼门下侍郎。 【目】执中一意谨事蔡京，遂代为首相。太学生陈朝老诣阙上书曰："陛下知蔡京之奸，解其相印，天下之人，鼓舞有若更生。及相执中，中外默然失望。执中虽不敢若京之蠹国害民，然碌碌常质，初无过人。天下败坏至此，如人一身脏腑受渗已深，岂庸庸之医所能起乎？执中夤缘攀附，致位二府，亦已大幸，遽俾之经体赞元，是犹以蚤负山，多见其不胜任也。"疏奏，不省。

【纲】冬十一月，诏蔡京以太师致仕，留亦师。

【纲】庚寅，四年，春正月，以余深为门下侍郎，张商英为中书侍郎，侯蒙同知枢密院事。 【目】蔡京既免，商英自峡州起知杭州，过阙，赐对，因奏曰："神宗修建法度，务以去大害，兴大利。今诚一一举行，则尽绍述之美。"遂留居政府。

帝尝从容问蒙曰："蔡京何如人也？"蒙对曰："使京正其心术，虽古贤相何以加。"帝使密伺京所为，京闻而衔之。

卦象，说宋朝将中道衰微，有再受天命的迹象，应该更改年号，改换官名，改变各种事务以镇服它。徽宗很不高兴，下诏把盂翊流放到边远州郡。

【纲】六月，管师仁被罢免。

【纲】蔡京有罪，被罢免。　【目】御史中丞石公弼、殿中侍御史张克公弹劾蔡京有罪恶，上了奏章数十次，蔡京于是被罢相，任太乙宫使。当时有个叫郭天信的人，因懂得方伎得到徽宗的宠幸，他深以蔡京所作所为是错的，每次向徽宗上奏天文情况，必然指责蔡京以动摇蔡京的地位。他秘密禀告徽宗太阳中有黑子出现，徽宗为了这件事很惊恐，所以罢免了蔡京。

【纲】任命何执中为尚书左仆射兼门下侍郎。　【目】何执中一心一意谨慎地奉事蔡京，于是代蔡京出任首相。太学生陈朝老到皇宫上书说："陛下知蔡京之奸，解除了他的相印，天下的人欢欣鼓舞，有如再生一样。等到任何执中为相，朝廷内外黯然失望。何执中虽然不敢像蔡京那样误国害民，然而他碌碌无为，资质平平，没有过人的才能。天下的事败坏到这种地步，就像是人身的脏腑受到阴阳之气失调的严重危害，岂是平庸的医生所能够治好的？何执中靠攀附权贵，以致官位达到二府（中书省、枢密院），也已经是太幸运了。突然又让他经理国家，治理黎民百姓，这如同蚊子背山一样，肯定是不能胜任的。"奏疏上呈以后，不予理睬。

【纲】冬十一月，下诏令蔡京以太师的官衔退休，留居京城。

【纲】大观四年（庚寅，1110），春正月，任命余深为门下侍郎，张商英为中书侍郎，侯蒙为同知枢密院事。　【目】蔡京被罢免后，张商英从峡州（治所夷陵县，即今湖北宜昌市）被起用为杭州知州，路过京城，徽宗召见他，他因此对徽宗上奏说："神宗皇帝建立法度，一定要除去大害，兴建大利。现在如果真能一一实行，就可以使绍述达到完美的程度。"于是被留任为执政。

徽宗曾经从容地问侯蒙："蔡京是怎样一个人呢？"侯蒙回答说："假如蔡京端正他的心术，即使是古代的贤相也难以超过他。"徽宗秘密派人探视蔡京的所作所为，蔡京听说以后很恨侯蒙。

【纲】夏五月,立词学兼茂科。

【纲】彗出奎、娄,诏直言阙失。贬蔡京为太子少保,出居杭州。

【纲】余深罢。

【纲】六月,以张商英为尚书右仆射,兼中书侍郎。 【目】蔡京久盗国柄,中外怨疾,见商英能立异同,更称为贤,帝因人望而相之。时久旱,彗星中天;商英受命,是夕彗不见,明日雨。帝喜,因大书"商霖"二字赐之。

【纲】薛昂免。秋八月以吴居厚、刘正夫为门下、中书侍郎,侯蒙、邓洵仁为尚书左、右丞。

【纲】冬十月,立贵妃郑氏为皇后。

【纲】郑居中罢,以吴居厚知枢密院事。

【纲】辛卯,政和元年,春三月,以王襄同知枢密院事。

【纲】秋八月,张商英罢。 【目】商英为政持平,谓蔡京虽名绍述,但借以劫制人主,禁锢士大夫耳。于是大革弊事,劝帝节华侈,息土木,抑侥幸。帝颇严惮之,时称商英忠直。初,何执中与蔡京同相,凡营立皆预议,至是恶商英出己上,与郑居中日夜酝织其短。会商英与郭天信往来,事觉,居中因讽中丞张克公论之,遂罢政出知河南府,寻贬为崇信军节度副使。

【纲】九月,王襄免。

【纲】遣端明殿学士郑允中及童贯使辽。 【目】童贯既得志于西羌,遂谓辽亦可图,因请使辽以觇之。乃以郑允中充贺辽主生辰使,而以贯副之。或言:"以宦官为上介,国无人乎?"帝曰:"契丹闻贯破羌,故欲见之,因使觇其国,策之善者也。"遂行。

【纲】夏五月,设置词学兼茂科。

【纲】彗星在奎、娄二座星宿间出现。下诏征求直言不讳地指出朝政的过失。贬蔡京为太子少保,出京到杭州居住。

【纲】余深被罢免。

【纲】六月,任命张商英为尚书右仆射兼中书侍郎。　【目】蔡京长期窃据国家大权,朝廷内外都怨恨他,见到张商英能够提出不同于蔡京的主张,都赞他为贤,徽宗因为他有声望而任他为相。当时干旱了很久,彗星在天空中央出现。张商英接受任命以后,当天夜里,彗星不见了,第二天,天降雨。徽宗高兴,因此亲笔写了"商霖"两个大字赐给张商英。

【纲】薛昂被罢免。秋八月,任命吴居厚、刘正夫为门下、中书侍郎,侯蒙、邓洵仁为尚书左、右丞。

【纲】冬十月,册立贵妃郑氏为皇后。

【纲】郑居中被罢免,任命吴居厚为知枢密院事。

【纲】政和元年(辛卯,1111),春三月,任命王襄为同知枢密院事。

【纲】秋八月,张商英被罢免。　【目】张商英秉政能保持公平中正,认为蔡京虽然名义上说是绍述,但借此以挟制君主,禁锢士大夫罢了。于是他大力革除弊端,劝谏徽宗节制侈华,停止大兴土木,抑制侥幸之心。徽宗颇为害怕他,当时的人称赞张商英忠诚正直。起初,何执中和蔡京同时任相,凡是要实行的事,都参与讨论,到这时他厌恶张商英的名位在自己之上,就和郑居中日夜酝酿虚构张商英的过失。正逢张商英和郭天信有交往,事情被发觉,郑居中因此暗示御史中丞张克公弹劾张商英,于是张商英被罢官,出任河南府(治所河南县,即今河南洛阳市)知府,不久又贬为崇信军(今甘肃崇信县)节度副使。

【纲】九月,王襄被罢免。

【纲】派遣端明殿学士郑允中和童贯出使辽国。　【目】童贯已得志于战胜西夏,于是认为辽国也可以图取,因此请求出使辽国以窥探辽国的虚实。于是任命郑允中充任贺辽主生辰使,而以童贯为副使。有人说:"让宦官做上国使节,国家没有人才了吗?"徽宗说:"契丹(辽国)

【纲】冬十月,羁管陈瓘于台州。 【目】瓘以忤蔡京窜郴州,瓘子正汇在杭,讼京有动摇东宫迹,杭守蔡薿执送京师,阴告京,俾为计。事下开封府,并逮治瓘。尹李孝寿逼使证其妄,瓘曰:"正汇闻京将不利社稷,传于道路,瓘岂得预知。以所不知,忘父子之恩,而指其为妄,则情有所不忍;挟私情以符合其说,又义所不为。京之奸邪,必为国祸,瓘固尝论之于谏省,亦不待今日语言间也。"内侍黄经臣莅鞠,闻其词,失声太息,谓曰:"主上正欲得实,但如言以对可也。"狱具,正汇犹以所告失实流海上,瓘安置通州。

瓘尝撰《尊尧集》,谓绍圣史官专据王安石《日录》改修神宗史,变乱是非,不可传信,深明诬妄,以正君臣之义。张商英为相,取其书,既上,而商英罢,瓘又徙台州。何执中起迁人石悈知台州,欲置瓘以必死。悈至,执瓘至庭,大陈狱具,将胁以死。瓘揣知其意,大呼曰:"今日之事,岂被制旨邪?"悈失措,始告之曰:"朝廷令取《尊尧集》尔。"瓘曰:"然则何用许?使君知尊尧所以立名乎?盖以神考为尧,主上为舜,尊尧何得为罪?时相学术短浅,为人所愚,君所得几何,乃亦不畏公议干犯名分乎?"悈惭,揖瓘使退。执中怒,罢悈。瓘平生论京兄弟,皆披摘其处心,发露其情慝,最所忌恨,故得祸最酷。

听说童贯大破西羌（西夏），所以想见见他；因此借这个机会让他去窥探一下辽国的情况，这个计策是很好的。"于是二人出发前往。

【纲】冬十月，把陈瓘流放到台州（治所临海县，即今浙江临海市）羁管。　【目】陈瓘因为违忤了蔡京，被流放到郴州（治所郴县，即今湖南郴州市）。陈瓘的儿子陈正汇在杭州，上告蔡京有动摇皇太子储位的迹象。杭州知州蔡薿把陈正汇抓起来送往京师，暗地里告诉了蔡京，让他准备对策。事情下交开封府查处，把陈瓘也加以逮捕审理。开封府尹李孝寿逼迫陈瓘让他证明陈正汇所说是胡编虚妄之事，陈瓘说："正汇听说蔡京将不利于社稷国家，此事传闻于道路，我怎么能预先得知？以我不知道的事，让我忘掉父子的恩情而指他编造虚妄之说，则情有所不忍；如果我怀着私心去符合这种说法，又是义所不为。蔡京的奸邪，一定会成为国家的祸害，我确实曾在任谏官时弹劾过他，也不用等到今天才这样说。"内侍黄经臣出席了此案的审理，听到陈瓘这样说，失声叹息，对陈瓘说："皇上正想审得实情，只按照你说的去回复就可以了。"案狱审理完毕，陈正汇还是以上告失实的罪名被流放到海上，陈瓘被安置在通州（治所静海县，即今江苏南通市）。

陈瓘曾经撰写有《尊尧集》一书，认为绍圣时期的史官只根据王安石撰修的《日录》修改写成神宗时的史事，是混淆是非，不可传信的。书中深切地指出这种写法的诬妄不实，以端正君臣的大义。张商英任宰相时，把这本《尊尧集》拿去，上呈朝廷以后，而张商英被罢免，陈瓘又被迁徙到台州。何执中起用被流放的官员石悈为台州知州，想置陈瓘于死地。石悈到任以后，把陈瓘带到庭堂之上，大摆刑具，以死来威胁陈瓘。陈瓘猜测出了他的用意，大声呼喊："今天的事，难道是受朝廷的旨意吗？"石悈惊慌失措，才告诉陈瓘说："朝廷令我取你的《尊尧集》。"陈瓘说："那又何必采取这种做法？你知道《尊尧》根据什么命名吗？这是以神宗皇帝比做尧，以当今皇上比做舜，尊崇尧为什么有罪？当今的宰相学识短浅，被人所愚弄，你从中得到多少好处，也就不怕公论，触犯名分吗？"石悈感到惭愧，向陈瓘打揖行礼，让他回去了。何执中发怒，把石悈罢免了。陈瓘平生议论蔡京、蔡卞兄弟，都是揭发他们内心的企图，揭露他们隐秘的奸情，因此最为蔡京所忌恨，所以得

【纲】童贯以辽李良嗣来；命为秘书丞，赐姓赵。 【目】燕人马植本辽大族，仕至光禄卿，行污而内乱，不齿于人。童贯使辽，道卢沟，植夜见其侍史，自言有灭燕之策，因得见贯。贯与语，大奇之，载与俱归，易姓名曰李良嗣，荐诸朝。植即献策曰："女真恨辽人切骨，而天祚荒淫失道。本朝若自登、莱涉海，结好女真，与之相约攻辽，其国可图也。"议者谓："祖宗以来，虽有此道，以其地接诸蕃，禁商贾舟船不得行，百有余年矣；一旦启之，惧非中国之利。"不听。帝召问之，植对曰："辽国必亡。陛下念旧民遭涂炭之苦，复中国往昔之疆，代天谴责，以治伐乱，王师一出，必壶浆来迎。万一女真得志，事不侔矣。"帝嘉纳之，赐姓赵氏，以为秘书丞。图燕之议自此始。

【纲】壬辰，二年，春二月，复蔡京太师，赐第京师。

【纲】夏五月，诏蔡京三日一至都堂议事。 【目】京患言者议己，乃作御笔密进，而丐帝亲书以降，谓之"御笔手诏"，违者以违制坐之。事无巨细，皆纪以行，至有不类帝书者，群下亦莫敢言。由是贵戚近臣争相请求，至使中人杨球代书，号曰"书杨"。京复病之，而亦不能止矣。

【纲】六月，以余深为门下侍郎。
【纲】秋九月，更定官名。
【纲】冬十一月，受元圭于大庆殿，赦。

祸也最惨酷。

【纲】童贯把辽人李良嗣带回来,任命他为秘书丞,赐姓赵。
【目】燕人马植,本是辽国的大族,官做到光禄卿,品行污秽而家内混乱,为人们所不齿。童贯出使辽国,路过卢沟(即今北京市丰台区卢沟桥),马植半夜去见童贯的侍者,自称有消灭辽国的计策,因而得以与童贯见面。童贯和他谈话,非常惊奇他的才能,就用车把他一起带回来,把他的姓名改为李良嗣,将他推荐给朝廷。马植随即献计说:"女真人对辽人恨之入骨,而辽国的天祚皇帝荒淫无道,本朝(指宋朝)如果从登州(治所蓬莱县,即今山东蓬莱市)、莱州(治所掖县,即今山东莱州市)渡海,和女真人交结友好,和他们相约攻打辽国,就可以取得辽国。"有人说:"从祖宗时起,虽然就有这样一条通路,因为它的地域接连外蕃之地,禁止商贾船只与之往来,这种情况已经有百余年了;现在一旦开通这条路线,恐怕不会对中国有利。"徽宗不听从。徽宗召见马植询问,马植回答说:"辽国必亡,陛下如果体念旧日百姓遭受到的涂炭之苦,收复中国过去的疆土,代苍天谴责辽国,以治国讨伐乱国,宋朝的军队一出发,辽国的百姓一定会箪食壶浆来迎接。万一女真人独自攻辽得逞,事情的结果就不同了。"徽宗嘉奖他,听从了他的建议,赐他姓赵,任命为秘书丞。消灭辽国的计议从此开始了。

【纲】政和二年(壬辰,1112),春二月,恢复蔡京太师的官衔,在京城赐给他宅邸。

【纲】夏五月,下诏命蔡京每三天到都堂议事一次。 【目】蔡京担心言谏官员议论自己,于是临仿徽宗的笔迹写成诏书秘密上呈,请求徽宗亲笔批示下达,称之为"御笔手诏",违抗者以违反诏制论罪。事情不论大小,都依托这种办法施行,至于其中有一些不像徽宗笔迹的,群臣也不敢过问。从此贵戚和近臣们争着效法请求徽宗这样做,以至使宦官杨球代为签字,号称"书杨"。蔡京又感到这已成为弊病,但也不能制止它了。

【纲】六月,任命余深为门下侍郎。

【纲】秋九月,更改确定官名。

【纲】冬十一月,徽宗亲临元庆殿接受民间所献元圭,大赦天下。

【纲】以何执中为少傅。

【纲】十二月,加童贯太尉。

【纲】癸巳,三年,春正月,追封王安石为舒王,安石子雱为临川伯,从祀孔子庙。

【纲】以何执中为太宰。

【纲】吴居厚罢,以郑居中知枢密院事。

【纲】二月,太后刘氏自杀。

【纲】夏四月,邓洵仁罢。

【纲】以薛昂为尚书右丞。

【纲】闰月,改公主为帝姬。

【纲】秋八月,以何执中为少师。

【纲】九月,赐方士王老志号洞微先生,王仔昔号通妙先生。
【目】濮人王老志,初为小吏,遇异人授以丹,遂弃妻子,结草庐田间,为人言休咎,多验。太仆卿王亶以名闻,时帝方向道术,乃召至京师,馆于蔡京第。尝缄书一封至帝所,启视乃昔岁中秋与乔、刘二妃燕好之语也。由是益信之,号为洞微先生。朝士多从求书,初若不可解者,卒应者什八九,其门如市。逾年而死。

洪州人王仔昔,初隐于嵩山,自言遇许逊,得大洞隐书豁落七元之法,能道人未来事。京荐之,帝召见,赐号冲隐处士,进封通妙先生。由是道家之事日兴,而仔昔恩宠寖加,朝臣戚里,夤缘关通。

【纲】冬十一月,祀天于圜丘,以天神降,诏百官。

【纲】十二月,诏求道教仙经于天下。

【纲】女真阿骨打自称都勃极烈。 【目】初,辽主如春州,幸

【纲】任命何执中为少傅。

【纲】十二月,加童贯为太尉。

【纲】政和三年(癸巳,1113),春正月,追封王安石为舒王,王安石的儿子王雱为临川伯,从祀于孔庙。

【纲】任命何执中为太宰。

【纲】吴居厚被罢免,任郑居中为知枢密院事。

【纲】二月,太后刘氏自杀。

【纲】夏四月,邓洵仁被罢免。

【纲】任命薛昂为尚书右丞。

【纲】闰月,改称公主为帝姬。

【纲】秋八月,任命何执中为少师。

【纲】九月,赐予方士王老志号为"洞微先生",王仔昔号为"通妙先生"。　【目】濮州人(治所鄄城县,在今山东鄄城县北)王老志,起初是个小吏,遇到异人授予他丹药,于是他抛弃了妻子儿女,在田间搭盖了一间茅草房,为人预言吉凶,大多灵验。太仆卿王直把他的名声上报朝廷。当时徽宗正向往道术,于是召王老志进京,让他在蔡京的宅邸中住下。他曾经把一封密封的书信送到徽宗的住处,打开一看,上面是去年中秋徽宗和乔、刘二位妃子说的亲密的私房话。从此徽宗更加相信他,赐予他号为"洞微先生"。朝廷士大夫很多人去请求他书写一些话,最初看时好像不可理解,最后应验的十有八九,因此他的门庭若市,过了一年他死了。

洪州人(治所南昌县,即今江西南昌市)王仔昔,最初隐居在嵩山(在今河南登封县北),自称遇到了晋朝的仙人许逊,得到了《大洞隐书》中所说的豁落七元之法,能够说出人们未来的事。蔡京推荐他,徽宗予以召见,赐他号为"冲隐处士",进封为"通妙先生"。从此以后道家日益兴了起来,而对王仔昔的恩宠日渐加深,朝廷大臣外戚,和他攀附往来。

【纲】冬十一月,在圜丘举行祀天典礼,以天神降临,诏告百官。

【纲】十二月,下诏在全国征求道教仙经。

【纲】女真族首领阿骨打自称都勃极烈。　【目】起初,辽国君主

混同江钓鱼,生女真酋长在千里内者,以故事皆来朝。适遇鱼头宴,辽主命诸酋次第起舞,至阿骨打,辞不能,但端立直视。辽主喻之再三,终不从。他日,辽主密谕北院枢密使萧奉先曰:"阿骨打雄豪不常,可托以边事诛之,否则必贻后患。"奉先曰:"彼粗人,不知礼义,且无大过而杀之,恐伤向化心。设有异志,蕞尔小国,亦何能为?"辽主乃止。阿骨打归,疑辽主知其异志,且以辽主淫酗,不恤国政,遂称兵先并旁近族。至是,节度使乌雅束死,阿骨打袭位为都勃极烈。都勃极烈者,官长也。辽使阿息保往谓之曰:"何故不告丧?"阿骨打曰:"有丧不能吊,而乃以为罪乎?"

【纲】甲午,四年,冬十月,女真阿骨打叛辽,取宁江州。

【纲】十一月,辽遣都统萧嗣先伐女真;阿骨打迎战于混同江,辽军大败。 【目】辽主闻宁江州陷,乃以司空萧嗣先为东北路都统,萧挞不也副之,帅兵屯出店河。阿骨打帅众来御,未至混同江,会夜,阿骨打方就枕,若有扶其首者三,寤而起曰:"神明警我也。"即鸣鼓举燧而行,黎明,至混同江,与辽兵遇。会大风起,尘埃蔽天,阿骨打乘风奋击,辽兵溃,将士多死,其获免者十有七人。辽人尝言女真兵满万则不可敌,至是始满万云。

【纲】乙未,五年,春正月,女真完颜阿骨打称帝,国号金。【目】阿骨打既屡胜辽,其弟吴乞买率将佐劝其称帝,阿骨打遂于正月朔即皇帝位。且曰:"辽以宾铁为号,取其坚也。宾铁虽坚,终亦变坏,惟金不变不坏。金之色白,完颜色尚白,况所居按出虎水之

到春州（即长春州，治所长春县，在今吉林乾安县北），临幸混同江（即今黑龙江的支流松花江）钓鱼，在千里之内生的女真的酋长们，按照以往的惯例都前来朝见。正好赶上大摆鱼头宴，辽国君主命令各位酋长按次序跳舞庆贺。轮到阿骨打，他推辞不会跳，只是端正地站着直视。辽国君主再三叫他跳舞，阿骨打始终没有从命。过了一些天，辽国君主秘密谕告北院枢密使萧奉先说："阿骨打雄豪不凡，可以假托边境的事杀死他，否则必然会留下后患。"萧奉先说："他是个粗人，不懂得礼义，况且没有大的过失就杀他，恐怕会损害他们归向之心。假如阿骨打怀有异心，一个蕞尔小国，又能有什么作为？"辽国君主就放弃了杀阿骨打的打算。阿骨打返回去以后，怀疑辽国君主知道他怀有异志，而且因为辽国君主荒淫酗酒，不顾国政，于是起兵先并吞了附近部族。到这时节度使乌雅束去世，阿骨打承袭官位为都勃极烈。都勃极烈，是官长的意思。辽国使臣阿息保前去对阿骨打说："为什么不报丧？"阿骨打说："有丧不能发吊，而要受到怪罪吗？"

【纲】政和四年（甲午，1114），冬十月，女真首领阿骨打背叛辽国，攻占了宁江州（即混同军，治所混同县，在今吉林扶余市东南）。

【纲】十一月，辽国派遣都统萧嗣先讨伐女真，阿骨打在混同江迎战，辽国军队大败。 【目】辽国君主听说宁江州陷落，就任命司空萧嗣先为东北路都统，萧挞不也为副都统，率兵驻扎出河店（在今吉林扶余市南）。阿骨打率兵前来抵挡，还没到达混同江，正逢夜晚，阿骨打刚刚躺下要睡觉，感觉到好像有人把他的头扶起来三次，于是他猛然醒悟起身，说："这是神明在提醒我啊。"立即命令兵卒鸣鼓举火进军。黎明时，到达混同江，和辽军相遇。正好大风骤起，尘埃蔽天，阿骨打趁着风势奋力攻击，辽军溃败，将士大多死了，逃脱活命的只有十七人。辽国人曾经说过，女真兵达到一万就不可战胜，到这时才满一万人。

【纲】政和五年（乙未，1115），春正月，女真完颜阿骨打称帝，国号为金。 【目】阿骨打屡次战胜辽国军队以后，他的弟弟吴乞买率领众将佐劝他称帝，阿骨打于是在正月初一日即皇帝位，并且说："辽国用镔铁作为国号，是取镔铁坚硬的意思。镔铁虽然坚硬，但最终也会

上。"于是国号大金,改元收国,更名旻。以吴乞买为谙班勃极烈,撒改、斜也为国论勃极烈。其国语谓金为按出虎,谓尊大为谙班,谓国相为国论。斜也亦阿骨打弟;撒改乌古乃之孙也。

【纲】二月,立定王桓为皇太子,赦。

【纲】以童贯领六路边事。

【纲】秋八月,有星流出于柳。 【目】其光照地,色赤黄,有尾。占者以为天子宗庙有喜,国家建造宫室之祥;蔡京率百官表贺。

【纲】安置太子詹事陈邦光于池州。 【目】蔡京献太子以大食国琉璃酒器,罗列宫庭,太子怒曰:"天子大臣不闻以道义相训,乃持玩好之具,荡吾志邪?"命左右碎之。京闻邦光实激太子,讽言者斥逐之。

【纲】九月,金取辽黄龙府。 【目】金主攻黄龙府,次混同江,无舟以渡,金主使一人导前,乘赭白马径涉。曰:"视吾鞭所指而行。"诸军随之以济,遂克黄龙府。遣萧辞剌还辽,曰:"若归我叛人阿疏,即当班师。"

【纲】丙申,六年,春正月,赐方士林灵素号通真达灵先生。【目】灵素,温州人,少从浮屠,苦其师笞骂,去为道士。善妖幻,往来淮、泗间。及王老志死,王仔昔宠衰,帝访方士于左阶道箓徐知常,知常以灵素对,即召见,赐号通真达灵先生,为改温州为应道军。灵素本无所能,惟稍习五雷法,召呼风霆,间祷雨有小验而已。

变坏,只有金子是不变不坏的。金子是色泽发白的,完颜族人也崇尚白色,况且居住的地方是按出虎水(按出虎水即阿勒楚喀河,今名阿什河,在今黑龙江阿城县东)的上游。"于是建国号"大金",改元为收国,完颜阿骨打改名为完颜旻。任命吴乞买为谙班勃极烈,撒改、斜也为国论勃极烈。女真语称金为"按出虎",称尊大为"谙班",称国相为"国论"。斜也也是阿骨打的弟弟,撒改是乌古乃的孙子。

【纲】二月,立定王赵桓为皇太子,赦免天下。

【纲】委任童贯统领六路的边境事务。

【纲】秋八月,有一颗流星在天空中柳宿的位置出现。 【目】这颗流星光照大地,发出赤黄色的光芒,拖着一条彗尾。占星者认为这是天子的宗庙有喜庆的事,是建造宫室的祥瑞,蔡京率领百官上表向徽宗祝贺。

【纲】把太子詹事陈邦光流放到池州(治所贵池县,即今安徽池州市贵池区)安置。 【目】蔡京把大食国(即今沙特阿拉伯王国)制造的琉璃酒具进献给皇太子,罗列在宫庭之上。太子发怒说:"身为天子的大臣,没听说用道义对我训导,却拿玩好之物来动摇我的心志吗?"命左右的人把酒具打碎。蔡京听说其实是陈邦光激怒太子的,于是暗示言官把陈邦光斥逐出京。

【纲】九月,金国攻取了辽国的黄龙府(即今吉林农安县)。【目】金国君主攻打黄龙府,到了混同江,没有船只可以渡江。金国君主派一个人在前面做向导,骑着赭白色的马直接涉水渡江。他说:"看着我的马鞭所指的方向前进。"各路军马随着他渡过了混同江,于是攻克了黄龙府。遣送辽国使臣萧辞剌回国,说:"如果归还我国叛变的人阿疏,我们马上还军。"

【纲】政和六年(丙申,1116),春正月,赐方士林灵素号为"通真达灵先生"。 【目】林灵素,是温州(治所永嘉县,即今浙江温州市)人,年少时当了和尚,因为苦于师父的打骂,离去做了道士。他擅长妖幻之术,往来于淮水、泗水之间。等到王老志去世,王仔昔的恩宠衰微以后,徽宗向左阶道箓徐知常访求方士,徐知常答以有林灵素,徽宗当即召见,并赐号"通真达灵先生",又为他改温州为应道军。林灵素本来

【纲】闰月，立道学。

【纲】二月，作上清宝箓宫成。

【纲】夏四月，何执中罢。诏蔡京三日一朝，总治三省事。

【纲】五月，以郑居中为少保太宰，刘正夫为少宰，邓洵武知枢密院事。秋八月，以侯蒙为中书侍郎，薛昂为尚书左丞。

【纲】九月，帝诣玉清和阳宫，上玉帝徽号，赦。【目】帝奉玉册玉宝如玉清和阳宫，上玉帝尊号曰"太上开天执符御历含真体道昊天玉皇上帝"。诏天下洞天福地修建宫观，塑造圣像。

【纲】冬十月，以白时中为尚书右丞。十二月，刘正夫罢。

【纲】丁酉，七年，春二月，帝幸上清宝箓宫，命林灵素讲道经。【目】时道士皆有俸，每一观给田亦不下数百千顷。凡设大斋，辄费缗钱数万，贫下之人多买青布幅巾以赴，日得一饫餐，而衬施钱三百，谓之"千道会"。且令士庶入听灵素讲经，帝为设幄其侧。灵素据高座，使人于下再拜请问，然所言无殊绝者，时时杂以滑稽媒语，上下为大哄笑，莫有君臣之礼。

【纲】夏四月，道箓院上章册帝为"教主道君皇帝"。

【纲】冬十二月，有星如月，南行。

【纲】帝言天神降于坤宁殿。

【纲】作万岁山。【目】初，帝以未得嗣子为念。道士刘混康以法箓符水出入禁中，言："京师西北隅地协堪舆，倘形势加以少高，当有多男之祥。"始命为数仞冈阜，已而后宫生子渐多，帝甚喜，始信道教。至是，又命户部侍郎孟揆于上清宝箓宫东筑山，以像余

没有什么能耐，只是稍稍学习了一点五雷法，能呼风唤雷，有时祈求降雨，有一点小的灵验而已。

【纲】闰月，设立道学作为选举科目之一。

【纲】二月，上清宝箓宫建筑告成。

【纲】夏四月，何执中被罢免。下诏令蔡京每三天上朝一次，总管尚书、中书、门下三省的事务。

【纲】五月，任命郑居中为少保、太宰，刘正夫为少宰，邓洵武为知枢密院事。秋八月，任命侯蒙为中书侍郎，薛昂为尚书左丞。

【纲】九月，徽宗前往玉清和阳宫，给玉帝奉上尊号，赦免天下。【目】徽宗捧着玉册玉宝赴玉清和阳宫，给玉帝上尊号为"太上开天执符御历含真体道昊天玉皇上帝"。下诏在天下道教胜地洞天福地修建宫观，塑造圣像。

【纲】冬十月，任命白时中为尚书右丞。十二月，刘正夫被罢免。

【纲】政和七年（丁酉，1117），春二月，徽宗临幸上清宝箓宫。命林灵素宣讲《道经》。　【目】当时道士都有俸禄，每一座宫观，拨给的田地也不低于数百上千顷之多。每次举行大斋，动不动就耗费数万缗钱，贫困的人家，大多买青布和幅巾去赴会，每天能吃上一次饱餐，还能得到三百文布施钱，这种大斋被称为"千道会"。并且令士人和平民进宫观听林灵素讲经，徽宗为此在林灵素旁边设立了幄帐。林灵素坐在高座之上，让人在下面叩拜二次后请教问题。然而他所讲的并没有什么特别的地方，时常夹杂着滑稽诙谐和猥亵的话语，逗得上下之人大声哄笑，没有君臣之礼。

【纲】夏四月，道箓院向天神呈上奏章册封徽宗为"教主道君皇帝"。

【纲】冬十二月，有一颗像月亮一样的星，向南运行。

【纲】徽宗说天神将在坤宁殿降临。

【纲】建造万岁山。　【目】起初，徽宗以没有嗣子为念。道士刘混康因为会法箓符水而出入于内宫之中，他说："京师西北隅的地形协和天地，倘若把地势稍微加高一点，会有多生男子的祥瑞。"徽宗开始下令造了一座数仞高的土山。后来后宫中生子果然渐渐多了起来，徽宗很

杭之凤凰山，号曰万岁。

【纲】戊戌，重和元年，春正月，作"定命宝"成。 【目】于阗上美玉，逾二尺，帝命制宝，号曰"定命宝"，合前八宝为九宝，以"定命宝"为首。

【纲】以王黼为尚书左丞。

【纲】二月，遣武义大夫马政浮海使金，约夹攻辽。 【目】建隆中，女真尝自其国之苏州，泛海至登州卖马，故道犹存。至是有汉人高药师者，泛海来言女真建国，屡破辽师。登州守臣王师中以闻，诏蔡京、童贯共议。命师中募人同药师等赍市马诏以往；不能达而还。帝乃复委童贯选人使之，遂使武义大夫马政同药师由海道如金。政言于金主曰："主上闻贵朝攻破契丹五十余城，欲与通好，共行吊伐。若允许，后当遣使来议。"通金好自此始。

【纲】秋七月，以郑居中为少傅，余深为少保。八月，以童贯为太保。

【纲】九月，掖庭大火。

【纲】薛昂罢，以白时中、王黼为门下、中书侍郎，冯熙载、范致虚为尚书左、右丞。郑居中罢。

【纲】闰月，立周恭帝后。

【纲】冬十二月，辽大饥，人相食。

【纲】己亥，宣和元年，春正月，金人来聘。遣马政报之，不至而复。 【目】金主遣渤海人李善庆等持国书同马政来修好；诏蔡京等谕以夹攻辽之意。遣政同赵有开赍诏与善庆等渡海报聘。行至登

高兴，方始信奉道教。到这时又命户部侍郎孟揆在上清宝箓宫的东侧造一座山，形状像余杭（即杭州）的凤凰山（在今杭州市南），号称万岁山。

【纲】重和元年（戊戌，1118），春正月，"定命宝"制作完成。
【目】于阗（国名，在今新疆和田县）献上美玉一块，长超过二尺，徽宗命制作成玉宝，名为"定命宝"。和以前的八宝，合为九宝，以"定命宝"为首。

【纲】任命王黼为尚书左丞。

【纲】二月，派遣武义大夫马政渡海出使金国，约定两国夹攻辽国。　【目】太祖建隆年间，女真人曾经从他们国土的苏州（即今辽宁大连市金州区）渡海到登州贩卖马匹，这条航路仍然保持着。到这时有一个叫高药师的汉族人，渡海来报告说女真人建立国家，屡次打败辽国军队。登州守臣王师中将此事上报朝廷，下诏令蔡京、童贯共同商议此事。于是命王师中招募人员和高药师一起携带购买马匹的诏书前往金国，因为未能到达而返回。徽宗于是委任童贯挑选人员出使金国，于是派遣武义大夫马政同高药师从海道前往金国。马政对金国君主说："我国皇帝听到贵朝攻破了契丹（辽国）五十余城，想和贵朝通好，共同讨伐辽国。如果应允，随后应当派遣使者来商议。"与金国通好从这时开始。

【纲】秋七月，任命郑居中为少傅，余深为少保。八月，任命童贯为太保。

【纲】九月，妃嫔居住的掖庭发生大火。

【纲】薛昂被罢免，任命白时中、王黼为门下、中书侍郎，冯熙载、范致虚为尚书左、右丞。郑居中被罢免。

【纲】闰月，为周恭帝（柴宗训）立后嗣。

【纲】冬十二月，辽国发生大饥荒，出现人吃人。

【纲】宣和元年（己亥，1119），春正月，金国派人来聘问。派遣马政回聘，没有到达而返回。　【目】金国君主派遣渤海人李善庆等人携带国书和马政一起来宋朝表示修好；下诏命蔡京等人向金国使臣说明夹攻辽国的意愿，并派遣马政和赵有开一起携带诏书与李善庆等人

州，有开死，会谍者言"辽已封金主为帝"，乃诏政勿行，止遣平海军校呼庆送善庆等归金。金主遣庆归，且语之曰："归见皇帝，果欲结好，早示国书；若仍用诏，决难从也。"

【纲】以余深为太宰，王黼为少宰。二月，以邓洵武为少保。三月，以冯熙载为中书侍郎，范致虚、张邦昌为尚书左、右丞。

【纲】夏五月，京师大水。 【目】京师茶肆佣，晨兴见大犬蹲榻傍，近视之，则龙也，军器作坊兵士取而食之；逾五日，大雨如注，历七日而止，京城外水高十余丈。起居郎李纲言："国家都汴百五十余年矣，未尝有此异。夫变不虚生，必有感召之；灾非易御，必有消复之。望求直言，采而用之，以答天戒。"诏贬纲一官，与县去。

【纲】六月，夏人来，诏童贯罢兵。秋七月，以贯为太傅。

【纲】八月，范致虚罢。 【目】时朝廷欲用师契丹，致虚言："边隙一开，必有意外之患。"宰相谓其怀异，会母丧，去位。

【纲】九月，幸蔡京第。

【纲】加蔡攸开府仪同三司。 【目】攸有宠于帝，进见无时，与王黼得预宫中秘戏。或侍曲宴，则攸、黼着短衫窄袴，涂抹青红，杂倡优侏儒中，多道市井淫媟谑浪语，以献笑取悦。攸妻宋氏出入禁掖，攸子行领殿中监，宠信倾其父。攸尝言于帝曰："所谓人主，当以四海为家，太平为娱。岁月能几何，岂徒自劳苦？"帝深纳之，因令苑囿皆仿江、浙为白屋，不施五采，多为村居野店，及聚珍禽异兽，动数千百，以实其中。都下每秋风夜静，禽兽之声四彻，宛若山林陂泽之间，识者以为不祥之兆。

渡海到金国回聘。到了登州，赵有开去世。正在这时，谍报人员报告说"辽国已经封金国君主为皇帝"，于是下诏令马政等人不要前去了，只派遣平海军校呼庆护送李善庆等人回金国。金国君主遣送呼庆回国，并且对他说："回去见到皇帝对他说，如果真想缔结和好，就早把国书送来；如果仍然用诏书，我国决难从命。"

【纲】任命余深为太宰，王黼为少宰。二月，任命邓洵武为少保。三月，任命冯熙载为中书侍郎，范致虚、张邦昌为尚书左、右丞。

【纲】夏五月，京师发生大水灾。　【目】京城茶肆的一个佣工，早晨起来看到一只大狗蹲伏在床边，走近看是一条龙，军器作坊里的兵士把它捉住吃掉了。过了五天，大雨如注，历时七天才停止，京城外的水有十余丈深。起居郎李纲说："国家以汴京（即开封）作为都城已一百五十余年了，从未发生过这种奇异之事。变异不会平白无故地发生，必定是有感应才召致的；灾祸不容易防御，一定要消除灾情才能恢复正常。希望征求直言，加以采择实行，以应答上天的告诫。"下诏把李纲降官一级，让他当一个知县。

【纲】六月，夏国派人来朝廷，徽宗下诏令童贯停止进兵。秋七月，任命童贯为太傅。

【纲】八月，范致虚去职。　【目】当时朝廷想对契丹用兵，范致虚说："边衅一起，必然会发生意外的祸患。"宰相说他心怀异志。这时正遇范致虚的母亲去世，所以他离职去位。

【纲】九月，徽宗临幸蔡京的第宅。

【纲】加蔡攸为开府仪同三司。　【目】蔡攸有宠于徽宗，不分什么时间都可以进见，和王黼一起得以参预宫中秘密的游戏。有时侍从皇家私宴，蔡攸、王黼身着短衫窄裤，脸上涂抹上青、红等颜色，夹杂在优伶侏儒之中演出，讲的大多是市井之上淫亵诙谐放荡的俗语，以此来讨徽宗的欢心。蔡攸的妻子宋氏出入于宫廷嫔妃居处的禁掖，蔡攸的儿子蔡行任殿中监，受到的宠信程度超过了他的父亲。蔡攸曾经对徽宗说："所谓人主，应当以四海为家，以太平为娱乐。人生能有多少岁月，岂能徒然劳苦自己？"徽宗认为说得很对。因此下令将皇家苑囿都仿效江南、浙江的建筑风格修建成白色的房屋，不涂彩色，大多造成村居野

【纲】冬十一月，以张邦昌、王安中为尚书左、右丞。

【纲】十二月，帝数微行。窜秘书省正字曹辅于郴州。 【目】帝自政和以来，多微行。始民间犹未知，及蔡京谢表"轻车小辇，七赐临幸"，自是邸报传之四方，而臣僚阿顺莫敢言。曹辅上疏谏曰："陛下厌居法宫，时乘小辇出入廛陌郊坰，极游乐而后返。臣不意陛下当宗社付托之重，玩安忽危，一至于此，夫君之与民，本以人合，合则为腹心，离则为楚、越，畔服之际，在于斯须，甚可畏也。万一当乘舆不戒之初，一夫不逞，包藏祸心，虽神灵垂护，然亦损威伤重矣，又况有臣子不忍言者，可不戒哉！"帝得疏，出示宰臣，令赴都堂审问。余深曰："辅小官，何敢论大事？"辅曰："大官不言，故小官言之。"王黼阳顾张邦昌、王安中曰："有是事乎？"皆应以"不知"。辅曰："兹事，虽里巷小民无不知；相公当国，独不知邪？曾此不知，焉用彼相？"黼怒，令吏从辅受词。辅操笔曰："区区之心，一无所求，爱君而已。"退，待罪于家，遂编管郴州。初，辅将有言，知必获罪，召子绅来付以家事，乃闭户草疏；及贬，怡然就道。

【纲】召杨时为秘书郎。 【目】时，南剑将乐人。初举进士第，闻程颢兄弟讲孔、孟绝学于河、洛，调官不赴，以师礼见颢于颍昌，相得甚欢。其归也，颢目送之，曰："吾道南矣！"及颢卒，又师事程颐于洛，盖年四十矣。一日，颐偶瞑坐，时与游酢侍立不去，颐既觉，则门外雪深一尺矣。后历知浏阳、余杭、萧山三县，皆有惠政，民思

店的样式，还聚集了许多珍禽异兽，动不动就数百上千只，育畜其中。京城里每当秋风降临夜阑人静之时，禽兽的叫声城内四处都能听得到，宛如生活在山林湖泽之间，有见识的人认为这是不祥之兆。

【纲】冬十一月，任命张邦昌、王安中为尚书左、右丞。

【纲】十二月，徽宗多次穿着民服私自外出。流放秘书省正字曹辅到郴州。　【目】徽宗自从政和年间以来，多次穿着民服私自外出。开始的时候，民间百姓还不知道，等到蔡京上谢恩表提到"轻车小辇，七次临幸我的家宅之中"，载于朝廷的邸报，这个消息于是传到四方，而大臣们都阿谀顺从，不敢谏阻。曹辅上疏谏阻说："陛下厌倦在深宫中居住，时常乘坐小辇车出入于街巷郊野，极尽游兴才返回宫中。臣想不到陛下担负着宗庙社稷付托的重托，却不顾安危，一至于此！君主与百姓，本来是靠人和而合为一体的。合为一体就成为腹心，互相违离就会像楚、越一样视若异国。叛乱与顺服的变化，就在很短的时间内发生，这是很可怕的。万一当陛下有不戒备的时候，出现一个不逞之徒，包藏祸心，虽然有神灵保护，然而也会有损威严，又何况会发生为臣下不忍心说出的事情，这可不能不警惕啊！"徽宗看到奏疏，拿给宰辅大臣看，令他们在都堂上审问曹辅。余深问："曹辅你是个小官，怎么敢谈论大事！"曹辅回答说："大官不说，所以小官才说这件事。"王黼假装看着张邦昌、王安中问："有这种事吗？"二人都回答："不知道"。曹辅说："这事，虽是街巷小百姓都没有不知道的；相公掌管朝政，独独不知道吗？连这件事都不知道，还用你做宰相干什么？"王黼发怒，命令狱吏让曹辅写供词。曹辅拿起笔写道："区区之心，一无所求，只是爱君而已。"退下以后，回到家中等候治罪，于是被流放到郴州编管。起初，曹辅准备上疏的时候，知道一定会得罪，就把他的儿子曹绅叫来嘱咐家事，然后关上门起草奏疏；等到他被贬职，神色怡然地出发上路了。

【纲】召杨时任为秘书郎。　【目】杨时是南剑将乐人（南剑州治所剑浦县，即今福建南平市；将乐县，即今福建将乐县），进士及第之初，听说程颢、程颐兄弟在洛阳讲授孔、孟的绝学，分配他官职而不赴任，以师长的礼节拜见程颢于颍昌（今河南许昌市），二人相见很欢悦。等到他回去时，程颢目送他离去，说："我的学说传到南方去了！"等到程

之不忘。时安于州县，未尝求闻达，而德望日重，四方之士不远千里从之游，号曰龟山先生。会蔡京客张觷言于京曰："今天下多故，事至此必败，宜亟引旧德老成置诸左右，庶几犹可及。"京问其人，觷以时对，京因荐之。会路允迪自高丽还，言高丽国王问龟山先生安在，乃召为秘书郎。

【纲】庚子，二年，春正月，罢道学。

【纲】林灵素有罪，放归田里。【目】灵素初与道士王允诚共为神怪之事，后忌其相轧，毒杀允诚，遂专用事。及都城水，帝遣灵素厌胜，方步虚城上，役夫争举梃将击之，走而免，帝始厌之。然横恣愈不悛，道遇皇太子弗敛避，太子入诉于帝。帝怒，以灵素为太虚大夫，斥还故里，命江端本通判温州察之。端本廉得其居处过制罪，诏徙置楚州，命下而灵素已死。

【纲】二月，遣赵良嗣使金。

【纲】夏六月，诏蔡京致仕。【目】京专政日久，公论益不与，帝亦厌薄之。子攸权势既与父相轧，浮薄者复间焉，由是父子各立门户，遂为仇敌。攸别居赐第，一日诣京，京正与客语，使避之。攸甫入，遽起握父手为眕视状，曰："大人脉势舒缓，体中得无有不适乎？"京曰："无之。"攸曰："禁中方有公事。"即辞去。客窃窥见，以问京，京曰："君固不解此邪？此儿欲以为吾疾而罢我耳。"阅数日，果以太师、鲁国公致仕，仍朝朔望。

颢去世以后，杨时又去洛阳，奉程颐为师，这时他年已四十了。一天，程颐偶然闭目静坐，杨时和游酢侍立在旁不离开；程颐醒了以后，门外已雪深一尺了。此后杨时历任浏阳、余杭、萧山三县（浏阳即今湖南浏阳市；余杭即今浙江杭州市余杭区；萧山即今浙江萧山县）的知县，都有惠政，百姓对他怀念不忘。杨时安心在州县任职，不求闻达，而声望愈来愈高，四方的士人，不远千里，来跟随他，与他交游，称他为"龟山先生"。这时有蔡京的门客张觷对蔡京说："现在天下多事，事情发展到这样必定要衰败，应该赶快引用那些有德行老成持重的人安排在身边，这样还可以挽救这种局面。"蔡京问谁是这种人，张觷答以杨时，蔡京因此荐举了杨时。正逢路允通从高丽国返回，说高丽国王问龟山先生在哪里，于是召杨时任为秘书郎。

【纲】宣和二年（庚子，1120），春正月，废除道学的选举科目。

【纲】林灵素有罪，被放归田里。　　【目】林灵素起初和道士王允诚共为神怪的事，后来因为恨王允诚排挤他，毒死了王允诚，这种事就由他一个人来干了。等到京城水灾时，徽宗派遣林灵素前去祈禳除灾。他正在城上念咒作法时，役夫争着举起木杖要打他，他逃走得以幸免，徽宗开始讨厌他了。然而他更加骄横放恣而不改，在路上遇到皇太子，也不收敛回避。太子入宫向徽宗控诉，徽宗发怒，把林灵素降为太虚大夫，斥退放还故里，命江端本为温州通判监察他的行为。江端本访察出林灵素有居处规格超出规定之罪，下诏把他迁徙到楚州（治所山阳县，即今江苏淮安市）安置，诏命下达时，而林灵素已经死了。

【纲】二月，派遣赵良嗣出使金国。

【纲】夏六月，下诏命蔡京退休。　　【目】蔡京长期专权，公论对他更加不好，徽宗也厌烦他看轻他。他的儿子蔡攸与他为了权势互相倾轧，浮浪浅薄之人又从中挑拨离间，因此父子二人各立门户，于是成为仇敌。蔡攸另住在一所被赐予的宅第，一天，他去看蔡京，蔡京正在和客人谈话，让客人回避。蔡攸刚进门入座，又突然起身，握住父亲的手装成诊病的模样，说："大人脉搏过于舒缓，难道身体有不舒服的地方吗？"蔡京说："没有。"蔡攸说："朝廷之中正好有公事要办。"当即告辞而去。客人偷偷地看见了这件事，就问蔡京，蔡京说："你真的不明白

【纲】秋八月，金人来议攻辽及岁币，遣马政报之。　【目】赵良嗣谓金主曰："燕本汉地，欲夹攻辽，使金取中京大定府，宋取燕京析津府。"金主许之，遂议岁币。金主因以手札付良嗣，约金兵自平地松林趋古北口，宋兵自白沟夹攻，不然不能从。因遣勃堇偕良嗣还，以致其言。帝使马政报聘，书云："大宋皇帝致书于大金皇帝：远承示书，致罚契丹，当如来约，已差童贯勒兵相应，彼此兵不得过关。岁币之数，同于辽。"

【纲】以余深为少傅。

【纲】冬十月，加内侍梁师成太尉。　【目】时帝留意礼文符瑞之事，师成善逢迎，希恩宠，帝命处殿中，凡御书号令皆出其手，多择善书吏习仿帝书，杂诏旨以出，外庭莫能辨。师成实不能文，而高自标榜，自言苏轼出子。时天下禁诵苏文，其尺牍在人间者皆毁去。师成诉于帝曰："先臣何罪？"自是轼之文乃稍出。以翰墨为己任，四方俊秀名士必招致门下，往往遭点污。多置书画卷轴于外舍，邀宾客纵观，得其题识合意者辄密加汲引，执政、侍从可阶而升。王黼以父事之，称为恩府先生，蔡京父子亦谄附焉，都人目为"隐相"，所领职局至数十百，阶至开府仪同三司。布衣朱梦说上书论宦寺权太重，诏编管于池州。

他的用意吗？这小子是想以我有病为原因而罢免我罢。"过了几天，果然以太师、鲁国公的官衔让蔡京退休，仍然在每月初一、十五两天参加朝会。

【纲】秋八月，金国派人来与宋朝商议夹攻辽国和岁币的问题，宋朝派遣马政到金国回报。　【目】赵良嗣对金国君主说："燕本是汉人的土地，所以准备夹攻辽国，事成之后让金国得到中京大定府（辽国中京大定府治所大定县，在今河北平泉县东北），宋朝得到燕京析津府（在今北京市西南）。"金国君主同意了，于是又议定岁币的数额。金国君主亲笔写了信札交给赵良嗣，约定金兵从平地松林（平地松林在辽国上京临潢府，在今内蒙古克什克腾旗境内）向古北口（即今北京市密云区东北古北口）进军，宋朝军队从白沟夹攻，不这样金国不能听从。为此派遣了勃堇和赵良嗣一起回宋朝，以传达这个意思。徽宗派遣马政回报金国，诏书上说："大宋皇帝致书于大金皇帝：承蒙从远方带来书信，对于契丹的惩罚，应当按照约定的去做，已经差遣童贯率兵与金兵接应，双方的兵马不能越过边关。岁币的数额，与给予辽国的相同。"

【纲】任命余深为少傅。

【纲】冬十月，加内侍宦官梁师成为太尉。　【目】当时徽宗留心于礼仪、文章、符瑞的事，梁师成善于逢迎，企求恩宠，徽宗让他留在殿中，凡是皇帝亲笔诏令，实际上都出自他的手笔。他挑选擅长书法的吏员模仿徽宗的笔迹，混杂在诏书圣旨中颁发出去，朝臣没有能辨别的。梁师成其实并不会写文章，而自己大加标榜，自称是苏轼所生。当时天下禁止诵读苏轼的文章，他留在世上的书信都被毁去。梁师成向徽宗申诉说："先臣（指苏轼）有什么罪过？"从此苏轼的文章才渐渐流传出来。他以重视诗文书画为己任，四方有俊秀名士，必定要招致到门下，往往遭受到梁师成的玷污。他在宫外住宅中安放了许多书画卷轴，邀请宾客随意参观。这些书画得到他题识自认为中意的，就秘密地将书画的作者加以推荐，都可以凭此为阶梯而升为执政或侍从。王黼侍奉他如同父亲，称他为"恩府先生"，蔡京父子也谄谀阿附他。京城的人把他视为"隐相"，他所兼任的职务达到数十上百种，官阶至开府仪同三司。

【纲】睦州人方腊作乱。　【目】睦州清溪民方腊,世居县揭村,托左道以惑众。腊有漆园,造作局屡酷取之,腊怨而未敢发。时吴中困于朱勔花石之扰,比屋致怨,太学生邓肃进诗讽谏,帝不听,放肃归田里,勔益横。腊因民不忍,阴聚贫乏游手之徒,以诛勔为名,起作乱,自号圣公,建元永乐。置官吏将帅,以巾饰为别,自红巾而上凡六等。无弓矢介胄,惟以鬼神诡秘事相扇怵。焚室庐,掠金帛子女,诱胁良民为兵。人安于太平,不识金革,闻金鼓声即敛手听命,不旬日,聚众至数万。

【纲】十一月,余深罢,以王黼为少保太宰。
【纲】十二月,方腊陷睦、歙、杭州,诏以童贯为江、淮、荆、浙宣抚使,发兵讨之。
【纲】真腊入贡。
【纲】辛丑,三年,春正月,邓洵武卒。
【纲】童贯承诏罢苏、杭应奉局、花石纲。
【纲】方腊陷婺州,又陷衢州。　【目】衢守彭汝方被执,骂贼而死,贼屠其城。

【纲】二月方腊陷处州。

【纲】淮南盗宋江掠京东诸郡,知海州张叔夜击降之。　【目】宋江起为盗,以三十六人横行河朔,转掠十郡,官军莫敢婴其锋。知亳州侯蒙上书,言"江才必有过人者,不若赦之,使讨方腊以自赎。"帝命蒙知东平府,未赴而卒。又命张叔夜知海州。江将至海州,叔夜使间者觇所向,江径趋海滨,劫巨舟十余,载卤获。叔夜募

平民朱梦说上书论说宦官权力过重，下诏把他流放到池州编管。

【纲】睦州人（治所建德县，即今浙江建德县）方腊起兵作乱。
【目】睦州清溪县（今浙江淳安县）人方腊，世代居住在清溪县的揭村，假托左道（此处指摩尼教）以蛊惑民众。方腊有一座漆园，官方的造作局多次苛刻榨取，方腊心怀怨恨而不敢发作。当时吴中（泛指今苏、杭一带）受到朱勔花石纲的困扰，百姓挨家挨户都有怨恨。太学生邓肃写诗进呈，加以讽谏，徽宗听不进去，把邓肃放归田里，朱勔因此更加骄横。方腊利用百姓不堪忍受的机会，暗中聚集贫苦、无业的人，以诛杀朱勔为名，起兵作乱，自称"圣公"，建元"永乐"，设置官吏、将帅，用头巾作为区别的标志，从红头巾以上，一共分为六等。没有弓箭、甲胄，只以鬼神等诡秘的事煽惑引诱。焚烧房屋，掠取财物、子女，威胁利诱良民当兵。人们安于太平，不熟悉战争，听到金鼓的声音响起，就垂手听命，表示服从。不到十天，就聚集到数万人。

【纲】十一月，余深被罢免，任命王黼为少保、太宰。

【纲】十二月，方腊攻陷了睦州、歙州（治所歙县，即今安徽歙县）、杭州，下诏命童贯为江、淮、荆、浙宣抚使，发兵征讨方腊。

【纲】真腊国（即今柬埔寨）派遣使臣入贡。

【纲】宣和三年（辛丑，1121）春正月，邓洵武去世。

【纲】童贯承奉诏旨，废除了苏、杭应奉局和花石纲。

【纲】方腊攻陷了婺州（治所金华县，即今浙江金华市），又攻陷了衢州（治所西安县，即今浙江衢县）。【目】衢州知州彭汝方被俘，大骂方腊军而死，方腊军在城中屠杀。

【纲】二月，方腊攻陷了处州（治所丽水县，在今浙江丽水县东南）。

【纲】淮南（指淮南东路，治所扬州城，即今江苏扬州市）盗宋江抢掠京东路（治所开封府，即今河南开封市）各州，海州（治所朐山县，即今连云港市海州区）知州张叔夜打败他，使他投降。【目】宋江起兵为盗，以三十六人横行于河北地区，辗转抢掠京东路十个州，官军不敢触其锋芒。亳州知州侯蒙上书，说"宋江的才能必定有过人之处，不如赦免了他，让他去讨伐方腊以赎自己的罪过。"徽宗命侯蒙为东平府

死士得千人,设伏近城,而出轻兵距海诱之战,先匿壮卒海旁,伺兵合,举火焚其舟。贼闻之皆无斗志,伏兵乘之,擒其副贼,江乃降。

【纲】方腊寇秀州,官军败之。

【纲】辽都统耶律余睹叛降金。

【纲】夏四月,童贯合兵击方腊,破之,执腊以归。 【目】二月,童贯、谭稹前锋水陆并进,腊乃宵遁,还清溪帮源洞。诸将刘延庆、辛兴宗、王渊等相继至,尽复所陷城。四月,贯等合兵击腊于帮源洞。腊众尚二十万,与官军力战而败,深据岩屋为三窟,诸将莫知所入。王渊裨将韩世忠,潜行溪谷,问野妇得径,即挺身仗戈直前捣其穴,格杀数十人,擒腊以出。辛兴宗领兵截洞口,掠为己功,并取腊妻子及伪相方肥等五十二人,杀贼七万余人,其党皆溃。腊凡破六州五十二县,戕平民二百万,所掠妇女,自贼洞逃出,裸而缢于林中者相望百余里。

【纲】五月,以郑居中领枢密院事。

【纲】大蝗。

【纲】安置御史中丞陈过庭于黄州。 【目】过庭以睦寇窃发,尝上言:"致寇者蔡京,养寇者王黼,窜二人则寇自平。"又言:"朱勔父子本刑余小人,交结权近,窃取名器,罪恶盈积,宜正典刑以谢天下。"三人憾之,至是陷以罪,责黄州安置。

(即郓州，治所须城县，即今山东东平县)知府，没有赴任就去世了，又任命张叔夜为海州知州。宋江将要到达海州时，张叔夜派遣间谍侦察他们的动向，宋江直趋海滨，劫获了十余艘大船，装载抢掠来的财物。张叔夜招募了上千人的敢死之士，在海州城附近埋伏下来，而派出轻装的兵士在海边抵拒，引诱宋江前来交战，先在海边隐蔽了健壮的士卒，等到两军接战，放火焚毁了宋江的船只。宋江等人听到这个消息以后，都丧失了斗志，在州城附近的伏兵乘机攻击，捉住宋江的副首领，宋江就投降了。

【纲】方腊进犯秀州(治所嘉兴县，即今浙江嘉兴市)，官军打败了他。

【纲】辽国都统耶律余睹叛变投降金朝。

【纲】夏四月，童贯合兵攻打方腊，打败了方腊的军队，俘获方腊而回。　【目】二月，童贯、谭稹的前锋军队水陆两路并进，方腊于是乘夜逃走，撤回到清溪帮源洞。各路将领刘延庆、辛兴宗、王渊等人陆续赶到，全部收复了被方腊攻下的城市。四月，童贯等人合兵进攻方腊于帮源洞。方腊兵众还有二十万人，和官军力战后败退，深入到岩洞中据守，有三座岩洞，诸将领不知道从哪里进入洞口。王渊的偏将韩世忠悄悄沿着溪水河谷前行，向山村的妇女询问出路径，立即挺身执戈，向前，直捣方腊的洞穴，格杀了数十人，俘捉了方腊出洞。辛兴宗领兵堵截住洞口，把功劳掠为己有，一并抓获了方腊的妻子和伪宰相方肥等五十二个人，杀死七万余人，其余的兵众都溃散了。方腊一共攻破了六个州五十二个县，杀害了平民二百万人。所抢掠的妇女，从岩洞里逃出来，裸体而自缢死在林中的，前后相望，长达百余里。

【纲】五月，任命郑居中为领枢密院事。

【纲】发生大规模的蝗灾。

【纲】把御史中丞陈过庭安置到黄州(治所黄冈县，即今湖北黄冈市)。　【目】陈过庭因为方腊起兵作乱，曾经上疏说："导致寇乱的人是蔡京，养成寇乱的人是王黼，如果流放这二人，寇乱就会自然平息。"又说："朱勔父子本是受过刑的小人，他们交结权贵近臣，窃取名位，已经恶贯满盈，应该把他二人明正典刑以谢天下。"三个人都恨陈

【纲】秋七月,黑眚见于禁中。 【目】元丰末,尝有物大如席,夜见寝殿上,而神宗崩。元符末,又见,哲宗崩。至大观间,渐昼见。政和以来大作,每出若列屋摧倒之声,其形仅丈余,仿佛如龟,黑气蒙之,不大了了,气之所及,腥血四洒。又或变人形,或为驴,昼夜出无时,多在掖庭及内殿,习以为常,人亦不大怖。又洛阳府畿内忽有物如人,或如犬,其色正黑,不辨眉目。始夜则掠小儿食之,后虽白昼入人家为患,所至喧然不安,谓之"黑汉"。有力者夜执枪自卫,亦有托以作过者,二年乃息。

【纲】八月,加童贯太师,封楚国公。
【纲】方腊伏诛。
【纲】九月,以王黼为少傅,郑居中为少师。
【纲】诏宦者李彦括民田于京东、西路。
【纲】冬十月,诏童贯复领陕西、两河宣抚使。

【纲】十一月,冯熙载罢。以张邦昌为中书侍郎,王安中、李邦彦为尚书左、右丞。
【纲】金侵辽中京。
【纲】壬寅,四年,春正月,以蔡攸为少保。
【纲】金克辽中京,辽耶律延禧杀其子晋王敖卢干走云中。

【纲】二月,管句太平观陈瓘卒。 【目】或问游酢以当今可以济世之人,酢曰:"四海人才,不能周知,以所识知,陈了翁其人也。"刘安世尝因瓘病,使人勉以医药自辅,曰:"天下将有赖于公,当力加保养,以待时用。"至是,卒于楚州。

过庭，到这时以罪名陷害他，把他贬到黄州安置。

【纲】秋七月，一股黑色的妖气出现在宫禁之中。【目】神宗元丰末年，曾经有一个怪物大如坐席，夜晚时出现在皇宫的寝殿之上，神宗就去世了。哲宗元符末年，这个怪物又出现了，哲宗就去世了。等到大观年间，这个怪物渐渐在白昼时出现。政和年间以来怪物大作，每次出现，发出如同整排房屋被摧毁倒塌的声响，它的形状仅有一丈多长，形状仿佛像龟，被黑气蒙盖着，看不太清楚，黑气所到之处，腥血四溅。有时又变幻成人形，有时变成驴，昼夜出没没有准时，大多在掖庭和内殿中出现，由于这种现象已经习以为常，人们也就不太害怕了。另外在洛阳的郊外，忽然出现一个怪物很像人形，有时又像条狗，它是黑色的，分辨不出眉目。开始是，在夜间抢夺小孩吃，后来虽然在白天，也进入人们家中为害，所到之处喧哗不安，人们称之为"黑汉"。有力气的入夜里持枪自卫，也有人假冒它去做坏事的。二年以后，才平息下来。

【纲】八月，加童贯为太师，封楚国公。

【纲】方腊被处死。

【纲】九月，任命王黼为少傅，郑居中为少师。

【纲】诏命宦官李彦在京东、京西路括民田。

【纲】冬十月，下诏令童贯重新兼领陕西、两河路宣抚使（陕西路治所京兆府，即今陕西西安市。两河，指河北、河东两路。河北路治所大名府，在今河北大名县东。河东路治所太原府，即今山西太原市）。

【纲】十一月，冯熙载被罢免。任命张邦昌为中书侍郎，王安中、李邦彦为尚书左、右丞。

【纲】金兵侵犯辽国的中京。

【纲】宣和四年（壬寅，1122），春正月，任命蔡攸为少保。

【纲】金兵攻克了辽国的中京，辽国君主耶律延禧杀死他的儿子晋王耶律敖卢干，逃往云中（即西京大同府，今山西大同市）。

【纲】二月，管句太平观陈瓘去世。【目】有人问游酢当今世上谁是能够济世的人才，游酢回答："四海之内的人才，不可能全都知道。以我所知，陈了翁（陈瓘号了翁）正是这样的人。"刘安世曾经因为陈瓘生病，派人劝勉他服用药物以善自珍重，说："天下将有赖于您，应当力

【纲】三月,金袭辽军,延禧走夹山。

【纲】辽燕京留守李处温等以耶律淳称帝,遥废其主延禧为湘阴王。

【纲】金克辽西京。

【纲】诏童贯、蔡攸等勒兵巡边,以应金。 【目】朝廷既与金约夹攻辽,以复燕、云,蔡京、童贯主之。郑居中力陈不可,谓京曰:"公为大臣,不能守两国盟约,辄造事端,诚非庙算。"京曰:"上厌岁币五十万故尔。"居中曰:"公独不思汉世和戎用兵之费乎?使百万生灵肝脑涂地,公实为之。"由是议寝。及金数败辽兵,童贯乃复乞举兵,居中又言:"不宜幸灾而动,待其自毙可也。"时睦寇初平,帝亦悔于用兵,王黼独言曰:"中国与辽虽为兄弟之邦,然百余年间,彼之所以开边慢我者多矣。今而不取燕、云,女真即强,中原故地将不复为我有。"帝遂决意治兵。会闻耶律淳自立,乃以蔡攸副贯,勒兵十五万巡北边以应金。

【纲】夏五月,童贯进兵击辽,败绩,退保雄州,诏班师。贬都统制种师道为右卫将军,致仕。 【目】贯至高阳关,命都统制种师道护诸将进兵。师道谏曰:"今日之举,譬如盗入邻家,不能救,又乘之而分其室焉,无乃不可乎?"贯不听。耶律淳闻之,遣耶律大石、萧干御之。师道次白沟,辽人噪而前,师道前军统制杨可世败绩,师道退师雄州。帝闻兵败而惧,诏班师。辽使来言曰:"女真之叛本朝,亦南朝之所甚恶也。今射一时之利,弃百年之好,结豺狼之邻,基他日之祸,谓为得计可乎?救灾恤邻,古今通义,惟大国图之。"贯不能对。种师道复请许之和,贯不纳,而密劾师道助贼,王

加保养,以等待起用。"这时,陈瓘在楚州去世。

【纲】三月,金兵袭击辽军,耶律延禧逃往夹山(在今内蒙古包头市西北)。

【纲】辽国燕京留守李处温等人奉耶律淳称帝,遥废辽国君主耶律延禧为湘阴王。

【纲】金兵攻克辽国的西京。

【纲】下诏命童贯、蔡攸等人率兵在边境巡逻,以策应金兵。
【目】朝廷既与金国约定夹攻辽国,以收复燕州、云州地区,由蔡京、童贯主持其事。郑居中竭力陈述不可以这样做,对蔡京说:"您身为大臣,不能遵守两国的盟约,动辄兴起事端,这实在不是好的谋算。"蔡京说:"这是因为皇上不愿意把五十万岁币给辽国才这样做的。"郑居中说:"您就不想想汉代和亲与用兵所耗费的不同费用吗?使百万生灵肝脑涂地,都是您造成的。"于是夹攻辽国的计划搁置起来。等到金兵几次打败辽兵,童贯就再请求朝廷发兵,郑居中又说:"不应该乘人之祸而动,等待它自己灭亡就可以了。"当时方腊的乱事刚被平定,徽宗也不愿用兵。唯独王黼说:"中国(宋朝)和辽国虽然是兄弟之邦,然而一百多年间,辽国开启边衅、轻慢我朝的事太多了。现在不收复燕、云地区,女真人强大起来,中原故土,将不再为我朝所有了。"徽宗于是决意兴兵。正好听到耶律淳自立为帝,就命蔡攸协助童贯,率兵十五万巡防北部边境以策应金兵。

【纲】夏五月,童贯进军攻打辽国失败,退保雄州(治所归信县,即今河北雄县),下诏班师。贬都统制种师道为右卫将军,让他退休。
【目】童贯到达高阳关(在今河北高阳县东),命都统制种师道监护诸将进兵。种师道谏阻说:"今天的举动,好比是看见盗贼进入邻居家中,不但不援救,反而乘人之危,进去瓜分人家的财物,恐怕是不应该的吧!"童贯不听。耶律淳听说童贯进兵,派遣耶律大石、萧干前往抵御。种师道前进到白沟,辽兵鼓噪着前来迎战,种师道的前军统制杨可世战败,种师道把军队退到雄州。徽宗听到战败的消息害怕了,下诏班师。辽国派遣使臣来宋朝说:"女真人背叛我国,也是南朝(宋朝)所憎恶的。现在为了贪图一时的利益,抛弃百年的和好,去交结豺狼为友

黼怒，责授师道右卫将军，致仕。

【纲】六月，以王黼为少师。

【纲】辽耶律淳死，其妻萧氏称太后，主国事。李处温伏诛。

【纲】秋七月，诏童贯、蔡攸再举伐辽，以刘延庆为都统制。

【纲】九月，除朝散郎宋昭名。　【目】昭上书极言："辽不可攻，金不可邻，异时金必败盟，为中国患，乞诛王黼、童贯、赵良嗣等。"且曰："两国之誓，败盟者祸及九族。陛下以孝理天下，其忍忘列圣之灵乎？陛下以仁覆天下，其，忍置河北之民于涂炭之中，而使肝脑涂地乎？"王黼大恶之，除昭名，编管海州。

【纲】金遣使来，命赵良嗣报之。

【纲】辽将郭药师以涿、易二州来降。

【纲】冬十月，刘延庆及郭药师进兵攻辽。药师袭燕，败绩，延庆兵溃。

【纲】以蔡攸为少傅，判燕山府。

【纲】十一月，金人来议燕地。十二月，遣赵良嗣复如金，求营、平、滦三州。

【纲】金克辽燕京，耶律淳妻萧氏奔天德。

【纲】万岁山成，更名曰艮岳。

邻,种下了他日的祸根,而自认为得计,这样行吗?救灾恤邻,这是古今通义,希望贵国慎重考虑。"童贯不能回答。种师道又建议准许辽国的和议,童贯不采纳,而秘密弹劾种师道帮助辽国。王黼发怒,把种师道降为右卫将军,令他退休。

【纲】六月,任命王黼为少师。

【纲】辽国耶律淳去世,他的妻子萧氏称太后,主持国家大事。李处温被处死。

【纲】秋七月,下诏令童贯、蔡攸再次举兵讨伐辽国,任命刘延庆为都统制。

【纲】九月,朝散郎宋昭被除去官籍。 【目】宋昭上书,竭力谏阻伐辽,说:"辽国不可以攻伐,金国不可以作为友邻,以后金国必然要毁弃盟约,成为中国(宋朝)的祸患,请求诛王黼、童贯、赵良嗣等人。"并且说:"宋、辽两国的盟誓上曾说过,毁盟的一方祸及九族。陛下以孝道治理天下,就忍心忘掉列祖列宗在天之灵吗?陛下以仁政来庇护天下,就忍心把河北百姓置身于涂炭之中,让他们肝脑涂地吗?"王黼十分憎恶宋昭,削除宋昭的官籍,流放到海州编管。

【纲】金国派遣使臣来宋朝,宋朝派遣赵良嗣回报金国。

【纲】辽国将领郭药师献涿州(治所范阳县,即今河北涿州市)、易州(治所易县,即今河北易县)二州投降宋朝。

【纲】冬十月,刘延庆和郭药师进兵攻打辽国。郭药师袭击燕京,战败,刘延庆的军队溃败。

【纲】任命蔡攸为少傅、判燕山府(即燕京,宋改名,在今北京市西南)。

【纲】十一月,金国派人前来商议燕州地区的归属问题。十二月,宋朝派遣赵良嗣再次赴金国,要求把营州、平州、滦州三州(营州治所广宁县,即今河北昌黎县;滦州治所义丰县,即今河北滦县;平州治所卢龙县,即今河北卢龙县)划归宋朝。

【纲】金兵攻克辽国的燕京,耶律淳的妻子萧氏逃奔天德(天德军属辽国西京道,在今内蒙古乌拉特中后联合旗西北)。

【纲】万岁山筑成,改名艮岳。

【纲】癸卯，五年，春正月，金遣使来，赵良嗣复如金。 【目】良嗣至燕，与金主议燕京、西京之地，金主曰："若宋必欲平、滦等州，则并燕京不与。"因以答书先示良嗣。良嗣读至"燕京用本朝兵力攻下，其租税当输本朝"。良嗣因曰："租税随地，岂有与其地而不与其租税者。"粘没喝曰："燕京自我得之，则当归我。大国熟计，若不早见与，请速退涿、易之师，无留我疆。"于是遣李靖与良嗣偕来。靖既入对，遂见王黼。黼谓靖曰："租税，非约也。上意以交好之故，欲以银绢充之。"靖复请去年岁币，帝亦特许之，仍命良嗣与靖偕使。

【纲】以王安中知燕山府，郭药师同知府事。 【目】朝廷以金人将归燕，谋帅臣守之。左丞王安中请行，王黼赞于帝，遂以安中知燕山府，郭药师同知府事。诏药师入朝，礼遇甚厚，赐以甲第、姬妾，命贵戚大臣更互设宴。又召对于后苑延春殿，药师拜庭下，泣言："臣在虏中，闻赵皇如在天上，不谓今日得望龙颜。"帝深褒称之，委以守燕。对曰："愿效死！"又令取天祚以绝燕人之望。药师变色，言曰："天祚，故主也，国破出走，臣是以降陛下。使臣毕命他所不敢辞，若使反故主，非所以事陛下，愿以付他人。"因涕泣如雨。帝以为忠，解所御珠袍及二金盆以赐。药师出谕其下曰："此非吾功，汝辈力也。"即剪盆分给之。

【纲】金以辽平州为南京，命张毂留守。
【纲】二月，以李邦彦、赵野为尚书左、右丞。

【纲】宣和五年（癸卯，1123），春正月，金国派遣使臣来宋朝，赵良嗣再次出使金国。　【目】赵良嗣到达燕地以后，和金国君主商议燕京、西京地区的归属问题。金国君主说："如果宋朝一定要得到平、滦等州，那么连燕京也不给了。"就拿出写好的回复宋朝的国书先让赵良嗣看。赵良嗣读到"燕京是用本朝（金国）的兵力攻打下来的，这个地区的赋税应当缴纳给本朝"的话，就说："赋税是随着土地缴纳的，岂有给了土地而不给赋税的道理！"粘没喝说："燕京是我们得到的，就应当归我们所有。贵国好好考虑一下，如果不早同意赋税的事，就请赶快从涿州、易州撤走军队，不要在我国的疆界内驻留！"于是派遣李靖和赵良嗣一起来到宋朝。李靖被皇帝召见后，遂即和王黼见面。王黼对李靖说："赋税的事，当初没有约定。皇上的意思是出于与金国友好的原因，准备用银绢代替赋税。"李靖又请求给予去年的岁币，徽宗也特别准许了，仍然派赵良嗣偕同李靖出使金国。

【纲】任命王安中为燕山府知府，郭药师为同知府事。　【目】朝廷因为金国将要归还燕地，商议选择能带兵的大臣前去驻守。尚书左丞请求前往，王黼在徽宗面前表示赞成。于是任命王安中为燕山府知府，郭药师为同知府事。下诏令郭药师入朝，对他的礼遇很厚，赐予他上等第宅和姬妾，命贵戚大臣们轮流设宴招待他。徽宗又在皇宫后苑延春殿召见谈话，郭药师在庭下跪拜，哭泣着说："臣在辽国时，听人说到宋朝皇帝就如同在天上一样远不可及，想不到今天得以望见龙颜！"徽宗极为褒扬称赞他，委他驻守燕地。郭药师回答说："愿意效死！"又命他捉拿辽国故主天祚帝（即耶律延禧）以断绝燕人的念想。郭药师脸色大变地说："天祚帝，是臣的故主，国破出走，所以臣才投降陛下。假使要臣在别的地方去拼命战死，臣不敢推辞；如果让臣反叛故主，也就不能奉事陛下，希望把这件事交付别人去做。"说着就泪如雨下。徽宗认为他忠心，脱下身上的珠袍再加二个金盆赏赐给他。郭药师退出以后，对部下的人说："这不是我个人的功劳，是你们出的力。"当即把金盆剪开分给部下。

【纲】金国以辽国的平州作为南京，任命张毂为南京留守。

【纲】二月，任命李邦彦、赵野为尚书左、右丞。

【纲】三月，遣使如金。 【目】赵良嗣至燕，谓金主曰："本朝徇大国多矣，岂平、滦一事不能相从邪？"金主曰："平、滦欲作边镇，不可得也。"遂议租税，金主曰："燕租六百万，止取一百万。不然，还我涿、易旧疆，我且提兵按边。"良嗣曰："本朝自以兵下涿、易，今乃云尔，岂无曲直邪？"且言御笔许十万至二十万，不敢擅增，乃令良嗣归报。金主谓之曰："过半月不至，吾提兵往矣。"时左企弓尝以诗献金主曰："君王莫听捐燕议，一寸山河一寸金。"故金人欲背初约，要求不已。良嗣行至雄州，以金书递奏。王黼欲功之速成，乃请复遣良嗣自雄州再往，使许辽人旧岁币四十万之外，每岁更加燕京代税钱一百万缗。金主大喜，遂遣银术可持誓书草来，许以燕京及六州来归，而山后诸州，及西北一带接连山、川，不在许与之限。帝曲意从之，遣卢益、赵良嗣等持誓书往。金人又求粮，良嗣许以二十万石。

【纲】夏四月，金人来归燕及涿、易、檀、顺、景、蓟之地，诏童贯、蔡攸班师。

【纲】金袭辽延禧于青冢，获其子女、族属、从臣以归。延禧邀战，败绩，走云内。

【纲】五月，以杨时为迩英殿说书。 【目】时入对，言于帝曰："熙宁之初，大臣文六艺之言以行其私，祖宗之法纷更殆尽。元祐继之，尽复祖宗之旧，熙宁之法一切废革。至绍圣、崇宁，抑又甚焉，凡元祐之政事著在令甲，皆焚之以灭其迹。自是分为二党，缙绅之祸，至今未殄。臣愿明诏有司，条具祖宗之法，著为纲目，有宜于

【纲】三月，派遣使臣前往金国。 【目】赵良嗣到燕地以后，对金国君主说："本朝屈从贵国的事已很多了，难道有关平州、滦州这一件事就不能依从本朝吗？"金国君主说："我国要以平州、滦州作为边疆重镇，不能让给。"于是讨论赋税问题。金国君主说："燕地的赋税每年六百万，我国只取一百万。不然的话，归还我国涿州、易州的旧疆土，我并且要统兵巡防边界。"赵良嗣说："本朝是自己用兵力攻下涿州、易州，现在竟这样说，岂不是没有是非曲直了吗？"并且说皇上御笔批示，准许给赋税钱十万至二十万，他本人不敢擅自增加，于是让赵良嗣返回宋朝报告。金国君主对他说："过半个月不回来，我就统兵前往了。"当时左企弓曾经写诗献给金国君主云"君王莫听捐燕议，一寸山河一寸金。"所以金国人想背弃当初的约定，不断增加新的要求。赵良嗣到雄州，用驿站把金国的书信递呈给朝廷。王黼急于求得成功，就奏请仍派遣赵良嗣从雄州再出使金国，答应把过去给辽国的四十万岁币给金国以外，每年另外增加燕京代税钱一百万缗给金国。金国君主大喜，就派遣银术可带着草拟好的誓书到宋朝来，答应把燕京以及六个州归还，而山后各州（指大同府及武德、朔、蔚、奉圣、归化、儒、妫等八州）和西北一带相连的山川，不在答应归还的土地之内。徽宗曲意依从，派遣卢益、赵良嗣等人带着誓书前往金国。金国人又要求粮草，赵良嗣答应给二十万石。

【纲】夏四月，金国派人归还燕京和涿、易、檀、顺、景、蓟六州之地，下诏令童贯、蔡攸班师。

【纲】金兵在青冢（即昭君墓，在今内蒙古呼和浩特市南）袭击辽国耶律延禧，俘获了他的子女、宗族亲属、随从大臣回国。耶律延禧拦击，战败，逃向云内（治所柔服县，在今内蒙古包头市西北，一说即今山西右玉县）。

【纲】五月，任命杨时为迩英殿说书。 【目】杨时入宫回答徽宗询问，对徽宗说："熙宁初年，大臣利用《六经》的话以掩饰他们的私作妄为，祖宗的法度，被纷纷变更殆尽。接着元祐年间，全部恢复了祖宗的旧法，熙宁年间制定的新法，全都废弃革除。到了绍圣、崇宁年间，情况就严重了，凡是在元祐时期的政事，写入法令中的，都要焚毁以消

今者举而行之，当损益者损益之，元祐、熙、丰，姑置勿问，一趋于中而已。"又言："燕、云之师宜退守内地，以省转输之劳，募边民为弓弩手，以杀常胜军之势。"又言："都城无高山巨浸以为阻卫，士人各异心，缓急不可倚仗，君臣警戒，正在无虞之时。"帝首肯之，除迩英说书。

【纲】以王黼为太傅，总治三省事；郑居中为太保，蔡攸为少师。进封童贯为徐豫国公。居中辞不拜。

【纲】辽延禧奔夏，都统萧特烈等以梁王雅里称帝。

【纲】金遣使如夏。

【纲】六月，金张毂以平州来归。 【目】金驱辽宰相左企弓等同燕京大家富民俱东徙，燕民流离道路，不胜其苦。过平州，遂入城言于张毂曰："左企弓不能守燕，致吾民如是。公今临巨镇，握强兵，尽忠于辽，使我复归乡土，人心亦惟公是望。"毂遂召诸将领议，皆曰："闻天祚兵势复振，出没漠南，公若仗义勤王，奉迎天祚以图兴复，先责左企弓等叛降之罪而诛之，尽归燕民，使复其业，而以平州归宋，则宋无不接纳，平州遂为藩镇矣。即后日金人加兵，内用营、平之军，外藉宋人之援，又何惧焉？"毂又访于翰林学士李石，亦以为然。毂乃遣张谦帅五百余骑传留守令，召左企弓等，数以十罪，皆缢杀之。毂乃称保大三年，榜谕燕人复业，恒产为常胜军所占者悉还之。燕民既得归，大悦。

灭它的痕迹。从此大臣分成二党，缙绅士大夫受到的祸害，至今还没有断绝。臣希望陛下明确地下诏令给有关官署，把祖宗之法逐条罗列出来，编成纲目，有适合现在的，就依此实行；应当修改补充的，就加以修改补充，元祐、熙宁、元丰时期的事，暂且放下不问，一归于中，不偏不倚而已。"又说："驻守在燕、云地区的军队应该退守内地，以减省运输粮饷的劳务；招募边民为弓箭手，以减杀常胜军（指郭药师统领的军队）的气焰。"又说："京城没有高山大河作为险阻屏障，卫士们各怀异心，出现危急之事是不可以倚仗的，君臣所当警戒的，正应该在平安无事的时候。"徽宗同意他的看法，任他为迩英殿说书。

【纲】任命王黼为太傅，总理三省事务；郑居中为太保，蔡攸为少师。进封童贯为徐豫国公。郑居中推辞没有接受任命。

【纲】辽国耶律延禧逃到西夏，都统萧特烈等人奉梁王耶律雅里称帝。

【纲】金国派遣使臣前往西夏。

【纲】六月，金国张毂以平州来归顺宋朝。【目】金国强令驱赶辽国宰相左企弓等人和燕京城中大户富民都向东迁徙，燕京百姓流离道路，痛苦不堪。路过平州时，左企弓进城对张毂说："左企弓不能守住燕京，致使我国百姓如此。您今天据守巨镇，手握强兵，对辽国尽忠，让我们重归故土，人们的希望就寄托在您身上了！"张毂于是召集将领们商议，大家都说："听说天祚帝（耶律延禧）的兵势又重新振作起来，出入于漠南一带。您如果能仗义勤王，奉迎天祚帝以图兴复辽国，先把左企弓等人以叛国投降的罪名加以诛杀，使燕京百姓全部返回故地，让他们恢复家业，而以平州的土地归顺宋朝，那么宋朝不会不接纳，平州就会成为藩镇了。即使以后金国人派兵前来，内有营州、平州的军队，外有宋人的援助，又有什么害怕的？"张毂又访问翰林学士李石征求意见，李石也认为应该这样。张毂于是派遣张谦率领五百余名骑兵传达留守的命令，召左企弓等人，历数以十大罪状，把他们全都缢杀了。张毂于是仍沿用辽国天祚帝保大的年号，称保大三年，出告示吩咐燕地百姓恢复旧业，家产被常胜军所抢占的全部发还。燕地百姓得以返回家乡，大为高兴。

李石更名安弼,偕故三司使高党至燕京,说王安中曰:"平州形势之地,张毂总练之才,足以御金人,安燕境,幸招致之。"安中令安弼党与至汴以闻。帝以手札付同知燕山府事詹度,第令羁縻之,而度促毂内附,毂乃遣张钧、张敦固持书来请降,王黼劝帝纳之。赵良嗣谏曰:"国家新兴金盟,如此,必失其欢,后不可悔。"不听。

【纲】郑居中卒,以蔡攸领枢密院事。

【纲】秋七月,童贯致仕,以内侍谭稹为两河、燕山路宣抚使。

【纲】禁元祐学术。　【目】中书言"福建印造司马光等文集",诏令毁板,凡举人传习元祐学术者以违制论。寻又诏:"苏轼、黄庭坚等获罪宗庙,义不戴天,片文只语,并令焚毁勿存,违者以大不恭论。"

【纲】八月,金阿骨打死,弟吴乞买立。

【纲】冬十月,诏建平州为泰宁军,以张毂为节度使。　【目】金人闻毂叛,遣阇母将三千骑来讨。毂率兵拒之于营州,阇母以兵少,不交锋而退,毂遂妄以大捷闻朝廷,拜毂节度使,犒赏银绢数万。

【纲】十一月,幸王黼第观芝。

【纲】金人袭平州,张毂奔燕山,平州人杀金使以拒守。【目】阇母无功而退,金主复使斡离不督阇母攻平州。会张毂闻朝廷犒赐将至,喜而远迎,斡离不乘其无备袭之,与毂战于城东;毂败,宵奔燕山,王安中纳而匿之。平州都统张忠嗣及张敦固出降金,金遣使与敦固入谕城中,城中人杀其使者,立敦固为都统,闭门固守。

【纲】诏杀张毂,函首以畀金。　【目】金人以纳叛来责,朝廷初不欲发遣,金人索之益急,王安中取貌类毂者斩其首与之。金曰:

李石改名安弼,偕同原辽国三司使高党一起到燕京,向王安中游说:"平州是形势重要的地方,张瑴是个能总揽全局的干练之才,足以抵御金国,抚定燕州地区,希望能够招致他。"王安中令安弼和高党到汴京上报朝廷。徽宗写了亲笔信札交付同知燕山府事詹度,只命他笼络张瑴,而詹度促使张瑴归附,张瑴就派遣张钧、张敦固带着书信前来请求归降。王黼劝徽宗接纳他,赵良嗣谏阻说:"国家新近和金国订盟,如果现在这样做,必然失去金国的欢心,以后就不能后悔了。"徽宗不听。

【纲】郑居中去世,任命蔡攸为领枢密院事。

【纲】秋七月,童贯退休,任命内侍谭稹为两河、燕山路宣抚使。

【纲】禁止元祐年间的学术。　【目】中书省奏称:"福建有人印制了司马光等人的文集。"下诏令销毁雕板,凡是考试的举人传习元祐年间学术者,均以违反诏制论处。不久又下诏:"苏轼、黄庭坚等人对朝廷有罪,按理与他们不共戴天,即使是他们的片字只语,也要焚毁不留,违令者以大不恭论罪。"

【纲】八月,金国君主阿骨打去世,他的弟弟吴乞买即位。

【纲】冬十月,下诏把平州建为泰宁军,任命张瑴为节度使。【目】金国听说张瑴反叛,派遣阇母带领三千骑兵来讨伐,张瑴率兵在营州拒守。阇母因为兵少,没交战就撤退了。于是张瑴谎称大捷上报朝廷,朝廷任命他为节度使,犒赏了银绢数万。

【纲】十一月,徽宗临幸王黼第宅观赏灵芝。

【纲】金兵袭击平州,张瑴逃奔燕山府,平州人杀死金国使者,拒敌守城。　【目】阇母进攻平州无功而退,金国君主又派斡离不督促阇母重新攻打平州。正逢张瑴听说朝廷的犒赐就要到来的消息,高兴地出城远远去迎接,斡离不乘他没有戒备,加以突然袭击,和张瑴在城东交战,张瑴战败,乘夜逃往燕山府,王安中接纳他,把他隐藏起来。平州都统张忠嗣和张敦固出城投降金国,金国派使者和张敦固进平州城晓谕,城中的人杀死了金国使者,拥立张敦固为都统,关起城门,固守不降。

【纲】下诏杀张瑴,把他的首级函封起来交给金国。　【目】金国以招降纳叛责备宋朝,朝廷起初不想把张瑴送给金国。金国要人要得

"非毂也。"遂欲以兵攻燕。朝廷不得已,令安中缢杀之,函其首,并毂二子送于金,于是燕降将及常胜军士皆泣下。郭药师曰:"金人欲毂即与;若求药师,亦将与之乎?"安中惧,因力求罢,以蔡靖知燕山府事。自是,降将卒皆解体,而金人遂用此兴师矣。

更加急迫，王安中找了一个相貌像张毂的人，斩下他的首级交给了金国。金国人说："这不是张毂。"于是准备起兵攻打燕山府。朝廷不得已，令王安中缢死张毂，把他的首级函封起来，连同张毂的两个儿子一起送交金国，于是燕京的降将和常胜军士兵都流下了眼泪。郭药师说："金国人想要张毂，朝廷就给了；如果索要我郭药师，也要给金国吗？"王安中恐惧起来，因此竭力请求去职，朝廷任命蔡靖为知燕山府事。从此投降宋朝的将士人心涣散，而金国就乘此机会兴兵攻宋了。

纲鉴易知录卷七六

宋纪

徽宗皇帝

【纲】甲辰,六年,春正月,夏称藩于金,金以边地界之。

【纲】三月,金人来索粮,不与。

【纲】闰月,京师、河东、陕西地震。

【纲】夏四月,起复李邦彦为尚书左丞。

【纲】六月,金人陷平州。

【纲】秋八月,谭稹罢,复以童贯领枢密院事,两河、燕山路宣抚使。

【纲】九月,以白时中为太宰,李邦彦为少宰,赵野、宇文粹中为尚书左、右丞,蔡懋同知枢密院事。

【纲】冬十一月,王黼有罪,免。

【纲】十二月,诏蔡京复领三省事。

【纲】河北、山东盗起。

【纲】都城有女子生髭,诏度为道士。 【目】都城中酒保朱氏女忽生髭,长六七寸,疏秀甚美,宛然一男子,特诏为道士。又有卖青果男子,孕而诞子。

【纲】乙巳,七年,春正月,辽延禧如党项。二月,至应州,金将娄室获之以归。

【纲】辽耶律大石称帝于起儿漫。

【纲】夏四月,勒蔡京致仕。

【纲】复元丰官制。

【纲】六月,封宦者童贯为广阳郡王。

【纲】前宝文阁待制刘安世卒。 【目】安世为章惇、蔡卞、蔡

徽宗皇帝

【纲】宣和六年（甲辰，1124），春正月，西夏向金国称藩为属国，金国把一部分边地让给西夏。

【纲】三月，金国派人来宋朝索要粮食，宋朝不给。

【纲】闰月，京城、河东路、陕西路发生地震。

【纲】夏四月，重新起用李邦彦为尚书左丞。

【纲】六月，金兵攻陷平州。

【纲】秋八月，谭稹被罢免，重新任命童贯为领枢密院事、两河燕山路宣抚使。

【纲】九月，任命白时中为太宰，李邦彦为少宰，赵野、宇文粹中为尚书左、右丞，蔡懋为同知枢密院事。

【纲】冬十一月，王黼有罪，被罢免。

【纲】十二月，下诏令蔡京再次领三省事务。

【纲】河北、山东地区盗贼蜂起。

【纲】京城有一个女人长出了胡须，下诏度她为道士。　【目】京城中酒保朱氏的女儿忽然长出了胡须，长六七寸，很疏朗秀美，宛然像一个男子汉。特地下诏，使她出家为道士。又有一个卖青果的男子，怀孕生了一个孩子。

【纲】宣和七年（乙巳，1125），春正月，辽国耶律延禧前往党项（指党项舒和伦部，在今山西大同市西北，接近内蒙古）。二月，耶律延禧到达应州（治所金城县，即今山西应县），金国将领娄室把他俘获带回金国。

【纲】辽国的耶律大石在起儿漫称帝，建立西辽。

【纲】夏四月，勒令蔡京退休。

【纲】恢复元丰时期的官制。

【纲】六月，封宦官童贯为广阳郡王。

【纲】原宝文阁待制刘安世去世。　【目】刘安世被章惇、蔡卞、

京所忌，连贬窜，极远恶地无不历之，至是卒。安世少从学于司马光，平居坐不倾倚，书不草率，不好声色货利，忠孝正直，皆取则于光。除谏官，在职累年，正色立朝，其面折廷诤，或逢盛怒，则执简却立，俟威少霁，复前抗辞，旁列者见之，蓄缩耸汗。年既老，群贤凋丧略尽，岿然独存，以是名望益重。梁师成用事，能生死人，心服其贤，求得小吏吴默常趋走前后者，使持书唉以即大用。默劝为子孙计，安世笑谢曰："吾若为子孙计，不至是矣。"还其书，不答。苏轼尝评元祐人物曰："器之真铁汉。"

【纲】秋八月，金吴乞买废辽延禧为海滨王。

【纲】九月，有狐升御榻而坐。　【目】时又有都城东门外鬻菜夫，至宣德门下，忽若迷罔，释荷担向门戟手，且詈云："太祖皇帝、神宗皇帝使我来道，尚宜速改也。"逻卒捕之，下开封狱。一夕方省，则不知向者所为，乃于狱中尽之。

【纲】冬十月，金将粘没喝、斡离不分道入寇。

【纲】十一月，太常少卿傅察使金，不屈，死之。　【目】察为金贺正使，至境上，遇斡离不兵，胁之使拜且降；不拜，左右捽之伏地，愈植立，反覆论辨不屈，遂遇害。察，尧俞从孙也，十八登进士，蔡京尝欲妻以女，拒弗答。平居恂恂然若无所可否，及仓猝徇义，闻者莫不壮之，后谥忠肃。

【纲】召种师道为两河制置使。

【纲】十二月，童贯自太原逃归。金粘没喝陷朔、代州，遂围太原。　【目】先是，金人遣使来，许割蔚、应州及飞狐、灵丘县，帝

蔡京所忌恨，接连被流放，最边远险恶的地区，没有他没去过的，到这时去世。刘安世年轻时跟随司马光学习，平时坐着不倾歪斜倚，写字不草率，不喜欢声色财物，忠孝正直，这些都是以司马光为榜样的。他任谏官，在职多年，以正直严肃立身于朝廷。他当着皇帝的面斥责他人的过失，对皇帝进行诤谏，有时遇到皇帝盛怒，就执简退立一旁，等皇帝怒气稍稍缓和，又上前诤谏，旁边的人看见这种情况，都畏缩冒汗。他年老以后，朝廷贤臣大多或死或去，几乎没有人留下来，只有他岿然独存。因此名望日重。梁师成专权，能决定别人的生和死，他心里敬服刘安世之贤，找到一个曾在刘安世身边侍候的小吏吴默，让吴默拿着一封书信去见他，诱以即将重用。吴默劝他为子孙考虑，刘安世笑着谢绝说："我如果为子孙考虑，就不至于像现在这样了。"把书信退了回去，不予答复。苏轼曾经评论元祐时期的人物，说："刘器之（刘安世字器之）真铁汉。"

【纲】秋八月，金国吴乞买废辽国耶律延禧为海滨王。

【纲】九月，有一只狐狸爬到徽宗的御榻上坐着。【目】当时又有一个京城东门外卖菜的人，走到宣德门下，忽然像迷惘了一样，放下菜担，用手指着城门，并且骂道："太祖皇帝、神宗皇帝派我来说，还应该赶快改正。"巡逻的兵卒捉住他，把他投入开封府监狱。过了一夜，才醒悟过来，而不知道原来干了些什么，就在监狱中将他弄死了。

【纲】冬十月，金国将领粘没喝、斡离不分道入侵。

【纲】十一月，太常寺少卿傅察出使金国，不屈而死。【目】傅察被任命为金国贺正使，到了边境，遇到斡离不的军队，威胁他，要他下拜而且投降，傅察不拜，左右的金兵揪着他的头发按他伏地。他爬起来站得更直了，反复和他们辩论不屈，终于遇害。傅察是傅尧俞的侄孙，十八岁中进士，蔡京曾想把女儿嫁给他，他拒绝不答复。平时谦恭谨慎，对事情不置可否，到这时他在仓猝之间殉难取义，听到这个消息的人无不称赞他的壮烈，后来赐他谥号为"忠肃"。

【纲】召种师道任为两河制置使。

【纲】十二月，童贯从太原府逃回。金国将领粘没喝攻陷朔州（治所善阳县，即今山西朔州市朔城区）、代州（治所雁门县，即今山西代

信之，遣童贯往受地。至太原，闻粘没喝自云中南下，贯乃使马扩、辛兴宗往，使谕以交割地事。扩至，粘没喝曰："尔尚欲此两州两县邪？汝家别削数城来，可赎罪也！汝辈可即去。"扩还报，请贯速作备御，贯不从。既而粘没喝遣王介儒、撒离拇持书至太原，责以渝盟纳叛等事，词语甚倨。贯问之曰："如此大事，何不素告我？"撒离拇曰："兵已兴，何告为？宜速割河东、河北，以大河为界，用存宋朝宗社，乃报国也。"贯闻之气褫，不知所为，即欲假赴阙禀议为名，遁还京师。知太原府张孝纯止之曰："金人渝盟，大王当会诸路将士极力枝梧。今大王去，人心必摇，是以河东与金也。河东既失，河北岂可保邪？愿少留，共图报国，兼太原地险城坚，人亦习战，未必金便能克也。"贯怒，叱之曰："贯受命宣抚，非守土也。必欲留贯，置帅臣何为？"遂行。孝纯叹曰："平生童太师作几许威望，及临事，乃蓄缩畏慑，奉头鼠窜，何面目复见天子乎？"粘没喝引兵降朔州，克代州，都巡检使李翼力战，被执，骂贼死。粘没喝遂进围太原，孝纯悉力固守。

【纲】金斡离不入檀、蓟州，郭药师以燕山叛降金，金尽陷燕山州县。

【纲】诏内侍梁方平帅卫士守黎阳。

【纲】以皇太子为开封牧。　【目】帝以金师日迫为忧。蔡攸

县），遂即包围了太原城。 【目】在此以前，金国派遣使者来宋朝，答应割让蔚州、应州和飞狐县、灵丘县（蔚州治所灵仙县，即今河北蔚县；飞狐县，即今河北涞源县；灵丘县，即今山西灵丘县），徽宗相信了，派遣童贯前往接收土地。到了太原，听说粘没喝从云中县（即今山西大同市）南下，童贯就派马扩、辛兴宗前往，向粘没喝告以交接土地的事宜。马扩到达以后，粘没喝说："你们还想要这两个州两个县吗？你们另外再割让几座城送来，可以赎罪！你们这些人就赶快走吧！"马扩返回报告，请童贯赶快作好防御的准备，童贯没有听从。随后粘没喝派遣王介儒、撒离拇带着书信来到太原，指责宋朝违背盟誓招降纳叛等事，用的言词十分傲慢不逊。童贯问他们说："这样的大事，为什么不早告诉我？"撒离拇说："已经兴兵了，还告诉你什么？应该赶快割让河东、河北，以黄河作为两国的分界，借此保存宋朝的宗庙社稷，这就是你报效国家了。"童贯听了以后沮丧气馁，不知该怎么办，就想假借进京禀告商议为名，逃回京城。太原府知府张孝纯阻止他说："金国人违背盟誓，大王应当会合各路将士极力支撑抵抗。现在大王一走，人心必然动摇，就等于把河东路送给金国。河东路一旦失去，河北路难道可以保住吗？希望您先留下来，共同图谋报国。而且太原地势险要，城池坚固，人们也习惯了作战，金兵未必就能攻克它。"童贯发怒，斥喝他说："童贯是受命来宣抚的，不是来守卫土地的。一定要我童贯留下来，还设置统兵大臣干什么？"于是出发返回京城，张孝纯叹息说："平时童太师的威望达到了何等程度！等到有事，就退缩畏惧，抱头鼠窜，有什么面目再去见天子呢？"粘没喝带兵来攻，迫使朔州投降，攻克了代州，都巡检使李翼奋力战斗，被俘后，大骂金兵而被杀死。粘没喝随即进兵包围了太原，张孝纯全力固守。

【纲】金国的斡离不攻入檀州（治所密云县，即今北京市密云区）、蓟州（治所渔阳县，即今河北蓟县），郭药师献燕山府叛降金国，金兵攻陷燕山府路所属的所有州县。

【纲】下诏令内侍梁方平率领卫士守卫黎阳（即白马津，在今河南滑县东北，今已堵塞堙没）。

【纲】任皇太子为开封牧。 【目】徽宗因为金兵日益逼近而担

探知帝意欲内禅,引给事中吴敏入对,宰执皆在,敏前奏事,且曰:"金人渝盟,举兵犯顺,陛下何以待之?"帝蹙然曰:"奈何?"时东幸计已定,命李梲先出守金陵,敏退诣都堂言曰:"朝廷便为弃京师计,何理也?此命果行,须死不奉诏!"宰执以为言,梲遂罢行,而以太子为开封牧。

【纲】诏天下勤王,许臣庶直言极谏,罢道官及行幸诸局。

【目】初,宇文虚中为童贯参议官,虚中以庙谟失策,主帅非人,将有纳侮自焚之祸,上书极言之,王黼大怒;又累建防边策议,皆不报。及金人南下,贯与虚中还朝,帝谓虚中曰:"王黼不用卿言,今事势若此,奈何?"虚中对曰:"今日宜先降诏罪己,更革弊端,俾人心天意回,则备御之事,将帅可以任之。"帝即命虚中草诏,帝览之曰:"今日不吝改过,可便施行。"虚中又请出宫人、罢道官及大晟府行幸局暨诸局务。

【纲】召熙河经略使姚古、秦凤经略使种师中将兵入援。

【纲】以吴敏为门下侍郎。 【目】帝东幸之意益决,太常少卿李纲谓敏曰:"建牧之议,岂非欲委太子以留守之任乎?今敌势猖獗,非传太子以位号,不足以招徕天下豪杰。"敏曰:"监国可乎?"纲曰:"肃宗灵武之事,不建号不足以复邦,而建号之议不出于明皇,后世惜之。上聪明仁恕,公曷不为上言之。"翌日,敏入对,具以纲言白帝,帝即召纲入议,纲刺血上疏曰:"皇太子监国,礼之常也。今大敌入攻,安危存亡,在呼吸间,犹守常礼可乎?名分不正而当大权,何以号召天下?若假皇太子以位号,使为陛下守宗社,收将

忧。蔡攸探知徽宗有禅让皇位给皇太子的心思，就引荐给事中吴敏入宫面见徽宗。当时宰相和执政大臣都在，吴敏上前奏事，并且说："金国人违背盟誓，举兵前来进犯，陛下将如何对待？"徽宗皱着眉头说："怎么办？"当时徽宗东幸的计划已定，命李梲先出守金陵（即江宁府，即今江苏南京市），吴敏退下以后又到都堂去对宰相和执政大臣们说："朝廷就这样作了放弃京城的计划，是什么道理？如果这个命令果真执行，我们必须死也不遵奉诏旨。"宰相和执政大臣向徽宗陈说不可东幸，于是李梲不出守金陵，而任命太子为开封牧。

【纲】下诏令天下勤王，起兵救援王室，准许臣民直言不讳地进谏，罢除道士官和行幸等局。　【目】起初，宇文虚中任童贯的参议官。宇文虚中因为朝廷失策，主帅任用不得其人，将有自取侮辱、玩火自焚的灾祸，上书竭力陈述，王黼大怒。他又多次提出加强边防的建议，都不见回答。等到金兵南下，童贯和宇文虚中一起回到朝廷，徽宗对宇文虚中说："王黼不采用你的建议，现在事势如此，怎么办？"宇文虚中回答说："现在应该先下罪己诏，革除弊端，使人心和天意回转，那么防守备战的事，将帅就可以担任了。"徽宗就命宇文虚中起草罪己诏，徽宗看了以后说："现在不吝惜改正过错，可以立即照此实行。"宇文虚中又请求放出宫女，罢除道士官和裁撤大晟府行幸局以及各种供奉皇宫的局务。

【纲】召熙河（治所熙州城，即今甘肃临洮县）经略使姚古、秦凤（治所秦州城，即今甘肃天水市）经略使种师古带兵入援京城。

【纲】任命吴敏为门下侍郎。　【目】徽宗东幸的意思更为坚决，太常寺少卿李纲对吴敏说："把开封府尹升为开封府牧的决定，难道不是想委托太子担当留守的重任吗？现在敌势猖獗，不把皇帝的位号传给太子，就不足以号召招集天下的豪杰。"吴敏说："太子监国可以吗？"李纲说："唐肃宗灵武即位那件事，不立帝号，就不足以复兴邦国，而立帝号的意见，却不是出于唐明皇，这使后世感到可惜。皇上聪明仁恕，您何不跟皇上说一说？"第二天，吴敏入宫，把李纲所说的话全都禀告徽宗。徽宗立即召李纲入宫商议，李纲刺破手指，用血写成奏疏说："皇太子监国，这是礼之常规。现在大敌入侵，国家的安危存亡，在

士心,以死捍敌,天下可保。"帝意遂决。明日,宰臣奏事,帝留李邦彦,语敏,纲所言;遂拜敏门下侍郎,草诏传位。

【纲】帝传位于太子,太子即位,尊帝为教主道君太上皇帝,皇后为太上皇后。

【纲】以李纲为兵部侍郎。 【目】纲上书言:"方今中国势弱,君子道消,法度纪纲,荡然无统。陛下履位之初,当上应天心,下顺人欲,攘除外患,使中国之势尊,诛锄内奸,使君子之道长,以副道君皇帝付托之意。"召对延和殿,时金议割地,纲言:"祖宗疆土,当以死守,不可以尺寸与人。"帝嘉纳之,拜兵部侍郎。

【纲】立皇后朱氏。

【纲】以耿南仲签书枢密院事。

【纲】遣给事中李邺使金。 【目】告内禅,且请修好。邺至庆源府。斡离不欲还,郭药师曰:"南朝未必有备,不如姑行。"从之。

【纲】太学生陈东上书,请诛蔡京等六人。 【目】时天下皆知蔡京等误国,而用事者多受其荐引,莫肯为帝明言之。东率诸生上书曰:"今日之事,蔡京坏乱于前,梁师成阴贼于内,李彦结怨于西北,朱勔聚怨于东南,王黼、童贯又从而结怨于二虏,创开边隙,使天下势危如丝发。此六贼者,异名同罪,伏愿陛下擒此六贼,肆诸市朝,传首四方,以谢天下。"

呼吸之间，还可以遵守常礼吗？名分不正而掌握大权，用什么来号召天下？如果给予皇太子位号，让他为陛下守卫庙社稷，收揽将士之心，誓死抗敌，天下可以保住。"徽宗传位的意思于是决定了。第二天，宰相大臣入宫奏事，徽宗留下李邦彦，把李纲、吴敏说的话和他说了；于是任命吴敏为门下侍郎，起草传位诏书。

【纲】徽宗把帝位传给太子，太子即位，尊徽宗为"教主道君太上皇帝"，皇后为太上皇后。

【纲】任命李纲为兵部侍郎。　【目】李纲上书说："当前中国（宋朝）势弱，君子之道衰歇，法度纲纪，荡然没有体统。陛下刚刚即位，应当上应天心，下顺民意，排除外患，使中国国强势尊，诛锄内奸；使君子之道增长，以符合道君皇帝托付的心意。"皇帝把李纲召到延和殿问答，当时金国要求割让土地，李纲说："祖宗传下来的疆土，应当拼死守卫，一尺一寸也不可以给他人。"皇帝很嘉奖他，采纳他的意见，任命他为兵部侍郎。

【纲】立皇后朱氏。

【纲】任命耿南仲为签书枢密院事。

【纲】派遣给事中李邺出使金国。　【目】向金国通报徽宗禅让的事，并且请求两国和好。李邺到达庆源府（即赵州，治所平棘县，即今河北赵县），斡离不想撤兵回国，郭药师说："南朝（宋朝）未必有防备，不如姑且进兵。"斡离不听从了他的意见。

【纲】太学生陈东上书，请求朝廷诛杀蔡京等六人。　【目】当时天下的人都知道蔡京等人误国，但是当权的人大多是受他们举荐引用的，没有人向皇帝明言这一情况。陈东带领太学生们一起上书说："现在的情况是，由于蔡京破坏变乱在前，梁师成阴毒作恶于内，李彦在西北地区残酷榨取，结怨于百姓，朱勔招致民怨于东南地区，王黼、童贯又随后结怨于辽国、金国，挑起边境战争，使天下的局势如同系在一根头发丝上那样危急。此六贼，姓名不同而罪恶是相同的，希望陛下捉拿此六贼，把他们陈尸市朝之上，斩下首级，传示四方，以向天下人表示谢罪。"

钦宗皇帝

【纲】丙午,钦宗皇帝靖康元年,春正月,诏中外臣庶直言得失。 【目】自金人犯边,屡下求言之诏,事稍缓,则阴沮抑之,当时有"城门闭,言路开;城门开,言路闭"之语。

【纲】梁方平之师溃于黎阳,金人遂渡河。 【目】金斡离不陷相、浚二州。时方平帅禁旅屯于黎阳河北岸,金将迪古补奄至,方平奔溃。河南守桥者望见金兵旗帜,烧桥而遁,河北、河东路制置副使何灌帅兵二万退保滑州,亦望风迎溃,官军在河南者无一人御敌。金人遂取小舟以济,凡五日,骑兵方绝,步兵犹未渡也。旋渡旋行,无复队伍,金人笑曰:"南朝可谓无人,若以一二千人守河,我岂得渡哉?"遂陷滑州。

【纲】以吴敏知枢密院事,李梲同知院事。
【纲】窜王黼于永州,赐李彦死,并籍其家;放朱勔归田里。黼至雍丘,盗杀之。

【纲】太上皇出奔亳州,遂如镇江。 【目】帝闻斡离不济河,即下诏亲征,以蔡攸为太上皇帝行宫使,宇文粹中为副使,奉上皇东行以避敌。庚午,上皇如亳州,于是百官多潜遁。初,童贯在陕西募长大少年,号胜捷军,几万人,以为亲军,及自太原还京,适上皇南幸,贯即以是军自随。上皇过浮桥,卫士攀望号恸,贯惟恐行不速,使亲军射之,中矢而踣者百余人,道路流涕。蔡京亦尽室南行,为自全之计。辛巳,上皇至镇江。

【纲】以李纲为尚书右丞、东京留守,兼亲征行营使。京师戒

钦宗皇帝

【纲】钦宗皇帝靖康元年（丙午，1126），春正月，下诏征求朝廷内外的臣民直言不讳地指陈朝政得失。　【目】自从金兵侵犯边境以来，朝廷多次下达征求直言的诏书，但局势稍微一缓和，就暗中加以阻挠压制，当时流传有"城门闭，言路开，城门开，言路闭"的谚语。

【纲】梁方平的军队在黎阳溃败，金兵于是渡过黄河。　【目】金国的斡离不攻陷了相州（治所安阳县，即今河南安阳市）和浚州（治所黎阳县，在今河南浚县东南）二州。当时梁方平率领禁军屯扎在黎阳的黄河北岸，金国将领迪古补忽然领兵杀来，梁方平的军队溃败奔逃。黄河南岸守桥的士兵望见金兵的旗帜，烧桥而逃，河北路、河东路制置副使何灌率领二万兵马退保滑州（治所白马县，在今河南滑县东北），也望风溃败，在黄河以南的官军没有一个人抵抗金兵。金兵于是用小船渡过黄河，一共五天，骑兵才渡完，而步兵还没有渡河。金兵一边渡河一边前进，不再保持队形。金兵嘲笑说："南朝可谓无人，如果用一二千人把守黄河，我军怎得渡河呢？"金兵于是攻陷滑州。

【纲】任命吴敏为知枢密院事，李棁同知院事。

【纲】流放王黼到永州（治所零陵县，即今湖南零陵县）；李彦赐死，并抄没其家产；把朱勔放归田里。王黼走到雍丘（今河南杞县），被人刺杀。

【纲】太上皇（徽宗）从京城逃奔到亳州（治所谯县，即今安徽亳州市），随即前往镇江府（治所丹徒县，即今江苏镇江市）。　【目】钦宗听到斡离不渡过了黄河，当即下诏亲征，任命蔡攸为太上皇行宫使，宇文粹中为副使，伺奉太上皇东行以避敌兵。初四日，太上皇前往亳州，这时百官大多潜逃。起初，童贯在陕西路时招募到一批身体高大的年轻人当兵，号称胜捷军，近万人，作为亲军；等到他从太原逃回京城，正赶上太上皇南幸，童贯就带着这支亲军跟随自己一起南行。太上皇渡浮桥时，卫士望着皇帝号呼恸哭，童贯唯恐行军不速，下令亲军射箭，皇帝的卫士中箭而倒地的有百余人，路人都为之哭泣。蔡京也全家南行，作为自我保全之计。十五日，太上皇到达镇江。

【纲】任命李纲为尚书右丞、东京（即汴京）留守，兼亲征行营使。

严。【目】宰执议请帝出幸襄、邓以避敌锋。行营参谋官李纲曰："道君皇帝挈宗社以授陛下，委而去之。可乎？"帝默然。白时中谓都城不可守，纲曰："天下城池岂有如都城者，且宗庙、社稷、百官、万民所在，舍此欲何之？今日之计，当整饬军马，固结人心，相与坚守，以待勤王之师。"帝问："谁可将者？"纲曰："白时中、李邦彦等虽未必知兵，然藉其位号，抚将士以抗敌锋，乃其职也。"时中勃然曰："李纲莫能将兵出战否？"纲曰："陛下不以臣庸懦，傥使治兵，愿以死报。"乃以纲为尚书右丞、东京留守。纲为帝力陈不可去之意，且言："明皇闻潼关失守即时幸蜀，宗庙、朝廷毁于贼手。今四方之兵不日云集，奈何轻举以蹈明皇之覆辙乎？"会内侍奏中宫已行，帝色变，仓卒降御榻曰："朕不能留矣。"纲泣拜，以死邀之，帝顾纲曰："朕今为卿留。治兵御敌之事，专责之卿，勿致疏虞。"纲皇恐受命。宰臣犹请出幸不已，帝从之。纲趋朝，则禁卫擐甲，乘舆已驾矣。纲急呼禁卫曰："尔等愿守宗社乎？愿从幸乎？"皆曰："愿死守。"纲入见曰："陛下已许臣留，复戒行，何也？今六军父子妻孥皆在都城，愿以死守，万一中道散归，陛下孰与为卫？敌兵已逼，知乘舆未远，以健马疾追，何以御之？"帝感悟而止，禁卫六军闻之无不悦者，皆拜伏呼万岁。乃命纲兼行营使，以便宜从事。纲治守战之具，不数日而毕。

【纲】白时中免，以李邦彦为太宰，张邦昌为少宰，赵野为门下侍郎，王孝迪为中书侍郎，蔡懋为尚书左丞。

京城实行戒严。【目】宰相执政大臣商议,请钦宗出行到襄州(治所襄阳县,即今湖北襄阳市襄州区)、邓州(治所穰县,即今河南邓州市),以躲避敌兵的锋芒。行营参谋官李纲说:"道君皇帝(徽宗)把宗庙社稷交给陛下,现在委弃而去,可以吗?"钦宗默不作声。白时中认为京城不能防守,李纲说:"天下的城池难道还有像京城这样坚固的吗!况且京城是宗庙、社稷、百官、万民的所在地,放弃了这些,还想到哪里去?当今之计,应当整顿兵马,牢牢地团结人心,共同坚守,以等待勤王军队到来。"钦宗问:"谁能够担任主将?"李纲说:"白时中、李邦彦等人虽然未必懂得带兵打仗,然而凭借他们的名位官号,安抚将士以抗击敌兵,这是他们的责任。"白时中勃然大怒道:"李纲就不能带兵出战吗?"李纲说:"陛下不以臣为庸懦无能,倘若令臣统兵,愿以死报效陛下。"于是任命李纲为尚书右丞、东京留守。李纲向钦宗竭力陈述不可离开京城的道理,并且说:"唐明皇听到潼关失守,立即西幸蜀地,宗庙、朝廷毁于贼兵之手。现在四方的兵马不久就会云集京城,怎么能轻率行动而重蹈唐明皇的覆辙呢?"这时宫内宦官来奏皇后已经启程出发了,钦宗听了脸上变色,慌张地从御榻上走下来说:"朕不能留下来了。"李纲哭泣着跪拜在地,拼命加以阻拦。钦宗说:"朕今天为你留下不走。统兵抗敌的事,专门由你负责,不要出现疏忽大意。"李纲惶恐地接受了这一旨意。宰相执政大臣还是不断请求钦宗出行,钦宗听从了。李纲急忙赶到朝廷,而在身披甲胄的禁卫军的拥卫下,钦宗已经登上了车子。李纲急忙呼喊禁卫军说:"你们是愿意坚守宗庙社稷呢,还是愿意随从陛下出行呢?"禁卫军们都说:"愿意死守!"李纲入见钦宗,说:"陛下已经答应臣留下,又准备出行,这是为什么?现在禁卫六军的父母妻小都在京城,他们愿意拼死坚守。万一他们在半路上逃散返回,陛下还靠谁来护卫?敌兵已经逼近,得知陛下走得不远,派健马疾速追赶,用什么来抵抗呢?"钦宗醒悟过来,停止出行,禁卫六军听了没有不高兴的,都跪拜在地上高呼万岁。于是任命李纲兼任行营使,得以相机行事,不必事先请示。李纲赶制守城用的器械用具,不几天就准备完毕了。

【纲】白时中被罢免,任命李邦彦为太宰,张邦昌为少宰,赵野为门下侍郎,王孝迪为中书侍郎,蔡懋为尚书左丞。

【纲】遣使督诸道兵入援。

【纲】金斡离不围京师，李纲力战御之。金人来议和，诏出内帑及括借士民金帛与之，遣康王构及少宰张邦昌往为质。【目】癸酉，斡离不军抵汴城，据牟驼冈。帝召群臣议之，李邦彦力请割地求和，李纲以为击之便。帝竟从邦彦计，命虞部员外郎郑望之及高世则使其事，未至，遇金使吴孝民来，因与偕还。是夜，金人攻宣泽门，李纲御之，斩获百余人，金人知有备，又闻道君已内禅，乃退。

甲戌，孝民入见，问纳张毂事，令执送童贯、谭稹、詹度，且言曰："上皇朝事已往，不必计。今少帝与金别立誓书结好，仍遣亲王、宰相诣军前可也。"帝因求大臣可使者，李纲请行，帝不许，而命李棁。纲曰："安危在此一举，臣恐李棁怯懦，误国事也。"不听，遂命棁使金军。棁至，斡离不谓之曰："汝家京城，破在顷刻，所以敛兵不攻者，徒以少帝之故。欲存赵氏宗社，我恩大矣。今若欲议和，当输金五百万两，银五千万两，牛、马万头，表段百万匹；尊金帝为伯父；归燕、云之人在汉者，割中山、太原、河间三镇之地，而以宰相、亲王为质，送大军过河，乃退尔。"因出事目一纸付棁，遣还。棁等唯唯，不敢措一言，遂与金使萧三宝奴、耶律忠、王汭等偕来。凡金人所要求，皆郭药师教之也。

乙亥，金人攻天津、景阳等门，李纲亲督战，募壮士缒城而下，自卯至酉，斩其酋长十余，杀其众数千人，何灌力战而死。丙子，棁至，李邦彦等力劝帝从金议，帝乃括借都城金、银及倡优家财，得金二十万两，银四百万两，而民间已空。李纲言："金人所需金币，竭天

【纲】派遣使者督促各路兵马入援京城。

【纲】金国斡离不包围京城，李纲尽力抗御。金国派人来议和，下诏取内府钱财并收括借取官员和百姓的金帛送给金军，同时派遣康王赵构和少宰张邦昌到金军那里作为人质。 【目】初七日，斡离不的军队抵达汴京城，占据了牟驼冈（在今河南开封市西北）。钦宗召集群臣商议对策，李邦彦竭力建议割地求和，李纲认为最好是抗击。钦宗竟然听从了李邦彦的计策，命虞部员外郎郑望之和高世则出使金兵军营，还没到达，遇上了金军派来的使者吴孝民，因此同他一起返回朝廷。当天夜晚，金兵攻打宣泽门，李纲率兵抵御，杀死和俘获了金兵一百余人。金兵知道宋朝已有防备，又听说道君皇帝（徽宗）已经禅位，就撤退了。

初八日，吴孝民入宫见钦宗，责问宋朝接纳张毂一事，要求把童贯、谭稹、詹度抓起来送往金国，并且说："太上皇那朝的事情已经过去了，不必再计较。现在少帝（指钦宗）和金国另立誓约互结和好，再派遣亲王、宰相到我军中就可以了。"钦宗就征求大臣中可以出使的人，李纲请求前去，钦宗不同意，而命李棁前往。李纲说："国家的安危在此一举，臣担心李棁胆小懦弱，贻误国家大事。"钦宗不听，就命李棁前往金兵军营。李棁到达以后，斡离不对他说："你们的京城顷刻之间就要被攻破，我之所以收兵不攻，只是因为少帝（指钦宗）的缘故，想保存赵氏的宗庙社稷，我对你们宋朝的恩可说很大。现在如果想议和，应当送我们金五百万两，银五千万两，牛马一万头，缎一百万匹；尊奉金国皇帝为伯父；归还跑到宋朝去的燕、云地区的百姓；割让中山、太原、河间（中山府即定州，治安喜县，即今河北定县；河间府即瀛州，治所河间县，即今河北河间县）三镇的土地，而以宰相、亲王作为人质，送金兵渡过黄河，做到这些就退兵。"于是把一张开列好条目的单子交给李棁，让他返回。李棁等人唯唯诺诺，不敢说一句话，就和金国使者萧三宝奴、耶律忠、王汭等人一起回来。金国人所有这些要求，都是郭药师教唆的。

初九日，金兵攻打天津门、景阳门等城门。李纲亲自督战，招募壮士从城上系在绳子上放到城下，从卯时（上午五时至七时）到酉时（下午五时至七时）与金兵激战，斩杀了金兵酋长十余人，杀伤金兵数千人，宋将何灌力战而死。初十日，李棁返回，李邦彦等人竭力劝钦宗应允金国

下且不足,况都城乎?三镇,国之屏蔽,割之何以立国?至于遣质,则宰相当往,亲王不当往。若遣辩士姑与之议所以可不可者,宿留数日,大兵四集,彼孤军深入,虽不得所欲亦将速归;此时与之盟,则不敢轻中国,而和可久也。"李邦彦等言:"都城破在旦夕,尚何有三镇?而金币之数又不足较。"帝默然。纲不能夺,因求去。帝慰谕之曰:"卿第出治兵,此事当徐图之。"纲退,则誓书已成,称"伯大金国皇帝,侄大宋皇帝",金币、割地、遣质、更盟,一依其言。遣沈晦以誓书先往,并持三镇地图示之。

庚辰,以张邦昌为计议使,奉康王构往金军为质以求成。初,邦昌与邦彦等力主和议;不意身自为质,及行,乃邀帝署御批,无变割地议,帝不许。康王与邦昌乘筏渡壕,自午至夜始达金营。康王,道君皇帝第九子,韦贤妃所生也。

【纲】以唐恪同知枢密院事。

【纲】都统制马忠败金人于顺天门。 【目】金游骑大掠于城下,忠以京西募兵适至,击金人,败之于顺天门外。金师遂收敛为一,西路稍通,援兵得达。

【纲】以路允迪签书枢密院事,如金粘没喝军。种师道帅师入援;以师道同知枢密院事,统四方勤王兵。 【目】师道至洛,闻斡离不已屯东城下,或止师道,言"贼势方锐,愿少驻汜水以谋万全。"师道曰:"吾兵少,若迟回不进,形见情露,只取辱焉。今鼓行

的和议条件，钦宗就收括、借用京城中的金银以至娼妓、优伶的家财，共得金二十万两，银四百万两，而民间的财物已被搜括一空。李纲说："金国所要的金币数目，搜括完天下的财物尚且不能凑足，何况一个京城？三镇是国家的屏障，割让了还怎么立国？至于派遣人质，宰相应当去，亲王不应当前往。如果派遣能言善辩的人士，姑且和金国谈判和议条件为什么有的可以，有的不可以，留下住上几天，等四方大军云集京城，他们是孤军深入，即使没有满足他们的要求，也就会很快退兵了；到这时再和他们签订和约，他们就不敢轻视中国（宋朝），而和平才可以长久。"李邦彦等人说："京城被攻破就在旦夕，还有什么三镇值得可惜的？至于金币的数目又是不值得计较的事。"钦宗沉默不语。李纲因为不改变自己的主张，因而请求辞官离去。钦宗安慰他说："你只管在外统兵，这议和的事待慢慢考虑。"李纲退下以后，议和的誓书已经写好了。誓书中称"伯父大金国皇帝，侄大宋皇帝"，对于金币、割地、派遣人质、重新签订盟约等项，一切都依从了金国。宋朝派遣沈晦带着誓约盟书先行，同时带上三镇的地图拿给金国人看。

十四日，任命张邦昌为计议使，陪康王赵构前往金兵军营作为人质，以求完成和议。起初，张邦昌和李邦彦等人竭力主张议和，想不到自己作了人质，临行前，张邦昌就要求钦宗亲笔签名写下批文，保证不改变割地等项和议条件，钦宗没有答应。康王赵构和张邦昌乘坐竹筏渡过护城濠，从午时（中午十一点到下午一点）走到夜晚，才到达金兵军营。康王，是道君皇帝（徽宗）第九个儿子，是韦贤妃所生。

【纲】任命唐恪为同知枢密院事。

【纲】都统制马忠在顺天门打败金兵。 【目】金兵的游骑在京城之下大肆抢掠，马忠因为从京西招募的士兵正好到达，向金兵发起攻击，在顺天门外打败了金兵。金兵于是收缩集中在一起驻扎，京城西面的道路才稍稍打通，援兵得以到达。

【纲】任命路允迪为签书枢密院事，作为使臣赴金国粘没喝的军中。种师道率领军队入援京城；任命种师道为同知枢密院事，统领四方前来救援京城的勤王兵。 【目】种师道到达洛阳，听说斡离不已经在京城东面驻扎，有人劝种师道停止进兵，说："贼兵气势正盛，希望我

而进，彼安能测我虚实？都人知吾来，士气自振，何忧贼哉？"揭榜沿道，言"种少保领西兵百万来"，遂抵京西，趋汴水南，径逼敌营。金人惧，徙砦稍北，敛游骑，但守牟驼冈，增垒自卫。

时师道年高，天下称为老种。帝闻其至，甚喜，开安上门，命李纲迎劳。师道入见，帝问曰："今日之事，卿意若何？"对曰："女真不知兵，岂有孤军深入人境，而能善其归乎？"帝曰："业以讲好矣。"对曰："臣以军旅之事事陛下，余非所敢知也。"遂拜同知枢密院事，充京畿、河北、河东宣抚使，统四方勤王兵及前后军，以姚平仲为都统制。师道时被病，命毋拜，许肩舆入朝。金使王汭在廷頡頏，望见师道，拜跪稍如礼。帝顾笑曰："彼为卿故。"师道请"缓给金币于金，俟彼惰归，扼而歼诸河，计之上也。"李邦彦不从。

【纲】以杨时为右谏议大夫兼侍讲。【目】时言："今日之事，当以收人心为先；人心不附，虽有高城深池，坚甲利兵，不足恃也。童贯为三路大帅，弃军逃归，朝廷置之不罪，故梁方平之徒相继而遁。当正典刑，以为不忠之戒。自贯握兵二十余年，覆军杀将，驯至今日："比闻防城，仍用阉人，覆车之辙，不可复蹈。"疏上，遂有是命。

【纲】贬梁师成为彰化节度副使，寻赐死。

【纲】二月，都统制姚平仲将兵夜袭金营，不克而遁。【目】时朝廷日输金币于金，而金人需求不已，日肆屠掠。四方勤王之师

军暂且驻扎在汜水县（在今河南荥阳县西北）以谋求万全之策。"种师道说："我军兵少，如果徘徊迟疑不前，就会暴露实情，只会招来耻辱。现在我军击鼓而进，他们怎么能推测出我军的虚实？京城的人知道我们来了，士气自会振作，还怕贼兵吗？"一路上张贴榜文，声称"种少保带领西路兵马一百万来了"，于是抵达京城西面，奔向汴水（故道，在今河南开封市西）南岸，直逼金兵营寨。金兵畏惧，向北面稍稍迁移了营寨，撤回游骑，只在牟驼冈固守，增设营垒以自卫。

当时种师道年事已高，天下的人称他为老种。钦宗听说他带兵来了，很高兴，打开安上门，命李纲前去迎接慰劳。种师道入宫进见，钦宗问道："现在的事，你的意见如何？"种师道回答说："女真人不知道兵法，哪里有孤军深入别人境内而能好好返回去的事？"钦宗说："已经和他们讲和了。"种师道回答说："臣只以军旅的事待奉陛下，其余的事就不是臣所敢过问的了。"于是任命他为同知枢密院事，充京畿、河北、河东宣抚使，统领四方勤王兵和禁军的前后军，任命姚平仲为都统制。种师道当时正有病，特命他不要跪拜，准许他乘坐肩舆入朝。金国使臣王汭在朝廷上与宋朝抗衡不肯行礼，望见种师道，才稍稍依礼跪拜。钦宗看见笑着说："他是因为你才这样的。"种师道建议"拖延给金国的金币，等到金兵懈怠思归时，把他们堵截在黄河岸边加以歼灭，这是上策。"李邦彦不听从。

【纲】任命杨时为右谏议大夫兼侍讲。　【目】杨时上奏说："当今之事，应当首先收拾人心；人心不附，即使有高城深池，坚甲利兵，也不足以凭依。童贯作为三路兵马的大帅，弃军逃回，朝廷对此置之不予问罪，所以梁方平之流相继逃跑。应当明正典刑，作为不忠者的戒鉴。自从童贯掌握兵权二十余年，军队覆灭，将领被杀，以至发展到现在这样。近来听说防守城池，仍然任用宦官，覆车之辙，不可重蹈。"奏疏上呈以后，于是有以他为右谏议大夫兼侍讲的任命。

【纲】贬梁师成为彰化节度副使（彰化军治所泾州城，在今甘肃泾川县北），不久赐死。

【纲】二月，都统制姚平仲带兵，夜袭金兵军营，没有攻克而逃。【目】当时朝廷每天都向金国送金币，而金国人仍然索求不已，每日大肆

渐至，李纲言："金人贪婪无厌，凶悖日甚，其势非用师不可。且敌兵号六万，而吾勤王之师集城下者已二十余万，彼以孤军入重地，犹虎豹自投陷阱中，当以计取之，不必与角一旦之力。若扼河津，绝饷道，分兵复畿北诸邑，而以重兵临敌营，坚壁勿战，俟其食尽力疲，然后以一檄取誓书，复三镇，纵其北归，半渡而击之，此必胜之计也。"帝深然之，约日举事。种氏、姚氏皆素为山西巨室，平仲以父古方帅熙河兵入援，虑功名独归种氏，乃云："士不得速战，有怨言。"帝闻之以语李纲，纲主其议，令城下兵缓急听平仲节度。帝日遣使趣师道战，师道欲俟其弟师中至，因奏言："过春分乃可击。"时相距才八日，帝以为缓；平仲请先期击之。二月朔，平仲帅步骑万人，夜斫敌营，欲生擒斡离不及取康王以归。夜半，帝遣中使谕李纲曰："姚平仲已举事，卿速援之。"平仲方发，金候吏觉之，斡离不遣兵迎击。平仲兵败，惧诛，亡去。李纲率诸将出救，遂与金人战于幕天坡，以神臂弓射却之。师道复言："劫寨已误，然兵家亦有出其不意者；今夕再遣兵分道攻之，亦一奇也。如犹不胜，然后每夕以数千人扰之，不十日贼遁矣。"李邦彦等畏懦，皆不果用。

【纲】罢李纲以谢金人。 【目】斡离不召诸使者诘责用兵违誓之故。张邦昌恐惧涕泣，康王不为动，金人异之，乃使王汭来致责，且请更以他王为质。汭至，李邦彦语之曰："用兵乃李纲、姚平仲尔，非朝廷意也。"因罢李纲以谢金人，废亲征行营司。

时宇文虚中闻汴京急，驰归，收合散卒，得东南兵二万人，以便宜起李邈领之，令驻于汴、河。会姚平仲失利，援兵西来者皆溃，虚

屠杀掠夺。四方的勤王军队逐渐到达后,李纲说:"金国人贪婪无厌,日益凶恶狂悖,势非用兵不可。况且敌兵号称六万,而我们的勤王军队结集到京城之下的已经二十余万了,金兵以孤军深入到重地,犹如虎豹自投陷阱之中,应当用计智取,不必和它斗一时的勇力。如果扼住黄河渡口,断绝金兵的粮道,分兵收复京师北面各个城镇,而以重兵逼近敌营,坚守壁垒不战,待他们粮尽力疲,然后用一纸檄文取回誓书,收复三镇,放金兵北归,在他们渡河一半的时候发起攻击,这是必胜的计策。"钦宗深以为然,约定日期准备实施。种氏、姚氏一直都是山西的大族,姚平仲因为他父亲姚古方带领熙河兵前来入援,担心功劳被种氏独占,就说:"士兵不能马上出战,因此有怨言。"钦宗听说后告诉李纲,李纲支持他的意见,令城外士兵危急时听从姚平仲的指挥调度。钦宗每天都派遣使者催促种师道赶快开战,种师道准备等他的弟弟种师中到来以后再战,因此上奏说:"过了春分方可以出击。"当时离春分才八天,钦宗认为太迟了;姚平仲请求提前出兵进攻。二月初一,姚平仲率领步骑兵一万人,夜袭敌营,想生擒斡离不并夺取康王而回。半夜,钦宗派遣宦官告诉李纲说:"姚平仲已经行动了,你赶快支援他。"姚平仲刚出发,金国的侦察兵就发现了,斡离不派兵迎击。姚平仲兵败,他害怕被治罪处死,逃跑而去。李纲率领诸将出兵救援,于是和金兵在幕天坡交战,用神臂弓把金兵射退。种师道又上奏说:"劫寨的举动已属错误,然而兵法上也有出其不意之计;今晚再派兵分道攻打金兵,也是一条奇计。如果还不能取胜,然后每天晚上用数千兵马前去骚扰金兵军营,不到十天,贼兵一定会逃走。"李邦彦等人畏惧怯懦,这些计谋都不被采用。

【纲】罢免李纲以向金国人谢罪。 【目】斡离不召见宋朝使者责问宋朝背誓出兵的原因。张邦昌恐惧得涕泣交流,康王赵构不为所动。金国人很惊奇,就派遣王汭到宋朝来责问,并且要求更换别的亲王作为人质。王汭到后,李邦彦对他说:"用兵的是李纲、姚平仲,不是朝廷的意思。"因此罢免李纲以向金国人谢罪,废除了亲征行营司。

当时宇文虚中听说汴京危急,疾驰赶回,收集散兵,得来自东南地区的士兵二万人,他不经上奏,自行决定,令李邈带领,在汴水、黄河

中缒而入京。帝欲遣人奉使辨劫营非朝廷意,大臣皆不欲行,虚中承命,慨然而往。

【纲】太学生陈东上书,请复用李纲,诏以纲为尚书右丞、京城防御使。 【目】东等千余人上书于宣德门,言:"李纲夺勇不顾,以身任天下之重,所谓'社稷之臣'也。李邦彦、白时中、张邦昌、赵野、王孝迪、蔡懋、李棁之徒,庸缪不才,忌嫉贤能,动为身谋,不恤国计,所谓'社稷之贼'也。陛下拔纲,中外相庆,而邦彦等疾如仇雠,恐其成功,因缘沮败。罢纲,非特堕邦彦等计中,又堕虏计中也。乞复用纲而斥邦彦等,且以阃外付种师道,宗社存亡在此举,不可不谨。"书奏,军民不期而集者数万人。帝乃复纲右丞,充京城四壁防御使。既而都人又言:"愿见种师道。"诏趋师道入城弹压。师道乘车而至,众搴帘视之,曰:"果我公也。"相麾声喏而散。吴敏奏东为士学录,东力辞以归。

【纲】除元祐党籍学术之禁。
【纲】更以肃王枢为质于金,康王构还。 【目】宇文虚中冒锋镝至金营,次日,金遣王汭随虚中入城,要越王及李邦彦、吴敏、李纲并附马曹晟等,与金银骡马之类,且欲御笔书定三镇界,方退军。明日,帝命肃王往代质,康王、张邦昌还。

【纲】以徐处仁为中书侍郎,宇文虚中签书枢密院事。蔡懋罢。
【纲】诏割三镇地以畀金,金斡离不引兵北去,京师解严。
【目】初,金人犯城,蔡懋禁不得辄施矢石,将士积愤。及李纲复用,下令能杀敌者厚赏,众无不奋跃。金人惧,稍稍引却。至是,宇文虚中复奉诏如金,许割三镇地;斡离不得诏,遂不俟金币数足,遣韩光裔来告辞,退师北去,肃王从之,京师解严。

一带驻扎。正遇姚平仲出兵失利,西路援兵都溃散了,宇文虚中用绳索爬上城墙,进入汴京。钦宗想派人出使金营,辩明劫金军兵营并非朝廷之意,大臣们都不愿出行,宇文虚中接受了这个命令,慨然前往。

【纲】太学生陈东上书,请求重新起用李纲。下诏任命李纲为尚书右丞、京城防御史。　　【目】陈东等千余人在宣德门上书,说:"李纲奋不顾身,身担天下的重任,是所谓'社稷之臣'。李邦彦、白时中、张邦昌、赵野、王孝迪、蔡懋、李梲之流,昏庸无能,妒贤嫉能,动不动就为自身打算,不忧虑国家大计,所谓是'社稷之贼'。陛下提拔李纲,朝廷内外互相庆贺;而李邦彦等人却视李纲如仇敌,怕他成功,因而找机会阻挠他使他失败。罢免李纲,不只是中了李邦彦等人的计谋,又中了贼虏的计谋。请求重新起用李纲而斥逐李邦彦等人,并把城外军事托付给种师道,国家的存亡在此一举,不可不谨慎。"奏书上呈以后,军民不约而同集合在一起的有数万人。钦宗于是恢复李纲尚书右丞的官位,并充任京城四壁防御使。随后京城的人又说:"希望见到种师道。"下诏令种师道赶快入城弹压。种师道乘车而来,众人掀开车帘看见他,说:"果真是我公!"对他招手唱喏表示敬意而散去。吴敏奏准任陈东为士学录,陈东竭力推辞而回去了。

【纲】解除了对元祐党人学说著述的禁令。

【纲】另以肃王赵枢到金营作为人质,康王赵构返回。　　【目】宇文虚中冒着刀锋箭雨来到金营。第二天,金国人派遣王汭随着宇文虚中进入京城,要求将越王和李邦彦、吴敏、李纲连同附马曹成等人作人质,索取金银骡马之类的财物,并且想让钦宗亲笔划定三镇的界域,这样才能撤军。第二天,钦宗命肃王赵枢前往金营代替康王赵构作为人质,康王赵构和张邦昌返回京城。

【纲】任命徐处仁为中书侍郎,宇文虚中为签书枢密院事。蔡懋被罢免。

【纲】下诏把三镇之地割让给金国,金国斡离不领兵北去,京城解除了戒严。　　【目】起初,金兵进犯京城,蔡懋禁止不许随便施放弓箭礌石,将士们为此积愤很大。等到李纲被重新任用,下令对能杀伤敌兵的人加以厚赏,众人无不奋勇杀敌。金国人害怕了,稍稍后撤。到这时宇文虚中再次持诏书赴金营,答应割让三镇之地,斡离不得到诏书,就

种师道请乘其半济击之，帝不许。师道曰："异日必为国患。"御史中丞吕好问进言于帝曰："金人得志，益轻中国，秋、冬必倾国复来。御敌之备，当速讲求。"不听。

【纲】李邦彦免。　【目】邦彦无所建明，惟阿顺趋诌而已，都人目为"浪子宰相"。

【纲】以张邦昌为太宰，吴敏为少宰，李纲知枢密院事，耿南仲、李棁为尚书左、右丞。

【纲】宇文粹中罢。

【纲】姚古、种师中及府州将折彦质以兵入援。　【目】姚古、种师中及府州帅折彦质各以兵勤王，凡十余万人，至汴城下，而斡离不已退。李纲请诏古等追之，且戒俟其间可击则击；而三省乃令护送出之，勿轻动以启衅。时大臣政令矛盾，故迄无成功。

【纲】种师道罢。　【目】中丞许翰言："师道名将，沉毅有谋，不可使解兵柄。"帝谓其老难用，翰曰："秦始皇老王翦而用李信，兵辱于楚；汉宣帝老赵充国而卒能成金城之功。自吕望以来，以老将收功者难一二数。师道智虑未衰，虽老，可用也。"帝不纳。翰又言："金人此去，存亡所系，当令一大创，使失利去，则中原可保，四夷可服；不然，将来再举，必有不救之患。宜遣师邀击之。"帝亦不听。

【纲】以杨时兼国子祭酒。　【目】时知无不言，然不见听。及太学生留李纲、种师道，吴敏乞用时以靖太学，因召对，时言："诸生忠于朝廷，非有他意，但择老成有行谊者为之长贰，则将自定。"帝曰："无以逾卿。"遂用之。

不等到金币数额凑足，派遣韩光裔前来告辞，撤军北去，肃王赵枢也随之而去，京城于是解除戒严。

种师道请求乘金兵渡黄河渡到一半的时候攻击他们，钦宗不许。种师道说："以后必定成为国家的祸患。"御史中丞吕好问向钦宗进言说："金国人得志以后，会更加轻视中国（宋朝），秋冬季节，一定会发动倾国兵力再来。防敌的准备，应当赶快研究。"钦宗不听。

【纲】李邦彦被罢免。　【目】李邦彦为政无所建树，只会阿谀顺从而已，京城的人把他看成是"浪子宰相"。

【纲】任命张邦昌为太宰，吴敏为少宰，李纲为知枢密院事，耿南仲、李棁为尚书左、右丞。

【纲】宇文粹中被罢免。

【纲】姚古、种师中和府州（治所府谷县，即今陕西府谷县）将领折彦质带兵入援京城。　【目】姚古、种师中和府州主将折彦贵分别领兵救援王室，共十余万人，到达汴京城下时，斡离不已经退兵了。李纲请求下诏命姚古等人率兵追击金兵，并且告诫他们找机会可以出击就出击，而三省宰执大臣却下令护送金兵出境，不要轻易启衅。当时大臣们的政令往往相互矛盾，所以一直得不到成功。

【纲】种师道被罢免。　【目】御史中丞许翰说："种师道是位名将，沉毅有谋略，不可把他解除兵权。"钦宗认为他年老，难以任用，许翰说："秦始皇因为王翦年老而任用李信，造成兵败楚地的耻辱；汉宣帝重用老将赵充国而终于在金城取得战功。自从吕望以来，以老将取得成功的，难以一一列举。种师道的智谋不衰，虽然年老，仍然可以任用。"钦宗不采纳。许翰又说："金国人这次撤离而去，是国家存亡的关键，应当让他们受到一次重创，使他们失利而去，这样中原还可以保住，周边四夷可以降服；不然的话，将来金兵再次举兵进犯，必有不能挽救的祸患。应该派兵拦击金兵。"钦宗也不听从。

【纲】任命杨时兼任国子祭酒。　【目】杨时知无不言，然而却不被朝廷听从。等到太学生请求留用李纲、种师道，吴敏奏请任用杨时以求使太学安靖下来，因此钦宗召见杨时询问政事。杨时说："太学诸生忠于朝廷，没有别的意图，只要挑选老成持重有品行的人作为主官，太

【纲】金粘没喝入威胜军,陷隆德府。 【目】粘没喝攻太原,悉破诸县,独城中以张孝纯固守不下。平阳府叛卒导金兵入南、北关,粘没喝叹曰:"关险如此,而使我过之,南朝可谓无人矣!"既过,知威胜军李植以城降,遂攻下隆德府,知府张确死之;进屯泽州。

【纲】贬蔡京为秘书监,童贯为左卫上将军,蔡攸为大中大夫。
【纲】梁方平伏诛。
【纲】王孝迪罢。
【纲】以聂昌为东南发运使,未行而罢。 【目】初上皇南幸,童贯、高俅等以兵扈从。既行,闻都城受围,乃止东南邮传及勤王之师。道路籍籍,言贯等为变,朝议以户部尚书聂昌为发运使,往图之。李纲曰:"使昌所图果成,震惊太上,此忧在陛下;万一不果,是数人者挟太上于东南,求剑南一道,陛下将何以处之?莫若罢聂昌之行,请于太上,去此数人,自可不劳而定。"帝从之。

【纲】金粘没喝还云中,留军围太原。
【纲】三月,张邦昌、李梲免。
【纲】以徐处仁为太宰,唐恪为中书侍郎,何㮚为尚书右丞,许翰同知枢密院事。 【目】帝召处仁问割三镇是否,处仁言:"不当弃",与吴敏议合,敏荐处仁可相,遂拜太宰。时进见者多论宣和间事,恪言于帝曰:"革弊当以渐,宜择今日之所急者先之,而言者不顾大体,至毛举前事,以快一时之愤,岂不伤太上之心哉?京、攸、

学就会自然而然地安靖下来。"钦宗说："没有比你更合适的人选了。"于是任用杨时为国子祭酒。

【纲】金国粘没喝侵入威胜军（治所铜鞮县，即今山西沁县东南段柳村），攻陷了隆德府（即潞州，治所上党县，即今山西长治市）。
【目】粘没喝攻打太原府，所属各县都被攻破，只有太原城因为张孝纯固守而没被攻下来。平阳府（即晋州，治所临汾县，即今山西临汾市）叛变的士卒给金兵作向导，引金兵进入南、北关（北关，在今山西祁县东南；南关，在今山西沁县东北。二关相近。），粘没喝叹息说："关口险要如此，而让我通过了，南朝（宋朝）可说是无人了！"过了南、北关以后，知威胜军李植献城投降，金兵遂即攻下隆德府，知府张确死难，金兵进驻泽州（治所晋城县，即今山西晋城市）。

【纲】贬蔡京为秘书监，童贯为左卫上将军，蔡攸为大中大夫。

【纲】梁方平被处死。

【纲】王孝迪被罢免。

【纲】任命聂昌为东南发运使，没有出发上任就被罢免了。
【目】起初太上皇南行，童贯、高俅等人率兵扈从。出发以后，听到京城被围困，就命令停止了东南一带的邮传和救援朝廷的军队。道路上人们议论纷纷，说童贯等人要发动变乱。朝廷大臣们商议，任命户部尚书聂昌为发运使，前去设法对付童贯等人。李纲说："假如聂昌果然成功，惊动了太上皇，担忧的还是陛下，万一不成功，这几个人，挟持太上皇在东南地区，取得剑南道（治所成都府，即今四川成都府）一道之地，陛下将怎样对待这件事？如果能停止聂昌这次行动，而是奏请太上皇斥逐这几个人，自然可以不费力气而把这件事平息下来。"钦宗听从了。

【纲】金国粘没喝还军云中，留下军队继续包围太原城。

【纲】三月，张邦昌、李棁被罢免。

【纲】任命徐处仁为太宰，唐恪为中书侍郎，何㮚为尚书右丞，许翰为同知枢密院事。【目】钦宗召见徐处仁，询问割让三镇是否得当，徐处仁说"不应该放弃"，和吴敏的看法一致。吴敏推荐徐处仁可以出任宰相，于是任命为太宰。当时觐见皇帝的人大多非议徽宗宣和年间的事情，唐恪对钦宗说："革除弊端应当逐步施行，应当选择当前紧迫的

贯、黼之徒，既从窜斥，姑可已矣，他日边事既定，然后白太上，请下一诏，与天下共弃之，谁曰不可？"帝曰："卿论甚善，为朕作诏书，以此意布告在位。"

【纲】宇文虚中免。

【纲】诏种师道屯滑州，姚古、种师中援三镇。古复隆德府、威胜军，师中追斡离不至北鄙而还。 【目】诏："金人要盟，终不可保。今粘没喝深入，南陷隆德，先败元约，朕夙夜追咎，已黜罢原主和议之臣，其太原、中山、河间三镇，保塞、陵寝所在，誓当固守。"于是命种师道为河北、河东宣谕使，驻滑州；姚古为河北制置使，种师中副之。古总兵援太原，师中援中山、河间。斡离不行至中山、河间，两镇皆固守不下，师中因进兵以逼之，斡离不遂出境。姚古以兵复隆德、威胜，扼南、北关。

【纲】诏李纲迎太上皇于南京。 【目】时用事者言太上将复辟于镇江，人情危骇。既而太上还至南京，以书问改革政事之故，且召吴敏、李纲。或虑太上意不可测，纲曰："此无他，不过欲知朝廷事尔。"纲往，具道："皇帝圣孝思慕，请陛下蚤还京师。"太上因及行宫止递角等事，纲曰："当时恐金人知行宫所在，非有他也。"因言："皇帝每得诘问之诏，辄忧惧不食。臣窃譬之，家长出而强寇至，子弟之任家事者不得不从宜措置，长者但当以其能保田园大计而慰劳之，苟诛及细故，则为子弟者何所逃其责邪？陛下回銮，臣谓宜有以大慰皇帝之心，勿问细故可也。"太上感悟，出玉带、金鱼、象简赐纲，且曰："卿捍守宗社有大功，若能调和父子间，使无疑阻，当遂垂名青史。"纲遂具道太上意，帝始释然。

事情先做起，可是议论政事的人不顾大体，以至于列举过去的琐事，以发泄一时的愤恨，这岂不是在伤太上皇的心吗？蔡京、蔡攸、童贯、王黼这类人，既然已经被流放斥逐，暂且可以作罢了。以后边疆的事情平定，然后禀告太上皇，请颁发一个诏书，与天下的人共同唾弃他们，谁能说不行？"钦宗说："你所说的很好，为朕起草诏书，把这个意思公布给在位的大臣们知道。"

【纲】宇文虚中被罢免。

【纲】下诏令种师道屯兵滑州，姚古、种师中援救三镇。姚古收复了隆德府、威胜军，种师中追击斡离不到北部边境地区而还。　【目】钦宗下诏说："金国人所胁迫订立的盟约，最终难以确保。现在粘没喝深入边境，南下攻陷了隆德府，首先破坏了盟约。朕日夜追悔过失，已经黜罢了原来主张和议的大臣，太原、中山、河间三镇，还有保塞（保塞县，保州治所，宋室祖先陵墓在此，即今河北保定市）是祖宗陵寝所在之地。"于是任命种师道为河北、河东宣谕使，驻兵滑州，姚古为河北制置使，种师中为副使。姚古总领兵马援救太原，种师中援救中山、河间。斡离不进军到中山、河间，两镇都固守不能攻下。种师中趁机进兵逼近金兵，斡离不于是撤出宋朝边境。姚古带兵收复了隆德府、威胜军，扼守南、北关。

【纲】下诏命李纲前往南京（即宋州应天府，治所宋城县，在今河南商丘县南）迎接太上皇。　【目】当时当权的大臣说太上皇将要在镇江复辟，人心惊骇不安。随后太上皇回到南京，写信询问改革政事的原因，而且召见吴敏、李纲。有人担忧太上皇意不可测，李纲说："这没有什么，不过想知道朝廷发生的事罢了。"李纲前往南京，说明"皇帝圣孝思慕，请陛下早回京师"的意思。太上皇因此说起行宫停止邮传等事，李纲说："当时担心金国人探知行宫的所在地，没有别的用意。"因此说："皇帝每次收到太上皇诘问的诏书，就忧惧得不吃饭。臣私下打个比喻：家长外出而强盗来到，主持家事的子弟不能不相机行事；家长只应当因他能保住田园的大事而慰劳他，如果从细节上责怪，那么作为子弟的人怎么能逃避其责呢？陛下回銮返京，臣认为应该有对皇帝大加慰劳之心，不要过问细节就可以了。"太上皇感悟过来，拿出玉带、金鱼

【纲】夏四月,太上皇至京师。 【目】太上将至,宰执进迎奉仪注,耿南仲议欲屏太上左右,车驾乃进。李纲言:"天下之理,诚与疑、明与暗而已。自诚明推之,可至于尧、舜,自疑暗推之,其患有不可胜言者。耿南仲不以尧、舜之道辅陛下,乃暗而多疑。"南仲怫然曰:"臣适见左司谏陈公辅,乃为李纲结士民伏阙者,乞下御史置对。"上愕然。纲曰:"臣与南仲所论国事也,南仲乃为此言,臣何敢复有所辨?"因求去,帝不允。

【纲】立子谌为皇太子。
【纲】以耿南仲为门下侍郎,赵野免。
【纲】以种师道为两河宣抚使。
【纲】复以诗赋取士,禁用王安石《字说》。
【纲】召河南尹焞至京师,赐号和靖处士,遣还。 【目】焞,洛人,师事程颐,绍圣初尝应举,发策有诛元祐诸臣议,焞曰:"噫,尚可以干禄乎哉?"不对而出,告颐曰:"焞不复应进士举矣。"颐曰:"子有母在。"焞归告其母,母曰:"吾知汝以善养,不知汝以禄养。"颐闻之曰:"贤哉母也。"于是终身不就举,聚徒洛中,非吊丧问疾不出,士大夫宗仰之。种师道荐焞德行,召至京师,不欲留,赐号和靖处士遣还。户部尚书梅执礼及侍郎邵溥、中丞吕好问、中书舍人胡安国合奏:"焞言动可以师法,器识可以任大,乞擢用之。"不报。

【纲】五月,罢王安石配享孔子,犹从祀庙庭。国子祭酒杨时致

袋、象简赏赐给李纲,并且说:"你捍卫宗庙社稷有大功。如果能在我们父子之间进行调和,使隔阂解除,就可以名垂青史了。"李纲于是回京向钦宗讲明太上皇的心意,钦宗才消除了疑虑。

【纲】夏四月,太上皇到达京师。 【目】太上皇将要到达京师,宰相和执政大臣上呈迎接的礼节仪式。耿南仲建议摒退太上皇左右的人,才让太上皇的车驾进京。李纲说:"天下之理,只有诚和疑、明和暗而已。从诚明去做,可以成为尧、舜;从疑暗去做,祸患有不可胜言的地方。耿南仲不用尧、舜之道辅佐陛下,这就是暗而多疑。"耿南仲勃然发怒说:"臣刚才见到左司谏陈公辅,他在为李纲纠集士民在朝门外跪拜请愿,请求交付御史审问对质。"钦宗听了感到惊愕。李纲说:"臣和耿南仲所争论的,是国家大事,耿南仲却说出这种话,臣怎么敢再有所辨论呢?"因此请求辞职,钦宗不允。

【纲】立皇子赵谌为皇太子。

【纲】任命耿南仲为门下侍郎,赵野被罢免。

【纲】任命种师道为两河宣抚使。

【纲】重新以诗赋开科取士,禁止使用王安石的《字说》。

【纲】召河南(河南县,即今河南洛阳市)人尹焞到京城,赐名号为和靖处士,遣返他回去。 【目】尹焞是洛阳人,以程颐为师。哲宗绍圣初年,曾经参加科举应试,策问题中有诛杀元祐诸位大臣的议论。尹焞说:"噫,还可以求取利禄吗?"没有作文回答策问就退出考场,告诉程颐说:"我尹焞不再参加进士考试了。"程颐说:"你还有母亲。"尹焞回家告诉他的母亲,他的母亲说:"我知道你会以善来奉养我,不会以利禄来奉养我。"程颐听说了以后说:"贤明啊,这位母亲!"于是尹焞终生不参加科举考试,在洛阳招收学生讲学,不是参加吊丧问疾的事不外出,士大夫们都很崇仰他。种师道推荐尹焞有德行,朝廷召尹焞到京师,但不想留用他,赐号为和靖处士,遣返他回去。户部尚书梅执礼和户部侍郎邵溥、御史中丞吕好问、中书舍人胡安国一起上奏:"尹焞的言行可以为人所师法,才器见识可以担当重任,请求提拔任用他。"没有得到答覆。

【纲】五月,停止以王安石配享孔子,但仍然在庙庭从祀。国子祭

仕。【目】时上言:"蔡京用事二十年,蠹国害民,几危宗社,人所切齿,而论其罪者莫知其所本也。盖京以继述神宗为名,实挟王安石以图身利,故推尊安石,加以王爵,配享孔子庙庭。今日之祸,实安石有以启之。安石挟管、商之术,饰六艺以文奸言,变乱祖宗法度,当时司马光已言'其为害当见于数十年之后',今日之事,若合符契。其著为邪说以涂学者耳目,而败坏其心术者,不可缕数。伏望追夺王爵,明诏中外,毁去配享之象,使邪说淫辞不为学者之惑。"疏上,诏罢安石配享,降居从祀之列。

时诸生习用王氏学以取科第者已数十年,不复知其非,忽闻杨时目为邪说,群论籍籍。于是中丞陈过庭、谏议大夫冯澥上疏诋时,乃罢时祭酒,诏改给事中。时力辞,遂以徽猷阁待制致仕。

时居谏垣九十日,凡所论列,皆切于世道,而其大者则辟王氏,排和议,论三镇不可弃云。
【纲】诏种师中、姚古进军太原。师中与金人战于杀熊岭,败绩,死之;古军溃。【目】太原围不解,诏种师中由井陉,与姚古掎角。师中进次平定军,乘胜复寿阳、榆次等县,留屯真定。时粘没喝避暑还云中,留兵分就畜牧,觇者以为将遁,告于朝,许翰信之,数遣使趣师中出战,责以逗挠。师中叹曰:"逗挠,兵家大戮也。吾结发从军,今老矣,忍受此为罪乎?"即日办严,约姚古及张灏俱进,而辎重赏犒之物皆不暇从行。师中抵寿阳之石坑,为金将完颜活女所袭,五战三胜;回趋榆次,至杀熊岭,去太原百里。姚古将兵至威胜,统制焦安节妄传粘没喝将至,故古与灏皆失期不至。师中兵饥甚,敌知之,悉众攻右军,右军溃,而前军亦奔,师中独以麾下死战,自卯至巳,士卒发神臂弓射退金人,而赏赉不及,皆愤怨散去,

酒杨时退休。 【目】杨时上奏说:"蔡京专权二十年,蠹国害民,几乎危及到宗庙社稷,人人对此切齿痛恨,而论他罪过的人没有人知道他的根源在哪里。蔡京以继承绍述神宗为名,实际上是利用王安石以图谋自身私利,所以他推崇王安石,加封王爵,配享孔子庙庭。今天之祸,实际上是由王安石引起的。王安石挟持管仲、商鞅的权术,利用《六经》以掩饰奸言谬论,变乱祖宗的法度,当时司马光已经说过'它的危害当在数十年以后显现出来',对照现在的情况,如同符契一样相符。王安石创为邪说,以迷惑学者耳目而败坏学者心术的事,不可胜数。希望追夺王安石的王爵,下诏明告朝廷内外,毁掉配享的塑像,使他的邪说淫辞不再迷惑学者。"奏疏上呈以后,下诏停止王安石配享孔子,降居于从祀之列。

当时诸生习用王安石的学说参加科举考试已经有数十年之久,不再知道这些学说的错误,忽然听说杨时把它视为邪说,大家议论纷纷。于是御史中丞陈过庭、谏议大夫冯澥上疏诋毁杨时,就罢免了杨时的国子祭酒的官职,下诏改任他为给事中。杨时竭力推辞,于是以徽猷阁待制的官衔退休。

杨时任谏官九十天,他所论列的事,都是切合时事世道的,而其中重要的是驳斥王安石的学说,反对和议,论三镇不可放弃等等。

【纲】下诏命种师中、姚古进军太原。种师中和金兵在杀熊岭(在今山西太原市东)交战,战败死难,姚古的军队溃散。 【目】太原被围困仍未解除,下诏命种师中从井陉(在今河北石家庄市西)进军,和姚古形成犄角之势。种师中进兵到平定军(即今山西平定县),乘胜收复了寿阳(在今山西阳泉市西)、榆次(今山西榆次市)等县,留兵屯驻真定(今河北正定县)。当时粘没喝返回云中避暑,留下部分兵马分散放牧,侦察人员误认为金兵准备逃走,上报朝廷。许翰信以为真,几次派人催促种师中出兵,责备他逗留畏懦不前。种师中叹息说:"逗留畏懦不前,是兵法上该斩首的。我从结发时从军,现在老了,还能忍受这样的责罪吗?"当天就整顿所部,约姚古和张灏一起进兵,而辎重和犒赏物品都来不及一起带走。种师中抵达寿阳的石院,被金国将领完颜活女所袭击,五战三胜;回兵向榆次,到杀熊岭,那里离太原百里。姚古带

所留才百人。师中身被四创,力疾斗死。师中老成持重,为时名将,既死,诸军无不夺气。金乘胜进兵迎古,遇于盘陀,古兵溃,退保隆德。事闻,李纲召安节斩之,安置古于广州,而赠师中少师。

【纲】六月,诏谏官极论阙失。 【目】右正言崔鶠上疏曰:"谏议大夫冯澥,近上章言:'熙宁、元丰之间,士无异论,太学之盛也。'澥尚敢为此奸言乎?王安石除异己之人,著《三经》之说以取士,天下靡然雷同,陵夷至于大乱,此无异论之效也。蔡京又以学校之法驭士人如驭卒伍,有一异论,累及学官。其苟锢多士固已密矣,而澥犹以为太学之盛,欺罔不已甚乎?仁宗、英宗选敦朴敢言之士以遗子孙,安石目为流俗,一切逐去;司马光复起而用之,元祐之治天下安于泰山。及蔡京得志,引门生故吏,更持政柄,倡绍述之论以欺人主,使天下一于谄佞。绍述同风俗,而天下同于欺罔;绍述理财,而公私竭;绍述造士,而人才衰;绍述开边,而塞尘犯阙矣。京之术破坏天下已极,尚忍使其余蠹再破坏邪?京奸邪之计大类王莽,而朋党之众则又过之,愿斩之以谢天下。"

【纲】召种师道还,以李纲为两河宣抚使。 【目】京师自金兵退,上下恬然,置边事于不问,李纲独以为忧,数上备边御敌之策,不见听用。每有谋议,复为耿南仲等所沮。及姚古、种师中败溃,种师道以病丐归,南仲等请弃三镇,纲言不可,乃以纲为宣抚使,刘韐

兵到达威胜军，统制焦安节妄传粘没喝将到，所以，姚古和张灏都到期不来会合。种师中的军队缺粮挨饿情况严重，敌人得知，调动全部兵力攻打种师中的右军，右军溃败，而前军也奔逃。种师中只以麾下随从与金兵死战，从卯时（上午五时至七时）至巳时（上午九时至十一时），士兵们用神臂弓射退金兵，但没有给予赏赐，都愤怨地散离而去，所留下的仅有百余人。种师中身受四处创伤，奋力拼杀而死。种师中老成持重，是当时的名将，他死了以后，各路宋军都为之气馁沮丧。金兵乘胜进兵，迎击姚古，两军在盘陀相遇。姚古的军队溃败，退保隆德府。败报传到朝廷，李纲召回焦安节斩杀了他，把姚古流放到广州（治所南海县，即今广东广州市）安置，而追赠种师中为少师。

【纲】六月，下诏命谏官尽情指陈朝政得失。【目】右正言崔鶠上疏说："谏议大夫冯澥最近上奏章说：'熙宁、元丰年间，士人没有分歧，太学很兴盛。'冯澥还敢说这种奸邪的话！王安石排除异己，著述了《三经新义》的学说作为开科取士的依据，天下都雷同附和，以致造成颠败大乱的局面，这就是没有分歧的结果。蔡京又用学校的法令驾驭士人，如同驾驭士卒一样，有一个人有不同看法，就要连累到学官。它禁锢士人的方法，固然已经够严密的了，而冯澥还认为这是太学的兴盛，这不是欺骗蒙蔽太甚了吗？仁宗、英宗挑选了敦厚敢言之士留给子孙，王安石却视之为流俗，全部把他们斥逐。司马光又重新起用了他们，形成了元祐之治，天下安于泰山。等到蔡京得志，援引他的门生故吏，勾结在一起把持朝廷大权，倡绍述之说以欺骗君主，使天下的人都习于谄佞；绍述于统一风俗，而天下也就一同陷入了欺罔之中；绍述于理财，而公私的财力为之耗竭；绍述于培养士人，而人才衰微；绍述于开拓边疆，而边塞战尘刮到了朝廷。蔡京的权术，破坏天下已经达到了极点，还容忍让他的余孽再来破坏吗？蔡京的奸邪之计，和王莽很相似，而朋党众多超过了王莽，希望斩蔡京以向天下人谢罪。"

【纲】召种师道回京，任命李纲为两河宣抚使。【目】京师自从金兵撤退以后，朝廷上下安然自得，把边境的事放在一边不再过问。只有李纲为此担忧，几次上呈加强边备、防御金兵的计策，都不被听从采纳；每次有谋划，又被耿南仲等人所阻挠。等到姚古、种师中兵败溃

副之，以代师道；又以解潜为制置副使，以代姚古。纲言："臣书生，实不知兵。在围城中，不得已为陛下料理兵事；今使为大帅，恐误国事。"因拜辞，不许。或谓纲曰："公知所以遣行之意乎？此非为边事，欲缘此以去公，则都人无辞尔。公不起，上怒且不测，奈何？"许翰复书"杜邮"二字以遗纲，纲不得已受命，帝手书裴度传以赐之。宣抚司兵仅万二千人，纲请银绢钱各百万，仅得二十万。庶事皆未集，纲乞展行期，御批以为迁延拒命，趣召数四。纲入对，帝曰："卿为朕巡边，便可还朝。"纲曰："臣之行，无复还理。臣以愚直，不容于朝，使既行之后，无有沮难，则进而死敌，臣之愿也；万一朝廷执议不坚，臣自度不能有为，即当求去，陛下宜察臣孤忠以全君臣之义。"上为感动。陛辞，又为上道唐恪、聂昌之奸，任之必误国，言甚激动。

【纲】路允迪免。

【纲】谪左司谏陈公辅监合州酒税。 【目】公辅居职敢言，耿南仲指为李纲之党，公辅因自列，且辞位。复言："李纲书生，不知军旅，遣援太原，乃为大臣所陷，后必败事。"时宰怒其言，斥监合州酒务。

【纲】天狗星陨。

【纲】彗出紫微垣。

【纲】秋七月，窜蔡京于儋州，道死。童贯、赵良嗣伏诛。

逃，种师道以有病请求辞官还乡，耿南仲等人请求放弃三镇，李纲认为不能这样。于是任命李纲为两河宣抚使，刘韐为副使，以接替种师道，又任命解潜为制置副使，以接替姚古。李纲说："臣是个书生，实在不懂得军事。在京城被围困时，不得已才为陛下处理军事，现在被任命为大帅，恐怕会贻误国家大事。"因而拜谢推辞，钦宗不答应。有人对李纲说："您知道之所以派遣您出行的用意吗？这不是为了边疆战事，是想借此机会把您排挤出去，又让京城的人没有话说。您不接受任命，皇上发起怒来可能有所不测，怎么办？"许翰写了"杜邮"二字赠给李纲（秦昭王不满意大将白起，把他派往阴密，行至杜邮又把他赐死）。李纲不得已接受了委任，钦宗亲笔抄写了《裴度传》赐给李纲。两河宣抚司所属的兵马仅一万二千人，李纲请求拨发银、绢、钱各百万，仅得到二十万。各种事情都没准备完毕，李纲请求延期出发，钦宗亲笔批示，认为这样做是拖延拒不从命，再三再四地催促李纲启程。李纲入宫进见钦宗，钦宗说："你为朕去巡视边境，然后就可以还朝。"李纲说："臣这次出行，就不会返回。臣因为耿直，不见容于朝廷，如果这次出行之后，没有阻挠刁难，那么让臣进而去拼死与敌人战斗，这是臣的心愿。万一朝廷不坚持已定之议，臣自知不能有所作为，立即就会辞官离去，陛下应该明察臣之孤忠，以成全君臣之义。"钦宗被李纲的话感动了。临行辞别时，又向钦宗讲到唐恪、聂昌的奸邪，任用他们必然会贻误国家大事，言语十分激切。

【纲】路允迪被罢免。

【纲】贬谪左司谏陈公辅为监合州（治所石照县，即今四川合川县）酒税。　【目】陈公辅任谏官敢于直言，耿南仲指他是李纲的同党。陈公辅因此自我申辩，并且请求辞职，又说："李纲是书生，不懂得军旅之事，派他去救援太原，是被大臣所陷害，此后必定会坏事。"当时的宰相听了他的话发怒，把他贬斥为监合州酒务。

【纲】天狗星陨落。

【纲】彗星在天空紫微垣的位置中出现。

【纲】秋七月，流放蔡京于儋州（治所宜伦县，即今海南省儋州市西北新洲镇），在路上死去。童贯、赵良嗣被处死。

【纲】李纲至怀州，诸军溃于太原。　【目】纲留河阳十余日，练士卒，修整器甲之属，进次怀州，造战车，期兵集大举，而朝廷降诏罢所起兵。纲上疏言："秋高马肥，敌必深入，宗社安危，殆未可知。防秋兵尽集，尚恐不足，今河北、河东日告危急，未有一人一骑以副其求，奈何甫集之兵又皆散遣？且以军法勒诸路起兵，而以寸纸罢之，臣恐后时有所号召，无复应者矣！"疏上，不报，趣赴太原。纲乃遣解潜屯威胜军，刘韐屯辽州，幕官王以宁与都统制折可求、张思正等屯汾州，范琼屯南、北关，皆去太原五驿，约三道并进。时诸将皆承受御画，事皆专达，进退自如，宣抚司徒有节制之名，多不遵命。于是刘韐兵先进，金人并力御之，韐兵溃。潜与敌遇于关南，亦大败。思正等领兵十七万，与张灏夜袭金娄室军于文水，小捷，明日战，复大败，死者数万人。可求师溃于子夏山。于是威胜军、隆德府、汾、晋、泽、绛民皆渡河南奔，州县皆空。

【纲】八月，复以种师道为两河宣抚使，召李纲还。　【目】纲以张灏等违节制而败，又上疏极论节制不专之弊，且言："分路进兵，贼以全力制吾孤军，不若合大兵由一路进。"及范世雄以湖南兵至，因荐为宣抚判官，方欲会合亲率击虏，会以议和止纲进兵；纲亦求罢，遂代还。

【纲】李纲到达怀州（治所河内县，即今河南沁阳县），各路宋军在太原溃败。　【目】李纲在河阳县（在今河南孟州市南）停留了十余天，训练士兵，修整兵器甲胄之类的军械；进兵到怀州，修造战车，准备兵马会集以后大举进兵，而朝廷却下诏令他停止召集兵马，李纲上疏说："秋高马肥之时，敌兵一定会深入，宗庙社稷的安危，恐怕不可预知。防秋的兵马全都集合起来，还恐怕兵力不足，现在河北、河东天天有告急的消息，没有一人一骑作为援兵去满足他们的请求，怎么刚刚召集起来的兵马又都加以遣散呢？况且以军法勒令各路兵马起兵，而朝廷却以一纸文书就加以遣散，臣恐今后再有所号召时，就没有响应的人了！"奏疏上呈后，不予回答，只是催促李纲赶赴太原。李纲就派遣解潜驻扎威胜军，刘韐驻扎辽州（治所辽山县，即今山西左权县），幕僚官王以宁和都统制折可求、张思正等人驻扎汾州（治所西河县，即今山西汾阳县），范琼驻扎南、北关，都距离太原有五驿，约定三路军马一同进兵。当时各路将领都接受皇帝亲自制定的计划，有事都直接向皇帝报告，进退由自己决定，宣抚司徒有节制的空名，各路兵马大多不服从调遣。于是刘韐的军队先进攻，金兵全力防御，刘韐的军队溃败。解潜与敌兵在关南遭遇，也大败。张思正等人领兵十七万，和张灏夜袭金国将领娄室的军队于文水（在今山西文水县境），取得了小规模的胜利。第二天交战，被打得大败，战死的数万人。折可求的军队在子夏山（在今山西文水县境内）溃败。于是威胜军、隆德府、汾州、晋州（即平阳府）、泽州、绛州（治所正平县，在今山西侯马市西北）的百姓都渡过黄河向南逃奔，州县都空无一人了。

【纲】八月，重新任命种师道为两河宣抚使，召回李纲。　【目】李纲因为张灏等人违背节制而造成兵败，又上疏竭力论说节制权力不专一而导致的弊端，并且说："分路进兵，敌人可以用全力来攻击我们的孤军，不如把大兵合成一路进兵。"等到范世雄带领湖南路（治所潭州城，即今湖南长沙市）兵马到来，李纲就荐举他为宣抚判官。正准备会合兵力，亲自率领军队进攻金兵，正遇朝廷要议和，令李纲停止进兵，李纲也因此请求辞职，于是任命种师道代替他为两河宣抚使，他本人返回京城。

【纲】金粘没喝、斡离不复分道入寇。

【纲】徐处仁、吴敏、许翰罢,以唐恪为少宰,何㮚为中书侍郎,陈过庭为尚书左丞,聂昌同知枢密院事,李回签书院事。

【纲】九月,金粘没喝陷太原,副都总管王禀等死之。 【目】粘没喝乘胜急攻太原,知府张孝纯力竭不能支,城遂陷,孝纯被执,既又释而用之。副都总管王禀负原庙中太宗御容赴汾水死,通判方笈、转运韩揆等三十人皆被害。

金兵分陷汾州,知州张克戬毕力扞御,城破犹巷战,不克,乃南向拜,自引决,一家死者八人。

【纲】蔡攸、朱勔伏诛。

【纲】以王寓为尚书左丞。

【纲】罢李纲知扬州,谪中书舍人刘珏、胡安国于远州。【目】安国初为太学博士,蔡京恶其异己,坐事除名,张商英相始得复官。帝即位,召赴京师,入对,言:"明君以务学为急,圣学以正心为要。"语甚剀切,日昃始退。耿南仲闻其言而恶之,力间于帝,帝不为动。中丞许翰入见,帝谓曰:"卿识胡安国否?"翰对曰:"自蔡京得政,士大夫无不受其笼络;超然远迹,不为所污,如安国者实鲜。"遂除中书舍人。

及言者论李纲专主战议,丧师费财,罢知扬州。舍人刘珏当制,谓纲勇于报国,吏部侍郎冯澥言珏为纲游说,珏坐贬。安国封还词头,且论澥越职论事,耿南仲大怒,何㮚从而挤之,遂出知通州。

安国在省一月,多在告之日,及出,必有所论列。或曰:"事之小者,盍始置之?"安国曰:"事之大者,无不起于细微。今以小事为不必言,至于大事又不敢言,是无时可言也。"人服其论。

【纲】金国粘没喝、斡离不又分道入侵。

【纲】徐处仁、吴敏、许翰被罢免,任命唐恪为少宰,何㮚为中书侍郎,陈过庭为尚书左丞,聂昌为同枢密院事,李回为签书院事。

【纲】九月,金国粘没喝攻陷太原,副都总管王禀等人死难。
【目】粘没喝乘胜急攻太原城,知府张孝纯力竭不能支持,城于是被攻陷,张孝纯被俘,接着又加以释放而任用他。副都总管王禀背着原庙中宋太宗的画像投入汾水(在今山西太原市西)自杀,通判方笈、转运韩揆等三十人都被杀害。

金兵分兵攻陷汾州,知州张克戬全力抵抗,城被攻破后,仍进行巷战,不能取胜,就向南方跪拜,自杀而死,一家共死了八口人。

【纲】蔡攸、朱勔被处死。

【纲】任命王寓为尚书左丞。

【纲】罢免李纲,降职为扬州知州,谪贬中书舍人刘珏、胡安国,降职调到边远州郡。 【目】胡安国起初为太学博士,蔡京憎恶他不顺从自己,找借口把他削除官籍;张商英任宰相,才得以恢复官职。钦宗即位,召他赴京,入官对答皇帝垂询,说:"明君以治学为当务之急,圣人的学说以正心为主要内容。"说得很中肯切实,直到太阳西下才退出。耿南仲听了他说的话很厌恶他,竭力在钦宗面前离间他,钦宗不为所动。御史中丞许翰入宫进见钦宗,钦宗对他说:"你认识胡安国吗?"许翰回答说:"自从蔡京当权以来,士大夫无不受他的笼络;超然远去,不为所污,像胡安国这样的人实在少有。"于是任命他为中书舍人。

等到谏议大臣弹劾李纲一心主战,丧师费财,把他罢免降职为扬州知州,中书舍人刘珏负责起草制书,说李纲是勇于报国;吏部侍郎冯澥说刘珏是为李纲游说,刘珏因此被贬官。胡安国把贬黜刘珏的制书封还,而且弹劾冯澥是越职论事。耿南仲大怒,何㮚又从中排挤他,于是胡安国被降职为通州(治所静安县,即今江苏南通市)知州。

胡安国在中书省的一个月,多半是休假的日子,等到休假结束入朝,胡安国必定有所论说。有人说:"小事情,何不放下算了?"胡安国说:"大事无不起端于细微小事。现在因为是小事情认为不必说,到出现了大事又不敢说,这样是没有可以说的时候了。"人们佩服他的看法。

【纲】罢西南勤王兵。　【目】金师日逼,南道总管张叔夜,陕西制置使钱盖,各统兵赴阙。唐恪、耿南仲专主和议,函檄止诸军勿前,遣给事中黄谔由海道使金以请和。

【纲】金斡离不陷真定,都钤辖刘翊死之。　【目】种师闵及金斡离不战于井陉,败绩,斡离不遂入天威军,犯真定。翊率众昼夜搏战,久之城陷,翊巷战,麾下稍稍散亡,翊顾其弟曰:"我大将也,可受贼戮乎!"因挺刃欲夺门出,不果,自缢死。知府李邈被执北去。

【纲】冬十月,安置李纲于建昌军。
【纲】金遣使来。
【纲】罢御史中丞许翰。　【目】金人复至,大臣不知所出,遣使讲解。金人佯许,而攻略自如。诸将以和议故,皆闭壁不出。好问乃请"亟集沧、滑、邢、相之戍以遏奔冲,而列勤王之师于畿邑以卫京城。"疏入,不省。金人陷真定,攻中山,上下震骇,廷臣狐疑相顾,犹以和议为辞。好问率台属劾大臣"畏懦误国",坐贬知袁州;帝闵其忠,下迁吏部侍郎。

【纲】召种师道还,寻卒。　【目】师道次河阳,遇王汭,揣敌必大举,亟上疏请幸长安以避其锋。大臣以为怯,召还,以范讷代之。师道寻卒,谥曰忠宪。

【纲】十一月,诏百官议三镇弃守。　【目】先是,遣王云使金军,许以三镇赋入之数,至是云还言:"金人必欲得三镇,不然则进兵取汴都。"中外震骇,诏集从官于尚书省议割三镇。百官多请割与以纾国祸,何㮚曰:"三镇,国之根本,奈何一旦弃之?且金人无

【纲】罢止西南地区的勤王军队。 【目】金兵日益逼进京城，南道总管张叔夜、陕西制置使钱盖分别统兵前赴京城。唐恪、耿南仲等人一意主张与金国议和，发公文令各路兵马停止进军，不要前来，派遣给事中黄谔从海路出使金国请求议和。

【纲】金国斡离不攻陷真定，都钤辖刘翊死难。 【目】种师闵和金国斡离不在井陉交战，战败了，斡离不于是攻入天威军，进犯真定。刘翊率领部众与金兵日夜搏战，经过很长时间，城被攻陷。刘翊展开巷战，部下渐渐离散逃去，刘翊对他弟弟说："我身为大将，能够让贼兵来杀我吗！"因而持刀想冲出门去，没有成功，就自缢而死。知府李邈被俘送往北方。

【纲】冬十月，把李纲安置在建昌军（即今江西南城县）。

【纲】金国派遣使臣来宋朝。

【纲】罢免御史中丞吕好问。 【目】金兵又来进犯，朝廷大臣不知如何是好，派遣使臣前去请求议和。金国人假装答应了，可是仍然随意进攻抢掠。将领们因为朝廷要议和，都闭垒不出战。吕好问于是奏请紧急召集沧州（治所清池县，在今河北沧州市东南）、滑州、邢州（治所邢台县，即今河北邢台市）、相州的卫戍士兵以阻遏金兵的攻势，而把各路救援朝廷的军队部署在京师所属各县以保卫京城。奏疏上呈以后，不加省察。金兵攻陷了真定，又进攻中山，朝廷上下震惊害怕，廷臣互相狐疑地观望着，还谈什么要进行议和。吕好问率领御史台的官员们弹劾朝廷大臣"畏懦误国"，因此要贬他为袁州（治所宜春县，即今江西宜春县）知州，钦宗怜惜他的忠诚，把他降职为吏部侍郎。

【纲】召回种师道，他不久去世。 【目】种师道的军队到达河阳，遇到王汭，估计金兵一定会大举进兵，赶紧上疏朝廷，请钦宗西幸长安以避金兵的锋芒。朝廷大臣认为这样做是胆怯，把种师道召回，任命范讷去接替他。种师道不久去世，赠谥号为"忠宪"。

【纲】十一月，下诏令朝廷百官讨论放弃还是防守三镇。 【目】先前，朝廷派遣王云前往金军，答应把三镇所收的赋税送交金国。这时王云回来说："金国人一定要得到三镇，不然就发兵攻取汴京。"朝廷内外听了震惊恐惧，下诏召集百官在尚书省讨论割让三镇。百官们大多请

信，割亦来，不割亦来。"唐恪、耿南仲等力主割地，槩论辨不已，因曰："河北之民皆吾赤子，弃地则并其民弃之，为民父母而弃其子可乎！"帝悟，乃止。

【纲】金粘没喝陷河东诸州郡；李回、折彦质师溃，金人遂渡河，陷西京。诏冯澥使全军请和。

【纲】下哀痛诏，征兵于四方。

【纲】诏王云副康王构使金军，许割三镇。至磁州，州人杀云，构还次相州。　【目】云固请康王往使，诏云以资政殿学士副王使斡离不军，许割三镇。王由滑、浚至磁州，守臣宗泽迎谒曰："肃王一去不返，今敌又诡辞以致大王。其兵已迫，复去何益，愿勿行！"先是，王云奉使过磁、相，劝两郡撤近城民舍，运粟入堡，为清野之计，民怨之。及是次磁，会康王出谒嘉应神祠，云在后，民遮道谏王勿北去，厉声指云曰："真奸贼也！"执云杀之。

时斡离不军济河，游奕日至磁城下，踪迹王所在。知相州汪伯彦亟以帛书请王如相，服橐革鞬，部兵以迎于河上。王遂行，至相，劳伯彦曰："他日见上，当首以京兆荐公。"由是受知。议者以为是役云不死，王必至金，无复还理。

相州汤阴人岳飞，少负气节，家贫力学，尤好左氏春秋、孙吴兵法，有神力，能挽弓三百斤，弩八石。刘韐宣抚真定，募敢战士，飞与焉，屡擒剧贼。至是，因刘浩以见，王以为承信郎。

求割让三镇给金国以缓和国家面临的灾祸。何㮚说："三镇是国家的根本，怎么能一旦之间就放弃了？况且金国人没有信义，割让了他们也会出兵，不割让他们也会出兵。"唐恪、耿南仲等人竭力主张割地，何㮚为此争辩不已，因而说："河北的百姓都是我们的赤子，放弃土地就会连百姓一起抛弃，身为百姓的父母而抛弃他们的子女，可以吗？"钦宗醒悟过来，就停止讨论这件事。

【纲】金国粘没喝攻陷了河东路各州；李回、折彦质的军队溃败，金兵于是渡过黄河，攻陷了西京。下诏命冯澥出使金国请求议和。

【纲】颁发哀痛诏，向四方征兵。

【纲】下诏命王云作为康王赵构的副使出使金军，答应割让三镇。走到磁州（治所滏阳县，即今河北磁县），磁州人杀死了王云，赵构返回，到了相州。　【目】王云奏请一定要派遣康王赵构出使金军，下诏令王云以资政殿学士的官衔作为康王的副使，前往斡离不的军营，答应割让三镇土地。康王从滑州、浚州行至磁州，守臣宗泽迎接谒见说："肃王一去不返，现在敌人又用假话欺骗让大王前去，他们的军队已经逼近，再去有什么用！希望您不要前往。"先前，王云作为使臣经过磁州、相州，劝告两州拆除州城附近的民房，把粮食运入城堡，作为坚壁清野的打算，百姓们怨恨他。到这时王云来到磁州，正遇康王外出拜谒嘉应神祠，王云走在后面，百姓们拦路劝谏康王不要北去，并厉声指斥王云说："真是奸贼啊！"把王云抓起来杀死了。

当时斡离不的军队正渡过漳水，侦察部队每天都到磁州城下窥探，探寻康王在什么地方。相州知州汪伯彦急忙用帛书请求康王前往相州，他自己身着戎装，以军礼表示敬意，率领部队在漳河岸边迎接康王。康王于是出发，到达相州后，慰劳汪伯彦说："以后面见皇上，一定先推荐您为京兆尹。"汪伯彦由此得到康王的赏识。议论这件事的人认为这次出使，假如王云不被百姓杀死，康王一定会到金国，去了以后就不可能再返回了。

相州汤阴（即今河南汤阴县）人岳飞，年轻时以气节自负，家中贫穷而努力学习，尤其喜好读《左氏春秋》《孙子兵法》《吴子兵法》，有神力，能挽开三百斤的弓，八石的弩。刘韐宣抚真定的时候，招募敢死战

【纲】何㮚罢。以陈过庭为中书侍郎,孙傅为尚书右丞。

【纲】以郭京为成忠郎,选六甲兵以御金。

【纲】遣耿南仲、聂昌使金军,许尽割两河地。昌为绛人所杀,南仲奔相州。 【目】斡离不亦遣使来议割两河地,帝许之,命耿南仲如河北斡离不军。聂昌如河东粘没喝军。昌行至绛,铃辖赵子清麾众杀昌,抉其目而脔之。南仲与金使王汭偕行,至卫州,卫乡兵欲杀汭,汭脱去,南仲遂奔相州,以帝旨谕康王起河北兵入卫京师,因连署募兵榜揭之,人情始安。

【纲】以孙傅同知枢密院事,曹辅签书院事。

【纲】以范致虚为陕西五路宣抚使,会兵入援。

【纲】金人入怀州,知州事霍安国等死之。

【纲】金斡离不、粘没喝围京城,要帝出盟。 【目】斡离不自真定趋汴,仅二十日至城下。粘没喝自河阳来会,使刘晏来要帝出盟。时西南两道援兵,为唐恪、耿南仲遣还,于是四方无一人至者。城中惟卫士及弓箭手七万人,乃以万人分作五军,备缓急救护,命姚友仲、辛永宗分领之,以五万七千人分四壁守御。

【纲】李回免。

【纲】南道都总管张叔夜将兵勤王。 【目】叔夜闻召,即日自将中军,令子伯奋将前军,仲雄将后军,合三万余人与金游兵转战而前。至都下,帝御南薰门见之,军容甚整。入对,言:"贼锋甚锐,愿如明皇之避禄山,暂诣襄阳,以图幸雍。"帝不答。

士,岳飞参加了,多次捉获大盗。到这时因为刘浩推荐,受到康王接见,康王任他为承信郎。

【纲】何㮚被罢免。任命陈过庭为中书侍郎,孙傅为尚书右丞。

【纲】任命郭京为成忠郎,挑选六甲神兵以抵御金兵。

【纲】派遣耿南仲、聂昌出使金军,答应割让河北河东两河土地。聂昌被绛州人杀死,耿南仲逃奔到相州。　【目】斡离不也派遣了使者来谈判割让两河土地,钦宗答应了。命耿南仲前去河北斡离不的军营,聂昌前去河东粘没喝的军营。聂昌行至绛州,钤辖赵子清带领众人杀死了聂昌,挖出他的眼睛而把他的尸体切成肉块。耿南仲和金国使臣王汭同行,到了卫州(治所汲县,即今河南汲县),卫州的乡兵想杀死王汭,王汭逃脱而去。耿南仲于是逃奔相州,以钦宗的旨意命康王赵构带领河北兵马入卫京师,因此和康王联名签署了招募士兵的榜文张贴出去,人心才安定下来。

【纲】任命张傅为同知枢密院事,曹辅为签书院事。

【纲】任命范致虚为陕西五路宣抚使,会合兵马入援京城。

【纲】金兵侵入怀州,知州霍安国等人死难。

【纲】金国斡离不、粘没喝的军队包围京城,威胁钦宗出城签订盟约。　【目】斡离不从真定直趋汴京,仅二十天就到达汴京城下。粘没喝从河阳前来会合,派刘晏来威胁钦宗出城签订盟约。当时西南两道的援兵被唐恪、耿南仲遣回去了,于是四方没有一个援兵赶来。京城里只有宫廷卫士和弓箭手七万人,就以其中的一万人分成五军,以备紧急时救护,命姚友仲、辛永宗分别统领这部分军队,其余五万七千人分别守卫四面城池。

【纲】李回被罢免。

【纲】南道都总管张叔夜领兵前来救援王室。　【目】张叔夜见到朝廷征召士卒保卫京城的文书,当天就亲自率领中军,令长子张伯奋带领前军,次子张仲雄带领后军,共三万余人,和金国的侦察部队作战,转战而前。到达京城以后,钦宗亲自到南薰门去阅军,看到他的军队军容很严整。入宫召见时,张叔夜说:"贼兵的兵锋很盛,希望陛下像唐明皇躲避安禄山一样,暂时前往襄阳,待机再迁往长安。"钦宗没有回答。

【纲】复元丰三省官名。

【纲】以何㮚为门下侍郎。

【纲】闰月,唐恪免,以何㮚为尚书右仆射,兼中书侍郎。

【纲】冯澥至自金军,以为尚书左丞。

【纲】诏张叔夜签书枢密院事,将兵入城。

【纲】诏康王构为天下兵马大元帅。 【目】殿中侍御史胡唐老言:"康王奉使至磁,为士民所留,乃天意也。乞就拜为大元帅,俾率天下兵入援。"何㮚以为然,密草诏稿上之。帝令募死士,得秦仔、刘定等四人,遣持蜡诏如相州,拜王为兵马大元帅,陈遘为元帅,汪伯彦、宗泽为副元帅,使尽起河北兵速入卫。仔至相州,于顶发中出诏,王读之呜咽,军民感动。

【纲】彗星出,长竟天。

【纲】郭京出御金军,败走,京城陷;帝如金营请降。 【目】金人攻通津、宣化门,何㮚数趣郭京出师,京徙期再三。至是京尽令守御人下城,毋得窃窥,因大启宣化门,出攻金师。京与张叔夜坐城楼上,金兵分四翼噪而前;京兵败,退走,堕死于护龙河,填尸皆满,城门急闭。京白叔夜曰:"须自下作法。"因下城引余众南遁。金兵遂登城,四壁兵皆溃,京城遂陷。帝闻城陷,恸哭曰:"不用种师道言,以至于此!"何㮚欲亲率都民巷战,金人宣言议和退师,乃止。帝闻金人欲和而退,命何㮚及济王栩使其军以请成。粘没喝、斡离不曰:"自古有南即有北,不可相无也。今之所议,期在割地而已。"㮚还,言金人欲邀上皇出郊,帝曰:"上皇惊忧而疾,必欲之出,朕当亲往。"遂如粘没喝军,奉表请降。㮚喜和议成,既归都堂,作会饮酒,谈笑终日。

【纲】恢复元丰年间三省的官名。

【纲】任命何㮚为门下侍郎。

【纲】闰月，唐恪被罢免，任命何㮚为尚书右仆射，兼中书侍郎。

【纲】冯澥从金军中回来，被任命为尚书左丞。

【纲】下诏任命张叔夜为签书枢密院事，带兵进入京城。

【纲】下诏任命康王赵构为天下兵马大元帅。【目】殿中侍御史胡唐老说："康王作为使臣到达磁州，被士民所留，这是天意。请求任命他为大元帅，让他率领天下的兵马入援京师。"何㮚认为他说得对，秘密起草了诏书上呈。钦宗命令招募敢死之士，得秦仔、刘定等四个人，派遣他们拿着用蜡丸密封起来的诏书前往相州，拜康王为天下兵马大元帅，陈遘为元帅，汪伯彦、宗泽为副元帅，让他们带领全河北的兵马迅速救援京城，秦仔到达相州以后，从头顶发髻中取出蜡丸诏书，康王读后呜咽流泪，军民深受感动。

【纲】彗星出现，彗尾长长地横过整个天空。

【纲】郭京出兵抵御金兵，战败逃走，汴京城陷落，钦宗前去金营请求投降。【目】金兵攻打京城通津门、宣化门，何㮚几次催促郭京出兵，郭京再三拖延。到这时，郭京命令所有守卫京城的士兵走下城墙，不许偷看，于是大开宣化门，出兵攻打金兵；郭京和张叔夜坐在城楼上。金兵分成四队，鼓噪前进。郭京的六甲兵败退，掉进护龙河中死去的很多，尸体都把河填满了，京城的城门赶快关闭。郭京禀告张叔夜说："我必须到下面去作法。"因此走下城来，带着剩下的兵众向南逃跑。金兵就登上城墙，守四面城墙的士兵都溃散了，京城于是陷落。钦宗听到京城陷落，痛哭着说："不听从种师道的话，以至于此！"何㮚想亲自率领京城的百姓与金兵巷战，金国人宣称议和就可以退兵，于是停止了巷战的计划。钦宗听说金国人准备议和以后退兵，就命何㮚和济王赵栩出使金军请求议和。粘没喝、斡离不说："自古以来有南就有北，不能够有此无彼。今天所要谈判的，只是期望得到割地而已。"何㮚返回，说金国人想请太上皇亲自到城郊去。钦宗说："太上皇因为惊忧而生病，一定想要他出去的话，朕当亲自前往。"于是前往粘没喝的军营，拿着降表请求投降。何㮚喜和议成功，回到都堂以后，聚会饮酒，谈笑终日。

【纲】十二月,康王构帅师入卫,次于东平。 【目】康王开大元帅府于相州,有兵万人,分为五军而进。既渡河,次于大名。宗泽以二千人与金人力战,破其三十余砦,履冰渡河见王曰:"京城受围日久,入援不可缓。"王纳之。既而知信德府梁扬祖以三千人至,张俊、苗傅、杨沂中、田师中等皆在麾下,兵威稍振。会帝遣曹辅赍蜡诏至,云:"金人登城不下,方议和好,可屯兵近甸毋动。"汪伯彦等皆信之,宗泽独曰:"金人狡谲,是欲款我师尔。君父之望入援,何啻饥渴,宜急引军直趋澶渊,次第进垒,以解京城之围。万一敌有异谋,则吾兵已在城下。"伯彦难之,劝王遣泽先行。王乃命泽趋澶渊,自是泽不得预帅府事矣。耿南仲及伯彦请移军东平,从之。

【纲】帝至自金营,遣使如两河割地以畀金。 【目】帝还宫,士庶及太学士迎谒。帝掩面大哭曰:"宰相误我父子!"观者无不流涕。金遣使来索金一千万锭,银二千万锭,帛一千万匹。于是大括金银。以陈过庭、折彦质等为割地使,如河东、北割地以畀金。又分遣欧阳珣等二十人持诏而往。珣尝上书,极言:"祖宗之地,尺寸不可以与人。"复抗论:"当与力战。战败而失地,他日取之直;不战而割地,他日取之曲。"时宰怒欲杀珣,乃以珣为将作监丞,奉使割深州。珣至深州城下,恸哭谓城上人曰:"朝廷为奸臣所误至此,吾已办死来矣,汝等宜勉为忠义报国!"金人怒,执送燕,焚死之。

【纲】范致虚会师入援,至邓州,师溃。

【纲】十二月，康王赵构率领军队前往入卫京城，到达东平府（治所须城县，即今山东东平县）。 【目】康王赵构在相州设置了大元帅府，有兵一万人，分成五军前进。渡过黄河以后，到达大名府。宗泽带领二千人和金兵奋力拼杀，攻破了金兵三十余座营寨，踏着冰渡过黄河，来见康王说："京城被围多日，入援不能迟缓。"康王采纳了他的意见。随后信德府（即邢州）知府梁扬祖带领三千人马到达，张俊、苗傅、杨沂中、田师中等人都是他的部下，康王的兵威稍为振作起来。正遇钦宗派遣曹辅怀带着蜡封密诏到来，说："金兵已经登城不退，正在谈判议和，你们可以把军队驻扎在近郊，不要采取行动。"汪伯彦等人都相信了，只有宗泽说："金国人狡猾欺诈，是想延缓我们援军罢了。君父（指钦宗）盼望军队入援，甚于饥渴！应该加紧带兵直趋澶渊（在澶州，今河南濮阳县西南），然后步步向前设立营垒，以解除京城之围。万一敌人心怀异谋，那么我们的军队已经兵临城下了。"汪伯彦感到为难，劝康王派遣宗泽先行。康王就命令宗泽向澶渊进兵，从此宗泽就不再参预元帅府的事务了。耿南仲和汪伯彦请求把军队转移到东平府，康王听从了。

【纲】钦宗从金兵军营回来以后，派遣使臣前往两河，把土地割让给金国。 【目】钦宗回到皇宫，士人平民和太学生在道路上迎接拜见他。钦宗掩面大哭说："宰相贻误了我们父子！"观者没有不流泪的。金国派遣使臣前来索要金一千万锭、银二千万锭、帛一千万匹。于是大规模搜括金银。任命陈过庭、折彦质等人为割地使，赴河东、河北，割让土地给金国；又分别派遣欧阳珣等二十个人拿着诏书前往。欧阳珣曾经上书竭力论说："祖宗的土地，一尺一寸也不可以让给他人。"又抗争说："应当和金兵奋力战斗。战败以后而失去土地，日后收复就会理直气壮；不战而割让土地，日后想收回就会感到理亏。"当时的宰相听了大怒，想杀欧阳珣，于是任命他为将作监丞，作为使臣去办理割让深州（治所静安县，在今河北深县南）的事宜。欧阳珣到达深州城下，痛哭着对城上的人说："朝廷被奸臣所贻误到现在这种地步，我已经是死去的人了，你们应该勉力忠义以报国！"金国人听了大怒，捉他送往燕京，把他烧死了。

【纲】范致虚会集兵马入援京城，到达邓州，军队溃败。

纲鉴易知录卷七七

宋纪

钦宗皇帝

【纲】丁未,二年,春正月,诏两河民降金,民不从。 【目】陈过庭至两河,民坚守不奉诏。至是,复诏两河民开门出降,民犹不肯。

【纲】帝命太子监国,复如金军。 【目】金人索金、银急,且再邀帝至营。帝有难色。何㮚、李若水以为无虞,劝帝行。帝乃命孙傅辅太子监国,而与㮚、若水等复如金营。唐恪闻之,曰:"一之为甚,其可再乎!"阁门宣赞舍人吴革亦白㮚曰:"天文帝座甚倾,车驾若出,必堕虏计。"㮚不听。

【纲】河东割地使刘韐自经于金军。 【目】韐至金营,金人使仆射韩正馆之僧舍,谓韐曰:"国相知君,今用君矣。"韐曰:"偷生以事二姓,有死不为也。"正曰:"军中议立异姓,欲以君为正代。与其徒死,不若北去取富贵。"韐仰天大呼曰:"有是乎!"归,书片纸曰:"贞女不事二夫,忠臣不事二君。况主辱臣死,以顺为正者妾妇之道,此予所以必死也!"使亲信持归,报其子子羽等,即沐浴更衣,酌卮酒而缢。金人叹其忠,瘗之寺西冈上,遍题窗壁以识其处。凡八十日,乃就敛,颜色如生。

【纲】副元帅宗泽大败金人于卫州。 【目】泽自大名至开德,与金人十三战,皆捷,遂以书劝康王檄诸道兵会京城。又移书北道总管赵野,河东、北路宣抚范讷,知兴仁府曾楙合兵入援,三人皆以泽为狂,不答。泽遂以孤军进至卫南,先驱云"前有敌营",泽挥众

钦宗皇帝

【纲】靖康二年（丁未，1127），春正月，下诏令两河（指河北、河东）百姓归降金国，百姓不从。　【目】陈过庭到达两河，百姓们坚守城池不服从朝廷降金的诏令。到这时又一次下诏命两河百姓打开城门出降，百姓还是不肯。

【纲】钦宗命令太子监国，自己再次前往金军。　【目】金国人索要金银很急，而且再次要求钦宗到金兵军营。钦宗面有难色，何㮚、李若水认为不必担心，劝钦宗前去。钦宗就命孙傅辅佐太子监国，而与何㮚、李若水等人再次前往金兵军营。唐恪听说以后，说："一之为甚，其可再乎！"閤门宣赞舍人吴革也禀告何㮚说："天象上帝座星很倾斜，皇上的车驾如果外出，必定会堕入敌兵的诡计。"何㮚不听从。

【纲】河东割地使刘韐在金兵军营中自杀身死。　【目】刘韐到达金兵军营，金国人派仆射韩正安排他在僧舍中居住，对他说："我国宰相知道您，现在想任用您。"刘韐说："为了偷生而奉事二姓君主，是我宁死也不干。"韩正说："军队中正在议论立一个异姓为皇帝，想让您来代替我。与其白白死掉，不如到北方去得到富贵。"刘韐仰天大呼道："有这样的事吗！"回到住处，在一张纸上写道："贞洁的女子不事二夫，忠臣不事二君。何况君主受辱，臣子死节，以顺为正，是妾妇之道，这是我所以必定要去死的原因啊！"让亲信把这封信带回去，告知他的儿子子羽等人，随即沐浴更衣，饮了一杯酒以后自缢而死。金国人感叹刘韐的忠贞，把他埋葬在寺庙西边的山冈上，在窗户墙壁上写满了标记以便使人认出他埋葬的地方。过了八十天，才把他入殓，还颜色如生。

【纲】副元帅宗泽在卫州（治所汲县，即今河南汲县）大败金兵。【目】宗泽从大名府（治所大名县，在今河北大名县东）到开德府（即澶州，治所濮阳县，即今河南濮阳县），和金兵打了十三场仗，都取胜了，于是写信劝康王传檄召集各道军马会合京城，又送书信给北道（治所大名府，在今河北大名东）总管赵野、河东北路（治所在太原府，即今山

直前，与战，败之，转战而东。敌益生兵至，泽将王孝忠战死，前后皆敌垒，泽下令曰："今日进退等死，不可不死中求生。"士卒知必死，无不一当百，斩首数千，金人大败，退却数十里。泽计敌众势必复来，乃暮徙其营。金人夜至，得空营，大惊，自是惮泽，不敢复出兵。泽出其不意，遣兵过大河袭击，败之。

【纲】辽耶律大石建都于虎思。

【纲】大风霾，云雾四塞。

【纲】二月，金劫上皇及后妃、太子、宗戚至其军。吏部侍郎李若水死之。　【目】帝自如金营，都人日出迎驾，而粘没喝留不遣。太学生徐揆上书请帝还宫，金人取而杀之。

吴乞买得帝降表，遂废帝及太上皇帝为庶人。知枢密院事刘彦宗请复立赵氏，不许。丁卯，金人令翰林承旨吴开、吏部尚书莫俦入城，令推立异姓堪为人主者，且邀上皇出城。孙傅曰："吾惟知吾君可帝中国尔。若立异姓，吾当死之。"京城巡检范琼逼上皇与太后御犊车出宫。郓王楷及诸妃、公主、驸马及六宫有位号者皆行，独元祐皇后孟氏以废居私第获免。

初金人檄开封尹徐秉哲，尽取诸王、皇孙、妃、主，凡得三千余人，秉哲悉令衣袂相联属而往。

金人逼帝及上皇易服。若水抱帝而哭，诋金人为狗辈。金人曳若水出，击之，败面，气结仆地。金人又逼上皇召皇后、太子；孙傅

西太原市）宣抚范讷、兴仁府（治所济阴县，在今山东曹县西北）知府曾楙，要他们合兵一起入援京城。这三个人都认为宗泽是发狂，没有答覆他。宗泽于是带领孤军进兵到达卫河之南，先锋部队报告说："前面发现敌军兵营"，宗泽指挥兵众勇往直前，与金兵交战，打败了金兵，又转战而东。敌人增加生力军到来，宗泽的部将王孝忠战死，前后都是敌军的营垒，宗泽下令说："今天进攻后退都是死，不可不在死中求生。"士兵们知道必死，无不以一当百，斩杀金兵数千人；金兵大败，后退了数十里。宗泽估计敌兵人多，势必再来，于是趁天黑迁移了兵营。金兵夜晚来攻营，得到一座空营，大为吃惊，从此畏惧宗泽，不敢再出兵了。宗泽出其不意，派遣军队渡过黄河去袭击金兵，打败了他们。

【纲】西辽君主耶律大石在虎思（在中亚细亚盐河南岸）建立了都城。

【纲】刮大风，天降尘土，云雾四布。

【纲】二月，金兵劫持太上皇和后妃、太子、宗戚到金兵军营之中。吏部侍郎李若水死难。　【目】钦宗亲自到金兵军营以后，京城里的人们天天都出来准备迎接钦宗返回，而粘没喝扣留钦宗不放。太学生徐揆上书请求钦宗回京，金国人把他提起来杀害了。

吴乞买收到钦宗的降表以后，就把钦宗和太上皇帝（徽宗）废为庶人。知枢密院事刘彦宗请求再立一位赵氏宗族为宋朝皇帝，金国不同意。初七日，金国人令翰林承旨吴开、吏部尚书莫俦进城，命令推举出一名可以做君主的异姓之人当皇帝，并且要求太上皇出城。孙傅说："我只知道我的君主可以做中国的皇帝。如果立异姓为皇帝，我就去死。"京城巡检范琼逼迫太上皇和太后乘坐牛车出宫。郓王赵楷和诸位嫔妃、公主、驸马以及六宫之中有名位称号的人都一起随行，只有元祐皇后（哲宗皇后）孟氏因为被废居住在私家宅第而得以幸免。

起初，金国人发檄文给开封府尹徐秉哲，要他搜捕诸王、皇孙、王妃、诸王之女，一共抓到三千余人，徐秉哲全部命令他们把衣袖拴在一起，前往金营。

金国人逼迫钦宗和太上皇更换服装。李若水抱着钦宗痛哭，大骂金国人是狗辈。金国人把李若水拖出营帐，把他的脸面毁伤，气结昏倒

留太子不遣。吴开、莫俦督胁甚急，范琼恐变生，以危言詟卫士，遂拥皇后、太子共车而出。傅曰："吾为太子傅，当同死生。"遂以留守事付王时雍，从太子出；百官军吏奔随太子号哭，太子亦呼云："百姓救我！"哭声震天。至南薰门，范琼力止傅，金守门者曰："所欲得太子，留守何预？"傅曰："我宋之大臣，且太子傅也，当死从。"遂宿门下以待命。若水在金营旬日，粘没喝召问立异姓状，若水因骂之为剧贼。粘没喝令拥之去，若水反顾，骂益甚。谓其仆曰："我为国死，职尔，奈并累若属何！"又骂不绝口，监军挝破其唇，噀血骂愈切，至以刃裂颈断舌而死。金人相与言曰："辽国之亡，死义者十数，南朝惟李侍郎一人。"

【纲】金人大括金帛，杀户部尚书梅执礼等。

【纲】康王构次于济州。【目】王有众八万，分屯济、濮诸州。金人遣甲士及中书舍人张澂赍蜡诏自汴京至，命王以兵付副帅而还京。王问计于左右，后军统制张俊曰："此金人诈谋尔。今大王居外，此天授，岂可徒往！"因请进兵，王遂如济州。既而金人谋以五千骑取康王，吕好问闻之，遣人以书白王曰："大王之兵，度能击则邀击之；不然，即宜远避。"

【纲】金人议立异姓，执孙傅、张叔夜及御史中丞秦桧。【目】吴开、莫俦复召百官议立异姓，众莫敢出声。王时雍问于开、俦，二人得言敌意在张邦昌，时雍未以为然。适尚书员外郎宋齐愈至自金营，众问金人意所主，齐愈取片纸书"张邦昌"三字示之。时雍乃决，遂以邦昌姓名入议状，张叔夜不肯署状，金人执叔夜及孙

在地。金国人又逼迫太上皇召皇后、太子；孙傅留下太子不去金营。吴祐、莫俦催逼威胁得很急，范琼恐怕发生变故，就危言耸听地威吓卫士，于是簇拥着皇后、太子乘坐了一辆车出了京城。孙傅说："我身为太子傅，应当与太子同生死。"于是把留守京师的事务托付给王时雍，自己跟随太子一起出城。百官和军士吏员们跟随在太子乘坐的车后奔跑号哭，太子也呼喊："百姓救我！"一时哭声震天。走到南薰门时，范琼竭力阻止孙傅同行。金国守门者说："想要得到的是太子，和留守（指孙傅）有什么关系？"孙傅说："我是宋朝的大臣，而且是太子傅，应当以死相随。"于是暂住在城门下以等待命令。李若水在金兵军营中十天，粘没喝召见他询问立异姓为皇帝的事，李若水因此大骂粘没喝是巨贼。粘没喝命兵卒把李若水推出去，李若水回过头来，骂得更厉害了，对他的仆人说："我为国而死，这是我的职责罢了，无奈连累了你们这些人！"又大骂不绝口，监军把他的嘴唇打破了，他喷着血骂得更激切了，最后被金兵用刀裂颈断舌而死。金国人互相议论说："辽国灭亡，死难的忠义之士有几十个人，南朝（宋朝）就只有李侍郎（李若水）一个人。"

【纲】金国人大肆搜括金帛财物，杀死户部尚书梅执礼等人。

【纲】康王赵构进军到达济州（治所巨野县，即今山东巨野县）。【目】康王有八万兵马，分别驻扎在济州、濮州（治所鄄城县，在今山东鄄城县北）等州。金国人派遣甲士和中书舍人张澂携带蜡丸诏书从汴京城前来，命康王把兵马交付给副元帅而自己返回京城。康王向左右询问计策，后军统制张俊说："这是金国人的诈谋罢了。现在大王身处京城之外，这是上天所赐，怎么能轻易回去！"因此请求进兵，康王于是前往济州。随后金国人策划派五千骑兵前去劫取康王，吕好问听说了这个计划，派人送信禀告康王说："以大王的兵马，如果估计能打，就邀击金兵，不然的话，就应该远避。"

【纲】金国人商议立异姓为皇帝，把孙傅、张叔夜和御史中丞秦桧捉了起来。 【目】吴开、莫俦又召集百官商议立异姓为皇帝，众人都不敢说话。王时雍问吴开、莫俦打算立谁，二人透露出金国人的意思是张邦昌；王时雍没有相信。正好尚书员外郎宋齐愈从金兵军营返回，众人问金国人的意思立谁，宋齐愈拿一张纸写了"张邦昌"三个字让众人

傅置军中。粘没喝召叔夜绐之曰："孙傅不立异姓,已杀之;公年老大家,岂可与傅同死!"叔夜曰："世受国恩,义当与之存亡。今日之事,有死而已!"金人皆义之。太常寺簿张浚、开封士曹赵鼎、司门员外郎胡寅皆逃入太学,不书名。唐恪书名,饮药而死。已而时雍复集百官诣秘书省,俾范琼谕众以立邦昌意,众唯唯。时雍先署状以率百官,御史马伸独奋曰："吾曹职为争臣,岂容坐视!"乃与御史吴给约中丞秦桧共为议状,愿复嗣君以安四方,且论邦昌当上皇时蠹国乱政,以致社稷倾危。金人怒,执桧去。

【纲】三月,金立张邦昌为楚帝。阁门宣赞舍人吴革率众讨邦昌,不克而死。 【目】金人奉册宝至,邦昌北向拜舞,受册即位,号大楚。阁门宣赞舍人吴革,耻屈节异姓,率内亲事官数百人,皆先杀其妻孥,焚所居,举义金水门外。范琼诈与合谋,令悉弃兵仗,乃从后袭之,杀百余人,捕革,并其子杀之。是日风霾,日晕无光。百官惨沮,邦昌亦变色,唯王时雍、吴开、莫俦、范琼等欣然以为有佐命功。邦昌心不安,拜官皆加权字。

【纲】夏四月,金人以二帝及后妃、太子、宗戚三千人北去。【目】斡离不胁上皇、太后与亲王、皇孙、驸马、公主、妃嫔及康王母韦贤妃、康王夫人邢氏等由滑州去,粘没喝以帝、后、太子、妃嫔、宗室及何㮚、孙傅、张叔夜、陈过庭、司马朴、秦桧等由郑州去,而归冯澥、曹辅、孙觌、汪藻、郭仲荀等于张邦昌。邦昌率百官遥辞二帝于南薰门,众恸哭,有仆绝者。京师为之一空。

看。王时雍就下了决心，于是把张邦昌的人名写入议事状。张叔夜不肯在议事状上签名，金国人把张叔夜和孙傅捉到军营中关押起来。粘没喝召见张叔夜诳骗他说："孙傅不同意立异姓为皇帝，已经把他杀了；您年老，是个大家族，怎么能和孙傅一起去送死！"张叔夜说："我世代受国家恩惠，义当与国家共存亡。今天的事，只有一死而已！"金国人都很佩服他的忠义。太常寺簿张浚、开封士曹赵鼎、司门员外郎胡寅都逃入太学，不签名。唐恪签了名以后，喝毒药自杀。接着王时雍又一次召集百官前往秘书省，让范琼告诉众人立张邦昌为皇帝的打算，众人顺从地答应了。王时雍最先在议事状上签了名给百官带了个头，只有御史马伸激奋地说："我们的职务是做个诤臣，岂容坐视不管！"就和御史吴给约御史中丞秦桧一起起草了议状，希望恢复赵氏的子孙为皇帝以安定四方，而且声言："张邦昌在太上皇在位时害国乱政，以致使国家倾危。"金国人大怒，把秦桧捉去。

【纲】三月，金国立张邦昌为楚帝。阁门宣赞舍人吴革率领众人讨伐张邦昌，失败而死。 【目】金国人带来册书宝印，张邦昌面向北方跪拜起舞，接受册命，即位称帝，国号大楚。阁门宣赞舍人吴革，耻于屈节奉异姓为君主，率领宫中亲事官数百人，都事先把妻子儿女杀死，放火烧了自己的居屋，在金水门外聚众起义。范琼诈称与他们合谋，让他们都把兵器丢弃一边，然后从背后袭击他们，杀死一百余人，逮捕了吴革，连同他的儿子一起杀死。这天，刮起夹带着尘土的大风，太阳被遮蔽得昏暗无光。百官惨痛沮丧，连张邦昌也面色大变；只有王时雍、吴开、莫俦、范琼等人高兴地以为自己有佐助拥立皇帝的大功。张邦昌内心不安，任命百官时全都在官职前面加上一个"权"字。

【纲】夏四月，金国人带着徽、钦二帝和后妃、太子、宗室外戚三千人北去。 【目】斡离不胁持太上皇、太后和亲王、皇孙、驸马、公主、妃嫔和康王的母亲韦贤妃、康王的夫人邢氏等人经滑州（治所白马县，在今河南滑县东北）向北而去，粘没喝押着钦宗、皇后、太子、妃嫔、宗室和大臣何㮚、孙傅、张叔夜、陈过庭、司马朴、秦桧等人经郑州（治所管城县，即今河南郑州市）向北而去，而把冯澥、曹辅、孙觌、汪藻、郭仲荀等大臣放回交给张邦昌。张邦昌率领百官在南薰门向二位皇帝遥

宗泽在卫，闻二帝北行，即提军趋滑，走黎阳，至大名，欲径渡河，据金人归路，邀还二帝，而勤王之兵卒无至者，遂不果。

【纲】张邦昌号哲宗废后孟氏曰宋太后。 【目】吕好问谓邦昌曰："相公欲真立邪，抑姑塞敌意而徐为之图也？"邦昌曰："是何言也？"好问曰："相公知中国人情所向乎？特畏女真兵威尔。女真既去，能保如今日乎？大元帅在外，元祐皇后在内，此殆天意。盍亟还政，可转祸为福。且省中非人臣所处，宜寓直殿庐。车驾未还，下文书不当称圣旨。为今计者，当迎元祐皇后，请康王早正大位，庶获保全。"监察御史马伸具书，请邦昌速奉迎康王，极陈逆顺利害。邦昌读其书，气沮，乃尊元祐皇后为宋太后，迎居延福宫，而遣人至济州访康王。

【纲】五月，康王即皇帝位于南京，大赦，改元。 【目】吕好问谓邦昌曰："天命人心皆归康王，相公先遣人推戴，则功无在相公右者。若抚机不发，他人声罪致讨，悔可追邪！"邦昌乃复遣谢克家往奉迎。王时雍曰："骑虎者势不得下，所宜熟虑。他日噬脐，悔无及矣！"邦昌不听。克家至济州劝进，王不许，张俊曰："大王，皇帝亲弟，人心所归，当早正大位。"既而邦昌又遣蒋思愈等持书诣济州，自陈："所以勉循金人推戴者，欲权宜一时，以纾国难尔，非敢有他也。"王复书与之，而谕宗泽等，以为"邦昌受伪命之人，义当诛讨；然虑事出权宜，未可轻动，合移师近都，按甲观变。"泽复书谓："邦昌篡乱，踪迹已无可疑。今二圣、诸王悉渡河而北，惟大王在济，天意可知，宜亟行天讨，兴复社稷，不可不断。"好问亦遣人来言："大

相告别,众人放声痛哭,有哭倒在地气绝昏死过去的。送别的人无数,京城为之一空。

宗泽在卫州,听到二帝北去的消息,立刻带兵赶往滑州,前往黎阳(在今河南汲县北),到了大名,准备直接渡过黄河,扼住金兵的归路,迫使金国人放还二帝,但是救援王室的兵马没有一个前来的,于是这个计划没有实行。

【纲】张邦昌尊称哲宗的废后孟氏为宋太后。 【目】吕好问对张邦昌说:"相公是真想当皇帝呢,还是暂且应付金国而后再慢慢做打算呢?"张邦昌说:"这话是什么意思呢?"吕好问说:"相公知道本国的人心所向吗?只不过是害怕女真的兵威罢了。女真人已经走了,还能保得住像现在这样吗?大元帅(指康王)在外,元祐皇后(孟氏)在内,这恐怕是天意。何不赶快还政于宋,这才可以转祸为福。况且宫禁之中并非做人臣的人可以居住的,应当搬到值班的殿房去住。皇帝还没有返回,下达文书时不应当称圣旨。为当前考虑,应当迎元祐皇后回宫,请康王早登皇帝之位,这样还可以获得保全。"监察御史马伸写了一封书信,请张邦昌赶快奉迎康王,尽力陈述事情的顺逆利害。张邦昌读了他的书信,神气沮丧,于是就尊奉元祐皇后为宋太后,把她迎回延福宫居住,还派人前往济州去见康王。

【纲】五月,康王在南京(即宋州应天府,治所宋城县,在今河南商丘县南)即皇帝位,大赦天下,改年号。 【目】吕好问对张邦昌说:"天命人心都归向康王,相公先派遣人去推戴他,那么功劳就没有人比相公更大的了。如果遇到机会而不利用,别人来声讨问罪,是可以追悔的吗!"张邦昌就再派谢克家前去奉迎康王。王时雍说:"骑虎的人势难下来,这是应当深思熟虑的。日后后悔,也来不及了!"张邦昌不听。谢克家到达济州以后向康王劝进,奉上皇帝位号,康王不答应。张俊说:"大王,是皇帝(钦宗)的亲弟,人心所归,应当早日即皇帝之位。"跟着张邦昌又派遣蒋思愈等人带着书信到济州,信中为自己表白说:"当时我之所以勉强同意金国人的推戴,是想权宜一时,以解救国家的危难罢了,不敢有其他的企图。"康王给张邦昌写了回信,同时告诉宗泽等人,认为"张邦昌是受伪命的人,义当加以诛杀讨伐;然而考

王不自立,恐有不当立而立者。"

邦昌又遣谢克家及王舅忠州防御使韦渊,奉大宋受命宝诣济州,复以手书号太后曰元祐皇后,入居禁中,垂帘听政,以俟复辟。克家等至济州,王恸哭受之,命克家还京办仪物。

皇后命太常少卿汪藻草手书告中外,俾王嗣统,其略曰:"历年二百,人不知兵,传序九君,世无失德。虽举族有北辕之衅,而敷天同左袒之心。乃眷贤王,越居近服。汉家之厄十世,宜光武之中兴;献公之子九人,惟重耳之尚在。兹乃天意,夫岂人谋!"济州父老诣军门,言"州四旁望见城中火光属天,请即皇帝位。"会宗泽及权应天府朱胜非来言:"南京,艺祖兴王之地,取四方中,漕运尤易。"王遂决意趋应天府。

既发济州,鄜延副总管刘光世自陕州来会,王以光世为五军都提举。西道都总管王襄、宣抚司统制官韩世忠皆以师来会。

王至应天,邦昌来见,伏地恸哭请死,王抚慰之。王时雍等奉乘舆服御至,群臣劝进者益众。王命筑坛于府门之左,五月庚寅朔,王登坛受命。毕,恸哭,遥谢二帝,遂即位于府治。改元建炎,大赦。是日元祐皇后在东京撤帘。

虑到此事出于权宜之计，不可轻易举动，应当把军队转移到京城附近，按兵不动，观察形势的变化。"宗泽回信说："张邦昌篡位乱国，所作所为已经没有可以怀疑的了。现在二圣（指徽、钦二帝）、诸王全都渡过黄河而北去，只有大王一位亲王在济州，天意可想而知，应该及早奉行天命，讨伐张邦昌，复兴社稷，不可不决断。"吕好问也派遣人来说："大王自己不立为皇帝，恐怕就会有不应当立而立的人了。"

张邦昌又派遣谢克家和康王的舅舅忠州（治所临江县，即今四川忠县）防御使韦渊带着大宋受命宝前往济州，又亲笔写了孟太后的封号"元祐皇后"，请她搬回宫中居住，垂帘听政，以等待宋王室复辟。谢克家等人到达济州，康王痛哭着接受了大宋受命宝，命谢克家返回京城置办举行登基即位典礼时所需要的器具物品。

皇后命太常少卿汪藻起草文书布告朝廷内外，让康王继承帝统。文书大致说："我朝历时二百年，天下太平，人不知兵，传了九位皇帝，世世都没有失德。虽然遭受整个皇族被北迁的灾祸，但普天下的人都有左袒本朝之心。这位皇家的贤王，是皇室的近亲。汉朝的厄难出现于十代之后，正应该有光武帝的中兴；晋献公有九个儿子，只有公子重耳尚存。这是天意，岂是人谋！"济州的父老前往军营门口，说："在州城的四周望得见城中火光冲天，请康王即皇帝位。"正好宗泽和权知应天府朱胜非来信说："南京是艺祖（太祖）王业兴起的地方，地处天下四方的中央，漕运尤其便利。"康王于是决意前去应天府。

康王从济州出发之后，鄜延（治所鄜州城，即今陕西鄜县）副总管刘光世从陕州（治所陕县，即今河南三门峡市陕州区）赶来会合，康王任命刘光世为五军都提举，西道（治所邓州城，即今河南邓县）都总管王襄、宣抚司统制官韩世忠都带领军队前来会合。

康王到达应天府，张邦昌前来拜见，跪在地上痛哭，请求赐死，康王安抚劝慰他。王时雍等人奉送皇帝乘坐的辇车、衣服到来，群臣劝勉康王即位的更多了。康王命在应天府府门左边筑坛，五月初一日，康王登坛，拜受命。典礼完毕以后，他放声痛哭，遥向徽、钦二位皇帝拜谢，就在应天府府署中即位，改年号为建炎，大赦天下。同一天，元祐皇后孟氏在东京（即汴京开封府）撤销垂帘听政。

【纲】遥上靖康帝尊号曰孝慈渊圣皇帝。以黄潜善为中书侍郎，汪伯彦同知枢密院事。尊哲宗废后孟氏为元祐太后，遥尊韦氏为宣和皇后，遥立夫人邢氏为皇后。以张邦昌为太保，封同安郡王，五日一赴都堂参决大事。

【纲】耿南仲免，召李纲为尚书右仆射，兼中书侍郎。 【目】纲再贬宁江，金兵复至，渊圣悟和议之非，召纲为开封尹。行次长沙，被命即帅湖南勤王师入援，未至，而京城失守。至是，召拜右相，趋赴行在所。中丞颜岐、右谏议大夫范宗尹咸沮之，帝皆不听。汪伯彦、黄潜善自谓有攀附之劳，拟必为相，及召纲于外，二人不悦，遂与纲忤。纲行至太平，上疏曰："兴衰拨乱之主，非英哲不足以当之。英则用心刚，足以莅大事而不为小故之所摇；哲则见善明，足以任君子而不为小人之所间。愿陛下以汉之高、光，唐之太宗，国朝之艺祖、太宗为法。"

【纲】冯澥免，以吕好问为尚书右丞。 【目】元祐太后遣好问奉手书诣应天，帝劳之曰："宗庙获全，卿之力也。"除尚书右丞。后李纲以群臣在围城中不能执节，欲悉按其罪。好问曰："王业艰难，政宜含垢，绳以峻法，惧者众矣。"纲乃止。

【纲】窜李邦彦、吴敏、蔡懋、李棁、宇文虚中、耿南仲、郑望之、李邺等于远州。

【纲】追贬蔡确、蔡卞、邢恕等官。

【纲】签书枢密院事张叔夜自杀于金军。 【目】叔夜既北迁，道中惟时饮水，义不食其粟。至白沟，御者曰："过界河矣。"叔夜乃矍然起，仰天大呼，遂不复语。明日，扼吭而死。朝廷闻叔夜死，赠开府仪同三司，谥忠文。

【纲】遥奉靖康皇帝（即钦宗）尊号为孝慈渊圣皇帝。任命黄潜善为中书侍郎，汪伯彦为同知枢密院事。尊奉哲宗废后孟氏为元祐太后，遥尊康王的生母韦氏为宣和皇后，遥立康王的夫人邢氏为皇后。任命张邦昌为太保，封为同安郡王，每五天一次，到都堂参与决定国政大事。

【纲】耿南仲被罢免，召回李纲任命为尚书右仆射兼中书侍郎。
【目】李纲再次被贬到宁江（治所夔州城，即今四川奉节县），金兵又入侵了，钦宗觉悟到和议是不对的，就召李纲为开封府尹。李纲到长沙（潭州和湖南路的治所，即今湖南长沙市），命他立即率领湖南的勤王军队入援京城，还没赶到，而京城已经失守。到这时被召任为右宰相，奔赴高宗皇帝所在的应天府。御史中丞颜岐、右谏议大夫范宗尹都阻挠任命李纲，高宗皇帝不听。汪伯彦、黄潜善自认为有从旁拥立康王为帝的功劳，估计自己必定会被任命为宰相；等到从外地召回李纲，这二人不高兴，于是和李纲相抵触。李纲走到太平（今安徽当涂县），上疏说："兴衰拨乱的君主，如果不具备英哲的品质是不足以担当的。英则用心刚强，足以面对大事而不被小事所动摇；哲则见善分明，足以任用君子而不被小人所离间。希望陛下以汉代的高祖、光武帝、唐代的太宗，本朝的艺祖（太祖）、太宗作为效法的榜样。"

【纲】冯澥被罢免，任命吕好问为尚书右丞。 【目】元祐太后派遣吕好问携带亲笔书信前往应天府，高宗慰劳吕好问说："宗庙得到保全，是你尽的力。"任命他为尚书右丞。后来李纲因为群臣在金兵围城期间不能坚守节操，想把他们全都按情节治罪。吕好问说："王业艰难，政事中含有污垢不洁是可以的；如果按严厉之法治罪，就会有很多人感到害怕了。"李纲就算了。

【纲】流放李邦彦、吴敏、蔡懋、李棁、宇文虚中、耿南仲、郑望之、李邺等人到边远的州郡。

【纲】追贬蔡确、蔡卞、邢恕等人的官位。

【纲】签书枢密院事张叔夜在金兵军营中自杀。 【目】张叔夜被北迁以后，一路上只是有时喝点水，坚决不吃金国人的粮食。到达白沟（即白沟河，在今河北霸县西，当时是宋国和辽国的分界处），驾车的人说："过界河了。"张叔夜听后惊顾起身，仰天大呼，于是不再说话。第

【纲】金人陷河中府及解、绛、慈、隰诸州。【目】金娄宿以重兵压河中，权府事郝仲连力战，外援不至，度不能守，先自杀其家人，已而城陷，与其子致厚皆不屈而死。

【纲】以宗泽知襄阳府。【目】泽见帝应天，陈兴复大计。帝欲留泽，黄潜善等沮之，故出。

【纲】安置监察御史张所于江州。【目】靖康中，所以蜡书冒围募河北兵，士民得书喜曰："朝廷弃我，犹有一张察院能拔而用之。"应募者十七万人，由是所声震河北。帝即位，遣所按视陵寝，所还上言曰："河东、河北，天下之根本。昨者误用奸臣之谋，始割三镇，继割两河，其民怨入骨髓，至今无不扼腕，若因而用之，则可藉以守，否则两河兵民无所系望，陛下之事去矣！"且请帝亟还京城，因具言有五利："奉宗庙保陵寝，一也；慰安人心，二也；系四海之望，三也；释河北割地之疑，四也；早有定处而一意于边防，五也。夫国之安危，在乎兵之强弱与将相之贤不肖，而不在乎都之迁与不迁也。诚使兵弱而将士不肖，虽渡江而南，安能自保！"帝欲以其事付所。会所言黄潜善奸邪不可用，恐害新政。潜善引去，帝留之，乃罢所言职，安置江州。

【纲】六月，李纲至行在，固辞相位，不许。【目】纲至，入见，涕泗交集，帝为动容。纲力辞相位，帝曰："朕知卿忠义、智略久

二天，自己扼住咽喉而死。朝廷得悉张叔夜自杀而死，赠他开府仪同三司，谥号为"忠文"。

【纲】金兵攻陷河中府（即蒲州，治所河东县，即今山西永济市西蒲州镇）和解州（治所解县，在今山西运城西南）、绛州（治所正平县，在今山西侯马市西北）、慈州（治所吉昌县，即今山西吉县）、隰州（治所隰川县，即今山西隰县）诸州。　【目】金国娄宿以重兵进攻河中府，权府事郝仲连奋力作战，外援不到，估计不能守住，就先自己杀死了家里人；不久府城陷落，他和儿子郝致厚都不屈而死。

【纲】任命宗泽为襄阳府（治所襄阳县，即今湖北襄阳市襄州区）知府。　【目】宗泽到应天府谒见高宗，陈述兴复国家的大计。高宗想留下宗泽，黄潜善等人加以阻挠，因此把宗泽派出任襄阳知府。

【纲】把监察御史张所流放到江州（治所德化县，即今江西九江市）安置。　【目】靖康年间，张所怀带蜡丸诏书，冒险冲出包围，去河北招募士兵，当地士民见到诏书，高兴地说："朝廷抛弃了我们，还有一个张察院（指张所）能选拔使用我们。"应募而来的有十七万人，从此张所名震河北。高宗即位，派遣张所巡视皇家陵墓，张所返回后，上奏说："河东、河北，是天下的根本。过去误用奸臣之谋，开头割让三镇，继而割让两河，当地的百姓怨恨入骨，到今天没有不扼腕痛惜的。如果因此而使用他们，就可以凭借他们进行防守；否则两河兵民的希望没有地方寄托，陛下复兴王业的事就做不到了！"同时请求高宗尽早返回京城，因此罗列出五点有利之处："奉祀宗庙，保护陵墓，这是一利；安慰人心，这是二利；维系国人的希望，这是三利，消除有关河北被割让土地的疑虑，这是四利；诸事早有安排可以专心致志地加强边防，这是五利。国家的安危，在于兵力的强弱和将相的贤与不肖，而不在于迁都还是不迁都。如果兵力微弱而将士不肖，即使渡过长江以南去建都，怎么能自保呢！"高宗想把这些事托付张所。正遇张所上奏时说黄潜善奸邪不可任用，恐怕他会危害新政，黄潜善自己请求离职，高宗为了挽留他，于是就罢免了张所的官职，把他安置到江州。

【纲】六月，李纲到达高宗的所在之地应天府，坚辞相位，高宗不准。　【目】李纲到应天，入见高宗，涕泪交流，高宗也为之感动。李纲

矣,其勿辞。"纲顿首泣谢。且言:"昔唐明皇欲相姚崇,崇以十事要说,皆中一时之病。今臣亦以十事仰干天听,陛下度其可行者赐之施行,臣乃敢受命。"一曰议国是,谓:"中国之御四夷,能守而后可战,能战而后可和,而靖康之末皆失之。今莫若先自治,专以守为策,俟吾政事修,士气振,然后可议大举。"二曰议巡幸,谓:"车驾不可不一至京师,见宗庙以慰都人之心,度未可居则为巡幸之计。天下形势,长安为上,襄阳次之,建康又次之,皆当诏有司预为之备。"三曰议赦令,谓:"祖宗登极,赦令皆有常式。前日赦书,乃以张邦昌伪赦为法;如赦恶逆及罪废官尽复官职,皆不可行,宜悉改正。"四曰议僭逆,谓:"张邦昌为国大臣,不能临难死节,而挟金人之势易姓改号,宜正典刑,垂戒万世。"五曰议伪命,谓:"国家更大变,鲜有仗节死义之士,而受伪官者不可胜数。昔肃宗平贼,污伪命者以六等定罪,宜仿之以厉士风。"六曰议战,谓:"军政久废,士气怯惰,宜一新纪律,信赏必罚,以作其气。"七曰议守,谓:"敌情狡狯,势必复来,宜于沿河、江、淮,措置控御,以扼其冲。"八曰议本政,谓:"政出多门,纲纪紊乱,宜一归之中书,则朝廷尊。"九曰议久任,谓:"靖康间进退大臣太速,功效蔑著,宜慎择而久任之,以责成功。"十曰议修德,谓:"上始膺天命,宜益修孝悌恭俭,以副四海之望而致中兴。"翌日,班纲议于朝,惟僭逆、伪命二事留中不出。

力辞相位,高宗说:"朕知道你忠义,有智慧谋略已经很久了,你不要推辞。"李纲叩拜,哭着谢恩。并且说:"过去唐明皇想任用姚崇为宰相,姚崇提出十件事作为要求,这十件事都切中当时的弊病。今天臣也提出十件事有烦陛下的圣听,陛下估计可以实行的就命令付诸实施,这样,臣才敢接受任命。"第一件是议国是,即是说:"中国的防御四夷,能守而后才可以战,能战而后才可以议和,而靖康末年这些全都做不到。现在不如先把自己国内的事治理好,专门采取防守之策;等到我朝政事修明,士气振奋,然后可以商议大举反攻。"第二件是议巡幸,即是说:"陛下不可不到京师,拜见宗庙,以安慰京城人民之心,估计不能久居,就采取巡幸的办法。天下的形势,长安(今陕西西安市)最好,襄阳次之,建康(即江宁府,在今江苏南京市)又在其次,都应当下诏令有关官署预先为之准备。"第三件是议赦令,即是说:"祖宗登基即位时,赦令都有一定的内容要求。前些天发布的赦书,是以张邦昌的伪赦令做为效法对象的;例如赦免大恶叛逆和因罪被废官的人全都恢复官职,都是不可这样做的,应该全部加以改正。"第四件是议僭逆,即是说:"张邦昌作为国家的大臣,不能做到面临国难以死殉节,反而挟持金国人的势力,更换朝代,改变国号,应该明正典刑,以垂戒于万世。"第五件是议伪命,即是说:"国家经历了大变乱,很少有仗节死义之士,可是受任伪官的人却不可胜数。过去唐肃宗平定叛贼,接受伪命沾污了名节的人被分成六等定罪,应该效仿这样做,以激励士风。"第六件是议战,即是说:"军政久经废弛,士气怯懦怠惰,应该刷新纪律,做到有功必赏,有过必罚,以振作士气。"第七件是议守,即是说:"敌人狡诈,势必再来进犯,应该在沿黄河、长江、淮河一带部署防御措施,以扼守金兵南犯的要冲。"第八件是议本政,即是说:"政出多门,必定引起纲纪紊乱,应该把权力集中到中书省,这样朝廷才会有尊严威望。"第九件是议久任,即是说:"靖康年间任用罢免大臣太快,功效很难显现,应该慎重选择而长期任用大臣,以便责求他做出成绩。"第十件是议修德,即是说:"皇上刚接受了天命,应该更加注意在孝、悌、恭、俭方面的道德修养,以副天下人民的期望而使国家中兴。"第二天,把李纲提出的建议,除议僭逆、议伪命二事外,在朝廷上公布。

【纲】以黄潜善为门下侍郎。

【纲】安置张邦昌于潭州,贬放其党有差。 【目】李纲以僭逆、伪命二事留中,言于帝曰:"二事,乃今日刑政之大者。邦昌当道君朝,在政府者十年,渊圣即位,首擢为相,方国家祸难,金人为易姓之谋,邦昌如能以死守节,推明天下戴宋之义,以感动其心,敌人未必不悔祸而存赵氏。而邦昌方以为得计,偃然正位号,处宫禁,擅降伪诏,以止四方勤王之师。及知天下之不与,乃不得已,请元祐太后垂帘听政,而议奉迎。邦昌僭逆始末如此,而议者不同,臣请以春秋之法断之。夫春秋之法,人臣无将,将而必诛。赵盾不讨贼则书以弑君。今邦昌已僭位号,敌退而止勤王之师,非特将与不讨贼而已。刘盆子以汉宗室为赤眉所立,其后以十万众降,光武但待之以不死。邦昌以臣易君,罪大于盆子,不得已而自归,朝廷既不正其罪,又尊崇之,此何理也?陛下欲建中兴之业,而尊崇僭逆之臣以示四方,其谁不解体!又伪命臣僚,一切置而不问,何以厉天下士大夫之节!"时执政中有议不同者,帝召黄潜善等语之,潜善主邦昌甚力,帝顾吕好问曰:"卿昨在围城中知其故,以为何如?"好问附潜善,持两端。纲言:"邦昌僭逆,岂可留之朝廷,使道路指目曰'此亦一天子'哉!"因泣拜曰:"陛下必欲用邦昌,第罢臣。"帝颇感动。汪伯彦乃曰:"李纲气直,臣等所不及。"帝乃出纲奏,责授邦昌昭化军节度副使,潭州安置。并安置王时雍、徐秉哲、吴开、莫俦、李㰒、孙觌于高、梅、永、全、柳、归州,而颜博文、王绍以下论罪有差。

【纲】任命黄潜善为门下侍郎。

【纲】把张邦昌流放到潭州安置,把他的党羽或贬官或流放,分别给予轻重不等的处分。 【目】李纲因为僭逆、伪命二件事扣下没有下达,就对高宗说:"这二件事,是当前刑政之中最重要的事。张邦昌在道君皇帝(指徽宗)在位时,在朝廷任职十年,渊圣皇帝(指钦宗)即位,首先把他提升为宰相。正当国家危难之时,金国人提出改立异姓为帝的主意,张邦昌如果能以死来保持名节,阐明天下人民拥戴宋室的大义,以感化金国人的心,金国人未必不后悔造成的祸害而仍然保存赵氏做皇帝。可是张邦昌正以为得计,安然自得地即位做了皇帝,居住到宫禁之中,擅自发布伪诏,以阻止四方前来救援王室的军队。等到知道了天下的人不依附他,才不得已请元祐太后垂帘听政而商议奉迎陛下。张邦昌僭逆的始末就是这样的,而议论的人看法不一致,请让臣用《春秋》的准则加以裁断。根据《春秋》的准则,人臣不可逆乱,如果逆乱,就一定要加以诛杀。赵盾因为不讨贼,就被史官记载为是弑杀国君。现在张邦昌已经僭位称帝,敌兵退去而阻止勤王的军队,这不只是逆乱和不讨贼而已。刘盆子身为汉朝宗室,被赤眉军拥立为皇帝,后来带领十万人投降,光武帝只不过没有把他处死。张邦昌以人臣取代了君主,罪大于刘盆子,不得已而自己归顺了朝廷,朝廷既不治他的罪,反而还尊崇他,这是什么道理呢?陛下想要建立中兴大业,而尊崇僭逆的人臣,让天下的人看,有谁不灰心!又对受张邦昌伪命任职官员,一概置之不问,用什么来激励天下士大夫的气节!"当时执政大臣中有看法不同的人,高宗召见黄潜善等人询问这件事,黄潜善支持张邦昌很卖力。高宗看着吕好问说:"你过去在京城被围时知道事情的经过,你认为如何?"吕好问依附黄潜善,在态度上鼠首两端。李纲说:"张邦昌僭逆,岂可留在朝廷,使路人指着他说'这也是一位天子'吗!"因此哭泣跪拜着说:"陛下一定想要留用张邦昌,只有罢免臣。"高宗颇为感动。汪伯彦就说:"李纲气性刚直,这是臣等所不及的。"高宗就发下了李纲的奏书,把张邦昌贬为昭化军(即金州,治所西城县,即今陕西安康县)节度副使,安置到潭州。并且把王时雍、徐秉哲、吴开、莫俦、李擢、孙觌分别安置到高州、梅州、永州、全州、柳州、归州(高州治所电白县,在今广

【纲】赠李若水、霍安国、刘韐官,诏诸路访死节之臣以闻。

【纲】以李纲兼御营使。 【目】纲既受命,拜谢,有旨兼充御营使。入对,言曰:"今国势不逮靖康间远甚,然而可为者,陛下英断于上,群臣辑睦于下,庶几中兴可图,然非有规模而知先后缓急之序,则不能以成功。夫外御强敌,内销盗贼,修军政,变士风,裕邦财,宽民力,改弊法,省冗官,诚号令以感人心,信赏罚以作士气,择帅臣以任方面,选监司郡守以奉行新政,俟吾所以自治者,政事已修,然后可以问罪金人,迎还二圣,此谓规模也。至于当急而先者,则在于料理河北、河东。盖两路,国之屏蔽,料理稍就,然后中原可保,而东南可安。今河东所失者恒、代、太原、泽、潞、汾、晋,河北所失者真定、怀、卫、浚,其余诸郡皆为朝廷守。两路士民兵将皆推豪杰以为首领,多者数万,少者不下万人,朝廷不因此时置司遣使以大慰抚之,分兵以援其危急,臣恐粮尽力疲,坐受金人之困,虽怀忠义之心,危迫无告,必且愤怨朝廷,金人因得抚而用之,皆精兵也。莫若于河北置招抚司,河东置经制司,择有材略者为之,使宣谕天子恩德,所以不忍弃两河于敌国之意。有能全一州复一郡者,以为节度、防御、团练使,如唐之方镇,使自为守,非惟绝其从敌之心,又可资其御敌之力,使朝廷永无北顾之忧,最今日之先务也。"帝善其言,问谁可任者,纲荐张所、傅亮。亮,西人,习古兵法。纲与语,谓可为大将,因奏用之。

东高州市东北；梅州治所程乡县，即今广东梅州市梅县区；永州治所零陵县，即今湖南零陵县；全州治所清湘县，即今广西全州县；柳州治所马平县，即今广西柳州市；归州治所秭归县，即今湖北秭归县），而对颜博文、王绍以下的官员分别轻重等次加以治罪。

【纲】追赠李若水、霍安国、刘韐的官位，下诏命各路访寻死节之臣的事迹上报朝廷。

【纲】任命李纲兼任御营使。【目】李纲接受宰相的任命以后，跪拜谢恩，有圣旨命他兼任御营使。入宫回答皇帝询问时，他说："现在国势比靖康年间差多了，然而还可以有所作为的是，陛下英明决断在上，群臣同心和睦在下，也许可以使中兴有希望成功；然而非事先有规划，使事情的轻重缓急，安排有秩，就不可能取得成功。对外抗御强敌，对内消灭盗贼，修整军政，改变士人风气，充裕国家财政，放宽对百姓的税役，改革有弊端的法令，裁减多余的闲官，号令一贯，使人感服，赏罚严明，以激励士气，选择帅臣委以独当一方的重任，选用监司、郡守以奉行新政，等到我们足以把自己内部治理好的时候，政事已经修明，然后可以向金国人兴师问罪，迎回二圣（指徽、钦宗），这就是所说的规划。至于当前紧急而应该先做的事，就是处理有关河北路、河东路的事务。这两路，是国家的屏障，安排处理稍稍就绪，然后中原可保，而东南地区得以安定。现在河东路所失陷的，有忻州、代州、太原府、泽州、潞州、汾州、晋州（忻州治所秀容县，即今山西忻县；代州治所雁门县，即今山西代县；泽州治所晋城县，在今山西晋城县东北；潞州治所上党县，即今山西长治市；汾州治所西河县，即今山西汾阳市；晋州治所临汾县，即今山西临汾市），河北路所失陷的，有真定府、怀州、卫州、浚州（真定府治所真定县，即今河北正定县；怀州治所河内县，即今河南沁阳县；浚州治所黎阳县，在今河南浚县东南。），其余各州，都在为朝廷坚守着。这两路的各地士民兵将都推举豪杰为首领，多的有几万人，少的也不下万人。朝廷如果不趁这时设置官员派遣使者，去对他们大加慰劳抚问，分出兵力去援救他们的危急，臣担心他们粮尽力疲，因之受金兵围困，虽然他们怀有忠义之心，但是危难困迫，无处可以告援，必然会愤恨而埋怨朝廷，那时金国人利用这个机会对他们加以安抚而

【纲】子旉生,大赦。

【纲】还元祐党籍及元符上书人官爵。

【纲】以汪伯彦知枢密院事。

【纲】遣宣义郎傅雱使金军,通问二帝。 【目】初,黄潜善白遣雱为祈请使,又遣太常少卿周望为通问使,俱未行。李纲上言:"尧、舜之道,孝弟而已,今日之事,正当枕戈尝胆,内修外攘,使刑政修而中国强,则二帝不俟迎请而自归。不然,虽冠盖相望,卑辞厚礼,恐亦无益。今所遣使,但当奉表通问,致思慕之意可也。"帝从之,遂命纲草表,付雱以往,且致书于粘没喝。

【纲】立沿河、江、淮帅府。

【纲】以张悫同知枢密院事,兼提举户部财用。 【目】初,悫为计度都转运使,帝为大元帅,募诸道兵勤王。悫飞輓踵道,建议印给盐钞以便商旅,不阅旬得缗钱五十万以佐军。帝即位,以为户部尚书。至是,除同知枢密院事,兼提举户部财用。

悫建言:"三河之民,怨敌深入骨髓,恨不歼殄其类以报国家之仇。请因唐人泽潞步兵雄边子弟遗意,募民联以什伍,而寓兵于

利用他们，就都成为金国的精兵了。不如在河北路设置招抚司、在河东路设置经制司，挑选具有才干胆略的人担任其职，让他们宣谕天子的恩德，说明朝廷不忍心抛弃两河给金国的心意。有能够保全一州、收复一郡的人，就任命他为节度使、防御使、团练使，如同唐代的方镇一样，让他们自己守卫本土，这不只是断绝他们投敌之心，又可以凭借他们抗御敌人的力量，使朝廷永远没有北顾之忧，这是现在最应该先做的事。"高宗认为他说得好，问他谁可以担任这些官职，李纲推荐了张所、傅亮。傅亮，是西部人，熟悉古代兵法。李纲和他谈话以后，认为他可以担任大将，因此奏请任用他。

【纲】皇子赵旉出生，大赦天下。

【纲】恢复入元祐党籍和元符年间上书诸臣的官爵。

【纲】任命汪伯彦为知枢密院事。

【纲】派遣宣义郎傅雱出使金军，问候徽、钦二帝。 【目】起初，黄潜善建议派遣傅雱为祈请使，又建议派遣太常少卿周望为通问使，都没有成行。李纲上奏说："尧舜之道，不过孝悌而已。今天之事，正应当枕戈待旦、卧薪尝胆，内修政事，外攘强敌，使刑政修明而中国强盛，那么二帝不待迎请就会返回。不然的话，即使是接连派遣使臣，用卑谦的语言、丰厚的礼品，向金国人请求，恐怕也没有益处。现在所遣使臣，只要奉表向二帝问候，以表达对他们的思慕之情就可以了。"高宗听从了，于是命李纲起草表文，交给傅雱带着前去，而且给粘没喝写了信。

【纲】在黄河、长江、淮河沿岸设立了帅府。

【纲】任命张悫为同知枢密院事兼提举户部财用。 【目】起初，张悫任计度都转运使，高宗是大元帅，召募各道兵马救援王室。张悫用车马飞快地运送粮草，粮车在道路上接连不断。他建议印制盐钞发给商人，以便利商旅，不过十天，就得到缗钱五十万以资助军用。高宗即位以后，任命他为户部尚书。到这时，任命他为知枢密院事兼提举户部财用。

张悫建议说："三河（指河南、河北、河东）的百姓，怨恨敌人深入骨髓，恨不得把金国人全部消灭以报国家的仇恨。因此请求朝廷效仿

农，使合力抗敌，谓之巡社。其法：五人为甲，五甲为队，五队为部，五部为社，皆有长。五社为一都，社有正副，二都社有都副总首。甲长以上免身役，所结五百人以上，借补官有差。"论者以其法精详，前此言民兵者皆莫之及。诏集为书行之，隶安抚司。

【纲】吕好问罢知宣州。 【目】侍御史王宾论"好问尝污伪命，不可立新朝。"帝曰："邦昌僭号之初，好问募人赍帛书道京师内外之事；金人甫退，又遣人劝进。考其心迹，非他人比。"好问自惭，力求去，且言"邦昌僭号之时，臣若闭门洁身，实不为难，徒以世被国恩，所以受贤者之责，冒围赍书于陛下。"疏入，除资政殿学士，知宣州，以恩封东莱郡侯。

【纲】以宗泽为东京留守。泽累表请帝还京师，不报。 【目】泽在襄阳，闻黄潜善复倡和议，上疏曰："自金人再至，朝廷未尝命一将，出一师，但闻奸邪之臣朝进一言以告和，暮入一说以乞盟，终至二圣北迁，宗社蒙耻。臣意陛下赫然震怒，大明黜陟，以再造王室。今即位四十日矣，未闻有大号令，但见刑部指挥云：'不得誊播赦文于河之东西，陕之蒲、解。'是褫天下忠义之气，而自绝其民也。臣虽弩怯，当躬冒矢石，为诸将先，得捐躯报国恩，足矣！"帝览其言而壮之。及开封尹阙，李纲言："绥复旧都，非泽不可。"乃以为东京留守、知开封府。

唐代宗时泽潞节度副使李抱真训练农民为兵，其步兵称雄边关的事例，召募百姓，编连为什伍，而寓兵于农，使他们合力抗敌，称之为巡社。它的方法是："五人为一甲，五甲为一队，五队为一部，五部为一社，甲、队、部、社，都有长；五社为一都，社有社正社副；二人都社有都、副总首。甲长以上免除本人徭役；能结集起五百人以上的人，分别授以级别不等的官职。"议论此事的人认为张悫提出的方法精当而且详密，这是以前谈民兵的人都不如的。下诏把这一方法写成文书颁布，把巡社隶属于安抚司。

【纲】吕好问被罢去尚书右丞，调任宣州（治所宣城县，即今安徽宣城县）知州。　【目】侍御史王宾弹劾："吕好问曾经接受伪命有污点，不可以在新朝中任职"。高宗说："张邦昌僭位称帝之时，吕好问募人送帛书报告京城内外发生的事；金兵刚退走，又派遣人劝进。考察他的心迹，与其他人不同。"吕好问自感惭愧，力求辞官，并且说："张邦昌僭位称帝之时，臣如果关起门来洁身自好，其实并不是难事，只因为世代蒙受国恩，所以受到贤者的督责，冒险冲破重围送书给陛下。"奏疏上呈以后，任命他为资政殿学士，宣州知州，以恩封为东莱郡侯（东莱郡即莱州，治所掖县，即今山东掖县）。

【纲】任命宗泽为东京留守。宗泽多次上书请求高宗返回京城，没有给予回答。　【目】宗泽在襄阳，听到黄潜善又提出议和，上疏说："自从金国人第二次入侵，朝廷没有命一员将领，一支军队出战，听到的只有奸邪之臣早上进一句请求和议的话，晚上献一句与金国结盟的话，最后造成二圣（徽、钦二帝）北迁，宗庙社稷蒙受耻辱。臣料想陛下对此会赫然震怒，正确地贬黜和提拔人材，以再造王室。现在陛下即位已经四十天了，没听到发布过重要的号令，只见到刑部指示说：'不准把大赦令誊抄传播于黄河东西地区和陕西的蒲州（即蒲州河中府）、解州（治所解县，在今山西运城县西南）。'这是剥夺天下忠义之士的勇气，而自己抛弃了百姓。臣虽然才低怯懦，也当亲冒矢石，为诸将作表率，得以捐躯报答国恩，就满足了。"高宗看了他的奏疏很赞赏他的豪壮。等到开封府尹一职空缺时，李纲说："按抚恢复旧都，非宗泽不可。"于是任命宗泽为东京留守、开封府知府。

时敌骑留屯河上，金鼓之声日夕相闻，而京城楼橹尽废，兵民杂居，盗贼纵横，人情汹汹。泽威望素著，既至，首捕诛舍贼者数人，下令曰："为盗者，赃无轻重悉从军法。"由是盗贼屏息。因抚循军民，修治楼橹，屡出师以挫敌，上疏请帝还京师。时真定、怀、卫间敌兵甚盛，方密修战具，为入攻之计，泽以为忧。乃渡河约诸将，共议事宜，以图收复，而于京城四壁，各置使以领招集之兵，造战车千二百乘。又据形势立坚壁二十四所于城外，沿河鳞次为连珠砦，连结河东、河北山水砦忠义民兵，于是陕西、京东、西诸路人马咸愿听泽节制。泽又开五丈河以通西北商旅。守御之具既备，累表请帝还京，而帝用黄潜善计，决意幸东南，不报。

秉义郎岳飞犯法将刑，泽一见奇之，曰："将材也！"会金人攻汜水，以五百骑授飞，使立功赎罪。飞大败金人而还，升飞为统制而谓之曰："尔智勇材艺，古良将不能过，然好野战，非万全计。"因授飞阵图。飞曰："阵而后战，兵法之常，运用之妙，在乎一心。"泽是其言，飞由此知名。

【纲】金斡离不卒。

【纲】诏诸路募兵买马，劝民出财。 【目】李纲言："熙、丰间，内外禁旅五十九万。今禁旅单弱，何以捍强敌而镇四方！莫若取财于东南，募师于西北，若得数十万，付诸将以时练之，不久皆成精兵，此最为急务。"于是诏陕西、河北、京东、西路募兵十万，更番入卫；河北西路括买官民马，劝民出财助国。纲又言："步不足以胜骑，骑不足以胜车。请以战车之制，颁于京东、西路，使制造而教习

当时敌人的骑兵留驻在黄河岸边，军中金鼓之声日夜都能听见，而京城上的瞭望楼都已倒塌了，士兵和百姓杂居一起，盗贼横行，人心惶恐不安。宗泽一向很有威望，到任以后，首先逮捕留宿盗的几个人加以处死，下令说："凡是盗贼，赃物无论多少，全都按照军法处治。"从此盗贼息迹。他接着抚慰军民，修理城墙上的瞭望楼，多次出兵挫败了金兵，上疏请求高宗回京城。当时真定、怀州、卫州之间敌兵的势力很强大，正在秘密修理制造作战用的器械，为入侵作准备，宗泽为此很担忧。于是渡过黄河去约请诸将，共同商议对策，以图收复失地，而在京城四面，分别设官以统领召集来的兵马，还制造了一千二百辆战车。又根据地形，在城外立了二十四处坚固的营垒，沿着黄河建立了紧密相连的连珠砦，联络河东、河北地区山砦、水砦的忠义民兵，于是陕西路、京东路、京西路各路人马都愿听从宗泽的节制。宗泽又疏浚了五丈河（在今河南开封市北），以打通与西北地区的商旅往来。防守御敌的器械用具准备齐全以后，宗泽多次上表请求高宗回京，而高宗采用了黄潜善的计策，决意要迁往东南地区，对宗泽的奏请不作答覆。

　　秉义郎岳飞犯法将要被处刑，宗泽一看到他认为他有出众之处，说："是个将才啊！"正遇金兵攻打汜水（在今河南荥阳县西北），宗泽交给岳飞五百名骑兵，让他立功赎罪。岳飞大败金兵而回，于是提升岳飞为统制而对他说："你的智勇和才干武艺，古代的良将也不能超过你，可是你喜好不按常法作战，这不是万全之计。"因此把兵阵图授予岳飞。岳飞说："布阵以后再交战，是兵法上的常规，运用之妙，在于一心。"宗泽赞同他说的话，岳飞从此出了名。

　　【纲】金国斡离不死。

　　【纲】下诏令各路募兵买马，劝百姓献出钱财。　【目】李纲说："熙宁、元丰年间，京城内外禁军有五十九万。现在禁军兵力单弱，怎么能抗御强敌而威镇四方呢！不如在东南地区收集财物，在西北地区招募军队，如果得到几十万人，交给各位将领时时加以操练，不久就都会成为精兵，这是当前最急于要做的事情。"于是下诏令陕西路、河北路、京东路、京西路募兵十万人，轮番入京戍卫；河北西路搜集购买官府和百姓的马匹，劝百姓献出钱财帮助国家。李纲又说："步兵不足以战胜

之。"

【纲】以张所为河北招抚使。　【目】所招来豪杰,擢王彦为都统制。时岳飞上书言:"勤王之师日集,宜乘敌怠而击之。黄潜善、汪伯彦辈不能承圣意恢复,奉车驾日益南,恐不足系中原之望。愿陛下乘敌穴未固,亲率六军北渡,则将士作气,中原可复。"坐越职言事夺官。归诣所,所以飞为中军统领,问之曰:"尔能敌几何?"飞曰:"勇不足恃,用兵在先定谋。栾枝曳柴以败荆,莫敖采樵以致绞,皆谋定也。"所矍然曰:"君殆非行伍中人。"飞因说所曰:"国家都汴,恃河北以为固,苟凭据要冲,峙列重镇,一城受围,则诸城或挠或救,金人不能窥河南,而京师根本之地固矣。招抚诚能提兵压境,飞唯命是从。"所大喜,借补飞武经郎。

【纲】秋七月,以王璪为河东经制使,傅亮副之。
【纲】以许翰为尚书右丞。
【纲】右谏议大夫宋齐愈以罪弃市。　【目】齐愈附黄潜善、汪伯彦,上疏论李纲募兵、买马、括财三事之非,不报。章拟再上,其乡人嗛齐愈者,窃其草示纲。时方论僭逆附伪之非,而齐愈实书邦昌姓名以示众者,于是逮齐愈于狱。齐愈引伏,遂命戮于东市。

【纲】以范致虚知邓州。　【目】李纲尝言:"车驾巡幸之所,关中为上,襄阳次之,建康为下。陛下纵未能行上策,犹当且适襄、邓,示不忘故都,以系天下之心。不然,中原非复我有,车驾还阙无期矣。"帝乃谕两京以还都之意,读者感泣。

骑兵,骑兵不足以战胜战车。请求把战车的制作样式和作战方法,在京东路、京西路颁行,让他们据此制造战车,教练军队使用它。"

【纲】任命张所为河北招抚使。 【目】张所招揽豪杰,提拔王彦为都统制。当时岳飞上书说:"勤王的军队日益会集,应当乘敌人松懈时进攻他们。黄潜善、汪伯彦这类人不能禀承陛下恢复王业的心愿,拥奉着皇帝日益向南,这恐怕难以维系中原百姓对朝廷的希望。希望陛下乘着金兵巢穴还没有牢固,亲自率领六军北渡黄河,这样将士就会振足士气,中原可以收复。"岳飞以越职议事的罪名被削夺了官职。岳飞回去见张所,张所任命岳飞为中军统制,问他说:"你能打得过多少敌兵?"岳飞说:"勇不足依赖,用兵打仗首先在于定谋。晋国将领栾枝用车子拖着柴草扬起尘土,伪装逃跑,而打败了楚国的追兵;楚国将领莫敖屈瑕不惊扰樵夫使绞国轻敌,以取绞国,这都是靠定谋而取得胜利的。"张所惊讶地看着岳飞说:"您恐怕不应该是在军队里作战的士兵!"岳飞因此对张所说:"国家建都汴京,依仗河北得以稳固,如果在河北占据一个要冲之地,周围设立起重镇,一城被围,其余各城或者阻挠金兵,或者前往援救,使金兵不能窥视河南,而京城作为根本之地就稳固了。招抚(指张所)如果确实能率领兵马进兵压境,我岳飞唯命是从。"张所大喜,给岳飞以武经郎的虚衔。

【纲】秋七月,任命王璪为河东经制使,傅亮为副使。

【纲】任命许翰为尚书右丞。

【纲】右谏议大夫因罪在东市处斩。 【目】宋齐愈依附黄潜善、汪伯彦,上疏弹劾李纲募兵、买马、从百姓那里括取财物三件事做法不对,高宗不予答覆。宋齐愈打算再次上疏,他的同乡有一个恨他的人,偷了他的奏疏草稿拿给李纲看。当时正在议论僭逆和依附伪命是犯罪,而宋齐愈就是写了张邦昌的姓名让众人看的那个人,于是逮捕宋齐愈关入监狱。宋齐愈伏罪,就把他在东市斩首。

【纲】任命范致虚为邓州(治所穰县,即今河南邓州市)知州。 【目】李纲曾经说:"皇上巡幸的地方,到关中为上策,襄阳其次,建康是下策。陛下即使不采用上策,还应当去襄阳、邓州,以示不忘故都之意,以维系天下人之心。不然的话,中原就不再为我所有,陛下返回宫阙

既而有诏欲幸东南避敌，纲极言其不可，且曰："自古中兴之主，起于西北，则足以据中原而有东南；起于东南，则不能复中原而有西北。盖天下精兵健马，皆在西北，若委中原而弃之，岂惟金人将乘间以扰内地，盗贼亦将蜂起为乱，跨州连邑，陛下虽欲还阙，不可得矣，况欲治兵胜敌，以归二圣哉！夫南阳光武之所兴，有高山峻岭可以控扼，有宽城平野可以屯兵，西邻关、陕可以召将士，东达江、淮，可以运谷粟，南通荆、湖、巴、蜀可以取财货，北距三都，可以遣救援。暂议驻跸，乃还汴都，策无出于此者。今乘舟顺流而适东南，固甚安便，第恐一失中原则东南不能必其无事，虽欲退保一隅不可得也！况尝降诏许留中原，人心悦服，奈何诏墨未干，遽失大信。"帝乃许幸南阳，以范致虚知邓州，修城池，缮宫室，输钱谷以实之。而汪伯彦、黄潜善阴主扬州之议，或谓纲曰："外论汹汹，咸谓东幸已决。"纲曰："国之存亡于是焉分，吾当以去就争之。"

【纲】元祐太后如扬州。　【目】帝从汪伯彦、黄潜善言，将幸扬州以避敌。诏副都指挥使郭仲荀奉太后先行，六官及卫士家属皆从，遣使诣汴京迎奉太庙神主赴行在。

【纲】阁门宣赞舍人曹勋以上皇手书至自金。　【目】上皇在燕山，谓阁门宣赞舍人曹勋曰："我梦四日并出，此中原争立之象，不知中原之民尚肯推戴康王否？"因出御衣绢半臂，亲书其领中曰："便可即真，来救父母。"又谕勋曰："如见康王，第言有清中原之策，

的日子也遥遥无期了。"高宗就告知两京（指东京开封，西京洛阳）准备返回京城的打算，看到文告的人都感动得流泪。

接着又有诏书说高宗准备出行到东南地区躲避敌人，李纲竭力陈述不能这样做，而且说："自古以来的中兴君主，如果是兴起于西北，就足以占据中原而拥有东南；兴起于东南，则不能恢复中原而拥有西北。这是因为天下精兵健马都集中在西北，如果委弃中原之地，不仅金国人将乘机侵扰内地，盗贼也将要蜂起作乱，跨州连郡，到处混乱，那时陛下虽然想返回宫阙，也不可能了，何况还想整顿兵马战胜敌人，迎回二圣呢！南阳（即邓州，即今河南南阳市）是汉光武帝中兴之地，有高山峻岭可以控制扼守，有宽阔的城池、平坦的原野，可以驻扎军队，西边邻接关中、陕西地区，可以召集到将士，东边抵达长江、淮河，可以转运粮草，南边和荆、湖、巴、蜀地区相通，可以获得财货，北边和三都（指东京、西京和南京）相邻，可以派兵救援。建议陛下暂时驻跸南阳，然后返回汴京，没有比这个更好的计策了。现在乘船顺流而下，前往东南，固然很安全方便，只怕一旦失去中原，东南也不能确保一定没事，虽然想退保一隅之地，也不能得到了！况且曾经颁布诏书，同意留在中原，人心悦服，怎么诏书上墨迹未干，就突然大大地失信呢！"高宗于是答应出行到南阳，任命范致虚为邓州知州，修缮城池和宫室，运送钱和粮以充实邓州。而汪伯彦、黄潜善暗地里支持把京城迁往扬州（治所江都县，即今江苏扬州市）的主张。有人对李纲说："外面议论纷纷，都说皇上东行的计划已经决定了。"李纲说："国家的存亡，在这件事上是个分界，我应当以去职或留任来力争这件事。"

【纲】元祐太后前往扬州。　【目】高宗听从了汪伯彦、黄潜善的话，将备出行到扬州以避敌。下诏命副都指挥使郭仲荀侍奉太后先行，六部官员和卫士家属都跟随同行，派遣使者前往汴京奏迎太庙中列祖列宗的神位到高宗所在的应天府。

【纲】阁门宣赞舍人曹勋带着太上皇的亲笔书信从金国回来。【目】太上皇在燕山府（辽国旧都，在今北京市西南）时，对阁门宣赞舍人曹勋说："我梦见四个太阳同时出现，这是中原有人争立为帝的征兆，不知道中原的百姓们还肯拥戴康王吗？"说着就从所穿的御衣上扯下

悉举行之，毋以我为念。"康王夫人邢氏，闻勋南还，亦脱所御金环，使内侍持付勋曰："幸为我白大王，愿如此环，得早相见也。"勋遂间行至南京，以御衣进。帝泣以示辅臣。勋因建议募死士入海，至金东境，奉上皇由海道归。执政难之，出勋于外。

【纲】八月，以李纲、黄潜善为尚书左、右仆射兼门下、中书侍郎。 【目】纲尝侍帝，论及靖康时事，帝曰："渊圣勤于政事，省览章奏，至终夜不寐。然卒至播迁，何也？"纲对曰："人主之职在知人。进君子，退小人，则大功可成；否则衡石程书无益也。"因勉帝以明恕尽人言，恭俭足国用，英果断大事。帝嘉纳之。纲所论谏，其言切直，帝初无不容纳，至是惑于黄潜善、汪伯彦之言，常留中不报。

【纲】更号元祐太后曰隆祐太后。

【纲】召河东经制副使傅亮还行在。罢李纲提举洞霄宫。【目】傅亮军行十余日，黄潜善等以为逗遛，令东京留守宗泽节制亮军，即日渡河。亮言措置未就而渡河，恐误国事。李纲为之请，潜善等不以为然。纲言："招抚、经制二司，臣所建明，而张所、傅亮，又臣所荐用。今黄潜善、汪伯彦沮所、亮，所以沮臣。臣每鉴靖康大臣不和之失，事未尝不与潜善、伯彦议而后行，而二人设心如此，愿陛下虚心观之。"既而召亮赴行在，纲言："圣意必欲罢亮，乞付黄潜善施行，臣得乞身归田里。"纲退而亮竟罢。纲乃再疏求去，帝曰："卿所争细事，胡乃尔？"纲曰："方今人材，将帅为急，恐非小事。臣昨议迁幸，与潜善、伯彦异，宜为所嫉。然臣东南人，岂不愿陛下

一大块绢，亲笔在衣领上写道："可以即位为帝，来救你的父母。"又吩咐曹勋说："如果见到康王，只说：如果有肃清中原的计策，都可以实行，不要顾虑到我而不进行。"康王的夫人邢氏听说曹勋要南返，也摘下所佩戴的金环，让内侍交给曹勋说："请为我禀告大王，希望像这个金环一样，能够早些相见。"曹勋于是从小路返回南京，把太上皇的御衣上呈。高宗哭泣着让辅佐大臣们看。曹勋就建议招募敢死之士走海路，到金国东部境内，接太上皇从海路回来。执政大臣们感到这样做很难，把曹勋调到外地。

【纲】八月，任命李纲、黄潜善为尚书左、右仆射兼门下、中书侍郎。 【目】李纲曾经在陪从高宗身旁时，谈论起靖康年间的事，高宗说："渊圣皇帝（指钦宗）勤于政事，批阅奏章，至彻夜不眠；然而终至流离迁徙，这是为什么呢？"李纲回答说："君主的职责在于知人。进用君子，斥退小人，则大功可以告成；否则，即使每日批阅奏章的数量以石（一百二十斤为一石）来计算，也没有益处。"因此劝勉高宗以开明宽恕来听取人们的意见，恭俭节约以充实国家财用，英明果敢地决断大事。高宗认为很好，采纳了他的建议。李纲的议论谏诤，言语切直，高宗最初没有不采纳的；到这时受到黄潜善、汪伯彦所说的话的迷惑，对李纲的奏议常常留在宫中不予答覆。

【纲】更改元祐太后的名号为隆祐太后。

【纲】召河东经制副使傅亮返回皇帝所在的应天府。免去李纲的相职，任为提举洞霄宫。 【目】傅亮率领军队行进了十余天，黄潜善等人认为他畏敌而逗留不前，令东京留守宗泽节制傅亮的军队，督促他当天就渡过黄河。傅亮说："准备工作没有完成就渡黄河，恐怕会贻误国家大事。"李纲为他奏请，黄潜善等人不以为然。李纲说："招抚司、经制司二司，是臣所建议设置的，而张所、傅亮，又是臣推荐任用的。现在黄潜善、汪伯彦阻挠张所、傅亮，是以此来阻挠臣。臣常常以靖康年间大臣不和的缺失作为戒鉴，有事从来是和黄潜善、汪伯彦商议而后施行的，可是这二人居心却如此！希望陛下静心加以观察。"不久召傅亮回皇上所在地应天府。李纲说："圣上的意思一定想罢免傅亮，请求交付黄潜善去执行，臣得以请求回归乡里。"李纲退下以后傅亮终于被

东下为安便哉！顾一去中原，后患有不可胜言者！愿陛下以宗社为心，以生灵为意，以二圣未还为念，勿以臣去而改其议。臣虽去左右，不敢一日忘陛下。"泣辞而退。或曰："公决于进退，于义得矣，如逸者何？"纲曰："吾知尽事君之道，不可则全进退之节，患祸非所恤也！"会侍御史张浚劾纲以私意杀宋齐愈，且论其买马、招军之罪。潜善、伯彦等复力排纲，请帝去之，遂罢纲为观文殿大学士；浚论纲不已，乃落职，止提举洞霄宫。凡在相位七十七日，纲罢，而招抚、经制司废，车驾遂东幸，两河郡县相继沦陷。凡纲所规画军民之政，一切废罢。金兵益炽，关辅残毁，而中原盗贼蜂起矣。

【纲】杀太学生陈东、布衣欧阳澈。【目】东自丹阳召至，未得对，会李纲罢，乃上书乞留纲而罢黄潜善、汪伯彦，不报。又上疏请帝亲征以还二圣，治诸将不进兵之罪以作士气，车驾宜还京师勿幸金陵；又不报。

会抚州布衣欧阳澈徒步诣行在，伏阙上书，极诋用事大臣。潜善遽以语激怒帝，言"若不亟诛，将得鼓众伏阙。"书独下潜善所，府尹孟庾召东议事。东请食而行，手书区处家事，字书如平时，已，乃授其从者曰："我死，尔归，致此于吾亲。"食已，如厕，吏有难色，东笑曰："我陈东也，畏死即不敢言，已言肯逃死乎！"吏曰："吾亦知公，安敢相迫！"顷之，东具冠带出，别同邸，乃与澈同斩于市。

罢免了。李纲就再次上疏请求辞官离去，高宗说："你所争执的是小事，何必这样呢！"李纲说："当前所需要的人才，将帅最为迫切，恐怕这不是小事。臣前些天议论陛下迁移出行的事，和黄潜善、汪伯彦的看法不同，当然会受到他们的嫉恨。臣是东南地区的人，难道不愿意陛下到东南地区去更为安全方便吗！不过一旦离开中原，会有说不尽的后患！希望陛下把宗庙社稷放在心里，为百姓着想，以二圣没有返回为念，不要因为臣离去而改变计划。臣虽然不在陛下的左右，但不敢有一天忘记陛下。"哭泣着告辞而退。有人对李纲说："您对于进退很果决，可以说是做得有理，如果有进谗言的人怎么办呢？"李纲说："我只知道彻底做到事君之道，如果做不到，就保全进退上的名节，祸患不是我所顾虑的！"正遇侍御史张浚弹劾李纲出于私心处死宋齐愈，而且论及他买马、募军的罪，黄潜善、汪伯彦等人又竭力排挤李纲，请求高宗斥逐他，于是免去李纲的相职，任为观文殿大学士；张浚对李纲弹劾不已，于是又撤去观文殿大学士之职，只任他为提举洞霄宫。李纲在宰相位上七十七天。李纲罢免以后，招抚司、经制司也被撤销，皇帝就东行了，两河（指河北、河东）地区的州县相继沦陷。凡是李纲所规划的军政民政措施，全部被废除了。金兵更加猖獗，关中地区荒废残破，而中原地区盗贼蜂拥而起。

【纲】杀太学生陈东和平民欧阳澈。　【目】陈东从丹阳（今江苏丹阳市）被召到应天府，还没来得及被高宗接见垂询，正赶上李纲被罢免，他就上书请求留李纲而罢免黄潜善、汪伯彦，没有得到回答。他又上疏请求高宗亲征以求迎回二圣，治诸将不进兵之罪以振作士气，皇上应该返回京城，不要出行到金陵；又没有给予回答。

正好抚州（治所临川县，即今江西抚州市）的平民欧阳澈徒步来到皇帝的所在地应天府，跪拜在宫门外上书，竭力诋毁掌权的大臣。黄潜善急忙用话激怒高宗，说："如果不尽早加以处死，他还会鼓动众人在宫门外跪拜请愿。"陈东的奏书只发下交到黄潜善那里，应天府尹孟庾召见陈东议事。陈东请求吃过饭以后再去，写了一封关于料理家事的亲笔信，字写得和平时一样，写完以后，就把信交给他的随从说："我死之后，你回去，把这封信交给我的亲人。"吃完饭以后，要去厕所。小吏

四明李猷赎尸瘗之。东初未识纲，特以国故，为之死，识与不识皆为流涕。

【纲】许翰罢。 【目】李纲罢，翰言："纲忠义英发，舍之无以佐中兴。今罢纲，臣留无益。"力求去，帝不许。及陈东见杀，翰谓所亲曰："吾与东皆争李纲者，东戮于市，吾在朝堂可乎？"乃为东、澈著哀辞，而八上章求罢，遂以资政殿大学士提举洞霄宫。

【纲】封子勇为魏国公。
【纲】安置河北招抚使张所于岭南。
【纲】都统制王彦等渡河，败金人于新乡，进次太行。金人围之，彦兵溃，走保共城。 【目】彦率岳飞等十一将，部七千人渡江。至新乡，金兵盛，彦不敢进，飞独引所部鏖战，夺其纛而舞，诸军争奋，遂复新乡。明日，战于侯兆川，飞身被十余创，士皆死战，又败之。会食尽，诣彦壁乞粮，彦不许。飞乃引兵益北，与金人战于太行山，擒其将拓跋耶乌。居数日，又与敌遇，飞单骑持丈八铁枪，刺杀其将黑风大王，金人败走。飞知彦不悦己，遂率所部复归宗泽，泽复以为统制。

彦以屡胜，因传檄州郡。金人以为大军至，率骑数万薄彦垒，围之数匝。彦以众寡不敌，溃围出走，诸将败去。彦独保共城西山，遣腹心结两河豪杰图再举。金人购求彦急，彦虑变，夜寝屡迁。其部曲觉之，相率刺面作"赤心报国，誓杀金贼"八字，以示无他意。

面有难色，陈东笑着说："我是陈东，害怕死就不敢上书了，已经说了，还会逃避死吗！"小吏说："我也知道您的为人，怎么敢逼您呢！"过了一会儿，陈东冠戴齐整地走出来，与太学里同住一舍的人告别，就和欧阳澈一起被在东市上处斩。四明（四明，山名，此指明州，即今浙江宁波市）人李猷把尸体赎回埋葬了。陈东其实并不认识李纲，只是因为国家的原故，为他而死，认识与不认识陈东的人，都为他的死而伤心落泪。

【纲】许翰被罢免。　　【目】李纲被罢免后，许翰说："李纲忠义英发，除了他没有人可以辅佐中兴。现在罢免了李纲，臣留下来无益。"因此力求辞官离去，高宗不允许。及陈东被杀，许翰对亲近的人说："我和陈东都是替李纲力争的人，陈东在东市被杀，我还在朝廷任职，可以这样吗！"就为陈东、欧阳澈撰写了悼词而入朝，上呈奏章请求罢去自己尚书右丞的官职，于是任命他以资政殿大学士的官衔提举洞霄宫。

【纲】封皇子赵旉为魏国公。

【纲】把河北招抚使张所安置到岭南（指今广东）。

【纲】都统制王彦等人率领军队渡过黄河，在新乡（今河南新乡市）打败金兵，进军到太行山。金兵包围了他们，王彦的士兵溃败，退保共城（县名，即今河南辉县）。　　【目】王彦率领岳飞等十一员将领、士兵七千人渡过黄河，到达新乡。金兵势力强盛，王彦不敢前进。岳飞单独带领部下和金兵鏖战，夺取了金兵的大旗挥舞起来，各路军队奋勇争先，于是收复了新乡。第二天，在侯兆川（在今河南辉县西北）与金兵交战，岳飞身上受了十余处创伤，士兵都拼死奋战，又打败了金兵。正在这时，粮食吃光了，岳飞前往王彦的军营去请求拨给粮草，王彦不答应。岳飞就领兵向北，和金兵在太行山交战，活捉了金国将领拓跋耶乌。过了几天，又和敌兵遭遇。岳飞一个人骑着马，手执丈八铁枪，刺杀金国将领黑风大王，金兵败逃。岳飞知道王彦不喜欢自己，就率领所属部下重新回到宗泽那里，宗泽又任命他为统制。

王彦因为多次取得胜利，因而传檄各州征兵。金兵以为宋大军到了，率领数万骑兵逼近王彦的军营，包围了几层。王彦因为寡不敌众，突围逃出。诸将领也败走了。王彦独自退保共城的西山，派遣心腹去联络两河地区的豪杰以图再举。金国人悬赏捉拿王彦很急，王彦怕发生

彦益感励，抚爱士卒，与同甘苦。未几，两河响应，忠义民兵首领傅选、孟德、刘泽、焦文通等皆附之，众十余万，绵亘数百里，皆受彦约束。金人患之，召其首领，俾以大兵破彦垒。首领跪而泣曰："王都统砦坚如铁石，未易图也。"金人乃间遣骑兵挠彦粮道，彦勒兵待之，斩获甚众。

【纲】张邦昌伏诛。

【纲】金尽陷河北州郡。

【纲】冬十一月，帝如扬州。【目】先是黄潜善、汪伯彦力主幸东南，许景衡亦言："建康天险可据。"帝从之，诏淮、浙沿海诸州，增修城壁，招训民兵，以备海道。又命扬州守臣吕颐浩缮修城池。至是，谍者言金人欲犯江、浙，诏暂驻淮甸，捍御稍定，即还京阙。宗泽上疏谏曰："京师，天下腹心，不可弃也。昔景德间契丹寇澶渊，王钦若江南人，劝幸金陵；陈尧叟阆中人，劝幸成都；惟寇准毅然请亲征，卒用成功。"因条上五事，其一言黄潜善、汪伯彦赞南幸之非。泽前后建议，辄为汪、黄所抑，二人每见泽奏至，皆笑以为狂。于是帝决意幸扬州。十月朔，帝登舟。

时两河虽多陷于金，而其民怀朝廷恩，所在结为红巾，出攻城邑，皆用建炎年号，金人稍稍引去，及闻帝南幸，无不解体。泽复上疏言："欲遣间勃、王彦各统大军尽平贼垒，望陛下早还京阙。臣之此举，可保万全。或奸谋蔽欺，未即还阙，愿陛下从臣措画，勿使奸臣沮抑，以误社稷大计！陈师鞠旅，尽扫胡尘，然后奉迎銮舆还京，

变故，每天晚上睡觉屡屡改换地方。他的部下发觉了，就都在脸上刺了"赤心报国，誓杀金贼"八个字，以示没有二心。王彦更加感动激励，抚爱士兵，和他们同甘共苦。不久，两河地区的豪杰响应王彦的号召，忠义民兵的首领傅选、孟德、刘泽、焦文通等人都归附了他，兵众达到十余万人，连绵数百里的地区，都接受王彦的节制。金国人很担心，召来这些首领，让他们率领大兵攻破王彦的军营。首领们跪在地上哭泣着说："王都统的营寨，坚固得如同铁石，不容易谋取。"金国人就不时地派遣骑兵截击骚扰王彦军队的粮道。王彦部署军队等待金兵前来，俘杀了很多金兵。

【纲】张邦昌被处死。

【纲】金兵攻陷了河北的所有州郡。

【纲】冬十月，高宗前往扬州。【目】先前，黄潜善、汪伯彦竭力主张高宗出行到东南，许景衡也说："建康有天险可以据守。"高宗听从了他们的建议，下诏令淮、浙沿海的各个州，增修城垒，招募训练民兵，用以防备金兵从海道进攻，又命扬州守臣吕颐浩修缮城池，到这时谍报人员报告说金兵准备进犯江南、浙江，下诏车驾暂时驻跸淮甸（即扬州），等待防守的措施稍稍安排定当以后，就返回京城。宗泽上疏进谏说："京城是天下的腹心重地，不可放弃。过去真宗景德年间，契丹（指辽国）进犯澶渊，王钦若，是江南人，就劝真宗皇帝出行到金陵；陈尧叟，是阆中（县名，在今四川阆中市东）人，就劝真宗皇帝出行到成都；只有寇准毅然请求真宗皇帝亲征，最后采用他的计策取得了成功。"就列举出五条建议上奏，其中一条说明黄潜善、汪伯彦向南出行的主张是错误的。宗泽前后多次提出建议，一提就被汪伯彦、黄潜善所阻抑，这二人一见到宗泽的奏疏来到，就都嘲笑宗泽为狂。于是高宗决意出行到扬州。十月初一日，高宗上船出发。

当时两河地区虽然大部分陷于金国，可是那里的百姓怀念朝廷的恩泽，到处都有人用红巾包头作为标记，攻打城镇，仍然都使用建炎的年号，金国人稍稍退走。等到听说了高宗南行的消息以后，两河民兵无不瓦解。宗泽又上疏说："准备派遣间勋、王彦各统大军，扫平贼兵的全部营垒。希望陛下早日返还京城，臣这次发兵，可保万全。倘或有奸

以塞奸臣之口，以快天下之心。"帝优诏答之。

【纲】十一月，窜李纲于鄂州。【目】寻责授单州团练使，安置于万安军。

【纲】遣朝奉郎王伦使金。【目】伦，旦之族孙也，家贫无行，为任侠，往来京、洛间，数犯法，幸免。至是，选能专对者使金问二帝起居，乃假伦刑部侍郎，充大金通问使，阁门舍人朱弁副之。至云中，见粘没喝议事。时金方大举南下，伦邀说百端，粘没喝不听。

先是渊圣自云中徙燕山，始与太上皇相见，居于愍忠寺。至是，并迁于霤郡。霤，古溪国也，在燕山北千里。

【纲】以张悫为中书侍郎，颜岐、许景衡为尚书左、右丞，郭三益同知枢密院事。

【纲】十二月，金人分道入寇，遂陷西京；留守孙昭远走死，河东经制使王瓚引兵遁蜀。

邪之人用计谋蒙蔽欺瞒，使陛下不能马上返回京城，希望陛下听从臣的安排筹划，不要让奸臣阻挠破坏，以贻误社稷大计！臣将誓师发兵，尽扫胡尘，然后奉迎陛下还京，以堵塞奸臣之口，以快天下人之心！"高宗答以诏书，表示嘉奖。

【纲】十一月，把李纲流放到鄂州（治所江夏县，即今湖北武汉市江夏区）。 【目】不久又把李纲降职为单州（单州治所单父县，在今山东单县南）团练副使，安置于万安军（今海南省万宁市）。

【纲】派遣朝奉郎王伦出使金国。 【目】王伦是王旦的族孙，家境贫寒而行为恶劣，好为任侠之事，往来京师、洛阳之间，多次犯法，都侥幸获免。到这时选拔有对答口才的人出使金国去问候二帝（指徽、钦二宗）的起居，于是任命王伦为暂时代理的刑部侍郎，充任大金通问使，任命阁门舍人朱弁为副使。到达云中以后，见到了粘没喝，和他商议去见二帝。当时金国正大举南下，王伦百般游说，粘没喝听不进去。

原先，渊圣皇帝（钦宗）从云中被迁徙到燕山府，才和太上皇相见，被安置居住在愍忠寺内。到这时被一起迁到鄫郡（在今辽宁的西辽河以北，内蒙古通辽市）。鄫郡，是古代奚国的旧地，在燕国府以北一千里。

【纲】任命张悫为中书侍郎，颜岐、许景衡为尚书左、右丞，郭三益为同知枢密院事。

【纲】十二月，金兵分路入侵，攻陷了西京洛阳。西京留守孙昭远逃走时被杀死，河东经制使王璒带兵逃往蜀郡。

纲鉴易知录卷七八

南宋纪

高宗皇帝

【纲】戊申,高宗皇帝建炎二年,春正月,金人陷邓州,范致虚出奔,安抚使刘汲死之,京西州郡皆陷。

【纲】金将兀术犯东京,宗泽败之。 【目】金兀术自郑抵白沙,去汴京密迩,都人震恐。僚属入问计,宗泽乃对客围棋,笑曰:"何事张皇!刘衍等在外,必能御敌。"乃选精锐数千,使绕出敌后,伏其归路。金人方与衍战,伏兵起,前后夹击之,金人果败。

粘没喝据西京,与泽相持。泽遣部将阎中立、郭俊民、李景良等帅兵趋郑,遇敌大战,兵败,中立死之,俊民降,景良遁去。泽捕景良,斩之。既而俊民与金将史姓者持书来招泽,泽皆斩之。刘衍还,金人复入滑,泽部将张㧑往救之。㧑至滑,众寡不敌,或请少避之,㧑曰:"避而偷生,何面目见宗公!"力战而死。泽闻㧑急,遣王宣往援,已不及,因与金人大战,破走之。泽以宣知滑州,金自是不复犯东京。

泽得金将辽臣王策于河上,解其缚,问金之虚实,得其详,遂决大举之计。召诸将谓曰:"汝等有忠义心,当协谋剿敌,期还二圣,以立大功。"言讫泣下,诸将皆听命。金人屡战不利,悉引去。宗泽复上疏请帝还京,曰:"臣为陛下保护京城,自去年秋至今春,又三月矣。陛下不早回,则天下之民何依戴?"不报。泽威声日著,敌闻其名,常尊惮之。对南人言,必曰"宗爷爷"。

高宗皇帝

【纲】高宗皇帝建炎二年（戊申，1128）春正月，金兵攻陷邓州（治穰县，今河南邓州市）。范致虚出逃，安抚使刘汲死，京西州郡都被金兵攻陷。

【纲】金将兀术侵犯东京开封，被宗泽击败。【目】金将兀术自郑州到达白沙（今河南中牟县白沙镇），逼近汴京，京都居民大为震惊。宗泽的僚属请示对策，宗泽正在与客人下围棋，笑道："什么事这样惊慌失措！刘衍等人在城外，必定能够抵御住敌人。"于是选派精锐士卒数千人绕道至敌后，埋伏在敌人的归路上。金人正与刘衍交战，伏兵跃起，前后夹击，金兵果然战败。

粘没喝占据西京洛阳，与宗泽相对峙。宗泽派部将阎中立、郭俊民、李景良等率领兵士赶往郑州，中途遇敌大战，结果战败，阎中立战死，郭俊民投降，李景良逃跑。宗泽逮捕李景良，把他斩首。随后郭俊民与一个姓史的金将持书信来招降宗泽，宗泽把他们一并斩首。刘衍既返汴京，金兵再度进入滑州（今河南滑县东北）。宗泽部将张㧑前去救援。张㧑到达滑州后，由于双方兵力众寡悬殊，有人劝他暂避一下敌人的锋芒，张㧑说："暂避而偷生，有何面目去见宗公！"奋力作战而死。宗泽得知张㧑那里情况紧急，派王宣往援，但已来不及了，王宣与金兵力战，击溃金兵，把他们逐出滑州。宗泽任命王宣为滑州知州。金兵从此不再进犯东京。

宗泽在河上俘获降金的辽臣王策，为之松绑，询问金国的内部虚实，了解到详细情况，于是决定了大举进兵的计划。他对诸将说："你们有忠义之心，应该同心共计剿灭敌寇，迎接徽钦二帝还朝，以立大功。"宗泽声泪俱下，诸将无不感动都愿听指挥。金兵屡战不利，只得全线撤退了。宗泽又上疏奏请皇帝返回京城，说："臣为陛下保护京城，自去年秋至今年春，又经过三个多月了，陛下如不早回京城那么天下百姓将奉戴谁呢！"但高宗没有答覆。宗泽声望日高，敌人对于宗泽这个名

【纲】金人破永兴军,经略使唐重死之。

【纲】窜内侍邵成章于南雄州。【目】时所在盗起,汪伯彦、黄潜善匿不以闻。成章上疏言二人必误国;帝怒,除名,编管南雄州。

【纲】以刘豫知济南府。【目】豫,景州人,为河北提刑。金人南侵,豫弃官避地真州。张悫荐之,起知济南。时盗起山东,豫不愿行,请易东南一郡。执政不许,豫忿而去。

【纲】二月,金人陷淮宁,知府向子韶死之。【目】金人昼夜攻城,子韶率军民固守,遣人诣宗泽乞援,未至,城陷。金人欲降之,子韶骂不屈,遂为所杀,阖门皆遇害。事闻,赐谥忠毅。淮宁初陷时,杨时闻之,曰:"子韶必死矣!"盖知其素守云。

【纲】金粘没喝焚西京而去。三月,翟进复之,诏以进为京西北路安抚使。

【纲】夏四月,金兀术复入西京,翟进击走之。

【纲】工部侍郎兼侍讲杨时罢。【目】帝初即位,除时工部侍郎,陛对,言"古圣贤之君,未有不以兴学为务",除兼侍讲。以老求去,遂提举洞霄宫。时在东郡,所交皆天下士,先达陈瓘、邹浩,皆以师礼事时。暨渡江,东南学者推时为程氏正宗。

【纲】以信王榛为河外兵马都元帅。五月,下诏还京师,不果。【目】时宗泽招抚群盗聚城下,又募兵储粮,召诸将约日渡河,诸将

字,是既敬又怕。金人与江南人谈话时,必称"宗爷爷"。

【纲】金兵攻破永兴军(治长安城,今陕西西安)。经略使唐重死难。

【纲】放逐内侍邵成章于南雄州(治保昌县,今广东南雄县)。
【目】当时各地盗贼蜂起,汪伯彦、黄潜善却隐瞒实情而不上报。邵成章上疏宋高宗,指出此二人必定误事害国,宋高宗反而生邵成章的气,把他从名籍削除,贬谪到南雄州,受当地政府管制。

【纲】委派刘豫为济南府(即齐州,治历城县,今山东济南)知府。【目】刘豫是阜城县人,官职为河北提刑。金人向南侵犯,刘豫放弃官职,到真州(治扬子县,今江苏仪征)避祸。经张悫推荐,被起用为济南知府。当时山东盗贼蜂起,刘豫不愿前往,请求更换东南地区的州郡,未得允许,刘豫气忿而去。

【纲】二月,金人攻陷淮宁(即陈州,治宛丘县,今河南淮阳),知府向子韶被杀。【目】金人昼夜攻城,向子韶率领军民坚决守城,并派人向宗泽求援,但援兵未到而城已陷落。金人打算叫他归降,向子韶大骂,不肯屈服,于是被金人所杀,全家都被杀害。朝廷得知后,赐谥为忠毅。当淮宁刚陷落时,杨时听说后曾说:"子韶必死!"因为他深知向子韶的向来操守。

【纲】金人粘没喝放火焚烧西京后离去。三月,翟进收复该城,朝廷乃下诏任命翟进为京西北路安抚使。

【纲】夏四月,金兀术再次进入西京,被翟进击退。

【纲】工部侍郎兼侍讲杨时免职。【目】宋高宗刚即位时,任命杨时为工部侍郎。他在回答皇帝问询时说:"古代圣明贤德的君王,没有不以振兴儒学为立国大事的。"于是又被任命兼侍讲之职。杨时以年老请求离职,于是解除本兼职务,改任提举洞霄宫(在今浙江余杭西南)。杨时在东郡所结交的都是天下名士,像年辈较高的贤达陈瓘、邹浩等人,都以尊敬师长的礼节对待他。过江后,东南学者推奉杨时为程氏学派正宗。

【纲】以信王赵榛为河外(即河南)兵马都元帅。五月,下诏返回京都,但没有成为事实。【目】当时宗泽招降群盗,将他们聚于城下,又

皆掩泣听命。泽乃上疏,大略言:"祖宗基业可惜,陛下父母兄弟蒙尘沙漠,日望救兵。西京陵寝为贼所占,今年寒食节未有祭享之地,而两河、二京、陕右、淮甸,百万生灵,陷于涂炭。乃欲南幸河外,盖奸邪之臣一为贼虏方便之计,二为奸邪亲属皆已津置在南故也。今京城已增固,兵械已足备,人气已勇锐,望陛下毋沮万民敌忾之气,而循东晋既覆之辙。"奏至,或言信王榛有渡河入汴之谋,帝乃降诏择日还京。

【纲】许景衡罢。 【目】时朝廷有大政事,景衡必请间极谏。黄潜善、汪伯彦以为异己,因共以渡江南幸之议为景衡罪,罢之。景衡行至瓜洲,得暍疾卒,谥忠简。景衡得程颐之学,志虑忠纯,议论不与时俯仰。既卒,帝思之曰:"朕自即位以来,执政忠直,遇事敢言,惟许景衡尔。"

【纲】定诗赋、经义试士法。 【目】元祐中科举以经义、诗赋兼取,绍圣以来罢试诗赋,至是命参酌元祐科举条制,定试士法。中书省请习诗赋,举人不兼经义,习经义人止习一经,解试、省试并计数各取,通定高下,殿试仍对策三道。故事,廷试上十名,内侍先以卷奏定高下。帝曰:"取士当务至公,岂容以己意升降!自今勿先进卷。"

【纲】以朱胜非为尚书右丞。以宇文虚中充金国祈请使。虚中降金。
【纲】诏御营统制韩世忠会宗泽以御金,王彦引兵屯滑州。【目】时得报虏分道渡河,诏世忠与泽率所部迎敌。泽闻王彦聚兵太行山,欲大举趋太原,泽即以彦为忠州防御使,制置河北军事。恐彦孤军不可独进,召彦计事。彦悉召诸寨指授方略,以俟会合,乃

招兵储粮，召集众将，约定日期渡过黄河，众将都掩面哭泣表示愿接受命令。宗泽又上疏皇帝，大略说："祖宗的根基大业应该珍惜，陛下的父母兄弟在北方荒漠蒙受苦难，日日盼望救兵；西京的先帝陵墓寝庙也被贼虏占据，今年寒食节都没有祭享之地。而且两河、二京、陕右、淮甸的百万人民陷于极端痛苦之中。可是如今圣驾打算南行，实际是奸邪之臣，一为贼虏的方便着想，二是他们的亲属都已经妥善安置在南方的缘故。当前京城的防御已经加固，武器已备足，士气高涨，希望陛下不要挫伤万民同仇敌忾的士气，而重蹈东晋的覆辙。"奏疏送到，又有人说信王赵榛有过河入汴的打算，高宗于是下令择日返京。

【纲】许景衡罢官。　【目】当时朝廷有国政大事，许景衡必定找众人不在的场合向皇帝力谏。黄潜善、汪伯彦认为他不附和自己，于是把渡江驾临南方的提议当作许景衡的罪状，罢免了他。许景衡到瓜洲（今江苏扬州南，长江北岸瓜洲镇），中暑而死，赐谥忠简。许景衡深得程颐之学，他的思想忠诚纯正，发表见解也不趋时附势。他死后，宋高宗很思念他，说："朕自即位以来，执行政事忠诚正直，遇事敢于直言不讳的，只有许景衡啊！"

【纲】制定以诗赋、经义考试取士之法。　【目】元祐年间，科举考试从经义和诗赋两方面录取，绍圣以来不试诗赋。此时皇帝又令参酌元祐年间科举考试条例，重定试士法。中书省建议只学习诗赋，投考的人不同时要求经义；学习经义的人也只学一部经书。省试与礼部试，习试赋和习经义的都按数各自录取，统一评定等级，殿试时仍旧对策三道。过去的办法：廷试的前十名，由内侍先将试卷呈请皇帝决定高下名次。宋高宗说："录取人才应当公平，怎能容许以个人意见随意升降！今后不要先把试卷进呈。"

【纲】任命朱胜非为尚书右丞。宇文虚中任全国祈请使。虚中投降了金国。

【纲】下诏令御营统制韩世忠会同宗泽抵御金兵，王彦带兵屯守滑州。　【目】当时得到报告，敌兵分道渡黄河，高宗下诏令韩世忠与宗泽率领所属部队迎敌。宗泽听说王彦屯兵于太行山（在今河南沁阳西北），准备大举进兵太原，就命王彦为忠州（即忠武军，治所在今河南

以万余人先发,金人以重兵蹑其后,而不敢击。既至汴,泽令宿兵近甸,以卫根本,彦遂屯滑州之沙店。泽上疏曰:"臣欲乘此暑月,遣彦等自滑州渡河,取怀、卫、浚、相等州,王再兴等自郑州直护西京陵寝,马扩等自大名取洺、相、真定,杨进、王善、丁进等各以所领兵分路并进。既渡河,则山寨忠义之民相应者不啻百万。愿陛下早还京师,臣当躬冒矢石,为诸将先。中兴之业,必可立致。"疏入,黄潜善等忌泽成功,从中沮之。

【纲】秋七月,东京留守宗泽卒,以杜充代之。【目】泽前后请帝还京,二十余奏,每为黄潜善、汪伯彦所抑。潜善、伯彦又疑泽为变,以郭仲荀为副留守以察之。泽忧愤成疾,疽发于背。诸将入问疾,泽矍然曰:"吾以二帝蒙尘,愤愤至此。汝等能歼敌,则我死无恨。"众皆流涕曰:"敢不尽力!"诸将出,泽叹曰:"出师未捷身先死,长使英雄泪满襟!'"无一语及家事,但连呼"过河"者三而卒,年七十。都人号恸。讣闻,赠观文殿学士,谥忠简。

泽子颖居戎幕,素得士心,都人请以颖继父任;时已命杜充代泽,不许。充酷而无谋,至汴,悉反泽所为,于是豪杰离心,降盗聚城下者复去剽掠矣。

【纲】八月,贬殿中侍御史马伸监濮州酒税,卒于道。【目】伸自湖南还,上疏言黄潜善、汪伯彦不法十七事,乞速罢二人政柄,

淮阳东南）防御使，负责河北军务。但又担心王彦孤军不可独进，于是叫他前来汴京商议，随后，王彦召集全军各寨，指示战守方略，等待与宗泽会合，他自己带领一万多人先出发。金人以重兵力紧紧尾随，但始终不敢袭击。王彦一行到了汴州，宗泽命军队驻扎在近郊，以保卫京城要地，王彦于是屯兵在滑州的沙店。宗泽上疏给皇帝说："臣打算趁此暑夏季节，派王彦等从滑州渡过黄河，攻取怀州（治河内县，今河南沁阳）、卫州（治汲县，今河南汲县）、浚州（治黎阳县，今河南浚县东南）、相州（治安阳县，今河南安阳）等州。派王再兴等从郑州直接进兵西京，以保护祖宗陵墓寝宫；派马扩等从大名攻取洺州（治永年县，今河北永年东南）、相州、真定（治真定县，今河北正定），派杨进、王善、丁进等各率所属部队分路同时进兵。一经渡过黄河，那里各山寨忠义之民前来响应的人数必将不下百万之众。希望陛下早日返回京城，臣甘愿亲冒箭石，为诸将作表率。中兴的大业，必定能立即实现。"奏疏递上，黄潜善等妒忌宗泽成功，乃暗中加以破坏。

【纲】秋七月，东京留守宗泽去世。任命杜充接替他的职位。
【目】宗泽请求皇帝还京的奏疏，前后二十多次，经常被黄潜善、汪伯彦扣压。黄潜善、汪伯彦又疑虑宗泽发动兵变，派郭仲荀任副留守，以暗中监视。宗泽忧愤成疾，脊背上痛疽迸发。诸将前去探望时，宗泽环顾大家愤愤地说道："由于徽钦二帝蒙难在外，我气愤难平以至发病，你们若能杀尽敌人，我就死也无恨了。"众将都哭着说："怎敢不尽心竭力!"众将出营后，宗泽叹息道："出师未捷身先死，长使英雄泪满襟!"他没有提及一句自己的家事，却连声三次高喊"过河"而死，终年七十岁，京城人全都号啕大哭。高宗得知丧报后，赠他观文殿学士，谥号忠简。

宗泽之子宗颖在军府中，一向很得士心，京城人请求让宗颖继任宗泽之职；但当时已经任命杜充了，因此没有应允。杜充酷虐而又不懂谋略，到汴京后，一切都反宗泽之道而行，于是豪杰离心，原来归降而聚于城下的盗贼们也都离散，又去掠劫了。

【纲】八月，殿中侍御史马伸被贬为监濮州（治鄄城县，今山东鄄城北）酒税，死于途中。【目】马伸从湖南路（治潭州城，即今湖南长

别选贤者,共图大事。疏入,留中。明日,改授卫尉少卿,伸辞不拜,录其疏申御史台,且言:"臣论可采,即乞施行;非是,合坐诬罔之罪。"因移疾待命。诏:"伸言事不实,送吏部。责监濮州酒税。"趣使上道。伸怡然襆被而行,竟死道中,闻者冤之。

伸学于程颐,勇于为义,每曰:"吾志在行道。以富贵为心则为富贵所累,以妻子为念则为妻子所夺,道不可行也。"

【纲】以赵子砥知台州。 【目】子砥自燕山遁归,命辅臣问北事甚悉。子砥大略言:"金人讲和以用兵,我国敛兵以待和。吾国与金,势不两立。昔契丹主和议,女真主用兵,十余年间竟灭契丹。今复蹈其辙,譬人畏虎,以肉馁之,食尽,终于噬人。若设陷阱以待之,然后可以制虎矣。"遂命知台州。

【纲】金主吴乞买废上皇为昏德公,靖康帝为重昏侯,徙之韩州。 【目】金主命二帝赴上京,以素服见金太祖庙,遂见金主于乾元殿。金封太上皇帝为昏德公,渊圣皇帝为重昏侯,未几,徙之韩州。命晋康郡王孝骞等九百余人至韩州同处,惟秦桧不与徙,依挞懒以居,挞懒亦厚待之。

【纲】九月,郭三益卒。

【纲】金将讹里朵袭破信王榛于五马山砦,遂会粘没喝入寇。

【纲】冬十月,隆祐太后如杭州。 【目】侍御史张浚请先定六宫所居地,诏孟忠厚奉太后及六宫皇子如杭州,以苗傅、刘正彦为扈从都副统制。

沙市)回朝,向宋高宗上奏指出黄潜善、汪伯彦的十七件违法勾当,乞求皇帝迅速解除这二人的执政权力,另选贤者共同谋划国是大政。奏章呈上后被宋高宗留下,第二天,将马伸的官职改为卫尉少卿,马伸不接受,抄录了自己的奏疏到御史台去申辩道:"臣的言论若可以采纳,就请执行;如果不对,应按犯诬蔑罪受处罚。"从此上书称病不理事,等待皇帝的诏命。宋高宗下诏说:"马伸言不符实,送交吏部处理。"结果吏部责令他监濮州酒税,并催他立即出发。马伸神态平和,捆束起被服就上路了,不料竟死于途中,听说这件事的人都为他抱不平。

马伸受学于程颐,勇于追求正义,他常说:"我的志向在于遵行圣道,若以富贵为追求的目标,就会被富贵拖累,若以妻子为思念的对象,就会为妻子而改变大志,这全有碍于遵行圣道呀。"

【纲】命赵子砥为台州(治临海县,今浙江临海)知州。 【目】赵子砥从燕山府(为辽旧都,旧治在今北京西南)逃回来,高宗命宰相向他详细询问北方情况,赵子砥的话大略是:"金人讲和为的是用兵侵犯,我国收兵不战为的是请和。我国和金势不两立。过去契丹主张议和,女真主张用兵,十多年间,终于灭亡了契丹。现在我们重蹈覆辙,就如同人怕老虎,就用肉喂它,等它吃完了肉,最后还是吃人一样。若设陷阱对待它,就可以制服老虎了。"于是任命他为台州知州。

【纲】金国主吴乞买废徽宗为昏德公,钦宗为重昏侯,迁送到韩州(今辽宁昌图县)。 【目】金国主命徽钦二帝到金国上京(即会宁府,今黑龙江阿城南白城),身穿素服朝见金太祖庙,随即在乾元殿朝见金国主。金主封太上皇徽宗为昏德公,渊圣皇帝钦宗为重昏侯。不久,把他们迁送到韩州。同时也迁晋康郡王赵孝骞等九百多人到韩州安置在一处。只有秦桧不被迁送,他投靠了挞懒,挞懒待他很厚。

【纲】九月,郭三益去世。

【纲】金将讹里朵在五马山寨打败信王赵榛,然后与粘没喝会合,一起进犯。

【纲】冬十月,隆祐太后到达杭州(治钱塘县,今浙江杭州)。
【目】侍御史张浚建议先确定六宫居住的地方,高宗下诏,令孟忠厚护送太后及六宫皇子到杭州,派苗傅、刘正彦为扈从都、副统制。

【纲】知濮州杨粹中袭破金粘没喝军。十一月,金人陷濮州,粹中死之。 【目】粘没喝、讹里朵合兵围濮州,以濮州小,易之。至城下,知州杨粹中固守,命将姚端夜捣其营,粘没喝跣足走,仅以身免。遂攻城益急,凡三十三日而陷,粹中被执,竟不屈而死。

【纲】金人寇晋宁军,知军事徐徽言拒却之。知府州折可求叛降金。

【纲】十二月,刘豫叛降金。 【目】挞懒围济南,刘豫遣子麟御却之。挞懒遣人啖豫以利,豫惩前忿,遂杀济南骁将关胜,率百姓降金。百姓不从,豫缒城纳款。

【纲】金讹里朵陷北京,提刑郭永死之。
【纲】以黄潜善、汪伯彦为尚书左、右仆射兼门下、中书侍郎,颜岐、朱胜非为门下、中书侍郎,卢益同知枢密院事。
【纲】金粘没喝陷袭庆府。 【目】军士有欲发孔子墓者,粘没喝问其通事高庆裔曰:"孔子何人?"曰:"古之大圣人。"黏没喝曰:"大圣人墓安可发!"遂杀军士。

【纲】以礼部侍郎张浚参赞御营军事。 【目】浚极言金人必来,请豫为备,黄潜善、汪伯彦以为过计而笑之,命浚参赞军事,与吕颐浩教习河北兵民。
【纲】己酉,三年,春正月,河北制置使王彦致仕。 【目】彦以所部兵马付东京留守司而率亲兵趋行在,见黄潜善、汪伯彦,力陈两河忠义延颈以望王师,愿因人心大举北伐。言辞愤激。二人大怒,遂请降旨免对,彦遂称疾致仕。

【纲】金粘没喝陷徐州,知州事王复死之。 【目】金人围城,复与子倚率军民力战,外援不至,城陷。复谓粘没喝曰:"死守者我也,愿杀我而舍僚吏、百姓。"粘没喝欲降之,复嫚骂求死,阖门百

【纲】濮州知州杨粹中打败金粘没喝军。十一月,金兵攻下濮州,杨粹中不屈而死。　【目】粘没喝、讹里朵合兵围困濮州,兵临城下,认为濮州小,容易攻破。但知州杨粹中坚守城池,他命令部将姚端半夜袭击敌营,粘没喝光着脚逃跑,才免一死。后来敌军又加紧攻城,总计攻了三十三天,城破,杨粹中被俘,终于不屈而死。

【纲】金人攻打晋宁军(治葭芦砦,今陕西佳县),知军事徐徽言打退金兵,但府州(治府谷县,今陕西神木东北)知州折可求却叛变降金。

【纲】十二月,刘豫叛变降金。　【目】挞懒包围济南,刘豫派儿子刘麟抵抗打退敌兵。挞懒派人以利为诱饵劝降刘豫,刘豫为泄从前不许更换州郡之恨,杀死济南猛将关胜,率百姓降金。百姓不从,刘豫自己用绳子吊下城去投降。

【纲】金讹里朵攻下北京,提刑郭永死难。

【纲】任黄潜善、汪伯彦为尚书左、右仆射兼门下、中书侍郎,颜岐、朱胜非为门下、中书侍郎,卢益为同知枢密院事。

【纲】金粘没喝攻下袭庆府(即兖州,治瑕县,今山东兖州西)。【目】军士中有人要挖掘孔子坟墓,粘没喝问他的译员高庆裔道:"孔子是什么人?"回答:"古代的大圣人。"粘没喝说:"大圣人的坟墓怎么可以挖!"便杀了那个军士。

【纲】任礼部侍郎张浚为参赞御营军事。　【目】张浚极力强调金兵必定要来,请求预先做好准备,黄潜善、汪伯彦讥笑他多虑。高宗任命张浚参赞御营军事,与吕颐浩教练河北兵士和民众。

【纲】建炎三年(己酉,1129)春正月,河北制置使王彦辞官退休。【目】王彦将所率领的兵马交给东京留守司而只领自己的亲随护卫赶往行在,面见黄潜善、汪伯彦,力陈两河地区忠义之士祈盼王师北伐之意,希望他们能顺应人心,大举北伐。他言辞义愤激昂,黄、汪二人大怒,于是请皇帝降旨不予接见,王彦随即称病辞官退休。

【纲】金粘没喝攻下徐州(治彭城县,今江苏徐州),知州王复被杀。　【目】金人围城,王复和他的儿子王倚率领军民竭力作战,外援不到,城陷。王复对粘没喝说:"坚决守城的是我,希望杀了我而放过

口皆被杀。

【纲】韩世忠会兵救濮州,至沭阳,兵溃。金粘没喝遂入淮、泗。

【纲】二月,诏刘光世将兵阻淮以拒金。光世兵溃,走还,金粘没喝遂陷天长军。帝奔镇江。 【目】粘没喝至楚州,守臣朱琳降,遂乘胜而南,陷天长军。内侍邝询报金兵至,帝即被甲乘骑,驰至瓜洲步,得小舟渡江,惟护圣军卒数人及王渊、张俊、内侍康履等从行。日暮至镇江。时汪伯彦、黄潜善方率同列听浮屠克勤说法罢,会食,堂吏大呼曰:"驾已行矣!"二人相顾仓皇,乃戎服策马南驰,居民争门而出,死者相枕藉,无不怨愤。司农卿黄锷至江上,军士以为黄潜善,骂之曰:"误国误民,皆汝之罪!"锷方辨其非是,而首已断矣。是日,金将马五帅五百骑先驰至扬州城下,闻帝已南行,乃追至扬子桥。时事起仓卒,朝廷仪物皆委弃,太常少卿季陵亟取九庙神主以行,出城未数里,回望城中烟焰烛天。陵为金人所追,亡太祖神主于道。

【纲】帝如杭州,以吕颐浩签书枢密院事,守镇江。 【目】帝至镇江,宿于府治,翌日,召从臣问去留。吏部尚书吕颐浩乞留跸以为江北声援,群臣皆以为然。王渊独言:"镇江止可捍一面,若金人自通州渡江,以据姑苏,将若之何?不如钱塘有重江之险。"帝意遂决。以颐浩为江淮制置使,与行在五军制置使刘光世驻镇江,又以杨惟忠节制江东军马,驻江宁。是夕发镇江,越四日次平江,命朱胜非节制平江、秀州军马,张浚副之,留王渊守平江。又二日次崇德。时吕颐浩从行,即拜同签书枢密院事,江、淮、两浙制置使,以兵

其他官吏和百姓。"粘没喝想召降他，王复破口大骂，只求一死，他全家上百口人都被杀害。

【纲】韩世忠集合兵力援救濮州，到了沭阳（今江苏沭阳县），兵败溃散。于是金军粘没喝进入淮阳军（治下邳县，今江苏邳州市东北）、泗州（治临淮县，今安徽泗县东南）。

【纲】二月，宋高宗下诏，令刘光世领兵防守在淮水边御敌，结果刘光世兵溃逃回，金粘没喝于是攻下天长军（今安徽天长）。宋高宗逃到镇江。　【目】粘没喝到达楚州（治山阳县，今江苏淮安），守臣朱琳投降，金军就乘胜向南，攻下天长军。内侍邝询禀报金兵来到，宋高宗就匆忙披上盔甲，骑马逃往瓜洲步，找到一条小船渡过长江，只有护卫士兵数人和王渊、张俊、内侍康履等跟随。日落时到达镇江。当宋高宗逃跑时，汪伯彦、黄潜善等正同其他朝臣们听完克勤和尚说法，在一起吃饭，听堂吏大声呼喊："圣驾已经上路了！"汪、黄二人仓皇对视，不知所措，忙换上战袍，扬鞭打马往南逃去，百姓争着往城外挤，以致互相践踏死伤无数，尸体纵横，百姓无不怨恨愤怒。司农卿黄锷逃到江上，士兵们以为是黄潜善，骂道："误国误民，都是你的罪过！"黄锷刚要申辩是非，而人头已被砍下。当天，金国将领马五统领五百骑兵先奔驰到扬州城下，听说宋高宗已南逃，于是追到扬子桥（在今江苏扬州南扬子津上）。由于事情发生得太仓促，朝廷的仪仗等物都丢弃了。太常少卿李陵匆忙间抱着九庙的神主跑出城，没跑几里，回头看城中浓烟烈火冲天，李陵被金军所追，把太祖的神主丢失在途中。

【纲】宋高宗前往杭州，任吕颐浩为签书枢密院事，驻守镇江。【目】宋高宗到达镇江，住在府衙，第二天，召集群臣商讨去留之计。吏部尚书吕颐浩请求皇帝留下来作为对江北的声援，群臣都认为对，只有王渊说："镇江只可以抵御一面，如果金人从通州（治静海县，今江苏南通）渡江占据姑苏（即苏州平江府，治吴县，今江苏苏州），将怎么办？不如钱塘江有两条大江的天险。"皇帝宋高宗才拿定了主意，任吕颐浩为江浙制置使，与行在五军制置使刘光世驻守镇江，又派杨惟忠节制江南东路（治江宁府，今江苏南京）军马，驻守江宁。当晚，宋高宗从镇江出发，四天后到达平江，命朱胜非节制平江、秀州（治嘉兴县，今浙江

二千还屯京口。又命张俊以兵八千守吴江。

【纲】金娄室陷晋宁军,徐徽言死之。 【目】娄室破晋宁军,徽言据子城拒战,因溃围走,被擒,使之拜,不拜,临之以兵,不动,命折可求谕使降;徽言大骂,娄室杀之。统制孙昂及士卒皆不屈被害。事闻,赠徽言晋州观察使,谥忠壮。

【纲】帝至杭州,赦。 【目】帝驻跸杭州,即州治为行宫。下诏罪己,求直言,赦死罪以下,放还士大夫被窜斥者。惟李纲不赦,更不放还,盖用黄潜善计,罪纲以谢金也。

和州防御使马扩应诏上书言:"前日之事,其误有四,其失有六。今愿陛下西幸巴、蜀,用陕右之兵,留重臣使镇江南,抚淮甸,破金贼之计,回天下之心,是为上策。都守武昌,襟带荆、湖,控引川、广,招集义兵,屯布上流,扼据形势,密约河南诸路豪杰,许以得地世守,是为中策。驻跸金陵,备御江口,通达漕运,精习水军,厚激将士,以幸一胜,观敌事势,预备迁徙,是为下策。若倚长江为可恃,幸金贼之不来,犹豫迁延,候至秋冬,金贼再举,驱虏舟楫,江、淮千里,数道并进,方当此时,然后又悔,是为无策。"扩累数千言,皆切事机。

【纲】金人焚扬州而去。

【纲】黄潜善、汪伯彦以罪免。 【目】潜善、伯彦自知不为众所容,联疏求退。中丞张澂论:"二人大罪二十,致陛下蒙尘,天下怨怼,乞加罪斥。"乃罢潜善知江宁府,伯彦知洪州。

嘉兴)的军队,以张俊为副手,留下王渊驻守平江。又走了两天到达崇德(今浙江桐乡西南)。当时吕颐浩跟随着宋高宗,就升任他为同签书枢密院事和江淮、两浙制置使,交他两千兵马返回屯扎于京口(今江苏镇江市)。又命张俊用八千兵力守卫吴江(今江苏苏州市吴江区)。

【纲】金娄室攻下晋宁军,徐徽言被杀。 【目】娄室攻破晋宁军,徐徽言据守在瓮城上抵抗,最后他率军突围,被敌人擒获。命他跪拜,他坚决不拜,敌人把刀架在他脖子上,他岿然不动,又命折可求劝降,徐徽言大骂不止,娄室将他杀死。统制孙昂及兵士们也都不屈被杀。事件传到朝廷,宋高宗赠徐徽言为晋州观察使,谥忠壮。

【纲】宋高宗到达杭州,宣布大赦。 【目】宋高宗暂驻于杭州,以杭州州署当行宫。下罪己诏,并征求直言进谏,大赦天下死罪以下的犯人,士大夫被流放边远地区的一律放还。惟有李纲不赦,也不放还,这是用黄潜善的计策,惩罚李纲表示向金人认罪。

和州(治历阳县,今安徽和县)防御使马扩应诏上书说:"当前之事,错误有四点,损失有六点。今希望陛下西去巴、蜀,使用陕西的兵力,留下身居重要职位的大臣镇守江南,安抚淮河地区,击破金贼的计策,挽回全国人心,这是上策。守住武昌(今湖北武汉武昌城),连带荆湖,控制川、广,招集义兵,分别屯守长江上游,占据优越地势,再秘密与河南各路豪杰联系,许给他们世袭所收复之地,这是中策。皇上住在金陵,防御长江口,保障水运粮食通畅,同时精练水军,用丰厚的待遇鼓励将士,求得侥幸的胜利,同时观察敌情,随时准备迁徙,这是下策。若仰仗着长江天险,侥幸于金兵不来进犯,而犹豫不决,等到秋冬季节,金贼再次大举进兵时,他们的舟船在江、淮数千里以内,几路齐头并进,这时才又后悔,这就是无策。"马扩上书长达数千言,都切合时局的关键。

【纲】金人焚烧扬州后离去。

【纲】黄潜善、汪伯彦因犯罪被免职。 【目】黄潜善、汪伯彦自知众怒难犯,联名向皇帝上疏要求辞官。中丞张澂直言道:"这两个人有大罪二十条,致使陛下受尽逃亡之苦,天下人也怨声载道,请求将他们惩处贬斥。"于是免黄潜善官,降为江宁知府,免汪伯彦官,降为洪州

【纲】以叶梦得、张澂为尚书左、右丞。

【纲】三月,以朱胜非为尚书右仆射兼中书侍郎。命张浚驻平江。

【纲】叶梦得罢,以王渊同签书枢密院事。

【纲】以吕颐浩为江东安抚制置使。

【纲】扈从统制苗傅、刘正彦作乱,杀王渊及内侍康履等,劫帝传位于魏国公旉,请隆祐太后临朝。 【目】苗傅自负世将,以王渊骤迁显职,心不平之,而刘正彦亦以招降剧盗、功大赏薄怨上,二人因相结。时内侍康履等恃恩用事,妄作威福,凌忽诸将,诸将嫉之。中大夫王世修亦嫉内侍恣横,言于正彦。正彦曰:"会当共除之。"及王渊入枢府,傅等疑其由内侍以进,遂与世修谋先斩渊然后杀宦者。

议既定,时以刘光世为殿前都指挥使,百官入听宣制。傅、正彦令世修伏兵城北桥下,俟渊退朝,即摔下马,诬以结宦者谋反,正彦手斩渊,即与傅拥兵至行宫,执康履等斩之。帝谕傅等归营,傅等逼帝传位皇太子,请隆祐太后同听政。太后出,见傅等谕之曰:"今强敌在前,吾以一妇人抱三岁儿决事,何以令天下!敌国闻之,岂不转加轻侮!"傅等不从。后顾朱胜非曰:"今日政须大臣果决,相公可无一言?"胜非白帝曰:"傅等腹心有王钧甫者,适语臣云:'二将忠有余而学不足。'此语可为后图之绪。"帝乃即坐上作诏,禅位于皇子,而请太后同听政。宣诏毕,傅等麾其军退,于是皇子旉即位,太后垂帘决事。尊帝为睿圣仁孝皇帝,以显宁寺为睿圣宫。是夕徙帝居之。大赦,改元明受。

【纲】张浚、吕颐浩会兵讨贼。 【目】改元赦书至平江,张浚命守臣汤东野秘不宣。既而得苗傅等所传檄,浚恸哭,召东野及提

（治南昌县，今江西南昌）知州。

【纲】任叶梦得、张澂为尚书左、右丞。

【纲】三月，任朱胜非为尚书右仆射兼中书侍郎。命张浚驻守平江。

【纲】叶梦得免官，任王渊为同签书枢密院事。

【纲】任吕颐浩为江东安抚制置使。

【纲】护卫侍从皇帝的统制苗傅、刘正彦叛乱，他们杀死王渊及内侍康履等人，威逼宋高宗传位于魏国公赵旉，并请隆祐太后临朝当政。　【目】苗傅以世代为将而自负，对王渊很快升任显要官职，心中不平，而刘正彦也因为招降大盗，功大赏薄，心怀怨恨，二人因此互相勾结。当时内侍康履等人仰仗皇恩掌权，妄自作威作福，凌驾于诸将之上，藐视诸将，大家对他十分怨恨。中大夫王世修也怨恨内侍的恣意骄横，曾和刘正彦私下谈论。刘正彦说："就应该共同铲除他。"此次王渊进入枢密府，苗傅等怀疑是由内侍举荐，于是和王世修谋划，先杀王渊，然后杀宦官。

计谋已定，当时任命刘光世为殿前都指挥使，百官入朝时听宣布这一任命的诏书。苗傅、刘正彦令王世修在城北桥下设了伏兵，等王渊退朝路经此处，就把他揪下马来，诬陷他勾结宦官谋反。刘正彦亲手斩杀了王渊，又和苗傅拥兵来到行宫，捉住并杀死康履等人。皇帝晓谕苗傅等回营，苗傅反逼皇帝传位于皇太子，请隆祐太后一起听政。太后出见苗傅等人，晓谕他们说："现在面临强敌，我以一妇女抱着三岁婴儿决断政事，怎么能号令天下！敌国听说这事，岂不更轻视欺侮我国！"苗傅等人不从。太后向着朱胜非说："今天的国政必须由大臣果断决定，相公怎能一语不发？"朱胜非向皇帝说："苗傅等有个心腹叫王钧甫，他刚才对我说：'苗、刘二将忠心有余而学识不足。'这话可为日后解决问题的开端。"皇帝无奈，就在座上写下诏书，禅位于皇子，请太后一同听政。宣布完诏书，苗傅等指挥他们的军队撤退。于是皇子赵旉即位，太后垂帘处理国事。尊称皇帝为睿圣仁孝皇帝，以显宁寺为睿圣宫。当晚，将皇帝迁居于此。大赦天下，改年号为明受。

【纲】张浚、吕颐浩会合兵力讨伐逆贼。　【目】改元赦书发到平江，张浚令守臣汤东野秘而不宣，不久又接到苗傅等所发的檄文，张浚

刑赵哲谋起兵讨之。

时傅令张俊以三百人赴秦凤,而以余兵属他将。俊知其伪,拒不受,即引所部八千人至平江,浚见俊语故,相持而泣,且谕俊以将起兵问罪。

敕至江宁,吕颐浩曰:"是必有兵变。"其子抗曰:"主上春秋鼎盛,二帝蒙尘沙漠,且望拯救,其肯遽逊位于幼冲乎!灼知兵变,无疑也。"即遣人寓书于浚。浚以颐浩有威望,能断大事,乃答书约共起兵,且告刘光世于镇江,令以兵来会。

颐浩得浚书,上疏请复辟,遂以兵发江宁。

会韩世忠自盐城由海道将赴行在,至常熟,张俊闻之曰:"世忠来,事济矣。"因白浚,以书招之。世忠得书,以酒酹地曰:"誓不与此贼共戴天!"至平江,见浚恸哭,曰:"今日之事,世忠愿与张俊任之,公无忧也。"浚因大犒俊、世忠将士,众皆感愤。于是令世忠帅兵赴阙,戒之曰:"投鼠忌器,事不可急,急则恐有他变。宜趋秀州,据粮道,以俟大军之至。"

世忠发平江,至秀州,称病不行,而大修战具。傅等闻之始惧,乃遣苗瑀、马柔吉将重兵扼临平。颐浩将至平江,浚乘轻舟迓之,既而刘光世兵亦至。浚、颐浩等发平江,上疏乞建炎皇帝还即尊位。傅等闻之,忧恐不知所为。朱胜非谓之曰:"勤王之师未进者,使是间自反正耳;不然,下诏率百官六军请帝还宫,公等置身何地乎!"傅等遂帅百官朝于睿圣宫,帝慰劳之。

【纲】金以刘豫知东平府。

痛哭失声，并召集汤东野和提刑赵哲，谋划发兵讨伐苗傅等人。

当时苗傅命令张俊领三百人前往秦凤（治秦州成纪县，今甘肃天水），而把余下的军队交给别的将领统领。张俊知道苗傅是非法窃权，拒不接受命令，并立即率自己统领的八千人前往平江。张浚见到张俊，说明原因，二人相对哭泣，张浚把将要举兵向苗傅问罪的事通知张俊。

赦书到达江宁，吕颐浩说："这事必定是发生了兵变。"他的儿子吕抗说："皇帝正当年轻，徽钦二帝蒙难在北方，盼望解救，皇帝怎肯突然间让位给幼小的孩子呢！明白可知是发生了兵变。"吕颐浩立刻派人寄信给张浚。张浚认为吕颐浩威信声望高，能决断大事，就回信约定共同起兵，并且告知在镇江的刘光世，让他领兵前来会合。

吕颐浩接到张浚的信，上奏疏请求皇帝复位，接着就向江宁进军。

正好韩世忠从盐城走海路去行在，到了常熟，张俊得知后说："韩世忠来，事情就成功了。"因而禀告张浚，发信招韩世忠来。韩世忠接信，以酒祭地发誓道："誓与此贼不共戴天！"他到达平江，与张浚相见，痛哭道："今天的事，我愿与张俊负责，您不必担忧了。"张浚因而大加犒劳张俊和韩世忠的将士们，众人各个感激发愤。张浚于是令韩世忠领兵去朝廷，告诫他说："投鼠忌器，办事不可过急，太急恐怕有其他变故。最好先往秀州，占据运粮要道，等待大军到达。"

韩世忠从平江发兵，到达秀州，假称有病，停止不前，而大力修备武器军械。苗傅等听说此事，开始害怕起来，派苗瑀、马柔吉率领重兵队扼守临平（今浙江杭州市东北临平镇）。吕颐浩将至平江，张浚乘小船前去迎接，随后刘光世军队也到了。张浚、吕颐浩等从平江出兵，上奏疏请求建炎皇帝复位。苗傅等得知这一消息，又忧又怕，不知所措。这时朱胜非向他说："救援皇帝的军队所以不开进城来，恐怕是给你留一个自行改正的时间吧，否则，下诏率百官六军请皇帝复位，你们将置身何处呢？"苗傅等无奈，只好率领百官去睿圣宫朝见皇帝，皇帝慰问了他们。

【纲】金人派刘豫为东平府（治须城县，今山东东平）知府。

【纲】夏四月，帝复位，召张浚知枢密院事。

【纲】吕颐浩、张浚败贼将苗翊于临平，苗傅、刘正彦夜遁，颐浩、浚入杭州。 【目】吕颐浩、张浚军次秀州，颐浩谕诸将曰："今虽反正，而贼犹握兵居内。事若不济，必反以恶名加我，翟义、徐敬业可监也。"进次临平。苗翊、马柔吉负山阻水为阵，中流植鹿角以梗行舟。韩世忠舍舟力战，张俊、刘光世继之，翊众少却。世忠复舍马操戈而前，翊遂败走。勤王兵入北关，傅、正彦拥精兵二千夜开涌金门以走，将南趋闽中。颐浩、浚入城，世忠手执王世修以属吏。颐浩、浚入见，伏地涕泣待罪。帝问劳再三，握世忠手恸哭曰："中军统制吴湛佐逆为最，尚留朕肘腋，能先诛乎？"世忠即谒湛，握手与语，折其中指，与王世修俱斩于市；逆党皆贬。

【纲】朱胜非、颜岐、王孝迪、张澂、路允迪、卢益免。

【纲】以吕颐浩为尚书右仆射兼中书侍郎，李邴为尚书右丞，郑毂签书枢密院事。

【纲】重正三省官名。 【目】从吕颐浩之言，诏左、右仆射并同中书、门下平章事，改中书、门下侍郎为参知政事，省尚书左、右丞，三省始合为一。

【纲】以李邴参知政事。

【纲】帝如江宁。

【纲】册魏国公旉为皇太子。

【纲】五月，以张浚为川、陕、京、湖宣抚处置使，便宜黜陟。 【目】浚谓"中兴当自关、陕始，虑金人或先入陕、蜀，则东南不可保。"因慷慨请行，诏以浚为宣抚处置使，听便宜黜陟，置幕府于秦州。初，浚宣抚川、陕之议未决，监登闻检院江若海曰："天下者，常山蛇势也，秦、蜀为首，东南为尾，中原为脊。今以东南为首，安能起

【纲】夏四月，高宗复位，任用张浚为知枢密院事。

【纲】吕颐浩、张浚在临平击败贼将苗翊，苗傅与刘正彦趁夜逃跑，吕颐浩、张浚进入杭州。　【目】吕颐浩、张浚领兵到达秀州，吕颐浩谕示诸将道："现在虽然皇上复位，但贼人还掌握着兵权留在宫中，事情若不成功，必定反过来以罪名诬陷我们，翟义、徐敬业的事可为鉴戒啊。"军队到达临平，苗翊、马柔吉背山面水，布列军阵，在河的中流放了很多用树木削尖做成的鹿角，以阻塞行船。韩世忠弃船，登岸力战，张俊、刘光世随后跟上，苗翊军稍退。韩世忠又弃马持戈追击，苗翊于是败逃。救援皇帝的军队进入杭州北关，苗傅、刘正彦领精兵两千人，半夜打开涌金门出逃，打算南逃到闽中（指今福建）。吕颐浩、张浚进城，韩世忠已擒获王世修将他交给主管官吏处理。吕颐浩、张浚进见高宗，伏在地上痛哭请罪。慰问再三，握住韩世忠的手痛哭道："中军统制吴湛是帮助叛逆最出力的，还在朕的身边，能先杀掉他吗？"韩世忠立刻去谒见吴湛，说话时拉住他的手，折断了他的中指。吴湛和王世修一起在市中斩首，其余党羽都被贬黜。

【纲】朱胜非、颜岐、王孝迪、张澂、路允迪、卢益免职。

【纲】任命吕颐浩为尚书右仆射兼中书侍郎，李邴为尚书右丞，郑毂为签书枢密院事。

【纲】重新订正中书省、门下省、尚书省的官名。　【目】听从吕颐浩所说，下诏令左、右仆射都兼同中书门下平章事，改中书、门下侍郎为参知政事，省去尚书左、右丞，三省开始合而为一。

【纲】任命李邴为参知政事。

【纲】高宗前往江宁。

【纲】册封魏国公赵旉为皇太子。

【纲】五月，任命张浚为川、陕、京、湖宣抚处置使，得以不经上奏，自行决定官吏的黜退和升迁。　【目】张浚说："国家中兴应从关中、陕西开始，考虑到金人可能先入陕西与川蜀，那么东南部就难保全了。"因而坚决请求前往川陕。高宗下诏，命张浚为宣抚处置使，听任他不经上奏，自行决定官吏的黜退和升迁，在秦州设置幕府。起初张浚任川陕宣抚处置使的事尚未决定，监登闻检院江若海说："天下之势就象

天下之脊哉！将图恢复，必在川、陕。"浚大悦。

【纲】以滕康同签书枢密院事。

【纲】遣徽猷阁待制洪皓使金，金人拘之。　【目】粘没喝还云中，讹里朵还燕山。帝遣皓如金，遗粘没喝书，愿去尊号，用金正朔，比于藩臣。皓至云中，粘没喝迫皓使仕刘豫，皓曰："万里衔命，不得奉两宫南归，恨力不能磔逆豫，忍事之邪！留亦死，不即豫亦死，不愿偷生狗鼠间，愿就鼎镬无悔！"粘没喝怒，将杀之，旁一校曰："此真忠臣也。"目止剑士，为皓跪请，得流递冷山。

【纲】韩世忠获苗傅、刘正彦，送行在诛之。

【纲】六月，大霖雨，诏郎官以上言阙政。罢王安石配享神宗庙庭。　【目】时久雨恒阴，吕颐浩、张浚皆谢罪求去。诏郎官以上言阙政，司勋员外郎赵鼎上疏曰："自熙宁间王安石用事，变祖宗之法而民始病，假辟国之谋造生边患，兴理财之政穷困民力，设虚无之学败坏人材。至崇宁初蔡京托绍述之名，尽祖安石之政。凡今日之患，始于安石，成于蔡京。令安石犹配享神宗，而京之党未除，时政之缺，莫大于此。"帝从之，遂罢安石配享。

寻下诏以四失罪己：一曰昧经邦之大略，二曰昧戡难之远图，三曰无绥人之德，四曰失驭臣之柄；"仍榜朝堂，使知朕悔过之意。"中丞张守上疏曰："陛下处宫室之安，则思二帝、母后穹庐毳幕之居；享膳羞之奉，则思二帝、母后膻肉酪浆之味；服细暖之衣，则思二帝、母后穷边绝塞之寒苦；操予夺之柄，则思二帝、母后语言

常山之蛇，秦、蜀为头，东南为尾，中原为脊，现在以东南为头，怎能挺起天下的脊梁来呢！想要谋划恢复大业，必定在川、陕。"张浚听说非常高兴。

【纲】任命滕康为同签书枢密院事。

【纲】派遣徽猷阁待制洪皓出使金国，被金人扣留。　【目】粘没喝返回云中（今山西大同市），讹里朵返回燕山。高宗派遣洪皓去金国，送信给粘没喝，表示情愿取消皇帝尊号，使用金国的历法，如同藩属臣国。洪皓到达云中，粘没喝逼洪皓在刘豫手下当官，洪皓说："我奉皇命万里而来，不能奉迎二帝回到南方，自恨无力把逆贼刘豫碎尸万段，岂能去事奉他！留下来也是死，不去刘豫处也是死。我不愿在牺畜群中苟且偷生，愿进鼎镬受煎烹之刑，死而无悔！"粘没喝很生气，正要杀他，旁边一名军官说："这是真正的忠臣啊。"他用眼色制止行刑的武士，并跪地为洪皓祈求一命，这才改为流放到冷山（今吉林农安北）。

【纲】韩世忠拿获苗傅、刘正彦，送到行在斩首。

【纲】六月，大雨连绵，高宗下诏令郎官以上官员议论朝政的缺失。罢除王安石在神宗庙庭中的配享。　【目】当时天气久雨连阴，吕颐浩、张浚认为上天降灾，于是都认错谢罪，要求辞职。高宗下诏，令郎官以上官员议论朝政缺失。司勋员外郎赵鼎上奏疏说："自从熙宁年间王安石当权，变更祖宗传下来的法制，百姓开始遭罪。他借口开拓国土，制造边界祸端；兴起理财之事，陷人民于穷困之中；开设毫无用途的学术，败坏了人材。到崇宁初年，蔡京假托继承熙宁、元丰的名义，完全祖述王安石的新法。如今所有的祸患，都始于王安石，成于蔡京。现在王安石还在神宗庙庭中配享，同时蔡京的党羽也未除尽，现时朝政的最大缺失就在这里。"高宗听从了他的意见，于是罢除王安石的配享。

接着皇帝下诏，怪罪自己有四项过失：一是不明于治国的大略，二是不明于平定国难的长远规划，三是没有安抚人民的德政，四是丧失了驾御臣下的权柄。诏书还说，"把这些揭示于朝廷之上，让大家了解朕悔过的心意。"中丞张守上奏疏说："陛下安居在宫室之中，应不忘徽钦二帝和母后居住在旃帐、羊毛帷之中；享受珍美膳食的奉养，应不忘徽钦二帝和母后在吃膻臭的羊肉、羊乳；陛下穿着精细温暖的衣服，应

动作受制于人；享嫔御之适，则思二帝、母后谁为之使令？对臣下之朝，则思二帝、母后谁为之尊礼？思之又思，兢兢栗栗，圣心不倦，而天不为之顺助者，万无是理也。今罪己之诏数下，而天未悔祸，实有所未至耳。"

【纲】金兀术大举入寇。 【目】帝以金人复来，乃遣工部尚书崔纵使金，并通问二帝。纵至金，首以大义责金人，请还二帝。金人怒，徙之穷荒，纵不少屈，竟死焉。

【纲】秋七月，太子旉卒。

【纲】郑毅卒。以王绹参知政事，周望同签书枢密院事。

【纲】御营司提举范琼有罪，伏诛。张浚发建康。 【目】初，汴京破，二帝及宗室北迁，多琼之谋，又乘时剽掠，左右张邦昌，为之从卫。至是，自洪州入朝，悖慢无礼，且乞贷苗、刘等死。帝畏其威，以为御营司提举一行事务。张浚将赴川、陕，与枢密检详文字刘子羽密谋诛之。一日令张俊以千兵渡江，若备他盗者，使皆甲而来，因招琼、俊及刘光世赴都堂议事，为设食。食已，诸公相顾未发，子羽坐庑下，恐琼觉，取黄纸趋前，举以麾琼曰："下！有敕，将军可诣大理寺置对。"琼愕不知所为，子羽顾左右拥置舆中，卫以俊兵送狱。光世出抚其众，数琼在围城中附金迫二帝北狩之罪，且曰："诛止琼尔，汝等固天子自将之军也。"众皆投刃曰："诺。"有旨，分隶御营五军。琼下狱，具伏，赐死，子弟皆流岭南。琼既诛，张浚乃发建康。

【纲】升杭州为临安府。

不忘徽钦二帝和母后在遥远的边疆饱受寒冻之苦；陛下执掌着决策大权，应不忘徽钦二帝和母后的言行都受制于人；陛下享受着嫔妃的侍奉，应不忘徽钦二帝和母后有谁供他们使唤；陛下面对臣子们的朝拜，应不忘徽钦二帝和母后有谁向他们尊礼。如此思之又思，战战兢兢，陛下的心意不懈，而上天不顺应陛下的心思加以辅助，这是万无此理的。现在陛下已几次下罪己诏，而上天仍不免除灾祸，那是因为陛下还有做得不够的地方。"

【纲】金兀术大举入侵。【目】高宗由于金人又来侵犯，派工部尚书崔纵出使金国，并联系问候徽、钦二帝。崔纵到了金国，首先以严正的道义谴责金人，请求送还徽钦二帝。金人大怒，把崔纵流放到穷僻荒野的地方，崔纵一点也不屈服，竟死在当地。

【纲】秋七月，太子赵旉去世。

【纲】郑毂去世，任命王绹为参知政事，周望为同签书枢密院事。

【纲】御营司提举范琼因罪被处死。张浚自建康起程。【目】起初，汴京被攻破，徽钦二帝和宗室北迁，多用范琼的计谋，他又曾乘机抢掠，影响张邦昌，追随并护卫张邦昌。这时，他从洪州入朝，悖逆无礼，并且要求宽免苗傅、刘正彦等人死罪。高宗害怕他的淫威，任命他为御营司提举。张浚将去四川、陕西时，与枢密检详文字刘子羽密谋杀死他。一天，张浚令张俊带千兵渡江，像是防备其他盗贼的样子，令士兵都穿着盔甲而来，于是招集范琼、张俊和刘光世到枢密院厅堂商议军事，并设食招待。饭后，大家互相看着，尚未动手，刘子羽坐在廊下，恐怕范琼察觉，便起身举着一张黄纸走向前去，召唤范琼道："下来! 有圣旨在此，将军可去大理寺接受审问。"范琼惊讶不知所措，刘子羽示意左右的人把范琼推入车内，由张俊派兵押到监狱。刘光世出来安抚范琼的部众，历数范琼在汴京被围时叛附金人，逼迫徽钦二帝北迁的罪行，并且说："只杀范琼一人，你们大家本是天子亲自指挥的军队啊。"大家都扔下武器连声说："是。"高宗下令，将范琼的部众分别归属于御营五军。范琼入狱后完全伏罪，被赐死，他的子弟都被流放到岭南。范琼被处死后，张浚才从建康启程。

【纲】升杭州为临安府。

【纲】诏李邴、滕康权知三省、枢密院事。奉隆祐太后如洪州。

【纲】以杜充同知枢密院事。

【纲】广州教授林勋上《本政书》。 【目】勋上《本政书》十三篇,言:"国朝兵农之政,大抵因唐末。今农贫而多失职,兵骄而不可用,地利多遗,财用不足,皆本政不修之故。宜仿古井田之制,使民一夫占田五十亩,其有羡田之家,毋得市田;其无田与游惰末作者,皆驱之使为隶农,以耕田之羡者,而杂组钱谷以为什一之税。每十六夫为一井,每井赋二兵、马一匹,蚕妇之贡绢三尺、绵一两,非蚕乡则布六尺,麻二两。"其说甚备,书奏,诏以为桂州节度掌书记。其后朱熹甚爱其书,陈亮亦曰:"此书考古验今,思虑周密,世之为井田之学者无以加矣。"

【纲】八月,李邴罢,以刘珏权知三省、枢密院事。

【纲】遣使致书于金,金人不答。 【目】时闻金人南侵,而洪皓、崔纵未得前,帝求可使缓师者,乃遣京东转运判官杜时亮及修武郎宋汝为使金师以请和,致书于粘没喝曰:"古之有国家而迫于危亡者,不过守与奔而已。今以守则无人,以奔则无地,此所以愬愬然,惟冀阁下之见哀而赦已。故前者连奉书,愿削去旧号,是天地之间皆大金之国,而尊无二上,亦何必劳师远涉而后为快哉!"

【纲】闰月,以吕颐浩、杜充为尚书左、右仆射,并同平章事。

【纲】罢起居郎胡寅。 【目】寅上疏曰:"陛下以亲王介弟,受渊圣皇帝之命,出师河北,二帝既迁,则当纠合义师,北向迎请,而乃亟居尊位,建立太子,不复归觐宫阙,展省陵寝,偷安岁月,略无

【纲】高宗下诏，令李邴、滕康为权知三省枢密院事。奉隆祐太后前往洪州。

【纲】任命杜充为同知枢密院事。

【纲】广州（治南海县，今广东广州）教授林勋进呈《本政书》十三篇。　【目】林勋呈上《本政书》十三篇，说："本朝在军事农事方面的政策，大都沿袭唐朝末期。现在农民贫穷而且多数人无法从事耕作，军队骄纵而不能打仗，土地大多没有利用，国家财用不足，这都是国家大政没有治理好的原故。应该仿效古代的井田制，让每一个成年男子占田五十亩，凡占田数已超出的，不许出卖田地，没有土地的和无业游民以及从事商业的人，都驱使他们当隶农，让他们去耕种别人有余的田地，而把钱谷合算在一起，缴十分之一的税。每十六个成年男子所耕地合为一井，每井出两人去服兵役，并出一匹马，养蚕妇女贡纳绢三尺，绵一两，不养蚕的地区则缴纳布六尺，麻二两。"他的言论很全面，《本政书》上奏后，高宗下诏，任命他为桂州（治临桂县，今广西桂林）节度掌书记。以后，朱熹很喜爱这部书，陈亮也说："这部书考证古代，验证现实，思考周到全面，世上研究井田制的学者中，没有超过他的。"

【纲】八月，李邴免官，任命刘珏为权知三省枢密院事。

【纲】高宗派人出使往金国送信，金人不回复。　【目】当时听说金兵向南侵犯，而洪皓、崔纵尚被金国扣留，高宗寻求能让金国停止进军的使者，就派京东转运判官杜时亮和修武郎宋汝为出使金营请和。高宗在给粘没喝的信中说："古代那些有国家而面临危亡的人，只有守住国家或出逃两条路。而现在我们要守却无人，要逃则无地，所以才又畏又惧，只希望阁下怜悯并加以赦免。因此以前接连奉上书信，情愿削除皇帝尊号，从此以后天地之间都是大金的国土，而且至尊不再有第二个人，阁下又何必烦劳军队远途跋涉才痛快呢！"

【纲】闰月，任命吕颐浩、杜充为尚书左、右仆射，并同平章事。

【纲】起居郎胡寅免官。　【目】胡寅上疏说："陛下以亲王和皇弟的身份，受渊圣皇帝之命出兵河北。现徽、钦二帝已被迁徙，就应集合义师，往北去迎请二帝，而陛下却匆忙地登上皇位，立太子，不再去朝见

扞御。及虏骑乘虚，匹马南渡，一向畏缩，惟务远逃。军民怨咨，恐非自全之计也。"因进七策：一，罢和议而修战略；二，置行台以区别缓急之务；三，务实效，去虚文；四，大起天下之兵以自强；五，都荆、襄以定根本；六，选宗室之贤才，封建任使之；七，存纪纲以立国体。书凡数千言。吕颐浩恶其切直，罢之于外。

【纲】诏杜充、韩世忠、刘光世分屯江东以备金。

【纲】帝如临安。

【纲】九月，金人陷南京。

【纲】诏周望守平江。

【纲】以张守同签书枢密院事。

【纲】命刘光世移屯江州。

【纲】遣直龙图阁张邵使金，金人囚之。【目】邵至潍州见挞懒，命邵拜，邵曰："监军与邵为南北朝，从臣无拜礼。"且具书言："兵不在强弱，在曲直。天未厌宋，而金乃裂地以封刘豫，复穷兵不已，曲有在矣。"挞懒怒，取国书去，送邵密州，囚于祚山砦。

【纲】金禁民汉服。杀故知真定府李邈。【目】金下令禁民汉服，又令髡发，不如式者杀之。邈故为真定帅，被执三年，金人欲使知沧州，邈笑不答。及髡发令下，邈愤诋之，虏挝击其口，犹吭血喷之，遂遇害。邈将死，颜色不变，南向拜讫就死，燕人为之流涕。后事闻，谥曰忠壮。

宫阙，祭拜陵墓，偷安岁月，很少考虑御敌之事。到金兵乘虚进犯，陛下只身南渡，一味畏缩，只打算远逃。军民怨叹不止，恐怕这不是保全自己的办法。"他因而进献七条策略：一，停止议和而准备作战方略；二，设置临时政府机构以便于分别处理轻重缓急不同的事务；三，讲求实效，摒弃虚文；四，起用天下兵力，以壮大自己的力量；五，定都荆州（治江陵县，今湖北江陵）、襄州（治襄阳县，今湖北襄阳市襄州区），以定立国根本；六，选择宗室中的贤才，分封土地并使用他们；七，确立典章制度，以建立国家大政。奏疏总计有数千字。吕颐浩厌恶他过于直率，将他免职，调到外地任官。

【纲】高宗下诏，令杜充、韩世忠、刘光世分别屯兵江东以备金兵侵犯。

【纲】高宗前往临安。

【纲】九月，金人攻下南京（即宋州应天府，今河南商丘南）。

【纲】高宗下诏，令周望镇守平江。

【纲】任命张守为同签书枢密院事。

【纲】命令刘光世转移到江州（治德化县，今江西九江）屯兵。

【纲】派遣直龙图阁张邵出使金国，金人将他囚禁。【目】张邵到达潍州（治北海县，今山东潍坊）去见挞懒。挞懒命张邵下拜，张邵说："你和我分别在南北两朝，非一朝之臣，不行跪拜之礼。"并且写了封书信说："军队不在于强和弱，而在于是非曲直，上天还没有厌弃宋朝，而金国却分裂了宋的土地封给刘豫，又穷兵黩武不止，这就理曲了。"挞懒生气，夺走国书，把张邵押送到密州（治诸城县，今山东诸城），囚禁在柞山砦。

【纲】金国禁止百姓穿汉族服装，杀死过去的真定府知府李邈。【目】金国下令禁止百姓穿汉族服装，又命令百姓剃发，凡不依规定的都杀头。李邈过去是真定知府，被捕三年，金人想让他当沧州（治清池县，今河北沧县东南）知州，李邈笑而不答。及至剃发令下达，李邈愤怒地加以斥骂，金人凶狠地打他的嘴巴，他口含鲜血喷向敌人，结果被杀害。李邈将死时，面不改色，朝南方跪拜后才就死，燕地人民为他痛哭流涕。后来他的事迹传到朝廷，谥他为忠壮。

【纲】冬十月，帝至临安，留七日，复如越州。

【纲】张浚治兵于兴元，以图中原。 【目】浚至兴元上疏言："汉中实形胜之地，前控六路之师，后据两川之粟，左通荆、襄之财，右出秦、陇之马，号令中原，必基于此。宜谨积粟理财，以待巡幸。"于是辟刘子羽参议军事，承制以赵开为随军转运使，专总四川财赋。

开见浚曰："蜀之民力尽矣，锱铢不可加。独榷货尚存赢余，而贪猾认为己有，共相隐匿；惟不恤怨詈，断而敢行，庶可救一时之急。"浚锐意兴复，委任不疑。时浚荷重寄，旬犒月赏，期得士死力，费用不赀，悉取办于开。开悉智虑于食货，算无遗策，虽支费不可计，而赀财常有余。

初，陕西都统制曲端欲斩节制使王庶，朝廷疑其叛，浚以百口保之，且以其与敌屡角，欲仗其威声，承制筑坛拜端武威大将军、宣抚司都统制，军士欢声如雷。子羽又荐泾原都监吴玠及弟璘之才勇，浚以玠为统制，璘掌帐前亲兵。

【纲】金人趋江西，刘光世引兵遁。十一月，隆祐太后如虔州。江西州、军多陷。

【纲】知徐州赵立将兵勤王，败金人于淮阴。 【目】立闻诏诸路以兵勤王，乃将兵三万趋行在，杜充承制以立知楚州。金人闻立弃徐州将赴楚州，乃以兵邀于淮阴。立麾下劝立不如还保徐州，立奋怒，嚼其齿曰："回顾者斩！"于是率众径进，与金人遇，转战四十里，至楚州城下。立中箭贯两颊，口不能言，以手指挥诸军前，歇定

【纲】冬十月，高宗到达临安，逗留七天，又往越州（治会稽县，今浙江绍兴）。

【纲】张浚在兴元府（治南郑县，今陕西汉中）训练军队，准备恢复中原地区。　【目】张浚到达兴元，向皇帝上奏道："汉中确实是形势优越的地方，前方控制着六路地区的军队，后方据有两川（指东川、西川）的粮食，左方通往财富丰饶的荆、襄（指今湖北），右方有盛产马匹的秦、陇（指今甘肃）。如要号令中原，必须以此地为根基。应该小心地积蓄粮食，管好财政，等待皇帝巡幸驾临。"张浚于是征召刘子羽为参议军事，并以禀承皇帝旨意的名义任命赵开为随军转运使，专门总管四川的财赋。

赵开参见张浚，说："蜀地的民力已经枯竭，赋税一点都不能再加，唯有专卖商品还有余利，但是贪婪狡猾的人却将其视为己有，都相互隐瞒藏匿；只有不怕怨恨责骂，果断敢于行事，或许才可解救一时的急难。"张浚专心一意要复兴宋室，对赵开信任不疑。当时张浚身负重任，每十天或一个月都要犒赏军士，期待军士们在战时能出死力，所以耗费难以数计，而全部靠赵开办理供给。赵开竭尽智虑，对经济财政没有不考虑到的地方，虽然支出极大，而财物仍常有剩余。

起初，陕西都统制曲端要杀节制使王庶，朝廷怀疑曲端叛变，张浚以全家百口人的性命为他担保。由于曲端同敌人屡次作战，张浚又打算仰仗曲端的声威，于是以禀承皇帝旨意的名义修筑坛台，拜授曲端为武威大将军，宣抚司都统制，军士们为之欢呼，声如雷鸣。刘子羽又推荐泾原路（治泾州城，今甘肃泾川县北）都监吴玠及其弟吴璘勇武有才干，张浚任命吴玠为统制，吴璘掌管帐前亲兵。

【纲】金兵侵犯江西，刘光世领兵逃避。十一月，隆祐太后前往虔州（治赣县，今江西赣州）。江西的州、军大部分陷落。

【纲】徐州知州赵立领兵救援皇帝，在淮阴打败金兵。　【目】赵立听说高宗下诏，令各路派兵救援，他领兵三万迅速奔赴行在，杜充以禀承皇帝旨意的名义任命赵立为楚州知州。金人听说赵立放弃徐州，将去楚州，就派兵在淮阴拦击。赵立手下人劝他不如返回保守徐州，赵立非常气愤，咬牙切齿地说："谁要回头就加以斩首！"于是率领军队一

方拔出之。议者谓自燕山之役,南北战争,未有如此之鏖战者。

【纲】以范宗尹参知政事,赵鼎为御史中丞。 【目】二人皆尝建议避狄,故遂用之。鼎上言:"经营中原,当自关中始。经营关中,当自蜀始。欲幸蜀,当自荆、襄始。吴、越介在一隅,非进取中原之地。荆、襄左顾川、陕,右控湖、湘,而下瞰京、洛,三国所必争,宜以公安为行阙,而屯重兵于襄阳,运江、浙之粟,以资川、陕之兵,经营大业,计无出此。"

【纲】金兀术渡江入建康。杜充叛降金,通判杨邦乂死之。【目】时江、浙倚重于充,而充日事诛杀,且无制敌之方。及兀术与李成合兵攻乌江,充闭门不出,统制岳飞泣谏请视师,充不从。兀术遂乘充无备,进兵取和州、无为军,王善迎降,遂由马家渡渡江陷太平州,充始遣都统制陈淬及飞帅师迎战,王瓊以军先遁,淬败死,诸将皆溃,充兵亦散。兀术至建康,守臣陈邦光、户部尚书李梲迎降。

充渡江保真州,兀术遣人说之曰:"若降,当封以中原,如张邦昌故事。"充遂还建康,与梲、邦光率官属迓金师,拜兀术于马首。通判杨邦乂独不肯屈膝,以血大书衣裾曰:"宁作赵氏鬼,不为他邦臣!"兀术使人诱以官,终不屈,大骂求死,遂杀之。充至金,粘没喝薄其为人,久之,乃得仕。

【纲】帝奔明州。 【目】帝闻杜充败,谓吕颐浩曰:"事迫矣,若何?"颐浩遂进航海之策,其言曰:"敌兵多骑,必不能乘舟袭我,江、浙地热,必不能久留,俟其退去,复还二浙。彼出我入,彼入

往直前，与金军遭遇后，转战四十里，来到楚州城下。赵立脸上中箭贯穿两颊，不能张嘴说话，他用手势继续指挥，战斗结束，才拔出箭来。议论时事的人都说，从燕山战役之后，南北交战，没有像这次这样激烈的。

【纲】任命范宗尹为参知政事，赵鼎为御史中丞。 【目】范宗尹和赵鼎都曾提出避开金兵的主张，所以高宗才任用他们。赵鼎向皇帝进言说："经营中原，应从关中开始；经营关中，应从蜀开始，打算临幸蜀地，应从荆、襄开始。吴、越（指今江苏、浙江）局处一隅，不是便于攻取中原的地方。而荆、襄则左边靠着川、陕，右边能控制湖、湘（指今湖北、湖南），面前则俯视汴京、洛阳，是三国所必争之地，应以公安（今湖北公安西北）为行宫，派重兵驻扎在襄阳，用江、浙的粮食资助川、陕的军队。要经营中原，没有比这更好的计策了。"

【纲】金兀术渡过长江，进入建康，杜充叛变，投降金兵，通判杨邦乂死难。 【目】当时江、浙地区全仰仗杜充，而杜充每天杀人，并没有制胜敌人的方略。等到金兀术与李成合兵攻打乌江（在今安徽和县西南）时，杜充却闭门不出。统制岳飞痛哭流涕地进谏，请他调动军队，杜充不答应。金兀术于是趁杜充没有防备，进兵攻取和州、无为军（今安徽无为），王善投降，金兵随即从马家渡（今安徽和县南，长江西岸）渡过长江，攻下太平州（今安徽当涂）。杜充这才派都统制陈淬和岳飞领军迎战。王𤫩带队伍先逃，陈淬战死，诸军都溃散，杜充的军队也溃散。金兀术到达建康，守臣陈邦光、户部尚书李棁迎接并投降金兵。

杜充过江退保真州，金兀术派人劝说道："如肯投降，定把中原封给你，像过去封张邦昌一样。"杜充于是返回建康，与李棁、陈邦光带领属官们迎接金兵，在金兀术马前跪拜。只有通判杨邦乂不肯屈膝下跪，用血在衣服后襟上写道："宁作赵氏鬼，不为他邦臣！"金兀术派人用高官去诱降，他始终不屈，大骂求死，终于被杀。杜充到了金国，粘没喝轻蔑他的为人，很久之后才让他当上官。

【纲】高宗逃往明州（治鄞县，今浙江宁波）。 【目】高宗听说杜充失败，对吕颐浩说："情况太紧急了，怎么办？"吕颐浩进献航海之策，他说："敌兵多为骑兵，必定不能乘船追击我们，江、浙地区太热，

我出,此兵家之奇也。"帝然之,遂如明州。

【纲】韩世忠自镇江退守江阴。十二月,金兀术陷临安,遣兵渡浙追帝,帝航于海。

【纲】江、淮统制岳飞败金人于广德。 【目】飞率所部自建康蹑金人于广德境中,六战皆捷,擒金将王权;俘首领四十余,察其可用者结以恩义,遣还,令夜斫营纵火,飞乘乱纵击,大破之。驻军钟村,军无见粮,将士忍饥,秋毫无犯。金所籍兵相谓曰:"此岳爷爷军也。"争降附之。

【纲】金人陷越州,遂寇明州;张俊使统制杨沂中迎战于高桥,败之。

【纲】庚戌,四年,春正月,金人陷明州,屠其民;遂袭帝于海,帝走温州。 【目】是月朔,西风大作,金师乘之,复攻明州。张俊、刘洪道坐城楼遣兵掩击,杀伤大半;金人奔北,死于江者无数,夜拔砦退屯余姚,而遣人请济师于兀术。兀术遣兵与阿里蒲卢浑复攻明州。张俊惧,帅师趋台州,刘洪道亦遁,金师入城,屠其民。帝闻明州陷,遂移次台州章安镇。金人闻帝在章安,以舟师追三百余里,弗及,提领海舟张公裕引大舶击却之,金人引还。帝发章安,如温州,泊于港口。

【纲】金娄室陷陕州,知府李彦仙死之。 【目】彦仙在陕,益为战守备,遣统领邵兴复虢州。金将乌鲁来攻,彦仙败之。娄室闻之,自蒲、解率兵大至,彦仙又大败之,娄室仅以身免。彦仙度金人必并力来攻,自遣人求兵于张浚,已而娄室果率折可求等众十万来,分其军为十,以正月旦为始,日轮一军攻城,期以三旬必拔。彦仙意气如常,数出兵与战。既而食尽,告急于浚;浚檄曲端

他们也必不能久留,等他们退走,再返回二浙(指浙江东路与浙江西路)。他们走我们进去,他们进去我们走,这是兵家的奇策啊。"高宗同意,于是前往明州。

【纲】韩世忠从镇江退守江阴军(今江苏江阴)。十二月,金兀术攻陷临安,派军队渡过钱塘江(在今浙江杭州东南)追高宗,高宗航行海上。

【纲】江淮统制岳飞在广德(今安徽广德)击败金兵。 【目】岳飞率领所部从建康紧跟着金兵到广德境内,六战六胜,生擒金将王权,俘虏金兵首领四十多人,经审察,对其中可以利用的施以恩义,遣返回去,令他们在夜间偷营放火,岳飞军队乘乱袭击,大破金兵。岳飞的军队驻扎在钟村,军中粮绝,将士们忍着饥饿,对百姓秋毫无犯。为金军所收编的兵士们互相说:"这是岳爷爷的军队啊。"争着向岳军投降。

【纲】金军攻陷越州,进兵明州。张俊派统制杨沂中在高桥(今浙江宁波境内)迎敌,击败金军。

【纲】建炎四年(庚戌,1130)春正月,金兵攻陷明州,屠杀百姓,随即在海上追击高宗,高宗逃向温州(治永嘉县,今浙江温州)。【目】正月初一,西风大作,金军趁此机会,又攻打明州。张俊、刘洪道坐在城楼上指挥抵抗,杀伤敌兵大半。金兵败走,淹死于江中的不计其数。只得趁夜拔营退兵,屯守余姚(今浙江余姚),同时派人向金兀术求援。金兀术派兵与阿里蒲卢浑再次攻打明州。张俊畏惧,领军前往台州,刘洪道也逃了。金兵进城后大肆屠杀百姓。高宗听说明州陷落,于是迁移到台州章安镇(今浙江临海东南,灵江北岸)。金兵听说高宗在章安,派水军追出三百多里,没能追上。提领海舟张公裕驾驶大船击退金兵,金兵撤回。高宗又从章安出发,前往温州,停泊在港口。

【纲】金国的娄室攻陷陕州(治陕县,今河南三门峡市峡州区),知府李彦仙殉难。 【目】李彦仙在陕州为抗敌和防守作了很多准备工作,并派统领邵兴收复虢州(治虢略县,今河南灵宝)。金将乌鲁进攻,被李彦仙击败。金娄室听说后,从蒲州(即河中府,治河东县,今山西芮城西北)、解州(治解县,今山西运城西南)率领大批军队来到,又被李彦仙打败,金娄室只身逃免。李彦仙料想金人必定合力来攻,立即派人向

以泾原兵援之。端素嫉彦仙,不奉命。浚曰:"金若下陕,则全据大河,且窥蜀矣。"乃出师至长安,道阻不得进。彦仙日与金战,娄室奇其才,诱唊百端,彦仙悉斩其使。力尽城陷,彦仙投河死;其属官居民无一人降者,娄室怒,尽屠之。

【纲】滕康、刘珏免。二月,以卢益、李回权知三省枢密院事。

【纲】金兀术引兵北还。
【纲】金人入东京。
【纲】周望弃军走太湖,金人大掠平江。

【纲】三月,遣使迎隆祐太后于虔州。 【目】帝谓辅臣曰:"太后爱朕,不啻己出。今在数千里外,兵马惊扰,当亟奉迎,以惬朕朝夕慕念之意。"遂遣卢益等奉迎于虔州。

【纲】夏四月,张浚引兵入卫,闻金军退,乃还。
【纲】帝还越州。 【目】帝发温州,至越州,下诏亲征,巡幸浙西。寻升越州为绍兴府。
【纲】韩世忠邀击金兀术于江中,大败之,走建康。复引兵袭世忠,世忠败绩,兀术遂趋江北。 【目】初,韩世忠以前军驻青龙镇,中军驻江湾,后军驻海口,欲俟兀术师还击之。及兀术由秀趋平江,世忠事不就,遂移师镇江以待之。金师至江上,世忠先以八千人屯焦山寺,兀术欲济江,乃遣使通问,且约战期,世忠许之,因谓诸将曰:"是间形势无如金山龙王庙者,敌必登之以觇我虚实。"乃遣

张浚请求救兵。不久,金娄室果然率领折可求等十万兵再次前来,将全军分为十队,从正月初一开始,每天一队轮流攻城,预期三十天定要攻下城来。李彦仙意气如常,多次出兵迎战,最后军粮用尽,他向张浚告急,张浚给曲端发去檄文,要他派泾原兵救援李彦仙。但曲端一向嫉妒李彦仙,因而不执行命令。张浚说:"金人若攻下陕西,就全部控制了黄河,并且要图谋蜀地了。"他只好自己出兵,刚到长安,前方道路受阻不能行进。李彦仙每日与金兵交战,娄室很赏识李彦仙的才干,想尽办法去诱降他,李彦仙把来劝降的使者全部斩首。李彦仙一直抵抗到兵尽城陷,投河而死;他的部下和居民没有一个人投降,金娄室气极了,把城中人全部屠杀。

【纲】滕康、刘珏被罢官。二月,任命卢益、李回为权知三省枢密院事。

【纲】金兀术领兵回北方。

【纲】金兵进入东京(汴京)。

【纲】周望抛弃军队逃到太湖(在今江苏苏州西),金兵大肆抢掠平江。

【纲】三月,高宗派使臣到虔州去迎接隆祐太后。 【目】高宗对宰相说:"太后爱朕就像她亲生的一样,现在她在数千里以外,饱受兵马的惊扰,应当马上迎请她回来,以满足朕朝思暮想之意。"于是派卢益等去虔州迎请太后。

【纲】夏四月,张浚领兵来保卫高宗,听说金兵退走了,才返回。

【纲】高宗返回越州。 【目】高宗从温州出发,到达越州,下诏亲征,巡视浙江西路。不久,升越州为绍兴府。

【纲】韩世忠在长江中截击金兀术,大败金军。兀术逃往建康,又领兵攻打韩世忠,韩世忠战败,兀术就进军江北。 【目】起初,韩世忠派前军驻扎在青龙镇(今上海青浦东北),中军驻扎在江湾(今上海虹口区江湾镇),后军驻扎在海口,打算在兀术军队返回时加以截击。但兀术由秀州前往平江,韩世忠的计划未能完成,就把军队调到镇江去等金兵。金兵到达江上,韩世忠先用八千人屯守在焦山寺(焦山在今江苏镇江东北大江中,与金山对峙)。兀术想渡江,就派使者前来与韩

苏德将百人伏庙中，百人伏庙下岸侧，戒之曰："闻江中鼓声则岸兵先入，庙兵继出，以合击之。"及敌至，果有五骑趋庙，庙兵先鼓而出，获两骑，其三骑则振策以驰。驰者一人红袍玉带，既坠，复跳而免，诘诸获者则兀术也。既而接战江中，凡数十合，世忠妻梁氏亲执桴鼓，敌终不得济。俘获甚众，虏兀术之婿龙虎大王。

兀术惧，请尽归所掠以假道，世忠不许。复益以名马，又不许。遂自镇江溯流西上，兀术循南岸，世忠循北岸，且战且行。世忠艨艟大舰出金师前后数里，击柝之声达旦。将至黄天荡，兀术窘甚，或曰："老鹳河故道今虽湮塞，若凿之可通秦淮。"兀术从之，一夕渠成，凡三十里，遂趋建康。岳飞以骑三百，步兵三千，邀击于新城，大破之，兀术乃复自龙湾出江中，趋淮西。

会挞懒自潍州遣孛堇太一引兵来援，兀术乃复引还，欲北渡，世忠与之相持于黄天荡。太一军江北，兀术军江南。世忠以海舰进泊金山下，豫以铁绠贯大钩授健者。明旦，敌舟噪而前，世忠分海舟为两道出其背，每绾一绠则曳一舟沉之，兀术穷蹙，求会语，祈请甚哀。世忠曰："还我两宫，复我疆土，则可以相全。"兀术语塞。又数日，求再会，而言不逊，世忠引弓欲射之，兀术亟驰去。见海舟乘风使篷，往来如飞，谓其下曰："南军使船如使马，奈何！"乃募人献破海舟之策，于是闽人王姓者教其舟中载土，以平板铺之，穴船板以棹桨，俟风息则出，海舟无风不可动也，且以火箭射其箬篷，则不攻

世忠通音问,并约定交战日期。韩世忠答应了,他因而对诸将说:"这里的形势,没有比金山龙王庙更好的了,敌人必定会登上龙王庙以窥察我军虚实。"于是派苏德带领百人埋伏在庙中,另外百人埋伏在庙下岸边,并且指示说:"听到江中鼓声,岸边伏兵先进去,庙中伏兵接着出来,合击金兵。"等到敌人来时,果然有五个人骑着马往庙中走来,庙中伏兵尚未听到鼓声就先出来了,俘获两个骑马的,其余三个扭转马头,挥鞭奔驰,其中一个穿红袍,系玉带,已经掉下马来,又跳上马去,才幸免被捉,后来诘问那些被俘者,才知道那人就是兀术。接着在江中交战,总计数十回合,韩世忠的妻子梁氏亲自击鼓!敌人终于没能过江。宋军俘虏了很多金兵,包括兀术的女婿龙虎大王。

  兀术感到恐惧,要求送还全部所抢劫的物品假道回去,韩世忠不答应。兀术又给加上名马,韩世忠还不答应。兀术于是从镇江逆流西上,靠着江南岸走,韩世忠靠着江北岸,边打边行。韩世忠所率领的大战船出现在金军前后数里之地,夜间击柝的声音一直响到天明。快要到黄天荡(在今江苏南京东北)时,金军情势窘迫,有人说:"老鹳河(一名老鹳嘴,在今江苏南京东北黄天荡南)旧河道现在虽然淤塞,若开凿它,可通秦淮河(在今南京市东)。"兀术听从了。一夜工夫凿成了三十里长的水渠,于是直趋建康。岳飞用骑兵三百,步兵三千,在新亭(今江苏南京南)进行截击,大败金兵。兀术于是再从龙湾出江中,逃往淮南西路(治庐州,今安徽合肥)。

  正赶上挞懒从淮州派遣女真部落酋长太一领兵前来增援,兀术于是又返回,打算往北过江,韩世忠在黄天荡与兀术相对峙。太一的军队在江北,兀术的军队在江南。韩世忠将海舰停泊在金山下,预先用铁索穿着大钩,让身强力壮的兵士操纵铁索。第二天早晨,敌人的船在呐喊声中冲来,韩世忠把海舰分两路从敌后出击,每一次抛下一根铁索,就拖沉一只敌船。兀术穷追无法,请求与韩世忠对话,非常可哀地请求放他们走。韩世忠说:"送还我徽、钦二帝,恢复我国国土,就可以保全你们。"兀术答不上话来。又过了数天,再次请求会见韩世忠,而且出言不逊,韩世忠拉弓搭箭要射他,兀术驰马跑了。他看见宋军海船乘风张篷,往来如飞,对他的部下说:"南军用船像用马一样方便,怎么办

自破矣。兀术然之。及天霁风止,兀术以小舟出江,世忠绝流击之,海舟无风不能动,兀术令善射者乘轻舟以火箭射之,烟焰蔽天,师遂大溃,焚溺死者不可胜数,世忠仅以身免,奔还镇江。兀术遂济江,屯于六合县。

世忠以八千人拒兀术十万之众,凡四十八日而败,然金人自是亦不敢复渡江矣。

【纲】迁赵鼎为翰林学士,鼎辞不拜。吕颐浩免。 【目】初,御营使本以行幸总齐军政,而宰相兼领之,遂专兵柄,枢府几无所预。颐浩在位尤颛恣,中丞赵鼎尝疏论之。及闻韩世忠败金人,颐浩请帝幸浙西,下诏亲征。帝将从之,赵鼎以为不可轻举。颐浩恶鼎异己,改鼎翰林学士,鼎不拜;改吏部尚书,又不拜,乃上疏论颐浩过失,凡千余言。颐浩因求去,诏以颐浩倡义勤王,宜从优礼,乃罢为镇南军节度使、醴泉观使,而复命鼎为中丞,谕之曰:"朕每闻前朝忠谏之臣,恨不之识,今于卿见之。"

【纲】五月,以范宗尹为尚书右仆射同平章事,张守参知政事,赵鼎签书枢密院事。

【纲】岳飞袭金人于静安,败之。 【目】兀术既济江,金人在建康者大肆焚掠,执李棁、陈邦光等,自静安渡宣化而去;棁道死,邦光归于刘豫。岳飞邀击金人于静安镇,大败之。

【纲】六月,张浚罢其都统制曲端。

【纲】秋七月,金徙二帝于五国城。 【目】金将立刘豫,乃徙二帝于五国城,去上京东北千里。徙此逾月,太上皇后郑氏崩。洪皓自

呢!"于是募人进献攻破海船的办法。有一个姓王的福建人教他在船里装土,用平板铺在上面,在船板上挖洞伸出桨来,等到风停时出来,由于海船没有风不能动,可用火箭射海船的帆篷,宋军就不攻自败了。兀术认为很对。等到雨住风停,他派小船出于江上,韩世忠要拦江攻击,但海船没有风力不能动,兀术命令善于射箭的人乘着轻便小船,用火箭射海船,一时烟火遮天,宋军大败,烧死淹死的不计其数,韩世忠仅以身免,奔还镇江。兀术于是过江,屯兵于六合县(今江苏南京市六合区)。

韩世忠以八千人抗拒兀术十万之众,总计拒敌四十八日而后败,但金人从此再也不敢渡江了。

【纲】调任赵鼎为翰林学士,赵鼎辞不接受。吕颐浩免官。 【目】起初,御营使本来是皇帝外出巡幸时总揽总管军政,而由宰相兼任,于是专擅兵权,枢密院几乎不能参与。吕颐浩在位时尤其恣意专权,御史中丞赵鼎曾上奏疏论及此事。等到听说韩世忠打败金兵,吕颐浩请高宗帝巡幸浙西,下诏亲征。高宗想听从他,但赵鼎却认为不能轻举妄动。吕颐浩厌恶赵鼎不依附自己,改任赵鼎为翰林学士,赵鼎不接受,再改为吏部尚书,又不接受,赵鼎还上奏论说吕颐浩的过错,奏文凡一千多字。为此,吕颐浩要求辞官。高宗下诏说,由于吕颐浩曾倡议起兵救援皇帝,应该从优礼遇,将其免去宰相一职,改为镇南军(治洪州城,今江西南昌)节度使,醴泉观使,同时任命赵鼎仍为御史中丞,并传谕道:"朕常听说前朝忠诚敢谏之臣,恨不能与他们相识,如今总算见到了你。"

【纲】五月,任命范宗尹为尚书右仆射,同平章事;张守为参知政事,赵鼎为签书枢密院事。

【纲】岳飞在静安袭击并打败金兵。 【目】兀术渡江之后,在建康的金兵大肆焚掠,逮捕了李棁、陈邦光等人,从静安经宣化渡江。李棁死于途中,陈邦光归顺刘豫。岳飞在静安镇截击,大败金兵。

【纲】六月,张浚免除都统制曲端的官职。

【纲】秋七月,金人迁徙徽钦二帝到五国城(今黑龙江宁安东北;一说在依兰县境)。 【目】金人将要立刘豫为帝,于是把徽钦二帝迁

云中密遣人奏书，以桃、梨、栗、面等献二帝，始知帝即位之实。

【纲】八月，以谢克家参知政事。隆祐太后至越州。

【纲】金人围楚州。

【纲】九月，金立刘豫为齐帝。　【目】金遣高庆裔及知制诰韩昉备玺绶宝册，立刘豫为大齐皇帝，世修子礼，奉金正朔，置丞相以下官。九月，豫即位，都大名府，改明年为阜昌元年。

【纲】诏刘光世督诸军救楚州；光世不进，镇抚使赵立死之，楚州陷。

【纲】张浚使都统制刘锡帅五路之兵与金娄室大战于富平，败绩，浚退军秦州。　【目】兀术引兵趋陕西，浚闻其将至，檄召熙河刘锡、秦凤孙偓、泾原刘锜、环庆赵哲四经略及吴玠之兵，合四十万人，马七万匹，以锡为统帅，迎敌决战。王彦谏曰："陕西五路兵将，上下之情未通；若不利，则五路俱失，不若屯利、阆、兴、洋，以固根本。敌入境，则檄五路之兵来援，万一不捷，未大失也。"浚不从。刘子羽亦力言未可，浚曰："吾宁不知此，顾东南事方急，不得不为是耳。"吴玠、郭浩皆曰："敌锋方锐，宜各守要害，须其弊而乘之。"亦不从。遂行，次于富平县。刘锡会诸将议战，玠曰："兵以利动，今地势不利，未见其可，宜择高阜据之，使不可胜。"诸军皆曰："我众彼寡，又前阻苇泽，敌有骑不得施，何用他徙。"已而娄室引兵骤至，舆柴囊土，藉淖平行，进薄诸营。锡等与之力战，刘锜身率将士薄敌陈，杀获颇多，胜负未分，而敌铁骑直击赵哲军，他将不及援，哲因离所部，其将校望见尘起，遂惊遁，诸将皆溃。敌乘胜而进，关陕大震。浚时驻邠州督战，既败，退保秦州，召赵哲斩之，而安置刘锡于合州，令诸将各还本路，上书待罪，帝手诏慰勉之。自是关陕不可复，论者咎浚之轻师失律焉。

徙到五国城，该地距上京东北方向有千里之遥。迁到这里一个多月，太上皇后郑氏去世。洪皓从云中秘密派人向二帝上书，并献桃、梨、栗子、面粉等，这时二帝才知道高宗已登基的事情。

【纲】八月，任命谢克家为参知政事，隆祐太后到达越州。

【纲】金兵包围楚州。

【纲】九月，金人立刘豫为齐帝。　【目】金国派遣高庆裔和知制诰韩昉准备玉玺、绶带、宝册，立刘豫为大齐皇帝，对金国世世代代恪守子臣之礼，奉行金国历法，设置丞相以下官员。九月，刘豫即位，建都于大名府（今河北大名东），改明年为阜昌元年。

【纲】高宗下诏，令刘光世督领诸军救援楚州；刘光世不进兵，镇抚使赵立遇难，楚州陷落。

【纲】张浚派都统制刘锡统率五路军队在富平（今陕西富平东北）和金娄室大战，作战失利，张浚退军到秦州。　【目】兀术领兵直趋陕西，张浚听说金兵将到，召集熙河路（治熙州，今甘肃临洮）刘锡、秦凤路孙渥、泾原路刘锜、环庆路（治环州，今甘肃环县）赵哲四位经略及吴玠的军队，总共有四十万人，七万匹马，以刘锡为统帅，迎敌决战。王彦进谏道："陕西五路兵将，上下级之间声气不通，如果出兵不利，五路大军都将受到损失，不如屯兵在利州（治绵谷县，今四川广元）、阆州（治阆中县，今四川阆中）、兴州（治顺政县，今陕西略阳）、洋州（治兴首县，今陕西洋县），以巩固根基。敌人入境，则召五路军队齐来增援，万一不能取胜，也不会有大损失。"张浚不听。刘子羽也竭力劝谏，张浚说："我怎会不知道这道理呢，但东南情况紧急，不得不这样做呀。"吴玠、郭浩都说："敌人兵锋正锐，我方最好各守要害，等他们疲弊时再乘机进攻。"张浚也不听。于是全军出发，到富平县，刘锡召集诸将商议作战，吴玠说："军队要靠有利条件才行动。现在地势不利，不可以作战。应该占据高处，以立于不可被战胜之地。"诸军却都说："我方人多，敌方人少，而且前方是芦苇沼泽，敌人有骑兵也不得施展，我军何用往别处转移。"随后娄室领兵突然来到，他们用车装柴，以囊盛土，垫铺在泥沼上，向前进军，逼近宋军营地。刘锡等奋力作战，刘锜亲率将士直捣敌阵，杀伤及俘虏敌兵相当多，双方胜负难分。这时敌

【纲】冬十月,金人纵秦桧还。 【目】桧从二帝至燕,金主以桧赐挞懒,为其任用。挞懒信之。及南侵,以为参谋军事,又以为随军转运使。挞懒攻楚州,桧与妻王氏自军中趋涟水军,自言杀金人监己者夺舟而来,欲赴行在,遂航海至越州。帝命先见宰执,桧首言:"如欲天下无事,须是南自南,北自北。"朝士多疑其与何㮚、孙傅等同被拘执,而桧独还,又自燕至楚二千八百里,逾河越海,岂无讥诃之者,安得杀监而南?就令从军挞懒,金人纵之,必质妻属,安得与王氏偕?惟范宗尹及李回二人素与桧善,尽破群疑,力荐其忠,桧入对,首奏所草与挞懒求和书,帝谓辅臣曰:"桧朴忠过人,朕得之喜而不寐。既闻二帝、母后消息,又得一佳士也。"遂拜礼部尚书。先是,朝廷虽数遣使于金,但且守且和,而专意与敌解仇息兵,则自桧始。盖桧首倡和议,故挞懒阴纵之使还也。

【纲】以李回同知枢密院事。

【纲】十一月,赵鼎罢。 【目】上欲以副都统辛企宗为节度使,鼎言企宗非军功,持不下;帝不乐,遂罢鼎提举洞霄宫。

【纲】以富直柔签书枢密院事。

人的铁骑直接攻击赵哲军营，其他将士来不及救援，赵哲弃师逃去，他的部下将士望见烟火大起，惊惧而逃，其他各军也因之溃散。敌兵乘胜进攻，关陕地区大震。当时张浚驻扎在邠州（治新平县，今陕西彬州市）督战，战败后，退守秦州，将赵哲斩首，而把刘锡安置到合州（治石照县，今四川合川），令其他诸将各自返回本路，同时向皇帝上书自请处分。皇帝手书诏谕加以慰勉。从此关陕难以收复，谈论的人都归咎于张浚的草率出兵和部署失当。

【纲】冬十月，金人将秦桧放还。【目】秦桧跟着徽、钦二帝到了燕，金国主把秦桧赐给挞懒，为挞懒作事。挞懒很信任他，在向南进犯时，让秦桧为参谋军事，又让他当随军转运使。挞懒攻打楚州，秦桧和妻子王氏从金军中跑到涟水军（今江苏涟水），自称杀了看管的金兵，抢了一条小船逃出来，想去皇帝行在，于是走海路到达越州。高宗命他先去见宰相，秦桧首先说："如果想让天下无事，必须南自南，北自北，宋金双方互不相犯。"朝廷中很多人怀疑，他和何㮚、孙傅等人一起被金人逮捕拘留，而唯独他能逃回，而且从燕山府到楚州有二千八百里路，中间要渡河过海，怎能没有人盘察查问，怎么能轻而易举杀死看管的人，跑回南方？即便在挞懒军中干事，金人放了他，也必定扣下妻子为人质，怎么能和王氏一起回来？只有范宗尹和李回二人一向与秦桧友好，尽量破除大家对秦桧的怀疑，竭力举荐他的忠诚。秦桧入朝回答皇帝的询问，先奏上他所起草的与挞懒求和书，高宗对辅臣说："秦桧的朴厚忠诚非同一般，朕得到了他高兴得睡不着觉。既获得二帝及母后的消息，又获得一位优秀人才啊。"于是任命他为礼部尚书。过去，朝廷虽然多次派使臣去金国，但是一边防守一边讲和，而主张一心与敌人消解仇意，息兵不战，则是从秦桧开始。大约因为秦桧首倡和议，所以挞懒才私下里放他回来。

【纲】任命李回为同知枢密院事。

【纲】十一月，赵鼎免官。【目】高宗打算任副都统辛企宗为节度使，赵鼎以其没有军功而持反对意见，双方相持不下。高宗感到不快，于是免除赵鼎现任职务，改为提举洞霄宫。

【纲】任命富直柔为签书枢密院事。

【纲】金人复陷泾原诸州、军。

【纲】日南至,帝率百官遥拜二帝。

【纲】张浚军兴州,遣吴玠守和尚原以拒金。

【纲】十二月,金人寇熙河,副总管刘惟辅死之。金娄室卒。【目】金人掠熙河,惟辅击败之,杀五千余人;已而复至,惟辅顾熙河尚有积粟,恐金人因之以守,急出焚之。为金人所执,捽以去,惟辅曰:"死犬!斩即斩,吾头岂汝捽也!"顾坐上客曰:"国家不负汝,一旦遽降敌邪!"即闭口不言而死,所部亦多不屈被杀。

【纲】定差役法。 【目】帝在河朔亲见闾阎之苦,尝叹知县不得其人,一充役法,即至破家。及即位,深加讲议,乃定差役法。以二十五家为一保,十大保为一都,内选才力高富者二人充都保,主一都盗贼烟火之事,其次有保长。若品官,则一品限田五十顷,至九品五顷。免差,子孙荫尽则同编户。太学生及得解经省试者,许募人充役。军丁女户及孤弱悉免。

【纲】金兵又攻下泾原诸州、军。

【纲】冬至节，高宗率领百官遥拜徽、钦二帝。

【纲】张浚驻扎兴州，派遣吴玠镇守和尚原（今陕西宝鸡西南），以抗拒金兵。

【纲】十二月，金人入侵熙河，副总管刘惟辅被杀。金娄室死。【目】金兵劫掠熙河，刘惟辅击败金兵，杀敌五千余人。随后金兵又来，刘惟辅虑及熙河尚有不少存粮，唯恐金人靠存粮固守，急忙烧粮，不料被金人逮捕，抓住他的头发拖着走。刘惟辅说："死狗！要杀就杀，我的头岂是让你揪的！"并向坐上之客喊道："国家没有对不住你，你怎么一旦之间就投降了！"喊毕闭嘴不再说话，一直到死，他的部下也多不屈而被杀害。

【纲】制定差役法。【目】高宗在河北亲眼见到了民间的苦难，曾慨叹知县人选不当，一道充役法，就能导致家破人亡。即位后经过深入地研究讨论，才制定差役法：以二十五家为一保，十个大保为一都，都内选择有才干而且富有者二人充当都保，主管一都内盗贼火警等事，都保以下设有保长。至于品官，则一品官限制占田五十顷，到九品为五顷，其家免除差役，其子孙受荫庇至一定期限，就与平民一样。太学生和能通达经书参加礼部考试的人，允许募人代役。凡军士及户中只有女人或孤寡户都免役。

纲鉴易知录卷七九

南宋纪

高宗皇帝

【纲】辛亥,绍兴元年,春正月,以张俊为江淮、招讨使,岳飞副之。 【目】时孔彦舟据武陵;张用据襄、汉,李成据江、淮、湖、湘十余郡,尤悍强,连兵数万,有席卷东南之意,久围江州。朝廷患之,以俊为招讨使。俊请岳飞同讨,许之。

【纲】李成陷江州。 【目】未几,复陷筠州。

【纲】谢克家罢。二月,以秦桧参知政事。
【纲】三月,张俊、岳飞大败李成于楼子庄,群盗皆遁。
【纲】武功大夫张荣击败金兵于兴化,挞懒北遁。 【目】荣本梁山泺渔人,聚舟数百,以劫掠金人。杜充时尝借补武功大夫,金人南侵,攻之不克。及金兵退,荣袭据通州,联舟入兴化缩头湖,作水寨以守。金挞懒在泰州,谋再渡江,欲先破荣寨,荣率舟师与之遇,见金战舰不多,余皆小舟,时水退隔泥淖不能前,乃舍舟登岸,大呼而击之。金人不得骋,舟中自乱,溺水及陷泥淖者不可胜计,俘馘五千余人。挞懒收余众奔还楚州,退屯宿迁,寻北去。荣告捷于朝,遂以荣知泰州。

【纲】张浚军阆州,分诸将守川、陕。

【纲】夏四月,隆祐皇太后孟氏崩。

高宗皇帝

【纲】绍兴元年（辛亥，1131），春正月，任张俊为江淮招讨使，岳飞为副招讨使。【目】当时孔彦舟占据武陵（今湖南常德）；张用占据襄、汉（今湖北光化、襄阳、宜城等地）；李成占据江、淮、湖、湘十多个郡（江、淮、湖、湘指今江苏、安徽、湖北、湖南），最为强悍。他们拥兵数万，彼此相连，有席卷东南之意，并长期围困江州（治德化县，今江西九江），成为朝廷的祸患，宋高宗任张俊为招讨使。张俊要求与岳飞同征，宋高宗应允了。

【纲】李成攻陷江州。【目】不久，又攻下筠州（治高安县，今江西高安）。

【纲】谢克家免官。二月，任命秦桧为参知政事。

【纲】三月，张俊、岳飞在楼子庄大败李成，群盗都败逃。

【纲】武功大夫张荣在兴化（今江苏兴化）大败金兵，挞懒北逃。【目】张荣本是梁山泺（在今山东梁山县东南梁山下）的渔民，聚集起数百条船只，专门劫掠金人。杜充任相时，他曾为武功大夫。金兵向南方进犯，曾攻打他，但没有得手。金兵退走后，张荣攻占通州（治静海县，今江苏南通），把船队驶入兴化缩头湖，修建水寨从事防守。金挞懒在泰州（治海陵县，今江苏泰州），企图再次渡江，打算先破张荣的水寨。张荣率领水军与金兵交手，发现金兵战舰不多，且都是些小船，当时水退了，船为泥沼所阻隔不能前进，张荣于是弃船登岸，呐喊着杀向敌人。金兵船不能动，不战自乱，淹死和陷入泥沼中的不计其数，被俘获五千多人。挞懒收拾残兵逃回楚州（治山阳县，今江苏淮安），退驻宿迁（今江苏宿迁南），不久就北还。张荣向朝廷报捷，宋高宗就任命张荣为泰州知州。

【纲】张浚驻扎在阆州（治阆中县，今四川阆中东），分派诸将驻守川、陕。

【纲】夏四月，隆祐皇太后孟氏去世。

【纲】刘光世复楚州。

【纲】五月,作"大宋中兴"玉宝。

【纲】张俊追败李成于黄梅,成奔刘豫。岳飞招张用,降之。【目】俊引兵渡江,追成至蕲州黄梅县,大败之,其众数万皆溃。成北走,降刘豫。用复寇江西。岳飞与用俱相人,以书谕之曰:"吾与汝同里,欲战则出,不战则降。"用得书,遂帅众降,江、淮悉平。张俊奏飞功第一,诏进飞右军都统制,屯洪州,弹压盗贼。

【纲】六月,张浚以吴玠为陕西诸路都统制。

【纲】秋七月,封太祖后令话为安定郡王。 【目】先是,下诏曰:"太祖创业垂统,德被万世。神宗初,封子孙一人为安定郡王,今其封久不举,有司具上应袭封者。"至是,以德昭玄孙令话为安定郡王,自后袭封不绝。

【纲】范宗尹免。

【纲】八月,张浚杀前威武大将军曲端。 【目】浚既败于富平,乃思端言,召之还,稍复其官,徙阆州,将复用之。吴玠憾端,因言:"端再起,必不利于公。"王庶又从而间之,玠复书"曲端谋反"四字于手以示浚,庶又言端尝作诗题柱曰:"不向关中兴事业,却来江上泛渔舟。"谓其指斥乘舆。浚乃送端于恭州狱。有武臣康随者,尝以事忤端,端鞭其背,随深憾之。及浚以随提点夔路刑狱,端闻之曰:"吾其死矣。"随至,命狱吏絷维端,以纸糊其口,燔之以火。端干渴求饮,与之酒,九窍流血而死。陕西士大夫莫不痛惜之,军士怅恨,有叛去者。

【纲】以李回参知政事,富直柔同知枢密院事。

【纲】刘光世收复楚州。

【纲】五月，制作刻有"大宋中兴"字样的玉印。

【纲】张俊追赶并击败李成于黄梅（今湖北黄梅西北），李成逃亡投向刘豫。岳飞招抚张用，张用归降。　【目】张俊领军渡江，追击李成至蕲州黄梅县，大败李成，其部下数万人溃败逃散。李成逃往北方，归降刘豫。张用又侵犯江西，岳飞和张用都是相州汤阴（今河南汤阴）人。岳飞写信劝告他："我和你同乡，如果打算与我交战，你就出兵，否则你就投降。"张用接到书信，就率领部众投降，从此江、淮全部平定。张俊向皇帝奏明岳飞战功第一，皇帝下诏升岳飞为右军都统制，屯守洪州（治南昌县，今江西南昌），弹压盗贼。

【纲】六月，张浚任用吴玠为陕西诸路都统制。

【纲】秋七月，封太祖后裔赵令话为安定郡王。　【目】在此之前，宋高宗下诏说："太祖创立基业传给后代，恩德万世永垂。神宗初年，封太祖子孙一人为安定郡王，现在这个爵位长期无人承袭，令主管此事的官吏呈报应该承袭王位的人选。"这时，以赵德昭的玄孙令话为安定郡王，此后承袭封号者不绝。

【纲】范宗尹被免官。

【纲】八月，张浚杀前威武大将军曲端。　【目】张浚在富平战败之后，于是考虑曲端的话，召回曲端，逐渐恢复他的官职，将他迁到阆州，准备再起用他。吴玠对曲端怀恨在心，说："曲端再起，对您必定不利。"同时在手心上写了"曲端谋反"四个字给张浚看。王庶也从中挑拨离间，说曲端曾在柱上题诗道："不向关中兴事业，却来江上泛渔舟。"说他是在指斥皇帝。张浚于是逮捕曲端并把他押入恭州（即渝州，治巴县，今四川重庆）狱中。有一个武官叫康随的，曾因事触犯曲端，被鞭打背脊，为此深深怀恨在心。张浚委派康随为夔州路（治夔州城，今四川奉节）刑狱提点，曲端听说后说："我将要死了。"康随命狱吏捆住曲端，拿纸糊住他的嘴，用火烤他，曲端干渴要求饮水时就给酒喝，曲端九窍流血而死。陕西的士大夫没有不悲痛惋惜的，曲端手下的军士失意愤恨，有些人叛离而去。

【纲】任命李回为参知政事，富直柔为同知枢密院事。

【纲】以秦桧为尚书右仆射、同平章事兼知枢密院事。【目】范宗尹既去,桧欲得其位,因扬言曰:"我有二策,可耸动天下。"或问:"何不言?"桧曰:"今无相,不可行也。"帝闻,乃有是命。

【纲】诏赠程颐直龙图阁。

【纲】以吕颐浩为尚书左仆射同平章事,兼知枢密院事。

【纲】复修日历。 【目】翰林学士汪藻言:"本朝宰相皆兼史馆,故书榻前议论之词则有时政记,(录)柱下见闻之实则有起居注,谓之日历,所以备言,垂一世之典。苟旷三十年之久,漫无一字,何以示来世?"帝从之,即以命藻。

【纲】长星见,诏求直言。

【纲】冬十一月,李回罢。

【纲】王德歼邵青之众于崇明沙,获青送行在。 【目】青寇宣州,进围太平,刘光世招降之,寻复叛去,聚其党于崇明沙,将犯江阴。光世令都统制王德讨之。德执旗麾兵,拔栅以入,青众大溃。翌日,余党复索战,谍言贼将用火牛,德笑曰:"此古法也,可一不可再。"命合军持满,阵始交,万矢齐发,牛皆返奔,贼众歼焉。青自缚请命,德献诸行在,余党悉平。

【纲】以孟庾参知政事。

【纲】金兀术寇和尚原,吴玠及其弟璘大败之,兀术遁。【目】玠自富平之败,收散卒保和尚原,积粟缮兵,列栅为死守计。或谓玠宜退屯汉中,扼蜀口以安人心。玠曰:"我保此,敌决不敢越我而进,是所以保蜀也。"玠在原上,凤翔民感其遗惠,相与夜输刍粟助之,玠偿以银帛,民益喜,输者益多。金人怒,伏兵渭河邀杀之,且令保伍连坐,民冒禁如故。

【纲】任命秦桧为尚书右仆射、同中书门下平章事兼知枢密院事。
【目】范宗尹免官后,秦桧打算谋取他的职位,因而扬言说:"我有两条计策,可惊动天下。"有人问他:"为什么不说呢?"秦桧说:"现在没有宰相,不能实行呀。"宋高宗听说后才有这个任命。

【纲】宋高宗下诏赠程颐为直龙图阁。

【纲】任命吕颐浩为尚书左仆射、同中书门下平章事兼知枢密院事。

【纲】恢复编修日历。 【目】翰林学士汪藻说:"本朝宰相都兼管史馆,所以凡皇帝在书案前对朝政的议论都有时政记录在卷,皇帝在宫廷的活动则有起居注,这些称为日历,用以记载言论,作为一代典则。如果空缺三十年之久,没有一字记录,将何以垂示下一代呢?"宋高宗听从了他的意见,任命汪藻负责此事。

【纲】长星出现,宋高宗下诏征求直言进谏。

【纲】冬十一月,李回免官。

【纲】王德在崇明沙(今上海崇明)歼灭邵青的部众,邵青被俘送往行在。 【目】邵青侵犯宣州(治宣城县,今安徽宣城),进而围困太平州(治当涂县,今安徽当涂),刘光世招降了他,不久又叛离而去,在崇明沙聚集党羽,要进犯江阴(今江苏江阴),刘光世命令都统制王德去征讨他。王德高举战旗,亲临指挥,攻入营栅,邵青人马大溃。第二天邵青纠集残部又来求战,有侦察说:"贼军要用火牛进攻。"王德笑道:"这是古代的方法,只可干一次,不能重复。"命令全军拉满了弓,刚一交阵,万箭齐发,牛都往回跑,结果贼军被歼。邵青捆住自己前来请罪,王德将他押送行在,余党都被平定。

【纲】任命孟庾为参知政事。

【纲】金兀术侵犯和尚原(在今陕西宝鸡市西南),吴玠和他的弟弟吴璘大败金军,金兀术逃走。 【目】吴玠从富平战败以后,收集散失士卒守住和尚原,储备粮食,补充军械,建筑营寨,准备死守。有人说吴玠应退而屯守汉中(今陕西汉中),扼住蜀地的咽喉要道,以安定人心。吴玠说:"我保住此地,敌人决不敢越过我而前进,这也就保住蜀地了。"吴玠在和尚原上,凤翔百姓感激他的恩惠,在夜间输送粮草

金将没立自凤翔,乌鲁折合自阶、成出散关,约日会和尚原。乌鲁折合先期至,阵北山,索战,玠命诸将坚阵待之,更战迭休,金人大败遁去。没立方攻箭笴关,玠复遣将击破之。两军终不得合。金人自起海角,狃于常胜,及与玠战辄败,愤甚,谋必取玠。于是,兀术会诸帅兵十余万,造浮梁跨渭,自宝鸡结连珠营,垒石为城,夹涧与官军相拒,进薄和尚原。玠与弟璘选劲弩,命诸将分番迭射,号"驻队矢",连发不绝,繁如雨注;敌稍却,则以奇兵旁击,绝其粮道,度其困且走,设伏于神岔以待之。敌至伏发,遂大乱。玠因纵兵夜击,大败之。兀术中二流矢,仅以身免,亟剃其须髯而遁。

初,金人之至也,玠与璘以散卒数千驻原上,朝问隔绝,人无固志。有谋劫玠之兄弟北降者,玠知之,召诸将歃血盟,勉以忠义,皆感泣,愿尽死力,故能成功。

【纲】初置见钱关子。 【目】时命张俊屯婺州,有司请桩办合用钱,而路不通舟,钱重难致,乃造关子付婺州,召商人入中以给军食。商人执关子于榷货务请钱,愿得茶、盐、香货、钞引者听。于是州县以关子充籴本,未免抑配,而榷货务又止以日输三分之一偿之,人皆嗟怨。

【纲】以孟庾为福建、江西、荆湖宣抚使,韩世忠副之。

来帮助他，吴玠给大家银帛作为代价，人民劲头更高，输送粮草的人就更多了，金人发怒，在渭河（在今陕西宝鸡南）设下伏兵，截杀运送粮草的百姓，并且命令百姓结为保伍，有罪就共同连坐，但人民却甘冒禁令照旧行动。

金将领没立从凤翔，乌鲁、折合从阶州（治福津县，今甘肃武都）、成州（治上禄县，今甘肃成县西）出了散关（在今陕西宝鸡西南），约定日期在和尚原会师。乌鲁、折合先期到达，在北山列阵求战。吴玠命令诸将坚守阵地以待敌，各军轮流与敌军交战，轮流整休，金军大败而逃。没立正攻打箭筈关（即箭括关，在今陕西乾县西）时，吴玠又派兵将其击败。敌两军到底没能会合。金人自从在海边起事，习惯于常胜不败，但和吴玠交战总是失败，非常恼火，决心打败吴玠。于是，金兀术会同诸帅，发兵十余万，修造浮桥横跨渭水，从宝鸡结下连珠营，垒石块为城堡，隔着涧水与官军相对峙，进逼和尚原。吴玠和弟弟吴璘挑选强有力的弓箭，命诸将轮流射击，号称"驻队箭"，可连续发射不停，箭密得像下雨一样。敌军稍一退却，吴玠就从旁路出奇兵袭击，断绝了敌人运粮通路。他揣度敌人将要撤退，则在神岔设下伏兵，敌人刚到，伏兵四起，敌阵大乱。吴玠又派兵在夜间攻袭，敌军大败。金兀术中了两支流箭，仅逃出一命，仓皇地剃掉胡须逃跑了。

开始，金人到来时，吴玠与吴璘带着士卒数千人驻扎在和尚原上，与朝廷音信隔断，人心不坚，甚至有阴谋劫持吴玠兄弟向金人投降的，吴玠得知后，召集诸将歃血盟誓，以忠义之志勉励大家，诸将都感动得痛哭流涕，愿竭尽死力，因此才能取得成功。

【纲】开始设置现钞关子。 【目】当时朝廷命张俊屯兵在婺州（治金华县，今浙江金华），有关官署请求储备需用的钱，但舟船不通，钱重难以运送，于是制造关子交付婺州，召集商人前去供应军粮，商人可持关子到榷货务，申请钱币，如愿获得凭以支领茶、盐、香货的钞引，听任自便。于是州县都拿关子充当籴粮的资金，也难免有向商人摊派的，而榷货务每天只交付商人所付货的三分之一的钱，以至大家都发出怨言。

【纲】任命孟庾为福建、江西、荆湖宣抚使，韩世忠为副使。

【目】初,建人范汝为作乱,破建阳。命辛企宗讨之,不克,其势益炽。乃命庾为宣抚使,世忠副之,发大军由温台路入闽。汝为闻大军将至,亟入据建州。

【纲】富直柔罢。

【纲】十二月,金以陕西地界刘豫。

【纲】壬子,二年,春正月,复贤良方正直言极谏科。

【纲】韩世忠拔建州,范汝为自焚死。 【目】世忠闻汝为入建州,曰:"建居闽岭上流,贼沿流而下,七郡皆血肉矣。"亟率步卒三万,水陆并进,直抵凤凰山,五日破之,汝为自焚死。世忠初欲尽诛建民,李纲自福州驰见世忠曰:"建民多无辜。"世忠乃令军士驻城上,听民自相别,农给牛谷,商贾弛征禁,胁从者汰遣,独取附贼者诛之。民感更生,家为立祠。捷闻,帝曰:"虽古名将何以加?"世忠因进讨江西、湖、广诸盗。

【纲】帝如临安。

【纲】二月,以李纲为湖、广宣抚使。

【纲】帝初御讲殿。

【纲】三月,河南镇抚使翟兴为其下所杀,诏以其子琮代之。 【目】刘豫将迁汴,以兴屯伊阳山,惮之,遣蒋颐持书诱兴以王爵;兴斩颐而焚其书。豫复阴啖兴裨将杨伟以利,伟遂杀兴,携其首奔豫。兴在河南累年,军少乏食,而能激以忠义,士莫不自奋,金人畏之,诸陵得不侵犯。诏以其子琮嗣职。

【纲】夏四月,以翟汝文参知政事。

【目】起初,建州建安县(今福建建瓯)人范汝为造反,攻下建阳(今福建建阳)。宋高宗命辛企宗前去讨伐,不能取胜,范汝为的势力却越来越大了。于是又命孟庾为宣抚使,韩世忠为副使,派大军从温台路入闽县(福州治所,今福建福州)。范汝为听说大军将到,马上占据建州。

【纲】富直柔被免官。

【纲】十二月,金人将陕西地区给与刘豫。

【纲】绍兴二年(壬子,1132)春正月,科举考试恢复贤良方正、直言极谏科。

【纲】韩世忠攻下建州,范汝为自焚而死。 【目】韩世忠听说范汝为入据建州,说:"建州位于闽岭上游,寇贼沿河而下,七郡都会受屠戮。"于是迅速领步兵三万人,水陆并进,直抵凤凰山(在今福建建瓯东),五天,攻破建州城,范汝为自焚而死。韩世忠一开始想杀建州人,李纲从福州骑马飞驰而来见韩世忠,劝道:"建州百姓大多数是无辜的。"韩世忠才命令军士驻扎在城上,听任百姓自行区别,是农民的给予牛和谷物,是商人的缓征税收,是范汝为所胁从的士卒罪轻的,遣放他们,只杀那些坚决归附贼寇的人。人民感激有了新生路,家家为韩世忠建立祠堂。捷报传到朝廷,宋高宗说:"纵然是古代名将,能有谁超过韩世忠呢?"韩世忠继而进军讨伐江西、湖广各地盗寇。

【纲】宋高宗前往临安。

【纲】二月,任命李纲为湖广宣抚使。

【纲】皇帝初次临殿听讲经。

【纲】三月,河南镇抚使翟兴被其部下杀死,宋高宗下诏令他的儿子翟琮替代父职。 【目】刘豫将要迁往汴京(今河南开封),但翟兴屯驻在伊阳山砦,令他畏惧,就派遣蒋颐以王爵为饵诱降翟兴,翟兴严辞斥责并将蒋颐斩首,烧了劝降书。刘豫又私下里买通翟兴的偏将杨伟,杨伟谋杀翟兴后提着他的人头投奔刘豫。翟兴在河南多年,军队人数少,粮食又短缺,而能以忠义激励大家,将士们无不奋勇杀敌。金人对他十分畏惧,因此宋王室的陵墓才得以不受侵犯。他死后宋高宗下诏令其子翟琮承袭父职。

【纲】夏四月,任命翟汝文为参知政事。

【纲】诏吕颐浩都统江、淮、荆、浙诸军事,开府镇江。 【目】颐浩屡请出师,身自督军北向,乃命颐浩开府镇江。颐浩辟文武士七十余人,以神武后军及御前忠锐崔增、赵延寿二军从行,韩世忠、张俊、刘光世、岳飞、王瓌、杨沂中等皆录焉。

【纲】刘豫徙居汴。 【目】豫至汴,尊其祖考为帝,置于宋太庙。是日,暴风卷旗,屋瓦皆振,士民大惧。时河、淮、山东、陕西皆屯金军,刘麟籍乡兵十余万,为皇太子府军,分置河南、汴京淘沙官,两京冢墓发掘殆尽,赋敛烦苛,民不聊生。

【纲】岳飞追曹成,大败之,成走邵州。 【目】盗曹成初陷道州,复陷贺州,拥众十余万,由江西历湖、湘,据道、贺二州。命岳飞权荆湖东路安抚都总管,付金字牌、黄旗招成。成闻飞至,惊曰:"岳家军来矣。"即遁。飞追至贺州,力战,大破之。成乃自桂岭置砦至北藏岭,连控隘道,以众十余万守蓬头岭。飞部才八千人,一鼓登岭,破其众,成奔连州。飞谓部将张宪、徐庆、王贵曰:"成党散去,追而杀之,则胁从者可悯;纵之,则复聚为盗。今遣若等诛其首而抚其众,慎勿妄杀,累上保民之仁。"于是宪自贺、连,庆自邵、道,贵自郴、桂,招降者二万,与飞会连州;进讨,成走入邵州。

【纲】五月,以权邦彦签书枢密院事。

【纲】育太祖后子偁之子伯琮于宫中,赐名瑗。 【目】元懿太子卒,帝未有后,范宗尹尝造膝请建太子,帝曰:"太祖以神武定天

【纲】宋高宗下诏令吕颐浩都统江、淮、浙诸军事,开建府署于镇江。 【目】吕颐浩屡次要求出兵,由自己督率军队向北进军,于是命他在镇江开建府署。吕颐浩举荐文武官员七千多人,宋高宗派神武后军和御前忠锐军崔增、赵延寿二军随行。韩世忠、张俊、刘光世、岳飞、王瓊、杨沂中等皆隶属于他。

【纲】刘豫迁徙到汴京。 【目】刘豫到了汴京,尊他已去世的祖父、父亲为皇帝,神位安置在宋的太庙中。安置的那一天,狂风卷走旗帜,屋瓦振动轰鸣,官民们都非常惊恐。当时河、淮、山东、陕西都驻扎着金军,刘麟强征乡兵十多万人,设立皇太子府库,还分别在河南、汴京设置淘沙官,专门挖坟取宝,两京的坟墓都快被挖完了,同时横征暴敛极为苛重,民不聊生。

【纲】岳飞追击并大败曹成,曹成逃往邵州(治邵阳县,今湖南邵阳)。 【目】盗贼曹成起初攻陷道州(治营道县,今湖南道县),又攻陷贺州(治临贺县,今广西贺州市八步区东南贺街镇),拥有部众十多万人。他由江西经过湖、湘,占据道、贺二州。宋高宗令岳飞为权荆湖东路安抚都总管,交给他金字牌和黄旗去招降曹成。曹成听说岳飞到了,惊惶地说:"岳家军来啦",立刻逃跑了。岳飞追到贺州,奋力作战,大败曹军。曹成从桂岭(即临贺岭,在今广西贺州市八步区东北)到北藏岭,遍设栅栏,控制狭隘的道路,派十余万人守住蓬头岭。岳飞的队伍才八千人,一鼓作气登上山岭,击败守兵,曹成逃往连州(治桂阳县,今广东连州市)。岳飞对部将张宪、徐庆、王贵说:"曹成的党羽现已逃散,若追上去杀掉他们,则那些胁从者很可怜悯;若放掉他们,又会聚集为盗贼,今派你们只杀首恶而安抚部众,千万慎重,不要滥杀人,而有碍于皇上保民的仁慈之意。"于是张宪从贺州、连州,徐庆从邵州、道州,王贵从郴州(治郴县,今湖南郴州)、桂州(治临桂县,今广西桂林)出发,招降了两万人,他们与岳飞在连州会师,继续进讨,曹成逃入邵州。

【纲】五月,任命权邦彦为签书枢密院事。

【纲】抚养太祖后代子伋之子伯琮于宫中,赐名赵瑗。 【目】元懿太子去世后,宋高宗没有后嗣,范宗尹曾面请设立太子。高宗说:"太

下，子孙不得享之，遭时多艰，零落可悯。朕若不法仁宗，为天下计，何以慰在天之灵？"于是诏知内外宗正事，令广选太祖后，将育宫中。会上虞县丞娄寅亮上书曰："先正有言：'太祖舍其子而立弟，此天下之大公。周王薨，章圣取宗室育之宫中，此天下之大虑。'仁宗感悟其说，召英宗入继大统，文子文孙，宜君宜王，遭罹变故，不断如带。今有天下者，独陛下一人而已，属者椒寝未繁，前星不耀，孤立无助，有识寒心，天其或者深戒陛下，追念祖宗公心、长虑之所及乎！崇宁以来，谀臣进说，独推濮王子孙，以为近属，余皆谓之同姓，遂使昌陵之后寂寥无闻，仅同民庶，艺祖在上，莫肯顾歆，此金人所以未悔祸也。望陛下于'伯'字行内，选太祖诸孙有贤德者，视秩亲王，俾牧九州，以待皇嗣之生，退处藩服，庶几上慰在天之灵，下系人心之望。"书奏，帝读之大感叹，至是，选秦王德芳后朝奉大夫子偁之子伯琮入宫，命张婕妤鞠之，生六年矣。其后吴才人亦请于帝，乃复取秉义郎子彦之子伯玖，命才人鞠之。皆太祖后也。寻以伯琮为和州防御使，赐名瑗。

【纲】吕颐浩前军将赵延寿叛，颐浩次于常州，王德追延寿至建平，诛之。

【纲】张浚以刘子羽知兴元府。

【纲】韩世忠招曹成，降之。　【目】世忠既平范汝为，旋师永嘉，若将休息者，忽由处、信径至豫章，连营江滨数十里。群贼不虞其至，大惊，世忠因使董旼招成，成方为岳飞所追，乃率众降。得战士八万，遣诣行在。

【纲】六月，以李横为襄、郢镇抚使。

祖以神武平定天下，他的子孙却没享用，反倒遭逢时世艰难，四散飘零，令人怜悯，朕若不效法仁宗皇帝，为天下着想，如何安慰在天之灵呢？"于是下诏，令掌管皇族事务的官员，广泛地选择太祖后代，准备送入宫中抚养，正值上虞（今浙江上虞东南丰惠镇）县丞娄寅亮上书说："范镇曾说过：'太祖放弃立子而立弟为嗣，这是天下最高尚的大公之心。周王死了，真宗取宗室子在宫中抚养，这是天下最重要的谋虑。'仁宗听后感悟，召英宗继承天子之位。文王的子孙都适合为君为王，虽遭受变故，仍如丝带一样绵连不断。现在拥有天下者，只有陛下一人而已。近来后妃不多，未有太子，陛下孤独无助，令天下有识之士寒心。或者上天在告诫您陛下，要陛下效法祖宗的大公无私之心，作长远的考虑吧！崇宁年间以来，谄媚之臣进言，只推崇濮王的子孙，认为是近亲，其他的都只称为同姓，于是使太祖的后代寂寞冷落不为人知，等同于一般百姓，因此太祖在天之灵，不肯顾临，这就是金人为祸的原因啊。祈望陛下在'伯'字排行的人中，选择太祖孙辈的贤德者，给以亲王待遇，任命为州郡长官，等皇帝有了后嗣，可使退居藩服，望能以此上慰在天之灵，下系人心。"此书奏上后，宋高宗读后非常感动赞叹。这时，选秦王赵德芳的后代朝奉大夫子偁之子伯琮入宫，命张婕妤抚养他，当时六岁了。以后吴才人也向皇帝请求抚养，就又选取秉义郎子彦之子伯玖，命吴才人抚养。这二人都是太祖的后代。不久之后，任命伯琮为和州防御使，赐名赵瑗。

【纲】吕颐浩的前军将领赵延寿叛变。吕颐浩到达常州（治晋陵县，今江苏常州），王德追赵延寿到建平（今安徽郎溪），将他处死。

【纲】张浚派刘子羽为兴元府（治南郑县，今陕西汉中）知府。

【纲】韩世忠招降曹成，曹成归降。　【目】韩世忠平定范汝为之后，回军永嘉（今浙江温州），作出要休整的样子，突然从处州（治丽水县，今浙江丽水西南）、信州（治上饶县，今江西上饶西北）直至豫章（即洪州，今江西南昌），沿长江修建连营数十里，贼寇们没料到韩军到来，非常惊恐。韩世忠因而派董旼去招降曹成；曹成正被岳飞追击，只好率领部众归降。韩世忠得战士八万人，把他们遣送到行在。

【纲】六月，任命李横为襄、郢（郢州治长寿县，今湖北钟祥）镇抚使。

【纲】颁《戒石铭》于州县。 【目】以黄庭坚所书《戒石铭》颁于州县,令刻石。文曰:"尔俸尔禄,民膏民脂。下民易虐,上天难欺。"

【纲】翟汝文罢。 【目】汝文虽为桧所荐,然性刚,不为桧屈,至对案相诟,目桧为金人奸细,故不得久居位。

【纲】秋八月,召朱胜非兼侍读,罢给事中胡安国及程瑀等二十人。 【目】帝初即位,召安国为给事中,黄潜善恶之,遂罢。潜善去,复召为中书舍人,兼侍讲。安国因上"时政论"二十一篇,其言以为:"保国必先定计,定计必先建都,建都择地必先设险,分土必先制国,制国以守必先恤民。夫国之有民,犹人之有元气,不可不恤也。除乱贼,选县令,轻赋敛,更弊法,省官吏,皆恤民事也。而行此有道,必先立政;立政有经,必先核实,而后赏罚当;赏罚当,而后号令行,人心顺从,惟上所命,以守则固,以战则胜,以攻则服;天下定矣。然欲致此,顾人主志尚如何耳。尚志,所以立本也;正心,所以决事也;养气,所以制敌也;宏度,所以用人也;宽隐,所以明德也:具此五者,帝王之能事毕矣。"论入,改给事中。入对,以疾力求去,帝曰:"闻卿深于春秋,方欲讲论。"遂以左氏传付安国点句、正音。安国言:"春秋经世大典,见诸行事,非空言比。方今思济艰难,左氏繁碎,不宜虚费光阴,耽玩文采,莫若潜心圣经。"帝善之,命兼侍读,专讲《春秋》。

先是,秦桧欲倾吕颐浩而专政,乃多引知名士布列清要以自助。安国尝闻游酢论桧人材可方荀文若,故力言桧贤于张浚诸人。及颐浩自常州还,憾桧欲去之,问计于席益,益曰:"目为党可也。今

【纲】在各州县颁布《戒石铭》。 【目】将黄庭坚所写的《戒石铭》颁发给各州县,并命刻于石上。其文说:"你们的俸禄,是人民的脂膏。虐待在下的百姓容易,但是上天却难以欺骗。"

【纲】翟汝文免官。 【目】翟汝文虽然是秦桧所推荐的,然而性情刚烈,不屈从秦桧,甚至和秦桧对坐同桌相骂,把秦桧看作是金人的奸细,因此他为官不得长久。

【纲】秋八月,召朱胜非兼任侍读,给事中胡安国和程瑀等二十人免官。 【目】宋高宗刚即位时,召胡安国为给事中,由于黄潜善憎恶他,而被免了职。黄潜善离去后,又任命胡安国为中书舍人,兼侍讲。胡安国因而呈上《时政论》二十一篇,他的言论认为:"保国必须先定计,定计必须先建立国都,建都选择地址必须先设置险阻。裂土分封必须先制定法律,制定法律守护国家必须先体恤人民。一个国家之有百姓,就像一个人有元气一样,不可不加以爱护。铲除乱贼,选择县令,减轻赋税征收,更改不良法令,裁减冗官,都属于体恤人民的事。要想这些执行有术,必须先确立起良好的政纲。确立良好政纲有一定的准则,一必须先核察实情,然后才会赏罚得当。赏罚得当而后号令才能行得通,人心才能顺从,只听命于君上,能做到这些守则牢固,战则必胜,攻则必使敌人降服,天下就平定了。当然,想达到这程度,只在君主的志向如何罢了。高尚其志,能建立根基;端正心意,能决断大事;修养性气,能制服敌人;宽宏大度,能使用人才;宽厚隐忍,能修明德性。具备了这五方面,作为帝王能做到的事就齐全了。"《时政论》呈上后,胡安国改任给事中。入朝对答时,因有病竭力要求离职。宋高宗说:"听说你精通《春秋》,正要讲论呢。"因命胡安国把《左氏传》加以断句、订正读音。胡安国说:"《春秋》是治国的重要经典,体现在行动中,非空论可比。当前要解除艰难的处境,《左氏传》太繁细琐碎,不宜浪费时间去欣赏它的文采,不如专心研究《春秋经》。"宋高宗认为他说得对,任命他兼任侍读,专讲《春秋经》。

在此以前,秦桧想陷害吕颐浩而专权,于是引荐许多知名之士安排在清贵显要的职位上,以利于自己揽权。胡安国曾听游酢论及秦桧的人材出众可与荀彧相比,因此极力声言秦桧贤于张浚等人。及至吕

党魁胡安国在琐闼，宜先去之。"会颐浩荐知绍兴府朱胜非代己都督，帝从之。命下，安国奏："胜非与黄潜善、汪伯彦同在政府，缄默附会，驯致渡江，尊用张邦昌，结好金虏，沦灭三纲，天下愤郁；及正位冢司，苗、刘肆逆，贪生苟容，辱逮君父。今强敌凭陵，叛臣不忌，用人得失，系国安危，深恐胜非上误大计。"帝为罢都督之命，改兼侍读，安国复持录黄不下，颐浩特命检正黄龟年书行。安国言："有官守者不得其职则去。臣今待罪无补，既失其职，当去甚明。况胜非既臣论列之人，今朝廷乃称胜非处苗、刘之变，能调护圣躬。昔公羊氏言祭仲废君为行权，先儒力排其说，盖权宜废置，非所施于君父，《春秋》大法，尤谨于此。建炎之失节者，今虽特释而不问，又加进擢，习俗既成，大非君父之利。臣以春秋入侍，而与胜非为列，有违经训。"遂卧家不出。颐浩劝帝降旨，落职提举仙都观。秦桧三上章留之，不报。侍御史江跻、左司谏吴表臣论胜非不可用，安国不当责，于是与张焘、程瑀、胡世将、刘一止、林待聘、楼炤等二十余人皆坐桧党，并落职罢官，台省为之一空。

【纲】以孟庾同都督江、淮、荆、浙诸军事。

【纲】秦桧免，榜其罪于朝堂。　【目】先是起居郎王居正与秦桧善，及桧执政，与居正论天下事甚锐，既相，所言皆不酬。居正疾其诡，言于帝曰："秦桧尝语臣：'中国之人，唯当著衣啖饭，共图中兴。'臣时心服其言。桧又自谓：'为相数月，必耸动天下。'今为相设施止是。愿陛下以臣所言，问桧所行。"桧闻而憾之，出居正知婺

颐浩从常州回来，对秦桧不满，打算使他去职，向席益询问计策，席益说："可以把他视为朋党。现在朋党的魁首胡安国在宫禁之中，应该先除掉他。"正值吕颐浩举荐绍兴知府朱胜非替代自己为都督。宋高宗听从了。诏命下达以后，胡安国上奏道："朱胜非与黄潜善、汪伯彦同在朝廷，他默不作声，而附会黄、汪的意见，结果导致王室南渡，专用张邦昌，结好于金人，使君臣父子夫妇三纲沦亡，天下人愤恨忧郁。朱胜非为相时，苗傅、刘正彦叛乱，他却贪生怕死，苟且容忍，使君父受尽屈辱。现在强敌侵凌，叛臣肆无忌惮。用人的得失，与国家安危紧密相关，我深恐朱胜非会贻误国家大计。"宋高宗由于该奏，中止任朱胜非为都督的诏命，改为兼任侍读。胡安国又扣下诏敕不给下达，吕颐浩特为命令检正黄龟年用书面记了任命并予下达。胡安国说："居官守职的人，不能执行职务就应去职。我现在居官而不胜其职，已失职守，应当免官，这道理很清楚。况且朱胜非是我弹劾过的人，而现在朝廷说他在苗傅、刘正彦叛乱时，能调护皇帝。过去公羊氏说祭仲废君是懂得权宜行事。先代儒者都竭力反对这种说法，因为对君父不能施行权宜之计而加以废立，《春秋经》的大义，对这一点尤其谨严。建炎年间丧失节操的人，现在特加释免不加追究，还给升官，这种做法已成习俗，对君父太不利了。我是因为讲《春秋经》而入宫侍奉皇帝的，而与朱胜非同列于朝廷，有违《春秋经》的教诲。"于是就躺在家里不肯入朝。吕颐浩劝皇帝降旨，将胡安国免职，调为提举仙都观。秦桧三次上表章请求挽留他，没有回答。侍御史江跻、左司谏吴表臣上奏论朱胜非不可用，胡安国不应受责，于是与张焘、程瑀、胡世将、刘一止、林待聘、楼炤等二十多人皆以秦桧同党的罪名，一起被免官，台省因此几乎空缺无人。

【纲】任命孟庾为同都督江、淮、荆、浙诸军事。

【纲】秦桧免官，在朝廷上出榜公布他的罪行。　【目】在此以前，起居郎王居正与秦桧友善。秦桧执政后，与王居正议论天下事意见激烈；秦桧当宰相后，对所说过的话从不付诸实践。王居正憎恨他的诡诈，向皇帝进言："秦桧曾对我说：'作为中国人，除了穿衣吃饭，应该共同谋划国家中兴之事。'我当时很佩服他的话。秦桧又自诩过：'我当宰

州。及胡安国罢，桧留之，不报，遂求去。吕颐浩讽侍御史黄龟年劾桧"专主和议，沮止国家恢复远图，且植党专权，渐不可长。"乃罢桧相，仍榜朝堂，示不复用。初桧所陈二策，欲以河北人还金，中原人还刘豫。帝曰："桧言南人归南，北人归北。朕北人，将安归？"桧语乃塞。至是帝召直学士院綦密礼语以是事及居正所言。密礼即以帝意载于制辞，播告中外，人始知桧之奸。

【纲】彗星见，赦，求直言。

【纲】九月，韩世忠大败刘忠于蕲阳，忠走降刘豫。 【目】世忠自豫章移师长沙，刘忠有众数万，据白面山，营栅相望，世忠至，与贼对垒，奕棋张饮，坚壁不动，众莫能测。一夕，与苏格联骑穿贼营，候者诃问，世忠先得贼军号，随声应之，周览以出。喜曰："此天赐也。"夜伏精兵二千于山下，与诸将拔营而进。贼方迎战，伏兵已驰入中军，夺望楼，植旗盖，传呼如雷，贼回顾惊溃，世忠麾将士夹击，大破之；忠走降豫。

【纲】王伦还自金。 【目】伦既被留，久困怀归，乃倡为和议，粘没喝纵之归报。伦至，入对，言金人情伪甚悉，帝优奖之。时方议讨刘豫，和议中格，久之乃以潘致尧为通问使，复如金。

【纲】以朱胜非为尚书右仆射、同平章事兼知枢密院事。

【纲】以王似为川、陕宣抚处置副使。 【目】张浚在关陕三年，训新集之兵，当方张之敌，以刘子羽为上宾，任赵开为转运，擢

相数月,必定震动天下。'现在他当上宰相却只做了这么一点,请陛下用我所说的话,去诘问秦桧究竟干了些什么?"。秦桧听说后怀恨在心,把王居正外调为婺州知州。等到胡安国免官,秦桧挽留他,宋高宗没有答覆,秦桧就要求去职。吕颐浩讽示侍御史黄龟年参劾秦桧"一心议和,阻止国家复兴的远大计划,并结党专权,这种情况不容发展下去。"终于罢免秦桧宰相之职,同时在朝堂出榜文公布,以示不再起用之意。开始时,秦桧所陈述的两条计策,是想把河北百姓交给金人,中原百姓交给刘豫。皇帝诘问:"你说南方人归南方,北方人归北方。朕是北方人,将归何方?"秦桧语塞。到此时,皇帝下令召直学士院綦崇礼,对他谈这件事,和王居正所说的话。綦崇礼按高宗之意将其写入制诏之中,来宣告于朝廷内外,这时人们才知道秦桧的奸诈。

【纲】彗星出现,大赦天下,征求直言进谏。

【纲】九月,韩世忠在蕲阳(今湖北蕲春西南)大败刘忠,刘忠逃走投降刘豫。　【目】韩世忠将军队从豫章转移到长沙,刘忠拥有数万人,占据白面山(在今湖北通城西南),营栅相连。韩世忠抵达后与贼军对垒,但他下棋喝酒,坚守不战,大家猜不透他的意图。一天晚上,他与苏格骑马,穿过贼营,巡逻兵问口令,韩世忠事先已得知贼军口号,随声回答,察视了一番才出来。他高兴地说:"这是天赐啊!"夜间,在山下埋伏两千精兵与诸将攻入贼营,贼寇正面迎战,而伏兵已从背后奔入中军,他们夺下瞭望楼,树起旗帜伞盖,喊杀声如雷。贼军惊恐溃散,韩世忠指挥将士两头夹击,大败贼军;刘忠逃跑,投降刘豫。

【纲】王伦从金国回来。　【目】王伦被金国扣留后,长久受困,渴望返归,就大力倡导和谈,于是粘没喝就放他回来报信。王伦入朝,详尽地回答皇帝的询问,述说金人的情况非常详细。宋高宗对他重加奖赏。由于当时正议论讨伐刘豫,与金议和的事就中止了。很久以后,又派潘致尧为通问使,再次去金国。

【纲】任命朱胜非为尚书右仆射、同中书门下平章事,兼知枢密院事。

【纲】任命王似为川、陕宣抚处置副使。　【目】张浚在关陕三年,训练召集不久的新兵,抵御声势正盛的敌人,他以刘子羽为上宾,任命

吴玠为大将。子羽慷慨有才略，开善理财，而玠每战辄胜，西北遗民归附者众，故关陕虽失，而全蜀安堵，且以形势牵制东南，江、淮亦赖以安。朝廷疑浚杀赵哲、曲端为无辜，任子羽、开、玠为非是，乃以似为副使；浚始不安。

【纲】冬十一月，李纲至潭州，湖南群盗平。

【纲】十二月，罢湖、广宣抚使李纲。 【目】纲上言："荆、湖自昔用武之地，今朝廷保有东南，制驭西北，当于鼎、澧、荆、鄂皆宿重兵，使与四川、襄、汉相接，乃有恢复中原之渐。"会吕颐浩言纲纵暴无善状，而谏官徐俯、刘斐亦劾纲，遂罢提举崇福宫。

【纲】召张浚知枢密院事。

【纲】癸丑，三年，春正月，李横举兵伐金，复颖昌府。 【目】横屡败刘豫及金兵，诏以横为襄阳府、邓、随、郢州宣抚使。

【纲】金人陷金州，王彦走石泉。 【目】王彦守金州，金撒离喝攻之，彦以三千人迎敌而败，退保石泉，撒离喝遂乘胜而进。

【纲】二月，刘子羽、吴玠兵溃于饶风关。金人入兴元；子羽、玠还击，破之。 【目】金人长驱趋洋、汉。刘子羽闻王彦败，亟命田晟守饶风关，而遣人召吴玠入援。玠自河池日夜驰三百里至饶风，以黄柑遗敌，曰："大军远来，聊用止渴。"撒离喝大惊，以杖击地曰："尔来何速邪！"遂悉力仰攻，一人先登，二人拥后，先者既死，后者代攻；玠军弓弩乱发，大石摧压，如是者六昼夜，死者山积。敌乃更募死士，由间道自祖溪关入，绕出玠后，乘高以阚饶风，诸军不支，遂溃。敌入洋州，玠邀子羽去，子羽不可，而留玠同守定军山。

赵开为转运,提拔吴玠为大将。刘子羽为人激昂有雄才大略,赵开善于理财,而吴玠每战常胜,西北留下的很多百姓都归附于他,故而关陕虽失,而整个蜀地仍安然无事,并且以险要地形护卫着东南,江、淮也赖以安定。但朝廷怀疑张浚所杀的赵哲、曲端是无辜的,任用刘子羽、赵开、吴玠也不适宜,于是任命王似为川、陕宣抚处置副使,张浚开始感到不安。

【纲】冬十一月,李纲到潭州,湖南的群盗被平定。

【纲】十二月,湖、广宣抚使李纲罢官。 【目】李纲上奏说:"荆、湖一向是用武之地,现在朝廷保有东南,控驭西北,应在鼎州(治武陵县,今湖南常德)、澧州(治澧阳县,今湖南澧县)、荆州(治江陵县,今湖北江陵)、鄂州(治江夏县,今湖北武汉江夏区)都驻扎重兵,和四川、襄阳、汉中相连接,才能逐渐恢复中原。"正值吕颐浩奏称李纲放纵横暴,没有好的政绩,谏官徐俯、刘斐也奏劾李纲,结果李纲免职,改任为提举崇福宫。

【纲】召张浚为知枢密院事。

【纲】绍兴三年(癸丑,1133)春正月,李横出兵征伐金国,收复颍昌府(即许州,治长社县,今河南许昌)。 【目】李横屡次击败刘豫及金兵,宋高宗下诏,令李横为襄阳府、邓州、随州、郢州宣抚使。

【纲】金兵攻陷金州(治西城县,今陕西安康),王彦逃往石泉(今陕西石泉)。 【目】王彦守金州,金撒离喝攻打金州。王彦以三千人迎敌而战败,退保石泉。撒离喝乘胜而进。

【纲】二月,刘子羽、吴玠军在饶风关(在今陕西石泉西汉水北岸饶风岭上)溃败。金兵进入兴元;刘子羽、吴玠反攻,击败金兵。
【目】金兵长驱直入,向洋州(治兴道县,今陕西洋县)、汉中进军。刘子羽听说王彦战败,速命田晟守卫饶风关,并派人召吴玠来援。吴玠从河池(即凤州,治梁泉县,今陕西凤县东北)日夜奔驰三百里来到饶风,把黄柑送给敌军,吴玠说:"你们大军远道而来,聊且用来止渴。"撒离喝大惊,用手杖敲着地说:"你来得怎么这样快呀!"金兵全力仰攻关城,一个人攀登在先,两个人簇拥在后,前边的战死,后边的顶上去;吴玠军乱箭齐发,巨石从上压下,这样苦战了六天六夜,死尸堆积如山。敌

玠难之，遂退保兴元之西县；子羽亦焚兴元，退保大安之三泉县。撒离喝遂入兴元，至金牛镇。四川大震。

子羽从兵不满三百，与士卒取草芽木甲食之，遗玠书诀别。玠得书，未有行意，其爱将杨政大呼军门曰："节使不可负刘待制。不然，政辈亦舍节使去矣！"玠乃间道会子羽，子羽留玠共守三泉。玠曰："关外，蜀之门户，不可轻弃。"复往守仙人关，子羽以潭毒山形斗拔，其上宽平有水，乃筑壁垒，方成而金人已至，距营十数里。子羽据胡床坐垒口，诸将泣告曰："此非待制坐处。"子羽曰："子羽今日死于此！"敌寻亦引去。时张浚亦移守潼川，子羽遗书言已在此，金人必不南，浚乃止。金兵由斜谷北去。

撒离喝既至凤翔，遣十人持书招子羽，子羽皆斩之，而纵其一还，曰："为我语贼，欲来即来，吾有死尔，何可招也。"

初，子羽闻有金兵，预徙梁、洋之积，及金人深入，馈饷不继，杀马及两河所金军士以食，而子羽、玠复腹背要击之，死伤十五六，疫疠且作，乃引众还。子羽、玠因出师掩其后，金人堕溪涧死者不可胜计，尽弃辎重而走，余兵不能自拔者悉降。子羽遂还兴元。

金人始谋，本谓玠在西边，故涉险东来，不虞玠驰至，虽入三州，而得不偿失。

【纲】权邦彦卒。以席益参知政事，徐俯签书枢密院事。

人又招募敢死之士,由小路从祖溪关绕到吴玠军背后,据高临下,俯视饶风关;各路军队支持不住,于是溃败。金兵进入洋州,吴玠让刘子羽一起撤离,刘子羽拒不撤兵,反而挽留吴玠同守定军山(在今陕西勉县西南)。吴玠感到为难,就退兵守卫兴元的西县(今陕西勉县西)。刘子羽也焚烧兴元,退兵守卫大安的三泉县(今陕西宁强)。撒离喝进入兴元,来到金牛镇(在今陕西宁强东北),四川大为震惊。

跟随刘子羽的兵卒不足三百人,他和士兵都以野草幼芽和树皮为食,并写信与吴玠诀别。吴玠接到书信,没有去救援之意,他的爱将杨政在军门大喊道:"你不可辜负刘子羽,否则,我们这些人也要抛弃你了。"吴玠于是从小路去与刘子羽会合。刘子羽挽留吴玠一起守卫三泉,吴玠说:"关外是蜀地的门户,不能轻易抛弃。"他又去把守仙人关(在今陕西凤县南)。刘子羽鉴于潭毒山(在今四川广元市北)山势陡拔,山顶宽平有水,就修筑壁垒,刚完成,而金兵距军营只有十多里地了。刘子羽摆下胡床,坐在营垒门口,诸将哭着劝他:"这不是你坐的地方。"刘子羽说:"我今天死在这里。"敌人不久领兵撤离了。当时张浚也移兵防守潼川(即梓州,治郭县,今四川三台),刘子羽送信给他,说自己守卫在此,金人必不向南,张浚就不再转移了。金兵由斜谷(在今陕西眉县西南斜峪关)向北撤离。

撒离喝到达凤翔(治天兴县,今陕西凤翔)之后,派十个人带书信招降刘子羽,刘子羽杀了九个,而只放回一人,让他带口信,说:"替我告诉贼寇,要来就来,我只有一死,不可招降!"

起初,刘子羽听说有金兵,预先转移了梁州、洋州的储粮,及至金人深入南方,粮饷接济不上,只能杀马和在两河(指河北,河东)抓来的军士充作食粮,而刘子羽、吴玠对金兵又一次腹背夹击,金兵死伤十分之五、六,再加上瘟疫流行,只好领兵撤回。刘子羽和吴玠随即出兵,乘其不备在后追杀,金兵落入溪涧中死者不计其数,把军用物资全扔了逃跑,剩下那些逃不掉的都投降了。刘子羽于是返回兴元。

金人开始谋划时,本来认为吴玠在西边,故而冒险往东来,不料吴玠飞驰到此,金人虽然进入三州,但得不偿失。

【纲】权邦彦去世。任命席益为参知政事,徐俯为签书枢密院事。

【纲】三月,李横传檄收复东京。刘豫以金人来战于牟驼冈,横师败绩,颍昌复陷。

【纲】夏四月,杨太僭号大圣天王,诏统制王瓊会兵讨之。

【纲】以韩肖胄签书枢密院事,遣使金。
【纲】王彦复金州。
【纲】诏李横等班师还镇,禁边兵侵齐。

【纲】六月,岳飞讨江、广群盗,悉平之。 【目】时虔、吉盗连兵寇掠江、广诸州,帝专命飞平之。飞至虔,固石洞贼彭友悉众至雩都迎战,跃马驰突;飞麾兵即马上擒之,余党皆破降之。初,帝以隆祐太后震惊之故,密令飞屠虔城。飞请诛首恶而赦胁从,帝许焉。虔人感其德,绘像祠之。及入见,帝手书"精忠岳飞"字,制旗以赐之。

【纲】秋九月,吕颐浩免。以刘光世、韩世忠为江东、两淮宣抚使,王瓊、岳飞为荆、湖、江西制置使,分屯沿江诸州。
【纲】冬十月,李成寇襄、邓,李横奔荆南,成遂陷京西六郡。

【纲】十一月,复元祐十科取士法。
【纲】金兀术陷和尚原。
【纲】甲寅,四年,春二月,席益罢。
【纲】三月,吴玠、吴璘与金兀术战于仙人关,大败之。 【目】先是璘守和尚原,馈饷不继,玠虑金人必复深入,且其地去蜀远,乃命璘别营垒于仙人关右之地,名曰杀金平,移兵守之。至是,兀术、撒离喝、刘夔帅步骑十万破和尚原,进攻仙人关,自铁山凿崖

【纲】三月,李横发送檄文,宣布要收复东京(汴京)。刘豫用金兵来到牟驼冈(在今河南开封西北)交战,李横兵败,颍昌又一次陷落。

【纲】夏四月,杨太僭称大圣天王,宋高宗下诏,命统制王瓌集合兵力前去讨伐。

【纲】任韩肖胄为签书枢密院事,出使金国。

【纲】王彦收复金州。

【纲】下诏命李横回军到原镇守地,禁止边境军队侵犯刘豫的齐国。

【纲】六月,岳飞讨伐江、广地区群盗,全部平定。 【目】当时虔州(治赣县,今江西赣州)、吉州(治庐陵县,今江西吉安)的盗贼互相勾连抢掠江西、广东各州。宋高宗专门指命岳飞平定他们。岳飞到达虔州,固石洞的贼寇彭友领全部贼兵到雩都(今江西于都)迎战,骑在马上奔驰冲突,岳飞指挥士卒把他从马上擒获,又打败其他党羽,加以收降。起初,宋高宗因隆祐太后曾受震惊,密令岳飞屠虔城,岳飞请求只杀首恶分子而赦免胁从人员,宋高宗应允了。虔城人感激岳飞的恩德,为他画像造祠堂。后来他入宫朝见皇帝,皇帝亲手写下"精忠岳飞"四字,并制成旗帜赐给他。

【纲】秋九月,吕颐浩被免官。任命刘光世、韩世忠为江东、两淮宣抚使,王瓌、岳飞为荆湖、江西制置使,分别屯守在沿长江各州。

【纲】冬十月,李成劫掠襄阳、邓州,李横逃往荆州南路(治潭州城,今湖南长沙),李成攻陷京西南路(治襄州城,今湖北襄阳市襄州区)六郡。

【纲】十一月,恢复元祐年间的十科取士法。

【纲】金兀术攻陷和尚原。

【纲】绍兴四年(甲寅,1134)春二月,席益罢官。

【纲】三月,吴玠、吴璘与金兀术交战于仙人关,大败金兵。【目】在此以前,吴璘防守和尚原,军队粮饷接济不上。吴玠考虑金人必会再次进兵南方,而且该地离蜀很远,就命令吴璘在仙人关右另建营垒,起名叫杀金平(在今甘肃徽县东南),派兵把守。此时,金兀术、撒

开道，循岭东下。玠以万人守杀金平，以当其冲；璘自武阶路入援，冒围转战七昼夜，始得与玠会于仙人关。

敌首攻玠营，玠击走之，又以云梯攻垒壁，杨政以撞竿碎其梯，以长矛刺之。金军分为二，兀术阵于东，韩常阵于西，璘率锐卒介其间，左绕右萦，随急而后战。

数日，玠大出兵，统领王喜、王武率锐士分紫、白旗入金营，金阵乱，奋击，射韩常中左目，金人始宵遁。玠遣统制官张彦劫横山砦，王俊伏河池，扼其归路，又败之。

是役也，兀术以下皆携妻孥来。刘夔乃刘豫腹心，本谓蜀可图，既不得逞，度玠终不可犯，乃还据凤翔，授甲士田，为久留计，自是不妄动矣。

【纲】以赵鼎参知政事。

【纲】张浚至临安，罢为资政殿大学士，居之福州。　【目】浚虽被召，以刘子羽等军败，秘其事未行。已而诏王似、卢法原赴镇，浚及子羽、王庶、刘锡等俱赴行在。浚至临安，中丞辛炳以宿憾率殿中侍御史常同等劾浚丧师失地，跋扈不臣，遂落职奉祠福州居住，安置刘子羽于白州。浚即日行。诏以王似为川、陕宣抚使，卢法原、吴玠副之。法原寻卒。

【纲】夏四月，徐俯罢。

【纲】五月，以岳飞兼荆南制置使。　【目】时杨太与刘豫通，欲顺流而下。李成既据襄阳，又欲自江西陆行趋浙，与太会。帝命飞为之备。朱胜非言："襄阳，国之上流，不可不急取。"飞亦奏："襄阳等六郡为恢复中原基本，今当先取六郡，以除心膂之病，李成远遁，然后加兵湖、湘，以殄群盗。"帝以语赵鼎，鼎曰："知上流利

离喝、刘夔率领步兵骑兵十万攻下和尚原,进攻仙人关,从铁山(在今甘肃徽县南)凿山崖开通道路,沿着山岭东下。吴玠以万人守卫杀金平,首当其冲;吴璘从武阶路发兵来援,他冒围转战七天七夜,才和吴玠在仙人关会合。

敌人首先进攻吴玠军营,被吴玠击退;又用云梯攻营,杨政用撞竿撞碎云梯,用长矛往下刺杀。金军分为二部分,金兀术列阵于东,韩常列阵于西,吴璘率领精锐士卒夹在中间,左右环绕,碰到危急而后作战。

几天后,吴玠大举进攻,由统领王善、王武率精锐士卒,各举紫、白色旗帜,闯入金军营垒,打乱金兵阵脚,奋力攻击,射中韩常的左眼,金兵方才在夜间逃跑。吴玠派统制官张彦到横山砦劫营,王俊在河池设下伏兵,扼住金兵回路,又一次大败金兵。

这次战役,金兀术以下将士都带了妻子儿女来。刘夔是刘豫的心腹人,本来认为蜀地可取,既不能如愿,料想终究难胜吴玠,就撤兵回凤翔,授给兵士们田地,为长久留居之计,此后不敢再轻举妄动了。

【纲】任命赵鼎为参知政事。

【纲】张浚到达临安,免原官,改为资政殿大学士,命他居住在福州。 【目】张浚虽然被召,由于刘子羽等打了败仗,就隐下征召之事而未施行。不久,宋高宗下诏命王似、卢法原去川、陕镇守,召张浚和刘子羽、王庶、刘锡等都去临安。张浚到达临安,中丞辛炳以旧日仇怨,率领殿中侍御史常同等人参劾张浚丧师失地,飞扬跋扈,有失为臣之道,张浚被免去本职,改为奉祠官,安置在福州居住。刘子羽被安置在白州(治博白县,今广西博白)。张浚当天出发。宋高宗下诏命王似为川、陕宣抚使,卢法原、吴玠为副使。卢法原不久就去世。

【纲】夏四月,徐俯罢官。

【纲】五月,任命岳飞兼荆南制置使。 【目】当时杨太和刘豫勾结,预谋顺流而下。李成占据襄阳后,又想从江西经陆路去浙,与杨太会合。为此,宋高宗命令岳飞做好防备。朱胜非说:"襄阳为国家上游要地,不可不迅速攻取。"岳飞也上奏:"襄阳等六郡是恢复中原的根本,现应先攻取六郡,以除、心腹之疾。待李成远遁,再出兵湖、湘地区,以灭绝群盗。"宋高宗把他们的意见告诉赵鼎,赵鼎说:"了解上游

害,无如飞者。"除飞兼荆南制置使。飞渡江,中流顾幕属曰:"飞不擒贼,不涉此江!"

【纲】秋七月,以胡松年签书枢密院事。

【纲】岳飞复襄阳等六郡。

【纲】八月,以赵鼎知枢密院事,都督川、陕、荆、襄诸军事。【目】鼎为朱胜非所忌,除鼎枢密都督,鼎条奏便宜,复为胜非所抑,乃上疏言:"顷者陛下遣张浚出使川、陕,国势百倍于今。浚有补天、浴日之功,陛下有砺山、带河之誓,君臣相信,古今无二,而终致物议,以被窜逐。夫丧师失地,浚则有之,然未必如言者之甚也。大抵专黜陟之典,受不御之权,则小人不安其分,谓爵赏可以苟求,一不如意,便生觖望。是时蜀士至于醵金募人,诣阙讼之,以无为有,何以自明!故有志之士,欲为国立事者,每以浚为戒。今臣无浚之功,当此重责,去朝廷远,恐好恶是非,行复纷纷于聪明之下矣。望悯臣孤忠,使得展布四体,少宽陛下西顾之忧。"

【纲】遣吏部员外郎魏良臣使金。

【纲】杨太败官军于鼎江,诏岳飞移兵讨之。【目】王燮遣忠锐统制崔增等讨太于鼎江,师败皆没。太乘大水出兵,攻破鼎州社木寨,守将许筌战没,官军死者甚众。于是授飞清远军节度使,代王燮讨太。飞时年三十二,中兴诸将建节未有如飞之年少者。

【纲】九月,朱胜非罢。

【纲】刘豫使其子麟以金兵入寇。

【纲】以赵鼎为尚书右仆射同平章事、兼知枢密院事。【目】时边报骤至,举朝震恐。鼎将赴川、陕,陛辞,帝曰:"卿岂可远去,

地区利害关系的，没有超过岳飞的了。"宋高宗就任命岳飞兼荆南制置使。岳飞渡江到中流时，回顾幕僚们说："我不擒住贼寇，誓不回涉此江！"

【纲】秋七月，任胡松年为签书枢密院事。

【纲】岳飞收复襄阳等六郡。

【纲】八月，任命赵鼎为知枢密院事，都督川、陕、荆、襄诸军事。【目】朱胜非嫉妒赵鼎，宋高宗任命赵鼎为枢密、都督，赵鼎上书陈奏应办的事，又被朱胜非压下，赵鼎就上奏疏说："不久前陛下派张浚出使川、陕，国家形势比今日好百倍，张浚有补天、浴日的大功，陛下对他封赏，有使泰山如砺、黄河如带的誓言，因此君臣相互信任，古今无比，但最终张浚仍被人非议，以致被放逐。说到丧师失地，张浚是有过失的，然而未必像弹劾他的人说的那样严重。大凡专揽升降官员的权力，有不受驾御的大权，则小人必不安于自己的职分，认为封爵赏赐可以侥幸求得，稍不如意，就生怨望。这时在蜀地有人甚至用钱买通人到朝廷去上诉，无中生有，张浚怎能辨明自己呢！因而有志之士，想为国建功立业的人，往往以张浚为戒。现在臣没有张浚那样的功劳，而身负如此重大的责任，离朝廷很远，恐怕又有爱憎是非等流言将纷纷然出于灵牙利口了。希望陛下怜悯臣的一片忠心，让臣能自如地施展自己的才能，也可以稍宽陛下的西顾之忧。"

【纲】派吏部员外郎魏良臣出使金国。

【纲】杨太在鼎江（在今湖南常德北）打败官军，宋高宗下诏令岳飞前去征讨。　【目】王瓛派忠锐军统制崔增等在鼎江讨伐杨太，官军战败，全军覆没。杨太乘大水出兵，攻下鼎州社木寨，守将许签战死，官军死伤者很多，于是任命岳飞为清远军节度使，替代王瓛讨伐杨太。岳飞当时三十二岁，南宋中兴时期诸将受命为节度使的人，没有像岳飞这样年轻的。

【纲】九月，朱胜非罢官。

【纲】刘豫派他的儿子刘麟带金兵入侵。

【纲】任命赵鼎为尚书右仆射，同中书门下平章事，兼知枢密院事。　【目】当时边境警报突然传来，满朝惊恐。赵鼎将去川、陕，在向

当遂相朕。"制下，朝士相庆。

【纲】以沈与求参知政事。

【纲】冬十月，诏韩世忠进屯扬州。

【纲】召张浚于福州。　【目】初，浚至福州，虑金、齐必并力窥东南，而朝廷已议讲解，因上疏极言其状。至是帝思其言，会赵鼎劝帝亲征，帝从之。喻樗谓鼎曰："六龙临江，兵气百倍，然公自度此举果出万全乎？或姑试一掷也？"鼎曰："中国累年退避不振，敌情益骄，义不可更屈，故赞上行耳。若事之济否，则非鼎所可知也。"樗曰："然则当思归路耳。张德远有重望，若使宣抚江、淮、荆、浙、福建，俾以诸道兵赴阙，则其来路即朝廷归路也。"鼎然之，入言于帝，遂召浚，以资政殿学士提举万寿观，兼侍读。

【纲】韩世忠大败金人于大仪，追至淮而还。　【目】世忠至扬州，使统制解元守承州，候金步卒，亲提骑兵驻大仪，以当敌骑，伐木为栅，自断归路。会魏良臣使金过之，世忠撤炊爨，绐良臣有诏移屯平江，良臣疾驰去，世忠度良臣已出境，即上马令军中曰："眂吾鞭所向。"于是移军向大仪，勒五阵，设伏二十余所，约闻鼓即起击。良臣至金军中，金前将军聂儿孛堇问官军动息，具以所见对。孛堇大喜，即引兵至江口，距大仪五里，别将挞不野拥铁骑过五阵东，世忠传小麾鸣鼓，伏兵四起，旗色与金人旗杂出，金军乱，官军迭进。世忠令背嵬军各持长斧，上揕人胸，下斫马足。敌被甲陷泥淖，世忠麾劲骑四面蹂躏，人马俱毙，遂擒挞不野等二百余人，而世忠所遣董旼亦击败金人于天长之鸦口桥。解元至承州北门遇敌，设水军夹河阵，一日十三战，相拒未决。世忠遣成闵将骑士往援，复大战，俘获甚多。世忠复亲追至淮，金人惊溃，相蹈藉溺死者甚众。捷闻，群臣入贺。帝曰："世忠忠勇，朕知其必能成功。"沈与求

宋高宗辞行时，高宗说："你怎么可以远离呢，应该辅助朕啊。"当任命的制书下达后，满朝文武互相祝贺。

【纲】任命沈与求为参知政事。

【纲】冬十月，宋高宗下诏命韩世忠进军屯驻扬州。

【纲】召在福州的张浚入朝。　　【目】起初，张浚到达福州，预计金、齐必然合力窥伺东南，但朝廷在商量议和，因而上奏疏竭力陈述敌情。到这时宋高宗想到他的陈述，正值赵鼎也劝宋高宗亲征，宋高宗采纳了他们的意见。喻樗对赵鼎说："天子亲征，士气倍增，然而你考虑此举果然是出于万全，或许只是姑且试作孤注一掷呢？"赵鼎说："国家连年退避不振，敌人日益骄横，我们不能再屈服下去，所以劝皇上亲征啊。至于事情能否成功，则不是我所能预知的。"喻樗说："这样就应当考虑到退路啊。张浚有重望，若让他任江、淮、荆、浙、福建的宣抚使，由他率领各道军队到朝廷来，那么他的来路就是朝廷的退路了。"赵鼎同意，进宫向皇帝说了，于是召见张浚，任命他为资政殿学士提举万寿观，兼任侍读。

【纲】韩世忠在大仪镇（今江苏扬州西北大仪集）大败金兵，追击到淮河而回。　　【目】韩世忠到达扬州，派统制解元防守承州（治高邮县，今江苏高邮），以待金人步兵。韩世忠亲率骑兵驻守大仪，以抵挡金人骑兵，他领兵伐木树立栅栏，自己断绝了退路。正值魏良臣出使金国路过此地，韩世忠撤除军炊灶火，骗魏良臣说有诏命要转移到平江府（即苏州，治吴县，今江苏苏州）。魏良臣很快地奔驰而去。韩世忠估计他已出境，立刻上马下令全军："看我的马鞭指的方向进军。"于是军队开往大仪，排列了五个军阵，设立伏兵二十多处，约定听见鼓声立即出击。魏良臣到达金军，金前将军聂儿孛堇询问官军情况，他详尽地以所见相告。聂儿孛堇大喜，立刻领兵到达江口，离大仪仅五里地。别将挞不野在骑兵围护下驰过韩军五阵的东边，韩世忠传令挥动小旗敲起战鼓，伏兵从四面冲杀出来，旗色与金兵旗帜混杂，金军大乱，官军轮番进击。韩世忠命令叫背嵬军的亲军各人手持长斧，上砍人胸，下砍马足。金军穿着沉重的盔甲陷进泥沼之中，韩世忠指挥强劲的骑兵四面围攻，杀得敌军人马俱毙，于是擒获挞不野等二百余人，另外韩世忠所派

曰："自建炎以来，将士未尝与金人迎敌一战。今世忠连捷，厥功不细。"论者以此举为中兴武功第一。

【纲】帝自将御金，次于平江。 【目】金、齐之兵日迫，群臣劝帝他幸，散百司以避之。张浚曰："避将安之？惟进御乃可耳。"赵鼎曰："战而不捷，去未晚也。"帝因曰："朕为二圣在远，屈己请和，而彼复肆侵陵。朕当亲总六师，临江决战。"沈与求复力赞之，鼎喜曰："累年退怯，敌志益骄。今圣断亲征，将士必备，成功可必。臣愿效区区以图报国。"于是以孟庾为行宫留守，命百司不预军旅之务者从便避兵。以张俊为浙西、江东宣抚使，王璪为江西沿江制置使，胡松年诣江上会诸将议进兵，刘光世诣军建康，后宫自温州泛海如泉州。光世遣人讽鼎曰："相公自入蜀，何事为他人任患？"韩世忠亦曰："赵丞相真敢为者。"鼎闻之，恐上意中变，乘间言："陛下养兵十年，用之正在今日。若少加退沮，即人心涣散，长江之险不可复恃矣。"帝遂发临安，刘锡、杨存中以禁兵扈从。

韩世忠捷奏至，帝次平江，欲自渡江决战。鼎曰："敌之远来，利在速战，遽与争锋，非策也。且逆豫犹遣其子，岂可烦至尊邪？"帝乃止。及胡松年自江上还，云"北兵大集"，然后知鼎之有先见也。

【纲】十一月，诏暴刘豫罪逆于六师。
【纲】以张浚知枢密院事，视师江上。 【目】浚至，见赵鼎，执

遣的董旼也在天长（今安徽天长）的鸦口桥击败金军。解元到达承州北门，与敌军相遇，他部署水军夹河为阵，双方一天十三次交战，相峙未决胜负。韩世忠派成闵领骑兵去支援，再次大战，俘虏多人。韩世忠又亲自追到淮河边上，金军惊惶溃散，互相践踏淹死者多人。捷报传回朝廷，群臣入朝庆贺，宋高宗说："韩世忠忠勇，朕知道他必能成功。"沈与求说："自从建炎年间以来，将士未曾迎战金兵，现在韩世忠接连获胜，他的功劳不小。"议论者认为此举是中兴第一武功。

【纲】宋高宗亲自领兵抗金，到达平江。　【目】金、齐的军队日渐逼进，群臣们劝宋高宗驾临别的地方，分散众官署，以便避开敌军。张浚说："逃到哪里去呢？只有进军抵抗才行。"赵鼎说："作战若不取胜，再转移不迟。"宋高宗因而说："朕由于徽钦二帝远在北方，才委屈自己议和，而敌人更肆无忌惮欺凌，朕当亲率六师，在江边与敌决一死战。"沈与求又竭力赞同这一决定，赵鼎高兴地说："连年胆小退却，敌人越加骄横，现在皇帝果断地决定亲征，将士们必定振奋，一定可以成功。我愿尽微薄的全力报效国家。"于是任孟庾为行宫留守，凡众官署中不参预军务的人，从便以避战事。任命张俊为浙西、江东宣抚使，王瓘为江西沿江制置使，胡松年往江上召集诸将商议进军，刘光世去建康军中，后宫从温州渡海去泉州（治晋江县，今福建泉州）。刘光世派人婉转讥讽赵鼎道："宰相您自可到蜀地去，因何为别人承担祸患？"韩世忠也说："赵丞相真是敢作敢为的人。"赵鼎听到这些话，恐怕宋高宗中途改变主意，乘空闲进言道："陛下养兵十年，用兵正在今天，若稍有退却或中断，立刻会导致人心涣散，长江之险不能再依靠了。"宋高宗就从临安出发，刘锡、杨存中领禁军护从。

韩世忠捷报奏到时，宋高宗到平江，打算亲自渡江与敌决战。赵鼎说："敌人从远处来，利在速战；我们若迅速与敌交锋，这不是好办法。而且叛逆刘豫还是派儿子出战，我们怎能烦劳至尊本人呢！"宋高宗这才不渡江。等胡松年从江上返回来报告："北方军队已大量聚集"，才知道赵鼎有先见之明。

【纲】十一月，宋高宗下诏，在六军中揭露刘豫的叛逆罪行。

【纲】任命张浚为知枢密院事，去江上视察军队。　【目】张浚到

其手曰："此行举事，皆合人心。"鼎笑曰："喻子才之功也。"复命浚知枢密院事，以其尽忠竭节诏谕中外。浚既受命，即日起江上视师。时挞懒、兀术拥兵十万，约日渡江决战。浚长驱临江，召刘光世、韩世忠、张俊议事，将士见浚，勇气十倍。浚既部分诸将，身留镇江以节度之。

【纲】十二月，金人围庐州，岳飞使牛皋救之；金兵败走。

【纲】魏良臣还自金。

【纲】金兵自淮引还。　【目】挞懒屯泗州，兀术屯竹墩镇，为韩世忠所扼，以书币约战。世忠遣麾下王愈及两伶人以橘茗报之，且言："张枢密已在镇江。"兀术曰："张枢密贬岭南，何得乃在此？"愈出浚所下文书示之，兀术色变，遂有归意。会雨雪，馈道不通，野无所掠，杀马而食，蕃、汉军皆怨，又闻金主晟病笃，乃夜引还。兀术等既去，刘麟、刘猊不能独留，亦弃辎重遁。

帝谓赵鼎曰："近将士致勇争先，诸路守臣亦翕然自效，乃朕用卿之力也。"鼎谢曰："皆出圣断，臣何力之有？"或问鼎曰："金人倾国来攻，众皆汹惧，公独言不足畏，何也？"鼎曰："敌众虽盛，然以刘豫邀而来，非其本心，战必不力，是以知其不足畏也。"帝语张浚曰："赵鼎真宰相，天使佐朕中兴，可谓宗社之幸。"

鼎奏："金人遁归，尤当博采群言，为善后之计。"于是诏前宰执议攻战备御措置绥怀之方。提举临安府洞霄宫李纲上疏曰："议者或以敌马既退，当遂用兵，为大举之计。臣窃以生理未固，而欲浪战以侥幸，非制胜之术也。今朝廷以东南为根本，苟不大修守备，先为自固之计，何以能万全而制敌？议者又谓敌人既退，当且保据

达后，见到赵鼎，拉着赵鼎的手说："这次所干的事情，都符合人心。"赵鼎笑道："这是喻樗的功劳呀。"又任命张浚为知枢密院事，下诏将他的尽忠竭节晓谕朝廷内外。张浚受命后，当天起程去江上视察军队。当时挞懒、兀术拥有十万军队，约定日期渡江决战。张浚长驱赶到江边，召集刘光世、韩世忠、张俊商议军务。将士们一见张浚，勇气增加十倍。张浚分派部署诸将之后，自己留守镇江进行调度。

【纲】十二月，金人包围庐州（治合肥县，今安徽合肥），岳飞派牛皋去救援；金兵败逃。

【纲】魏良臣从金返回。

【纲】金兵从淮河返回。 【目】挞懒屯驻在泗州（治临淮县，今安徽泗县东南），金兀术屯驻在竹墩镇（今安徽泗县东南），为韩世忠所控扼，便送上书信和财币，约韩世忠交战。韩世忠派部下王愈和两名伶人带着桔和茶去回报，并且说："张枢密已在镇江。"金兀术说："张枢密已被贬谪到岭南了。怎会仍旧在这里？"王愈拿出张浚所下的文书给他看，金兀术脸上变色，于是有回兵之意。当时正是雨雪天，运给养的道路不通，荒野间又没有可劫掠的，金军只好杀马为食，金兵汉兵都有怨言，又听说金国主完颜晟病危，全军趁夜匆忙退还了。刘麟、刘猊不敢单独留下，也扔下辎重逃跑了。

宋高宗对赵鼎说："近日将士们奋勇争先，各路的守臣也奔趋而自觉地为国出力，这全是朕依仗你的力量啊。"赵鼎答谢道："都靠陛下的决断，臣有什么力量呢？"有人问赵鼎："金人用全国兵力来进攻，大家都很恐惧，只有你说不值得畏惧，为什么呢？"赵鼎说："敌方虽然人多，但他是被刘豫请来的，并不出于本心，必定不会力战，因此知道不必畏惧。"皇帝对张浚说："赵鼎是真正的宰相，上天让他来辅助朕中兴宋室，可说是祖上与国家的幸运啊。"

赵鼎上奏："金兵逃回，更应该广泛采纳大家的意见，为善后之计。"于是宋高宗下诏令前宰相及执政大臣议论军事上攻、防等方略，筹措安定天下的方针。提举临安府洞霄宫李纲上奏疏道："有人认为敌兵已退，就应该用兵，作出大举行动的计划。臣私下认为国计民生尚未安定，而想轻率作战，以图侥幸获得成功，这不是制敌取胜之术。现

一隅，以苟目前之安。臣谓祖宗境土，岂可坐视沦陷，不务恢复？若今岁不征，明年不战，使敌势益张，而吾之所纠合精锐士马，日以耗损，何以图敌？唯宜于防守既固、军政既修之后，即议攻讨，乃为得计。

"其守备之宜，则料理淮甸、荆、襄以为东南屏蔽，当以淮之东西及荆、襄置三大帅，屯众兵以临之，分遣偏师进守支郡，加以战舰水军，上连下接，自为防守，则藩篱之势成。守备之宜，莫大于是。

"然后可议攻战之利，分责诸路大帅，因利乘便，收复京畿，以及故都，断以必为之志，而勿失机会，则以弱为强，取威定乱，逆臣可诛，强敌可灭。攻战之利，莫大于是。

"若夫万乘所居，必择形胜以为驻跸之所。东南形势，无如建康。旧都未复，莫若权于建康驻跸，治城池，修宫阙，立官府，固营壁，使粗成规模，以待巡幸。此措置之所当先也。

"至于西北之民，皆陛下赤子，荷祖宗涵养之深，其心未尝忘宋，特制于强敌，不能自归。天威震惊，必有愿为内应者，宜优加抚循，使陷溺之民，知所依怙，益坚戴宋之心。此绥怀之所当先也。"

又曰："臣窃观陛下临御九年，国不辟而日蹙，事不立而日坏，将骄而难御，卒惰而未练，国用匮而无赢余之蓄，民力困而无休息之期；使陛下忧勤虽至，而中兴之效邈乎无闻，则群臣误陛下之故也。陛下观近年以来所用之臣，慨然敢以天下之重自任者几人？平居无事，小廉曲谨，似可无过；忽有扰攘，则错愕无所措手足，不过奉身以退，天下忧危之重委之陛下而已。有臣如此，何补于国，而陛

在朝廷以东南为根基，如不大力从事防守和备战事宜，先计划好巩固自己，怎么能万全而制敌呢？又有人说敌人已经退回，应当暂且守住东南一隅，贪图眼前苟且偷安。臣认为祖宗的疆土，怎么能坐视沦陷，不努力去收复呢？假如今年不出征，明年不交战，让敌人势力日益扩张，而我方所集合起来的精锐士卒战马，日渐耗损，还用什么去打击敌人？只应当在防守已经巩固，军政已经修治之后，再议进军征讨，才算得计。

"防御和备战事宜，要先治理淮甸、荆、襄作为东南方的屏障。应在淮河东西及荆、襄设置三大统帅，屯驻大量军队，分派部分军队进守其他分郡，加上战舰水军，上下连接，各自防守，这样，作为外围的藩篱的防御态势就形成了。守御防备事宜，没有比这更重要的了。

然后可以研究进攻作战如何为有利，分别责成各路统帅，利用便利条件，收复京城附近地区以及故都，坚定必须实行的决心，而不要失去机会，则可以转弱为强，维护住尊严，平定叛乱，逆臣可以诛杀，强敌可以消灭。进攻作战取得的利益，没有比这更大的了。

"至于皇帝的居处，必须选择地势优越的地方。东南的地势，没有能与建康相比的。旧都尚未收复，不如暂且在建康居住，治理城池，修整宫殿，设立官府，巩固营壁，使此地初具规模，专候皇帝驾临。这项规划应首先着手。

"至于西北地区的百姓，都是陛下的忠实子民，身受祖宗怀养化育的深恩，内心不忘宋室，但受制于强敌，不能随己意返回。在皇帝的威严震动下，必定有人愿为内应，应当对他们从优安抚，让这些处于困境而不能自己解脱的百姓知道自己所依靠的是谁，更加坚定他们拥戴宋室的决心。这是安抚怀柔所应首先做的事。"

又说："臣私下观察陛下即位九年，国土不扩大而日益收缩，政事没有成就而日渐衰败，将领骄纵而难驾驭，士兵怠惰而不操练，国用乏竭而没多余的储备，百姓穷困而没有休养生息的时间；虽然陛下忧虑勤劳备至，而国家中兴的功效却杳茫无闻，这都是群臣贻误了陛下的原故。陛下看近年来所任用的臣下，慷慨地敢于负起天下重任的有几人？平日安居无事，小处清廉，曲意谨慎，似乎还能不犯过失，若突然发生事变，仓促间就手足失措，结果是引身而退，把天下忧危的重担都推委

下亦安取此？

"大概近年闲暇，则以和议为得计，而以治兵为失策；仓卒，则以退避为爱君，而以进御为误国。国势益弱，职此之由。今天启宸衷，悟前日和议退避之失，亲临大敌，天威所加，使北军数十万之众震怖不敢南渡，潜师宵奔，则和议之与治兵，退避之与进御，其效概可见矣！然敌兵虽退，未大惩创，安知其秋高马肥不再来扰我疆场，使疲于奔命哉？且退避之策，可暂而不可常，可一而不可再。退一步则失一步，退一尺则失一尺。往时自南都退至维扬，则河北、河东、关陕失矣；自维扬退至江、浙，则京东、西失矣。万一敌骑南牧，将复退避，不知何所适而可乎？航海之策，万乘冒风涛之险，此又不可之尤者。惟当于国家闲暇之时，明政刑，治军旅，选将帅，修车马，备器械，峙糗粮，积金帛，敌来则御，俟时而奋，以光复祖宗之大业，此最上策也。臣愿陛下，自今以往，勿复为退避之计。

"夫古者敌国善邻则有和亲，仇雠之邦鲜复遣使。今金人造衅之深，知我必报，其措意为何如，而我方且卑辞厚币屈体以求之，其不推诚以见信决矣。器币礼物，所费不赀，使轺往来，坐索士气，而又邀我以必不可从之事，制我以必不敢为之谋，是和卒不成，而徒为此扰扰也，况于吾自治自强之计，动辄相妨。臣愿自今以往，勿复遣和议之使。二者既定，择所当为者，一切以至诚为之。俟吾之政事修，仓廪实，府库充，器用备，士气振，力可有为，乃议大举，则兵虽未交，而胜负之势决矣。惟陛下正心以正朝廷百官，使君子小人各得其分，则是非明，赏罚当，自然藩方协力，将士用命，虽强敌不足畏，逆臣不足忧。此特在陛下方寸间耳。"疏奏，帝赐诏褒谕。

给陛下而已。有臣如此，对国家有何补益，而陛下也何必使用这些人？

"大概近年来闲暇少事，就以议和为得计，而以修治兵事为失策；一旦情况紧急，就把退避当成爱护君王，而以进攻防御为贻误国家。追究国势日益衰弱的原因，就在于此。现在上天启发君王之心，觉悟到从前和议退避的失策，而亲临大敌，皇上声威所临，使北军数十万之众震惊惧怕，不敢向南渡江，连夜逃跑。这样，和议与治兵，退避和进攻抵御之间的功效，都可看清了。然而敌兵虽然退去，并没受到沉重的打击，怎知他们到秋高马肥之时不再来犯我边疆，让我们疲于奔命呢？而且退避之计，只可用于暂时而不能久长，可使用一次而不可再次。退一步就损失一步，退一尺就丧失一尺。过去从南都（即南京应天府，今河南商丘南）退到维扬（即扬州），则失掉了河北路、河东路和关陕地区，从维扬退到江、浙，则失掉了京东路和京西路。万一敌人骑兵南下，将再次退避，不知退到何处才好？还有那海上航行的计策，让皇帝冒风浪之险，这是最不该的事。必须在国家无事的时候，修明政治，整治军队，选择将帅，修备车马，准备器械，囤储粮食，积蓄金银布帛，一旦敌人来了就进行抵御，趁机奋起，光复祖宗的基业，这是最好的计策。臣希望陛下从今以后，不要再作退避的计策。

"古代国力相等的友好邻邦，常有和亲之事；而互相为仇的国家，很少互派使臣。现在金人制造了这样深的仇衅，明知我们必定报复，他们会怎么考虑，不是很清楚吗？而我方尚且用卑谦的言辞、厚重的礼物，屈辱地去乞求他们，他们是肯定不会诚心信守诺言的。我方赠送器币礼物，所费不计其数，使者往来，凭空丧尽士气，金人又强加于我们许多难以依从的条件，强制我们做必不愿做的事，这样，议和还是不成功，徒然造成纠纷，况且对我方自治自强之计，处处有妨碍。臣希望从今以后，不要再派议和使臣。不再作退避之计，不再派和议之使，这两点既经决定，选择所应当做的事，一切以至诚的态度去做。等到我们的政事治理好，粮仓府库充实，器械用具齐备，士气大振，有力量可以行动时，就商议大举出征，那时虽然军队尚未交锋，而胜负的形势就已经能决定了。陛下要先端正自己心志，以求端正朝廷百官的心志，使君子小人各自妥予处置，才会是非分明，赏罚得当，必定各藩国协力，将士奉

命,虽然是强大的敌人也不足畏惧,对叛逆之臣也不足忧虑。这些全取决于陛下的心志而已。"奏疏呈上后,宋高宗赐诏褒扬。

纲鉴易知录卷八十

南宋纪

高宗皇帝

【纲】乙卯,五年,春正月朔,日食。

【纲】召张浚还。 【目】命韩世忠屯镇江,刘光世屯太平,张俊屯建康。俊尝以其军从上行,至是始军于外。

【纲】金主吴乞买卒,兄之孙亶立。

【纲】二月,帝如临安。

【纲】以赵鼎、张浚为尚书左、右仆射,并同平章事兼知枢密院事,都督诸路军马。 【目】鼎、浚相得甚驩,人知其将并相,史馆校勘喻樗独曰:"二人宜且同在枢府,他日赵退则张继之。立事任人,未甚相远则气脉长;若同处相位,万一不合而去,则必更张,是贤者自将背戾矣。"寻命浚如江上议边防。

【纲】作太庙于临安。 【目】侍御史张致远言:"创建太庙,甚失兴复大计。"殿中侍御史张绚亦言:"去年建明堂,今年立太庙,是将以临安为久居之地,不复有意中原。"不报。

【纲】闰月,胡松年罢。

【纲】三月,张浚视师潭州。 【目】浚以建康东南都会,而洞庭据上流,恐杨太滋蔓为害,请乘其急讨之。至醴陵,释邑囚数百,皆太谍者,给以文榜,俾招谕诸砦,皆驩呼而去,于是相率来降。

【纲】夏四月,封周后柴叔夏为崇义公。

【纲】上皇卒于金。 【目】年五十四。遗言欲归葬内地,金主

高宗皇帝

【纲】绍兴五年（乙卯，1135），春正月初一，日食。

【纲】召张浚回朝。【纲】命令韩世忠屯军镇江（治丹徒县，今江苏镇江），刘光世屯军太平（治当涂县，今安徽当涂），张浚屯军建康（治江宁县，今江苏南京）。张浚曾领军跟随皇帝巡行，此时才开始屯军于外。

【纲】金主吴乞买死。他哥哥的孙子完颜亶即位。

【纲】二月，宋高宗前往临安（今浙江杭州）。

【纲】任赵鼎、张浚为尚书左、右仆射，并同中书门下平章事，兼知枢密院事，都督各路军马。【目】赵鼎、张浚相处融洽。人们听说他们将并居相位，唯独史馆校勘喻樗说："这两人应该并且同在枢密院，将来赵鼎去职就由张浚继他的职位。因为建立事业，任用人才，相互差别小，才能维持长久；若同任宰相，万一不相契合而去职，则必然要改弦易辙。这样，就是贤者也自相抵触而不得施展才干了。"不久，调张浚去江上布置边防。

【纲】在临安建立太庙。【目】侍御史张致远说："创建太庙，很不合兴复中原的大计。"殿中侍御史张绚也说："去年建明堂，今年立太庙，是要把临安当成久居之地，不再图恢复中原了。"宋高宗不给答覆。

【纲】闰月，胡松年免官。

【纲】三月，张浚在潭州（治长沙县，今湖南长沙）视察军队。【目】张浚因为建康是东南的大都市，而洞庭湖在建康上流，惟恐杨太势力滋长蔓延为祸，建议乘杨太危急前去讨伐。张浚到醴陵（今湖南醴陵），释放了城中数百名囚犯，这些人都是杨太的侦探，张浚给他们榜文，让他们去招降各寨，这些人都欢呼而去，不久各寨都接踵来降。

【纲】夏四月，封周的后人柴叔夏为崇义公。

【纲】上皇徽宗死于金国。【目】徽宗享年五十四岁。遗嘱要归

亶不许。时兵部侍郎司马朴与奉使朱弁在燕山，闻之，共议制服。弁欲先请，朴曰："为臣子闻君父之丧，当致其哀，尚何请？设请而不许，奈何？"遂服斩衰，朝夕哭，金人义之而不责。洪皓在冷山闻之，北向泣血，操文以祭。其词激烈，闻者挥涕。

【纲】龙图阁直学士致仕杨时卒。 【目】时奉祠致仕，优游林泉，以著书讲学为事。东南学者推时为程氏正宗，胡宏、罗从彦皆其弟子。卒年八十三，谥文靖。

从彦，南剑人，初为博罗主簿，闻时得程氏之学，慨然慕之。及时为萧山令，从彦徒步往学，见时三日，即惊汗浃背曰："不至是，几虚过一生矣！"既卒业归，筑室山中，绝意仕进，学者称为豫章先生。朱熹谓"龟山倡道东南，士之游其门者甚众，然潜思力行，任重诣极者，豫章一人而已。"

延平李侗，初从从彦学，从彦令于静中看喜、怒、哀、乐未发前气象，而求所谓中者。久之，于天下之理，该摄洞贯，以次融释，各有条序。退居山中，谢绝世故，凡四十年。其接后学，答问不倦，常曰："学之道不在多言，但默坐澄心体认，天理自见。"学者称为延平先生。朱熹尝从侗受学，每称侗资禀劲特，气节豪迈，而充养完粹，无复圭角，自然之中若有成法。平居恂恂，无甚可否；及酬酢事变，断以义理，则有截然不可犯者。

【纲】五月，遣忠训郎何藓使金，罢中书舍人胡寅。 【目】寅上疏言："女真惊动陵寝，戕毁宗庙，劫质二帝，涂炭生民，乃陛下之大雠也。自建炎丁未至绍兴甲寅，卑辞厚礼，以问安、迎请为名，而

葬于内地，金主完颜亶不许。当时兵部侍郎司马朴与奉使的朱弁在燕山（在今北京市西南），听说这消息后，共同商议要穿丧服。朱弁想先向金人请求，司马朴说："作为臣子，听说君父的丧事，应该表达自己的哀痛，有什么可请求的？倘若请求而不允许，怎么办？"他们穿了最重的丧服，早晚哀哭，金人认为他们忠义而不加责备。洪皓在冷山（即冷硎山，在黄龙府北）听说徽宗去世，面向北方痛哭，写祭文祭奠，祭文言词很激烈，听到的人都不禁流下泪来。

【纲】已退休的龙图阁直学士杨时去世。【目】杨时以奉祠官退休，优游于山林泉水之间，从事著书讲学。东南方学者推崇杨时为程氏学派的正宗，胡宏、罗从彦都是他的学生。卒年八十三岁，谥号文靖。

罗从彦是南剑州（治剑浦县，今福建南平）人，起初为博罗县（今广东博罗）主簿，听说杨时深得程氏的学术精髓，非常景仰。杨时为萧山（今浙江萧山）令时，罗从彦徒步前往求学。见到杨时三天后惊得汗流浃背道："如果不到这里，几乎就虚度一生了。"完成学业后归家，在山中造房居住，完全断绝为官的念头，学者们称他豫章先生。朱熹说："龟山（杨时的号）在东南方倡导道学，士人出于他们下的很多；然而专心钻研并身体力行，肩负传道重任，学诣登峰造极的人，只有豫章一人而已。"

延平（即南剑）人李侗，起初跟罗从彦学习，从彦教他在静止中观察喜、怒、哀、乐尚未显示之前的气象，从而求取恰如其分的表现。很久以后，对于天下的道理，洞察深刻，通晓全面，按序通释，条理分明。他退居山中，断绝一切人世间的事务，达四十年之久。他对待学生，解疑答问孜孜不倦，常说："学问之道不在多说，只要静坐，澄清思虑，体会认识，天道法则自会显现。"学者称他为延平先生。朱熹曾跟随李侗学习，时常称赞李侗天资独特，气节豪迈，而修养完备纯粹，不露锋芒，在自然之中而有一定的成规。平日家居和蔼平易，于小事不加可否，一旦应付大事变故，则以义理决断，又有断然不可触犯的气概。

【纲】五月，派遣忠训郎何藓出使金国，中书舍人胡寅免官。【目】胡寅上疏说道："金人惊动先帝的陵墓，毁坏宗庙，劫走徽钦二帝为人质，陷百姓生活于水深火热之中，他们是陛下的大仇敌啊。但从建

遣使者不知几人矣。知二帝所在，见二帝之面，得女真之要领，因讲和而能息兵者，谁欤？但见通和之使归未息肩，而黄河、长淮、大江相继失险矣。夫女真知中国所重在二帝，所恨在劫质，所畏在用兵，则常示欲和之端，增吾所重，平吾所恨，匿吾所畏；而中国坐受此饵，既久而不悟也，天下其谓自是改图矣，何为复出此谬计邪？苟曰'以二帝之故，不得不然'，则前效可考矣。适观何薛之事，恐和说复行，国论倾危，士气沮丧，所系不细。"疏入，诏褒谕之。会张浚奏言："使事兵家机权，后将辟地复土，终归于和，未可遽绝。"乃遣薛行。寅因乞外，知邵州。

【纲】以孟庾知枢密院事。

【纲】封瑗为建国公，就学资善堂。　【目】赵鼎请以行宫新作书院为资善堂，命建国公听读，且荐徽猷阁待制范冲兼翊善，起居郎朱震兼赞读。朝论二人极天下之选。帝命瑗见之，皆设拜。后岳飞诣资善堂见瑗，退而喜曰："社稷得人矣，中兴基业其在是乎！"寻以伯玖为和州防御使，赐名璩。

【纲】六月，岳飞大破杨太于洞庭；太死，湖、湘平。　【目】飞奉命讨太，而所部皆西北人，不习水战。飞曰："兵何常？顾用之何如耳。"乃先遣使招谕之。其党黄佐曰："岳节使号令如山，若与战，万无生理，不如往降。节使诚信，必善遇我。"遂降。飞表授佐武义大夫，单骑按其部，拊佐背曰："子知逆顺者，果能立功，封侯岂足

炎丁未至绍兴甲寅年间,您用谦卑的言辞,丰厚的礼物,以问安和迎请的名义而派遣使者,不知有多少人了。但究竟有谁得知二帝所在,见到二帝之面,解金人真正意图,达成和议从而导致停战呢?只见求和的使臣回朝尚未稍憩,而黄河、淮河、长江已相继丧失了险要之地。金人知道中国所重视的在于二帝,所怨恨的在于劫挟二帝为人质,所畏惧的在于打仗,于是常常装作想议和的样子,其目的是企图加重我们对二帝的悬念,平息我们对劫质的怨恨,从而隐匿其出兵进犯的祸心。可是中国偏偏接受了这个钓饵,过了很久以后才有所醒悟,天下认为从此以后会改变政策了,为什么现在竟然又出现这种荒谬的做法呢?假如说'由于二帝的原因,不得不这样做',那么以前的效果已经足供验证了。刚才看到何藓出使之事,深恐议和之说复起,将使国家大计失误,军队士气颓丧,安危所系实非小可。"奏疏呈上,皇帝诏令给予褒奖。恰巧张浚也上疏说:"派遣使臣的举动乃是军事上的权宜之计,嗣后开拓国土,收复失地,终归还是和好,因而不可遽然断绝交往。"皇帝于是派何藓前往。胡寅因而要求外调,乃出任邵州(治邵阳县,今湖南邵阳)知州。

【纲】任孟庾为知枢密院事。

【纲】封赵瑗为建国公,在资善堂学习。 【目】赵鼎建议在行宫新建书院为资善堂,命建国公在此读书学习,并且推荐徽猷阁待制范冲兼任赞善,起居郎朱震兼任赞读。满朝文武都认为这是最佳人选。皇帝命赵瑗与他们见面,都按礼拜见他们。后来岳飞到资善堂见到赵瑗,退出后高兴地说:"国家大业继承有人了,宋室中兴的根本大业,将在这里吧!"不久任赵伯玖为和州(治历阳县,今安徽和县)防御使,赐名璩。

【纲】六月,岳飞在洞庭湖大败杨太,杨太死,湖(湖北)、湘(湖南)平定。 【目】岳飞奉命讨伐杨太,而岳飞的部下都是西北人,不熟悉水战。岳飞说:"作战哪有固定不变的,只看怎样运用而已。"岳飞先遣使者前往招降说服。杨太的同伙黄佐说:"岳节使号令如山,若和他交战,绝对没有生还的可能,不如去投降。岳节使为人讲信用,必定会善待我们。"于是前来归降。岳飞经上表批准授黄佐为武义大夫,单独

道!欲复遣子归湖中,视其可乘者擒之,可劝者招之,如何?"佐感泣,誓以死报。时张浚至潭州,席益疑飞玩寇,欲以闻。浚曰:"岳侯,忠孝人也。兵有深机,胡可易言?"益惭而止。黄佐袭周伦砦,杀之;飞上其功,迁武功大夫。

会朝旨召张浚还防秋,飞袖小图示浚,浚欲俟来年议之。飞曰:"已有定画,都督能少留八日可破贼。"浚曰:"何言之易?"飞曰:"因敌将,用敌兵,夺其手足之助,离其腹心之托,使孤立而以王师乘之,八日之内,当俘诸酋。"浚许之。飞遂如鼎州。黄佐招杨钦来降,飞喜曰:"杨钦骁悍,既降,敌腹心溃矣。"表授钦武义大夫,礼遇甚厚,乃复遣归湖中。两日钦说全琮、刘诜来降,飞诡骂钦曰:"贼不尽降,何来也?"杖之,复遣去。是夜掩贼营,降其众数万。

太负固不服,方浮舟湖中,以轮激水,其行如飞,傍置撞竿,官舟迎之辄碎。飞伐君山木为巨筏,塞诸港汊,又以腐木乱草浮上流而下,择水浅处遣善骂者挑之,且行且骂,贼怒来追,则草木壅积,舟轮碍,不行。飞急击之,贼奔港中,为筏所拒,官军乘筏,张牛革以蔽矢石,举巨木撞其舟尽坏。太技穷,赴水死。飞入贼垒,余酋惊曰:"何神也!"俱请降,众凡二十余万。果八日,而捷书至潭。浚叹曰:"岳侯,神算也!"黄诚斩杨太首,挟钟子仪、周伦诣浚降,湖、湘悉平。

骑马去黄佐营中巡行,手抚黄佐脊背说:"你是明白逆顺的人,如果能够立功,封侯还用得着说吗!我想再派你返回洞庭湖中,看哪些可捉拿的就捉拿,可劝降的就招降,如何?"黄佐感激涕零,发誓以死相报。当时张浚刚到潭州,席益怀疑岳飞是在轻率地对待贼寇,想向上报告。张浚说:"岳侯是忠孝之人,用兵有很深的机谋,怎能随便说他呢?"席益很惭愧,打消了自己的念头。后来黄佐袭击周伦的营寨,斩杀周伦;岳飞上报他的功劳,升他为武功大夫。

　　正值朝廷下令召张浚返回建康,预防秋天敌人来犯。岳飞从衣袖中取出一张小图给张浚看,张浚打算等来年再商议这事。岳飞说:"已经有了一定的计划,都督若能留待八天,就能攻破敌军。"张浚说:"怎么说得这样容易?"岳飞道:"通过敌人将领,利用敌人兵力,暗中离间,使他们手足互不相助,腹心互不信任,各部孤立起来,朝廷军队趁虚而入,八天之内就会俘虏敌人的首领。"张浚应允了。岳飞随即前往鼎州(治武陵县,今湖南常德)。黄佐招杨钦来归降,岳飞高兴地说:"杨钦骁勇强悍,他已归降,敌人的腹心就溃散了。"岳飞经上表批准授杨钦为武义大夫,以厚礼接待他,又派他返回湖中。两天后,杨钦说服全琮、刘诜来降,岳飞假装骂杨钦道:"贼寇不全来投降,你干什么又来?"杖打杨钦后又派他返回,当夜,乘贼不备而偷袭贼营,接受贼寇投降者数万人。

　　杨太自恃地势险固而不降,他在湖中乘船,以轮激水,船行如飞。他的船两边设有撞竿,官船碰上就被撞碎。岳飞砍伐君山(在洞庭湖中)树木造成巨大木筏,堵塞住港汊,又从上流抛下很多腐木乱草,挑选水浅的地方,派善骂的兵卒边走边骂。贼人气得来追赶,则草木堵塞,船轮受阻碍,船不能行。岳飞迅速进攻,贼兵往水港跑,遭到官军木筏抵拒,官军在木筏上张起牛皮遮避箭石,并举起巨木撞过去,贼船全被撞坏了。杨太黔驴技穷,跳水而死。岳飞杀入敌营,余下的敌军首领们都惊讶地喊:"用兵多么神妙啊!"纷纷归降,投降者共二十余万人。果然只用八天而捷报传至潭州,张浚赞叹地说:"岳侯真是神机妙算呀!"黄诚斩下杨太的首级,领着钟子仪、周伦到张浚那里投降,至此,湖、湘全部平定。

初，太恃其险，官军自陆袭则入湖，水攻之则登岸，因曰："欲犯我者，除是飞来！"至是，人以其言为谶云。

【纲】秋七月，孟庾罢。

【纲】冬十月，张浚还自潭州。 【目】湖、湘平，浚奏遣岳飞屯荆、襄以图中原，乃自鄂、岳转淮东，会诸将议防秋之宜。帝赐诏趣归，及至，劳问曰："卿暑行甚劳，群寇就招抚，成朕不杀之仁，卿之功也。"召对便殿，浚进《中兴备览》四十一篇，帝嘉叹，置之座隅。

【纲】十一月，征和靖处士尹焞于涪州。 【目】初，金人陷洛，焞阖门被害，焞死复苏，门人昪至山谷中而免。刘豫聘之，不从；以兵恐之，焞自商州奔蜀。至阆，得程颐《易传》，拜受之，因止于涪，辟"三畏斋"以居，州人不识其面。至是，范冲举以自代。

【纲】以李纲为江西安抚制置大使。 【目】张浚荐其忠也。

【纲】金伐蒙古。 【目】蒙古在女真之北，唐为蒙兀部，亦号蒙骨斯。其人劲悍善战，夜中能视，以鲛鱼皮为甲，可捍流矢。金主命万户胡沙虎将兵击之。

【纲】丙辰，六年，春二月，以折彦质签书枢密院事。

【纲】韩世忠围淮阳，金兀术救之，世忠还。 【目】世忠闻刘豫聚兵淮阳，即引军渡淮，旁符离而北，至其城下，为贼所围，奋戈溃围而出，不遗一镞。呼延通与金将牙合孛堇搏战，扼其吭而擒

起初，杨太自恃地势险要，官军从陆地上进攻，他就进入湖中，官军从水中攻打；他就上岸，因而他说："打算侵犯我的人，除非是岳飞来。"到此时，人们都认为他的话是谶语。

【纲】秋七月，孟庾罢官。

【纲】冬十月，张浚从潭州回朝。　【目】湖、湘平定后，张浚上奏皇帝，派遣岳飞屯驻荆州（治江陵县，今湖北江陵）、襄阳府（治襄阳县，今湖北襄阳市襄州区），以图恢复中原。张浚从鄂州（治江夏县，今湖北武汉武昌城）、岳州（治巴陵县，今湖南岳阳）转到淮东路（治扬州，今江苏扬州），会同诸将商议防备秋天敌人来犯的事宜。宋高宗下诏催张浚回来，张浚到时，皇帝向他慰劳道："你暑热天出行很辛劳，群贼接受招抚，成就了朕的不杀之仁，这是你的功劳啊。"召张浚在便殿答问，张浚呈上《中兴备览》四十一篇，宋高宗嘉奖赞叹，把《备览》放在座旁。

【纲】十一月，朝廷征召和靖处士尹焞于涪州（治涪陵县，即今四川涪陵县）。　【目】起初，金人攻陷洛阳，尹焞满门被杀害；焞死而复苏，他的弟子把他抬到山谷中才免于死。刘豫聘请他出仕，他不依从；刘豫用武力恐吓他，尹焞从商州（治上洛县，今陕西商洛市商州区）逃到蜀地（今四川）。他来到阆州（治阆中县，今四川阆中），得到程颐的《易传》，他恭敬地接受了这部书，因而留居于涪，建造"三畏斋"居住，州中没有人认识他。到此时，范冲举荐他替代自己。

【纲】任命李纲为江南西路（治洪州城，今江西南昌）安抚制置大使。　【目】张浚以李纲忠心而推荐他。

【纲】金人讨伐蒙古。　【目】蒙古在女真的北面，唐代为蒙兀部，也称蒙骨斯。蒙古人强劲悍勇，善于打仗，目能夜视，用鲛鱼皮制成盔甲，可以抵住飞箭。金国主命万户胡沙虎领兵进攻。

【纲】绍兴六年（丙辰，1136），春二月，任命折彦质为签书枢密院事。

【纲】韩世忠包围淮阳（即淮宁府，治宛丘县，今河南淮阳），金兀术去救援，韩世忠率军返回。　【目】韩世忠听说刘豫在淮阳聚集军队，就领兵渡过淮河，经过符离县（宿州的治所，今安徽宿县）侧面往

之,乘锐掩击。金人败去,遂进兵围淮阳。兀术与刘猊皆引兵至,世忠求援于张俊,俊以世忠有见吞意,不从。世忠勒阵向敌,遣人语之曰:"锦衣骢马立阵前者,韩相公也。"或危之,世忠曰:"不如是不足以致敌。"敌果至,杀其导战二人,遂引去。世忠复还楚州,淮阳之民从而归者以万计。

【纲】沈与求罢。

【纲】张浚会诸将于镇江,遣张俊屯盱眙,韩世忠屯楚州。【目】张浚每称二人可倚大事,故并命之。世忠至楚,披草莱,立军府,与士卒同力役。夫人梁氏,亲织箔为屋。将士有怯战者,世忠遗以巾帼,设乐大宴,俾妇人妆以耻之,故人人奋励。抚集流散,通商惠工,山阳遂为重镇。

【纲】夏四月,起复岳飞为京湖宣抚副使。 【目】飞以母丧扶榇还庐山,累表乞终制,不许。

【纲】六月,张浚抚师淮上,遣刘光世屯庐州,岳飞屯襄阳,杨沂中屯泗州。 【目】浚命光世屯合肥以招北军;沂中领精骑以佐张俊;飞屯襄阳,以图中原。且谓飞曰:"此君素志也。"

【纲】秋七月,以陈公辅为左司谏。 【目】公辅召还,为吏部员外郎,言:"今日之祸,实由公卿大夫无气节忠义,不能维持天下国家。平时既无忠言直道,缓急讵肯仗节死义,岂非王安石学术坏之邪!安石政事坏人才,学术坏人心,《三经》《字说》诋诬圣人,破碎大道,非一端也。《春秋》正名分,定褒贬,俾乱臣贼子惧,安石使

北，到达城下，被贼兵包围，奋力突围出来，连一支箭头也没有损失。呼延通与金将牙合孛堇肉搏，掐住牙合孛堇的脖子把他活捉过来。全军士气高涨，追杀过去，金人败逃。随即进兵包围淮阳。此时金兀术与刘猊都领兵来到，韩世忠向张俊求援，张俊认为韩世忠有吞并自己的意图，不去援救。韩世忠布下军阵，面向金兵，派人对敌人说："穿锦衣骑青白色马，立于阵前的就是韩相公。"有人认为这很危险，韩世忠说："不这么办不足以把敌人引过来。"金军果然杀了过来，杀了金军前面导引者二名，金兵退去。韩世忠又返回楚州（治淮安县，今江苏淮安），淮阳百姓跟随返回的数以万计。

【纲】沈与求罢官。

【纲】张浚在镇江与各位将领聚会，派张俊屯驻盱眙（今江苏盱眙东北），韩世忠屯驻楚州。　【目】张浚常称赞张俊与韩世忠二人可以倚仗他们干大事业，因此同时下令给他们。韩世忠到楚州后，开辟荒地，建立军府，和士卒一同劳动。他的夫人梁氏，亲自编织苇箔造屋居住。将士中有胆小怕打仗的人，韩世忠给他们送去妇女的头巾和发饰，开宴会演乐，让他们妆扮成妇女以示羞辱，因此军中人振奋激励。他安抚集聚流散的百姓，开展工商业，山阳（即淮安）于是成为重镇。

【纲】夏四月，起用还在守丧的岳飞为京、湖宣抚副使。　【目】岳飞由于母亲丧事扶棺返回庐山，数次向皇帝上表请求守丧期满再任职，皇帝不允许。

【纲】六月，张浚在淮水地区巡视抚慰军队，派刘光世屯守庐州（治合肥县，今安徽合肥），岳飞屯守襄阳，杨沂中屯守泗州（治临淮县，今安徽泗县东南）。　【目】张浚命令刘光世屯守合肥，以招降北方军队；杨沂中率领精锐骑兵辅佐张俊；岳飞屯守襄阳，以图恢复中原。他特别对岳飞说："这是你一向的愿望啊。"

【纲】秋七月，任命陈公辅为左司谏。　【目】陈公辅召回后，任吏部员外郎，他上奏说："今日的灾祸，实在是因为公卿大夫缺少忠义气节，不能维护国家。这些人平时既没有忠鲠之言、正直之道，情势紧迫时岂肯为忠义献身，这难道不是王安石的学说把他们教坏了吗？王安石的政事败坏了人才，他的学说败坏了人心，他的《三经新义》《字说》诋

学者不治《春秋》。《史》《汉》载成败安危，存亡理乱，为世龟鉴，安石使学者不读《史》《汉》。扬雄不死王莽之篡，而著剧秦美新之文，安石乃曰：'合于孔子"无可无不可"之义。'冯道事四姓八君，安石乃曰：'善避难以存身。'使公卿皆师安石之言，宜其无气节忠义也。"疏入，帝大喜，授左司谏，赐三品服。

【纲】八月，以秦桧为行营留守，孟庾副之，并参决尚书省、枢密院事。 【目】张浚奏："东南形势，莫重于建康，实为中兴根本。且使人主居此，北望中原，常怀愤惕，不敢暇逸。而临安僻在一隅，内则易生安肆，外则不足以号召远近，系中原之心。请临建康，抚三军以图恢复。"会谍报刘豫将南寇，赵鼎议幸平江，帝从之，遂命桧、庾留守，并参决尚书省、枢密院事。桧自被斥，会与金议和，稍复其官，知温州、绍兴府。又以张浚荐，授醴泉观使兼侍读，至是渐用事。

【纲】岳飞复蔡州。 【目】飞累战皆捷，遣牛皋复镇汝军，杨再兴复河南长水县。张浚曰："飞措画甚大，今已至伊、洛，则太行一带山砦必有响应者。"已而忠义杜梁兴等果归之。飞复及伪齐李成、孔彦舟连战，至蔡州，克其城。

【纲】九月，帝如平江。

【纲】岳飞遣兵败刘豫之众于唐州。上疏请进军恢复中原，帝不许，飞乃还鄂。

【纲】冬十月，刘豫使刘麟、刘猊分道寇淮西，杨沂中等大败猊

毁和曲解圣人，割裂至理大道，危害不止在一个方面。《春秋》辨正名分，判定褒贬，使乱臣贼子恐惧，而王安石不让学者研究《春秋》。《史记》《汉书》记载国家的安危成败、存亡治乱，是后世的借鉴，而王安石不让学者读《史记》《汉书》。扬雄在王莽篡位时不肯死节，反而写了评论秦朝、赞美王莽新朝的文章，王安石却说：'这符合于孔子"无可无不可"的涵义。'冯道事奉了四个姓氏的八位君王，王安石却说他：'善于躲避灾难保存自身。'公卿们都以王安石的话为师，难怪没有气节和忠义了。"奏疏呈入，宋高宗看了大喜，授予他左司谏之职，赐穿三品服。

【纲】八月，任命秦桧为行营留守，孟庾为副职，并参预决定尚书省、枢密院的事务。 【目】张浚上奏道："东南方的形势，没有比建康更重要的，那里实在是中兴的根基。如果皇帝居于此地，向北遥望中原，会常怀愤慨与警惕之心，不敢安逸偷闲。而临安地势偏在一隅，对内容易产生安逸放纵之心，对外不足以号召远近和维系中原民心。恳请皇上去建康居住，抚慰三军，以图恢复中原。"正巧有侦察报告刘豫将向南侵犯，赵鼎建议宋高宗前往平江（治吴县，今江苏苏州），宋高宗应允了，随即命令秦桧、孟庾在行营留守，并参预决定尚书省、枢密院的事务。秦桧自从被贬斥后，正当朝廷与金议和，又稍稍恢复了他的官职，任温州知州、绍兴府知府，又在张浚推荐下，授职为醴泉观使兼侍读；到此时又逐渐当权。

【纲】岳飞收复蔡州（治汝阳县，今河南汝南）。 【目】岳飞屡战屡胜，派遣牛皋收复镇汝军，杨再兴收复河南长水县（今河南洛宁西南长水镇）。张浚说："岳飞的计划很大，现在已到达伊水（在今河南洛阳、偃师之间）、洛水（在洛阳南），太行山一带山寨必定有响应的。"不久，义军杜梁兴等果然归附了。岳飞又和伪齐的李成、孔彦舟接连交战，到达蔡州，继而攻克该城。

【纲】九月，宋高宗前往平江。

【纲】岳飞派兵在唐州（治泌阳县，今河南唐河）打败刘豫的军队。他上疏请求进军恢复中原。宋高宗不许，岳飞只好返鄂。

【纲】冬十月，刘豫派刘麟、刘猊分道侵犯淮南西路，杨沂中等在

于藕塘，追麟至南寿春而还。　【目】刘豫闻张浚会诸将于江上，榜其罪逆，将进兵讨之；告急于金，请先出师南侵，而乞师救援。金主亶召诸将、相议之，蒲卢虎曰："先帝所以立豫者，欲其开疆保境，我得安民息兵也。今豫进不能取，又不能守，兵连祸结，愈无休期。从其请则豫收其利，败则我受其弊，况前年因豫出师，尝不利于江上矣，奈何许之？"金主遂不许豫，而遣兀术提兵黎阳以观衅。

于是豫佥乡兵三十万，分三道入寇：麟率中路兵，由寿春以犯合肥；猊率东路兵，由紫荆山出涡口以犯定远；孔彦舟率西路兵，由光州以犯六安。时张浚、杨沂中、韩世忠、岳飞、刘光世分屯诸州，而沿江上下无兵，赵鼎深以为忧，移书张浚，欲令俊与沂中同保合肥。浚以为然，乃遣沂中、张宗颜等分道御之，且令沂中趋濠州以与张俊合。

及刘麟进逼合肥，赵鼎曰："今贼渡淮，当急遣张俊合光世之军尽扫淮南之寇，然后议去留。"帝善之，然虑俊、光世不足任，因命岳飞尽以兵东下，而手札付浚，令浚、光世、沂中等还保江。浚上言："若诸将渡江则无淮南，而长江之险与贼共，有淮南之地，正所以屏蔽大江。使贼得淮南，因粮就运以为家计，江南其可保乎？今正当合兵掩击，可保必胜；若一有退意，则大事去矣。且岳飞一动，襄、汉有警，何所恃乎？愿朝廷勿专制于中，使诸将有所观望也。"帝手书报浚曰："非卿识高虑远，何以及此。"由是异议乃息。

藕塘（在今安徽定远东南）大败刘猊，追击刘麟到南寿春（即寿州，今安徽寿县）才返回。　【目】刘豫听说张浚在江上会集众将，将其叛逆之罪张榜公布，将要讨伐他，就向金人告急，请求先出兵进犯南方，乞求金人派军队救援。金主完颜亶召集众将相商议，蒲卢虎说："先帝扶立刘豫的原因，是让他去开拓疆土，保卫边境，使我国得以安定百姓，免除战事。现在刘豫进不能取，又不能守，战祸接二连三，无休无止。我们若答应他的请求，那末，获利的是刘豫。如果失败了，则受害的是我们。况且前年为了刘豫而出兵，曾在江上失利，怎能再答应他？"金主于是乃拒绝了刘豫的请求。只派金兀术领兵到黎阳（在今河南浚县东南）观察事态。

刘豫征集乡兵三十万，分三路入侵：刘麟率领中路兵，从寿春进犯合肥；刘猊率领东路兵，从紫荆山（即紫金山，今安徽凤台东南）出涡口（即涡水入淮的河口，在今安徽定远东北，淮水北岸）进犯定远（今安徽定远）；孔彦舟率领西路兵，从光州（治定城县，今河南潢川）进犯六安军（治六安县，今安徽六安）。当时张俊、杨沂中、韩世忠、岳飞、刘光世分别屯驻在各州，而沿长江上下没有军队，赵鼎对此深感忧虑，写信给张浚，打算令张俊与杨沂中共同保卫合肥。张浚认为这样做对，就派杨沂中、张宗颜等分道抵御，并且命令杨沂中前往濠州（治钟离县，今安徽凤阳东北）与张俊会合。

刘麟进兵逼近合肥，赵鼎说："现在贼兵渡过淮河，应迅速派遣张俊会合刘光世的军队，扫净淮南（指淮水以南至长江各地）的敌人，然后再商议是去是留。"宋高宗认为这意见很好，然而顾虑张俊、刘光世不能胜任，因而命岳飞带全部军队东下，还亲书御札给张浚，命令张俊、刘光世、杨沂中等回军保卫长江。张浚上奏说："若诸将渡过长江，那就不再占有淮南，而长江天险就会与贼兵共同所有了；保有淮南之地，正可用来做为长江的屏障，如贼兵得到淮南，就地取粮运送作长久之计，江南还能保得住吗？现在正应该会合兵力追杀敌人，可保必胜；若稍有后退之意，大事就完了。并且岳飞一转移，襄、汉（指襄水、汉水，今湖北襄阳以南地区）若有紧急情况，依仗谁呢？希望朝廷不要独断于上，以致使得诸将犹豫观望。"宋高宗亲自写信答覆张浚说：

沂中兵至濠，光世已舍庐州，将趋采石，淮西大震。浚闻之，令吕祉驰往光世军，谕之曰："有一人渡江，即斩以徇！"光世不得已，复还庐州，与沂中、俊等相应。

刘猊军至淮东，为韩世忠所沮，乃引趋定远。刘麟从淮西系三浮桥而渡，次于濠、寿之间，张俊以兵拒之。猊率众犯定远，欲趋宣化以寇建康。沂中以兵二千进御，与猊前锋遇于越家坊，败之。猊恐孤军深入为王师所袭，乃欲趋合肥与麟合而后进。至藕塘，沂中复遇之。猊据山列阵，矢下如雨。沂中急击之，使统制吴锡率劲卒五千突入其军；猊众溃乱，沂中纵大军乘之，而自以精骑冲其胁，大呼曰："贼破矣！"贼众错愕骇视。张宗颜自泗来，乘背击之，张俊大军复与战于李家湾，贼众大败，横尸满野。猊以首抵谋主李愕曰："适见髯将军，锐不可当，果杨殿前也。"即与数骑遁去。麟在顺昌，闻猊败，亦拔砦去。沂中及王德乘势追麟，至南寿春而还。孔彦舟亦解光州围而去，北方大恐。金人闻豫败，来诘其状，始有废豫之意。

【纲】十二月，张浚还自镇江。

【纲】韩世忠败金人于淮阳。

【纲】赵鼎罢。　　【目】初，张浚在江上，遣参议军事吕祉入奏事，所言夸大，鼎每抑之。帝谓鼎曰："他日浚与卿不和，必吕祉也。"既而浚因论事，语意微侵鼎。鼎言："臣初与浚如兄弟，因吕祉离间，遂尔睽异。今浚成功，当使展尽底蕴。浚当留，臣当去。"帝曰："俟浚还议之。"及浚还，鼎与折彦质请帝回跸临安。浚奏："天下之事，不倡则不起。三岁之间，陛下一再临江，士气百倍，乞乘胜

"若不是你见识高考虑远，怎能想到这些！"此后不同的议论才停息。

杨沂中领兵到达濠州，刘光世已经放弃庐州，将去采石矶（又名牛渚，在今安徽当涂西北），淮西大为震动。张浚听说后，令吕祉骑快马前往刘光世军，晓谕道："有一个人渡过长江，即斩首示众。"刘光世不得已，又返回庐州，与杨沂中、张俊等相应接。

刘锜军到达淮东，被韩世忠阻挡，而转向定远。刘麟自淮西架设三座浮桥渡河，到濠州、寿州之间，张俊派兵抵御。刘锜领兵进犯定远，打算奔向宣化（今安徽滁州市西北），从而入侵建康。杨沂中派兵二千前往抵御，与刘锜的前锋部队在越家坊相遇，打败敌军。刘锜怕孤军深入，被官军袭击，就想前往合肥，与刘麟合兵而后再进军。到了藕塘，又和杨沂中相遇。刘锜依山列阵，箭下如雨。杨沂中急速发动攻击，派统制吴锡领强劲士卒五千人突击冲入刘锜阵中，刘锜军队大乱溃逃，杨沂中放开大队人马追击，他亲领精锐骑兵冲击敌人侧翼，大喊："贼兵已被打败了！"众贼兵惊惶恐惧，不知所措。张宗颜从泗州（治临淮县，今安徽泗县东南）来，乘机从背面袭击敌人，张俊的大军又与敌在李家湾交战，贼兵大败，尸横遍野。刘锜用头碰谋主李愕说道："刚才看见大胡子将军，勇不可当，果然是杨殿前来啦。"他仓惶带领几名骑兵落荒而逃。刘麟在顺昌，听说刘锜战败的消息后，也拔营而去。杨沂中和王德乘胜追击刘麟，一直追到南寿春才返回。孔彦舟也解除对光州的包围而去，北方大为惊恐。金人听说刘豫失败了，派人来诘问实情，开始有废黜刘豫之意。

【纲】十二月，张浚从镇江返回。

【纲】韩世忠在淮阳击败金人。

【纲】赵鼎罢官。　【目】起初，张浚在江上，派遣参议军事吕祉入朝奏事，所说多有夸大其词之处，赵鼎往往加以抑止。宋高宗对赵鼎说："以后张浚与你不和睦，必定是由吕祉而起。"这以后，张浚议论政事，言辞稍微触犯到赵鼎，赵鼎说道："我起初和张浚情同兄弟，由于吕祉挑拨离间，于是失和。现在张浚立下大功，应该让他尽情施展才干。张浚应该留下来，我应该去职。"宋高宗说："等张浚回来再商量。"等到张浚返回，赵鼎和折彦质请求皇帝仍回临安，张浚上奏道：

攻河南，而车驾幸建康。"又言："刘光世骄惰不战，请罢其军政。"鼎言："得河南固易尔，能保金人不内侵乎？且光世累世为将，将卒多出其门，无故而罢之，恐人心不安。"浚滋不悦，而帝多从浚议。鼎求退益力，遂罢知绍兴府。

鼎与浚为相，政事先后及人才所当召用者，条而置之座右，次第奏行之，故列要津者多一时之望，人号为"小元祐"。帝尝亲书"忠正德文"四字及《尚书》赐之，曰："《书》载君臣相戒饬之言，所以赐卿，欲共由斯道也。"鼎顿首谢。

【纲】折彦质罢，以张守参知政事。

【纲】陈公辅乞禁程氏学，诏从之。 【目】公辅上疏言："今世取程颐之说，谓之伊川之学，相率从之，倡为大言，谓尧、舜、文、武之道传之仲尼，仲尼传之孟轲，孟轲传之颐，颐死，遂无传焉。狂言怪语，淫说鄙论，曰'此伊川之文也'。幅巾大袖，高视阔步，曰'此伊川之行也'。师伊川之文，行伊川之行，则为贤士大夫；舍此，皆非也。乞禁止之。"遂诏士大夫之学，宜以孔、孟为师，庶几言行相称，可济时用。时方召尹焞，焞，颐门人也，公辅之意，盖有所指云。

【纲】丁巳，七年，春正月，以陈与义参知政事，沈与求同知枢密院事。

【纲】以张浚兼枢密使。

【纲】何藓还自金，始闻上皇及太后之丧，帝成服。 【目】何藓还，始知道君皇帝、宁德皇后郑氏相继崩，帝成服。百官七上表，请遵以日易月之制。知严州胡寅上疏："请服丧三年，衣墨临戎，以化天下。"帝欲遂终服，张浚言："天子之孝不与士庶同，必思所以

"天下的事情，不倡导就办不起来。三年之间，陛下一再亲临江上，为此士气增加百倍，请求乘胜进攻河南刘豫，而陛下也驾临建康。"又说："刘光世骄傲怠惰不打仗，请免除他的军政职务。"赵鼎说："取得河南固然容易，但是能够保住金人不入侵吗？而且刘光世世代为将，很多将士出于他的门下，无故而将他免职，恐怕人心不安。"张浚更加不高兴，而宋高宗大多听从张浚的意见。赵鼎更加力求退职，最终免去相职，调任绍兴府知府。

　　赵鼎与张浚任宰相时，凡国家政事的先后和人才所应当召用的事，都逐条逐项写好放在座位右边，按次序向皇帝启奏施行，故而列位要职的人，大多声望很高，人们称当时朝政为"小元祐"。宋高宗曾亲自写下"忠正德文"四个字连同《尚书》一部赏赐给赵鼎，说："《尚书》记载君臣之间互相告诫的话，把它赐给你，是为了让我们共同遵循此道啊。"赵鼎叩首谢恩。

　　【纲】折彦质罢官，任命张守为参知政事。

　　【纲】陈公辅请求禁止程氏之学，宋高宗下诏应允。　　【目】陈公辅向皇帝上奏疏说："当世采取程颐的学说，称之为伊川之学，一个个都跟随他，倡导夸大的言论，声称尧、舜、文、武之道传于仲尼，仲尼传于孟轲，孟轲传于程颐，程颐死后，就没有传人了。凡狂妄怪诞的言语，淫邪鄙陋的论调，说'这是伊川的文章'。幅巾束发，宽衣大袖，仰着头迈大步，说'这是伊川的行为。'认为学伊川的文章，仿伊川的行为，就成为贤士大夫；否则，就都是错的。对此，乞求加以禁止。"宋高宗下诏，命士大夫之学应以孔、孟为师，才可以言行相称，可为现时所用。当时刚征召尹焞，尹焞是程颐的弟子，陈公辅上疏是意有所指的。

　　【纲】绍兴七年（丁巳，1137）春正月，任命陈与义为参知政事，沈与求为同知枢密院事。

　　【纲】任命张浚兼任枢密使。

　　【纲】何藓从金国返回，这才得知徽宗及太后的死讯，宋高宗为之服丧。　　【目】何藓返回，这才知道道君皇帝、宁德皇后郑氏相继去世，宋高宗服丧。百官们七次上表章，请求遵照皇帝居丧以日易月的制度行事。严州知州胡寅上疏说："请皇帝居丧三年，着丧服从戎，以教化

奉宗庙、社稷。今梓宫未返，天下涂炭，愿陛下挥泪而起，敛发而趋，一怒以安天下之民。"帝乃命浚草诏，告谕群臣，外朝勉从所请，宫中仍行三年之丧。

【纲】以秦桧为枢密使。

【纲】二月，遣王伦如金。 【目】诏以伦为奉迎梓宫使。陛辞，帝命谓挞懒曰："河南之地，上国既不有，与其付刘豫，曷若见归。"

【纲】三月，帝如建康。以吕祉参谋都督府军事，张宗元为参议官；以沈与求知枢密院事。遥尊宣和皇后韦氏为皇太后。

【纲】刘光世免，张浚命吕祉节制其军。

【纲】夏四月，岳飞乞终丧，遂还庐山。张浚以张宗元监其军。【目】飞自鄂入见，拜太尉，继除宣抚使，以王德、郦琼兵隶之。帝诏德、琼曰："听飞号令，如朕亲行。"飞见帝，数论恢复之略，疏言："金人所以立刘豫，盖欲荼毒中原，以中国攻中国，彼得以休息观衅耳。臣愿陛下假臣日月，提兵趋京、洛，据河阳、陕府、潼关以号召五路叛将。叛将既还，遣王师前进，豫必弃汴而走，河北、京畿、陕右可以尽复，然后分兵浚、滑，经略两河，如此则逆豫成擒，金人可灭，社稷长久之计，实在此举。"帝曰："有臣如此，朕复何忧！"复召至寝阁命之曰："中兴之事，一以委卿。"

飞方图大举，会秦桧主和议，忌之，遂不以德、琼兵隶飞，而请诏飞诣张浚议事。浚谓飞曰："王德，淮西军所服，浚欲以为都统，而命吕祉以督府参谋领之，如何？"飞曰："德与郦琼素不相下，一

天下。"宋高宗却想马上结束守丧,张浚说:"天子的服孝与一般百姓不同,必然要考虑如何事奉宗庙、国家。现在先帝的棺木没有返回,天下百姓遭受苦难,希望陛下挥泪而起,束发向前,发奋对敌,以安天下百姓。"宋高宗于是命张浚起草诏书,告知群臣,在外朝勉从群众所请,行以日易月之制,在宫中仍行服丧三年的制度。

【纲】任命秦桧为枢密使。

【纲】二月,派王伦前往金国。　【目】诏命任王伦为奉迎梓宫使。王伦辞别时,宋高宗命王伦对挞懒说:"河南这地方,你们金国既然不要,与其给刘豫,何如还给我们呢!"

【纲】三月,皇帝前往建康,任命吕祉为参谋都督府军事,张宗元为参议官;任命沈与求为知枢密院事。遥尊宣和皇后韦氏为皇太后。

【纲】刘光世免职,张浚命吕祉节制刘光世的军队。

【纲】夏四月,岳飞请求守丧到终了,于是返回庐山。张浚派张宗元监领岳飞的军队。　【目】岳飞从鄂州入朝见皇帝,拜为太尉,继而又被任为宣抚使,王德、郦琼的兵也隶属岳飞。宋高宗下诏,对王德、郦琼说:"听从岳飞号令,就像朕亲自来一样。"岳飞朝见皇帝,几次谈论恢复国土的谋略,上奏疏说:"金人之所以扶立刘豫,是为了残害中原,用中国人打中国人,他就能够自己休息而看别人相斗了。我希望陛下给我一定时间,让我领兵去汴京和洛阳,据守河阳(治河阳城,今河南孟州市西)、陕府(治陕县,今河南三门峡市陕州区)、潼关(在今陕西渭南县东),来号召五路叛军的将领归降。叛军将领归回后,再派军队向前,刘豫必会弃汴京而逃,河北路(今河北霸县以南及河南、山东黄河以北地区)、京畿(汴京地区)和陕西都可以恢复了。然后分兵往浚州、滑州(治白马县,今河南滑县东北),规划收取两河(河北、河东)。这样,叛贼刘豫定会被擒获,金人也可消灭。国家长治久安之计,确实在此一举。"宋高宗说:"有象你这样的臣子,朕还有什么忧虑呢!"又在寝阁召见岳飞,对他说:"中兴的事业,全部委托给你了。"

岳飞刚要策划大规模行动,正值秦桧主张和议,他对岳飞十分憎恶,就不把王德和郦琼的军队交给岳飞,反而请皇帝下诏命岳飞去张浚处议事。张浚向岳飞说:"王德是淮西军所信服的,我想任他为都

旦握之在上则必争吕尚书不习军旅,恐不足服众。"浚曰:"张俊、杨沂中如何?"飞曰:"张宣抚,飞之旧帅也,其人暴而寡谋;沂中视德等耳,亦岂能御此军哉?"浚艴然曰:"固知非太尉不可。"飞曰:"都督以正问飞,飞不敢不尽其愚,岂以得军为念哉?"飞既与浚忤,即日上章乞终丧服,以张宪摄军事,步归庐山,庐母墓侧。浚怒,遂以张宗元权宣抚判官,监其军。

【纲】五月,召胡安国提举万寿观,兼侍读;未至而罢。 【目】张浚荐安国,帝召之,将行,闻陈公辅乞禁程颐之学,乃上疏曰:"孔、孟之道,不传久矣,自颐兄弟始发明之,然后知其可学。而至今使学者师孔、孟而禁从颐学,是入室而不由户也。自嘉祐以来,颐与兄颢及邵雍、张载皆以道德名世,著书立言,公卿大夫所钦慕而师尊之;及王安石、蔡京等曲加排抑,故其道不行。望下礼官,讨论故事,加之封爵,载在祀典,仍照馆阁裒其遗书,羽翼《六经》,使邪说者不得作,而道术定矣。"疏入,公辅与中丞周秘、侍御史石公揆交章论安国学术颇僻,除知永州;安国辞,遂复与祠。

【纲】六月,沈与求卒。

【纲】岳飞奉诏入朝,遂遣还镇。 【目】累诏趣飞还职,飞不得已,趋朝待罪,帝慰遣之。及张宗元还,言:"将和士悦,人怀忠孝,皆飞训养所致。"帝大悦。飞至镇,奏言:"比者寝阁之命,咸谓圣断已坚,何至今尚未决?臣愿提兵进讨,顺天道,因人心,以曲直为老壮,以逆顺为强弱,万全之效可必。钱塘僻在海隅,非用武地,

统，而命吕祉为督府参谋统领军队，你认为怎样？"岳飞说："王德与郦琼一向不相容，一旦提拔王德在上，则必会引起争执，吕尚书不熟悉军队的事，恐怕也不能让大家心悦诚服。"张浚说："张俊、杨沂中如何？"岳飞说："张宣抚是我过去的统帅，这人暴躁而少智谋，杨沂中与王德情况相同，又怎能驾御这支军队呢？"张浚生气地说："本来就知道非你太尉不可了。"岳飞说："你严正地向我提问，我不敢不把愚见说尽，我怎么会只惦记着得到军队呢？"岳飞既与张浚意见不合，当天就上奏章请求服丧到丧期终了，他让张宪代管军中之事，自己步行返回庐山，在母亲坟旁边居住守丧。张浚很生气，就任张宗元暂且为宣抚判官，监督岳飞的军队。

【纲】五月，召胡安国为提举万寿观，兼任侍读；但人还未到又被免了官。　　【目】张浚推荐胡安国，宋高宗征召他，刚要启程，听说陈公辅请求禁止程颐之学，就上奏道："孔孟之道久不传习了，从程颐兄弟开始加以阐明，然后才知道这是可以学习而获得。现在让学者以孔、孟为师却禁止程颐的学说，等于要进屋又不许经过门户。从嘉祐年间以来，程颐和他哥哥程颢及邵雍、张载都以道德闻名于世，他们著书立说，为公卿大夫们所钦慕而尊他们为老师。到了王安石、蔡京等人蓄意加以排斥抑制，所以其道不行。希望让礼部官员研究依照旧例，对程氏加以封爵，载入祀典之中，仍旧让翰林院收集他们的遗著，作为《六经》的辅助，使邪恶的言论不能出现，而道学就稳定了。"奏疏呈上后，陈公辅和中丞周秘、侍御史石公揆先后上奏章，认为胡安国学术很怪僻，宋高宗改授胡安国为永州（治零陵县，今湖南零陵）知州，胡安国推辞不受，就又任为奉祠官。

【纲】六月，沈与求去世。

【纲】岳飞奉诏入朝，又派他返回镇所。　　【目】宋高宗屡次下诏催促岳飞返镇任职，岳飞不得已，到朝廷听候治罪。高宗对他抚慰备至，并让他返镇。等到张宗元返回说："岳飞军中将领和睦，士卒喜悦，人人心怀忠孝，都是岳飞教导的结果。"宋高宗非常高兴。岳飞到达镇守地，上奏疏道："上次皇上在寝阁的命令，都以为陛下的决断坚定，为什么至今仍没做出决定呢？臣愿带兵征讨，顺应上天之道，合乎百姓

愿建都上游,用汉光武故事,亲率六军,往来督战,庶将士知圣意所向,人人用命。"

【纲】秋八月,以张浚为淮西宣抚使。

【纲】召淮西副统制郦琼赴行在。琼以众叛降刘豫,执吕祉杀之。

【纲】九月,张浚免,罢都督府。 【目】浚总中外之政,几事丛委,以一身任之。每奏对,必言雠耻之大,帝未尝不改容涕洟,事无巨细,必以咨浚。及郦琼叛,吕祉死,浚因引咎力求去。帝问:"谁可代者?"且曰:"秦桧何如?"浚曰:"近与共事,方知其暗。"帝曰:"然则用赵鼎尔?"浚曰:"得之矣。"桧由是憾浚。浚遂奉祠,而都督亦罢。

【纲】以赵鼎为尚书左仆射、同平章事,兼枢密使。

【纲】冬十月,安置张浚于永州。 【目】浚既去位,言者论之不已,欲远窜之。会赵鼎乞降诏安抚淮西,帝曰:"俟行遣张浚,朕当下罪己之诏。"鼎言:"浚已落职。"帝曰:"浚罪当远窜。"鼎曰:"浚母老,且有勤王功。"帝曰:"功过自不相掩。"已而内批出浚谪岭南,鼎留不下,诘旦,约同列救解。帝怒未释,鼎力恳曰:"浚罪不过失策尔。凡人计虑,岂不欲万全,倘因一失,便置之死地,后有奇谋秘计,谁复敢言者?此事自关朝廷,非独私浚也。"张守亦以为言,帝意解,遂以秘书少监分司西京,永州居住。李纲闻之,驰奏曰:"浚措置失当,诚为有罪,然其区区徇国之心,有可矜者。愿少宽假,以责来效。"不报。

之心，以出兵有理为壮，无理为老，顺天为强，逆理为弱，则必定万无一失。钱塘县（今浙江杭州）地处偏僻的海角，不是用兵的地方。希望能在上游建都，按汉光武帝过去的作法，亲自率领六军，往来督战，将士才得以了解皇帝的意向所在，人人就都会效命。"

【纲】秋八月，任命张俊为淮西宣抚使。

【纲】征召淮西副统制郦琼去行在。郦琼却领着部众投降刘豫，并杀害吕祉。

【纲】九月，张浚被免职，撤消都督府。　【目】张浚总管朝廷内外政事，机要事务繁杂，都一人承担。他每次上奏或答皇帝询问，必定谈及深仇大耻，宋高宗没有一次不为此而改容流涕。他不分事情大小，必定要向张浚咨询。到郦琼叛变，吕祉被杀，张浚将此事归罪于己，并力求去职。宋高宗问他："谁可以代替？"并且说："秦桧如何？"张浚说："近来与秦桧共事，才知道他的昏昧。"皇帝说："那就任用赵鼎吧？"张浚说："这是得到恰当人选了。"秦桧因此恨张浚。张浚于是改任奉祠官，而都督的职务也罢免了。

【纲】任命赵鼎为尚书左仆射、同中书门下平章事，兼枢密使。

【纲】冬十月，把张浚安置在永州。　【目】张浚已去职之后，言官对他议论不停，想把他流放到远地。正值赵鼎请求下诏安抚淮西，宋高宗说："等遣送了张浚，朕就下罪己诏。"赵鼎说："张浚已经解除官职。"皇帝说："他的罪应该流放远地。"赵鼎说："张浚的母亲年老，而且他曾有起兵救援王室的功劳。"宋高宗说："功劳与过失自不能互相抵消。"随后从宫中发出皇帝批示把张浚贬谪到岭南（今广东）。赵鼎把内批扣住不发下去，第二天早朝，约同僚一起解救张浚。宋高宗怒气未息，赵鼎尽力恳求道："张浚的罪不过在于失策。任何人考虑问题，岂不希望万无一失；倘若因为有一点失策，便将他置于死地，以后有了奇谋秘计，谁还敢再说呢？这件事的处理关系到朝廷，并非为了照顾张浚个人呀。"张守也说了类似的话，宋高宗怒气消解，改命他为分管西京（洛阳）的秘书少监，居住于永州。李纲听说后速向皇帝启奏道："张浚措置失当，的确有罪，然而他的一片忠诚报国之心，还是值得同情的，请对他从宽处理，以观后效。"皇帝没有答覆。

【纲】闰月,以尹焞为崇政殿说书。 【目】初,焞被召,以疾辞。范冲奏:"给五百金为行资,命漕臣至涪亲遣。"焞始就道。会陈公辅攻程氏之学,焞至九江,遂留不进。张浚言:"焞拒刘豫之节,且其所学所养有大过人者,乞令江州守臣疾速津送。"焞至建康,复以疾辞。帝曰:"焞可谓恬退矣。"趣召入见,命为秘书郎兼说书。

【纲】张俊弃盱眙还建康。

【纲】金人袭汴,执刘豫,废为蜀王,立行台尚书省于汴。韩世忠、岳飞请伐金,收复中原。不报。

【纲】十二月,王伦还自金,寻复遣之。 【目】伦还入对,言:"金人许还梓宫及太后,且许归河南地。"帝喜曰:"若金人能从朕所求,其余一切非所较也。"逾五日,复遣伦奉迎梓宫于金。

【纲】戊午,八年,春正月,张守罢。 【目】帝议还临安,张守言:"建康自六朝为帝王都,气象雄伟,且据都会以经理中原,依险阻以捍御强敌。陛下席未及暖,今又巡幸,百司六军有勤动之苦,民力邦用有烦费之忧。愿少安于此,以系中原民心。"赵鼎不可,守遂求去,出知婺州。

【纲】二月,胡安国进《春秋传》,诏加安国宝文阁直学士。【目】自王安石废《春秋》,不列于学宫,安国谓:"先圣手所笔削之书,天下事物无不备于此,乃传心之要典也。而人主不得闻讲说,学士不得相传习,乱伦灭理,用夷变夏,殆由乎此。"因潜心二十余年,著《春秋传》以成其志。至是,上之,帝谓:"深得圣人之旨。"诏进一官,命未下而卒,赐谥文定。

【纲】闰月，任命尹焞为崇政殿说书。　【目】起初，尹焞被征召，他以有病而推辞不就。范冲上奏道："给他银五百两为路费，派漕臣到涪陵（今四川涪陵）亲自送他上路。"尹焞这才启程。正值陈公辅攻击程氏学说，尹焞到达九江（今江西九江），就停留不走了。张浚说："尹焞拒绝为刘豫所用，气节凛然，而且他的学问、修养有远远超过一般人的地方，请求命令江州守臣迅速赶到渡口送行。"尹焞到达建康，再次以有病为由推辞，宋高宗说："尹焞可说是淡泊谦退。"很快召他入宫朝见，任命他为秘书郎兼崇政殿说书。

【纲】张俊放弃盱眙返回建康。

【纲】金兵袭击汴京，捉住刘豫，废除其帝号，贬为蜀王，在汴京设立行台尚书省。韩世忠、岳飞奏请讨伐金人，收复中原，没有答覆。

【纲】十二月，王伦从金国返回，不久又派他出使。　【目】王伦返回后，进宫回答皇帝所问，他说："金人答应归还先帝灵柩和送还太后，而且答应归还河南之地。"宋高宗高兴地说："倘若金人能依从朕的要求，其他一切可以不计较。"过了五天，又派王伦到金国去迎取先帝的灵柩。

【纲】绍兴八年（戊午，1138），春五月，张守罢官。　【目】宋高宗与群臣计议返回临安之事，张守说："从六朝开始建康就是帝王都城，气象雄伟，且能依据都城以经营中原，依仗险要地势以抵御强敌。陛下刚到这里不久，现在又要外出巡视，百官和六军有频繁行动之苦，民力和国家财用有耗损过多之忧。希望暂且安心地住在此地，也好维系住中原的民心。"赵鼎不同意此说，张守就要求离职，被外调为婺州（治金华县，今浙江金华）知州。

【纲】二月，胡安国献上《春秋传》，下诏给胡安国加官宝文阁直学士。　【目】自从王安石废弃《春秋》，不把它列入学校之中，胡安国认为："先圣亲手订定的这部书，天下事物无不备于其中，是一部传授心法的要典。然而现在人主听不到对它的讲解，学士们不能相互传授学习，伦理淆乱泯灭，以夷狄改变华夏，大概由此而起。"因而他潜心研究二十余载，著《春秋传》以完成他的心志。这时把书进献上去，宋高宗说："此书深得圣人的要旨。"下诏命晋升一级，但诏命尚未下达他

安国强学力行,以圣人为标的,志于康济斯民。见中原沦没,遗黎涂炭,常若痛切其身。虽数以罪去,爱君忧国,远而弥笃。风度凝远,视天下万物无一足婴其心。自渡江以来,儒者进退合义,以安国、尹焞为称首。谢良佐尝语人曰:"胡康侯如大冬严雪百草萎死而松柏挺然独秀者也。"

【纲】帝定都临安。【目】帝自建康至临安,自是始定都矣。

【纲】三月,以刘大中参知政事,王庶为枢密副使。

【纲】以秦桧为尚书仆射、同平章事,兼枢密使。【目】初,张浚尝与赵鼎论人才,浚极称桧善,鼎曰:"此人得志,吾辈无所措足矣!"及鼎再相,桧在枢密,一惟鼎言是从。鼎由是深信之,言桧可大任于帝,而不知为桧所卖也。桧既相,制下,朝士相贺,独吏部侍郎晏敦复有忧色,曰:"奸人相矣!"闻者皆以其言为过。

【纲】陈与义罢。

【纲】夏四月,诏王庶视师江、淮。【目】庶至淮上,遂移张俊下张宗颜军淮西、巨师古屯太平州,分韩世忠二军屯天长、泗州,缓急为声援;以刘锜军驻镇江,以固根本。

【纲】五月,王伦偕金使来。【目】伦至会宁,见金主,首谢废刘豫,次致使指。会挞懒自河南还,言于金主,请以废齐旧地与宋。金主命群臣议,蒲卢虎议以河南、陕西地与宋,遂遣伦及其太原少尹乌陵思谋、太常少卿石庆来议事。

【纲】六月,赐衍圣公孔玠衢州田。

已去世，赐谥为文定。

胡安国勤勉学习，努力贯彻于实践之中，以圣人为榜样，立志救助百姓。看到中原地区沦陷，留下来的百姓陷于水深火热之中，常痛苦得象刀割一样。虽然屡次因被罚罪而去职，身虽远离朝廷，其爱君忧国之心却更深更坚定了。他的风度凝重深远，天下万物，无一能够干扰其胸怀。从渡江以来，儒者之中在仕途中进退合乎义理的，以胡安国和尹焞最值得称扬。谢良佐曾对别人说："胡康侯就象在严冬大雪之中，百草均已凋枯，唯独挺拔独秀的松柏一样。"

【纲】宋高宗定都临安。【目】宋高宗从建康到达临安，从这时才开始定都。

【纲】三月，任命刘大中为参知政事，王庶为枢密副使。

【纲】任命秦桧为尚书仆射、同平章事兼枢密使。【目】起初，张浚曾和赵鼎谈论人才，张浚非常称赞秦桧，赵鼎说："此人得志，我们就没有立足之地了。"等到赵鼎再次任宰相，秦桧在枢密院任职，对赵鼎惟言是从，赵鼎因此对他深为信任，对宋高宗说秦桧可以担当大任，而不知自己竟被秦桧所欺骗。秦桧当上了宰相，任命的诏书下达后，朝臣去道贺，唯有吏部侍郎晏敦复忧虑地说："奸人当宰相了。"听到这话的人都认为说得过分了。

【纲】陈与义罢官。

【纲】夏四月，宋高宗下诏，命王庶巡视江、淮军队。【目】王庶到达淮上，调张俊的部下张宗颜的军队到淮西，巨师古的军队屯驻太平州，从韩世忠军中派出两支部队分驻于天长和泗州，有紧急情况时可互相支援；派刘锜驻军镇江，以巩固国家的根基之地。

【纲】五月，王伦偕同金国使臣前来。【目】王伦到达会宁（即金国上京，今黑龙江阿城南白城）见到金国主，首先感谢废掉刘豫，其次转达了此次出使的意图。正值挞懒从河南返回，向金主说，请求把已废除的齐国的旧地交还给宋。金国主命群臣商议，蒲卢虎主张把河南、陕西地方给宋，金主就派王伦和金国的太原少尹乌陵思谋、太常少卿石庆南来商议此事。

【纲】六月，赐给衍圣公孔玠以衢州（今浙江衢州市）的田地。

【纲】秋七月,彗星见。

【纲】王伦复如金。

【纲】八月,金始颁行官制。

【纲】金以会宁为上京,临潢府为北京。 【目】会宁即海古地,金之旧土,初称内地,至是升为上京会宁府。改辽上京临潢府为北京,而东京辽阳、西京大同、南京大兴、中京大定府则仍旧云。

【纲】冬十月,罢参知政事刘大中。 【目】大中与赵鼎不主和议,秦桧忌之,荐萧振为侍御。振入台,即劾大中,罢之。鼎曰:"振意不在大中也。"振亦谓人曰:"赵丞相不待论,当自为去就矣。"

【纲】赵鼎罢。 【目】初,中书舍人潘良贵,以户部侍郎向子諲奏事久,叱之退。帝欲抵良贵罪,中丞常同为之辨,帝欲并逐同。鼎奏子諲虽无罪,而同与良贵不宜逐,帝不从。命下,给事中张致远谓:"不应以一子諲,出二佳士。"不书黄。帝怒,顾鼎曰:"固知致远必缴驳。"鼎问:"何也?"帝曰:"与诸人善。"盖已有先入之言,由是不乐鼎。秦桧继留身奏事,及出,鼎问:"帝何言?"桧曰:"上无他,恐丞相不乐耳。"鼎乃引疾求罢,且言:"臣议论出处与刘大中同,大中去,臣何可留?"乃出知绍兴府。入辞,言于帝曰:"臣去后,必有以孝悌之说胁制陛下者。"将行,桧率执政饯之,鼎不为礼,一揖而去,桧益憾之。鼎自再相,无所施为。或以为言,鼎曰:"今日之事,如人患羸,当静以养之,若复攻砭,必损元气矣。"后王庶入对,帝曰:"赵鼎两为相,于国有大功;再赞亲征,皆能决胜。又镇抚建康,回銮无虞,他人所不及。"

【纲】秋七月，彗星出现。

【纲】王伦又前往金国。

【纲】八月，金国开始颁行官制。

【纲】金国以会宁为上京，以临潢府（今内蒙古昭乌达盟巴林左旗东南波罗城）为北京。　【目】会宁就是海古地，金国的故土，开始称为内地，到此时升为上京会宁府。把辽的上京临潢府改为北京，而东京辽阳府（今辽宁辽阳市）、西京大同府（今山西大同）、南京大兴府（即辽燕山府，今北京西南）、中京大定府（即大宁府，今内蒙古宁城西南）则照旧。

【纲】冬十月，参知政事刘大中罢官。　【目】刘大中和赵鼎都不主张议和，秦桧忌恨他们，推荐萧振为侍御史，萧振进入御史台后，立刻弹劾刘大中，免了他的官职。赵鼎说："萧振的意图不在刘大中啊。"萧振也向别人说："赵丞相不待论劾，应该自行决定去留。"

【纲】赵鼎罢官。　【目】起初，中书舍人潘良贵因户部侍郎向子諲向皇帝奏事时间过长，而喝叱向子諲叱令他退下。宋高宗打算将潘良贵治罪，御史中丞常同为潘良贵辩护，宋高宗要将常同一起斥逐，赵鼎启奏认为向子諲虽然无罪，而常同与潘良贵也不应斥逐，宋高宗不从。诏命下达后，给事中张致远说："不应该为了一个向子諲而逐出两位优秀人才。"他拒不起草诏书。宋高宗生气了，看着赵鼎说："本来就知道张致远一定会驳回诏旨。"赵鼎问："为什么呢？"宋高宗说："因为与大家友善。"这是因为有人已经先进了谗言，因此宋高宗对赵鼎颇为不满。散朝时秦桧继续留下来奏事，等到他退出，赵鼎问："皇帝说什么？"秦桧说："皇帝没有别的话，只恐你不高兴。"赵鼎于是就称病请求离职，并且说："臣的言论和仕途进退同刘大中一样，刘大中去职，臣怎能留下来？"赵鼎于是外调为绍兴府知府。他入朝向皇帝辞行时说："臣走以后，必定有以孝悌之道为理由来胁制陛下的人。"临行时，秦桧率领执政大臣给他饯行，赵鼎不以礼相待，只作揖一下就离开，秦桧更加恨他了。赵鼎自从再任宰相以后，没有什么作为，有人向他提及此事，赵鼎说："今天的事情，就像人得了虚弱之症，应当静静地调养，若再用火灸针刺，必定损伤元气。"后来王庶入朝回答皇帝询问，宋高宗说："赵鼎

【纲】以句龙如渊为御史中丞。 【目】先是,宰执入见,秦桧独留身,言:"臣僚畏首尾,多持两端,此不足以论大事。若陛下决欲讲和,乞专与臣议,勿许群臣预。"帝曰:"朕独委卿。"桧曰:"臣恐不便,望陛下更思三日。"桧复留身奏事,帝意欲和甚坚,桧犹以为未也,复进前说。又三日,桧复留身奏事如初,知帝意不移,乃始出文字乞决和议。然犹以群臣为患,中书舍人句龙如渊为桧谋曰:"相公为天下大计,而邪说横起,盍不择人为台谏,使尽击去,则事定矣。"桧大喜,即擢如渊为中丞,劾异议者,卒成其志。

【纲】金以张通古为江南诏谕使,来言归河南、陕西之地。【目】先是,王伦使金,从赵鼎受使指,鼎言:"问礼数,则答以君臣之分已定;问地界,则答以大河为界。二事,使者之大指,或不从,则已。"伦受命而行。至是伦还,有"诏谕江南"之名,帝叹息谓王庶曰:"使五日前得此报,赵鼎岂可去邪?"

初,秦桧主和议,命韩世忠移屯镇江,世忠言:"金人诡诈,恐以计缓我师,乞留此军蔽遮江、淮。"因力论和议之非,且请单骑诣阙面奏。帝不许。及张通古来,以诏谕为名,世忠四上疏,言:"不可从,愿举兵决战。兵势最重处,臣请当之。"且言:"金人欲以刘豫相待,举国士大夫尽为陪臣,恐人心离散,士气凋沮。"不报。

【纲】十一月,以孙近参知政事。

两次当宰相，对国家有大功；又辅佐朕领兵亲征，都能决断取胜。他镇守建康，朕返回时不用忧虑，这些地方别人都不如他。"

【纲】任命句龙如渊为御史中丞。 【目】在此之前，宰相和执政大臣入宫朝见，秦桧单独留下来说："臣下们畏首畏尾，大多数态度动摇，如此就不足以议论大事。倘若陛下决意要和金议和，乞求专门与臣商议，不许群臣参预。"宋高宗说："朕只委托你一个人。"秦桧说："臣恐怕不方便，希望陛下再考虑三天。"三天后，秦桧又留下来奏事，宋高宗打算议和的心意很坚决，但秦桧还认为不够，再次陈奏上次说过的话。又过三天，秦桧还像上次一样留下来奏事，知道皇帝的心意不变，才开始写成文字，请求把和议定了下来。然而秦桧仍怕群臣反对，中书舍人句龙如渊替秦桧出主意说："相公为天下大事谋划，而邪说四起，何不挑选人为台谏官，让他把这些人都加以抨击赶走，大事就可定下来了。"秦桧大喜，立刻提拔句龙如渊为御史中丞，弹劾持不同意见的人，终于完成了秦桧的心愿。

【纲】金国派张通古为江南诏谕使，来谈归还河南、陕西地区的事。 【目】在这之前，王伦出使金国，在赵鼎那里接受指示，赵鼎说："金人问到礼仪等事，则回答说君臣的名分已经确定；问到地界，则回答说以黄河为界。这两件事是使臣要旨，如对方不接受，就不要谈下去了。"王伦受命前往。此次王伦返回，有金人"诏谕江南"的说法，宋高宗叹息着对王庶说："若五天以前得到这个报告，怎么能让赵鼎去职呢？"

起初，秦桧主张议和，命韩世忠移兵屯守镇江。韩世忠说："金人诡计多端，十分狡诈，恐怕用计延缓我军，乞请留这支队伍保卫江、淮地区。"他竭力论述和议的错误，并且请求单独去朝廷当面向皇帝启奏。但宋高宗不允许。及至张通古来到，以诏谕为名，韩世忠四次上奏疏说："不能依从金国，希望起兵决一死战。军事上最吃重的地方，臣请求前去抵御。"并且说："金人打算像对刘豫一样对待我们，全国的士大夫都成了附庸国的陪臣，恐怕人心离散，士气凋丧。"宋高宗不给答覆。

【纲】十一月，任命孙近为参知政事。

【纲】罢直学士院曾开。诏群臣议和金得失，贬枢密院编修官胡铨监广州都盐仓。　【目】礼部侍郎兼直学士院曾开当草国书，辨视体制非是，论之，不听，遂请罢，改兼侍讲。秦桧以温言慰之曰："主上虚执政以待。"开曰："儒者所争在义，苟为非义，高爵厚禄弗顾也。愿闻所以事敌之礼。"桧曰："若高丽之于本朝耳。"开曰："主上以盛德登大位，公当强兵富国，尊主庇民，奈何自卑辱至此，非开所闻也！"复引古谊折之。桧大怒曰："侍郎知故事，桧独不知也。"开又诣都堂问："计果安出？"桧曰："圣意已定，尚何言。公自取大名而去，如桧，但欲济国事耳。"

然犹虑群言，乃诏："金国遣使入境，欲朕屈己受和。在朝侍从、台谏，其详思条奏和好得失。"于是开与从官张焘、晏敦复、魏矼、李弥逊、尹焞、梁汝嘉、楼炤、苏符、薛徽言、御史方廷实、馆职胡珵、朱松、张扩、凌景夏、常明、范如圭、冯时中、许忻、赵雍皆极言不可和。

提举洞霄宫李纲亦上疏言："朝廷使王伦使金国奉迎梓宫，往还屡矣。今伦之归，与虏使偕，乃以'诏谕江南'为名。不著国号而曰'江南'，不云通问而曰'诏谕'，此何礼也？臣在远方，不知其曲折，然以愚意料之，虏为此名以遣使，其要求有五：必降诏书，欲陛下屈体降礼以听受，一也；必有赦文，欲朝廷宣布颁示郡县，二也；必立约束，欲陛下奉藩称臣，禀其号令，三也；必求我赂，广其数目，使我自困，四也；必求割地，以江南为界，五也。此五者，朝廷从其一，则大事去矣。金人变诈不测，贪惏无厌，纵使听其诏令，奉藩称臣，其志犹未已，必继有号召，或使亲迎梓宫，或使单骑入觐，或使移易宰相，或使改革政事，或竭取赋税，或朘削土宇。从之则无有纪极，一不从则前功尽废，反为兵端。以为权时之宜，听其邀求，可

【纲】直学士院曾开免职。皇帝下诏命群臣讨论与金议和的得失。枢密院编修官胡铨被贬为监广州（治南海县，今广东广州）都盐仓。

【目】礼部侍郎兼直学士院曾开应当草拟国书，他认为宋金交往体制不对，上奏陈述，不被接受，就请求离职，改任为兼侍讲。秦桧用温和的言词劝慰他说："皇上现在空着执政大臣的职位以等待你的起用。"曾开说："儒者要争的在于道义，如果不合道义，即使高爵厚禄也不值得一顾。我倒想听听怎样对待敌国的礼制。"秦桧说："就像高丽对我国一样。"曾开说："皇帝由于至高圣德而登上皇位，你应当使兵强国富，尊奉君王，庇护百姓，怎能自甘卑贱屈辱到如此地步，这不是我想要听到的！"又引用古代义理来使秦桧感到理屈。秦桧大怒说道："只有你知道历史上的事，难道我就不知道吗。"曾开又往尚书令官厅问道："国家大计究竟怎么提出？"秦桧说："皇上已拿定主意，还有什么说的。你只管捞取个人虚名去吧，而我则只想有助于国家的实事而已。"

然而宋高宗还是对大家的议论有顾忌，就下诏说："金国派使臣入境，想让朕委屈受和，凡是在朝的侍从、台谏们都要认真考虑，逐条奏明议和的得失。"于是曾开与从官张焘、晏敦复、魏矼、李弥逊、尹焞、梁汝嘉、楼炤、苏符、薛徽言、御史方廷实、馆职胡珵、朱松、张扩、凌景夏、常明、范如圭、冯时中、许忻、赵雍，都极力说明不可议和。

提举洞霄宫李纲也上奏疏说："朝廷让王伦出使金国迎取先帝灵柩，来回数次了。这次王伦回来，与金人使臣同来，竟以'诏谕江南'的名义，不写我国国号而称'江南'，不说通问而说'诏谕'，这是什么礼节？臣在远方，不了解事情经过的曲折，然而以愚意去估计，金人用这名义派使臣来，他的要求有五项。必定颁下诏书，想让陛下屈身降格来接受，这是第一；必定有赦文，让朝廷宣布并颁发到各郡县，这是第二；必定立下规约，想让陛下降为藩属向他们称臣，接受他们的号令，这是第三；必定要求我们的财货，数量庞大，使我们陷入窘境，这是第四；必定要求割让土地，以江南为界，这是第五。这五点要求，朝廷依从其中之一，则国家大事就完了。金人狡诈不测，贪婪无厌，纵使听从了他的诏令，成为藩属，向他称臣，他的要求也还不算完，必定接着又有号令，或许让陛下亲自去迎接先帝灵柩，或许让陛下单独去金国朝拜，

无后悔者，非愚则诬也。"疏入，不省。

胡铨抗疏言曰："臣谨按：王伦本一狎邪小人，市井无赖，顷缘宰臣无识，举以使虏，专务诈诞，欺罔天听，骤得美官，天下之人，切齿唾骂。今者无故诱致虏使，以'诏谕江南'为名，是欲臣妾我也，是欲刘豫我也，陛下奈何以祖宗之天下为金虏之天下，以祖宗之位为金藩臣之位？陛下一屈膝，则祖宗、庙社之灵尽污夷狄，祖宗数百年之赤子尽为左衽，朝廷宰执尽为陪臣，天下士大夫皆当裂冠毁冕，变为胡服。异时豺狼无厌之求，安知不加我以无礼，如刘豫也哉？今伦之议曰：'我一屈膝则梓宫可还，太后可复，渊圣可归，中原可得。'呜呼！自变故以来，主和议者谁不以此说啖陛下哉？然而卒无一验，则虏之情伪已可知矣，而陛下尚不觉悟，竭民膏血而不恤，忘国大雠而不报，含垢忍耻，举天下而臣之甘心焉。就令虏决可和，尽如伦议，天下后世谓陛下何如主？况虏变诈百出，而伦又以奸邪济之，梓宫决不可还，太后决不可复，渊圣决不可归，中原决不可得，而此膝一屈不可复伸，国势陵夷不可复振，可为痛哭流涕长太息矣！臣窃谓不斩王伦，国之存亡未可知也。虽然，伦不足道也，秦桧以腹心大臣，而亦为之。陛下有尧、舜之资，桧不能致君如唐、虞，而欲导陛下如石晋。孙近傅会桧议，遂得参政，伴食中书，漫不敢可否事，桧曰'可和'，近亦曰'可和'，桧曰'天子当拜'，近亦曰'当拜'。呜呼！参赞大事，徒取充位如此，有如虏骑长驱，尚能折冲御侮邪？臣窃谓桧、近亦可斩也。臣备员枢属，义不与桧等共戴天，区区之心，愿断三人头，竿之藁街，然后羁留虏使，责以无礼，徐兴问罪之师，则三军之士不战而气自倍。不然，臣有赴东海而死，宁能处小朝廷求活邪？"书上，桧以铨狂妄凶悖，鼓众劫持，诏除名编管昭州。给、舍、台谏及朝臣多救之，桧迫于公论，翌日改铨监广州都盐

或许要陛下撤换宰相,或许要陛下改革政事,或许竭力榨取赋税收入,或许割取土地。一屈从就没完没了,稍不服从就会前功尽废,反而召来兵祸。如果认为作为权宜措施,听从这些要求,日后将不致后悔,这种人不是愚蠢就是欺罔。"奏疏呈上,宋高宗不加审阅。

　　胡铨上疏直言道:"据臣所知,王伦本是一个邪劣小人,市井无赖,不久前由于宰相没有见识,举荐他出使金国。他专门从事欺诈,夸大其辞,蒙蔽皇帝的视听,很快取得了美官,天下之人对他都切齿唾骂。这次无故引诱金国使臣前来,以'诏谕江南'为名,这是打算把我国当成臣妾看待,打算像对待刘豫那样对待我国。陛下怎能把祖宗的天下奉为金人的天下,把祖宗的尊位降成金国的藩臣地位?只要陛下一向金人屈膝,则宗庙社稷的神灵都为夷狄所玷污,祖宗治下数百年的忠诚百姓将全成异类,朝廷的宰相和执政大臣也成了藩国陪臣,天下士大夫都得毁掉冠冕,改穿胡服。到那时金人会像豺狼一样提出永无满足的要求,怎知不对我们任意胡为,就像对待刘豫一样!现在王伦的议论是:'我方一屈膝,则先帝的灵柩可以归还,太后可以返回,钦宗可以归来,中原之地也能复得。'呜呼!自从发生变故以来,主张议和的人,谁不拿这种话引诱陛下呢?然而到底没有一次应验,则金人的真意已可清楚了。可是陛下还不觉悟,竭尽民脂民膏也不加怜恤,忘却国家大仇而不报,含垢忍耻,以整个国家向他们称臣才甘心。就算是金人决意议和,全都像王伦说的一样,天下百姓,后世之人将说陛下是什么样的君主呢?何况金人诡诈多端,王伦又凭他的奸邪来帮助他们,先帝的灵柩决不会送回,太后决不会回归,钦帝决不会回来,中原决不会收复。而陛下之膝一下,就不能再伸直了,国势每况日下,不能再振兴,得为此痛哭流涕叹息不止啊!臣认为不斩王伦,国家的存亡就未可预知。虽然王伦是个不足道的小人,但秦桧作为腹心大臣,也同样这么做。陛下有尧、舜的资质,秦桧却不能辅助陛下成为尧、舜一样的君主,而想导致陛下成为五代的石敬瑭。孙近附和秦桧的议论,于是获得参知政事的官职,当个吃饭不干事的伴食中书,对政事总不敢说可以或不可以。秦桧说'可以议和',孙近也说'可以议和',秦桧说'天子应当对金人下拜',孙近也说'应该下拜'。呜呼!参谋赞划国家大事,就这样白白地占着职

仓。

宜兴进士吴师古，锓其书于木，金人募之千金。朝士陈刚中以启事贺铨之谪，师古坐流袁州，刚中谪知虔州安远县，皆死焉。晏敦复谓人曰："顷言桧奸，诸君不以为然。今方专国，便敢尔，他日何所不至邪？"

【纲】王庶罢。

【纲】十二月，以李光参知政事。

【纲】以韩肖胄签书枢密院事。

【纲】己未，九年，春正月，大赦。 【目】以金国通和，大赦江南新复州军。直学士院楼炤草赦文，略曰："乃上穹开悔祸之期，而大金报许和之约，割河南之境土归我舆图，戢宇内之干戈用全民命。"张浚在永州，上疏言："燕、云之举，其鉴不远。虏自宣和以来，挟诈反复，倾我国家，盖非可结以恩信者。借令虏中有故，上下纷杂，天属尽归，河南遂复，我必德其厚赐，谨守信誓，数年之后，人情益解，士气渐消；彼或内变既平，指瑕造衅，肆无厌之欲，发难从之请，其将何辞以对？顾事理可忧，又有甚于此者。陛下积意兵政，将士渐孚，一旦北面事虏，听其号令，小大将帅，孰不解体？盖自尧、舜以来，人主奄有天下，非兵无以立国，未闻委质可以削平祸难者也。"前后凡五上疏，皆不报。

位,如果金人骑兵长驱直入,他还能抵抗御侮吗?臣认为秦桧、孙近也可以斩首。臣作为枢密院的属官,论道义与秦桧等人不共戴天,臣以一片忠心,愿斩此三人之头,悬挂在藁街的高竿之上,然后扣留金国使臣,谴责他的无礼,再稳当地向金人派遣问罪之师,则三军将士不等作战已士气倍加。否则,臣只有跳东海去死,怎么肯生活在小朝廷里乞求活命呢?"奏疏呈上之后,秦桧认为胡铨狂妄凶横,鼓动大家威胁皇帝,下诏削除官籍,指定在昭州(治平乐县,即今广西平乐县)接受地方官管束,不得自由行动。给事中、中书舍人、台谏及朝臣多来救助他,秦桧迫于公论,第二天改为任命胡铨为监广州都盐仓。

宜兴县(今江苏宜兴)进士吴师古,将胡铨这篇奏疏刻在木板上,金人用千金收买。朝士陈刚中用书札祝贺胡铨的贬谪。结果吴师古被流放到袁州(治宜春县,今江西宜春),陈刚中贬为虔州安远县(今江西安远)知县,二人都死在当地。晏敦复对人说:"不久前说秦桧奸,诸位不以为然。现在他刚刚掌权,便敢这样干,以后有什么不敢干的呢?"

【纲】王庶罢官。

【纲】十二月,任命李光为参知政事。

【纲】任命韩肖胄为签书枢密院事。

【纲】绍兴九年(己未,1139),春正月,大赦天下。 【目】由于和金国通好讲和,在江南新收复的州军实行大赦。直学士院楼炤草拟敕文,其大略说:"是上天懊悔给宋王朝的灾祸,转而保佑它,大金国已允许议和,要将河南的土地还归我国版图,收藏起天下的武器,以保全百姓的性命。"张浚在永州,上奏疏说:"燕、云的举动,其前车之鉴并不久远。金人从宣和年间以来,挟持诈术,反复无常,颠覆我国家,对他们不能用恩义诚信来互相结交。假使现在金国内部发生变故,上下混乱,王室亲属全部回来,河南地区于是恢复,我们则感激金国的厚赐,慎重地信守誓约,几年之后,我国的人情越加懈怠,士气逐渐消沉。他们金国或许内部混乱已经平息,又会找寻借口挑起事端,从而放纵无休止的贪欲,发出难以答应的要求,那时我们将如何回答呢?而事理值得忧虑的,还有比这更严重的。陛下长期注重军事,将士们对陛

岳飞在鄂州，闻金将归河南地，上言："金人不可信，和好不可恃。相臣谋国不臧，恐贻后世讥。"秦桧衔之。及赦至鄂，飞又上疏力陈和议之非，至有"愿定谋于全胜，期收地于两河。唾手燕、云，终欲复雠而报国；誓心天地，尚令稽首以称藩"之语。疏入，桧益怒，遂成雠隙。

和议成，例加爵赏，飞加开府仪同三司，力辞，言："今日之事，可危而不可安，可忧而不可贺，可训兵饬士谨备不虞，而不可论功行赏取笑敌人。"三诏不受，帝温言奖誉之，飞乃受命。

吴璘在熙州，其幕客拟为贺表，璘愀然曰："在朝廷休兵息民，诚天下庆。璘等叨窃，不能宣国威灵，亦可愧矣，但当待罪，称谢何也？"

【纲】二月，遣判大宗正事士㒟，兵部侍郎张焘诣河南修奉陵寝。 【目】初，史馆校勘范如圭以书责秦桧，力谏和议忘雠辱国之罪，且曰："公不丧心病狂，奈何为此，必遗臭万世矣！"及金人归河南地，桧方自以为功，如圭入对言："两京之版图既入，则九庙八陵瞻望咫尺，今朝陵之使未还，何以慰神灵、革民志乎？"帝泫然曰："非卿不闻此言！"即日遣士㒟等往。桧以如圭不先白己，益怒，如圭遂谒告去。

【纲】以尹焞提举万寿观兼侍讲；辞不拜。 【目】先是，资善

下都很信服，一旦陛下您北向事奉金国，大小将帅们，怎能不离心解体呢？自从尧舜以来，人主拥有天下，不靠军队就不能建立国家，没听说对别国屈服从命就可以削平祸乱的。"他前后总共上疏五次，都没有得到回答。

岳飞在鄂州，听说金国将归还河南地区，上奏疏道："金人不可信，议和不可靠。宰相谋划国计不善，恐怕为后世讥笑。"秦桧对此怀恨在心。等到敕文发到鄂州，岳飞又上奏疏竭力陈述议和的错误，疏中甚至有"希望以全胜为目标制定策略，期待收复两河（河北、河东）失地。燕、云则唾手可得，最终要复仇而报效国家。向天地发誓，还要令金国叩首向我国称藩"的话。奏疏呈入后，秦桧更为恼怒，于是和岳飞结成仇怨。

和议达成后，照例给官员赐加爵赏，岳飞加开府仪同三司，他竭力推辞道："今天的事情，应该自知尚有危险而不可苟安，只可为此忧虑而不能庆贺，只可整训军队，严防意外，而不可论功行赏，让敌人取笑。"三次诏令他都不接受，宋高宗以宽慰的语言再三奖誉，岳飞才接受加官之命。

吴璘在熙州（治狄道县，今甘肃临洮），他的幕客打算上贺表，吴璘忧惧地说："对朝廷来说，停止用兵，让百姓得到休息，确实应当天下庆贺。我们这些人无功受禄，不能宣扬国家的雄威，也该惭愧，只应当听候治罪，有什么可贺的？"

【纲】二月，派遣判大宗正事赵士㒟、兵部侍郎张焘前往河南拜谒王室陵寝。　【目】起初，史馆校勘范如圭写信谴责秦桧，极力说明议和是忘掉仇恨有辱国家的罪行，并且说："你若不是丧心病狂，为什么这样做？必定要遗臭万世了！"等到金人归还河南地区，秦桧正自以为有功，范如圭入宫对答皇帝询问时说："两京的版图已经划归我国，则先帝的九庙八陵就很近了。现在朝拜陵庙的使者没有回来，用什么来告慰在天的神灵，完成百姓的心愿呢？"皇帝伤心地说："不是你，就听不到这样的话。"当天就派赵士㒟等前往。秦桧由于范如圭没先向自己禀明，更加恼怒，范如圭就告假离朝。

【纲】任命尹焞为提举万寿观兼侍讲，他推辞不接受。　【目】在

堂翊善朱震疾亟，荐焞自代。帝惨然曰："杨时物故，胡安国与震又亡，朕痛惜之！"赵鼎曰："尹焞学问渊源可以继震。"乃除焞太常少卿，兼崇政殿说书，至是改命。焞以和议为非，固辞不拜。

【纲】以王伦为东京留守。

【纲】以吴玠为四川宣抚使。　【目】玠与金人对垒且十年，常苦远饷劳民，屡汰冗员，节浮费，益屯田。和议之成，帝以玠功高，授开府仪同三司、四川宣抚使，陕西阶、成等州皆听节制，遣内侍奉手札以赐。至则玠病甚，扶掖受命。

【纲】三月，王伦至汴，金人归河南、陕西之地。

【纲】以楼炤签书枢密院事。夏四月，命炤宣谕陕西。　【目】炤至凤翔，承制以杨政为熙河经略使，吴璘为秦凤经略使，屯内地以保蜀；郭浩为鄜延经略使，屯延安以守陕。炤倚秦桧势，妄自尊大，且好货，失将士心。

【纲】罢权吏部尚书晏敦复。　【目】和议之初，敦复力诋屈己之非，秦桧使人訹之曰："公若曲从，两府旦夕可至。"敦复曰："吾终不以身计而误国家，况吾姜桂之性，到老愈辣，请勿复言。"桧卒不能屈，权吏部甫逾月，罢知衢州。

【纲】五月，李世辅自夏来归，赐名显忠。

【纲】夏主乾顺卒，子仁孝立。

【纲】开府仪同三司、四川宣抚使吴玠卒。【目】玠善读史，凡往事可师者，录置座右，积久墙牖皆格言也。用兵本孙、吴，务远略，不求近小利，故能保必胜。御下严而有恩，虚心请受，虽身为大将，卒伍最下者得以情达，故士乐为之死，选用将佐，视劳能为高下

这之前，资善堂翊善朱震病危急，推荐尹焞代替自己。皇帝神色凄惨地说："杨时亡故，胡安国与朱震又死，朕真痛惜他们！"赵鼎说："尹焞学问渊博，可以继承朱震的职位。"就任命尹焞为太常少卿兼崇政殿说书，到此时更改任命。尹焞认为议和是错的，坚决推辞不接受任命。

【纲】任命王伦为东京（即汴京）留守。

【纲】任命吴玠为四川宣抚使。【目】吴玠与金人对垒将近十年，常以烦劳人民远途运送军粮为苦，屡次淘汰官吏中的冗员，节约不必要的开支，进一步治理屯田。议和达成后，宋高宗认为吴玠功高，授予他开府仪同三司、四川宣抚使之职，陕西阶州（治福津县，今甘肃武都）、成州（治同谷县，今甘肃成县）等都服从他的指挥管辖，派宫中内侍持皇帝手书赐给吴玠。内侍到达时吴玠病势很重，被搀扶着接受了任命。

【纲】三月，王伦到达汴京，金人归还河南、陕西地区。

【纲】任命楼炤为签书枢密院事。夏四月，命令楼炤到陕西传达皇帝的诏谕。【目】楼炤到达凤翔（治天兴县，今陕西凤翔），以禀承皇帝旨意的名义任命杨政为熙河经略吏，吴璘为秦凤（秦凤路治秦州城，今甘肃天水）经略使，屯守在内地保卫蜀地；郭浩为鄜延（鄜延路治鄜州城，今陕西富县）经略使，屯守延安府（治肤施县，今陕西延安），守护陕地。楼炤倚仗秦桧势力，妄自尊大，而且贪好财货，很失将士之心。

【纲】罢免权吏部尚书晏敦复之职。【目】刚开始议和的时候，晏敦复竭力反对委屈求和，秦桧派人去利诱他说："你若能曲从的话，中书、枢密两府的高位旦夕可得。"晏敦复说："我终究不能为个人考虑而贻误了国家，况且我的性格就像姜桂一样，愈老愈辣，请别再说了。"秦桧到底不能让他屈服，担任权吏部尚书才过一个月，就被罢免，改为衢州知州。

【纲】五月，李世辅从夏国返回，赐名显忠。

【纲】夏国主李乾顺去世，其子李仁孝即位。

【纲】开府仪同三司、四川宣抚使吴玠去世。【目】吴玠善读史书，凡是过去的事可以借鉴的，他都抄录放在座右。积累时间长了，墙上、窗上都是格言。他在军事上以孙子、吴起为榜样，凡事有远虑，不求眼前小利，因此能保证必胜。对下属既严格要求又施以恩义，虚心向

先后，不以亲故权贵挠之。卒年四十七，赠少师，谥武安。自富平之败，金人专意图蜀，微玠身当其冲，无蜀久矣，故西人思之，立祠以祀。

【纲】士儴、张焘还自河南，出焘知成都府。　【目】张焘奏疏曰："金人之祸，上及山陵，虽殄灭之，未足以雪此耻复此雠也！必不可恃和盟而忘复雠之大事！"帝问："诸陵寝何如？"焘不对，唯言："万世不可忘此贼！"帝黯然。秦桧患之，出焘知成都府。

【纲】秋七月，以胡世将为四川宣抚副使。　【目】世将精神明悟，闲习吏治，初除宣抚，诸将皆贺，世将语之曰："世将不习骑射，不知虏情，朝廷所以遣来者，袭国家故事，以文臣为制将尔。军事一无改吴宣抚之规，各推诚心，共济国事可也。"诸将皆拜谢。

【纲】金宋王蒲卢虎等谋反，伏诛。
【纲】王伦如金，金人执之。　【目】兀术言于金主曰："挞懒、蒲卢虎主割河南与宋，必有阴谋。今宋使在汴，勿令逾境。"伦闻之，即遣介具言于朝。会孟庚至汴，伦即解留钥，将使指赴金国议事。行至中山，会挞懒等反，金人执之，乃遣副使蓝公佐还，议岁贡、正朔、誓命等事，及索河东、北士民之在南者，而徙伦拘于河间以待报命之至。时皇后邢氏崩于五国城，金人秘之。

【纲】金以挞懒、杜充为行台左、右丞相。八月，挞懒以谋反诛。
【纲】冬十二月，李光罢。　【目】光初谓可因和为自治之计，故

人请教，接受别人意见，虽身为大将，连队伍中最下层的士卒都能将意见反映到他那里，因此士卒乐于为他拼死作战。他选用将佐，看人的功劳和能力大小，来决定职位的高下和安排的先后，不被亲戚故旧或权贵所干扰。死时年四十七岁，赠为少师，谥为武安。自从富平战败后，金人一心要谋取蜀地，若没有吴玠身当其冲，早就失掉蜀地了，因此西部人民思念他，建立祠堂来祭祀他。

【纲】赵士㒟、张焘从河南返回，将张焘外调为成都府（治成都县，今四川成都）知府。　【目】张焘上奏疏说："金人制造的灾祸，对上已殃及祖宗陵墓，纵然把他们灭绝，也不足以报此仇雪此耻。必不可依赖议和结盟而忘记报仇的大事！"宋高宗问："各个陵墓都怎么样了？"张焘不回答，只是说："千秋万世都不能忘掉这些贼盗。"皇帝面色惨然。秦桧厌恨张焘，把他调出朝廷，担任成都府知府。

【纲】秋七月，任命胡世将为四川宣抚副使。　【目】胡世将思想明快敏悟，熟悉吏治。他初任宣抚副使，诸将都来祝贺，胡世将对他们说："我不会骑马射箭，不了解金军的情况，朝廷之所以派遣我来，是沿袭国家的旧例，以文臣作为皇帝亲自任命的大将而已。在军事上我绝不会改变吴宣抚使的成规，让我们以诚相见，共同为成就国事尽力吧。"诸将都行礼致谢。

【纲】金国的宋王蒲卢虎等谋反，被处死。

【纲】王伦前往金国，被金人逮捕。　【目】金兀术对金主说："挞懒、蒲卢虎主张把河南割让给宋，必定有阴谋。现在宋的使臣在汴京，别让他入境。"王伦听说后，立刻派使者去报告朝廷。正值孟庾来到汴京，王伦就解除留守之职，带着使命前往金国商议事情。他到中山（治安喜县，今河北定县），正赶上挞懒等造反，金人将他逮捕，派副使蓝公佐返回，商议每年向金朝贡，改历法及盟誓等事情，金国还索取河东、河北地区在南方的百姓。金人将王伦转移拘留在河间（今河北河间）等候回信。当时皇后邢氏在五国城去世，金人秘而不宣。

【纲】金人任命挞懒、杜充为行台左、右丞相。八月，挞懒由于谋反被处死。

【纲】冬十一月，李光罢官。　【目】起初，李光认为可以顺应议和

署榜不辞。及秦桧议撤淮南守备,夺诸将兵权,光始极言:"和不可恃,备不可撤。"桧恶之。光复折桧于帝前曰:"桧怀奸误固,不可不察。"桧大怒,光遂求去。

【纲】蒙古袭败金人于海岭。

以谋划自治，故而没有拒绝在和议榜文上签名。等到秦桧主张撤除淮南的守备兵力，夺去诸将兵权时，李光才竭力声言："和议不能依赖，守备兵力不能撤掉。"秦桧憎恶他。李光又在皇帝面前挫辱秦桧说："秦桧心地奸诈，贻误国家，不可不审察。"秦桧大怒，李光就要求去职。

【纲】蒙古在海岭（在金上京会宁府西北）打败金兵。

纲鉴易知录卷八一

南宋纪

高宗皇帝

【纲】庚申,十年,春正月,遣工部侍郎莫将等使金。

【纲】观文殿大学士、陇西公李纲卒。【目】纲卒于福州,年五十八,赠少师,谥忠定。纲负天下之望,以一身用舍为社稷生民安危,虽身或不用,用且不久,而其忠诚义气,凛然动乎远迩。每使者至金,金人必问:"李纲、赵鼎安否?"其为远人所畏服如此。

【纲】夏四月,韩肖胄罢。

【纲】五月,金兀术、撒离喝分道入寇,复陷河南、陕西州郡。【目】秦桧以其言不雠,甚惧,谓给事中冯楫曰:"金人背盟,我之去就未可卜。前此大臣皆不足虑,独君乡浚,未测上意,君其为我探之!"楫入见曰:"金人长驱犯顺,势必兴师,如张浚者且须以戎机付之。"帝正色曰:"宁至覆国,不用此人。"桧闻之喜。

【纲】诏吴璘同节制陕西诸军。六月,璘败金人于扶风,复其城,撒离喝走凤翔。

【纲】东京副留守刘锜大败金人于顺昌,兀术走汴。【目】初,锜赴东京,至涡口,方食,忽暴风拔坐帐,锜曰:"此贼兆也,主暴兵。"即下令兼程而进。闻金人败盟南下,锜与将佐舍舟陆行,至顺昌城下,谍报东京已陷,因与知府陈规议敛兵入城为守御计,乃寘家寺中,积薪于门,戒守者曰:"脱有不利,即焚吾家,毋辱敌手也。"于是军士皆奋。时守备一无可恃,锜于城上躬自督励,取刘豫时所造痴车,以轮辕埋城上,又撤民户扉周匝蔽之。凡六日,粗毕,

高宗皇帝

【纲】绍兴十年（庚申，1140），春正月，派遣工部侍郎莫将等出使金国。

【纲】观文殿大学士、陇西公李纲去世。 【目】李纲在福州（治闽县，今福建福州）去世，年五十八岁，赠少师，谥忠定。李纲肩负天下人的期望，他一身的任用或去职，关系到国家和人民的或安或危。虽然有时不被重用，或者被任用而为期不长，但他的忠诚义气，凛然影响远近。每当使臣到了金国，金人必定询问："李纲、赵鼎安否？"他是如此被外国之人所敬畏佩服。

【纲】夏四月，韩肖胄罢官。

【纲】五月，金兀术、撒离喝分道入侵，又攻陷河南、陕西的一些州郡。 【目】秦桧因为他讲的和议没有被遵守，很是忧惧，他对给事中冯檝说："金人背弃盟约，我是否能保住官职尚未可知，一些大臣都不足忧虑，唯独你支持张浚，而且皇帝的意向尚不可测，请你替我探察一下！"冯檝入朝见皇帝说："金兵长驱直入，进犯我国，我方势必兴兵抵御，像张浚这样的人，又要托付他军事了。"皇帝严肃地说："宁愿亡国，也不任用此人。"秦桧听到这话非常高兴。

【纲】下诏命吴璘共同指挥陕西诸军。六月，吴璘在扶风（今陕西兴平东北）打败金人，收复该城。撒离喝逃往凤翔。

【纲】东京（汴京）副留守刘锜在顺昌（顺昌府即旧颍州，治汝阴县，今安徽阜阳）大败金军，金兀术逃往汴京。 【目】起初，刘锜去东京，走到涡口（涡水入淮处，在今安徽怀远东北，淮水北岸），正吃饭时，忽然一阵暴风刮起幕帐，刘锜说："这是有寇警的征兆，贼将大至。"于是立即下令加速行军。听说金人毁弃和约南下，刘锜与将佐们弃舟登岸，赶到顺昌城下，而探者报道东京已经陷落，他们就和顺昌知府陈规议定收兵进城，采取防守之计。陈规把家搬到寺庙中，门前堆满木柴，吩咐守门的人说："倘若作战不利，就放火烧毁我的家，不可

而金兵遂围城。锜募壮士五百，夜斫其营。是夕，天欲雨，电光四起，见辫发者辄歼之；敌众大乱，终夜自战，积尸盈野，退兵老婆湾。

兀术在汴闻之，即索靴上马，帅十万众来援。锜遣耿训约战，兀术怒曰："以吾力破汝城，直用靴尖趯倒耳。"训曰："太尉非但请战，且谓太子必不敢济河，愿献浮桥五所，济而大战。"迟明，锜果为五浮桥于颍河上，且毒颍上流及草中，戒军士虽渴死，毋饮于河。时大暑，敌远来疲弊，人马饥渴，食水草者辄病。锜士气闲暇，军皆番休。方晨气清凉，按兵不动；敌力疲气索，乃出接战，敌大败，兀术拔营去，车旗器甲积如山阜。兀术平日所恃以为强者，十损七八，遂还汴。

既而洪皓自金密奏："顺昌之捷，金人震恐丧魄，燕之重宝珍器悉徙而北，意欲捐燕以南弃之。"故议者谓："是时诸将协心，分路追讨，则兀术可擒，汴京可复；而王师亟还，自失机会，良可惜也！

【纲】岳飞遣兵败金人于京西。　【目】帝赐飞札曰："设施之方，一以委卿，朕不遥度。"飞乃遣王贵、牛皋、杨再兴、李宝等分布经略西京诸郡，又命梁兴渡河纠合忠义社取河东、北州县，又遣兵东援刘锜，西援郭浩，自以其军长驱以阚中原。将发，密奏言："先正国本以安人心，然后不常厥居，以示无忘复雠之意。"飞将李宝、牛皋，相继败金人于京西。

落入敌手受辱。"在他的激励下,军士们都很激奋。当时守备方面没有什么可以依恃的,刘锜在城上亲自督促鼓励,把刘豫时制造的"痴车"的轮子和车辕都埋在城墙上,又拆下百姓家的门板沿城墙遮蔽起来。干了约六天才大略完成,这时金兵已围住城池。刘锜召募五百名壮士,夜袭金营。当夜天将降雨,闪电四起,宋军看见头上梳辫子的就用刀砍杀,敌兵大乱,整夜自己同自己杀了起来,尸横遍野,最后退到老婆湾。

金兀术在汴京听说后,匆忙穿上靴子,翻身上马,率领十万之众前来救援。刘锜派耿训去约期决战,金兀术生气地说:"以我的兵力攻破你的城,简直用靴子尖就可踢倒了。"耿训说:"我们太尉非但来请战,而且说太子兀术你必定不敢过河,愿送上五座浮桥,等你们过了河再大战。"黎明时,刘锜果然在颍河(淮河支流)上架起了五座浮桥,同时在颍河上流及沿岸草丛中投放了毒药,告诫军士们即使渴死也别喝河水。当时正值酷暑,敌人远来疲惫,人马饥渴,人饮了河水,马吃了草,都病倒了。刘锜的军士们以逸待劳,轮番休息。在清晨空气清凉时按兵不动,等敌人精疲力竭才出兵交战,敌军大败,金兀术拔营而去,扔下的战车、旗帜、武器、盔甲堆积如山。金兀术平日所恃以为强的军士损失了十分之七、八,于是返回汴京。

随后洪皓从金国送来密奏:"顺昌之捷,金人震惊,失魂丧魄,他们将燕山府的重要珍宝全部向北方转移,打算放弃燕山府以南的地方。"因此,有人议论说:"当时只要诸将齐心协力,分兵追杀,则金兀术可以擒获,汴京可以收复;但是官军却忙着撤还,自失良机,真是可惜啊!"

【纲】岳飞派兵在京西(治襄阳府,今湖北襄阳)打败金人。
【目】皇帝赐岳飞御札说:"军事上如何设施,全部委托给你,朕就不为遥控了。"岳飞就派遣王贵、牛皋、杨再兴、李宝等人分别谋取西京路的诸州,又命梁兴过河与忠义社联合攻取河东、河北各州县,又派兵向东支援刘锜,向西支援郭浩,自己领兵长驱,以察看时机,收复中原。将出发时秘密向皇帝启奏道:"先端正立国之根本,以安定民心;也不可长期居住在一个地方,以显示没有忘记复仇之意。"岳飞的部将李宝、牛皋,相继在京西打败金兵。

【纲】楼炤罢。

【纲】遣使谕岳飞班师。

【纲】闰月,金人寇泾州,经略使田晟破走之。

【纲】岳飞收复河南州郡。

【纲】韩世忠遣兵复海州。 【目】世忠使王胜等复海州,父老赍金帛以犒军,胜不受。世忠每出军,必戒以秋毫无犯,军之所过,耕夫皆荷锄而观。

【纲】张俊使王德复宿州。金人弃亳而遁,俊入亳,遽还寿春。 【目】俊遣统制王德复宿州,金守将马秦降,宿州平。德乘胜趋亳州,与俊会于城父。时郦琼与葛王乌禄在亳,闻德至,曰:"夜叉未易当也。"即遁去。德入亳州,请于俊曰:"今兵威已振,请乘胜进取。"俊不从而还寿春。初,德以十六骑径入隆德府,缚金守臣姚太师献于朝,钦宗问状,姚对曰:"臣就缚时,止见夜叉耳。"由是人呼为"王夜叉"。

【纲】安置赵鼎于潮州。 【目】秦桧恶鼎居越偪己,徙知泉州,又讽司谏谢祖信等论鼎尝受张邦昌伪命,遂夺节提举洞霄宫。鼎自泉还,复上书言时政。桧忌其复用,又讽中丞王次翁论其乾没都督府钱十七万缗,谪官居兴化军。次翁及右谏议大夫何铸论之不已,乃贬清远军节度副使,潮州安置。

【纲】秋七月,以王次翁参知政事。 【目】秦桧荐次翁为中丞,故凡可以为桧地者,无不力为之。及金人败盟,帝下诏罪状兀术,次翁惧桧得罪,因奏曰:"前日国是,初无主议。事有小变,更用

【纲】楼炤罢官。

【纲】宋高宗派使者指示岳飞撤军。

【纲】闰月,金军入侵泾州(治保定县,今甘肃泾川北),被经略使田晟打败后逃走。

【纲】岳飞收复河南州郡。

【纲】韩世忠派兵收复海州(治朐山县,今江苏连云港西南海州镇)。　【目】韩世忠派王胜等人收复海州,当地父老攒集金银布帛前来犒军,王胜不肯接受。韩世忠每次出兵,必定告诫部下要对百姓秋毫无犯,军队经过之处,农夫都安然地扛着锄头观看。

【纲】张俊派王德收复宿州(治符离县,今安徽宿州市)。金军放弃亳州(治谯县,今安徽亳州市)逃跑,张俊进入亳州后,急返寿春(今安徽寿县)。　【目】张俊派统制王德收复宿州,金国守将马秦投降,宿州平定。王德乘胜开往亳州,与张俊在城父(今安徽亳县东南)会合。当时郦琼与葛王乌禄在亳州,听说王德到来,说道:"'夜叉'不易抵挡呢。"就逃走了。王德进入亳州,向张俊建议道:"现在军威已振,请乘胜进军。"张俊不应允而返回寿春。起初,王德只带了十六名骑兵直入隆德府(治上党县,今山西长治),将金国守臣姚太师生擒后捆绑着献到朝廷,钦宗问被俘的情况,姚太师回答说:"臣被俘遭捆绑时,只看见夜叉而已。"从这开始人们称王德为"王夜叉"。

【纲】把赵鼎安置在潮州(治海阳县,今广东潮安)。　【目】秦桧深恶赵鼎住在越州距离自己太近,徙赵鼎为泉州(治晋江县,今福建泉州市)知州;又暗示司谏谢祖信等,弹劾赵鼎曾接受张邦昌的伪命,于是削除了他知州一职,改为提举洞霄宫。赵鼎从泉州返回,再向皇帝上书论述时政。秦桧忌惮他重新被任用,暗示御史中丞王次翁弹劾他侵吞都督府钱十七万缗,赵鼎被贬官,居住于兴化军(治莆田县,即今福建莆田市)。王次翁和右谏议大夫何铸仍奏劾不已,于是把赵鼎贬为清远军(今宁夏灵武东南)节度副使,安置在潮州。

【纲】秋七月,任命王次翁为参知政事。　【目】秦桧举荐王次翁为御史中丞,因而凡是对秦桧有利的,他无不尽力去做。到金人破坏了盟约,皇帝下诏历数金兀术的罪状时,王次翁惟恐秦桧获罪,因而上奏

他相，后来者未必贤，而排黜异党，纷纷累月不能定。愿陛下以为至戒！"帝深然之。桧德其言，遂引同列。由是益安据其位，公论不能撼摇矣。

【纲】岳飞击走金兀术于郾城，追至朱仙镇，大破之。遣使修治诸陵。　【目】飞留大军于颍昌，命诸将分道出战，自以轻骑驻郾城，兵势甚锐。兀术大惧，合龙虎大王、盖天大王及韩常之兵逼郾城。飞遣子云领骑兵直贯其阵，戒之曰："不胜先斩汝！"云与金人战数十合，金尸布野。兀术以拐子马万五千来，飞戒步卒以麻札刀入阵，勿仰视，第斫马足。拐子马相连，一马仆，二马不能行，飞军奋击，遂大破之。兀术大恸曰："自海上起兵，皆以此胜，今已矣！"因复益兵而前，飞自以四十骑突战败之。兀术夜遁，追奔十五里。中原大震。

飞谓子云曰："贼屡败，必还攻颍昌，汝宜速援王贵。"既而兀术果至，贵将游奕，云将背嵬，战于城西，云以骑兵八百，挺前决战，步卒张左右翼继之，杀兀术婿夏金吾。飞又使梁兴会太行忠义、两河豪杰，败金人于垣曲，又败之于沁水，遂复怀、卫州，断金人山东、河北之道。金人大恐。

飞进军朱仙镇，距汴京四十五里，与兀术对垒而阵，遣背嵬骑五百奋击，大破之，兀术还汴。飞檄陵台令行视诸陵，葺治之。

【纲】以杨沂中为淮北宣抚副使。

道:"日前的国家大政,起初并没有一定的计议,事态稍有变化,就换宰相,继任者也未见得贤良,反而排斥异党,造成朝中成年累月乱纷纷,不能安定。希望陛下以此为最大的警戒。"宋高宗深以为是。秦桧感激王次翁为他说话,就引荐王次翁同列为执政。秦桧从此更是安然占据宰相之位,公众的议论也不能动摇他了。

【纲】岳飞在郾城(今河南郾城)打得金兀术战败而逃。岳飞追到朱仙镇(今河南开封西南朱仙镇),大败金军,派使者修整王室陵墓。　【目】岳飞把大军留在颍昌(治长社县,今河南许昌),他命令诸将分道出战,自己带领轻装骑兵驻守郾城,岳军兵势极锐,金兀术闻之胆寒,纠合了龙虎大王、盖天大王及韩常的军队进逼郾城。岳飞派儿子岳云领骑兵直冲敌阵,告诫岳云说:"不取胜,先将你斩首!"岳云和金兵大战数十回合,金兵尸横遍野。金兀术派出一万五千匹拐子马横冲直撞,岳飞命步兵用麻绳捆住刀冲进阵中,低着头只砍马足,拐子马是三匹互相连接在一起的,一匹马倒下,另两匹也都不能走动。岳飞军奋勇攻击,于是大破拐子马。金兀术大为伤心地说:"从海上起兵以来,都用拐子马取胜,这次算是完了。"金兀术又增兵向前,岳飞亲率四十名骑兵冲阵奋战,打败金军。金兀术趁夜逃跑,岳军追击十五里。这一战,使中原地区大为震动。

岳飞对岳云说:"贼军屡次战败,必定返回去攻打颍昌,你应该快去支援王贵。"不久金兀术果然来了。王贵率领巡逻部队,岳云率领称为背嵬军的亲兵,在城西与敌兵交战。岳云以八百名骑兵挺进向前,对敌作战,步兵分左右两翼继进,交战中杀了金兀术的女婿夏金吾。岳飞又派梁兴会同太行山的忠义民兵及两河地区的豪杰们,在垣曲(即今山西垣曲东南垣曲镇)和沁水县(今山西沁水)两地打败金军,随即收复了怀州(治河内县,今河南沁阳)、卫州(治汲县,今河南汲县),截断了金人在山东、河北的通路。金人大为恐惧。

岳飞进军朱仙镇,离汴京四十五里,与金兀术对垒布阵,派亲兵中骑兵五百奋力进击,大败敌军,金兀术逃回汴京。岳飞下文书通知陵台令巡视并整修王室陵寝。

【纲】任命杨沂中为淮北宣抚副使。

【纲】岳飞奉诏班师还鄂,河南州郡复陷于金。 【目】两河豪杰李通等帅众归飞,由是金人动息,山川险要,飞皆得其实。中原尽磁、相、泽、潞、晋、绛、汾、隰之境,皆期日兴兵与官军会。其所揭旗,以岳为号,父老百姓争挽车牵牛,载糗粮以馈义军,顶盆焚香迎候者充满道路。自燕以南,金人号令不行。兀术欲尽军以抗飞,河北无一人应者,乃叹曰:"自我起北方以来,未有如今日之挫衄。"金将乌陵思谋,素骁勇桀黠,亦不能制其下,但谕之曰:"毋轻动,待岳家军来即降。"金将王镇、崔庆、李觊、崔虎、华旺等皆率所部降飞。龙虎大王之将忔查等亦密受飞旗榜,自其国来降。韩常亦欲以众五万内附。飞大喜,语其下曰:"直抵黄龙府,与诸君痛饮耳!"

方指日渡河,而秦桧欲画淮以北与金和,讽台臣请班师。飞奏:"金人锐气沮丧,尽弃辎重,疾走渡河,而我豪杰向风,士卒用命。时不再来,机难轻失!"桧知飞志锐不可回,乃先请张俊、杨沂中等归,而后上言:"飞孤军不可久留,乞速诏还。"飞一日奉十二金字牌,乃愤惋泣下,东面再拜曰:"十年之力,废于一旦!"乃自郾城引兵还。民遮马痛哭,诉曰:"我等迎官军,金人皆知之。相公去,我辈无噍类矣!"飞亦悲泣,取诏示之曰:"我不得擅留。"哭声振野。飞留五日以待民徙。从而南者如市,飞亟奏以汉上六郡闲田处之。

初,兀术败于朱仙,欲弃汴而去,有书生叩马曰:"太子毋走,

【纲】岳飞奉皇帝诏命班师返鄂州,河南的州郡又陷于金人之手。

【目】两河地区豪杰李通等人率领部众归附岳飞,从此金人的动静及当地山川地势等,岳飞都了解到实情。中原包括磁州(治滏阳县,今河北磁县)、相州(治安阳县,今河南安阳)、泽州(治晋城县,今山西晋城东)、潞州(治上党县,即隆庆府)、晋州(治临汾县,今山西临汾)、绛州(治正平县,今山西侯马西北)、汾州(治西河县,今山西汾阳)、隰州(治隰川县,今山西隰县)等地,共同约定日期起兵,与官军会合。他们揭旗起兵,各路人马以岳飞之名为号召,父老百姓争着拉车牵牛,运载粮草送给义军,头上顶盆焚香来迎候的人挤满了道路,从燕地往南,金人的号令行不通了。金兀术想召集汉人当兵打岳飞,河北地区没有一人响应,金兀术叹道:"从我在北方起兵以来,还没有像今天这样受到挫伤。"金将乌陵思谋一向勇猛狡诈,也控制不了他的部下,他只好对大家说:"别轻易行动,等岳家军来了就投降。"金将王镇、崔庆、李觊、崔虎、华旺等人都率领本部人马投降岳飞。龙虎大王的部将忔查等人也秘密接受了岳军旗帜和榜文,从金国来降。韩常也想领五万人来归附。岳飞大喜,对他的部下说:"直抵黄龙府(在今辽宁开原县),再与大家痛饮吧!"

岳飞将要渡河时,而秦桧正打算划淮河为界向金人求和,他暗示谏官奏请班师。岳飞上奏道:"金军士气沮丧,把辎重全部抛弃,很快逃跑,渡过了黄河;而我方,各地豪杰闻风归附,士卒听命效力。时不再来,机会不可轻易失去。"秦桧知道岳飞的意志坚决,不可改变,就先把张俊、杨沂中等人调回,然后上奏说:"岳飞孤军在外,不可久留,乞求连下诏命调回。"岳飞一天接到十二道金字牌,他愤慨叹惜,流下了泪,向东方再拜,说道:"十年之力,废于一旦!"于是从郾城领兵返回。百姓挡在马前痛哭,诉说道:"我们迎接官军,金人都知道,相公走了,我们就不能活命了。"岳飞也悲痛哭泣,拿出皇帝的诏书让大家看,说:"我不能擅自留下来。"一时哭声振野。岳飞留驻五天,等百姓迁移。随他南迁的人就像赶市集一样,岳飞速奏皇帝,以汉水流域六个州的闲田安置迁徙来的百姓。

起初,金兀术在朱仙镇战败,打算放弃汴京而去,有一个书生拉

岳少保且退。"兀术曰:"岳少保以五百骑破吾十万,京城日夜望其来,何谓可守?"生曰:"自古未有权臣在内,而大将能立功于外者。岳少保且不免,况欲成功乎?"兀术悟,遂留不去。

及飞还,兀术遣兵追之,不及,而河南新复府、州皆复为金有。飞至鄂,力请解兵柄,不许。已而入觐,帝问之,飞拜谢而已。

【纲】八月,贬秘阁修撰张九成等官。【目】九成等皆言和议非计,秦桧恶之,乃贬九成知邵州,喻樗知怀宁县,陈刚中知安远县,凌景夏知辰州,樊光远阆州学教授,毛叔度嘉州司户参军。

九成从杨时学,绍兴初举进士,对策直言无隐。及为刑部侍郎,会金人议和,九成言于赵鼎曰:"金实厌兵,而张虚声以撼中国耳。"因陈十事,云:"彼诚能从吾所言,则与之和,使权在朝廷。"鼎罢相,桧诱之曰:"且成桧此事。"九成曰:"九成胡为异议,特不可苟安耳!"桧曰:"立朝须优游委曲。"九成曰:"未有枉己而能直人者。"帝问以和议,九成对曰:"敌情多诈,不可不察。"桧尤恶之。

【纲】杨沂中军溃于宿州,走还泗。金人屠宿州。

【纲】九月,遣使谕韩世忠罢兵还镇。
【纲】冬十月,金撒离喝陷庆阳,河东经略使王忠植死之。
【目】忠植本河东步佛山忠义人,以复石、代等十一州功,授河东经略安抚使。及撒离喝犯庆阳,知府宋万年拒守,胡世将檄忠植以所部救庆阳。行次延安,叛将赵惟清执忠植诣撒离喝。撒离喝使甲士

住他的马缰绳说："太子别走，岳少保就要撤退了。"金兀术说："岳少保用五百骑兵打败了我十万兵马，汴京百姓日夜盼望他来，怎么说能守得住呢？"书生说："自古以来未有权臣在朝而大将能在外立功的。岳少保将自身难保，还想打算成功吗？"金兀术领悟他所说的，就留在汴京不去了。

等到岳飞还师，金兀术派兵追击，没有追上，但河南新收复的府、州都再次为金人所据有。岳飞到达鄂州，竭力要求解除兵权，皇帝不允许。不久入朝拜见皇帝，皇帝问话，岳飞只有拜谢而已。

【纲】八月，秘阁修撰张九成等被贬官。　【目】张九成等都说议和不对，秦桧厌恨他们，于是贬张九成为邵州（治邵阳县，今湖南邵阳）知州，喻樗为怀宁（舒州的治所，今安徽潜山）知县，陈刚中为安远县（今江西安远）知县，凌景夏为辰州（治沅陵县，今湖南沅陵）知州，樊光远为阆州（治阆中县，今四川阆中东）州学教授，毛叔度为嘉州（治龙游县，今四川乐山）司户参军。

张九成从师杨时，绍兴初年中进士，在金殿对策中直言无隐。任官刑部侍郎时，正赶上与金人议和，张九成对赵鼎说："金人实际上厌战，只是虚张声势动摇中国而已。"同时陈述十件事，指出："若金人确实能接受我方的意见，才同他议和，使得和议决定大权掌握在朝廷手中。"赵鼎罢相以后，秦桧引诱张九成："暂且成全我这件事。"张九成回答："我持不同意见的原因，就在于不能苟且偷安呀！"秦桧说："在朝为官，就必须能曲意求全。"张九成说："没有自己不正而能使别人走正道的。"当宋高宗问有关议和的意见时，张九成回答："敌人很奸诈，不能不明察。"秦桧更憎恶他了。

【纲】杨沂中军在宿州溃败，逃回泗州（治临淮县，今安徽泗县东南），金军在宿州屠城。

【纲】九月，宋高宗派使者命韩世忠撤兵还镇。

【纲】冬十月，金将撒离喝攻陷庆阳（治安化县，今甘肃庆阳），河东经略使王忠植遇害。　【目】王忠植是河东（治太原府，今山西太原）步佛山抗金武装忠义民兵，由于收复石州（治离石县，今山西离石）、代州（治雁门县，今山西代县东北）等十一州有功，授予河东经略安抚使

引至庆阳城下谕降，忠植大呼曰："我太行忠义也，为虏所执，使来招降。愿将士勿负朝廷，坚守城壁！"撒离喝怒诘之，忠植披襟曰："当速杀我！"遂遇害。万年以城降。后赠忠植奉国军节度使，谥义节。

【纲】临安火。

【纲】十一月，金封孔子后璠为衍圣公。

【纲】十二月，金始置屯田军于中原。【目】金既取河南，犹虑中原士民怀贰，始创屯田军。凡女真、奚、契丹之人，皆自本部徙居中州，与百姓杂处，计其户口，授以官田，使自播种，春秋量给其衣；若遇出师，始给钱米。凡屯田之所，自燕南至淮、陇之北俱有之，皆筑垒于村落间。

【纲】辛酉，十一年，春正月，金兀术陷寿春，入庐州，诏张俊等将兵救之。二月，王德复和州。【目】兀术自败后，留屯京、亳以谋再举。及闻秦桧召诸军还，乃攻陷寿春，遂渡淮入庐州。诏张俊、杨沂中帅兵赴淮西，岳飞进兵江州。寻诏韩世忠引兵往援。时兀术自合肥趋历阳，游骑至江，张俊议分军守南岸，王德请急击之，即渡采石，俊督军继之，宿江中。德曰："明旦当会食历阳。"已而夜拔和州，晨迎俊入，兀术退保昭关。既而德又败韩常于含山县东，又败兀术于昭关，复合山及昭关。

【纲】杨沂中、刘锜败金兀术于柘皋，遂复庐州。【目】刘锜自太平渡江，与张俊、杨沂中会，而庐州已陷，锜乃与关师古据东关之险以遏敌，引兵出清溪，两战皆捷。兀术以柘皋地坦平，利于用

之职。撒离喝侵犯庆阳时，知府宋万年防守，胡世将发文书派王忠植率领所部去救援。行军到延安（治肤施县，即今陕西延安市），叛将赵惟清逮捕王忠植去见撒离喝。撒离喝派甲士押着他到庆阳城下劝降，王忠植就大声呼喊："我是太行山忠义民兵，被金虏捉住，让我来招降。希望众位将士不要辜负朝廷，坚决守城。"撒离喝大怒，诘问他，王忠植扯开衣襟说："快来杀我！"于是遇害。宋万年献城投降。后来赠王忠植为奉国军节度使，谥义节。

【纲】临安发生大火。

【纲】十一月，金人封孔子后裔孔璠为衍圣公。

【纲】十二月，金人开始在中原地区设置屯田军。　【目】金人取得河南之后，仍忧虑中原地区士民心怀不服，于是创置屯田军。凡属女真、奚、契丹人，都从本部迁居中原，与当地百姓杂居，计算其户口多少，授给官田，让他们自行耕种，春秋季酌量供给衣服；若遇到出兵打仗，则发给钱和米。从燕京之南到淮水、陇山以北，到处有屯田之处，都在村落之间修筑了营垒。

【纲】绍兴十一年（辛酉，1141），春正月，金兀术攻陷寿春，进入庐州（治合肥，今安徽合肥）。宋高宗下诏，令张俊等带兵救援。二月，王德收复和州（治历阳县，今安徽和县）。　【目】金兀术战败后，留兵驻屯于汴京及亳州两地，以图再次兴兵。当他听说秦桧召回各军时，就出兵攻下寿春，接替渡过淮河，进入庐州。宋高宗下诏令张俊、杨沂中领兵去淮南西路，岳飞进兵江州（治德化县，今江西九江），不久又下诏令韩世忠领兵支援。当时金兀术从合肥去历阳，巡逻的骑兵已到达长江边，张俊主张分兵守卫长江南岸，王德主张迅速进攻，就渡过采石矶，张俊督率军队紧随其后，宿于江中。王德说："明天早晨我们在历阳会合。"不久，他趁夜攻下和州，清晨即迎张俊进城；金兀术退守昭关（在今安徽含山县北的小岘山上）。王德又在含山县（今安徽含山县）东大败韩常，在昭关再败金兀术，收复含山和昭关。

【纲】杨沂中、刘锜在柘皋（今安徽巢县西北）大败金兀术，随即收复庐州。　【目】刘锜从太平州（治当涂县，今安徽当涂县）渡江与张俊、杨沂中会合，当时庐州业已失陷。刘锜就和关师古依仗东关（即濡

骑，因驻师。锜进兵，与兀术夹石梁河而阵。河通巢湖，广二丈，锜命曳薪叠桥，须臾而成，遣甲士数队逾桥，卧枪而坐。遣人会合张俊、杨沂中之师。翌日，沂中及王德、田师中、张子盖诸军俱至，惟俊后期。锜与诸将分军为三，并进渡河以击之。师中欲俟俊至，德曰："事当机会，复何待？"即与锜上马先迎敌，沂中继之。金人以拐子马两翼而进，德率众鏖战。沂中曰："虏恃弓矢，吾有以屈之。"使万人持长斧如墙而进，虏遂大败。德与锜等追之，又败（之）于东山。虏望见，惊曰："此顺昌旗帜也！"即走保紫金山。是役也，失将士九百人，金人死者以万计。既而兀术复亲帅兵逆战于店步，沂中等又败之，乘胜逐北，遂复庐州。

【纲】金主亲祀孔子。

【纲】三月，张俊、杨沂中、刘锜奉诏班师。金人陷濠州，俊使沂中救之，败绩。

【纲】岳飞帅兵救濠州，不及，还次舒州。

【纲】金兀术渡淮北去。

【纲】孙近罢。

【纲】夏四月，以韩世忠、张俊为枢密使，岳飞为副使。

【纲】罢三宣抚司。五月，诏张俊、岳飞如楚州阅军。

【纲】六月，进秦桧为尚书左仆射。秋七月，以范同参知政事。

【纲】罢淮北宣抚判官刘锜。 【目】锜自顺昌之捷，骤贵，张

须口，在今安徽巢县东南）的地势险要遏阻敌军。他们从清溪（在今安徽含山西）出击，两战皆捷。金兀术鉴于柘皋地势平坦，利于使用骑兵，因而驻军于此。刘锜进兵，与金兀术夹着石梁河（即今安徽巢县濡须水）布阵，石梁河通往巢湖（在今安徽巢县西），河宽二丈。刘锜令军士拖柴薪叠架成桥，很快就建成。他派几队甲士过桥，把枪放在地上休息；又派人通知张俊、杨沂中的军队前来会合。第二天，杨沂中、王德、田师中、张子盖各军都到了，只有张俊误期未到。刘锜与诸将将军队分成三支，齐头并进，过河击敌。田师中想等张俊到来，王德说："三当好机会，还等什么？"立即与刘锜上马，首先迎敌，杨沂中随后继进。金人用拐子马从两侧进兵，王德率军奋力苦战。杨沂中说："鞑虏依仗弓箭，我有办法治他们。"他派一万名士卒手持长斧，排成横列向前冲杀，金军大败。王德和刘锜等追击，在东山（当在安徽巢县境）再败敌军。金军望见宋军旗帜，惊恐地说："这是顺昌的旗帜呀！"立即逃到紫金山（即紫荆山，在今安徽凤台东南）防守。这次战役宋军损失将士九百人，金人死者以万计。不久，金兀术又亲自领兵在店步（即店埠镇，今安徽合肥东）迎战，杨沂中等再次打败金军，乘胜追击，随即收复庐州。

【纲】金国主亲自祭祀孔子。

【纲】三月，张俊、杨沂中、刘锜奉诏班师。金人攻下濠州（治钟离县，在今安徽凤阳县东），张俊派杨沂中前往救援，战败。

【纲】岳飞领兵救援濠州，但为时已晚，回师驻舒州（治怀宁县，今安徽潜山）。

【纲】金兀术渡过淮河返回北方。

【纲】孙近罢官。

【纲】夏四月，任命韩世忠、张俊为枢密使，岳飞为副使。

【纲】解除三宣抚司。五月，皇帝下诏命张俊、岳飞去楚州（治山阳县，今江苏淮安）阅军。

【纲】六月，晋升秦桧为尚书左仆射。秋七月，任命范同为参知政事。

【纲】淮北宣抚判官刘锜罢官。【目】刘锜自从顺昌大捷后，骤然

俊、杨存中嫉之。至是二人言于朝曰："淮西之役,岳飞不赴援,刘锜战不力。"秦桧信之,遂罢锜兵,命锜知荆南府。

【纲】八月,罢知温州王居正。　【目】居正立朝,累与秦桧忤,且力辨王安石父子学行之非。自兵部侍郎出知温州,桧犹忌之,讽中丞何铸劾居正为赵鼎汲引,欺世盗名;夺职奉祠。

居正之学,根据《六经》。杨时器之,出所著《三经义解》示居正曰："吾举其端,子成吾志。"居正感励,首尾十载,为诗、书、周礼辨学三十九卷,与时书同进。二书行,天下遂不复言王氏学。

【纲】罢岳飞奉朝请。　【目】飞以恢复为己任,不肯附和议。尝读桧奏,至"德无常师,主善为师"之语,恚曰："君臣大伦,根于天性,大臣而忍面欺其主邪!"兀术遗桧书曰："汝朝夕以和请,岳飞方为河北图,必杀飞始可和。"桧亦以飞不死,终梗和议,已必及祸,故力谋杀之。遂讽中丞何铸、侍御史罗汝楫、谏议大夫万俟卨交章论飞。"奉旨援淮西,暂至舒、蕲而不进,比与张俊按兵淮上,欲弃山阳而不守。"乃罢为万寿观使,奉朝请。

【纲】九月,吴璘等收复陕西诸州,诏班师还镇。　【目】吴璘进兵拔秦州,闻金统军胡盏与习不祝合兵五万屯刘家圈,请于胡世将击之。世将问："策安出?"璘曰："有新立叠阵法,每战以长枪居前,坐不得起,次最强弓,次强弩,跪膝以俟,次神臂弓。约贼相搏,至百步内则神臂先发,七十步强弓并发,次阵如之。凡阵以拒马为限,铁钩相连,俟其伤则更代。代则以鼓为节,骑两翼以蔽于前,

贵显，张俊、杨存中（时杨沂中赐名存中）心中嫉妒。这时，他们二人就在朝中说："淮西战役，岳飞不往救援，刘锜作战不力。"秦桧听信了，就解除了刘锜兵权，任命为荆南府（即江陵府，治江陵县，即今湖北江陵县）知府。

【纲】八月，温州知州王居正罢官。【目】王居正在朝中，屡次触犯秦桧，而且竭力辨明王安石父子的学问品行的错误。他从兵部侍郎调出为温州知州后，秦桧仍忌恨他，暗示御史中丞何铸弹劾王居正为赵鼎所提拔，欺世盗名；他被撤去知州之职，改任奉祠官。

王居正治学，以六经为依据。杨时很器重他，将自己所著《三经义解》交给王居正看，并说："我开个头，你来完成我的心志吧。"王居正很受激励，前后十年，写成《诗辨学》《书辨学》《周礼辨学》三十九卷，和杨时的书一同呈献给皇帝。这两种书行世后，天下才不再谈王安石之学。

【纲】岳飞罢官，为奉朝请，只在春秋入朝拜见皇帝。【目】岳飞以恢复中原为己任，不肯附从和议。他阅读秦桧的奏章，读到"德无常师，主善为师"之语，愤恨地说："君臣之间的道德伦理，源于天性。身为大臣竟忍当面欺骗君主吗！"金兀术给秦桧信中说："你天天要求议和，岳飞正在图谋河北，必须杀岳飞，才可以议和。"秦桧也认为岳飞不死，终究会阻梗议和，自己也必定遭祸，所以竭力图谋杀死他。秦桧暗示御史中丞何铸、侍御史罗汝楫、谏议大夫万俟卨交错上奏疏论劾岳飞："奉旨援救淮西，但到了舒州、蕲州（治蕲春县，今湖北蕲春西南蕲州镇）就不再前进；近来和张俊在淮上按兵不动，想放弃山阳（楚州治所）而不守。"于是罢免岳飞职务，任为万寿观使，奉朝请。

【纲】九月，吴璘等收复陕西各州，宋高宗下诏命他们还军返回原驻地。【目】吴璘进军攻下秦州（治成纪县，今甘肃天水），听说金国的统军胡盏与习不祝会合兵马五万屯驻在刘家圈，就向胡世将请战。胡世将问："用什么计策破敌？"吴璘说："有新创的叠阵法，交战时长枪在阵前，坐在地上不得起立，其次是最强的弓，再次是强弩，都单膝跪地等候着，再后面是神臂弓。与敌人约定搏击，敌人到达百步距离内时神臂弓先发射，到达七十步时强弓、强弩一起发射，每阵都如此。总

阵成而骑退,谓之叠阵。"世将善之。诸将窃议曰:"吾军其歼于此乎!"璘曰:"此古束伍令也,军法有之,诸君不识耳。得车战余意,无出于此。战士心定则能持满,敌虽锐,不能当也。"遂进次刹家湾。时胡盏、习不祝据险自固,前临峻岭,后控腊家城,谓璘必不敢犯。璘先以兵挑之,胡盏出麾战。璘以叠阵法更迭战,轻裘驻马亟麾之,士殊死斗,金人大败,降者万人。胡盏走保腊家城,璘围而攻之。城垂破,朝廷方主和议,以驿书诏班师。

时璘拔秦州,其势方张,陕西、河东首领争来附,而杨政拔陇州,郭浩复华州入陕州矣。诏至,璘即自腊家城引兵还河池,浩还延安,政还巩,世将惟浩叹而已。

【纲】莫将还自金。
【纲】冬十月,诏以魏良臣为金国禀议使。
【纲】秦桧矫诏下岳飞于大理狱。 【目】秦桧必欲杀飞,乃与张俊谋,密诱飞部曲能告飞事者,优与重赏,卒无应者。俊闻飞尝欲斩统制王贵,又尝杖之,乃诱贵告飞;贵不肯,俊因劫以私事,贵惧而从之。桧又闻飞统制王俊善告讦,号"雕儿",以奸贪屡为张宪所抑;使人谕之,王俊许诺。于是桧谋以张宪、王贵、王俊,皆飞部将,使其徒自相攻发,因以及飞父子,庶帝不疑。

俊时在镇江,乃自为状付王俊,妄言"副都统制张宪谋据襄阳,还飞兵柄",令告王贵,使贵执宪赴镇江行枢密府。宪未至,俊

的军阵以拒马枪为前沿，铁钩连在一起，俟有伤亡就要更代。更代时以击鼓为号令，两翼有骑兵在前面掩护，待阵式布好之后骑兵即撤退，这就叫叠阵。"胡世将认为此阵很好。诸将心中没底，私下议论道："我军将在此地被歼吗！"吴璘说："这是古代约束队伍的军令，兵法书中有记载，你们不懂罢了。得古代车战战法的，没有超过它的了。战士心中稳定，则弓能完全拉满，敌兵虽然精锐，也不能抵挡。"随后进军到达刘家湾。当时胡盏、习不祝依据险要来巩固自己防务，前面是峻岭，背后控有腊家城，认为吴璘必定不敢进犯。吴璘先派兵挑战，胡盏出兵苦战。吴璘用叠阵法轮番出击，他自己身披轻裘，停下马来，一再挥动旗帜指挥，士兵拚死搏斗，金军大败，投降者上万人。胡盏逃走，退保腊家城，吴璘围城后攻击，将要破城时，朝廷正主张议和，由驿马飞传皇帝诏书命吴璘班师。

当吴璘攻下秦州，势力正盛，陕西、河东各地义兵首领争先恐后地归附于他，同时杨政攻取了陇州（治汧源县，今陕西陇县），郭浩收复华州（治郑县，今陕西华县），进入陕州（治陕县，今河南三门峡市陕州区）。皇帝的诏书抵达，吴璘立即从腊家城领兵回河池（即凤州，治梁泉县，今陕西凤县东北），郭浩回延安，杨政回巩州（治陇西县，今甘肃陇西县），胡世将只有长叹而已。

【纲】莫将从金国返回。

【纲】冬十月，皇帝下诏任命魏良臣为金国禀议使。

【纲】秦桧假托皇帝诏旨，把岳飞关到大理狱。　【目】秦桧一定要杀岳飞，就和张俊谋议，私下里引诱岳飞的亲兵，有能告发岳飞者，从优给与重赏，但始终没有人来领受。张俊听说岳飞曾要斩统制王贵，并杖打过他，就去诱使王贵告发岳飞，王贵不肯，张俊以他的私事相威胁，王贵因害怕而依从了。秦桧又听说岳飞的统制王俊最爱揭发别人隐私，外号"雕儿"，为人诡诈贪婪，屡次被张宪制裁；就派人去说服他，王俊应允了。由于张宪、王贵、王俊都是岳飞部下，秦桧让他们自己相互揭发，从而牵连到岳飞父子，好使皇帝不会怀疑。

张俊当时在镇江，就自己写了一份陈述情况的文书交给王俊，谎称"副都统制张宪阴谋占据襄阳（即今湖北襄阳市襄州区），把兵权交还

预为狱以待之。俊亲行鞫炼,使宪自诬,谓得飞子云手书,命宪营还兵计。宪被掠无完肤,竟不伏。俊手自具狱成,告桧,械宪至临安,下大理寺狱。

桧奏召飞父子证宪事,帝曰:"刑所以止乱,勿妄追证,动摇人心。"桧矫诏召飞父子,使者至飞第,飞笑曰:"皇天后土,可表此心!"遂与云就狱。桧命中丞何铸、大理寺卿周三畏鞫之。铸引飞至庭,诘其反状。飞裂裳以背示铸,有旧涅"尽忠报国"四大字,深入肤理。既而阅实俱无验,铸察其冤,白桧。桧曰:"此上意也。"铸曰:"铸岂区区为岳飞者。强敌未灭,无故戮一大将,失士卒心,非社稷之长计。"桧语塞,乃改命谏议大夫万俟卨。卨素与飞有怨,遂诬飞令于鹏、孙革致书张宪、王贵,令虚申探报,以动朝廷,云与宪书,令措置使飞还军,且云其书已焚。飞坐系两月,无可证者,或教卨以台章所指淮西逗留事为言。卨喜白桧,卨又使鹏、革等证飞受诏逗留,命评事元龟年取行军时日杂定之,傅会其狱。大理卿薛仁辅、寺丞李若朴、何彦猷皆言飞无辜。判宗正寺士㒟请以百口保飞无他,且曰:"中原未靖,祸及忠义,是忘二圣,不欲复中原也。"皆不听。韩世忠心不平,诣桧诘其实,桧曰:"飞子云与张宪书虽不明,其事莫须有。"世忠曰:"'莫须有'三字,何以服天下也!"

【纲】韩世忠罢。 【目】世忠深以和议为不然,及魏良臣使金,抗疏言秦桧误国之罪。桧讽言官论之,帝不听,而世忠连疏乞

给岳飞。"令他转告王贵,由王贵逮捕张宪送交镇江行枢密府。张宪未到,张俊已经为了把他投入狱中作了准备。张俊亲自用酷刑审讯,逼使张宪诬告自己,说是得到了岳飞之子岳云的亲笔信,信中命张宪策划交还兵权的事。张宪被打得体无完肤,始终不屈服。张俊自己编成狱案,全部案卷具备,告知秦桧,给张宪戴上刑枷送到临安,投入大理寺监狱。

秦桧奏请召岳飞父子证实张宪的案情,宋高宗说:"刑法是用来制止乱事的,不要胡乱追逼证据,动摇人心。"秦桧假传圣旨召岳飞父子前来。使者到岳飞府第时,岳飞笑着说:"皇天后土,可表此心!"他就与岳云一同赴狱。秦桧命御史中丞何铸、大理寺卿周三畏审问。何铸把岳飞带到庭中,诘问造反一事,岳飞撕开衣服让何铸看,脊背上有针刺的"尽忠报国"四个大字,深入皮肤之中。接着察阅实情,都无验证,何铸看出其中有冤情,向秦桧禀报,秦桧说:"这是皇上的意思。"何铸说:"我何铸岂是只为了爱护岳飞一个人。强敌尚未消灭,无故杀戮一员大将,丧失士卒之心,这不是为国家的长久之计呀。"秦桧无言以对,就改命谏议大夫万俟卨审理。万俟卨一向和岳飞有怨,就诬陷岳飞令于鹏、孙革给张宪、王贵送信,指使他们虚张声势,假报敌情,惊扰朝廷,诬陷岳云写信给张宪,令他采取措施使岳飞重获兵权,并且假说原信已被烧毁。岳飞下狱两个月,没找到任何证人。有人教万俟卨拿谏官奏章所指岳飞奉旨援救淮西而逗留不进的事为罪状,万俟卨听了很高兴,马上向秦桧禀报。万俟卨又让于鹏、孙革等证明岳飞受诏命后逗留不进,命评事元龟年把当时行军的时日胡乱确立,牵强附会地定下罪案。大理卿薛仁辅、寺丞李若朴、何彦猷都说岳飞是无辜的。判宗正寺士㒟请求以自家百口人性命担保岳飞无罪,并且说:"中原地区尚未太平,就使忠义之士遭祸,这是忘了徽、钦二帝,不想恢复中原啊。"这些意见都不被听取。韩世忠心中不平,去诘问秦桧实情如何。秦桧说:"岳飞的儿子岳云给张宪书信的事虽然不清楚,但其事莫须有。"韩世忠说:"'莫须有'三个字何以服天下!"

【纲】韩世忠罢官。 【目】韩世忠深以和议为非,在魏良臣出使金国时,上疏直言秦桧误国之罪。秦桧暗示言官弹劾韩世忠,皇帝不

罢，遂罢为醴泉观使，封福国公。世忠自是杜门谢客，绝口不言兵，时跨驴携酒，从一二童奴，纵游西湖以自乐，澹然若未尝有权位者。平时将佐，罕得见其面。

【纲】十一月，范同罢。
【纲】和议成，以何铸签书枢密院事，奉表称臣于金。【目】兀术以萧毅、邢具瞻为审议使，与魏良臣偕来，议以淮水为界，求割唐、邓二州及陕西余地，岁币银绢各二十五万，仍许归梓宫、太后。帝悉从其请，命铸往使，铸至汴，见兀术，遂如会宁。

【纲】遣使割唐、邓、商、秦之地以畀金。
【纲】秦桧杀故少保、枢密副使、武昌公岳飞。【目】岁已暮，而飞狱不成，一日桧手书小纸付狱，即报飞死矣。年三十九。云与张宪皆弃市，于鹏等从坐者六人。籍飞家赀，徙之岭南。于是薛仁辅、李若朴、何彦猷皆被黜。布衣刘允升上书讼飞冤，下大理狱死。凡傅成其狱者皆进秩。

洪皓在金，以蜡书奏："金人所畏服者惟飞，至以父呼之。及闻其死，诸酋酌酒相贺。"

飞事亲孝，家无姬侍。吴玠素服飞，愿与交驩，饰名姝遗之，飞曰："主上宵旰，岂大将安乐时邪？"却不受，玠益敬服。帝欲为飞营第，飞辞曰："金虏未灭，何以家为！"或谓："天下何时太平？"飞曰："文臣不爱钱，武臣不惜死，天下太平矣。"

卒有取民麻一缕以束刍者，立斩以徇。卒夜宿，民开门愿纳，无敢入者。军号："冻死不拆屋，饿死不卤掠。"卒有疾，飞躬为调

信，而韩世忠接连上疏要求免职，于是免官，改任醴泉观使，封福国公。韩世忠从此闭门谢客，绝口不谈论军事。他常骑驴携酒，由一两个童奴跟随，畅游西湖（今浙江杭州西湖）以自乐，淡泊得就像是从未有过权位的人，连平日的部下将佐们都很难见到他。

【纲】十一月，范同罢官。

【纲】和议达成了，以何铸为签书枢密院事，奉降表向金国称臣。
【目】金兀术派萧毅、邢具瞻为审议使，与魏良臣同来，提出以淮水为界，要求割让唐州（治泌阳县，今河南唐河）、邓州（治穰县，今河南邓州市）及陕西余地（指当时为宋据守的陕西商、秦等州），每年交纳岁币银绢各二十五万，这才能送回二帝灵柩、太后。皇帝接受了条件，命何铸为使节前往。何铸至汴京见了金兀术，又去会宁府（即金上京，今黑龙江阿城南白城）。

【纲】派使臣割让唐、邓、商、秦地区给金国。

【纲】秦桧杀害原少保、枢密副使、武昌公岳飞。【目】到了年底，岳飞的罪案还不能确立，有一天，秦桧把一张亲笔写的小纸条交到狱中，就接到报告说岳飞死了。岳飞死时年仅三十九岁。岳云与张宪都在闹市被处以死刑。于鹏等六人受牵连被处死刑，没收岳飞家产，家人移居到岭南（指今广东、广西等地）。接着薛仁辅、李若朴、何彦猷都被贬黜。平民刘允升上书为岳飞诉冤，被下大理狱害死。凡是帮助完成这件狱案的人都加官晋级。

洪皓在金国，用蜡丸密藏书信向皇帝启奏："金人所畏惧的只有岳飞，甚至呼他为父。当他们听说岳飞死的消息，首领们都饮酒相贺。"

岳飞事奉母亲非常孝顺，家中没有侍妾。吴玠一向佩服岳飞，希望与他结交，得其欢心，送给岳飞美女一名。岳飞说："皇帝勤于政事，岂是大将安乐的时候吗？"辞却不受，吴玠对他更加敬服。皇帝曾打算为岳飞盖府第，岳飞推辞道："金虏尚未消灭，怎能营建家园！"有人问："天下何时才能太平？"岳飞说："文臣不爱钱，武将不惜死，天下就太平了。"

士兵中有人拿了百姓一缕麻去捆牲草，岳飞立刻将他斩首示众。士兵夜间宿营，百姓开门请他们进去住，没有人敢进屋的。军中的口号

药。诸将远戍,飞遣妻问劳其家。死事者哭之而育其孤,或以子婚其女。凡有颁犒,均给军吏,秋毫不私。善以少击众,尝以八百人破群盗王善等五十万众于南薰门,以八千人破曹成十万众于桂岭。其战兀术于颍昌,则以背嵬八百,于朱仙镇则以五百,皆破其众十余万。凡有所举,尽召诸统制与谋,谋定而后战,故有胜无败。猝遇敌不动,故敌为之语曰:"撼山易,撼岳家军难!"张俊尝问用兵之术,飞曰:"仁、信、智、勇、严,阙一不可。"飞好贤礼士,览经史,雅歌、投壶,恂恂如书生。每辞官,必曰:"将士效力,飞何功之有!"然忠愤激烈,议论持正,不挫于人,卒以此得祸。

【纲】壬戌,十二年,春二月,进封建国公瑗为普安郡王。

【纲】封崇国公璩为恩平郡王。

【纲】诏诸州修学宫。

【纲】何铸还自金。 【目】初,萧毅至临安,帝曰:"朕有天下而养不及亲,徽宗无及矣。今立信誓明言归我太后,朕不耻和;不然,朕不惮用兵。"及何铸、曹勋往,帝召至内殿,谕之曰:"朕北望庭闱,无泪可挥。卿见金主,当曰:'慈亲之在上国,一老人耳;在本国,则所系甚重。'以至诚说之,庶彼有感。"铸至金,首以太后为请。金主曰:"先朝业已如此,岂可辄改!"曹勋再三恳请,金主乃许之。遂遣铸还,许归徽宗及郑后、邢后之丧,与帝母韦氏。

【纲】三月,放齐安王士㒟于建州。

是:"冻死不拆屋,饿死不掳掠。"士兵有了病,岳飞亲自为之调药。诸将在远地戍守,岳飞让妻子去慰问他们的家属。在战斗中牺牲的,岳飞去哭吊并养育其孤儿,或者让自己的儿子娶留下的孤女。凡有朝廷颁发的犒赏物品,都分给众军吏,自己不拿一丝一毫。岳飞善于以少胜多,曾以八百人在汴京南薰门打败群盗王善等五十万人,以八千人在桂岭(即临贺岭,在今广西贺县东北)打败曹成十万人。他与金兀术在颍昌交战,以八百名亲随背嵬军,在朱仙镇交战,以五百名亲随背嵬军,都战胜敌军十几万。凡有军事行动,都召集诸统制共同谋划,确定谋略后再作战,因而有胜无败。有时突然与敌遭遇也镇定不动,故而敌人这样说:"撼山易,撼岳家军难!"张俊曾向他问用兵之法,岳飞说:"仁、信、智、勇、严,缺一不可。"岳飞礼贤下士,阅览经书史籍,歌咏《诗》《雅》,作投壶之戏,谦恭谨慎像个读书人。每次辞却升官,必定谦虚地说:"全仗将士效力,我个人有什么功劳呢!"然而他为人忠义激昂慷慨,言论公正,不受别人摆布,终于由此而得祸。

【纲】绍兴十二年(壬戌,1142),春二月,进封建国公赵瑗为普安郡王。

【纲】封崇国公赵璩为恩平郡王。

【纲】皇帝下诏命各州修建学宫。

【纲】何铸从金国返回。 【目】起初,萧毅到达临安,宋高宗说:"朕拥有天下而不能奉养双亲,徽宗已不在了。现在立下誓言,明白宣布,只要金人还我太后,朕不以议和为耻;不然的话,朕不惜用兵。"等到何铸、曹勋出使金国,行前宋高宗把他们召到内殿,晓谕他们道:"朕向北仰望父母所居之地,已无泪可挥,你们见到金国主,应当说:'慈母在贵国,只是一个老人而已,在本国,则至关重要。'用至诚之心去说动他。也许他会感动。"何铸到金国后,首先请求放归太后。金国主说:"前朝已做的事,怎能更改!"曹勋再三恳请,金国主才允许所请。于是遣还何铸,答应送回徽宗、郑皇后及邢皇后的灵柩和皇帝的母亲韦氏。

【纲】三月,将齐安王赵士儇流放到建州(治建安县,今福建建瓯)。

【纲】四川宣抚副使胡世将卒,以郑刚中代之。
【纲】夏四月,金使人以衮冕来册帝。
【纲】六月,何铸罢。
【纲】秋八月,以万俟卨参知政事。
【纲】金人归徽宗皇帝、显肃皇后郑氏及懿节皇后邢氏之丧。

【纲】皇太后韦氏至自金。
【纲】九月,以孟忠厚为枢密使。
【纲】大赦,加秦桧太师,封魏国公。
【纲】遣使如金。
【纲】冬十月,欑徽宗皇帝、显肃皇后于永固陵,以懿节皇后祔。
【纲】以程克俊签书枢密院事。
【纲】进封秦桧为秦、魏两国公;辞不拜。
【纲】十一月,张俊免。 【目】初,俊赞秦桧成和议,约尽罢诸将,独以兵权归俊。及和议定,诸将罢,而俊无去意,故桧讽台臣江邈论之。遂罢为节度使,充醴泉观使,进封清河郡王,奉朝请。

【纲】刘光世卒。 【目】光世在诸将中最先进,律身不严,驭军无法,不肯为国任事。早解兵柄,与时浮沉,不为秦桧所忌,故能窃宠荣以终其身。方之韩、岳,不逮远矣。

【纲】徽猷阁待制致仕尹焞卒。 【目】焞质直弘毅,实体力行,程颐尝以鲁许之,且曰:"我死而不失其正者,尹氏子也。"

【纲】诏秘书少监秦熺修日历。 【目】秦桧无子,取妻兄王焕孽子熺养之。南省擢为第一,桧以为嫌。进士陈诚之策,专主和议,乃以为首;熺次之,历官秘书少监。桧自知不为士论所与,乃以熺领国史。自桧再相,凡诏书章疏稍及桧者,率更易焚弃。因以太后北还

【纲】四川宣抚副使胡世将去世,任郑刚中接替他的职务。

【纲】夏四月,金国派人携带衮冕来册封宋朝皇帝。

【纲】六月,何铸罢官。

【纲】秋八月,任命万俟卨为参知政事。

【纲】金人将徽宗皇帝、显肃皇后郑氏及懿节皇后邢氏的灵柩送回。

【纲】皇太后韦氏从金国返回。

【纲】九月,任命孟忠厚为枢密使。

【纲】大赦天下,秦桧加官太师,封魏国公。

【纲】派使臣前往金国。

【纲】冬十月,权葬徽宗皇帝、显肃皇后于永固陵(在今浙江绍兴东南),懿节皇后也附葬于此。

【纲】任命程克俊为签书枢密院事。

【纲】进封秦桧为秦、魏两国公;秦桧辞而未受。

【纲】十一月,张俊免职。 【目】起初,张俊支持秦桧与金人议和,二人约定将诸将全都免职,兵权尽归张俊。等到议和成功,诸将都免了职,而张俊却没有去职之意,因此被秦桧暗示谏官江邈奏论这件事。张俊就被免职,以节度使充任醴泉观使,进封清河郡王,奉朝请。

【纲】刘光世去世。 【目】刘光世在诸将中最有资历,他对自己要求不严,驾御军队全无章法,不肯为国事担当责任。他早就被解除了兵权,随波逐流,不为秦桧所忌恨,因此才能私享宠荣一直到死。他与韩世忠、岳飞相比,远为不及。

【纲】已退休的徽猷阁待制尹焞去世。 【目】尹焞为人质朴正直,刚毅大度,事事身体力行,程颐曾称许他的"鲁"——迟钝,并且说:"我死后而能不失正道的,只有尹氏之子啊。"

【纲】宋高宗下诏命秘书少监秦熺修撰日历。 【目】秦桧没有儿子,收养了妻兄王焕的庶子熺。礼部拔取秦熺为进士第一名,秦桧认为这样有嫌疑。进士陈诚之在策论中专主议和,就以陈诚之为进士第一名;秦熺名列第二,历任各官,此时为秘书少监。秦桧自己也明白不被

为己功,自领其事,使著作郎王杨英、周执羔上之。

【纲】孟忠厚罢。 【目】忠厚始以外戚贵显,然能避权势,不以私干朝廷。秦桧,忠厚之僚婿也,未尝亲附。至是,桧讽台谏,引故事外戚不预政,罢之。

【纲】癸亥,十三年,春正月,作太学。
【纲】二月,作景灵宫。
【纲】夏闰四月,立贵妃吴氏为皇后。 【目】后,开封人,年十四选入王邸。帝既即位,后常以戎服侍左右。习书史,善翰墨,宠遇日隆,累进贵妃。帝怜邢氏在金,虚中宫以待其还。至是,秦桧累表请立后,皇太后亦以为言,帝从之。

【纲】王次翁罢。六月,程克俊罢。
【纲】秋七月,行人洪皓、张邵、朱弁还自金。 【目】自建炎以来,奉使如金被拘囚者三十余人,多已物故,惟三人以和议成许归。已而金人遣七骑追之,及淮,而皓等已在舟中矣。

皓居冷山,距会宁二百里,屡因谍者密奏敌情,且力言和议非计,乞兴师进击。尝求韦太后书,遣李微持归,帝大喜曰:"朕不知太后宁否几二十年,虽遣使百辈,不如此一书!"每遇贵族名家子流落于金者,尽力拯救之。留金十五年而还,入对内殿,求郡养母。帝曰:"卿忠贯日月,志不忘君,虽苏武不能过,岂可舍朕去邪?"皓退,见秦桧,语连日不止,曰:"张和公金人所惮,乃不得用,钱塘暂居。为景灵宫、太庙,皆极土木之华,岂非示无中原意乎?"桧不怿。遂除徽猷阁直学士,提举万寿观;复以论事忤桧,出知饶州。

舆论接受，就让秦熺负责修国史，把从秦桧再次为相以来，凡是诏书、奏疏中稍有涉及秦桧的，全都删改或销毁。秦桧认为太后从北方返回是自己的功劳，因而亲自领衔修撰日历，日历修成后，让著作郎王杨英、周执羔奏呈皇帝。

【纲】孟忠厚罢官。 【目】孟忠厚起初以外戚身而位至显贵，但他能避开权势，不以私利干预朝政。秦桧是孟忠厚的连襟，他也从不亲近依附。这时，秦桧暗示谏官，引用旧事，说明外戚不该参与朝政，把孟忠厚免职。

【纲】绍兴十三年（癸亥，1143），春正月，修建太学。

【纲】二月，修建景灵宫。

【纲】夏闰四月，立贵妃吴氏为皇后。 【目】吴皇后是开封人，十四岁时选进康王府邸。宋高宗即皇帝位后，她常身著戎服服侍于左右。她学习书、史，善于诗文书法等，愈来愈为皇帝所宠爱，屡次进升，升为贵妃。皇帝怜悯被金人掳去的皇后邢氏，因而空着后位等待她回来。此时，秦桧屡次上表请求册立皇后，皇太后也为此说话，宋高宗依从了。

【纲】王次翁罢官。六月，程克俊罢官。

【纲】秋七月，使臣洪皓、张邵、朱弁从金国返回。 【目】从高宗建炎年间以来，奉命出使金国而被拘囚的三十多人，多数已死，只有这三个人由于议和成功被允许放回来。他们启程后，金人派七名骑兵追赶，一直追到淮河边，而洪皓等人已在船中了。

洪皓住在冷山（在今吉林农安北），离会宁二百里，他屡次通过谍报人员向皇帝密奏敌情，并且竭力说明议和不对，要求兴兵进攻金国。他曾设法取得韦太后的书信，派李微带回南方。宋高宗见信大喜道："朕差不多有二十年不知太后是否安宁，虽然派遣上百使臣，也不如这一封信呀！"洪皓每遇流落在金的贵族名家子弟，都尽力拯救帮助。他被扣在金国十五年才放回，宋高宗在内殿召见时，他请求任州郡官以奉养老母。宋高宗说："你的忠心与日月同辉，志不忘君，就是苏武也超不过你，你怎能离朕而去呢！"洪皓退朝，去见秦桧，接连几日谈话，对秦桧说："张和公（即张浚）是金人所畏惧的，但不被重用，让他闲居在

邵被囚祚山逾年，送刘豫使用之。邵见豫，长揖而已，又呼豫为殿院，责以君臣大义，词气俱励。豫怒，械于狱。久之，复送于金，拘之燕山僧寺，从者皆莫知所之。金复徙之会宁。及还，入见，除秘书修撰，主管祐神观。司谏詹大方论其使事无成，改台州崇道观。

弁副王伦使金，既就馆，守之以兵。久之，金将议和，当遣一人受书还，欲弁与伦探策决去留。弁曰："吾来，固自分必死，岂应今日觊幸先归！愿正使受书，归报天子，成两国之好，蚕伸四海之养于两宫，则吾虽暴骨外国，犹生之年也。"伦将归，弁谓曰："古之使者有节以为信。今无节有印，印亦信也，愿留之，使弁得抱以死，死不腐矣！"伦解以授弁，弁受而怀之，卧起与俱。金人迫弁仕刘豫，且谇之曰："此南归之渐。"弁曰："豫，国贼，吾常恨不食其肉，又忍北面臣之？吾有死耳！"金人怒，绝其饩遗以困之。弁忍饥待尽，誓不为屈；金人感动，致礼如初。久之，复欲易其官，弁曰："吾官受之本朝，有死而已，誓不易以辱吾君也。"又以书诀洪皓曰："杀行人，非细事，吾曹遭之，命也！要当舍生以全义耳。"及还，入见便殿，弁谢，且曰："陛下与金人讲和，上返梓宫，次迎太母，此皆知时知几之明。然时运而往，或难固执，几动有变，宜鉴未兆。金人以黩武为至德，以苟安为太平，虐民而不恤民，广地而不广德，此皆天助中兴之势；若时与几，陛下既知于始，愿图厥终。"帝曰："善。"秦桧恶其言，奏以初补官易宣教郎直秘阁而卒。

钱塘县（今浙江杭州）。大兴土木建造景灵宫、太庙等，都极为奢华，岂不是表示不想收复中原了吗？"秦桧听着不高兴，就任命他为徽猷阁直学士，提举万寿观。过后又由于议论中得罪秦桧，他被外调为饶州（治鄱阳县，今江西波阳）知州。

张邵被囚禁在柞山（在今山东诸城县境内），一年后被送到刘豫处，让刘豫任用他。张邵见到刘豫，只长揖而已，又称刘豫为殿院，并声色俱厉地用君臣大义责备刘豫，刘豫气急败坏，把他带上刑具押入狱中。很久以后，又把他送交金国，关在燕山府（在今北京市西南）的僧寺中，连随从都不知他在什么地方。金人又把他转移到会宁。他返回宋朝，入见皇帝，被任命为秘书修撰，主管祐神观。司谏詹大方上奏指责他出使未能完成使命，又改为主管台州（治临海县，今浙江临海）崇道观。

朱弁作为王伦的副使出使金国，到金国的客馆后，有兵看守他。很久以后，金人将议和，该派他俩之中一人持书返回，要朱弁与王伦抽签决定去留。朱弁说："我到此地来，原本就料想自己必死，今日岂应侥幸希望先回去！希望由正使持书回去向天子复命，达成两国和好，早日让皇太后、皇帝得享天伦之乐，则我死于外国，虽死犹生。"王伦将归时，朱弁对他说："古代使者持符节为信物，现在无节有印，印也是信物，希望把印章留下来，使我得抱着它死去，这样死了尸体也不会腐烂呀。"王伦解下印鉴交给朱弁，朱弁将它藏在胸怀中，睡觉起身都带着。金人逼他去刘豫处当官，劝诱他说："这是放你回去的第一步。"朱弁说："刘豫是国贼，我常恨不能吃他的肉，怎忍北面向他称臣？我只有一死！"金人发怒，断绝供应他粮食来使他受困。朱弁忍饥待死誓死不屈。金人被他感动，仍按副使之礼相待。又过了很久，金人想更改他的官职，朱弁说："我的官职受命于本朝，我只有一死，誓不更改官职而使吾君受辱。"他又写信与洪皓诀别，说："杀使臣不是小事，我们遭遇了，这是天命！重要的是应该舍命以保全忠义呀。"这次返回，在便殿朝见皇帝，朱弁拜谢，并且说："陛下与金人议和，首提迎回先帝灵柩，其次迎回太后，表现了陛下对时势对事机的明察。然而时运如往，很难一成不改，事机有变，应明察于未有征兆之时。金人以穷兵黩武为最高

【纲】帝书《六经》，刻石于太学。

【纲】冬十二月，金人来聘。

【纲】复置三馆。　【目】上谓宰执曰："人才须素养。太宗置三馆养天下之士，至仁庙人才辈出为用。今日若不兴学校，将来安得人才用邪？"

【纲】甲子，十四年，春正月，乐平水斗。　【目】乐平县何冲里，田陇数十百顷，田中水，类为物所吸，聚为一，直行，高平地数尺，不假堤防而水自行；里南程氏家井水溢，亦高数尺，夭矫如长虹，声如雷，穿墙毁楼。二水斗于杉墩，且前，且却，约十余刻乃解，各复故。

【纲】二月，万俟禼罢，以楼炤签书枢密院事。

【纲】三月，帝谒孔子庙，遂视学。　【目】国学大成殿成，司业高闶表请帝视学，从之。止辇于殿门外，步趋升降，退御敦化堂，命礼部侍郎秦熺执经，高闶讲《易·泰卦》。胡宏见其表，移书责之曰："太学，明人伦之所在也。太上皇帝劫制于强敌，生往死归，此臣子痛心切骨卧薪尝胆宜思所以必报之大雠也。太母，天下之母，其纵释乃在金人，此中华之大辱，臣子所不忍言也。而柄臣乃敢欺天罔人，以大雠、大辱而为大恩，阁下目睹，忘雠灭理，北面敌国，以苟晏安之事，犹偃然为天下师儒之首。既不能建大论明天人之理以正君心，乃阿谀柄臣，希合风旨，求举太平之典，又从而为之辞，欺罔孰甚焉？"宏，安国子也。

【纲】夏四月，初禁野史。　【目】从秦桧请也。后著作郎林机言："有失意之人，匿迹近地，窥伺朝廷，作为私史，以售其邪说，请

准则，以暂时安宁为太平之世，虐待百姓而不知抚恤，拓广国土而不广施仁德，这些都是上天帮助我朝中兴的有利形势。若时势与事机，陛下已知其开始，希望能图谋获取好的结局。"宋高宗说："好。"秦桧厌恶他的言论，启奏皇帝改任他为宣教郎直秘阁，一直到死。

【纲】宋高宗书写六经，刻石立于太学。

【纲】冬十二月，金人来贺新年。

【纲】恢复设置三馆（即崇文院）。　【目】宋高宗对宰相说："人才靠平日培养，太宗设置三馆培养天下士人，到仁宗朝，人才辈出，为朝廷所用。如今若不兴办学校，将来哪有人才可用呢？"

【纲】绍兴十四年（甲子，1144），春正月，乐平（今江西乐平县）发生水流相斗的现象。　【目】乐平县何冲里有数十百顷田地，田中的水像是被什么东西吸引，聚为一股，笔直的高出平地数尺，不用堤渠而水自往前流。里南程氏家中井水溢出井口，也高达数尺，像长虹一样，屈曲飞腾穿墙毁楼，奔流而过，声响如雷。这两股水在杉墩交斗，一会儿向前，一会儿退后，约十余刻时间才各自恢复原状。

【纲】二月，万俟卨罢官，任命楼炤为签书枢密院事。

【纲】三月，宋高宗拜谒孔庙，随即巡视太学。　【目】国学大成殿落成，司业高闶上表请皇帝巡视，应允了。车辇停在殿门之外，皇帝步入大殿，行礼毕，退下，来到敦化堂，命礼部侍郎秦熺手持经书，由高闶讲解《易经·泰卦》。胡宏看到高闶的表章后，写信责备他说："太学是宣明伦理的地方，太上皇帝受强敌劫制，生往死归，这是为臣子者痛彻心骨、卧薪尝胆、应该思所以报复的大仇。太后是天下之母，她的放归却由金人来决定，这是中华的大耻，为臣者所不忍心说的事。而当权大臣竟敢欺天骗人，把大仇大耻当成大恩。阁下亲历目睹，忘却国仇，泯灭伦理，向敌国称臣，以求苟且偷安，竟还安然以天下师儒之首自居！既不能建立宏论，阐明天人之理以端正君王之心，反而阿谀权臣，企求附和他的意旨，举行只有在太平之世才有的盛典，还从而为之辩解，欺君罔上的行为，难道还有比这更严重的吗？"胡宏是胡安国的儿子。

【纲】夏四月，开始禁写野史。　【目】这是依从秦桧的请求而决定的。后来著作郎林机说："有些不得意的人，隐匿在附近地方，窥视

禁绝之。"复下诏申禁之。

【纲】五月,楼炤罢,以李文会签书枢密院事。

【纲】闽、浙大水。 【目】内侍右武大夫白锷,从皇太后北归者,因闽、浙大水,宣言:"燮理乖戾,洪皓名闻华、夷,顾不用!"锷馆客张伯麟,尝题太学壁云:"夫差,而忘越王之杀而父乎?"秦桧怒之,俱坐诽谤,刺配锷于万安军,伯麟于吉阳军,罢皓提举江州太平观。

【纲】秋九月,徙赵鼎于吉阳军。 【目】鼎在潮五年,杜门谢客,时事不挂口,有问者,引咎而已。先是,鼎请正建国公皇子之号,桧言:"鼎欲立皇太子,是待陛下终无子也。宜俟亲子乃立。"至是中丞詹大方希桧意,劾鼎与其党范冲邪谋密计,转相扇惑,以徼无妄之福。盖指皇子,而冲尝为翊善故也。遂移鼎吉阳。鼎谢表有曰:"白首何归,怅余生之无几;丹心未泯,誓九死以不移!"桧见曰:"此老倔强犹昔。"

【纲】冬十月,何若请黜程颐之学。 【目】右正言何若指程颐、张载遗书为专门曲学,请戒内外师儒之官,力加禁绝。秦桧从之。

【纲】十二月,李文会免,以杨愿签书枢密院事。 【目】愿为中丞,迎合桧意以举劾,人号之为"肉简牌"。至是,论文会,遂代其位。

【纲】王伦为金所杀。 【目】金欲以伦为平州路转运使,伦曰:"奉命而来,非降也。"金胁以威,遣使来趣,伦拒益力,金杖其使,俾缢杀之。

【纲】乙丑,十五年,春正月朔,初御大庆殿受朝。

朝廷之事，私下里编写野史，以兜售其邪说，请求加以禁绝。"皇帝又下诏重申禁令。

【纲】五月，楼炤罢官，任命李文会为签书枢密院事。

【纲】闽、浙大水。【目】内侍右武大夫白锷是跟随太后从北方返回的，他就闽、浙发大水一事声称："宰执秉政，乖戾失当，洪皓名闻华夷，回归后却不得任用！"白锷的门客张伯麟曾在太学墙壁上题写道："夫差！你忘却越王杀掉你的父亲了吗？"秦桧恼怒，将他们二人都以诽谤罪，脸上刺字后发配外地，白锷到万安军（治万宁县，今海南万宁），张伯麟到吉阳军（即崖州，治宁远县，今海南三亚市西北）。洪皓罢官，改为提举江州太平观。

【纲】秋九月，将赵鼎转移到吉阳军。【目】赵鼎在潮州五年，闭门谢客，不言时事，有人问到，总是归罪自己。以前，赵鼎请皇帝确定建国公的皇子称号，秦桧说："赵鼎要立皇太子，是认为陛下终于不可能有亲生儿子。陛下应该等有亲生儿子再立太子。"这时，御史中丞詹大方迎合秦桧的心意，弹劾赵鼎及其同党范冲搞阴谋诡计，转相煽动，盅惑人心，以求侥幸取得本无希望之福。这是指立皇子的事，因为范冲曾当过太子官属翊善。赵鼎被迁到吉阳，他谢表中说到："白发人何处是归途，余生无多令人惆怅。但我的丹心不灭，即使九死也誓不稍改！"秦桧看后说："这个老头还像过去一样倔强。"

【纲】冬十月，何若请求罢黜程颐的学说。【目】右正言何若指责程颐、张载的遗著是邪僻之说，请求告诫京师内外的儒学之官，力加禁绝。秦桧依从了。

【纲】十二月，李文会免官，任命杨愿为签书枢密院事。【目】杨愿为御史中丞，迎合秦桧心意来进行弹劾，人们称他为"肉简牌"。这时杨愿弹劾李文会，就替代了这一职位。

【纲】王伦被金人所杀。【目】金人打算任王伦为平州路（平为金人设置，治卢龙，即今河北卢龙县）转运使，王伦说："我奉命来此，不是来投降的。"金人用威力胁迫他，派使者催逼他，王伦拒绝得更坚决，金人杖打使者，并勒死王伦。

【纲】绍兴十五年（乙丑，1145），春正月初一，宋高宗初次到大庆

【纲】夏四月朔,彗出东方,大赦。

【纲】六月朔,日食。

【纲】帝幸秦桧第。

【纲】秋七月,放张浚于连州。 【目】浚因星变,欲力论时事,以其母计氏年高,言之必被祸。计氏知之,诵其父咸绍圣初制策曰:"臣宁言而死于斧钺,不忍不言而负陛下。"浚意遂决,即上疏言:"当今时势,如食大疽于头目心腹之间,不决不止。迟则祸大而难决,疾则祸轻而易治。惟陛下谋之于心,断之以独,谨察情伪,豫备仓卒,庶几社稷安全。不然,后将噬脐。"事下三省。秦桧大怒,令中丞何若劾之,遂贬连州居住,寻徙永州。桧必欲杀浚,以其死党张柄知潭州,与郡丞汪召锡共伺察之。

【纲】冬十月,杨愿罢,以李若谷签书枢密院事。

【纲】丙寅,十六年,春正月,行藉田礼。 【目】先是,知度州薛弼言:"州民朽柱中有文,曰'天下太平年'。"秦桧大喜,乞诏付史馆。于是修弥文以饰治具,如乡饮、耕藉之类。节节备举,为苟安于杭之计。自此不复巡幸江上,而祥瑞之奏日闻矣。

【纲】秋九月,金刘豫死。

【纲】丁卯,十七年,春正月,以李若谷参知政事,何若签书枢密院事。二月,李若谷罢。三月,以段拂参知政事。何若罢。夏四月,以汪勃签书枢密院事。

【纲】五月,安置提举江州太平观洪皓于英州。

【纲】秋八月,故相赵鼎卒于吉阳军。 【目】鼎潜居深处,门人故吏皆不敢通问,惟广西帅张宗元时馈醪米。会降旨"赵鼎、李光,遇赦永不检举",且令本军月具存亡申省。鼎遣人语其子汾曰:

殿接受朝拜。

【纲】夏四月初一，东方出现彗星，大赦天下。

【纲】六月初一，日食。

【纲】宋高宗驾临秦桧府第。

【纲】秋七月，张浚流放到连州。 【目】张浚因星象变化，打算痛切地评论时政，由于母亲计氏年事已高，而自己论政必定会遭祸。计氏得知儿子的顾虑后，拿他父亲张咸在绍圣初年所写的制策念给他听："臣宁愿进言而死于刀斧之下，不忍心不说而辜负陛下。"张浚这才下决心上疏道："当前的时势，就像在头目心腹之间长着一个大毒疮，不破裂流脓不算完。迟则祸大而难解决，快则祸轻而容易治疗。只有陛下谋虑于心，独自决断，细心核察真伪，准备意外，或许能使国家得到安全。不然，将后悔不及。"此事发下三省衙门议处，秦桧大怒，令御史中丞何若弹劾他，于是贬张浚居住连州，不久又迁往永州（治零陵县，今湖南零陵）。秦桧一定要杀死张浚，派自己的死党张炳为潭州（治长沙县，今湖南长沙）知州，与郡丞汪召锡共同侦视张浚。

【纲】冬十月，杨愿罢官，任命李若谷为签书枢密院事。

【纲】绍兴十六年（丙寅，1146），春正月，皇帝行藉田礼。 【目】在此以前，虔州知州薛弼上书说："州里百姓腐朽的屋柱上发现有'天下太平年'字样。"秦桧大喜，请求皇帝下诏交付史馆，于是修备文事装点政令，如举行乡饮、藉田礼之类，都按时备办举行，准备在杭州苟且偷安。皇帝从此不再往江上巡幸，而关于祥瑞的奏章几乎天天可闻。

【纲】秋九月，金国的刘豫死。

【纲】绍兴十七年（丁卯，1147），春正月，任命李若谷为参知政事，何若为签书枢密院事。二月，李若谷罢官。三月，任命段拂为参知政事，何若罢官。四月，任命汪勃为签书枢密院事。

【纲】五月，将提举江州太平观洪皓安置到英州（治贞阳县，即今广东英德市）。

【纲】八月，原宰相赵鼎在吉阳军去世。 【目】赵鼎深居简出，连弟子及老部下都不敢同他通音问，只有广西帅张宗元不时去送些酒米。当时皇帝降旨："赵鼎、李光永不在赦免之中。"而且令本军每月都要

"秦桧必欲杀我。我死,汝曹无患;不尔,祸及一家矣。"自书墓中石,记乡里及除拜岁月,且书铭旌云:"身骑箕尾归天上,气作山河壮本朝。"遗言其子乞归葬,遂不食而死。天下闻而悲之。

鼎为相,专以固本为先,以为本固而后敌可图,雠可复。惜其见忌于桧,赍志以没。然中兴贤相,鼎为称首。

【纲】九月,罢四川宣抚副使郑刚中。

【纲】冬十二月,金及蒙古和。 【目】初,挞懒既诛,其子胜花都郎君率其父故部曲以叛,与蒙古通。蒙古益强,兀术讨之,连年不能克,乃与之议和,割西平河以北二十七团寨与之,岁遗牛、羊、米、豆,且册其酋熬罗勃极烈为蒙辅国王;不受,自号大蒙古国。至是始和,岁遗甚厚。于是蒙酋自称祖元皇帝,改元天兴。

【纲】戊辰,十八年,春二月,段拂罢。三月,以秦熺知枢密院事。

【纲】夏四月,秦熺罢为观文殿学士兼侍读,位次右仆射。

【纲】五月,放浙东副总管李显忠于台州。 【目】显忠熟知西边山川险易,因上《恢复策》。秦桧恶之,降官奉祠,台州居住。

【纲】秋七月,宽诸郡杂税。

【纲】八月,汪勃罢,以詹大方签书枢密院事。九月,詹大方卒。

【纲】冬十月,以余尧弼签书枢密院事。

【纲】金兀术卒。

【纲】十一月,窜胡铨于海南。

【纲】十二月,金以完颜亮为右丞相。

申报此二人存亡情况。赵鼎派人传话给儿子赵汾说："秦桧必定要杀我，我死了你们就没灾祸了；否则，将殃及全家。"他亲自书写了墓石，记述家乡及任免官职年月，并且在丧具铭旌上写道："身骑箕尾归天上，气作山河壮本朝。"遗言令其子请求安葬于故乡，于是绝食而死，天下人听说都很悲痛。

赵鼎当宰相，专以强固国家根本为先，认为根本强固而后才能战胜敌人，报仇雪耻。可惜他被秦桧忌妒，壮志未酬而死。然而宋室中兴的贤相，当以赵鼎为首。

【纲】九月，免去四川宣抚副使郑刚中之职。

【纲】十二月，金与蒙古议和。　【目】起初，挞懒被处死后，他的儿子胜花都郎君率领挞懒旧部叛变，与蒙古勾通。蒙古日益强盛，金兀术连年讨伐，不能取胜，只好议和，割让西平河（即胪朐河，今内蒙额尔古纳河的上源）以北二十七团寨给蒙古，每年送去牛、羊、米、豆，并且册封蒙古酋长熬罗勃极烈为蒙辅国王；但蒙古不接受册封，自称大蒙古国。到此时才开始和好，每年送很重的礼。于是蒙古酋长自称祖元皇帝，改元天兴。

【纲】绍兴十八年（戊辰，1148），春二月，段拂罢官。三月，任命秦熺为知枢密院事。

【纲】夏四月，秦熺罢原职，改为观文殿学士兼侍读，官位仅次于右仆射。

【纲】五月，把两浙东路（治绍兴府，今浙江绍兴）副总管李显忠流放到台州。　【目】李显忠熟悉西部边境山川地势，向朝廷呈上《恢复策》，秦桧憎恶他，把他降官为奉祠官，迁到台州居住。

【纲】七月，放宽各州杂税。

【纲】八月，汪勃罢官，任命詹大方为签书枢密院事。九月，詹大方去世。

【纲】冬十月，任命余尧弼为签书枢密院事。

【纲】金兀术去世。

【纲】十一月，将胡铨流放到海南。

【纲】十二月，金国任命完颜亮为右丞相。

【纲】己巳,十九年,冬十二月,金完颜亮弑其主亶而自立。

【纲】庚午,二十年,春正月,殿司军士施全刺秦桧,不克,桧杀之。 【目】桧趋朝,殿前司后军使臣施全挟刃于道,遮桧肩舆刺之,不中,捕送大理。桧亲鞫之,全对曰:"举天下皆欲杀虏人,汝独不肯,故我欲杀汝也。"诏磔于市。自是桧每出,列五十兵持长梃以自卫。

【纲】三月,以余尧弼参知政事,巫伋签书枢密院事。遣尧弼使金。

【纲】下李光子孟坚于大理狱,流之峡州。责降徽猷阁直学士胡寅等官有差。 【目】光在琼,尝作私史,其仲子孟坚为所亲陆升之言之,升之讦其事。秦桧命两浙转运副使曹泳究实,泳言:"孟坚省记父光所作小史,语涉讥谤。"送大理寺,狱成,诏光遇赦永不检举,孟坚除名,编管峡州。于是胡寅、程瑀、潘良贵、宗颖、张焘、许忻、贺允中、吴元许八人皆缘坐,责降有差。有太常主簿吴元美作《夏二子传》,指蚊、蝇也。其乡人告之,以为讥毁大臣。且言:"元美与李光交,故其亭号潜光。"桧大怒,窜之容州。

【纲】夏四月,金主亮大杀其宗室。

【纲】冬十月,金主亮杀其左副元帅撒离喝等,夷其族。

【纲】秦桧有疾,诏执政赴桧第议事。

【纲】辛未,二十一年,春正月,金置国子监。

【纲】二月,以巫伋为金国祈请使。 【目】伋至金,首请迎靖康帝归国,金主曰:"不知归后何处顿放?"伋唯唯而退。

【纲】绍兴十九年（己巳，1149），冬十二月，金完颜亮杀金主亶而自立为国君。

【纲】绍兴二十年（庚午，1150），春正月，殿司军士施全行刺秦桧，不成，秦桧杀了他。【目】秦桧上朝，殿前司后军使臣施全持刀在路上，挡住秦桧的轿子行刺，没有刺中，被捕送大理寺。秦桧亲自审问他，施全回答说："国中所有的人都要求杀金虏，唯独你不肯，因此我要杀你。"皇帝下诏将施全在闹市中裂尸。此后秦桧每次出门，都派五十名兵士手持长枪护卫。

【纲】三月，任命余尧弼为参知政事，巫伋为签书枢密院事。派余尧弼出使金国。

【纲】将李光之子李孟坚投入大理寺监狱，后把他流放到峡州（治夷陵县，今湖北宜昌）。斥责徽猷阁直学士胡寅等人，予以不同的降职处分。【目】李光在琼州（治琼山县，今海南琼山），曾私撰历史，他的次子李孟坚向亲近的陆升之说了，陆升之告发此事。秦桧命两浙转运副使曹泳查究实情，曹泳说："李孟坚看过并记得他父亲李光写的小史，其中有讥谤朝廷之语。"该案送大理寺审理，定案后，有诏李光今后永不列在遇赦名单之中，将孟坚削除名籍，流放到峡州，受当地地方官管制。此案牵连胡寅、程瑀、潘良贵、宗颖、张焘、许忻、贺允中、吴元许八人，受责降职，给以不同的处分。另有一位太常主簿吴元美写了《夏二子传》一文，二子指蚊与蝇，被同乡诬告为讥讽诋毁大臣，并且说："吴元美和李光交往，因此他家有亭题名'潜光'。"秦桧大怒，将吴元美流放到容州（治普宁县，即今广西容县）。

【纲】四月，金国主完颜亮大杀宗室。

【纲】冬十月，金国主完颜亮杀掉左副元帅撒离喝等人，并灭其族。

【纲】秦桧有病，宋高宗下诏命执政大臣到秦桧府第议事。

【纲】绍兴二十一年（辛未，1151），春正月，金国设置国子监。

【纲】二月，任命巫伋为赴金祈请使。【目】巫伋到金国，先请求迎靖康帝归国，金国主问道："不知他回去后安顿在哪里？"巫伋只能吞吞吐吐地退了下来。

【纲】三月，金主大营宫室于燕。【目】金主稍习经史，慕中国朝著之尊，密有迁都意，遂下诏求直言，而上书者多谓"上京僻在一隅，不若徙燕，以应天地之中"，与金主意合。乃遣左丞相张浩、右丞相张通古等调诸路夫匠，筑燕京宫室，一依汴京制度。一殿之费，以亿万计，成而后毁，务极华丽。

【纲】秋八月，太傅、镇南、武安、宁国节度使、咸平王韩世忠卒。【目】世忠解兵罢政，卧家凡十年，至是卒。孝宗朝追封蕲王，谥忠武。子彦直、彦质、彦古，皆以才见用。

【纲】冬十一月，余尧弼罢。

【纲】壬申，二十二年，夏四月，巫伋罢，以章复签书枢密院事。秋九月，章复罢。冬十月，以宋朴签书枢密院事。

【纲】三月,金国主在燕京大规模建造宫室。 【目】金国主曾读过一些经史典籍,美慕中国朝廷的威严,私下里有迁都之意,就下诏征求直言,而上书的多数说:"上京(即会宁)僻处于一隅,不如迁都燕京,也与天地之中心相符。"这正与金国主的心意相合,于是派左丞相张浩、右丞相张通古等人调集诸路的工匠,修建燕京宫室,全照汴京的样子,每处殿宇造价以亿万计,有的造成又毁掉重盖,一定要达到最华丽的程度。

【纲】八月,太傅,镇南、武安、宁国节度使,咸平王韩世忠去世。【目】韩世忠解除兵权,免掉职务,在家闲居达十年之久,到这时去世。孝宗朝追封为蕲王,谥忠武。其子彦直、彦质、彦古,都因为有才干而被任用。

【纲】冬十一月,余尧弼罢官。

【纲】绍兴二十二年(壬申,1152),夏四月,巫伋罢官,任命章复为签书枢密院事。秋九月,章复罢官。冬十月,任命宋朴为签书枢密院事。

纲鉴易知录卷八二

南宋纪

高宗皇帝

【纲】癸酉，二十三年，春三月，金迁都于燕。 【目】金主自上京至燕京，初备法驾，下诏改元。以燕，列国之名，不当为京师号，遂改燕京为中都大兴府，汴京为南京，削上京之名止称会宁府。又改中京大定府为北京，而东京辽阳府、西京大同府如旧。

【纲】冬，宋朴罢，以史才签书枢密院事。

【纲】甲戌，二十四年，春正月，地震。

【纲】夏六月，史才罢，以魏师逊签书枢密院事。

【纲】秋七月，张俊卒。 【目】俊握兵最早，屡立战功，帝于诸将中眷注特厚。然忌刘锜，附秦桧杀岳飞，为世所鄙薄焉。

【纲】以敷文阁待制秦埙修撰实录院。

【纲】冬十一月，魏师逊罢，以施巨参知政事，郑仲熊签书枢密院事。加秦熺少傅，封嘉国公。

【纲】乙亥，二十五年，夏四月，施巨罢。

【纲】六月，郑仲熊罢，以汤思退签书枢密院事。

【纲】改岳州为纯州，岳阳军为华阳军。 【目】或言"岳州乃岳飞驻军之地，又与其姓同，乞改之。"盖以媚秦桧也。岳州人谓："飞驻军乃鄂州，于我州何与而改之？"

【纲】金汴京火。

【纲】秋八月，下赵鼎子汾等于大理狱。 【目】秦桧于一德格天阁书赵鼎、李光、胡铨三人姓名，必欲杀之。及鼎死而憾不已。江西运判张常先笺注前帅张宗元与张浚诗言于朝，其词连逮者数十

高宗皇帝

【纲】绍兴二十三年（癸酉，1153）春三月，金迁国都到燕京（即中都，今北京广安门外）。 【目】金国主从上京到燕京，初次置备皇帝专用的车驾，下诏改元。又考虑燕为列国名称，作为京城名称并不合适，遂改燕京为中都大兴府，改汴京为南京，取消上京的名称，只称会宁府。又改中京大定府为北京（今内蒙古宁城西南），而东京辽阳府（今辽宁辽阳），西京大同府（今山西大同）如旧不变。

【纲】冬季，宋朴罢官，任命史才为签书枢密院事。

【纲】绍兴二十四年（甲戌，1154），春正月，发生地震。

【纲】夏六月，史才罢官，任命魏师逊为签书枢密院事。

【纲】秋七月，张俊去世。 【目】张俊掌兵权最早，屡立战功，在诸将中宋高宗对他最为垂爱关注。然而他忌恨刘锜，依附秦桧杀害岳飞，为世人所鄙视。

【纲】任命敷文阁待制秦埙任实录院修撰。

【纲】冬十一月，魏师逊罢官，任命施巨为参知政事，郑仲熊为签书枢密院事。秦熺加官少傅，封嘉国公。

【纲】绍兴二十五年（乙亥，1155），夏四月，施巨罢官。

【纲】六月，郑仲熊罢官，任命汤思退为签书枢密院事。

【纲】改岳州（治巴陵县，今湖南岳阳）为纯州，岳阳军（治岳州）为华阳军。 【目】有人说："岳州是岳飞驻军的地方，又与他的姓氏相同，请求改名。"这是用以取悦于秦桧。岳州人说："岳飞驻军之地是鄂州，和岳州有什么关系而要改名呢？"

【纲】金汴京发生大火。

【纲】秋八月，将赵鼎的儿子赵汾等下大理寺监狱。 【目】秦桧在一德格天阁写下赵鼎、李光、胡铨三人姓名，一定要杀他们。到赵鼎去世而秦桧还怨恨不已。江西运判张常先笺注前帅张宗元和张浚的诗在朝廷上说了，他说的牵连到数十家，打算诬告为图谋不轨而把他们

家，将诬以不轨而尽去之。会汪召锡告宗室知泉州令衿观桧《家庙记》，口诵"君子之泽，五世而斩"，谪居汀州。桧乃讽殿中侍御史徐嚞论赵汾与令衿饮别厚赆必有奸谋。诏送汾、令衿大理鞫问，使汾自诬与张浚、李光、胡寅、胡铨等五十三人谋大逆。狱成，而桧病不能书矣。

【纲】以董德元参知政事。

【纲】冬十月，徙洪皓于袁州，未至卒。 【目】皓居英州九年，始复朝奉郎，徙袁州，至南雄卒。卒后一日，秦桧死。皓久在北庭，为金人所敬。既归，金人至，必问"皓为何官，居何地？"不幸为桧所忌，不死于敌国，而死于谗慝，闻者悼之。

【纲】进封秦桧为建康郡王，加其子熺少师，并致仕。是夕，桧死。 【目】桧病，帝幸其第问焉，无一语，惟流涕而已。熺奏请："代居相位者为谁？"帝曰："此事卿不当与。"帝还宫，命沈虚中草桧及熺制，并令致仕。是夕，桧卒，赠申王，谥忠献。

桧居相位十九年，倡和误国，忘雠斁伦，包藏祸心，劫制君父，郡国事惟申省，无至上前者。同列论事上前，未尝力辨，但以一二语倾挤之，俾帝自怒，一时忠臣良将，诛锄略尽。其顽钝无耻者，率为桧用，争以诬陷善类为功。晚年残忍尤甚，屡兴大狱。开门受赂，富敌于国，外国珍宝，死犹及门。桧每事与帝争胜，其势渐不可制。桧既死，帝谓杨存中曰："朕今日始免防桧逆谋矣。"

【纲】黜秦桧姻党。十一月，释赵汾及李孟坚、王之奇等自便。

全都除掉。正赶上汪召锡揭发宗室泉州（治晋江县，即今福建晋江市）知州赵令衿在阅读秦桧所写《家庙记》时口诵"君子的恩泽，传五代就断"，因而被贬谪到汀州（治长汀县，即今福建长汀县）。秦桧就暗示殿中侍御史徐嚞揭发赵汾与赵令衿饮酒告别，并厚赠盘缠，其中必有阴谋。赵高宗下诏将此二人送交大理寺审问，强逼赵汾自诬，供称与张浚、李光、胡寅、胡铨等五十三人谋反。此狱立案时，秦桧已病得不能批示文书了。

【纲】任命董德元为参知政事。

【纲】冬十月，将洪皓迁往袁州（治宜春县，今江西宜春），死于途中。　【目】洪皓在英州（治贞阳县，今广东英德）居住了九年，才复官朝奉郎，又徙往袁州，行至南雄（今广东南雄）而死。他去世后一天，秦桧死。洪皓出使金国久留北方，为金人所敬重。他返回宋朝后，金人每次南来，必定询问："洪皓为何官？住在哪里？"他不幸为秦桧忌恨，不死于敌国，而死于奸佞之手，听说的人都为他伤悼。

【纲】进封秦桧为建康郡王，其子秦熺加官为少师，一并退休。当晚，秦桧死。　【目】秦桧病重，宋高宗到他的府第去看望，秦桧没有一句话，只是流泪而已。秦熺问高宗："由谁接替宰相之职？"高宗说："这事不是该问的。"高宗回宫后命沈虚中起草封秦桧和给秦熺加官的制书，同时令他们退休。当晚秦桧死，赠申王，谥号忠献。

秦桧为相十九年，提倡议和，贻误国家，忘记国仇，败坏伦常，包藏祸心，挟制皇帝，地方官吏有事只能申报到宰执官署，而没有上报到皇帝跟前的。同僚大臣向皇帝奏事时，他并不发表不同意见，但以一两中伤之语，激怒皇帝。当时的忠臣良将几乎被他斩除完了。那些愚昧无耻之徒，大都为秦桧所用，争以诬诬好人来邀功。秦桧晚年更加残忍，屡次制造大狱。他公开受贿，所有财富相当于一个国家，一直到死还有外国珍宝送上门去。秦桧每桩事情要与皇帝争胜，其权势逐渐难以驾驭。他死后，宋高宗对杨存中说："朕今天才方免于防范秦桧的叛逆阴谋了。"

【纲】罢黜秦桧姻亲、党羽的官职。十一月，解除对赵汾、李孟坚、王之奇等人的监管，任他们自便。

【纲】以魏良臣参知政事。

【纲】十二月,复张浚、胡寅、张九成等二十九人官,徙李光、胡铨于近州。

【纲】丙子,二十六年,春正月,追复赵鼎、郑刚中等官。

【纲】二月,魏良臣罢。

【纲】三月,罢宰相兼枢密使。

【纲】以万俟卨参知政事。

【纲】窜东平进士梁勋于远州。 【目】勋上书言:"金人必举兵,宜为之备。"帝怒,编管勋于千里外州军,而下诏曰:"讲和之策,断自朕志,秦桧但能赞朕而已,岂以存亡而渝定议邪? 近者无知之辈,鼓倡浮言,以惑众听,朕甚骇之! 自今有此,当重置典宪。"

【纲】夏五月,以沈该、万俟卨为左、右仆射,并同平章事。汤思退知枢密院事。 【目】初,秦桧病笃,召董德元、汤思退至卧内,属以后事,各赠黄金千两。德元虑桧以为自外,不敢辞;思退虑桧以为期其死,不敢受。帝闻思退不受,以为非桧党,遂信任之。

【纲】六月,以程克俊参知政事。

【纲】靖康帝卒于金。

【纲】秋七月,彗出井,诏求直言。

【纲】八月,程克俊罢,以张纲参知政事。 【目】纲初为给事中,以秦桧用事,遂致仕,卧家者二十余年。尝书座右曰:"以直行己,以正立朝,以静退高天下。"其笃守如此。

【纲】九月,以陈诚之同知枢密院事。

【纲】冬十月,复安置观文殿大学士张浚于永州。 【目】浚去国二十年,天下士无贤不肖,莫不倾心慕焉。金使至,必问浚安在,惟恐其复用,而秦桧惧其正论害己,必欲杀之。桧死,乃复观文殿

【纲】任命魏良臣为参知政事。

【纲】十二月,恢复张浚、胡寅、张九成等二十九人的官职。李光、胡铨迁至近处州军。

【纲】绍兴二十六年(丙子,1156),春正月,追复赵鼎、郑刚中等人的官职。

【纲】二月,魏良臣罢官。

【纲】三月,取消由宰相兼任枢密使职。

【纲】任命万俟卨为参知政事。

【纲】东平府(治须城县,今山东东平)进士梁勋流放至远方州军。 【目】梁勋上书道:"金人必定要兴兵,应该做好防备。"宋高宗发怒把他流放到千里以外的远方州军,并下诏道:"讲和之策是凭朕的意志决定的,秦桧只是辅助朕而已。怎能因为他的死活而更改既定国策呢!近来无知之辈,鼓吹荒诞无据的谣言蛊惑人心,朕感到很惊骇,今后如再有此类事件,一定加重法办。"

【纲】夏五月,任命沈该、万俟卨为左、右仆射,并同平章事,汤思退为知枢密院事。 【目】起初,秦桧病重时,曾将董德元、汤思退召至卧室,嘱托后事,各赠黄金千两。董德元怕秦桧怀疑自己见外,不敢拒绝;汤思退怕秦桧怀疑自己盼望他死,不敢接受。宋高宗听说汤思退不接受,以为他不是秦桧同党,于是信任他。

【纲】六月,任命程克俊为参知政事。

【纲】靖康帝死于金国。

【纲】秋七月,有彗星出现于井星座,下诏寻求直言进谏。

【纲】八月,程克俊罢官,任命张纲为参知政事。 【目】张纲起初任给事中,由于秦桧当政,就辞官退休,家居二十多年。他曾写座右铭曰:"以直道要求自己,以正道立身朝廷,以隐退高于天下。"他的坚定操守就是如此。

【纲】九月,任命陈诚之为同知枢密院事。

【纲】冬十月,又把观文殿大学士张浚安置于永州(治零陵县,今湖南零陵)。 【目】张浚离开朝廷二十年,天下之士不分贤不肖对他无不倾心敬慕。金国使者到来,必定打听张浚在哪里,惟恐他再起用;而

大学士，判洪州。时丧母将归葬，会星变求直言，浚虑桧数年间，势必求衅用兵，而吾方溺于宴安，谓桧可信，莫为之备。沈该、万俟卨居相位，尤不厌天下望。自以大臣义同休戚，不敢以居丧为嫌，乃上疏极言。沈该、万俟卨、汤思退谓"敌未有衅，而浚乃若祸在年岁间者"，皆笑其狂。台谏汤鹏举、凌哲等论浚"名在罪籍，唱异议以动国是，若使归蜀，恐或远方生患。"复安置永州。

【纲】丁丑，二十七年，春二月，以汤鹏举参知政事。

【纲】三月，方俟卨卒。夏六月，以汤思退为尚书右仆射、同平章事。秋八月，以汤鹏举知枢密院事。九月张纲罢，以陈康伯参知政事。冬，汤鹏举免。

【纲】戊寅，二十八年，春二月，以陈诚之知枢密院事，王纶同知院事。

【纲】秋七月，金以李通参知政事。

【纲】九月，以王刚中为四川制置使。【目】初，刚中言："夷狄之情，强则犯边，弱则请盟。今勿计其强弱，而先择将帅，搜士卒，实边储，备军械，加我数年，国势富强，彼请盟则为汉文帝，犯边则为唐太宗。"上壮其言，会西蜀谋帅，帝曰："无如王刚中矣。"遂有是命。

【纲】冬十月，金营汴宫。

【纲】己卯，二十九年，春二月，金籍诸路兵，造战具。

【纲】夏五月，贬礼部侍郎孙道夫知绵州。【目】道夫使金还，具奏金有南侵之意。帝曰："朝廷待之甚厚，彼以何名为兵端？"

秦桧怕张浚正直的言论有害于己，一心要杀掉他。秦桧死后又以张浚为观文殿大学士，判洪州（治南昌县，今江西南昌）。当时，张浚丧母，将回籍安葬，正巧出现星象异变，宋高宗下诏征求直言。张浚虑及金人在数年之内势必启衅用兵，而我方正沉溺于安乐之中，认为金人可信，毫无防备；沈该、万俟卨担任宰相，更让天下人不服。张浚自以身为大臣，按理与国家同忧乐，不敢以服丧为嫌，就上奏皇帝，极力进谏。沈该、万俟卨、汤思退以为"敌人没有挑衅，而张浚却认为灾祸已在眼前"，都讥笑他狂妄。言官汤鹏举、凌哲等论劾张浚，说他"本有罪名，提出不同意见以动摇国策，如果让他返蜀，恐在远方制造祸端。"于是就把他安置于永州。

【纲】绍兴二十七年（丁丑，1157），春二月，任命汤鹏举为参知政事。

【纲】三月，万俟卨去世。夏六月，任命汤思退为尚书右仆射、同平章事。秋八月，任命汤鹏举为知枢密院事。九月，张纲罢官，任命陈康伯为参知政事。冬季，汤鹏举免职。

【纲】绍兴二十八年（戊寅，1158），春二月，任命陈诚之为知枢密院事，王纶为同知院事。

【纲】秋七月，金国任命李通为参知政事。

【纲】九月，任命王刚中为四川制置使。　【目】起初，王刚中说："夷狄的常情，强盛就侵犯边境，衰弱就请求结盟。现在不要考虑对方的强弱，应该先选择将帅，检阅士兵，充实边境粮储，准备武器。数年之后，国家富强，到那时夷狄若请求结盟，我们就效法汉文帝，他们若侵犯我边境，我们就效法唐太宗。"皇帝认为他的话很有胆识。正巧这时考虑西蜀的将帅人选，皇帝说："没有比王刚中更合适的了。"于是才有这项任命。

【纲】冬十月，金人在汴京营建宫殿。

【纲】绍兴二十九年（己卯，1159），春二月，金人征集诸路兵马，制造武器。

【纲】夏五月，贬礼部侍郎孙道夫为绵州（治巴西县，今四川绵阳）知州。　【目】孙道夫出使金国回来，向宋高宗奏明金人有南侵意

道夫曰："彼身弑其君而夺之位，兴兵岂问有名！"汤思退、沈该不以为然。道夫每对帝，辄言武事，该疑其引用张浚，忌之，故贬。

【纲】六月，陈诚之罢，沈该免。秋七月，以贺允中参知政事。

【纲】八月，召监潭州南岳庙朱熹，不至。【目】熹，徽州婺源人，少有求道之志。父松，知饶州，疾亟，属熹曰："胡宪、刘勉之、刘子翚三人，学有渊源，吾所敬畏；吾即死，汝往事之。"熹奉以告而禀学焉。既博求之经传，复遍交当世有识之士。及举进士，为泉州同安县主簿，罢归。闻延平李侗学于罗从彦，得伊洛之正，徒步往从之。其学大要穷理致知，反躬践实，而以居敬为主。筑室武夷山中，四方游学之士从之者如市。上闻其贤，故召之，熹卒不至。

宪，安国从子，生而静悫，不妄笑语。绍兴中与勉之同入太学，时禁伊洛之学，宪与勉之求得程颐书，潜钞默诵，夜以继日。闻涪陵谯定受《易》学于颐，二人往从受业，久未有得，定曰："心为物渍，故不有见，惟学乃可明耳。"宪悟曰："所谓学者，非克己工夫邪？"自是一意下学，不求人知。一旦揖诸生归崇安故山，力田卖药，以奉其亲，从游日众，号籍溪先生。仕终秘书省正字。朱熹尝言："从宪及勉之、子翚三君子游，而事籍溪先生为久，得其学为多。"

勉之从谯定、刘安世、杨时受学，卒业乃还崇安，结草堂读书其中。力耕自给，澹然无求于世，惟与宪、子翚日相往来讲论，学者踵至，勉之随其才器为说圣贤之道，因以女妻熹，门人号曰白水先

图，高宗说："我朝对待金国很厚，他们以什么名义出兵呢？"孙道夫说："他是杀君篡位的人，出兵哪管什么！"汤思退、沈该则不以为然。孙道夫每次对答皇帝的问话，一定谈到军事，沈该怀疑他要求起用张浚，对他猜忌，所以加以贬斥。

【纲】六月，陈诚之罢官，沈该免职。七月，任命贺允中为参知政事。

【纲】八月，召监潭州南岳庙朱熹至朝，没有前来。 【目】朱熹是徽州（治歙县，今安徽歙县）婺源（今江西婺源）人，少年时就有志于取道学。其父朱松为饶州（治鄱阳县，今江西波阳）知州，病危时曾嘱咐朱熹说："胡宪、刘勉之、刘子翚这三位学有所本，是我所敬重畏服的。我死后，你去向他们求教。"朱熹奉父命去求学，既广博地学习经传典籍，又广泛结交天下有识之士。中进士后，任泉州同安县（今福建同安）主簿。后罢官回家，听说延平（今福建南平）李侗是罗从彦的弟子，得程颢、程颐学说的正传，他徒步前往求师。他的学说要旨是探索义理，寻求真知，并且身体力行，反复验证，而以持身谨敬为主。他在武夷山（在今福建崇安西南）中修建庐室，四方学子纷纷前来投师，宋高宗听说他是贤人，所以征召他出山，但朱熹始终没有应召前往。

胡宪是胡安国的侄子，生而文静谨敬，不苟言笑。绍兴年间与刘勉之同入太学。当时禁止二程之学，他们寻求到程颐的著述后，日以继夜地私自抄录下来，默默背诵。听说涪陵（今四川涪陵）人谯定曾向程颐学过《易经》，二人前往涪陵拜谯定为师，许久未有收获。谯定说："心被外物所蒙蔽，故而无有所见。只有学习才可明理。"胡宪领悟，说道："所谓学习，不就是克制自己的私欲吗！"从此专心学习，不求为人所知。后来辞别了众人返回崇安故乡山中，耕田卖药，奉养父母。跟从他学习和交游的人愈来愈多，称他为籍溪先生。他为官仅止秘书省正字。朱熹曾说："我跟随胡宪、刘勉之、刘子翚三位君子学习交往，而师事籍溪先生最久，向他学到的东西也最多。"

刘勉之跟从谯定、刘安世、杨时学习，完成学业后返回崇安，盖起草堂，在里面读书，耕田自给，淡泊无求于世，只是和胡宪、刘子翚经常交往，讲论学问，从学的人接踵而来。刘勉之因材施教，给他们讲圣贤

生。

子翚，韜仲子，以父死国难，痛愤致疾，弃兴化通判，隐居武夷山中者十七年。与宪、勉之交相得，每见，讲学外无杂言，他所与游，皆知名士，而期以任重致远者朱熹而已。熹初从子翚游，子翚以《易》之"不远复"三言，俾佩之终身。学者称为屏山先生。

【纲】九月，以汤思退、陈康伯为尚书左、右仆射，并同平章事。

【纲】皇太后韦氏崩。

【纲】冬十月，以王纶知枢密院事。

【纲】庚辰，三十年，春正月，以叶义问同知枢密院事。

【纲】二月，以普安郡王瑗为皇子，更名玮，进封建王。 【目】初，帝知瑗之贤，欲立为嗣，恐太后意所不欲，迟回久之。及后崩，帝问吏部尚书张焘以方今大计，对曰："储嗣者，国之本也。天下大计，无逾于此。今两邸名分宜早定。"帝喜曰："朕怀此久矣，开春当议典礼。"焘顿首谢。至是利州提点刑狱范如圭，掇至和、嘉祐间名臣奏章，凡二十六篇，合为一书，囊封以献，请断以至公勿疑。帝感悟，即日下诏以普安郡王为皇子，加恩平郡王璩开府仪同三司，判大宗正寺，称皇侄。

【纲】夏六月，王纶罢。秋七月，以叶义问知枢密院事，朱倬参知政事。 【目】倬初以张浚荐，自宜兴簿入对，时方以刘豫为忧，倬策其必败。帝大喜，而秦桧恶之，出为越州教授。桧死，倬知惠州，陛辞，因言前事，帝问："卿何久淹如此？"倬言："为桧所扼。"帝愀然慰谕，目送之，且曰："人不知卿，惟朕独知。"遂累擢至中丞，论事多所裨益，帝信任之。

之道，以其女嫁朱熹为妻。弟子们称刘勉之为白水先生。

刘子翚是刘韐的次子，由于父亲死于国难，他悲愤成疾，放弃了兴化（兴化军治莆田县，今福建莆田）通判之职，在武夷山隐居达十七年之久。他与胡宪、刘勉之交往，互相投合，每次见面，除了讲学之外，没有闲谈的内容。他所交往的都是知名之士，而他期望能任重致远的人，只有朱熹而已。朱熹开始跟随他出游讲学时，刘子翚提出《易经》中的"不远复"三字，让朱熹终身牢记。学者称刘子翚为屏山先生。

【纲】九月，任命汤思退、陈康伯为尚书左、右仆射，并同平章事。

【纲】皇太后韦氏去世。

【纲】冬十月，任命王纶为知枢密院事。

【纲】绍兴三十年（庚辰，1160），春正月，任命叶义问为同知枢密院事。

【纲】二月，以普安郡王赵瑗为皇子，改名赵玮，进封建王。【目】起初，宋高宗了解到赵瑗贤良，想立为嗣君，恐怕太后不同意，犹豫再三。太后去世后，宋高宗向吏部尚书张焘询问当前的国家大计，回答道："储嗣是国家的根本。国家大计，没有比这更重要的。现在两位郡王的名分应该早早确定下来。"宋高宗高兴地说："朕早有此意，开春就研究有关的典礼。"张焘顿首叩谢。这时，利州（治绵谷县，今四川广元）提点刑狱范如圭，收集至和、嘉祐年间名臣请求立太子的奏章共二十六篇，合为一书，封在袋中献给宋高宗，请求以至公之心作出决断，不要犹疑。宋高宗有所感而领悟，当日就下诏以普安郡王为皇子，恩平郡王赵璩加官开府仪同三司，判大宗正寺，称为皇侄。

【纲】夏六月，王纶罢官。秋七月，任命叶义问为知枢密院事，朱倬为参知政事。【目】朱倬开始是由张浚推荐，以宜兴（今江苏宜兴）主簿的职位入朝回答皇帝的询问。当时朝廷正为刘豫的事担心，朱倬则认为他必定失败。宋高宗听了很高兴，而秦桧厌恶他，把他外调为越州（即绍兴府，治会稽县，今浙江绍兴）教授。秦桧死后，朱倬任惠州（治归善县，今广东惠阳）知州。他在向宋高宗辞行时，提起从前这件事。高宗问："你为何如此长久得不到进升呢？"朱倬说："被秦桧所扼制。"皇帝有所感动，加以劝慰，目送他出门，并且说："别人不知道你，只

【纲】八月,贺允中致仕。

【纲】九月,以李宝为浙西副总管。 【目】宝尝陷金,拔身自海道来归,至是召对,询以北事,历历如数,乃授官,令于平江督海舟捍御。

【纲】冬十二月,汤思退有罪,免。 【目】侍御史陈俊卿论思退"挟巧诈之心,济倾邪之术,观其所为,多效秦桧。盖思退致身,皆秦桧父子恩也。宜寘之宪典。"遂奉祠。

【纲】初行会子。 【目】户部侍郎钱端礼被旨造会子。储见钱于城内外流转,其合发官钱,并许兑会子,输左藏库。初行于两浙,遂通行诸州。

【纲】辛巳,三十一年,春正月朔,日食,帝不受朝。

【纲】风、雷、大雨雪。 【目】侍御史汪澈言:"《春秋》鲁隐公时大雨,震电,继以雨雪。孔子以八日之间,再有大变,谨而书之。今一夕之间,二异交至,阴盛也。今臣下无奸萌,戚属无乖剌,而又无女谒之私,意者殆为夷狄乎? 愿陛下饬大臣,当谨于备边也。"

【纲】二月,分经义、诗赋为两科以取士。 【目】礼部侍郎金安节言:"熙宁、元丰以来,经义、诗赋,废兴离合,随时更革。近合科以来,通经者苦赋体雕刻,习赋者病经旨渊微,心有弗精,业难兼济,后进往往得志,而老生宿儒多困也。请复立两科,永为成宪。"从之。

【纲】三月,以杨椿参知政事。

有朕了解。"后来屡次进升,升至御史中丞。朱倬每次进言,对国家大多有益,高宗很信任他。

【纲】八月,贺允中退休。

【纲】九月,任李宝为浙西(浙西路治临安府,今浙江杭州)副总管。 【目】李宝曾经被俘在金国,脱身从海路回来,这时皇帝召见,询问北方情况,他谈得一清二楚,于是授以官职,令他在平江(平江府治吴县,今江苏苏州)督率海船防御入侵。

【纲】冬十二月,汤恩退因罪免职。 【目】侍御史陈俊卿奏劾,说"汤恩退为人,凭借狡诈的用心,奸邪的伎俩,看他所作所为,大多效法秦桧。他之所以官至高位,全靠着秦桧父子的恩赐,应当将他绳之以法。"于是免职,改为奉祠官。

【纲】开始发行一种叫会子的纸币。 【目】户部侍郎钱端礼奉旨制造会子。把现钱储备在京城,以会子内外流通,应发放官钱时,允许兑换会子送交左藏库。会子起初在两浙行使,后来推广到诸州通行。

【纲】绍兴三十一年(辛巳,1161),春正月初一,出现日食,皇帝不接受朝拜。

【纲】风雷大作,雨雪交加。 【目】侍御史汪澈说:"《春秋》记载鲁隐公时大雨雷电;后来又雨雪齐下,孔子认为八天之内再次发生天变,因此特地记录下来。如今一夜之间,两种天变并至,是阴气太盛所致。但目前群臣中没有出现奸臣,外戚没有为非作歹的,而且宫闱之中也没有妇女私下请托之事,那么这或许是夷狄来犯的征兆吧?希望陛下命令大臣应加强边防戒备。"

【纲】二月,考试取士,分为经义和诗赋两科。 【目】礼部侍郎金安节说:"熙宁、元丰年间以来,科举取士时,经义和诗赋的考或不考,分科或合科,随时而异,变更不定。最近合科以来,通达经义的人苦于赋体的精雕细琢,熟习作赋的人又难解经义的深奥精微。人总有不精通的方面。学业难以兼通,年轻的后学往往考场得意,而老书生和博学的宿儒反倒难以录取。请求再分为两科考试,永远定为制度。"宋高宗依从了这个建议。

【纲】三月,任命杨椿为参知政事。

【纲】以陈康伯、朱倬为尚书左、右仆射,并同平章事。

【纲】以吴拱知襄阳府。　【目】先是陈康伯以金人必败盟,请早为之备。及闻金人决败盟,乃召杨存中及三衙帅至都堂议举兵,又诏侍从台谏集议。康伯传上旨曰:"今日更不论和与守,直问战当如何?"时上意雅欲视师,内侍省都知张去为阴沮用兵,且陈退避策,中外妄传幸闽、蜀,人情汹汹。朱倬无一语。康伯奏曰:"金敌败盟,天人共愤。今日之事,有进无退。圣意坚决,则将士之意自倍。愿分三衙禁旅助襄、汉,待其先发应之。"乃以利州西路都统制吴拱知襄阳,部兵三千戍之。拱,玠之子也。

【纲】夏五月,金主亮使人来求汉、淮之地,始闻靖康帝之丧。　【目】金主亮尝密隐画工于奉使中,俾写临安湖山以归,为屏,而图己之像,策马于吴山绝顶,题诗其上,有"立马吴山第一峰"之句。至是,遣其签书枢密院事高景山、右司员外郎王全来贺天中节。亮谓全曰:"汝见宋主,即面数其焚南京宫室,沿边买马,招致叛亡之罪。当令大臣来此,朕将亲诘之。且索汉、淮之地;如不从,则厉声诋责,彼必不敢害汝。"盖欲激怒以为南侵之名也。又谓景山曰:"回日以全所言奏闻。"全至临安,一如金主之言以诋帝,帝谓全曰:"闻公北方名家,何乃如是?"全复曰:"赵桓今已死矣。"帝始闻渊圣崩。遽起发哀而罢,诏持斩衰三年。

【纲】以吴璘为四川宣抚使。

【纲】六月,以刘锜为江淮、浙西制置使,屯扬州。

【纲】金主亮迁都于汴。

【纲】秋七月,金大括马于诸路。

【纲】任命陈康伯、朱倬为尚书左、右仆射,并同平章事。

【纲】任命吴拱为襄阳府知府。 【目】以前,陈康伯认为金人必定破坏和议盟约,请求朝廷早做防备。及至得知金人决意毁盟时,宋高宗召集杨存中及三衙长官到都堂研究发兵的事,又下诏令侍从官和言官共同讨论。陈康伯传达皇帝旨意:"今天不谈是和还是守,直接讨论应如何作战。"当时宋高宗很想亲自检阅军队,可是内侍省都知张去为暗地里阻挠出兵,并且大谈退避之策,一时京城内外谣传皇帝要前往闽、蜀,人们动荡不安。朱倬当时一语不发。陈康伯启奏:"金人破坏和约,天人共愤。今日之事,有进无退,皇帝态度坚决的话,将士士气自然倍增。臣请求分领三衙禁军支援襄阳、汉水地区,等待敌人先发,然后应战。"于是任命利州西路都统制吴拱为襄阳知府,率三千兵卒驻守。吴拱是吴玠的儿子。

【纲】夏五月,金主完颜亮派人求割汉水及淮水一带土地,这才得到靖康帝已死的消息。 【目】金国主完颜亮曾在使臣中密藏画工前来,让他描绘临安的湖光山色,带回金国,制成画屏,而把自己骑马的形象画在吴山(在今浙江杭州西湖左侧)顶峰之上。画上题诗,有:"立马吴山第一峰"之句。这时,派遣金国签书枢密院事高景山、右司员外郎王全来贺天中节(即端午节),完颜亮对王全说:"你见到宋主就当面指责他焚烧南京(金南京即宋汴京)宫室,在边界买马,招致叛逃者的罪状,让他派大臣到这里来,朕要亲自诘问。你还要索取汉、淮一带土地。如果他不依从,你就厉声责骂他,他必不敢害你。"这为的是想激怒宋朝以找寻南侵的借口。又对高景山说:"你回来以后,把王全发言的情况奏告。"王全至临安,完全依照金主的话当面诋毁宋高宗,高宗对王全说:"听说你是北方名家,怎么会这样?"王全说:"赵桓(钦宗)现在已经死了。"赵高宗这才初次听说钦宗的去世,急忙起立为钦宗发丧,从而中止了这次接见。下诏要服丧三年。

【纲】任命吴璘为四川宣抚使。

【纲】六月,任命刘锜为江淮、浙西制置使,屯驻扬州。

【纲】金国主完颜亮迁都于汴京。

【纲】秋七月,金人在各路大肆搜括马匹。

【纲】金主大杀宋、辽宗室之在其国者。

【纲】八月，宿迁人魏胜起兵复海州，诏以胜知州事。 【目】胜多智勇，应募为弓箭手，居山阳，及金人籍诸路民为兵，胜跃曰："此其时也！"聚义士三百，北渡淮，取涟水军，宣布朝廷德意，不杀一人。金知海州事高文富遣兵捕胜，胜迎击走之；追至城下，文富闭门固守。胜令城外多张旗帜，举烟火为疑兵，又使人向诸城门谕以金人弃信背盟、无名兴兵，及本朝宽大之意，城中人闻即开门，独文富与其子安仁率牙兵拒之。胜杀安仁，擒文富，民皆安堵如故。

【纲】金主亮弑其太后徒单氏，九月，遂大举入寇。 【目】徒单后闻亮欲南侵，数以言谏之。亮不悦，寻弑之。遂分诸道兵为三十二军。九月，亮戎服乘马，具装启行，妃嫔皆从，众六十万，号百万，毡帐相望，钲鼓之声不绝。李通造浮梁于淮水之上，将自清河口入淮东。远近大震。

【纲】以黄祖舜同知枢密院事。

【纲】金人犯黄牛堡，吴璘等败之，遂复秦、陇、洮三州。

【纲】刘锜遣兵复泗州。

【纲】高平人王友直起兵复大名，遣使入朝。 【目】友直幼从父佐游，志复中原，闻金主亮渝盟，乃结豪杰谓之曰："权所以济事，权归于正，何害于理？"即矫制自称河北等路安抚制置使，以其徒王任为副使，遍谕州县勤王。未几，得众数万，制为十三军，置统制官以统之。进攻大名，一鼓而克。抚定众庶，谕以绍兴年号，遣人入朝奏事。未几，自寿春来归，诏以为忠义都统制。

【纲】金主大杀在金国的宋、辽宗室。

【纲】八月，宿迁（今江苏宿迁南）人魏胜起兵收复海州（治东海县，今江苏连云港西南海州镇），宋高宗下诏任命魏胜为知州。【目】魏胜有智有勇，应募充当弓箭手，住在山阳（今江苏淮安）。当金人征发诸路百姓为兵的时候，魏胜兴奋地说："时机已到！"他聚集义士三百人，北渡淮河，占领涟水军（今江苏涟水），宣布宋朝廷的德意，不杀一人。金海州知州高文富派兵来逮捕魏胜，他奋力迎击，打退金兵，一直追到城下。高文富闭城坚守，魏胜在城外竖立很多旗帜，烧起烟火，虚设迷惑敌人的疑兵，又派人到各城门去劝谕，指出金人背信弃义，无故出兵，以及宋朝廷宽大为怀等等，城里的人听说之后，就打开城门，只有高文富及其子高安仁率亲兵抗拒不降，魏胜斩杀高安仁，生擒高文富，百姓都安定如故。

【纲】金国主完颜亮杀死太后徒单氏；九月，就大举向南方进犯。【目】太后徒单氏听说完颜亮要南侵，几次劝谏，完颜亮不高兴，不久就杀了她。于是将诸道兵马分为三十二军。九月里，完颜亮戎装策马，准备好行装动身，嫔妃都带着，兵众六十万，号称百万，毡帐前后相望，钲鼓之声不绝于耳。李通在淮水上建造浮桥，将从清河口（即清口，在今江苏淮阴西南）进入淮东，远近大为震惊。

【纲】任命黄祖舜为同知枢密院事。

【纲】金兵进犯黄牛堡（今陕西凤县东北黄牛铺），被吴璘等将其击败，从而收复秦州（治成纪县，今甘肃天水）、陇州（治汧源县，今陕西陇县）、洮州（治临潭县，今甘肃临潭）三州。

【纲】刘锜派兵收复泗州（治临淮县，今安徽泗县东南）。

【纲】高平（今山西高平）人王友直起兵收复大名（今河北大名东），派使者入朝。【目】王友直幼年随父亲王佐外游，立志收复中原，听说金主完颜亮背弃和议盟约，就集结豪杰之士对他们说道："权变是用以助成事业的，权变掌握在正人手中，对于义理又有什么损害呢！"当即假托受皇帝诏命，自称河北等路安抚制置使，任其徒王任为副使，普遍传告各州县出兵勤王，不久，聚集数万之众，编为十三军，设置统制官来统领他们。王友直进攻大名，一战而攻克，安抚百姓，使用

【纲】冬十月，金人围海州；魏胜、李宝合击，大败之。

【纲】金人渡淮，刘锜进军楚州以拒之。

【纲】金人立曹国公乌禄为帝于辽阳，更名雍。 【目】金东京留守乌禄，许王讹里朵之子，太祖之孙也。性仁孝，沉静明达，众心归之。会故吏六斤自汴还，具言金主弑母等事，且曰："将遣使害宗室兄弟矣。"乌禄惧，谋于其舅兴元少尹李石，石劝乌禄先杀副留守高存福。乌禄遂御宣政殿即位，改元大定，下诏暴扬亮罪恶数十事。

【纲】刘锜将王权军溃于昭关，锜引还扬州。金主亮入庐州。

【纲】帝亲征，诏叶义问督视江淮军马，虞允文参谋军事。【目】帝闻王权败，召杨存中至内殿议御敌之策，因命存中就陈康伯议欲航海避敌。康伯延之入，解衣置酒。帝闻之，已自宽。明日，康伯入奏曰："闻有劝陛下幸越趋闽者，审尔，大事去矣。盍静以待之。"一日，帝忽降手诏曰："如敌未退，散百官。"康伯焚诏而后奏曰："百官散，主势孤矣。"帝意既坚，康伯乃请下诏亲征，帝从之。以叶义问督视江淮军马，中书舍人虞允文参赞军事，寻以杨存中为御营宿卫使。

【纲】王权退屯采石，金主亮入和州。

【纲】李宝大破金人于陈家岛，杀其将完颜郑家。

【纲】金人陷扬州，刘锜遣兵拒于皂角林，大败之。

【纲】十一月，召张浚判建康府。 【目】殿中侍御史陈俊卿上疏，极言浚忠荩。帝悟，乃诏复官，判建康。浚至岳阳，买舟，冒风雪

绍兴年号,派人入朝奏明。不久,友直从寿春(今安徽寿县)来归附朝廷,宋高宗下诏任命他为忠义都统制。

【纲】冬十月,金兵包围海州,魏胜、李宝合兵抗击,大败金军。

【纲】金兵渡过淮河,刘锜进军楚州(治山阳县,即今江苏淮安县)前去抵御。

【纲】金人在辽阳立曹国公乌禄为帝,改名雍。【目】金东京留守乌禄,是许王讹里朵之子,金太祖的孙子。性格仁厚贤孝,沉静明达,为众望所归。正赶上过去的属吏六斤从汴京返回,将金国主杀母等事相告,并说:"他还将派使者谋害宗室兄弟们。"乌禄害怕,与他的舅舅兴元少尹李石商谋对策。李石劝乌禄先杀副留守高存福。于是乌禄在宣政殿即帝位,改元大定,下诏揭露金主完颜亮的数十桩罪行。

【纲】刘锜部将王权的军队在昭关(在今安徽含山北)溃败。刘锜领兵撤回扬州。金主完颜亮进入庐州(治合肥县,今安徽合肥)。

【纲】宋高宗亲征,下诏命叶义问督视江淮军马,虞允文参谋军事。【目】宋高宗听说王权兵败,召杨存中到内殿商议御敌之策,即命杨存中往陈康伯处商议,打算到海上避敌。陈康伯请杨存中进府,解去袍服设酒言谈。皇帝听说后,这才放了心。第二天,陈康伯入朝启奏:"听说有人劝陛下到越、闽等地去,果真如此,大事就完了。为何不静待观变。"有一天,宋高宗忽然下一道亲手诏令:"如果敌人未退,先解散百官。"陈康伯把诏书烧掉然后启奏说:"解散百官,主上就势孤力单了。"宋高宗这才下决心要击退敌兵,陈康伯于是请求下诏亲征,宋高宗依从了。于是命叶义问督视江淮军马,中书舍人虞允文参赞军事;不久又任杨存中为御营宿卫使。

【纲】王权退驻采石矶,金主完颜亮进入和州。

【纲】李宝在陈家岛(在今山东胶县东南海中)大败金军,杀金将完颜郑家。

【纲】金军攻陷扬州,刘锜派兵在皂角林(在今江苏扬州市南)拒敌,大败金兵。

【纲】十一月,召张浚兼理知建康府的职务。【目】殿中侍御史陈俊卿上疏,极力说明张浚的赤胆忠心。宋高宗有所醒悟,便下诏恢复

而行。时金兵充斥,浚遇东来者,云:"敌兵方盛,焚采石。烟焰涨天,慎毋轻进!"浚曰:"吾赴君父之急,知直前求乘舆所在而已!"遂乘小舟径进,时长江无一舟敢行北岸者。

【纲】编管王权于琼州,以李显忠代将其军。

【纲】金人侵瓜洲,叶义问使中军统制刘汜御之,败绩,义问走建康。

【纲】虞允文大败金军于采石。金主亮趋扬州。 【目】亮筑台江上,自披金甲登台,杀黑马以祭天,以一羊、一豕投于江中,誓明日渡江,晨炊玉麟堂,先济者与黄金一两。亮置黄旗、红旗于岸上,以号令进止。

时叶义问命虞允文往芜湖趣李显忠交王权军,且犒师。允文至采石,权已去,显忠未来,敌骑充斥,官军三五星散,解鞍束甲坐道傍,皆权败兵也。允文谓坐待显忠则误国事,遂立召诸将,勉以忠义,曰:"金帛、告命皆在此,以待有功。"众曰:"今既有主,请死战。"或谓允文曰:"公受命犒师,不受命督战,他人坏之,公受其咎邪!"允文叱之曰:"危及社稷,吾将安避!"乃命诸将列大阵不动,分戈船为五,其二并东、西岸;其一驻中流,藏精兵待战;其二藏小港,备不测。部分甫毕,敌已大呼,亮操小红旗麾数百艘绝江而来,瞬息之间,抵南岸者七十艘,直薄官军。军小却,允文入阵中,抚统制时俊之背曰:"汝胆略闻四方;立阵后,则儿女子尔!"俊即挥双刀出,士殊死战;中流官军以海鳅船冲敌舟,皆平沉,敌半死半战,日暮未退。会有溃卒自光州至,允文授以旗鼓,从山后转出,敌疑援兵至,始遁。允文又命劲弩尾击追射,大败之。

他的官职，兼理知建康府的职务。张浚到达岳阳（今湖南岳阳），雇了船，冒雪赶路。当时金兵到处都是，张浚遇到从东边过来的人说："敌人气焰正盛，焚烧采石矶，浓烟烈火直冲云天，千万小心，不要贸然前行。"张浚说："我去解救君父危急，只知道往前直走，找皇上所在的地方而已。"他就乘小舟一直往前，当时长江没有一条船敢靠近北岸行驶的。

【纲】把王权送往琼州（治琼山县，即今海南琼山县）编管，由李显忠替代率领他的军队。

【纲】金兵侵犯瓜洲（今江苏扬州南瓜洲镇），叶义问派中军统制刘汜抵抗，作战失败，叶义问退往建康。

【纲】虞允文在采石矶大败金军，金主完颜亮前往扬州。　【目】完颜亮在长江边上建造高台，身披金甲登台，杀黑马祭天，投一猪一羊于江中，立誓明天过江，到玉麟堂吃早饭，先过江的赏黄金一两。完颜亮在江岸边设置红、黄两种旗帜，指挥军队的进和止。

当时叶义问命虞允文到芜湖（今安徽芜湖）去迎李显忠来接交王权的军队，并且犒劳军队。虞允文到达采石矶，王权已经离去，而李显忠未至，到处可见敌骑，而官军却三三两两分散开来，解鞍下马，坐在路边，都是王权的败兵。虞允文认为，若坐等李显忠，就会贻误国事，于是立即召集诸将，以忠义之言相勉励，他说："赐赏的黄金币帛和诰命都在这里，专等大家立功受奖。"众人说道："现在既有主帅，请决一死战。"有人对虞允文说："您奉命来犒劳军队，不是奉命来督战的，若有人进谗言的话，您可要受责备了。"虞允文喝叱道："国家危急，我岂能躲避！"他就命令诸将列成大阵不动，将战船分为五队，靠东西两岸各一队，一队在江中，内藏精兵以待战机，其余两队隐藏在小港，以备接应。部署刚完，敌兵呐喊鼓噪，完颜亮持小红旗指挥数百艘战船径直渡江而来，转眼之间，七十艘已抵达南岸，直逼官军。官军稍有退却，虞允文进入阵中，手抚统制时俊的脊背说道："你的胆略远近闻名，站在阵后，岂不成为小女子了吗！"时俊立即挥双刀而出，士卒见状都拚死战斗。在江中，官军用海鳅船向敌船猛撞，都撞翻沉没，敌兵一半战死，一半仍在战斗，战到天黑还不肯退却。正巧有从光州（治定城县，今

金兵还和州，会报曹国公已即位于东京，改元大定。亮拊髀叹曰："朕本欲平江南，改元'大定'，此非天乎！"遂召诸将帅谋北还，率其军趋扬州。

【纲】刘锜罢，以成闵、李显忠、吴拱为两淮、京湖三路招讨使。【目】显忠至采石，虞允文语之曰："敌入扬州，必与瓜州兵合。京口无备，我当往，公能分兵相助乎？"显忠分万六千与之，允文遂还京口。时敌屯重兵滁河，造三闸储水，深数尺，塞瓜洲口。杨存中、成闵、邵宏渊诸军皆集京口，凡二十万。允文命张深守滁河口，扼大江之冲，以苗定驻下蜀为援。且谒刘锜问疾，锜执允文手曰："疾何必问！朝廷养兵三十年，一技不施，而大功乃出一儒生，我辈愧死矣！"以疾笃召还，提举万寿观。诏以闵等为招讨使，闵淮东，显忠淮西，拱湖北、京西。

【纲】金主亮为其下所杀。【目】亮至瓜洲，居于金山寺。虞允文与杨存中临江按试，命战士踏车船，中流上下三周金山，回转如飞。敌持满以待，相顾骇愕。亮笑曰："纸船耳。"有一将跪奏："南军有备，不可轻，愿驻扬州，徐图进取。"亮怒，杖之五十，召诸将约以三日济江，否则尽杀之。军士危惧，欲亡归，乃决计于都统制耶律元宜，且曰："前阻淮，渡皆成擒矣！比闻辽阳新天子即位，不若共行大事，然后举军北还。"元宜然之。诘旦，元宜等帅诸将以众薄亮营，遂杀之。元宜自为左领军副大都督，使人杀太子光英于汴，退军三十里，遣人持檄诣镇江军议和。未几，金军皆北还。

河南潢川)溃败下来的兵卒到来,虞允文发给他们旗帜和战鼓,命令他们从山后转出来,敌人猜测宋朝的援军已到,才撤军后退。虞允文又命强弓手尾随追射,大败金军。

金兵返回和州,正接到报告,说曹国公已在东京即位,改元大定。完颜亮拍着大腿长叹:"朕本想平定江南,改元'大定',这不是天意吗?"就召集众将帅商议北返,随即率军前往扬州。

【纲】刘锜免官,任命成闵、李显忠、吴拱为淮东、淮西、京湖三路招讨使。 【目】李显忠到采石矶,虞允文对他说:"敌军进入扬州,必定与瓜洲兵会合,京口(今江苏镇江)没有防备,我当前往,您能分兵相助吗?"李显忠分兵一万六千给虞允文,他就返回京口。当时敌人在滁河(今江苏六合县南),造三层版闸储水,阻塞瓜洲出口。杨存中、成闵、邵宏渊诸军总共二十万人,都聚集在京口。虞允文令张深守滁河口,控制住长江要冲之地,派苗定驻在下蜀(今江苏镇江西下蜀镇)为援军。虞允文到刘锜那里去问候病情,刘锜拉住虞允文的手说道:"疾病何必问候!朝廷养兵三十年,一点贡献都没有,而大功竟出自一位读书人,我们真是惭愧死了。"刘锜由于病重被朝廷召回,任为提举万寿观。宋高宗下诏,命成闵等为招讨使,成闵为淮东招讨使,李显忠为淮西招讨使,吴拱为湖北、京西招讨使。

【纲】金国主完颜亮被部下所杀。 【目】完颜亮到瓜洲,住在金山寺(在今江苏镇江东北江中金山上)。虞允文和杨存中到江边去查看试船,命战士脚踏车船,在江中围金山绕三圈,车船转动如飞。敌兵满弓持箭相待,看得目瞪口呆。完颜亮笑道:"不过是纸船罢了!"有一位将领跪奏道:"南军已有准备,不可轻敌。希望驻扎在扬州,慢慢地再策划进攻。"完颜亮发怒,责打他五十军棍,召集诸将,约定三天过江,否则都要杀死。军士们人人自危,打算逃回去,于是找都统制耶律元宜要他出主意,并且说:"前面有淮河阻挡,渡过河去,就都要被俘了。最近听说新天子在辽阳即位,不如共同举行大事,然后起兵北还。"耶律元宜同意了这一想法。第二天清晨,元宜等率领诸将领兵逼近完颜亮的营帐,把他杀死。耶律元宜自命为左领军副大都督,又派人去汴京杀死太子光英;撤军三十里,派人持文书前往镇江宋营议和。不久,金兵全

【纲】十二月,成闵、李显忠收复两淮州郡。

【纲】帝如建康。 【目】张浚至建康,即具行宫仪物,请车驾临幸,帝从之。帝至建康,张浚迎拜道左,卫士见浚,莫不以手加额。浚起复用,风采隐然,军民皆倚为重。

【纲】金主雍入燕。

【纲】壬午,三十二年,春正月朔,日食。

【纲】山东人耿京起兵复东平,遣其将辛弃疾来朝。 【目】金主亮死,中原豪杰并起,山东忠义耿京据东平,自称天平节度使,以齐州历城人辛弃疾掌书记。弃疾劝京来归,京遣弃疾奉表诣行在。帝大喜,厚赉之,以京知东平府。

【纲】金主雍遣使来聘。

【纲】二月,以虞允文为川、陕宣谕使。 【目】允文还朝,帝慰藉嘉叹,谓陈俊卿曰:"允文,朕之裴度。"及是陛辞,言:"金亮既诛,新主初立,彼国方乱,天相我恢复也,和则海内气沮,战则海内气伸。"帝以为然。允文至蜀,遂与吴璘经略中原。

【纲】帝还临安。

【纲】闰月,吴璘复大散关,分兵守和尚原。金人走宝鸡。

【纲】杨椿罢。

【纲】太尉、威武节度使刘锜卒。 【目】锜以刘汜败,发怒呕血数升,至是卒。赠开府仪同三司,谥武穆。锜慷慨深毅,有儒将风。金主亮之南下也,令有敢言锜姓名者斩,枚举南朝诸将,问其下孰敢当者,皆随名姓以对,其答如响,至锜,莫有应者。亮曰:"吾自当之!"惜锜以疾不能成功,赍恨而没。

【纲】耿京将张安国杀京以降金。辛弃疾还,执安国送临安,

都北还。

【纲】十二月,成闵、李显忠收复了两淮诸州郡。

【纲】宋高宗前往建康。 【目】张浚到建康,立即备齐行宫的仪杖等器物,请皇帝亲临,承获应允。宋高宗到达建康时,张浚在道左拜迎,卫士们见到张浚,无不举手致敬。张浚被再次起用,风采显得威严沉重,军民都信任他。

【纲】金国主完颜雍进入燕京。

【纲】绍兴三十二年(壬午,1162),春正月初一,出现日食。

【纲】山东人耿京起兵收复东平(治须城县,今山东东平),派遣手下将领辛弃疾到朝廷来。 【目】金国主完颜亮死后,中原地区豪杰纷纷起事。山东忠义军耿京占据东平,自称天平节度使,任齐州(治历城,今山东济南)城人辛弃疾掌书记。辛弃疾劝耿京归附朝廷,耿京派他奉表章来到皇帝所在地方。宋高宗大喜,厚给赏赐,任耿京为东平知府。

【纲】金国主完颜雍派使臣聘问宋朝。

【纲】二月,任命虞允文为川陕宣谕使。 【目】虞允文还朝,宋高宗对他抚慰赞许,对陈俊卿说:"允文就是我的裴度。"虞允文向皇帝辞行,进言道:"金国完颜亮已被杀,新主初立,金冈正值混乱,这是上天助我们恢复中原啊。议和则全国意气沮丧,抗战则全国意气舒展。"宋高宗以为很对。虞允文到蜀地后,就与吴璘共同规划收复中原。

【纲】宋高宗返回临安。

【纲】闰月,吴璘收复大散关(在今陕西宝鸡西南),分兵驻守和尚原(在今陕西宝鸡西南),金人逃往宝鸡。

【纲】杨椿罢官。

【纲】太尉、威武节度使刘锜去世。【目】刘锜由于刘汜战败而发怒,吐血数升,到这时去世。赠开封仪同三司,谥武穆。刘锜为人慷慨,深沉刚毅,有儒将风度。金国主亮南下时,曾下令军中有敢说刘锜姓名的予以斩首。他列举南朝诸将姓名,问其部下谁敢与之抵当,提到时都有人应对,唯独提到刘锜,没人敢应,宗颜亮说:"我亲自对付他。"可惜刘锜由于病重,没能成功,含恨而殁。

【纲】耿京部下将领张安国杀害耿京后降金。辛弃疾返回,擒获张

斩之。

【纲】遣起居舍人洪迈使金。 【目】金高忠建至临安,议遣使报聘,且贺即位。工部侍郎张阐请"严遣使之命,正敌国之礼,彼或不从,则有战耳。如是,则中国之威可以复振"。帝然之,遂遣洪迈充贺登极使。迈行,书用敌国礼。帝手札赐迈曰:"祖宗陵寝隔阔三十年,不得以时洒扫祭祀,心实痛之!若彼能以河南地见归,必欲居尊如故,正复屈己,亦何所惜!"迈奏言:"山东之兵未解,则两国之好不成。"至燕,金阁门见国书不如式,抑令于表中改"陪臣"二字;朝见之仪,必欲用旧礼。迈执不可,金锁使馆,三日水浆不通。及见金人,语不逊,欲留迈,张浩不可,乃遣还。迈,皓季子也。

【纲】夏四月,以汪澈参知政事。

【纲】金人复攻海州,镇江都统张子盖及魏胜大败之。

【纲】金追废亮为海陵炀王。

【纲】五月,立建王玮为皇太子,更名眘。 【目】初,金亮南侵,两淮失守,朝臣多劝帝退避。建王玮不胜其愤,及帝下诏亲征,玮请率师为前驱。直讲史浩闻之,入言于玮曰:"皇子不宜将兵。"因为草奏请扈跸以供子职。帝亦欲玮遍识诸将,遂命从幸金陵。及还临安,帝欲逊位,陈康伯密赞大议,乞先正名,俾天下咸知圣意,遂草立太子诏以进,帝从之。玮既立,更名眘。

【纲】罢三招讨司。

【纲】六月,追封子偁为秀王。

【纲】朱倬罢。

【纲】帝传位于太子,自称太上皇帝,皇后称太上皇后。太子即位,大赦。

安国,押送到临安斩首。

【纲】宋高宗派起居舍人洪迈出使金国。 【目】金国高忠建到临安,商议宋朝派使臣往金国回访,并且祝贺新帝登基的事。工部侍郎张阐上奏请求道:"以对等国家的规格派使臣前往,隆重颁布派遣使臣的命令,明确对等国家间的邦交礼仪,他们如若不依从,那就诉诸战争。只有这样,中国的威望才得以复振。"宋高宗帝同意这个意见,于是派洪迈为贺登极使,国书采用对等国之礼。皇帝亲笔写御札给洪迈说:"阔别祖宗陵寝三十年了,不能按时祭扫,实在令人痛心。他们若能把河南之地交还的话,即使他们仍象过去一样以上邦自尊,而我们再次蒙受委屈,也没有什么不可。"洪迈奏道:"山东战事不停,则两国和好不会成功。"洪迈到了燕京,金国的阁门使见国书不合规格,就令改书"陪臣"二字,朝见时一定要依旧礼行事。洪迈执意不允,金人封锁使人住的馆舍,三天不供应饮水。及至见到金人,对方出语不逊,打算扣留洪迈,金尚书令张浩反对,才放他返回。洪迈是洪皓的幼子。

【纲】夏四月,任命汪澈为参知政事。

【纲】金军又进攻海州,镇江都统张子盖和魏胜大败金军。

【纲】金人追废完颜亮为海陵炀王。

【纲】五月,立建王赵玮为皇太子,更名为昚。 【目】起初,金国完颜亮南侵,两淮之地失守,朝臣大多劝宋高宗退避。建王赵玮对此不胜气愤。及至宋高宗下诏亲征,赵玮请求领兵为前锋。直讲史浩听说后,向赵玮进言道:"皇子不宜领兵。"因而代为起草奏章,请求护卫皇帝以尽子职。宋高宗也想让他徧识诸将,就令他随驾同往金陵(即建康)。及至返回临安,宋高宗想让位于他;陈康伯秘密赞助这一大事,奏请先给皇子正名,使天下都知道皇帝的心意,于是起草立太子诏书进呈上去,宋高宗应允了。赵玮既立为太子,改名为昚。

【纲】裁撤三个招讨司。

【纲】六月,追封赵子偁为秀王。

【纲】朱倬罢官。

【纲】宋高宗传位于太子,自称太上皇帝,皇后称太上皇后。太子即位,大赦天下。

【纲】帝朝太上皇于德寿宫。

【纲】以龙大渊为枢密副都承旨,曾觌干办皇城司。

【纲】诏中外臣庶陈时政厥失。　【目】监南岳庙朱熹上封事,首言:"帝王之学,必先格物致知,以极夫事物之变,使义理所存,纤悉必照,则自然意诚心正,而可以应天下之务。"次言:"修攘之计不时定者,讲和之说疑之也。今虏于我,有不共戴天之雠,则不可和也明矣!愿断以义理之公,参以利害之实,闭关绝约,任贤使能,立纪纲,厉风俗,使吾修政攘夷之外,孑然无一毫可恃为迁延中已之资,而不敢怀顷刻自安之意,更相激厉,以图事功。数年之外,国富兵强,视吾力之强弱,观彼衅之浅深,徐起而图之,中原故地不为吾有而将焉往?"次言:"四海利病,系斯民之休戚;斯民之休戚,系守令之贤否。监司者,守令之纲;朝廷者,监司之本。欲斯民之得所,本原之地,亦在朝廷而已。"

【纲】秋七月,召张浚入朝,以为江淮宣抚使,封魏国公。

【纲】帝手书召浚入见,浚至,帝改容曰:"久闻公名,今朝廷所恃惟公。"因赐之坐,浚从容言:"人生之学,以心为本,一心合天,何事不济?所谓天者,天下之公理而已,必兢业自持,使清明在躬,则赏罚举措无有不当,人心自归,敌雠自服。"帝竦然曰:"当不忘公言。"加浚少傅、魏国公,宣抚江淮。

浚见帝英武,力陈和议之非,劝帝坚意以图恢复。欲遣舟师自海道捣山东,命诸将出师掎角以向中原。翰林学士史浩以潜邸旧臣,时预枢密议,欲城采石、瓜洲。浚言:"不守两淮而守江,于是示敌以削弱,怠战守之气,不若先城泗州。"浩不悦,遂与有隙。凡浚所规画,浩必沮之,竟无成功。

【纲】宋孝宗朝见太上皇于德寿宫。

【纲】任命龙大渊为枢密副都承旨,曾觌为干办皇城司。

【纲】宋孝宗下诏命京城与外地臣民陈述时政缺失。 【目】监南狱庙朱熹呈进密奏,其中首先提出:"帝王之学,必须先接触事物以获得知识,透彻了解事物的变化,使有关义理者,细微之处也要明察,那末自然会意诚心正,而可以处理天下之事。"其次提到:"抗敌之计不能确定,在于讲和的意见使之犹疑。现在金人和我们有不共戴天之仇,则不能讲和是十分明显的,请陛下以公正的义理来决断,参酌以实际的利害,封闭关口,断绝盟约,任用贤能,树立纲纪,激励风俗,使我国专力于治国攘外,除此之外,没有一丝一毫可以拖延中止这样做的理由,也不敢有片刻苟且自安之意,更要相互激励,以图取得成功。数年之后,国富兵强,再依据我国国力的强弱和敌方挑衅的程度,逐步图谋经营,中原地区岂有不能收复的道理呢!"再其次说:"全国治理得好坏,关系到百姓祸福,而百姓祸福又与地方官的贤良与否直接相关。监察各路的监司是地方官的主体,而朝廷又是监司的根本。要让百姓各得其所,其根本还在于朝廷。"

【纲】秋七月,召张浚入朝,任命为江淮宣抚使,封魏国公。

【纲】皇帝亲手书诏,召张浚入朝。张浚来到,皇帝肃然改容,说:"久闻你的盛名,现在朝廷所仰仗的唯有你了。"于是赐坐。张浚从容地说:"人主的学问,以心志为根本,如果心志符合天意,什么事情不能完成呢!所谓天,天下的公理而已。必须兢兢业业地严格要求自己,保持自己的清正廉明,则赏罚等措施就没有不恰当的,人心自然会归附,敌人自然会顺服。"皇帝肃然起敬,说:"决不会忘记你这番话。"给张浚加官少傅,封魏国公,宣抚江淮。

张浚见皇帝英明好武,竭力说明和议的失策,劝皇帝坚定意志,图谋恢复中原。他提出打算派水军从海路直接进攻山东,再命诸将出师配合,以进取中原。翰林学士史浩因为是皇帝任建王时王府旧臣,得以常常参预中枢的谋议,他打算在采石矶、瓜洲修城防守。张浚说:"不守两淮而守长江,等于向敌人表示自己软弱,将会瓦解士气,不如先筑城于泗州。"史浩不高兴,从此与张浚有分歧,凡是张浚的规画,史浩

【纲】追复岳飞官,以礼改葬。

【纲】官其孙六人。

【纲】八月,以史浩参知政事。九月,罢川陕宣谕使虞允文。

【纲】浩上言:"官军西讨,东不可过宝鸡,北不可过德顺。若兵宿于外,击川口远,则敌必袭之。"朝廷遂欲弃三路。允文上言:"恢复莫先于陕西,陕西五路新复州郡,又系于德顺之存亡,一旦弃之,则窥蜀之路愈多,利害至重,不可不虑。"于是允文罢知夔州,以王之望代之。明年,允文入对,言今日有八可战,且以笏画地,陈弃地利害,帝曰:"此史浩误朕也。"改允文知太平。

【纲】冬十月,叶义问罢,以张焘同知枢密院事。

【纲】十一月,金以仆散忠义为都元帅,纥石烈志宁副之。【目】金主以宋不称臣,乃诏忠义总戎事,居南京节制诸军,复令志宁驻军淮阳。忠义将行,金主谕之曰:"宋若归侵疆,贡礼如故,则可罢兵。"忠义至汴,简阅士卒,分屯要害。

【纲】十二月,诏宰相复兼枢密使。

【纲】诏吴璘班师。

孝宗皇帝

【纲】癸未,孝宗皇帝隆兴元年,春正月,置武举十科。

【纲】吴璘还河池,金人遂陷新复十三州、军。 【目】璘得诏,僚属交谏曰:"将在军,君命有所不受,此举所系甚重,奈何退师?"璘知朝论主和,乃曰:"璘岂不知此!顾主上初政,璘握重兵

必定加以阻挠，以致什么事都办不成。

【纲】追复岳飞官职，按礼改葬。

【目】起用岳飞的孙子六人为官。

【纲】八月，任命史浩为参知政事。九月，川陕宣谕使虞允文罢官。

【纲】史浩上奏："官军向西征讨，东面不可过宝鸡，北面不可过德顺（在今甘肃静宁县东）。若军队在外，远离蜀地门户，则敌人必定袭击他们。"朝廷听了他的话，于是想放弃三路（指收复的秦凤、熙河、永兴三路）。虞允文上奏道："恢复中原应以陕西为先，而陕西五路中新收复的州郡，又跟德顺的存亡有直接关系，一旦放弃，则敌人窥视蜀地的途径就更多了。利害关系至为重要，不可不考虑。"于是虞允文被罢去川陕宣谕使之职，调为夔州（治奉节县，今四川奉节）知州，由王之望接替他为川陕宣谕使。第二年，虞允文入朝回答对皇帝的询问，指出当今有可战的理由八项，并用朝笏在地上画图，竭力说明放弃土地的利害关系，皇帝说："这是史浩误我。"改任虞允文为太平州知州。

【纲】冬十月，叶义问罢官，任命张焘为同知枢密院事。

【纲】十一月，金国任命仆散忠义为都元帅，纥石烈志宁为副帅。【目】金国主由于宋不肯称臣，于是下诏命仆散忠义总领军事，住在南京节制诸军，又令纥石烈志宁在淮阳（即淮宁府，治宛丘县，今河南淮阳）驻军。仆散忠义将启程时，金国主指示他说："宋若把侵占的土地归还，像过去一样进贡，就可以停止战争。"仆散忠义到汴京，检阅军队，分兵驻守要害地区。

【纲】十二月，下诏，宰相仍兼枢密使。

【纲】下诏命吴璘领兵回朝。

孝宗皇帝

【纲】孝宗皇帝隆兴元年（癸未，1163），春正月，设置武举十科。

【纲】吴璘返回河池（治梁泉县，今陕西凤县东北凤州镇），金人于是攻下新收复的秦、陇、环、原、熙、河、兰、会、洮、商、虢、陕、华等十三州和积石、镇戎、德顺三军。　【目】吴璘接到诏书，僚属交口劝谏

在远，有诏，璘何敢违？"遂退师还河池。金人乘其后，璘军亡失者三万三千，部将数十人，连营痛哭，声振原野。于是秦凤、熙河、永兴三路新复十三州三军，皆复为金取。

【纲】以史浩为尚书右仆射、同平章事兼枢密使。

【纲】以张浚为枢密使，都督江淮军马，开府建康。 【目】浚荐陈俊卿为宣抚判官。先是帝召俊卿及浚子栻赴行在，浚附奏，请帝临幸建康以动中原之心，用师淮壖，以为吴璘声援。帝见俊卿，问浚动静饮食颜貌，曰："朕倚魏公如长城，不容浮言摇夺。"浚开府江、淮，参佐皆一时之选，栻以少年内赞密谋，外参庶务，其所综画，幕府诸人皆自以为不及。及入奏事，因进言曰："陛下上念祖宗之雠耻，下闵中原之涂炭，惕然于中，思有以振之。臣谓此心之发，即天理之所存也。愿益加省察，而稽古亲贤以自辅，无使少息，则今日之功可以立成。"帝大异之。

【纲】二月，黄祖舜罢。

【纲】三月，以张焘参知政事，辛次膺同知枢密院事。 【目】初，次膺为右正言，力谏和议，为秦桧所怒，流落者二十年。帝即位，召为中丞，次膺每以名实为言，多所裨益，帝呼其官而不名。若成闵之贪饕，汤思退之朋比，叶义问之奸罔，皆被论罢。每章疏一出，天下韪之。渡江已后，直言之臣，称次膺为首。

【纲】金人以书来求海、泗、唐、邓、商州之地及岁币。

道："将在军，君命有所不受。此次行动关系很重大，怎能退军？"吴璘知道朝廷意见主张议和，就说道："我岂不知道这一点！考虑到皇帝刚刚即位，我又领重兵远离朝廷，有诏书来，我怎敢违背！"这才撤兵返河池。金人在后边追击，吴璘军损失三万三千兵马，部将数十人，全军痛哭，声振原野。于是秦凤路（治秦州，今甘肃于水）、熙河路（治熙州城，今甘肃临洮）、永兴路（治长安城，今陕西西安）三路新收复的十三州三军，都又被金国所攻取。

【纲】任命史浩为尚书右仆射，同平章事兼枢密使。

【纲】任命张浚为枢密使，都督江淮军马，在建康设置幕府。

【目】张浚推荐陈俊卿为宣抚判官。在此以前，孝宗召陈俊卿和张浚的儿子张栻去行在，张浚附去奏章，请皇帝驾临建康巡幸，以鼓舞中原民心；派军队到淮河沿岸，以声援吴璘。孝宗召见陈俊卿时，问到张浚的行动、饮食起居、面色精神，说："朕倚仗魏公如长城，不容许没有根据的浮言来动摇这一点。"张浚在江淮开设幕府，参谋辅佐之人都是当时杰出人选。张栻以一位年轻人，对内参预机要，对外处理庶务，他对事务的筹画安排，幕府中其他各位都自以为不及。张栻入朝奏事，于是进言说："陛下上念祖宗的深仇与耻辱，对下怜悯中原百姓在水深火热之中，内心忧虑警惕，不忘振兴国家。臣认为这种心情，正是天理的反映，希望能更加深刻自省，效法古代圣君，亲近贤良，以辅助自己，丝毫也不松懈，那末，今日的事业就一定会很快完成。"孝宗对他有这样的见识大为惊异。

【纲】二月，黄祖舜罢官。

【纲】三月，任命张焘为参知政事。辛次膺为同知枢密院事。

【目】起初，辛次膺为右正言，竭力谏阻议和，触怒了秦桧，穷困潦倒了二十年。孝宗帝即位，召他任御史中丞。辛次膺常谈论名实的道理，对朝政多有裨益，宋孝宗尊重他，称他官职而不直呼其名。象成闵的贪财，汤思退的结党营私，叶义问的奸伪欺诈，都是被他论劾而罢官的。每次他的奏章一出来，天下称善。渡江以后，直言之臣以辛次膺为首。

【纲】金人送信来索取海州、泗州、唐州（治泌阳县，今河南唐河）、邓州（治穰县，今河南邓县）、商州（治上洛县，今陕西商县）的土

【纲】张焘罢。

【纲】夏四月,张浚使李显忠、邵宏渊分道伐金。 【目】帝锐意恢复。张浚入见,乞即日降诏幸建康。帝以问史浩,浩对曰:"先为备守,是为良规。议战议和,在彼不在此。傥听浅谋之士,时兴不教之师,寇退则论赏以邀功,寇至则敛兵而遁迹,取快一时,含冤万世。"及退,诘浚曰:"帝王之兵,当出万全,岂可尝试以图侥幸!"复辨论于殿上,浚因内引奏浩意不可回,恐失机会,且谓"金人秋必为边患,当乘其未发攻之"。帝然其言,乃议出师渡淮。三省、枢密院不预闻。会显忠、宏渊亦献捣虹县、灵壁之策,帝命先图二城。浚乃遣显忠出濠州趋灵壁,宏渊出泗州趋虹县。

【纲】五月,史浩免。 【目】省中忽见邵宏渊出兵状,始知不由三省。浩因奏言:"张浚锐意用兵,若一失之后,恐陛下不得复望中原。"因力丐免。侍御史王十朋论浩怀奸误国等八罪,遂罢浩知绍兴府。

【纲】李显忠复灵壁,遂会邵宏渊复虹县,金将士多降。【目】显忠自濠梁渡淮至陡沟,金右翼都统萧琦用拐子马来拒。显忠与之力战,遂复灵壁。显忠入城,宣布德意,不戮一人,于是中原归附者接踵。

宏渊围虹久不下,显忠遣灵壁降卒开谕祸福,金守将蒲察徒穆、大周仁皆出降。宏渊耻功不自己出,会有降千户诉宏渊之卒夺其佩刀,显忠立斩之,由是二将不协。未几,萧琦复降于显忠。

地和岁币。

【纲】张焘罢官。

【纲】夏四月,张浚派遣李显忠、邵宏渊分道讨伐金国。 【目】宋孝宗决意恢复中原。张浚朝见,乞求当天下诏巡幸建康。孝宗征求史浩意见,史浩说:"先做好防守,这是良策。是战是和,决定权在金国不在我们。倘若听从谋略浮浅之士的话,屡次派没有经过训练的军队出击,敌人退却则论功邀赏,敌人到来则撤退逃跑,这样做只能一时欢快,却遗患万世。"史浩退出后诘问张浚:"帝王用兵,应该出于万全,怎能作没有把握的尝试而图侥幸呢?"两人又在殿上辩论不休,张浚就入宫私下启奏,指出史浩的主张不会改变,恐怕因此丧失良机,并且说:"金人到秋天必定要兴起边患,应乘他们还没有起兵而先行进攻。"宋孝宗认为他的话对,于是决定出兵渡过淮河,而三省及枢密院都没有预闻其事。正好李显忠、邵宏渊也献上直捣虹县(今安徽泗县)和灵璧县(今安徽灵璧)之策,宋孝宗就下令先攻取此二城。张浚于是派遣李显忠出兵濠州,直奔灵璧,邵宏渊从泗州出兵直奔虹县。

【纲】五月,史浩免职。 【目】省中忽见邵宏渊出兵的文书,才知道此事未通过三省。史浩因而启奏道:"张浚一心要出兵,若失败的话,恐怕陛下就再难指望收复中原了。"从而极力乞求免职。侍御史王十朋劾论史浩怀奸误国等八项罪行,于是罢免史浩的相职,贬官为绍兴知府。

【纲】李显忠收复灵璧,随即会合邵宏渊收复虹县,金军将士多有投降的。 【目】李显忠从濠梁(在今安徽凤阳县东北濠水上)渡过淮河,到达陡沟(今河南正阳南陡沟镇,淮水北岸),金军右翟都统萧琦用拐子马来抵抗,李显忠全力奋战,终于收复灵璧。李显忠进城,宣布朝廷德意,不杀一人,于是中原地区前来归降的人接踵而至。

邵宏渊包围虹县,经久不下,李显忠派灵璧归降的士卒去开导,晓以祸福,金守将蒲察徒穆、大周仁都出城投降。邵宏渊耻于收复虹县之功不是出于自己,正巧有一个归降的千户告发邵宏渊的士卒抢夺了他的佩刀,李显忠立即斩了这个士卒,由此二将不和。不久,萧琦又向李显忠投降。

【纲】张浚渡江,李显忠大败金人,复宿州。 【目】显忠兵傅宿州城,金人来拒,显忠大败其众,追奔二十余里。宏渊至,谓显忠曰:"招抚真关西将军也。"显忠闭营休士,为攻城计,宏渊等不从,显忠引麾下杨椿上城开北门,不逾时拔其城,宏渊等殿后趣之,遂复宿州,中原震动。捷闻,帝手书劳张浚曰:"近日边报,中外鼓舞,十年来无此克捷。"既而宏渊欲发仓库犒卒。显忠不可,移军出城,止以见钱犒士,士皆不悦。诏以显忠为淮南、京东、河北招讨使,宏渊副之。

【纲】帝率群臣诣德寿宫上寿。

【纲】以辛次膺参知政事,洪遵同知枢密院事。

【纲】李显忠、邵宏渊之师溃于符离。 【目】纥石烈志宁自睢阳引兵攻宿州,李显忠击却之。金孛撒复自汴率步骑十万来攻宿州,显忠谓宏渊并力夹击,宏渊按兵不动,显忠独以所部力战,俄而敌大至,显忠用克敌弓射却之。宏渊顾众曰:"当此盛夏,摇扇于清凉且犹不堪,况烈日被甲苦战乎!"人心遂摇,无复斗志。诸将以显忠、宏渊不协,各遁去。宏渊又言:"金添生兵二十万来,傥我兵不返,恐不测生变。"显忠知宏渊无固志,势不可孤立,叹曰:"天未欲平中原邪? 何沮挠如此!"遂夜引还,至符离,师大溃。是举所丧军资器械殆尽,幸而金不复南。

时张浚在盱眙,显忠往见浚,纳印待罪。浚以刘宝为镇江诸军都统制,乃渡淮入泗州抚将士,遂还扬州,上劾自劾。

【纲】六月,汪澈罢,以周葵参知政事。

【纲】贬张浚为江淮宣抚使,安置李显忠于筠州。 【目】初,宿师之还,士大夫主和者皆议浚之非。帝赐浚书曰:"今日边事,倚

【纲】张浚渡过长江，李显忠大败金军，收复宿州（治符离县，今安徽宿县）。　【目】李显忠进兵逼近宿州城，金兵抗拒，李显忠大败金兵，追杀二十多里。邵宏渊来到，对李显忠说："您真称得上是关西将军啊。"李显忠关闭营门令士卒休息，为攻城作准备，邵宏渊等不依从。李显忠带领部下杨椿登城，打开北门，不一会儿，就拿下了该城，邵宏渊等随后跟进，于是收复宿州，中原地区大为震动。捷报送到朝廷，宋孝宗亲笔写信慰问张浚说："近日边境报捷，京城内外欢欣鼓舞，十年来没有这样的胜利。"随后邵宏渊想用仓库中粮、银犒赏军士，李显忠不许可，他把军队带出城去，只以现有的一些钱犒赏军士，士兵都不满意。宋孝宗下诏命李显忠为淮南、京东、河北招讨使，邵宏渊为副使。

【纲】宋孝宗率领群臣到德寿宫为太上皇帝拜寿。

【纲】任命辛次膺为参知政事，洪遵为同知枢密院事。

【纲】李显忠、邵宏渊的军队在符离溃败。　【目】纥石烈志宁从睢阳领兵攻打宿州，被李显忠击退。金孛撒又从汴京率领步兵和骑兵十万来攻打宿州。李显忠告诉邵宏渊合力夹攻，邵宏渊按兵不动。李显忠只以自己所部竭力战斗，不久，金军大队来到，李显忠使用克敌弓将其射退。邵宏渊对大家说："当此盛夏酷暑时节，在清凉处扇扇子还受不了，何况在烈日下穿着盔甲苦战呢！"因此人心动摇，再无斗志。诸将由于李显忠、邵宏渊不和各自逃离。邵宏渊又说："金人增加生力军二十万，假如我军不撤退，怕有意想不到的变故。"李显忠知道邵宏渊意志不坚，剩下自己孤军不可久战，长叹道："上天不打算平定中原吗，为什么这样阻挠我呢！"于是趁夜领兵后撤。行至符离时，军队大为溃散。这一次行动，军资器械等几乎全部丧失，幸亏金军没有再往南进军。

当时张浚在盱眙（今江苏盱眙东北），李显忠去见张浚，交出印信，听候治罪。张浚派刘宝任镇江诸军都统制，于是渡过淮河，进入泗州，安抚将士，随即返回扬州，上疏自劾请罪。

【纲】六月，汪澈罢官，任命周葵为参知政事。

【纲】贬张浚为江淮宣抚使，安置李显忠于筠州（治高安县，今江西高安）。　【目】起初，宿州军败返回，士大夫主张议和的都指责是张

卿为重，卿不可畏人言而怀犹豫。前日举事之初，朕与卿任之，今日亦须与卿终之。"浚乃大饬守备。帝复召浚子入奏事，浚附奏曰："自古有为之君，心腹之臣相与协谋同志，以成治功。今臣以孤踪，动辄掣肘，陛下将安用之？"因乞骸骨。帝览奏，谓栻曰："朕待魏公有加，虽乞去之章日上，朕决不许。"帝对近臣言，必曰"魏公"，未尝斥其名。至是帝以符离师溃，乃议讲和，召汤思退为醴泉观使，奉朝请，而下诏罪己。于是尹穑附思退劾浚，遂降授浚特进、枢密使，充宣抚，治扬州。显忠责授果州团练副使，筠州安置，而邵宏渊仍前建康都统制。后朝廷知其故，复显忠太尉、奉祠。

【纲】辛次膺罢。

【纲】次膺以疾祈免，且奏曰："王十朋虽上亲擢，天下皆知臣荐其贤。汤思退召将至，亦知臣尝疏其奸。"遂罢，奉祠。陛辞，帝甚惜其去，次膺奏曰："臣与思退理难同列。"帝曰："有谓思退可用者。"次膺曰："今日之事，恐非思退能办。思退固不足道，窃恐有误国家尔。"

【纲】秋七月，以汤思退为尚书右仆射、同平章事兼枢密使。

【纲】八月，复以张浚都督江淮军马。

【纲】金人复以书来求地及岁币，诏淮西安抚干办官卢仲贤报之。　【目】纥石烈志宁以书贻三省、密院云："故疆、岁币如旧及称臣、还中原归正人，即止兵；不然，当俟农隙往战。"帝以付张浚，浚言："金强则来，弱则止，不在和与不和。"汤思退，秦桧党也，急于求和。陈康伯、周葵、洪遵等皆上疏谓："敌意欲和，则我军民得以休息为自治之计，以待中原之变而图之，是万全之计也。"工部侍郎张阐独曰："彼欲和，畏我邪？爱我邪？直款我耳！"力陈六害不

浚的过失。宋孝宗赐给张浚的信中说:"今日边境上的事,全依靠你,你不可畏惧别人议论而犹豫。日前开始发兵时,朕和你共任其责,如今也必须和你共同负责到底。"于是张浚大力整顿防御备战工作。宋孝宗又召张浚的儿子入朝奏事,张浚让他附上奏章说道:"从古以来有作为的君王,必定和心腹之臣共同商谋,同心一志,才能取得治国的成功。现在臣孤立无援,行动受人牵制,陛下怎能加以任用呢?"因此要求辞官。宋孝宗皇帝看过奏章之后,对张栻说:"朕对魏公非常重视,即使他每天上一次奏章要求辞官,朕也决不答应。"孝宗对亲近的臣子提张浚时,从不直呼其名而必称"魏公"。此时,孝宗由于符离军败,才商议讲和,召汤思退为醴泉观使,奉朝请,同时颁发罪己诏。尹穑附和汤思退弹劾张浚,终于降张浚为特进、枢密使,充宣抚使,治扬州。李显忠降为果州(治南充县,今四川南充北)团练副使,安置于筠州,而邵宏渊仍为建康都统制。后来朝廷了解到交战实情,李显忠官复太尉,奉祠。

【纲】辛次膺罢官。

【纲】辛次膺因病请求辞官,并且上奏说:"王十朋虽然是皇上亲自提拔的,但天下都知道是臣推荐的;汤思退奉召将要到来,也知道臣曾上疏指出他的奸邪。"于是罢去原职,任为奉祠官。他向宋孝宗辞行时,孝宗很婉惜他的去职。辛次膺启奏道:"臣和汤思退难以同列在朝。"孝宗说:"有人说汤思退可以任用。"辛次膺说:"如今之事,恐非汤思退所能办得了的。他这个人固然不足道,只是恐怕贻误国家呀。"

【纲】秋七月,任命汤思退为尚书右仆射、同平章事兼枢密使。

【纲】八月,又命张浚都督江淮军马。

【纲】金人又送书来催讨割地及岁币,宋孝宗下诏命淮西安抚干办官卢仲贤前去金国回报。　【目】纥石烈志宁向三省、枢密院送交书信,信中说:"交割土地,岁币如旧,称臣,归还中原地区迁往南方的百姓,作到这一些,我们就休兵,否则,当等到农闲时就进攻。"宋孝宗把来书交给张浚,张浚说:"金人国力强了就来侵犯,弱了就不来,关键不在议和不议和。"汤思退是秦桧党羽,急于求和。陈康伯、周葵、洪遵等也都上疏,他们说:"敌国要和,则我国军民得以休息,先把自己国内治理好,以等待中原地区形势有变化时再图收复,这是万全之计。"只

可许。帝意亦然，姑随宜应之。乃遣卢仲贤持报书如金师云："海、泗、唐、邓等州，乃正隆渝盟之后，本朝未遣使之前得之。至于岁币，固非所较，第两淮凋瘵之余，恐未如数。"仲贤陛辞，帝敕以勿许四郡，而思退等命许之。张浚奏"仲贤小人多妄，不可委信，"不听。既而命廷臣议金师所言四事，其说不一。帝曰："四州、岁币可与，名分、归正人不可从也。"

【纲】冬十月，立贤妃夏氏为皇后。

【纲】十一月，卢仲贤还，有罪除名。遣审议官胡昉如金军。

【目】仲贤至宿州，仆散忠义惧之以威，仲贤皇恐，言归当禀命，遂以忠义遗三省、密院书来，上其画定四事：一欲通书称叔侄，二欲得唐、邓、海、泗四州，三欲岁币银绢之数如旧，四欲归彼叛臣及归正人。仲贤还，帝大悔。张浚遣子栻入奏仲贤辱国无状，帝怒，遂下大理，问其擅许四州之罪，夺三官，寻除名窜郴州。

汤思退奏以王之望充金国通问使，龙大渊副之，许割弃四州，求减岁币之半。初，之望为都督府参赞军事，不欲战，请入朝，因奏"移攻战之力以自守。自守既固，然后随机制变，择利而应之"。思退悦其言，故奏遣之。会右正言陈良翰言："前遣使已辱命，大臣不悔前失，而复遣王之望，是金不折一兵而坐收四千里要害之地，决不可许四郡也。若岁币，则俟得陵寝然后与，庶为有名，今议未决而之望遽行，恐其辱国不止于仲贤。愿先驰一介往，俟议决然后行，未晚也。"遂以胡昉为金国通问所审议官。张浚亦力言金未可与和，请帝幸建康以图进兵。帝乃手诏王之望等并一行礼物并回，待命境

有工部侍郎张阐说:"敌人要和,是怕我们呢还是爱我们呢?不过是缓兵之计而已!"他并竭力论述求和的六项害处,不可应许议和。宋孝宗也有这种想法,决定姑且随机应对。于是派卢仲贤带书信回复金国说:"海、泗、唐、邓等州,是正隆年间毁约之后,本朝未遣使臣之前收复的。至于岁币固然不必计较,但两淮地区经济凋敝,只怕凑不够数。"卢仲贤辞行时,宋高宗指示他不得应许割让四州,而汤思退等人竟让他答应割地。张浚奏道:"卢仲贤是个无知妄为的小人,不可委托信任。"宋孝宗不听。随后命朝臣研究如何对待金人的四项要求,其说不一。最后宋孝宗说:"四州土地和岁币可以给与,称臣和送还中原百姓两项不可依从。"

【纲】冬十月,册立贤妃夏氏为皇后。

【纲】十一月,卢仲贤返回,获罪削除名籍,贬为平民。派审议官胡昉前往金营。 【目】卢仲贤到达宿、州,仆散忠义对他威胁恐吓。卢仲贤恐慌,答应回朝报告,就把仆散忠义送交三省、枢密院的书信带回,上面定下四件事:一、以后来往文书要以叔侄相称;二、要,求割让唐、邓、海、泗四州;三、要求每年交纳岁币的银绢照旧数不变;四、要求送归金方叛臣及中原地区归附宋朝的百姓。卢仲贤回来复命,宋孝宗十分后悔。张浚派其子张栻入朝奏明卢仲贤丧权辱国,宋孝宗大怒,把卢仲贤下大理狱,审问他擅自应允割让四州之罪,削夺官秩,不久又除去名籍,流放到郴州(治郴县,即今湖南郴县)。

汤思退启奏派王之望任金国通问使,龙大渊为副使,答应割让四州土地,要求将岁币数额减半。起初,王之望为都督府参赞军事,不同意交战,请求入朝,因而启奏:"把进攻作战的力量用在自卫防守上,等防守巩固后,再随机应变,抓住有利的时机采取相应行动。"汤思退喜欢听这种话,因此奏请皇帝派遣他。正巧右正言陈良翰启奏说:"前次派使臣,有辱于使命。身为大臣不悔改上次的过失而又派王之望前往,这是让金国不损失一兵一卒而坐收四千里要害地区,绝对不能答应割给四州之地。至于岁币,要等获得王室陵寝之后再给,才算是有个名目。现在双方谈判未决就派王之望匆忙前往,恐怕他的辱国行为还要超过卢仲贤。请先派一个人去通告一声,等商议定了,再动身也不算晚。"于

上，而令胡昉先往，谕金以四州不可割之意，如必欲得四州，当追使人罢和议矣。

【纲】诏廷臣集议和金得失，召张浚还。 【目】陈康伯等以和金未决，乞召张浚归国特垂咨访，仍命侍从台谏集议，帝从之。群臣多欲从金人所请，张浚及湖北、京西宣谕使虞允文、起居郎胡铨、监察御史阎安中上疏力争，以为不可与和。汤思退怒曰："此皆以利害不切于己，大言误国，以邀美名，宗社大事，岂同戏剧！"帝意遂定。浚在道闻王之望行，上疏力辨其失曰："自秦桧主和，阴怀他志，卒成逆亮之祸。桧之大罪未正于朝，致使其党复出为恶。臣闻立大事者以人心为本，今内外之议未决，而遣使之诏已下，失中原将士四海倾慕之心，他日谁复为陛下用命哉！人心既失，如水之覆，难以复收，而况于天则不顺，于义则不安，窃为陛下忧之！"不听。

【纲】以朱熹为武学博士，既而罢之。 【目】熹应诏入对，言"君父之雠不与共戴天。今日所当为者，非战无以复雠，非守无以制胜。"时相汤思退方倡和议，不悦，除武学博士，后与洪适论不合而归。

【纲】十二月，陈康伯罢，以汤思退、张浚为尚书左、右仆射，并同平章事，兼枢密使。浚仍都督江淮军马。

是任胡昉为金国通问所审议官。张浚也极力陈述不可与金国议和,请求皇帝驾临建康以图出兵。宋孝宗于是下手诏,令王之望等人和送金国的礼物等,在边境待命,让胡昉先去,通知金人不割让四州的意见;如果对方一定要获得四州,则追回使臣,停止和谈。

【纲】宋孝宗下诏命朝臣集会讨论议和的得失,召张浚回朝。

【目】陈康伯等由于与金国议和的事不能决定,乞求召张浚回朝征求他的意见,又命侍从和台谏官共同商讨,宋孝宗应允了。群臣多数打算答应金人的要求,张浚和湖北、京西宣谕使虞允文、起居郎胡铨、监察御史阎安中上疏力谏,以为不可与金国议和。汤思退生气地说:"这些人都因为利害与自己无关,说大话贻误国家,为自己争个美名。社稷大事,岂同演戏!"宋孝宗于是拿定了议和的主意。张浚正在来京都的途中,听说王之望已经启程,上疏极力说明此举的失误,他说:"自从秦桧主张议和,心怀异志,终于构成完颜亮入侵之祸。秦桧的大罪未在朝廷上加以依法严办,以致于他的党羽又重来作恶。臣听说要建立大事业的人,以得人心为根本,现今朝内外还没定论,而派使臣的诏命已经下达,失去中原将士和全国人仰慕之心,以后谁还为陛下效力呢?丧失了人心,如覆水难收,何况这件事既不顺天,又不合理,真替陛下担忧。"宋孝宗仍然不接受他的意见。

【纲】任命朱熹为武学博士,随后又罢官。 【目】朱熹应诏入朝,在回答皇帝垂询时说:"君父之仇,不共戴天。今日所应该做的,非战不能报仇,非守不能取胜。"当时宰相汤思退正提倡议和,听了这话很不愉快,就任朱熹为武学博士,随后由于与洪适意见不合而去职。

【纲】十二月,陈康伯罢官,任命汤思退、张浚为尚书左、右仆射,并同平章事兼枢密使,张浚仍都督江淮军马。